Holger Hinte / Klaus F. Zimmermann (Hrsg.)
Zeitenwende auf dem Arbeitsmarkt

Schriftenreihe Band 1292

Holger Hinte / Klaus F. Zimmermann (Hrsg.)

Zeitenwende auf dem Arbeitsmarkt

Wie der demografische Wandel die Erwerbsgesellschaft verändert

bpb: Bundeszentrale für politische Bildung

IZA

Bonn 2013

Adenauerallee 86, 53113 Bonn

Redaktion: Hildegard Bremer, Benjamin Dresen, bpb
Lektorat: Gabi Gumbel

Umschlaggestaltung: Michael Rechl, Kassel
Umschlagbild: Fernand Léger (1881–1955), »Les Constructeurs« (1950), © VG Bild-Kunst, Bonn 2013 / Fotografie: akg-images / André Held
Satzherstellung und Layout: Naumilkat – Agentur für Kommunikation und Design, Düsseldorf
Grafikbearbeitung: Thomas Wasilewski, Forschungsinstitut zur Zukunft der Arbeit, Bonn
Druck: CPI books GmbH, Leck

ISBN: 978-3-8389-0292-0 [redacted]

www.bpb.de

Inhalt

Vorwort

Die deutsche Bevölkerung schrumpft und altert in den kommenden Jahren in nie da gewesenem Ausmaß. Ohne dass wir dies noch verhindern könnten, wird die Gesamtbevölkerung und stärker noch die Zahl der Erwerbspersonen in Deutschland zurückgehen. Schon in zehn Jahren könnten dem Arbeitsmarkt fünf Millionen oder gar mehr Arbeitskräfte fehlen. Die Gesamtbevölkerung wird nach heutiger Schätzung im Jahr 2060 um mindestens 15 Millionen Personen kleiner ausfallen. Wanderungen von Ost nach West und vom Land in die Stadt verschärfen diese Entwicklung noch. Parallel wird unsere Gesellschaft deutlich altern, denn die Geburtenraten sind historisch niedrig und die Lebenserwartung steigt kontinuierlich. Die Folge: Während heute »nur« jeder fünfte von uns älter als 65 Jahre ist, wird dies schon 2050 in etwa jeder dritte sein. Und schon viel früher, in gut 15 Jahren, werden es nur noch zwei Erwerbstätige sein, welche für die Altersversorgung eines Rentners aufzukommen haben – heute sind es immerhin noch drei.

Keine andere Herausforderung wird Deutschland deshalb fortan stärker beschäftigen (müssen) als der demografische Wandel und seine Auswirkungen auf Wirtschaft und Gesellschaft. Deutschland ist nicht allein mit diesem Problem konfrontiert, aber in keinem anderen europäischen Land werden sich die demografischen Verwerfungen wohl so spürbar ausprägen, weil die Alterungsprozesse in Kombination mit einer besonders niedrigen Geburtenrate eine folgenreiche Eigendynamik entwickeln. Wir stehen vor einer Zeitenwende auf dem Arbeitsmarkt und müssen verhindern, dass die demografischen Veränderungen die Wirtschaftskraft und den Wohlstand unseres Landes gefährden.

Man braucht kein »Wachstumsfetischist« zu sein, um zu erkennen, dass eine verantwortliche Antwort auf den demografischen Wandel nicht darin bestehen kann, sich über eine bevorstehende geringere Besiedlungsdichte in Deutschland zu freuen, auf Einsparpotenziale im Bereich der öffentlichen Infrastruktur zu spekulieren und achselzuckend die Bereitschaft zu bekunden, auch mit weniger Wachstum »zufrieden« sein zu wollen. Die Folgen der Schrumpfungs- und Alterungsprozesse reichen weit tiefer, als es eine solche oberflächlich-fatalistische Sichtweise wahrhaben will.

Wie kann eine mit markantem Fachkräftemangel konfrontierte Gesellschaft noch die wirtschaftliche Produktivität erreichen, derer es bedarf, um Wohlstand, angemessene soziale Sicherung und gesellschaftliche Verteilungsspielräume zu bewahren? Was bedeutet es, wenn demografische Schrumpfungsprozesse, die unterschiedlich stark ausgeprägt sind, und Binnenwanderungen Wachstumsbrennpunkte zulasten benachteiligter Regionen begünstigen? Wie lässt sich verhindern, dass der »Generationenvertrag« kollabiert, weil eine schwindende Zahl von Beitragszahlern die Ansprüche von immer mehr Rentnern nicht mehr erfüllen kann (und will)? Brauchen wir deshalb nicht andere Regeln zum späteren, an der Lebenserwartung orientierten Renteneintritt sowie mutige Konzepte etwa im Hinblick auf ein gesichertes Grundeinkommen für alle Bürger?

Und weiter: Sorgt der demografische Wandel womöglich immerhin für ein Ende der Arbeitslosigkeit oder profitieren nur die gesuchten Fachkräfte in Form neuer »Arbeitnehmermacht«, sodass neue Ungerechtigkeit und Ungleichheit drohen? Muss nicht gerade der Bildungssektor fundamental reformiert werden, der nach wie vor viel zu viele Menschen ohne adäquate Ausbildung in das Erwerbsleben entlässt und den Bildungserfolg zu oft von der sozialen Herkunft abhängig macht? Welche Ressourcen und »stillen Reserven« können wir noch für den Arbeitsmarkt mobilisieren und welche Chancen böte der Versuch, gezielt qualifizierte Zuwanderer für Deutschland zu gewinnen? Welche Rolle kommt künftig den Gewerkschaften zu, wenn es darum geht, auseinanderstrebende Arbeitnehmerinteressen wirksam zu vertreten? Bleibt uns noch Zeit für gesellschaftlich wichtige Tätigkeiten wie das Ehrenamt, wenn die Erwerbsarbeit in alle Bereiche unseres Lebens vordringt und uns förmlich rund um die Uhr »beschäftigt«? Und wird uns angesichts all dessen endgültig die Freude an der Arbeit vergehen oder macht Arbeit weiterhin – und sogar bei wahrscheinlich sukzessive weiter verlängerten Lebensarbeitszeiten – die meisten von uns glücklich?

Der vorliegende Band geht diesen Fragen nach und thematisiert die »Zeitenwende auf dem Arbeitsmarkt« unter demografischen Vorzeichen aus breiter Perspektive. Dabei stehen die ökonomischen Zusammenhänge im Vordergrund, doch auch soziologische Überlegungen und historische Einordnungen haben ihren Platz. Mitunter streitbar, provokant und in der Diagnose durchaus kontrovers, präsentieren die Beiträge zu diesem Buch eine Fülle von facettenreichen An- und Einsichten zur Zukunft unserer Arbeitswelt. Die Autorinnen und Autoren richten sich dabei weniger an wissenschaftliche Fachkreise, sondern neben politischen Akteuren vor allem an Schülerinnen, Schüler und Studierende sowie an Lehrkräfte an Schulen, Hochschulen und im Bereich der politischen Bildung. Ihnen möchte das Buch ein argumentatives Fundament zur kritischen Auseinandersetzung mit den zentralen Zukunftsfragen unserer Gesellschaft liefern.

Die Herausgeber bedanken sich bei allen Autorinnen und Autoren für die professionelle Zusammenarbeit während der Vorbereitung des Bandes. Besonderer Dank gilt der Bundeszentrale für politische Bildung, die nicht nur gemeinsam mit dem Institut zur Zukunft Arbeit (IZA) den Anstoß zur Publikation dieses Buches gegeben, sondern sein Entstehen in Person von Frau Hildegard Bremer und Herrn Bernd Faulenbach sehr konstruktiv begleitet hat. Frau Gabi Gumbel hat im Auftrag der Bundeszentrale ein ausgezeichnetes, weil energisches und präzises Lektorat für das Buch geleistet. Herr Thomas Wasilewski hat die für die Beiträge vorgesehenen Abbildungen mit Unterstützung von Herrn Benjamin Dresen mit sicherem Auge grafisch aufbereitet; Herr Moritz Voelkerling hat den Index des Bandes kompetent erstellt. Auch ihnen gilt unser Dank.

Dieses Buch erscheint in einer Zeit, in der Deutschland sich mit bemerkenswerten ökonomischen Erfolgen und einem stabilen Arbeitsmarkt gegen krisenhafte Entwicklungen auf europäischer und internationaler Ebene stemmt. Umso wichtiger wäre es, vorhandene Ressourcen jetzt konsequent dafür zu verwenden, Deutschland »demografiefest« zu machen und hierauf die nötigen weiteren Reformen zu fokussieren. Die Lektüre des Bandes verdeutlicht, wie vordringlich diese Aufgabe ist.

Bonn, im Mai 2013

Holger Hinte
Klaus F. Zimmermann

Klaus F. Zimmermann

Reflexionen zur Zukunft der Arbeit

Sowohl das Verständnis als auch die Bedeutung von Arbeit und Beschäftigung sind einem ständigen gesellschaftlichen Wandel unterworfen. Zwischen dem Kampf um die bloße Existenzsicherung und der Selbstverwirklichung im Beruf liegt eine weite Strecke. Von monotoner Tätigkeit im Akkord bis zur selbstbestimmten Verbindung von Job, Freizeit und Familie am gewünschten Ort klafft eine erhebliche Spanne. Als Kinder und Enkel der Generationen, deren Erwerbsleben in die Traumjahre der sozialen Marktwirtschaft der deutschen Nachkriegszeit fiel, erwarten wir von einem Arbeitsplatz in jedem Fall wie selbstverständlich, dass er uns nachhaltige soziale Sicherheit, ein regelmäßiges, langfristig steigendes, ausreichendes Einkommen und ein Mindestmaß an Zufriedenheit vermittelt. Dabei ist dieser vermeintliche »Normalfall« historisch betrachtet genau das keineswegs, sondern vielmehr eine wirtschaftsgeschichtliche Laune und Sonderphase. Und es sieht so aus, dass Arbeit in Deutschland künftig wieder unsicherer, informeller und weniger durch Lebensarbeitsverträge abgesichert sein wird. Manche werden dies als Rückschritt ansehen, andere hingegen eher als unbequemen Fortschritt.

In diesem Beitrag werden zunächst einige Grundzusammenhänge der Arbeitsökonomie dargelegt und die absehbaren globalen Herausforderungen thematisiert. Danach wird die Zukunft der Arbeit in Deutschland in zehn Thesen skizziert.

1 Einige arbeitsökonomische Einsichten

Arbeit kann eine selbstständige oder abhängige Tätigkeit sein, mehrere Jobs miteinander verbinden und überdies bedeuten, dass man mehrere Aufgaben gleichzeitig erledigt (»Multitasking«). Unter einer abhängigen Beschäftigung versteht man Arbeit gegen Lohn oder Gehalt, typischerweise in einem sogenannten Normalarbeitsverhältnis mit geregelten Arbeitsbedingungen und gesicherten Vertragsverhältnissen. Ein Selbstständiger regelt seine Arbeit dagegen eigenverantwortlich, ohne gleich ein Unternehmer zu sein. Viele Selbstständige beschäftigen nur sich selbst und haben auch weder geregelte Arbeit noch Angestellte. Unternehmer dagegen schaffen größere wirtschaftliche Einheiten und sorgen häufig mit Innovationen für ökonomischen Fortschritt.

Wer die Zukunft der Arbeit analysieren will, muss den Markt für (abhängig beschäftigte) Arbeitskräfte verstehen. Zwar wird immer wieder behauptet, die ökonomischen Gesetze des Marktes würden für den Arbeitsmarkt nicht gelten, doch hält diese These empirischen Tests nicht stand. Jedenfalls zeigen viele verhaltensorientierte Studien und die gesammelten Erfahrungen mit arbeitsmarktpolitischen Maßnahmen, dass monetäre Anreize erhebliche Wirkungen haben. Es ist deshalb zweckmäßig, das ökonomische Rationalmodell der Arbeitsmärkte zum Ausgangspunkt zu nehmen.

Ein Marktmodell unterscheidet zwischen Arbeitsangebot, Arbeitsnachfrage und dem Marktausgleich durch einen »Matching«-Prozess. Dabei werden die vom Arbeitgeber idealerweise gewünschten Mitarbeiterprofile und die vorhandenen Fähigkeiten der verfügbaren Arbeitnehmer in Form von Lohnhöhe, Arbeitsinhalten und Arbeitsumfang in Einklang gebracht Ein solcher Ausgleich zwischen Angebot und Nachfrage kann aber kurz- und sogar langfristig ausbleiben, wenn die gewünschten Qualifikationsprofile entweder nicht vorhanden sind (Fachkräftemangel) oder wenn von ihrer Ausbildung her potenziell geeignete Arbeitnehmer räumlich nicht mobil oder funktional nicht flexibel genug sind, um ein Jobangebot anzunehmen. Aus einem solchen »Mismatch« resultiert dann mindestens kurzfristig Arbeitslosigkeit; zugleich erhält das Ausbildungssystem Signale hinsichtlich notwendiger Korrekturen von Ausbildungsinhalten. Der Matching-Prozess wird außerdem durch die Erwartungen der Individuen und durch institutionelle Regelungen beeinflusst. Die Bundesagentur für Arbeit, die staatliche Arbeitsverwaltung in Nürnberg, verfügt über arbeitsmarktpolitische Instrumente, mit denen sie die Mobilitäts- und Flexibilitätsbereitschaft von Arbeitsuchenden beeinflussen kann.

Das Arbeitsangebot von Individuen wird typischerweise von den erzielbaren Stundenlöhnen beeinflusst, reagiert aber auch auf die Regelungen der Steuer- und Sozialsysteme. Übersteigt der angebotene Lohn das individuelle Anspruchsniveau, dann möchte der Arbeitnehmer eine Arbeit annehmen. Steuerliche Belastungen oder Besitzstände wie Vermögen oder Ansprüche auf staatliche Leistungen reduzieren dagegen tendenziell die Arbeitsbereitschaft. Die demografische Struktur einer Gesellschaft, ihr Altersaufbau, ihre Mobilitätsbereitschaft und ihr Ausbildungsstand charakteriseren das Arbeitspotenzial der Volkswirtschaft. Was davon genutzt werden kann, wird von der Arbeitsnachfrage, aber auch von der Integrationskraft des Matching-Prozesses am Arbeitsmarkt bestimmt.

Je höher die Löhne bei vergleichbarer Arbeit, desto geringer ist tendenziell die Arbeitsnachfrage der Unternehmen bei sonst gleichen Rahmenbedingungen, denn steigende Löhne erhöhen die Produktionskosten von Gütern und Dienstleistungen. Die Reaktion der Unternehmen ist aber nicht gleich, sondern nach Art der Arbeit, regional und zwischen Branchen sehr verschieden. Deutliche Lohnzuwächse können von wirtschaftlich erfolgreichen Branchen und in ökonomisch starken Regionen leichter erbracht werden und beteiligen die Beschäftigten am gemeinsam erwirtschafteten Firmenerfolg. Lohnsteigerungen können aber auch eine rationale betriebliche Reaktion auf bereits existierende oder sich abzeichnende Marktknappheiten darstellen: Sind weniger Fachkräfte vorhanden als notwendig, dann verstärkt sich der Wettbewerb um sie mit der Folge von steigenden Löhnen. Technischer Fortschritt kann die Beziehung zwischen Lohn und Arbeitsnachfrage verändern, sie aber nicht dauerhaft außer Kraft setzen.

Verkürzungen der Arbeitszeit bei weitgehendem Lohnausgleich sollten in den vergangenen Jahrzehnten in Deutschland wie in vielen Ländern der Welt die Arbeitsnachfrage der Unternehmen stärken und so Arbeitslosigkeit abbauen helfen. Dieses fatale Missverständnis von volkswirtschaftlichen Gesetzen der Produktion trug mit zum Gegenteil bei: Die Arbeitsnachfrage der Unternehmen sank, die Arbeitslosigkeit stieg. Die Erklärung ist einfach: Die Arbeitszeitverkürzung mit Lohnausgleich verteuerte den Arbeitseinsatz für die Firmen, denen – mit wiederum branchenspezifischen Unterschieden – oft gar nichts anders übrig blieb, als mit (noch) weniger Beschäftigten produzieren zu wollen.

Der umgekehrte Zusammenhang ist nur auf den ersten Blick schwer verständlich: Würde ohne Lohnausgleich mehr gearbeitet, dann würde auch die Nachfrage nach Arbeitnehmern durch die Firmen steigen. Und dies, obwohl durch die längeren Arbeitszeiten der bereits beschäftigten Arbeitnehmer schon mehr Arbeit im Betrieb vorhanden ist. Die Erklärung liegt wiederum auf der Hand: Die steigende Beschäftigung ohne Lohnausgleich hat Arbeit preiswerter gemacht und ermutigt deshalb die Firmen, über ihren Bestand hinaus mehr Arbeitskräfte nachzufragen und ihre Produktion weiter zu steigern.[1]

Ein verbreiteter Irrglaube ist auch, dass bei vorhandener Arbeitslosigkeit in einer Gesellschaft keinesfalls zusätzliche Arbeitskräfte, etwa durch Zuwanderung oder zusätzliche Ausbildung, gebraucht werden können. Sicherlich kommt es auf die genauen Rahmenbedingungen an. Aber Unternehmen benötigen zu einem Zeitpunkt gleichzeitig verschiedene Arten von Arbeit, die miteinander in Knappheitsbeziehungen stehen. Ihre

Arbeitsnachfrage wird deshalb von der relativen Entlohnung der Arbeitsarten bestimmt. Man kann dabei an Fachkräfte und einfache bzw. ungelernte Arbeit denken, die in einer Produktionsbeziehung zueinander stehen, bei der sie sich typischerweise wechselseitig produktiv machen.

Steigt der Einsatz von Fachkräften, dann wird einfache Arbeit relativ knapp und deshalb von den Unternehmen mehr nachgefragt; existierende Arbeitslosigkeit unter Geringqualifizierten wird abgebaut. Gibt es hingegen Fachkräftemangel, dann sind auch weniger einfache Arbeitskräfte beschäftigt, als es die Produktionsbedingungen der Volkswirtschaft zulassen würden. Auch wenn es keinen Fachkräftemangel gibt: Zusätzliche Fachkräfte, etwa durch Zuwanderung, schaffen sich Arbeitsplätze und bauen vorhandene Arbeitslosigkeit bei den einfachen Arbeitnehmern ab.[2]

2 Schicksalsfragen der modernen Arbeitswelt

Es ist noch nicht lange her, da verharrte ein Großteil der Welt in Hunger und Armut. Erwerbsarbeit war in den sogenannten Entwicklungsländern nur am Rand des Existenzminimums verfügbar, von sozialer Sicherung ganz zu schweigen. Und gleichzeitig ging der entwickelten Welt scheinbar die Arbeit aus. Immer mehr Menschen, auch in Deutschland, wurden arbeitslos und hatten dauerhaft keine neuen Beschäftigungsperspektiven. Die These vom »Ende der Arbeit« machte die Runde und bestimmte gesellschaftliche Debatten in der »entwickelten« Welt.[3] Ein massiver Anstieg der Arbeitslosigkeit sei in den Industriestaaten infolge der fortschreitenden Automatisierung und Digitalisierung unvermeidlich, so lautete die populäre Behauptung. Dieses Szenario wurde häufig ergänzt durch Spekulationen über ganz neue Arbeitsweisen, in deren Verlauf Arbeitsplätze vollständig zerlegt und an beliebige Orte modular verteilt würden, wobei sich die traditionellen Arbeitsorganisationen in Firmen ganz und gar auflösten. Nichts davon hat sich allerdings durchgesetzt und diese Diskussionen sind heute weitgehend verstummt.

Zugleich hat sich in vielen Entwicklungs- und Schwellenländern eine Menge getan: Manche haben den Anschluss an »westliche« Volkswirtschaften inzwischen geschafft, andere – denken wir nur an China – befinden sich inzwischen sogar auf der Überholspur und bereiten sich mit ungeheurer Dynamik auf ihre Rolle als neue globale Wirtschaftsmächte vor. Staaten wie Brasilien, Indien oder auch Polen und die Türkei haben ihre großen Potenziale noch nicht annähernd ausgeschöpft. Heute verschieben sich die Kräfteverhältnisse zwischen den Volkswirtschaften Schritt für Schritt, einst scheinbar gesicherte wirtschaftliche Vormachtpositionen geraten ins Wanken und neue »Spieler« treten auf. Wieder andernorts sind freilich Armut und Perspektivlosigkeit nach wie vor ein eklatantes Problem, werden ganze Regionen durch Bürgerkriege oder Naturkatastrophen in ihrer Entwicklung entscheidend gehemmt, fehlt es bis heute an Ansätzen für die gezielte Entwicklung von funktionierenden Arbeitsmärkten im Rahmen der internationalen Entwicklungshilfe.

Die moderne weltweite Arbeitswelt kennt heute gleichwohl keinen pauschalen Nord-Süd- oder West-Ost-Gegensatz zwischen Arm und Reich, Privilegiert und Benachteiligt mehr. Eindeutige, für lange Zeit zementierte Regeln verschwinden. Die Arbeitswelt ist vielschichtiger, unübersichtlicher und unberechenbarer geworden. Sie ist ständig rasanten Veränderungen unterworfen, von einem beschleunigten technologischen Wandel getrieben, mit wachsenden globalen Vernetzungen und Abhängigkeiten, die Chancen und Risiken in immer neuen Konstellationen mit sich bringen. Auf die arbeitenden Menschen kommen heute in zusehends kürzerer Folge neue Herausforderungen zu, um einmal erlernte Fähigkeiten und Arbeitsabläufe an veränderte Gegebenheiten anzupassen und so nach Kräften mit der Dynamik der Arbeitsmärkte Schritt zu halten.

Multinational operierende Konzerne mit ihren oft hektischen Standortentscheidungen prägen heute vielfach das Bild der globalisierten Arbeitswelt, in der die einzelnen Beschäftigten sich zurechtfinden müssen. Internationale Arbeitsteilung beinhaltet neue Möglichkeiten zur Förderung von Innovationen und Effizienz – doch auf dem Weg dorthin können schnell ganze Standorte zur Disposition stehen und ganze Regionen ohne ausreichende Vorwarnzeit unter plötzlichen Arbeitsplatzverlusten leiden. Zwar vermittelt das Internet die Illusion nahezu grenzenlos miteinander verschmelzbarer Arbeitsorte und -prozesse, doch betrifft dies eben einen Großteil der volkswirtschaftlichen Wertschöpfung nicht: Industrien und produzierendes Gewerbe lassen sich sich naturgemäß nicht grenzenlos »virtualisieren«, wohl aber können sie förmlich über Nacht ihren Standort verlagern oder gleich ganz dem »Fortschritt« zum Opfer fallen, der bestimmte Produktionszweige durch internationalen Wettbewerb überrollt.[4]

Oft entsteht so ein neues, mit früheren Zeiten etwa während der Industrialisierung des 19. Jahrhunderts kaum vergleichbares Gefühl des Ausgeliefertseins des Einzelnen. Zugleich werden an anderer Stelle Fachkräfte zum gesuchten Gut, weil Erwerbsbevölkerungen demografisch bedingt schrumpfen, sodass neue Verhandlungsmacht auf Arbeitnehmerseite entsteht. Chancen und Risiken sind also unmittelbar miteinander verknüpft –

und bei alledem gibt es sie in der Tat noch, die ganz »normale« Beschäftigung, wie sie den Generationen unserer Eltern und Großeltern ein Leben lang vertraut war.

Das »Normalarbeitsverhältnis« setzte sich im Bewusstsein der deutschen Bevölkerung in den glorreichen Tagen des Wirtschaftswunders und der faktischen Vollbeschäftigung der 1960er Jahre fest: geregelte Wochenarbeitszeit mit festen Anfangs- und Endzeiten, ein ganzes Berufsleben beim gleichen Arbeitgeber, ein unbefristeter Arbeitsvertrag und eine verlässliche soziale Absicherung. Längst ist klar, dass dieses Bild immer weiter in den Hintergrund gedrängt und von anderen »Bildern« stark flexibilisierter und unregelmäßiger gewordener Arbeit abgelöst wird. Aber dieses Arbeitsmodell ist noch nicht ausgestorben und stellt nach wie vor einen beachtlichen, wenn auch rückläufigen Teil der Beschäftigung.[5]

Zugleich werden andere Arbeitsformen heute zusehends zur neuen Normalität. Dies geht vor allem darauf zurück, dass die Industrieproduktion immer weniger direkte Beschäftigung schafft und stattdessen die Dienstleistungsbranchen einen immer größeren Anteil an den bereitgestellten Arbeitsplätzen haben. Gleichzeitig verändern sich aber auch die Lebensweisen der Menschen und es ist keineswegs so, dass sie sich immer nur den ökonomischen Notwendigkeiten anpassen. Es gibt sehr wohl auch den umgekehrten Weg: Arbeitsformen und Dienstleistungsangebote passen sich den veränderten Anforderungen und Anspruchshaltungen der Menschen an.

Heute ist beispielsweise ein hoher Prozentsatz an Frauenbeschäftigung eine Selbstverständlichkeit. Das ergibt sich schon aus der Tatsache, dass das Qualifikationsniveau der Frauen nie höher war als heute und längst über demjenigen der Männer liegt. Wenn demzufolge neue Anforderungen allein schon an die Öffnungszeiten von Geschäften und Serviceeinrichtungen zur Betreuung von Kindern oder pflegebedürftigen Angehörigen gestellt werden, so sorgt dies dort – wenn auch noch oft zu schleppend – für Anpassungsreaktionen. Das gilt ebenso mit Blick auf die zunehmende Lebenserwartung und den demzufolge wachsenden Betreuungsaufwand und Pflegebedarf.

Steigende Ansprüche an die Vereinbarkeit von Beruf, Familie und Freizeit werden im Übrigen auch deshalb immer selbstverständlicher, weil sie sich heute technisch oft leicht verwirklichen lassen. Die Bereitschaft zu entsprechend flexibilisierter Arbeitszeit mit teils fließenden Übergängen vom Job in das Privatleben und vom Arbeitsplatz zur Wohnung ist dabei umso größer, je deutlicher der individuelle Nutzen in Form von größerer Lebenszufriedenheit sichtbar wird.

Immer weniger Arbeitsmarktsegmente können sich von diesem Trend zur Arbeitszeit- und Arbeitsortflexibilisierung distanzieren – auch im öffentlichen Dienst, der einstigen Trutzburg starr geregelter Arbeit, wird inzwischen Flexibilität bis hin zu innovativen Zeitansparkonten und Heimarbeitsoptionen zur verbreiteten Routine. Insgesamt wird die Arbeitszeit unregelmäßiger, ist vermehrt über die ganzen sieben Tage der Woche verteilt, erstreckt sich auch auf Feiertage, Abende oder die Nacht bzw. findet im Schichtdienst statt.[6]

Aber auch jenseits der reinen Arbeitszeit fächern sich die Arbeitsformen auf. Neben Teilzeitarbeit haben geringfügige Beschäftigungsverhältnisse und Mehrfachjobs in den letzten Jahren einen deutlichen Zuwachs erfahren, ebenso wie Zeitverträge und Leiharbeit, bei denen sich Firmen auf die Bereitstellung knapper Arbeitskräfte für andere Unternehmen spezialisieren. Der deutlich zunehmende Umfang zeitlich befristeter, flexibilisierter Tätigkeiten auch in höher qualifizierten Beschäftigungssegmenten schafft einerseits neue Möglichkeiten zum erleichterten Wiedereinstieg in den Arbeitsmarkt nach Auszeiten etwa in Form von Familienzeit oder Arbeitslosigkeit, weil für die Firmen Neueinstellungen mit geringeren Risiken verknüpft sind. Andererseits ist eine insgesamt wachsende, latente Arbeitsplatzunsicherheit die Folge, die eine der Triebfedern für eine recht ausgeprägte Bereitschaft darstellt, Überstunden zu leisten. Dabei gibt es einen hohen Anteil an unbezahlter Mehrarbeit bei gleichzeitig verringerten, krankheitsbedingten Fehlzeiten. Auch hat die Arbeitsplatzunsicherheit die Bereitschaft zu Arbeitsplatzwechseln bei vielen Beschäftigten tendenziell erhöht.

Betrachtet man all diese Entwicklungen, so ist der Arbeitsmarkt heute zweifellos viel stärker als früher »in Bewegung«. Der ein Erwerbsleben lang sichere und übersichtlich geregelte Arbeitsplatz ist dabei für einen immer größeren Teil der Beschäftigten inzwischen zur Utopie geworden. Der informelle Beschäftigungssektor wächst im gleichen Maß wie der Formalisierungsgrad der Beschäftigung im formellen Sektor tendenziell abnimmt. Der Rückgang des Formellen gehört deshalb zur neuen Normalität – sie ist möglicherweise unbequem und wird manchmal als bedrohend empfunden, aber sie schafft auch neue Chancen zur individuellen Lebensgestaltung.

Für eine wachsende Gruppe von Arbeitnehmern geht dieser Wandel im Übrigen gar nicht mit Verlustempfindungen einher. Sie sind schon zu Beginn ihres Arbeitslebens in diese Konstellationen hineingewachsen, haben schon im Verlauf der ebenfalls anspruchsvoller gewordenen beruflichen oder akademischen Ausbildung damit umzugehen gelernt und ziehen aus ihr Vorteile hinsichtlich einer besser auf die individuellen Bedürfnisse zugeschnittenen Kombination von Arbeit und Eigenzeit, von denen frühere Erwerbsgenerationen nur träumen konnten.

Es wäre deshalb falsch, an dieser Stelle nur die Nachteile in Form eines zweifellos komplexer werdenden Erwerbslebens zu sehen und somit neuen politischen Regulierungsbedarf in Sachen Arbeitnehmerschutz zu fordern. Unsere Ansprüche an den eigenen persönlichen Nutzen lassen sich ebensowenig wieder »zurückdrehen«, wie wir die Hoffnung nähren sollten, dass die allgegenwärtigen globalen Wettbewerbsbedingungen und die daraus entstehenden Flexibilisierungsnotwendigkeiten jemals wieder »verschwinden« werden.

3 Globale Entwicklung, Demografie und deutsche Wettbewerbsfähigkeit

Die Zukunft der Arbeit hat aber auch noch andere Facetten, die wir aus nationaler oder europazentrierter Perspektive oft übersehen. Der jüngste World Development Report der Weltbank verdeutlicht, welchen überragenden Stellenwert die Erwerbsarbeit für die Zukunft unserer Gesellschaften hat.[7] Mehr und bessere Beschäftigung ist die entscheidende Voraussetzung für Wachstum, Entwicklung und die Beseitigung von Armut und nicht etwa nur deren Konsequenz. Allerdings ist unser eigenes tradiertes Bild von Erwerbsarbeit – also vom Einsatz menschlicher Arbeitskraft gegen Lohnzahlung – nicht einfach auf andere Teile der Welt übertragbar, wo bis heute unbezahlte Arbeit das Leben prägt. Der World Development Report 2013 gliedert die Relation zwischen Lohnarbeit, selbstständiger Beschäftigung und landwirtschaftlicher Tätigkeit nach Weltregionen und Geschlecht auf. Dabei lässt sich erkennen, welche zentrale Rolle nicht entlohnte Arbeit in Regionen wie Süd- und Ostasien, im Mittleren Osten und in Afrika spielt (siehe *Abbildung 1*).

Auf der Welt arbeiten insgesamt mehr als drei Milliarden Menschen, doch nur gut die Hälfte davon (ca. 1,65 Milliarden) erhalten dafür Lohn oder Gehalt.[8] Die andere knappe Hälfte der Beschäftigung weltweit spielt sich in der Landwirtschaft, in kleinen Haushaltsunternehmen, in gelegentlicher und saisonaler Arbeit ab. Die dabei häufig ausgeübte Selbstständigkeit hat allerdings mit Unternehmertum wenig zu tun. Es geht schlicht um Tätigkeiten zur Sicherung der eigenen Existenz. Zugleich sind auf der Welt derzeit über 200 Millionen Menschen arbeitslos gemeldet, stehen also

Abb. 1: Anteile der Lohnarbeit und informeller Beschäftigungsformen ohne reguläre Entlohnung in verschiedenen Weltregionen

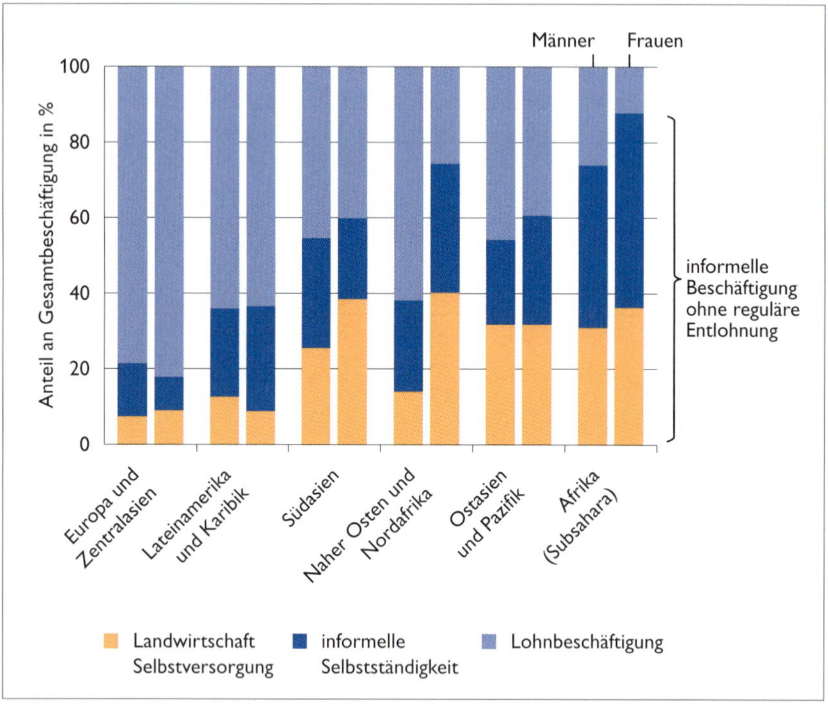

Quelle: World Bank (Hrsg.), World Development Report 2013: Jobs, Washington 2013, S. 5 (Figure 1)

grundsätzlich dem Arbeitsmarkt zur Verfügung, darunter ein wachsender und überproportionaler Anteil von Jugendlichen. Dazu kommen weltweit knapp zwei Milliarden Menschen im arbeitsfähigen Alter, darunter überwiegend Frauen, die nicht arbeiten oder erfolglos nach Arbeit suchen. Wie hoch darunter der Anteil derer ist, die eine Erwerbsarbeit anstreben, ist statistisch nicht erfasst. Außerdem arbeiten weltweit mindestens 115 Millionen Kinder unter problematischen, oft ihre Zukunft stark gefährdenden Bedingungen.

Den Schätzungen der Weltbank zufolge müssten in den kommenden 15 Jahren 600 Millionen »guter« Arbeitsplätze geschaffen werden, um die gegenwärtig teils prekären Beschäftigungsverhältnisse in den Problemregionen der Welt wirksam zu verbessern. Dies ist nicht aussichtslos. Denn die in den letzten Jahren in Asien und Lateinamerika, und hier insbesondere in China, Indien und Brasilien, erreichten Fortschritte in der Entwicklung geben heute gegenüber früheren Zeiten mehr Anlass zur Hoffnung, dass die Bekämpfung von Armut und Ausbeutung durch eine Belebung der Arbeitsmärkte letztlich gelingen kann.

Zu den globalen Herausforderungen gehört ferner der technische Fortschritt, der sich in Produkt- und Prozessinnovationen sowie in organisatorischen Neuerungen äußert. Einstmals technologieferne Weltregionen können im Zeitalter des Internets und virtualisierter Wertschöpfungsketten etwa bei den Dienstleistungen plötzlich einen ungeahnten Aufstieg erleben – Wissenstransfer, preiswerte Arbeitskraft und standortungebundene Produktion sorgen so für neue Chancen und mehr soziale Sicherheit. Wo Gewinner sind, gibt es aber auch häufig Verlierer. Zu ihnen können plötzlich auch traditionsreiche Industriestandorte zählen, deren monostrukturelle Ausrichtung und fehlende Innovationskraft ihnen in einer neuen Ära globalisierter Wirtschaft zum Verhängnis werden kann.

Neue Güter oder neue Produktvarianten schaffen typischerweise Beschäftigung, aber sie können auch Beschäftigung bei herkömmlichen Produkten verdrängen, wenn sie dazu in Konkurrenzbeziehungen stehen. Prozessinnovationen reduzieren die Produktionskosten, häufig durch geringere Nutzung von teurer Arbeit. Allerdings ermöglicht dies wiederum niedrigere Preise, die einen größeren Absatz der Produkte und dadurch auch mehr Beschäftigung zulassen. Ohne Innovationen gibt es jedenfalls auf Dauer kein Wachstum und auch keine gesicherten Arbeitsplätze.

Was sind die Folgen für Deutschland? Wir exportieren traditionell deutlich mehr Güter und Dienstleistungen, als wir importieren. Die deutschen Exporte sind von der Industrie geprägt, insbesondere von Autos und Maschinen, für deren Produktion knappe Fachkräfte eingesetzt werden. Der globale Wettbewerb setzt die beteiligten Branchen unter hohen Bewährungszwang, der sich in raschen Anpassungsnotwendigkeiten und immer höheren Qualifikationsanforderungen ihrer Beschäftigten äußert. Diese Arbeitsplätze sind, trotz gelegentlicher Zweifel an der Industrieorientierung Deutschlands[9], weiter sicher. Die Industrie treibt auch bei schrumpfenden Beschäftigtenzahlen das Innovationspotenzial einer Volkswirtschaft. Dienstleistungsnationen wie die Vereinigten Staaten von Amerika diskutieren deshalb inzwischen eine Reindustrialisierung.

Im Gegensatz zu Exporten gefährden Importe potenziell Arbeitsplätze im Inland, wenn sie mit Gütern und Dienstleistungen konkurrieren, die ähnlich oder in gleicher Weise in nationaler Produktion entstehen oder entstehen könnten. Preiswertere oder innovativere Produkte sind dann in der

Lage, einheimische Produkte und Dienstleistungen teilweise oder ganz vom Markt zu verdrängen. Umgekehrt sichern Importe den Zugang der Konsumenten zu preiswerten und innovativen Gütern und Dienstleistungen. Auch können so Investitionsgüter mithelfen, den Produktionsstandort Deutschland zu stärken und somit die Exportfähigkeit der deutschen Wirtschaft zu sichern.

Ohne das Wechselspiel von Ex- und Importen ist eine arbeitsteilige globale Wirtschaft nicht funktionsfähig.[10] Alles spricht dafür, die noch bestehenden Importbeschränkungen Schritt für Schritt aufzugeben, den weltweiten Handel damit zu beflügeln und mehr internationale Chancengerechtigkeit zu erzeugen. Vorstellungen über eine transatlantische Freihandelszone,[11] wie sie jüngst auch von der deutschen Kanzlerin Angela Merkel und US-Präsident Barack Obama unterstützt wurden, geben die sinnvolle Richtung vor, die Öffnung der Weltmärkte Schritt für Schritt voranzutreiben. Die Belange der aufstrebenden Nationen und der Entwicklungsländer dürfen dabei nicht zu kurz kommen.

Das Zusammenwachsen der Weltbevölkerungen und ihre Vermischung steigern die wechselseitigen Abhängigkeiten und werten kulturelle und ethnische Differenzen auf, als Potenzial für Wohlstand oder als Anlass für Konflikte. Die nationalen ökonomischen Gleichgewichte werden dadurch fragiler. In der Konsequenz steigen die Anforderungen an wirtschaftliche Anpassungsmechanismen, in deren Mittelpunkt wiederum der mobile und flexible Mensch aller Qualifikations- und Altersklassen stehen wird. Es wird nötig sein, kulturelles und ethnisches Kapital ebenso wie Humankapital besser zu nutzen, um in der globalisierten Welt bestehen zu können.

Die gravierenden demografischen Veränderungen werden unsere Arbeitsmärkte schon in naher Zukunft stark prägen. Europa wird von schrumpfenden Bevölkerungen gezeichnet sein, von alternden und kleineren Arbeitsmärkten, auf denen ohne Zuwanderung von außen regional ein akuter Fachkräftemangel bei gleichzeitig hoher Arbeitslosigkeit von Geringqualifizierten herrschen wird.

In Asien werden falsche politische Maßnahmen (beispielsweise die chinesische Einkindpolitik) und eine verbreitete, fatale Geschlechtspräferenz (für Söhne) ein unausgewogenes Verhältnis in der Geschlechterbilanz zur Folge haben und die Arbeitsbevölkerung zeitversetzt massiv schrumpfen lassen. Auch dort wird auf diese Weise ein hoher Zuwanderungsbedarf entstehen, von der gesellschaftspolitischen Brisanz dieser Entwicklung ganz zu schweigen. Ohne stabile soziale Sicherungssysteme und geordnete politische Mechanismen zur Bewältigung der Herausforderungen entsteht so ein gesellschaftpolitisches Pulverfass mit weltweitem Sprengpotenzial.

Dazu kommt ein weltweit erwarteter Fachkräftemangel aufgrund immer weiter anziehender Qualifikationsanforderungen, der nicht ausschließlich durch Anstrengungen bei der Bereitstellung von Bildung und Ausbildung aufgelöst werden kann. Wanderungen werden sich deshalb gerade wegen und nicht etwa trotz verbesserter wirtschaftlicher Perspektiven in den heute unterentwickelten Regionen der Erde weltweit verstärken. Es sind in aller Regel gar nicht die wirklich Armen, die wandern.

Auch das weltweit wachsende Bildungsniveau wird die Mobilität verstärken.[12] Wir gehen deshalb auf ein Zeitalter globaler Mobilität zu, in dem diejenigen Gesellschaften gewinnen werden, die sich offen und gestaltungsfähig zeigen. Das Potenzial für die Steigerung der Wohlfahrt der Welt durch freiere, globale Arbeitsmobilität übersteigt die Möglichkeiten durch Verbesserung von Güterhandel und Dienstleistungen erheblich.[13] Dies liegt nicht zuletzt an den großen weltweiten Ungleichgewichten auf den Arbeitsmärkten und den Hemmnissen für freie Arbeitsmobilität, die sich in den ungleichen Lebensbedingungen der Menschen äußert.

Ohne diese Offenheit lässt sich eine gedeihliche Zukunft der Arbeit nicht mehr vorstellen. Sie aktiv zu gestalten, statt nur passiv hinzunehmen, setzt voraus, den Markt für Arbeitskräfte zu verstehen und zu begreifen, dass in einer Zeit schwindender Fachkräfteressourcen keinesfalls auch die Geißel der Arbeitslosigkeit von selbst verschwinden wird. Wer sich dieser (Selbst-)Täuschung hingibt, übersieht dabei, dass der Arbeitsmarkt auf dem Prinzip des Abgleichs (Matching) von Arbeitsangebot und Arbeitsnachfrage beruht. Unternehmen benötigen nun einmal in aller Regel Arbeitskräfte mit unterschiedlichen Qualifikationen und können fehlende Fachkräfte nicht ohne weiteres durch Arbeitsuchende anderer Qualifikationsstufen ersetzen. Kann eine Stelle für eine Fachkraft nicht angemessen besetzt werden, besteht die Ausweichreaktion des Unternehmers in rationaler Abwägung kaum darin, einen gering qualifizierten Arbeitsuchenden an seine Stelle zu setzen, sondern erfolgt in Form von Rationalisierung, Überstunden oder gar Produktionsdrosselung. Je nach Aufwand und Gesetzeslage bietet sich zudem die Suche nach einer ausländischen Fachkraft an.

Unternehmen und Politik werden künftig viel stärker als bisher diese Mechanismen im Blick behalten müssen, wenn es darum geht, Antworten auf den demografischen Wandel zu finden. Steigt der Einsatz von Fachkräften, dann werden auch mehr Zulieferdienste benötigt; einfach qualifizierte Arbeitskräfte werden deshalb von den Unternehmen wieder stärker nachgefragt und existierende Arbeitslosigkeit wird abgebaut. Mehr und bessere Ausbildung, mehr und bessere Zuwanderung – das sind die entscheidenden Aufgabenstellungen für die Zukunft der Arbeit.

Die deutsche Wettbewerbsfähigkeit wird durch motivierte zuwandernde Arbeitskräfte gestärkt, sie müssen dann nicht »virtuell« über im Ausland produzierte preiswerte Produkte »importiert« werden. Auch transportieren Migranten Wissen und Talent, was Innovationen auslösen kann. Dagegen tritt nur selten der Fall ein, dass Zuwanderer die Löhne der Einheimischen drücken und diese tatsächlich von den Arbeitsplätzen verdrängen. Solche populären Ängste sind wenig empirisch begründet.[14] Der Fachkräftemangel wird sich allerdings in vielen Teilen der Welt einstellen. Neben den traditionellen großen Zuwanderungsländern wie den Vereinigten Staaten, Kanada und Australien werden auch China und die Türkei dazukommen. Es kommt für Deutschland darauf an, sich bald im globalen Markt für Arbeitskräfte als Nachfrager und attraktiver Standort zu etablieren.[15]

4 Deutschlands gefestigter Arbeitsmarkt im Jahr 2013

Um die anstehenden Veränderungen in der Welt erfolgreich gestalten zu können, ist ein fester Stand und eine klare Perspektive hinsichtlich der zu erwartenden Herausforderungen nötig. Die deutsche Wirtschaft hat zu Beginn des Jahres 2013 die Sicherheit, die großen Krisen des vergangenen Jahrzehnts gestärkt überstanden zu haben.

Das ist nicht selbstverständlich. Über Jahrzehnte folgten diverse Bundesregierungen einer verfehlten arbeitsmarktpolitischen Strategie, die zu immer größeren Arbeitslosenzahlen und zu verkrusteten Strukturen am Arbeitsmarkt geführt hatte. Im Mittelpunkt stand die Vorstellung, möglichst viele Menschen sozialpolitisch abgesichert aus dem Arbeitsmarkt herausführen zu müssen. Dazu kamen die immensen Probleme bei der Aufgabe, die deutsche Vereinigung zum Erfolg zu führen. Auch hier stand die Verwaltung der Probleme und nicht die Integration in den Arbeitsmarkt zunächst im Vordergrund. Die Finanzierung der Vereinigung erfolgte auch einseitig auf dem Rücken der arbeitenden westdeutschen Bevölkerung, da sie nicht durch eine allgemeine Steuererhöhung, sondern zu einem erheblichen Teil durch die Belastung der westdeutschen Sozialversicherungssysteme geregelt wurde. In der Folge stiegen die Lohnnebenkosten und dies führte zu einer weiteren Verdrängung des Faktors Arbeit. Konsequenterweise wurde Deutschland im Jahr 1999 zum »kranken Mann Europas« erklärt.[16]

Bereits im Jahr 2010 hatte sich Deutschland jedoch wieder zum »Wachstumsmotor Europas« gewandelt.[17] Man spricht nun sogar von einem »neuen deutschen Wirtschaftswunder«.[18] Was war in der Zwischenzeit geschehen? Die zu Beginn des letzten Jahrzehnts unter der Überschrift »Agenda 2010« von der Politik eingeleiteten massiven Arbeitsmarktreformen rückten die Integration in den Arbeitsmarkt in den Mittelpunkt des arbeitsmarktpolitischen Handelns zur Bekämpfung der Arbeitslosigkeit. Die Bundesagentur für Arbeit konzentrierte sich viel stärker als früher auf die Vermittlung der Arbeitslosen in Jobs statt auf ihre Zuweisung in Förderprogramme, die zuvor faktisch wie Sozialleistungen benutzt wurden. Wirtschaftliche Anreize wurden mit den Reformen so gesetzt, dass sie eine Arbeitsaufnahme begünstigten oder erzwangen und nicht mehr verhinderten. Frühverrentungsprogramme und andere Maßnahmen zur Aussortierung von Humankapital auf Kosten der arbeitenden Bevölkerung wurden weitgehend eingestellt. Die problematische Lebensarbeitszeitverkürzung wurde zurückgefahren. Arbeitsmarktpolitische Maßnahmen wurden nun auf ihre Wirksamkeit geprüft, wobei sich ein Großteil der zuvor eingesetzten Instrumente als wirkungslos erwiesen hat.[19]

Als die große Wirtschaftskrise 2008 einsetzte, fiel in Deutschland dennoch zeitgleich die Arbeitslosigkeit auf breiter Front. Insbesondere die Arbeitsmarktintegration von Problemgruppen wie älteren Arbeitnehmern, Ungelernten und Menschen mit ausländischer Staatsbürgerschaft verbesserte sich und hielt auch im Verlauf der Krise stand. Zwar entstanden viele geringfügige Jobs mit niedriger Bezahlung und einige kurzzeitige Arbeitsverhältnisse, aber doch auch sehr viele reguläre Arbeitsplätze konnten geschaffen werden.

Im Prozess der Bewältigung der Wiedervereinigung war bereits das Instrument der Kurzarbeit breitflächig und umfangreich erprobt worden. Neben den durchgreifenden Arbeitsmarktreformen wurde es ab 2008 zum weiteren Erfolgsfaktor bei der Bewältigung der Krise. Viele Unternehmen hielten ihre Beschäftigten vorausschauend auf Kosten der Gewinne und mit staatlicher Unterstützung in den Betrieben, statt sie vorschnell zu entlassen. Durch die Finanzierung von Kurzarbeit konnte die Arbeitsmarktpolitik die exportorientierten Branchen der Industrie, die mit den üblichen konjunkturstützenden Ausgabenprogrammen nicht hätten gestützt werden können, überhaupt erst erreichen. Es war Glück, dass in Deutschland nur die Industrie und nicht auch Konsumgüter, Handel und Dienstleistungen betroffen waren, wie in anderen Ländern. Die betroffenen Branchen selbst waren leistungsfähig, verfügten über volle Arbeitszeitkonten[20], die jetzt abgebaut werden konnten, und hatten sich in früheren Jahren in Verhandlungen der Sozialpartner bereits durch flexiblere Arbeitsregelungen von hohen Lohnnebenkosten befreit. Dies und der Einsatz der Kurzarbeit sorgen dafür, dass beim Abflauen der Krise die Produktion rasch wieder hochgefahren werden konnte, weil die dazu benötigten Mitarbeiter sofort bereitstanden. Ein wesentlicher Kern des »neuen Wirtschaftswunders« ist zweifellos die neu gewonnene interne Flexibilität und Krisenfestigkeit des deutschen Arbeitsmarktes und seiner leistungsstarken Unternehmen.

Heute, zehn Jahre nach der »Agenda 2010«, gilt es festzuhalten, dass Deutschland nach Jahren des Misserfolgs durch mutige Reformen wieder in die Erfolgsspur zurückgefunden hat. Dies ist freilich kein Grund für nachlassenden Reformelan – im Gegenteil: Wir tun gut daran, mit einer »Agenda 2020« nun verstärkte Aufmerksamkeit auf die demografischen Veränderungen zu richten, die zu lange in ihrer Dimension unterschätzt worden sind. Zehn zentrale Entwicklungen der bevorstehenden Zeitenwende auf dem Arbeitsmarkt zeichnen sich ab.[21]

These I
Vom Mangel an Arbeitsplätzen zum Mangel an Arbeitskräften

Nicht mehr die Knappheit an Kapital, sondern die Knappheit an personellen Ressourcen bestimmt künftig die Wachstumsperspektiven der Unternehmen und der Volkswirtschaft insgesamt. Aus einem Mangel an Arbeitsplätzen wird in immer stärkerem Maß ein Mangel an Arbeitskräften. Dennoch wird Arbeitslosigkeit nicht einfach »von selbst« verschwinden, denn es werden nur Akademiker und gut ausgebildete Fachkräfte knapp werden. Fachkräfte können allerdings auch Menschen mit gefragten Fähigkeiten sein, ohne dass sie dazu über einen besonderen formalen Abschluss verfügen müssen. Menschen mit geringen Qualifikationen hingegen sind in Zukunft sogar eher noch stärker von Arbeitslosigkeit bedroht, weil die Wissensanforderungen in fast allen Arbeitsmarktsegmenten kontinuierlich zunehmen. Nur eine gute Ausbildung sichert eine gute Beschäftigung. Angesichts der nach wie vor großen Zahl von nicht angemessen qualifizierten Neueinsteigern in den Arbeitsmarkt wird die Polarisierung zwischen Gewinnern und Verlierern wohl weiter zunehmen.

Schätzungen zufolge wird die deutsche Wohnbevölkerung von 82 Millionen im Jahr 2008 auf rund 80 Millionen Einwohner im Jahr 2020, auf 77 bis 79 Millionen im Jahr 2030 und auf 64 bis 70 Millionen im Jahr 2060 zurückgehen.[22] Es sieht so aus, dass nichts mehr eine deutliche Schrumpfung der Bevölkerung aufhalten kann. Noch bedeutsamer als die Verringerung der Gesamtbevölkerung ist der bevorstehende massive Rückgang des Erwerbspersonenpotenzials, also der Gesamtzahl von 15- bis 64-Jährigen, in Deutschland, die prinzipiell in der Lage sind, einer Arbeit nachzugehen. Dieses Potenzial wird selbst dann, wenn die Erwerbsquoten gegenüber heute gesteigert werden können und eine jährliche Nettozuwanderung von 100 000 Menschen (darunter sind nicht nur Erwerbsfähige) unterstellt wird, schon bis zum Jahr 2025 um fast vier Millionen Personen (im Vergleich zu 2008) abnehmen und danach bis 2050 nochmals beschleunigt um mehr als acht Millionen Menschen schrumpfen. Unterstellt man konstante Erwerbsquoten und ausbleibende Zuwanderung, fiele der Rückgang unweigerlich noch drastischer aus: Dann würden schon bis 2025 fast sieben Millionen Erwerbsfähige fehlen – das entspräche in etwa der Einwohnerzahl von Berlin, Hamburg und München zusammen. Noch eindrucksvoller sehen die veränderten Gesamtzahlen aus: Von heute knapp 45 Millionen Personen wird das Erwerbspersonenpotenzial je nach Basisannahmen bis 2050 auf 33 bis unter 27 Millionen zurückgehen.[23]

Hauptgrund hierfür ist die rückläufige Geburtenentwicklung. Der wirtschaftliche Aufschwung der 1950er Jahre führte in Deutschland zunächst zu einem kräftigen Anstieg der Geburtenrate, dem sogenannten Babyboom, der seinen Höhepunkt Mitte der 1960er Jahre erreichte. Doch anschließend drehte sich die Entwicklung.[24] Mit einem Rückgang der jährlichen Zahl der Geburten von 1967 bis heute auf etwa die Hälfte steht Deutschland inzwischen in der Europäischen Union am unteren Ende. Eine nachhaltige Trendwende ist nicht erkennbar. Die Geburtenentwicklung in Deutschland stagniert nach Jahren starker Rückläufigkeit vielmehr auf niedrigem Niveau. Im Jahr 2011 kamen rund 663 000 Kinder zur Welt, etwa 15 000 weniger als im Vorjahr und nicht einmal halb so viele wie 1964.[25] Die zusammengefasste Geburtenziffer des Jahres 2011 betrug damit in Deutschland 1,36 Kinder je Frau im gebärfähigen Alter.[26] Erforderlich wären aber mindestens 1,1 Millionen Neugeborene jährlich, um einer Bevölkerungsabnahme und einer wachsenden Verzerrung des Altersaufbaus unserer Gesellschaft entgegenzuwirken. Mit einer Familienpolitik, die die Vereinbarkeit von Familie und Beruf konsequent in den Mittelpunkt stellt und dafür bessere Strukturen schafft, statt sich an unnötigen Fronten wie einem »Betreuungsgeld« für zuhause bleibende Elternteile zu verkämpfen, stünde Deutschland besser da.[27]

Verschärft wird die zunehmende Knappheit an personellen Ressourcen durch einen schleichenden Prozess der Abwanderung von Humankapital. Neben einem langfristig hohen jährlichen Zustrom an Menschen aus dem Ausland, auf den das mediale Interesse sich gern richtet, haben wir eine fast ebenso große Abwanderung zu verzeichnen.[28] Im Grunde hat (wenn man von den Anfangsjahren der Bundesrepublik und der Integration von Millionen Kriegsvertriebener absieht) nur die historische Ausnahme der

Bürgerkriegssituation im ehemaligen Jugoslawien und des zeitgleichen starken Zuzugs von deutschstämmigen Spätaussiedlern aus Osteuropa nach dem Fall des »Eisernen Vorhangs« vorübergehend ab dem Ende 1980er Jahre zu einem starken Überschuss der Zuzüge gegenüber den Fortzügen geführt. Im langjährigen Mittel beträgt der Saldo aus Zu- und Fortzügen aber kaum 200000 Personen jährlich. In den Jahren nach 2004 sind jährlich rund 140000 bis 1700000 gut ausbildete Deutsche für immer oder längere Zeit ausgewandert. Dies ist ein erheblicher Verlust für den Arbeitsmarkt, die Steuer- und Finanzkraft sowie die sozialen Sicherungssysteme, dessen Ursachen noch viel zu wenig erforscht sind.

Dass zuletzt infolge der Verschuldungskrise im Euroraum wieder verstärkt Menschen aus den südeuropäischen Krisenstaaten nach Deutschland kommen, um der Arbeitslosigkeit in ihren Ländern zu entfliehen, braucht wiederum nur eine historische Momentaufnahme zu sein. Das Ausmaß dieser Zuwanderung bewegt sich bislang weit unterhalb des Niveaus, das angesichts der dramatisch unterschiedlichen Arbeitsmarktbedingungen plausibel wäre – ungeachtet völliger Freizügigkeit innerhalb der EU-Staaten ist die Mobilität von Arbeitskräften in Europa eben doch noch stark unterentwickelt. Das Niveau dieser »neuen« Zuwanderung rangiert im Übrigen auch weit jenseits dessen, was in demografischer Hinsicht an zusätzlicher (qualifizierter) Zuwanderung sinnvoll wäre.

Für Deutschland stellt der Mangel an Fachkräften eine besondere Herausforderung dar. Denn auf unserem Arbeitsmarkt wächst die Nachfrage nach qualifizierter Arbeit wie kaum anderswo in Europa. So steigt der Bedarf an Akademikern in den nächsten Jahren erheblich: Es werden voraussichtlich bis zum Jahr 2020 rund 800000 Universitäts- und etwa 1,1 Millionen Fachhochschulabsolventen zusätzlich benötigt.[29] Gefragt werden insbesondere Nachwuchskräfte in sogenannten MINT-Fächern (Mathematik, Informatik, Naturwissenschaften und Technik) sein. Bis 2015 müssten Schätzungen zufolge allein in dieser Berufsgruppe pro Jahr bis zu 115000 Absolventen zusätzlich in den Arbeitsmarkt eintreten. Davon sind wir weit entfernt.[30]

Doch nicht nur in akademisch geprägten Arbeitsmärkten gibt es Nachwuchssorgen; vielmehr droht eine Mangelkonstellation auf breiter Front.[31] So fehlen im Handwerk bereits heute Meister, Fachwirte und Spezialisten. Auch der Handel sieht flächendeckend wachsende personelle Probleme. Der demografische Wandel dürfte dauerhaft zu einem Überschuss an Lehrstellen führen, die nicht besetzt werden können. Das birgt die Gefahr, dass Firmen ihre Ausbildungsanstrengungen reduzieren oder sogar ganz einstellen; erste Anzeichen dafür lassen sich bereits erkennen.[32] Eine ähnliche Entwicklung zeichnet sich vorgelagert auch in den allgemeinbildenden Schulen ab. Während noch im Jahr 2006 bundesweit mehr als 940 000 Schulabgänge verzeichnet wurden, wird diese Zahl im Jahr 2015 voraussichtlich um gut 80 000 Personen (rund neun Prozent) geringer ausfallen.[33] Danach wird sich dieser Rückgang noch weiter beschleunigen.

Wenn es tatsächlich zu gravierenden Engpässen bei Fachkräften kommt, dann wird das zu erheblichen wirtschaftlichen Störungen führen. Dazu würde ein Rückgang der inländischen Investitionen wie auch des Konsums gehören. Kapital und Produktionskapazitäten würden in Länder mit besserem Arbeitskräfteangebot wandern und Innovationen und Wachstum in Deutschland würden gebremst. Einfach qualifizierte Arbeitskräfte, die international nicht sehr mobil sind, würden sich in Deutschland mit einem nochmals verstärkten Arbeitslosigkeitsrisiko konfrontiert sehen. Die Sozialsysteme kämen folglich in erhebliche Finanzierungsschwierigkeiten.

These II
Das Wachstum der Zukunft ist weiblich[34]

Angesichts des zunehmenden Fachkräftemangels wird Deutschland sein weibliches Erwerbspotenzial künftig weit besser nutzen (müssen). Diese Notwendigkeit ergibt sich einerseits aus den neuen Knappheitsverhältnissen auf dem Arbeitsmarkt, aus der kontinuierlich wachsenden, das männliche Vergleichsniveau übertreffenden Qualifikation der neuen Generation junger Frauen sowie schlicht und einfach aus der gesellschaftspolitischen Debatte.

Wenn die beiden Zukunftsaufgaben – mehr Kinder einerseits, mehr weibliche Arbeitskräfte andererseits – gelöst werden sollen, dann setzt dies ein verändertes Denken und Handeln in Politik, Wirtschaft und Gesellschaft voraus. Wir müssen endlich den unter ökonomischen Gesichtspunkten wie auch unter Gerechtigkeitsaspekten untragbaren Zustand überwinden, dass gut ausgebildeten Müttern faktisch nur allzu oft eine mehr als nur geringfügige Erwerbstätigkeit verwehrt wird, weil es an Kinderbetreuungsmöglichkeiten und Flexibilität seitens vieler Arbeitgeber mangelt. Zwar werden die gesellschaftlichen und wirtschaftlichen Realitäten wie auch die globalen Herausforderungen solche Veränderungen irgendwann erzwingen, doch bis dahin zu warten, hieße, weiterhin wertvolles Humankapital junger Frauen leichtfertig brachliegen zu lassen. Das dürfen wir uns nicht länger leisten.

Flexiblere Arbeitszeiten, die der Familiensituation angepasst werden, sind ein wichtiges Element, um diesen Prozess zu fördern. So könnten bis zu 1,5 Millionen Vollzeitstellen allein durch aktuell nicht erwerbstätige Mütter besetzt werden, wenn sie in ihrem jeweiligen Beruf die Möglichkeit hätten, die Arbeitszeit flexibler und damit familienfreundlicher zu gestalten.[35] Seit Langem wird von Expertenseite dazu geraten, die verschiedenen familienpolitischen Leistungen in Deutschland von jährlich rund 200 Milliarden Euro stärker auf die frühkindliche Betreuung zu konzentrieren, um Frauen bessere Berufsperspektiven zu bieten.[36] Wie es besser gehen könnte, zeigt die Familienpolitik in Ländern wie Frankreich oder Schweden. Dort erhalten Eltern zwar geringere direkte Transferleistungen wie Kindergeld. Dafür sind öffentliche Hilfen wie etwa Kinderkrippen und Ganztagsschulen umso umfassender. Familie und Beruf lassen sich auf diesem Weg offenkundig deutlich besser vereinbaren.

Immerhin: Der Anteil von erwerbstätigen Frauen ist in Deutschland in den vergangenen Jahren deutlich gewachsen: Lag er im Jahr 2001 noch bei eher schwachen 62 Prozent, so waren im Jahr 2011 bereits 71 Prozent der Frauen im Alter zwischen 20 und 64 Jahren erwerbstätig – womit dieser Wert den EU-Durchschnitt des Jahres 2011 um neun Prozentpunkte übertrifft.[37] Dennoch ist der Abstand Deutschlands zum EU-Spitzenreiter Schweden weiterhin beträchtlich. Dort sind 77 Prozent der Frauen berufstätig. Hinzu kommt: In Deutschland arbeiten überdurchschnittlich viele Frauen nur in Teilzeit. So lag dieser Anteil im Jahr 2011 bei 46 Prozent und fiel damit erheblich höher aus als der EU-Durchschnitt von 32 Prozent.

Bessere Betreuungsangebote sind deswegen die wichtigste Maßnahme, um das berufliche Engagement von Frauen zu stärken. Kostenfreie oder zumindest kostengünstige Zugänge zu ganztägig verfügbaren Kinderkrippen und Kindergärten sowie Ganztagsschulen sollten Priorität haben, übrigens auch vor kostenfreien Universitäten. Es ist wenig überzeugend, dass dies in Deutschland umgekehrt und damit unfair geregelt ist. Schließlich würden Studiengebühren von der Einkommenselite der Zukunft getragen, während Kindergartengebühren und mangelnde Kinderbetreuungszugänge Chancengleichheit auf breiter Front behindern. Aber auch die Firmen haben die wichtige Aufgabe, Kinderbetreuungsangebote wie Betriebskindergärten oder familienfreundliche Arbeitsbedingungen anzubieten. Tatsächlich wird dies künftig auch eine unternehmerische Wettbewerbsstrategie sein müssen, um knappes (und nicht nur weibliches) Humankapital für das eigene Unternehmen zu gewinnen und zu sichern.

Eine steigende Frauenerwerbstätigkeit führt wiederum zu zusätzlichen Wachstumsimpulsen durch die Verlagerung von Haushalts- in Marktproduktion und stärkt so die Binnennachfrage. Das deutsche Bruttoinlandsprodukt könnte rechnerisch um neun Prozent gesteigert werden, wenn das

Potenzial an weiblichen Arbeitskräften voll ausgeschöpft würde.[38] Frauen stabilisieren schon heute in ganz erheblichem Maß unseren Arbeitsmarkt. Das Potenzial ist vorhanden: Frauen sind längst nicht mehr das schwache Geschlecht, sondern das starke – gerade was ihre Bildung und Qualifikation betrifft. So überstieg im Jahr 2010 bei den Hochschulabsolventen die Erstabsolventenquote der Frauen mit 32 Prozent diejenige der Männer (28 Prozent) vergleichsweise deutlich.[39] Dennoch sind Frauen im unternehmerischen Topmanagement und auf der mittleren Führungsebene noch eklatant unterrepräsentiert. Nur 30 Prozent der Führungskräfte und kaum drei Prozent der Vorstandsmitglieder der 200 größten deutschen Unternehmen sind Frauen.[40] Ebenso verdienen Frauen noch immer bis zu 20 Prozent weniger als gleich qualifizierte Kollegen. Diese Diskrepanzen sind auch ökonomisch falsch, denn Unternehmen mit hohem Frauenanteil sind hinsichtlich Produktivität, Motivation und Rentabilität besonders erfolgreich. Firmen mit vielen Frauen auf der ersten Führungsebene erzielen Untersuchungen zufolge eine höhere Eigenkapitalrendite.[41] Umgekehrt »kostet« jede Frau, die auf dem Arbeitsmarkt benachteiligt wird, nicht ihrer Qualifikation entsprechend eingesetzt wird oder sich ungewollt in die Inaktivität verabschiedet hat, Wachstum.

These III
Die Belegschaften werden älter – und arbeiten länger

In Deutschland wird auf Dauer wieder länger gearbeitet werden. Das gilt für die Lebensarbeitszeit ebenso wie die wöchentliche bzw. jährliche Arbeitszeit. Damit wird sich ein jahrelanger Trend zur Arbeitszeitverkürzung umkehren. Ein höherer Anteil der Bevölkerung wird früher und länger dem Arbeitsprozess zur Verfügung stehen. Das betrifft Frauen, die früher häufig mit der Familienbildung ganz aus dem Erwerbsleben ausschieden oder sich zumindest in eine längere Familienphase verabschiedeten. Es betrifft aber auch Männer, deren Vorgängergenerationen sich durch Frühverrentungsprogramme frühzeitig aus dem Arbeitsleben zurückzogen. Und es betrifft ferner junge und alte Menschen, die sich in geringfügiger Beschäftigung als Schüler, Studenten, Rentner oder auch Hausfrauen nebenher am Arbeitsmarktgeschehen beteiligen.

Mit Mehrarbeit lassen sich Produktionsverluste aufgrund fehlender Arbeitskräfte bis zu einem gewissen Grad ausgleichen.[42] Gleichzeitig werden innovative Arbeitszeitmodelle, von denen frühere Beschäftigtengenerationen nur träumen konnten, immer größere Verbreitung finden und dafür sorgen, dass die erforderliche Mehrarbeit nicht mit einem Verlust an

Arbeitsmotivation und Lebenszufriedenheit einhergeht. Arbeit wird uns auch in Zukunft »glücklich« machen, obwohl oder gerade weil sie zeitlich immer flexibler ausgeübt werden wird.[43]

Die Mehrarbeit wird sich nicht notwendigerweise in Arbeits- oder Tarifverträgen niederschlagen. Für viele Arbeitnehmer ist sie über die vertraglich bzw. tarifvertraglich vereinbarte Regelarbeitszeit hinaus längst Routine. Die Statistik belegt, dass Vollzeitarbeitnehmer im Durchschnitt viel länger als 40 Stunden wöchentlich arbeiten, trotz tariflich vereinbarter 38,5-Stunden-Woche und im Übrigen auch ohne Lohnausgleich. Als wichtige Gründe für diese Entwicklung können der zunehmende Rückgang der direkt am Zeiteinsatz messbaren Arbeitsleistungen und die zunehmende Dominanz des Dienstleistungssektors angeführt werden. Zudem verschwinden für viele Arbeitnehmer zusehends die Grenzen zwischen Arbeit und Freizeit. Es ist künftig damit zu rechnen, dass sich Tarifabschlüsse durch eine größere Flexibilität auszeichnen und tariflich vereinbarte Arbeitszeiten tendenziell nach oben angepasst werden, z.B. durch Öffnungsklauseln und Arbeitszeitkonten. Gerade Arbeitszeitkonten bieten viele Chancen: Durch Mehrarbeit kann Zeit angespart werden, um sie später sinnvoll für »Auszeiten« zur Weiterbildung, Vorbeugung vor beruflicher Erschöpfung (»Burn-out«) oder zur Pflege von Familienangehörigen zu verwenden. Das »Zeitansparen« könnte aber ebenso auch zum früheren Renteneintritt genutzt werden.

Von besonderem Interesse ist ferner das gesetzliche Renteneintrittsalter. Die bereits beschlossene »Rente mit 67« wird wohl nur ein erster Schritt sein. Als 1891 die gesetzliche Rente in Deutschland eingeführt wurde, konnten die Menschen Altersruhegeld erst nach dem 70. Lebensjahr erhalten. Die durchschnittliche Lebenswartung lag damals bei unter 40 Jahren. Seitdem hat sich die Lebenserwartung mehr als verdoppelt. Wer heute mit 65 in Rente geht, kann damit rechnen, noch weit über 15 Jahre zu leben. Projektionen gehen davon aus, dass die Lebenserwartung der Menschen in Deutschland auch in Zukunft jedes Jahrzehnt um ein weiteres Jahr steigen wird.

Die gesetzliche Rentenversicherung basiert auf einer Umlagefinanzierung. Die entsprechenden Beiträge der erwerbstätigen Bevölkerung werden zur Finanzierung der Renten der jeweiligen älteren Generation verwendet und bilden nicht etwa Rücklagen für die Beitragszahler selbst. Tatsächlich erhält jeder junge Mensch, der heute Beiträge in die Rentenversicherung entrichtet, später eine weit geringere Summe als Rentner zurück. Und es ist aufgrund der demografischen Entwicklung schon heute klar, dass sich diese Diskrepanz zwischen Beitragslast und eigenen Rentenansprüchen weiter verschärfen und der Finanzierungsbedarf der gesetzlichen Rentenversicherung weiter zunehmen wird. Eine schrumpfende und alternde Bevölkerung bewirkt nun einmal, dass immer weniger junge Arbeitnehmer für immer mehr Rentner aufkommen müssen. Diese Entwicklung birgt ein hochexplosives Potenzial.

Zur Mehrarbeit gibt es natürlich Alternativen, sie sind aber weitgehend problematisch: Neben einer Senkung der Rentenleistungen verbunden mit Altersarmut sind dies vor allem eine Erhöhung der Beitragszahlungen im bisherigen Beitragszahlerkreis oder eine Ausweitung der Beitragszahler durch Zuwanderung oder die zwangsweise Einbeziehung von Beamten und Selbstständigen. Altersarmut ist für die Rentner so unerträglich wie eine Erhöhung der Beitragsleistungen für die Arbeitnehmer. Auf den Staat kämen im Fall von Altersarmut immense Kosten in Form von ergänzendem Bezug von Transferleistungen zu. Höhere Beitragszahlungen belasten auch die Lohnnebenkosten und verteuern den Produktionsfakor Arbeit; das führt zu einem Rückgang der Arbeitsnachfrage und folglich zu Arbeitslosigkeit. Mehr Beitragszahler bedeuten auch mehr Ansprüche, sodass sich das Problem zeitlich nur verschiebt. Angesichts der drastischen Ausweitung der Lebenszeit erscheint deshalb die Erhöhung des Renteneintrittsalters als letztlich tragbarste Form einer Lösung. Es wäre Aufgabe des politischen Prozesses, hier eine gesellschaftlich akzeptable Lösung zu finden.[44]

Naheliegender und »einfacher« erscheint der Politik allerdings traditionell eine Erhöhung der Beitragssätze für die Versicherten. Dies ist deshalb auf kurze Sicht die wahrscheinlichste »Lösung«. Heute werden bereits mehr als 35 Prozent der Ausgaben der gesetzlichen Rentenversicherung aus Steuermitteln aufgebracht. Ohne diese Stützungsmaßnahme lägen die Beiträge zur umlagefinanzierten Rente schon längst bei etwa 28 Prozent (anstatt wie aktuell bei knapp 19 Prozent). Der Stufenplan zur Einführung der »Rente mit 67« bis 2029 sieht ausdrücklich vor, dass der Beitragssatz erst bei 22 Prozent seinen Höchststand erreichen und dann »gedeckelt« werden soll. Mit anderen Worten: Weitere Beitragssatzsteigerungen in empfindlicher Höhe sind längst vorprogrammiert und werden den Faktor Arbeit über die Lohnnebenkosten künftig wieder verteuern, und dies trotz der parallel geplanten Heraufsetzung des Renteneintrittsalters auf 67 Jahre.

Wie man es auch dreht und wendet: Eine sukzessive weitere Anhebung des gesetzlichen Renteneintrittalters scheint noch der fairste Weg zu sein, um Lasten von den Schultern der jüngeren Generation zu nehmen und der gestiegenen Lebenserwartung Rechnung zu tragen. Wenn dabei individuell frühere, spätere oder fließende Übergänge in den Ruhestand ermöglicht werden und über die entsprechenden Rentenzu- oder abschläge transparent informiert wird, könnte dabei auch neue Entscheidungsfreiheit entstehen.

In diesem Sinn war und ist ein vom Verfasser stammender Vorschlag zur »Rente mit 70« aus dem Jahr 2005 zu verstehen, der an Aktualität nichts verloren hat:

»Die ›Rente mit 70‹ sollte als Einstieg in einen flexibleren Rentenzugang genutzt werden. Konkret könnte das so aussehen: Zwischen 65 und 75 Jahren ist der Renteneintritt jederzeit möglich. Allerdings müssen Versicherte, die vor Erreichen der Regelaltersgrenze in Rente gehen, einen Abschlag bei der Rente hinnehmen. Dieser muss so bemessen sein, dass Beitragsmindereinnahmen und längere Rentenzahlungen bei Frühverrentung genau ausgeglichen werden. Versicherte, die über die Regelaltersgrenze hinaus arbeiten, könnten eine höhere Rente erzielen. Um einen gleitenden Übergang in den Ruhestand zu ermöglichen, lässt sich dieses System durch Altersteilzeit ergänzen. Nur durch entschlossene Reformen lässt sich das bedrohte deutsche Rentensystem bewahren. Eine längere Lebensarbeitszeit könnte viel demografischen Druck aus dem System nehmen. Zusätzlich sollte die ältere Generation etwa durch eine Mehrwertsteuererhöhung stärker an der Rentenfinanzierung beteiligt werden. Dies wäre fair, denn diese Generation profitiert von der Erhöhung des Rentenniveaus in den 1970er Jahren, hat aber den im Umlageverfahren angelegten Generationenvertrag gebrochen, indem sie nicht für ausreichend Nachwuchs sorgte, um das System zu erhalten.«[45]

Aus damaliger Sicht hätte eine Realisierung der »Rente mit 70« bis zum Jahr 2030 dazu geführt, das Verhältnis der Bevölkerung im Erwerbs- und Rentenalter im Vergleich zu 2005 praktisch unverändert zu belassen. Damit hätte die Finanzsituation der gesetzlichen Rentenversicherung für einige Zeit stabilisiert werden können, ohne die Beitragssätze anzuheben. Heute wäre die »Rente mit 70« nach wie vor ein sinnvoller, ja überfälliger Schritt, gerade weil sich die Finanzierungsprobleme inzwischen weiter zugespitzt haben. Jedenfalls steht fest, dass die »Rente mit 67« nicht lange Bestand haben wird. Vernünftigerweise sollte das Konzept zu ihrer Umsetzung rasch korrigiert werden, um bis 2030 zu einer tragfähigeren Lösung zu kommen.

Dass Ältere heute länger am Erwerbsleben teilnehmen, ist im Übrigen längst nichts Ungewöhnliches mehr.[46] Lag die Erwerbsquote der 55- bis 64-Jährigen in den 1990er Jahren und bis 2003 noch bei schwachen Werten zwischen 40 und 45 Prozent, ist sie danach stark angestiegen, übertraf schon 2005 die 50-Prozent-Marke, um nur vier Jahre später bereits mehr als 60 Prozent zu erreichen – auch ein positives Resultat der Arbeitsmarktreformen.[47] Es ist damit zu rechnen, dass sich dieser Trend der steigenden Erwerbsbeteiligung Älterer fortsetzen wird. Schon heute liegt in Ländern wie Schweden, Norwegen oder der Schweiz der vergleichbare Wert bei rund 70 Prozent oder sogar darüber. Ähnlich hohe Werte ergeben sich Berechnungen zufolge für Deutschland im Zuge der »Rente mit 67«. Bis zum Jahr 2030 werden auf diese Weise dem Arbeitsmarkt mindestens 1,2 Millionen zusätzliche Erwerbspersonen zur Verfügung stehen[48] – setzte man die »Rente mit 70« um, wären es noch deutlich mehr.

Folglich stehen die Unternehmen vor der großen, oft noch unterschätzten Herausforderung, ihre Produktion mit alternden Belegschaften zu organisieren. Für den Arbeitsprozess wird deshalb künftig immer wichtiger: Wie können Unternehmen ältere Mitarbeiter länger produktiv im Beschäftigungsprozess halten? Wie können Junge und Ältere möglichst effektiv zusammenarbeiten? Wie vermeidet man innerbetriebliche Generationenkonflikte zwischen jungen, karriereorientierten, innovativen Führungskräften und den Älteren, deren Stärken Erfahrung, Routine, größere Ruhe und Abgeklärtheit sowie eine geringere Fluktuation sind, die aber die Aufstiegswege für Jüngere, jedenfalls nach den etablierten Karrieremustern nach Seniorität, blockieren? Wie passen wir das gesamte Arbeitsleben an? Wie schaffen wir maßgeschneidert auf die Bedürfnisse von Senioren flexiblere Arbeitszeiten? Diese Fragen werden auch in den Tarifverträgen immer wichtiger. Nur jene Unternehmen, die ihre älteren Mitarbeiter zu halten verstehen, für ihre mentale wie körperliche Fitness sorgen, in ihre Produktivität durch altersgerechte Arbeitsplätze und zielgenaue Weiterbildung investieren, werden langfristig erfolgreich sein. Sonst gehen wertvolle Potenziale verloren.

These IV
Deutschland ist auf Zuwanderer angewiesen

Längst ist Deutschland faktisch ein Einwanderungsland. Heute haben über 16 Millionen Einwohner, also jeder fünfte, einen Migrationshintergrund. Sieht man von historischen Vorläufern wie der Einwanderung der »Ruhrpolen« Ende des 19. Jahrhunderts ab, setzte die eigentliche Zuwanderungsgeschichte zunächst mit der Integration von rund 13 Millionen Vertriebenen und Flüchtlingen nach dem Zweiten Weltkrieg ein. Angesichts des Wirtschaftsaufschwungs der 1950er Jahre begann 1955 die Anwerbung ausländischer Arbeitskräfte: Millionen sogenannter Gastarbeiter, vor allem aus den Mittelmeerländern, kamen ins Land. 1955 wurde das erste

»Anwerbeabkommen« mit Italien getroffen; es folgten Vereinbarungen mit Spanien, Griechenland, Portugal, Marokko, Tunesien, Jugoslawien und 1961 mit der Türkei. Ohne diese Arbeitsmigranten wäre das deutsche »Wirtschaftswunder« der Nachkriegsjahrzehnte nicht denkbar gewesen.

Als Antwort auf die ökonomischen Rückschläge durch die erste Ölkrise wurde 1973 ein genereller Anwerbestopp verhängt – mit der Folge, dass sich nun erst recht viele »Gastarbeiter«, insbesondere aus der Türkei und Jugoslawien, zum Bleiben in Deutschland entschlossen und vom Recht auf Familiennachzug Gebrauch machten, da sie ansonsten bei einer Rückkehr in die alte Heimat nicht mehr nach Deutschland hätten zurückreisen dürfen. Damit setzte eine zunächst ungewollte Verfestigung des Aufenthaltsstatus der ausländischen Wohnbevölkerung in Deutschland ein. Das betraf allerdings nicht die Menschen aus den Mitgliedsländern der Europäischen Union, für die ja Freizügigkeit besteht; folglich reduzierten sich die Zuwanderungsströme aus diesen Ländern der Union bzw. brachen ganz ab.[49]

Neue Herausforderungen stellten sich ab dem Ende der 1980er Jahre in Form des starken Zuzugs von deutschstämmigen Spätaussiedlern und eines hohen Aufkommens von Bürgerkriegsflüchtlingen und Asylsuchenden ein. Beide Zuwanderergruppen spielen heute allerdings nur noch eine untergeordnete quantitative Rolle. Insgesamt überwog nach dem Anwerbestopp die nicht ökonomisch, sondern humanitär und familiär begründete Zuwanderung. Die Arbeitsmigration musste sich andere Kanäle in Form diverser intransparenter Sonder- und Ausnahmeregelungen suchen, die den Unternehmen kaum Planungssicherheit gaben und wiederum keine nennenswerten Größenordnungen erreichten. Es konnte folglich nicht überraschen, dass sich nach 1973 der Anteil an Migranten mit Arbeitsmarktintegration deutlich verringerte und die Arbeitslosenquote von Ausländern über die der Bürger mit deutschem Pass anstieg. Dies war eine direkte Folge aus der Abkehr von einer am Arbeitsmarkt orientierten Mobilitätspolitik.

Seit Beginn des neuen Jahrtausends sind in Deutschland nach längerer politischer Debatte neue Kapitel in der Migrations- und Integrationsgeschichte aufgeschlagen worden. Das im Jahr 2000 reformierte Staatsangehörigkeitsrecht erleichtert die Einbürgerung von Ausländern deutlich und hat so ein wichtiges Signal gesetzt, während das Anfang 2005 in Kraft getretene Zuwanderungs- und Integrationsgesetz zwar in vielem kompromisshaft blieb, aber doch die ökonomische Komponente der Zuwanderung wieder in den Blick rückte und die Integrationsleistungen verbindlicher regelte. Obligatorische Integrationskurse sollen seitdem die Eingliederung in die Gesellschaft und auf dem Arbeitsmarkt beschleunigen sowie den Spracherwerb verbessern. Neu geschaffen wurden Bestimmungen zur vereinfachten Zuwanderung von hoch qualifizierten Fachkräften und Arbeitsmigranten, die einen Arbeitsplatz mit einem festgelegten, inzwischen erneut herabgesetzten Mindesteinkommen nachweisen können. Auch der Arbeitsaufenthalt von ausländischen Studienabsolventen wurde besser geregelt. In der Praxis jedoch haben sich die Bestimmungen als immer noch zu restriktiv herausgestellt. Jedenfalls kann nicht die Rede davon sein, dass sich der Zuzug von Fachkräften aus dem Ausland so deutlich verstärkt hätte, wie es aus ökonomischer und demografischer Sicht wünschenswert wäre.

Dabei wird der deutsche Arbeitsmarkt von morgen infolge der Globalisierung sowie der demografischenVeränderungen noch internationaler und vielfältiger werden. Er muss sich noch weiter für Fachkräfte und »High Potentials« öffnen, um Wohlstand und Wachstum zu sichern. Hierfür braucht Deutschland eine gezielte Zuwanderungsstrategie, die offensiv um Fachkräfte wirbt, statt nur passiv hinzunehmen, dass Immigration stattfindet. Global hat dieser Wettbewerb um die »besten Köpfe« längst begonnen. Entscheidet sich Deutschland ebenfalls für ein ökonomisch durchdachtes, transparentes und flexibles Konzept für einen bedarfsorientierten Zuzug von Fachkräften, so würde die wirtschaftliche Leistungsfähigkeit Deutschlands zumindest auf mittlere Sicht erheblich gestärkt werden können. Voraussetzung ist allerdings, dass sich Deutschland mit seinem Zuwanderungsangebot erfolgreich im Konzert der Zuwanderungsländer etablieren kann. Gegenwärtig spricht wenig dafür, dass sich rasch ein sehr starkes Interesse von Fachkräften an einer Zuwanderung nach Deutschland einstellen würde. Dazu bedarf es aktiver Werbemaßnahmen auf Unternehmensebene und seitens der Politik.[50]

Leider zögert Deutschland immer noch, sich offensiv als Zielland für gut qualifizierte Zuwanderer zu positionieren. Über die vorhandenen Zuwanderungsmöglichkeiten, die inzwischen – etwa für Akademiker – durchaus weitgehender Natur sind, ist im Ausland kaum etwas bekannt. Bekannt ist aber wohl, wie sehr Deutschland an anderer Stelle sein (falsches) Image als geschlossene Festung pflegt und damit die falschen Signale sendet: Obwohl gerade die Bundesrepublik sehr vom Zuzug von Fachkräften aus Osteuropa hätte profitieren können, hat die Bundesregierung bis zuletzt darauf verzichtet, im Zuge der letzten Osterweiterungen der Europäischen Union die Freizügigkeit für Bürger der neuen EU-Staaten vorzeitig zu verwirklichen. Dies hätte sogar mit einem Auswahlverfahren verknüpft werden können, wofür die EU ihren Mitgliedsstaaten freie Hand gelassen hatte. Stattdessen wurde die Freizügigkeit erst Mitte 2011 hergestellt, als viele wanderungswillige Fachkräfte sich längst für andere

Zielländer innerhalb Europas oder für Kanada, die USA oder Australien entschieden hatten. Andere Länder wie Schweden, Großbritannien und Irland haben die Chancen der EU-Osterweiterung des Jahres 2004 durch den Beitritt von acht osteuropäischen Ländern bereits wesentlich früher – und zum Vorteil ihrer Arbeitsmärkte – genutzt; Deutschland hat sich dagegen im Wettbewerb um knappes Humankapital selbst geschadet.[51]

Seit Mitte 2012 setzt die EU-weit geltende »Bluecard«-Regelung gemeinsame Mindeststandards für die Aufnahme von Fachkräften aus Drittländern, die dann im gesamten Wirtschaftsraum der Europäischen Union arbeiten können. Doch sie löst nicht annähernd das deutsche Problem zu geringer Attraktivität für »die Besten«. Auch der Umfang der auf diese Weise ermöglichten Zuwanderung hält sich bislang in denkbar engen Grenzen.[52]

Fest jedenfalls steht: Zuwanderung kann einen Beitrag dazu leisten, die oben skizzierte Verringerung des Erwerbspersonenpotenzials abzumildern. Schon in den vergangenen Jahrzehnten hat ein positiver Wanderungssaldo zu einer deutlichen Verjüngung der in Deutschland lebenden Bevölkerung beigetragen. Ohne diese Zuwanderung hätten uns die Folgen des demografischen Wandels schon früher und härter getroffen. Für die Zukunft kommt es darauf an, den Zuzug von Arbeitskräften aktiv zu steuern.

Qualifizierte Zuwanderung führt unter weniger qualifizierten einheimischen Arbeitskräften zu steigenden Löhnen und sinkender Arbeitslosigkeit und sorgt für mehr wirtschaftliche Gleichheit, weil die Einkommensansprüche der Besserverdienenden durch den größeren Wettbewerb begrenzt werden.[53] Und bereits heute stützen Zuwanderer unsere Sozialsysteme, indem sie mehr einzahlen, als sie zurückerhalten.[54] Ebenso stabilisieren sie bereits heute Beschäftigung und Wachstum, weil sie Stellenprofile ausfüllen, die deutsche Arbeitnehmer nicht besetzen können oder wollen.

In Zukunft wird dies alles noch ausgeprägter der Fall sein. Multiethnisch aufgestellte Firmen, die das besondere ethnische Humankapital von Migranten nutzen, gewinnen an Bedeutung: Solche Betriebe haben Vorteile durch eine offenere Unternehmenskultur, die innovatives Denken und neue Produkte fördert und die nötige stärkere internationale Vernetzung erleichtert. Diese Chance zu nutzen, setzt allerdings eine deutlich verbesserte Integration von Bürgern mit Migrationshintergrund in Wirtschaft und Gesellschaft voraus. Diskriminierung und Vorurteile müssen abgebaut werden. Benachteiligungen in Schule und Ausbildung, bei Bewerbungen und im Berufsalltag dürfen wir uns nicht länger leisten. Nötig ist eine Kultur der Offenheit und der Abbau von Mobilitätshemmnissen wie fehlende Sprachkenntnisse, mangelnde kulturelle Kommunikationsfähigkeit, fehlende Anerkennung von Berufsabschlüssen und nicht vorhandene Transportierbarkeit von Beiträgen zu den nationalen sozialen Sicherungssystemen. Die Politik kann hier Impulse geben, gelebte Integration findet aber in der Gesellschaft und auf dem Arbeitsmarkt statt. Hier gibt es noch erhebliche Potenziale.

These V
Wo wir morgen arbeiten: Mobilität verschärft den Wettbewerb zwischen den Regionen

Der Wettbewerb um Arbeitskräfte wird sich nicht nur global, sondern auch national zwischen den Städten und Regionen Deutschlands verschärfen. Hier manifestiert sich der demografische Umbruch noch in einer anderen Weise: Die Schrumpfung der Bevölkerung wird den ländlichen Raum und die strukturschwachen Regionen überproportional stark treffen, während viele Städte und insbesondere die Wachstumsmetropolen sogar an Bevölkerung zunehmen werden. Dies deckt sich mit einem globalen Trend zur Urbanisierung der Welt. Damit intensiviert sich auch der Wettbewerb um Investoren, Konsumenten und Steuerzahler. Zusehends mobilere Arbeitsmärkte stärken die Wachstumsmetropolen, während die strukturschwachen Regionen weiter zurückfallen.

In Deutschland werden sich in Zukunft noch deutlicher bis zu zwei Dutzend Zukunftszentren herausbilden, die für die Beschäftigung an Attraktivität gewinnen. Hier steigen Löhne, Wohlstand und Wachstum überdurchschnittlich. Dazu gehören Hamburg, München, Stuttgart, Frankfurt, Köln oder Düsseldorf und das entsprechende Wohnumland. Auch die Hauptstadtregion um Berlin und Potsdam dürfte zu den Gewinnern gehören, denn dort stieg schon in den letzten fünf Jahren die Erwerbstätigkeit dreimal so stark an wie im Rest der Republik. Doch auch Städte wie Münster, Bonn, Aachen oder Dresden sind »Jobtreiber«. Diese Zukunftszentren zeichnen sich als Wissenschaftsstandorte aus, sie schaffen Beschäftigungsdynamik durch Spitzentechnologie, sind nicht nur verkehrsmäßig gut erschlossen, sondern bieten auch ein reiches kulturelles Angebot, hohe Wohnqualität und ein attraktives Freizeitumfeld. Auf diese Weise werden Spitzenkräfte »angelockt«, die wie ein Hebel auf die gesamte Erwerbstätigenzahl einer Region wirken. Wo qualifizierte Arbeitskräfte zuziehen, entstehen parallel auch in weiteren Bereichen bei den Dienstleistungen und der Produktion neue Jobs.

In den kommenden Jahrzehnten wird sich der deutsche Arbeitsmarkt immer weiter differenzieren. Einerseits herrscht schon heute in einigen

Arbeitsamtsbezirken im Süden Deutschlands faktisch Vollbeschäftigung, und Fachkräfte ziehen kontinuierlich hinzu. Anderswo ist Arbeitslosigkeit immer noch ein zentrales Thema, weil Unternehmensansiedlungen ausbleiben oder Firmen den Standort verlassen. Hieraus kann schnell eine Massenflucht diverser Unternehmen werden, gerade dann, wenn die jungen Nachwuchskräfte fehlen und so das Vertrauen in die Zukunftsfähigkeit der Region schwindet. Prognosen gehen davon aus, dass die für die Zukunft so wichtige Altersgruppe der 19- bis 24-Jährigen in Ostdeutschland bis 2025 um 40–50 Prozent schrumpfen wird, in Berlin und dem Saarland um jeweils rund 25 Prozent, in Rheinland-Pfalz, Bremen und Nordrhein-Westfalen um knapp 20 Prozent. In Süddeutschland fallen die Verluste mit durchweg weniger als 15 Prozent weniger empfindlich aus.[55]

Der Osten Deutschlands geht ohnehin mit einem historisch bedingten Handicap in die Zukunft. Trotz aller Anstrengungen und vieler inzwischen erreichter Erfolge haben die »neuen Bundesländer« den wirtschaftlichen Aufholprozess gegenüber dem Westen Deutschlands noch immer (und längst noch) nicht abgeschlossen.[56] Dies betrifft einige Regionen wie etwa Brandenburg und Mecklenburg-Vorpommern stärker als beispielsweise Sachsen und forciert dort zusätzlich die Abwanderung von Arbeitskräften, die Schwierigkeiten bei der Gewinnung von Fachkräften und die Land-Stadt-Wanderung. Somit werden sich vor dem Hintergrund des demografischen Wandels günstige Arbeitsmarkt- und Infrastrukturperspektiven wohl überwiegend nur in den großen Wachstumszentren Ostdeutschlands einstellen, die den Wettbewerb mit westdeutschen Städten nicht zu fürchten brauchen.[57]

Blicken wir in die noch weitere Zukunft. Die ökonomischen Vorteile der Urbanisierung haben dann eine erheblich ungleichere Verteilung der Bevölkerung verursacht. Jobs gibt es vor allem in den Städten. Trotz der Erfolge in der Kommunikationstechnologie sind die ländlichen Gebiete zu dünn besiedelt, um noch überall eine befriedigende Ausstattung mit öffentlicher Infrastruktur sinnvoll erscheinen zu lassen.[58] Der ländliche Raum wird sich dann – neben der Landwirtschaft – vor allem auf die Wohn- und Erholungsfunktionen konzentrieren. Der Anteil der Pendler unter den Berufstätigen wird infolgedessen ebenso zunehmen wie die durchschnittlichen Pendelzeiten. Je höher die Qualifikation, desto größer die Auswahl, wo gelebt und wo gearbeitet werden kann. Kriterien wie Work-Lifetime-Balance, Unternehmenskultur und das Wohnumfeld spielen für die individuellen Karriereplanungen künftig eine viel wichtigere Rolle. Die Stadt- und Regionalplaner werden sich darauf genauso einzustellen haben wie die Personalberater und Personalabteilungen der Unternehmen.

These VI
Wie wir morgen arbeiten: Neue Formen der Beschäftigung

Unsere Arbeitswelt ist stark in Bewegung, sie wird vielfältiger und informeller. Wie bestimmend das tradierte gesellschaftspolitische Leitbild des Normalarbeitsverhältnisses bleiben wird, muss allerdings aus heutiger Sicht offen bleiben. Plausibel erscheint jedenfalls die Herausbildung eines neuen Typus des »Arbeitnehmerselbstständigen«.

In einem solchen Szenario haben sich die formellen und hierarchischen Strukturen der meisten Unternehmen aufgelöst. Außerdem hat sich die Wertschöpfungskette insgesamt und weltweit modularisiert. Das bedeutet, dass sich der Ansatz, der schon heute bei der Produktion eines Autos oder eines Smartphones mit weltweiten Zulieferern verfolgt wird, deren einzelne Vorprodukte schließlich nur noch an einem Ort zusammengesetzt werden, auch auf den Dienstleistungssektor und den virtuellen Raum des Internets ausgeweitet hat. Computersysteme steuern das Zeitmanagement. Nicht mehr feste Fabriken und Büros, feste Arbeitszeiten, tradierte Hierarchien und festgefügte Strukturen bestimmen diese Arbeit der Zukunft. Information und Wissen werden mit dem Fortschritt der Kommunikationstechnologien zu den entscheidenden Impulsgebern. Wo Firmen als organisatorische Verbünde noch Arbeitsplätze und eine Zentrale zur Verfügung stellen, sind feste Büros nicht mehr die Regel. Jeder sucht sich, wenn denn im lokalen Einsatz, den gerade freien Arbeitsplatz. Schon heute können in vielen Berufen die Tätigkeiten mit einem miniaturisierten Hochleistungscomputer und einer Internetverbindung an allen Plätzen der Welt ausgeübt werden.

Der neue »Arbeitnehmerselbstständige« ist prinzipiell überall verfügbar. In der Erwerbsgesellschaft von morgen sind vernetztes Arbeiten, Denken und Handeln die bestimmenden Merkmale. Heimarbeitsplätze, Projektarbeit durch Kooperation und virtuelle Netzwerke gewinnen immer mehr an Bedeutung. Dementsprechend werden die beruflichen Biografien vielfältiger, die Karrieren offener. Teamorientierte Projektarbeit ist auf dem Vormarsch. Man organisiert sich lieber in sozialen Netzwerken wie Facebook als in traditionellen Interessenvertretungen; klassische Gewerkschaften sind durch Interessenverbände der »Arbeitnehmerselbstständigen« (wie sie im Ansatz schon heute in Indien zu finden sind) entweder weitgehend ersetzt, zumindest aber in ihrer Bedeutung stark geschwächt worden. Die Personalberater der als Produktions- und Dienstleistungsnetzwerke organisierten Firmen kommunizieren mit den Agenten der »Arbeitnehmerselbstständigen« über Entlohnung und zeitliche Verträge. Beruf und

Privatleben integrierende Arbeitsformen sind gefragt. Flexible Arbeitszeitmodelle wie Gleitzeit, Arbeitszeitguthaben oder variable Zeitplanungen sind längst Standard. Die Knappheit des Arbeitskräfteangebots befördert Innovationen hinsichtlich der Arbeitsstrukturen. Firmen werden es sich immer weniger leisten können, überdurchschnittlich gut qualifiziertes Personal durch mangelndes Entgegenkommen bei der Gestaltung von Arbeitsinhalten, Arbeitsumgebungen und Arbeitszeiten zu verprellen.

Abhängig von der Art der Produktion oder Dienstleistung werden sich aber auch Präsenzkulturen alten Stils konservieren und so dem Normalarbeitsverhältnis als »Machostruktur« eine Bestandserhaltungschance geben. Mehr denn je werden Firmen mit ihren Organisationsformen und Führungsstilen experimentieren müssen, um den für sie richtigen Weg zu finden.

Zurück zur Realität heute: 2011 waren etwa zwei Drittel (66,2 %) aller Beschäftigten im Alter zwischen 15 und 64 Jahren in einer unbefristeten sozialversicherungspflichtigen Anstellung in Vollzeit tätig.[59] 2012 hat die sozialversicherungspflichtige, tarifvertraglich geregelte Beschäftigung sogar stärker zugenommen als die Erwerbstätigkeit insgesamt.[60] Der demografische Wandel erzwingt in den kommenden Jahren, wie schon erwähnt, eine entschlossene Trendumkehr in Sachen Arbeitszeit. Wenn in der Woche, pro Jahr und im gesamten Berufsleben bei aller Flexibilität wieder länger gearbeitet wird, um den Mangel an Arbeitskräften auszugleichen, steigen auch die Chancen für das Normalarbeitsverhältnis. Aber es wachsen daneben die Möglichkeiten des flexibleren Personaleinsatzes wie Leih-, Zeit- und Projektarbeit, befristete Beschäftigung, Teilzeit und Minijobs. Auf dem Weg zu einer Gesellschaft der Wissensarbeiter, der Kreativwirtschaft und der Dienstleister etablieren sich solche »atypischen Beschäftigungsverhältnisse« vor allem im Dienstleistungssektor.

Flexible Arbeit ist dabei aber auch eine Antwort auf die Individualisierung der Lebensplanung. An dieser Stelle treffen sich die Interessen von Unternehmen und Beschäftigten. Eine zweite oder dritte Ausbildung, Unterbrechung eines Arbeitsverhältnisses durch Phasen von Selbstständigkeit, Weiterbildung, Betreuungstätigkeit oder freiwilliger Auszeit und nicht mehr nur durch Arbeitslosigkeit – solche weniger »geradlinigen« Erwerbsbiografien werden in Zukunft immer häufiger anzutreffen sein und keinen Makel mehr darstellen, wie das heute noch oft der Fall ist.

In der Wachstumsbranche der Zeitarbeit waren Mitte 2012 gut 900 000 Menschen beschäftigt.[61] Sie verfügen dort über feste Verträge und normale Kündigungsfristen. Mit weniger als zwei Prozent aller Beschäftigten und weniger als zwei Prozent aller geleisteten Arbeitsstunden ist der deutsche Zeitarbeitsmarkt im Vergleich zu Nachbarländern wie den Niederlanden oder Großbritannien eher noch klein. Zeitarbeit ist sinnvoll, um systematische Auslastungsschwankungen und unerwartete Störungen in der Nachfrage der Firmen auszugleichen. Für ihr Stammpersonal bedeutet es sichere Arbeitsplätze und bessere Entlohnung. Die Zeitarbeitsfirmen tragen durch die Bereitstellung von flexiblen Zeitarbeitnehmern die wirtschaftlichen Risiken ihrer Vertragsfirmen und können deshalb von den Entleihern ihres Personals einen anständigen Preis verlangen. Der Einfluss von Tarifverträgen nimmt in diesem Bereich deutlich zu. Die Arbeitnehmer von Zeitarbeitsfirmen nutzen diese Position häufig erfolgreich als Einstieg in eine normale Beschäftigung.

Problematisch wird es dann, wenn die Entleihung nicht temporär, sondern langfristig erfolgt. Die Gewerkschaften können hier zu Recht befürchten, dass diese Arbeitnehmer möglicherweise lohndrückend eingesetzt werden. Zeitarbeitnehmer sollten also das sein, was ihre Bezeichnung besagt: Arbeitnehmer auf Zeit.

Derzeit weisen Zeitarbeitnehmer im Durchschnitt ein eher niedrigeres Qualifikationsniveau auf, doch das dürfte sich in Zukunft ändern – es wird sich auch ein Markt für hoch qualifizierte Zeitarbeitnehmer entwickeln. Dann wird die Zeitarbeitsfirma zu einem Agenten des »Arbeitnehmerselbstständigen«, der damit wieder von informellen in formelle Arbeitsbeziehungen wechselt. Zeitarbeitnehmer sind in mancher Hinsicht das Hybridmodell des Arbeitsmarktes, sie stehen zwischen dem Normalarbeitsverhältnis klassischer Prägung und dem künftigen »Arbeitnehmerselbstständigen«.

These VII
Was wir morgen arbeiten: Neue Märkte, neue Jobs

Der technische Fortschritt oder die Globalisierung nehmen uns nicht dauerhaft Arbeit weg. Wir bekommen nicht weniger, aber andere Arbeit. Noch 1950 waren 24,6 % aller Beschäftigten in Deutschland in Landwirtschaft und Fischerei tätig, im Jahr 2012 hingegen waren es nur noch 1,6 %. Der Anteil der Beschäftigten im produzierenden Gewerbe (einschließlich des Bausektors) betrug zwischen 1950 und 1981 stets – und teils deutlich – über 40 Prozent; von seinem Höchststand von fast 50 Prozent im Jahr 1965 ist er jedoch kontinuierlich auf nur noch 24,7 % im Jahr 2012 geschrumpft.[62]

Dennoch haben wir heute statistisch gesehen nicht weniger Erwerbstätige, sondern mehr. Insofern ist zwar einerseits die Sorge berechtigt, dass Deutschland eines Tages seinen »industriellen Kern« verlieren könnte.

Andererseits werden neue Märkte und neue Jobs entstehen, die diese Verluste auffangen oder sogar überkompensieren können. Wenn die Geschichte der Arbeit eines zeigt, dann dies: Stets hat sie Innovationen sowie neue Produkte und neue Dienstleistungen hervorgebracht, mit denen veränderte Ansprüche und Erwartungshaltungen der Käufer und Nutzer erfüllt werden konnten. Der technische Fortschritt sorgt dafür, dass die Produktzyklen kürzer werden, dass ganze Produktionszweige oder -standorte womöglich unrentabel werden, dass wir unsere Arbeitsweise immer öfter anpassen müssen, aber er stimuliert auch die Nachfrage nach Neuem und schafft so wiederum Arbeitsplätze, die er vorher an anderer Stelle zerstört hat.

Ein großer Teil unserer wirtschaftlichen Leistungskraft rührt aus dem Export von Industrieprodukten. Im Jahr 2011 war etwa jeder vierte Arbeitsplatz in Deutschland (9,6 Millionen) direkt oder indirekt vom Erfolg deutscher Produkte im Ausland abhängig.[63] In einzelnen Branchen wie dem Fahrzeug- und Maschinenbau oder der chemischen Industrie liegt der Anteil der ausfuhrbedingten Beschäftigung sogar noch deutlich höher. Deutschland hat eindeutig von der Globalisierung profitiert, sowohl bezüglich der Pro-Kopf-Einkommen, die im internationalen Vergleich überdurchschnittlich gestiegen sind, als auch im Blick auf die Sicherung und Schaffung von Arbeitsplätzen. Deshalb ist die in der letzten großen Wirtschaftskrise aufgekommene Frage, ob Deutschland sein »Exportmodell« ändern müsse, nicht überzeugend. Deutschland muss auch in Zukunft günstige Rahmenbedingungen schaffen, um seine industrielle Basis wettbewerbsfähig zu erhalten. Denn dort finden nicht zuletzt jene Produkt- und Systeminnovationen statt, die auch in den Bereichen Beratung und Dienstleistungen neue Jobs entstehen lassen.

Ein Beispiel für einen möglichen Zukunftsmarkt sind neben der Medizin- und Biotechnologie vor allem die »grünen Technologien«, die Industrie und Dienstleistungssektor neue Beschäftigungsimpulse geben können.[64] Im Jahr 2008 arbeiteten in Deutschland bereits knapp zwei Millionen Menschen in dem weiten Bereich der Umweltberufe. Damit sind schon fast fünf Prozent aller Beschäftigten in diesem aufstrebenden Arbeitsmarktsegment tätig.[65] Es ist sehr wahrscheinlich, dass sich mit dem geplanten Ausstieg aus der Kernenergie und den Investitionen in die alternative Energieversorgung schon mittelfristig zusätzliche Berufsbilder und Beschäftigungschancen im Umweltbereich ergeben werden. Trotzdem ist die Gesamtbilanz der »Energiewende« für die Beschäftigung derzeit schwer abzuschätzen.

Der Dienstleistungssektor beschäftigte im Jahr 2012 schon fast 75 Prozent aller Erwerbstätigen. Er bietet durch die Zunahme wissensbasierter Dienstleistungen große Wachstumspotenziale. Ebenso boomen die sozialen Dienste und Gesundheitsberufe. Allein unsere älter werdende Gesellschaft braucht in den nächsten zehn Jahren etwa rund 300 000 zusätzliche Pflegekräfte. Aber der Markt ist schon heute leergefegt. Auch die »Seniorenwirtschaft« eröffnet neue Marktchancen: Immer mehr und immer zahlungskräftigere Senioren werden als Kunden immer anspruchsvoller und fragen neue, altersgerechte Dienstleistungen nach.

Weitere Potenziale für wachsende Beschäftigung liegen unter anderem in den Bereichen von Bildung, Erziehung und Betreuung, in der Freizeit- und Tourismuswirtschaft, der Logistik sowie auf dem Gebiet von Informations- und Kommunikationstechnologien. Das erforderliche lebenslange Lernen verlangt nach einem breiten Angebot berufsbegleitender Bildungsformate. Bildungspolitische Reformen mit dem Ziel angemessener frühkindlicher und schulischer Bildung setzen nicht nur eine entsprechende Qualifikation des Personals, sondern auch mehr Lehrkräfte voraus. Die hohe Lebenserwartung wird die Nachfrage nach individueller Betreuung, Alltagshilfe und Pflege im Alter weiter steigen lassen. Gerade wegen künftig wieder verlängerter Arbeitszeiten ergeben sich gute Marktchancen für örtliche Angebote zur kreativen Freizeitgestaltung – und der Tourismussektor erscheint in Deutschland ohnehin noch stark ausbaufähig. Verkehr und Logistik werden gleichfalls Wachstums- und Beschäftigungsmotoren bleiben, dafür sorgt Deutschlands geografische Lage im Zentrum der europäischen Verkehrsadern. Vor allem aber werden es mit einiger Sicherheit weiterhin die Entwicklungssprünge in der Informations- und Kommunikationstechnologie sein, die auch in Zukunft neue Bedürfnisse und Wünsche in uns wecken und so für Arbeit sorgen.

These VIII
Mehr selbstständige Tätigkeiten: Neue Chancen für den Mittelstand

Noch ein Trend wird bestimmend: Die Grenzen zwischen den Rollen von Arbeitnehmern und Unternehmern verschwinden. Mit den ausgelagerten Tätigkeiten von bisherigen Arbeitnehmern werden die selbstständigen Tätigkeiten zu einer tragenden Säule der neuen Arbeitswelt. Neue Formen des Alleinunternehmers oder des »Arbeitnehmerselbstständigen« formen den Typus eines neuen Normalarbeitsverhältnisses. Solche Selbstständigen beschäftigen nicht nur sich selbst, sondern auch indirekt weitere Arbeitskräfte im Umfeld. In den kleinen Betrieben helfen in vielen Fällen auch Familienangehörige und wenige abhängig Beschäftigte mit. Der Beitrag dieser Einzelunternehmer zum gesamtwirtschaftlichen Beschäftigungsniveau darf künftig weniger denn je unterschätzt werden.

Noch ist Deutschland vorwiegend eine Gesellschaft der Lohnabhängigen und Angestellten. Zwar hat die Zahl der Selbstständigen in den letzten zwanzig Jahren kontinuierlich von gut 3,5 Millionen (1991) auf etwas mehr als 4,5 Millionen (2011 und 2012) zugenommen; ihr Anteil an der Gesamtzahl der Erwerbstätigen beträgt aber einschließlich mithelfender Familienangehöriger aktuell dennoch nur knapp elf Prozent.[66] Für die Zukunft ist allerdings eine deutliche Zunahme dieses Anteils allein aufgrund der beschriebenen Zunahme von »Arbeitnehmerselbstständigen« sehr wahrscheinlich. Dabei dürfte auch die Dominanz von Männern unter den Alleinunternehmern zurückgehen. Frauen sind heute noch viel seltener Existenzgründerinnen, weil sie eher geisteswissenschaftliche Fächer studieren, noch immer Büro-, Verkaufs- und soziale Tätigkeiten favorisieren, in denen Existenzgründungen eher selten sind, oder einfach das Risiko scheuen.[67] Doch das wird sich in Zukunft ändern. Frauen werden auf breiter Front vermeintlich »männliche« Fachbereiche erorbern und je besser es gelingt, Familie und Beruf zu vereinbaren, umso stärker wird auch die (Risiko-)Bereitschaft von Frauen steigen, selbstständig tätig zu werden.

Hierin liegen gute Chancen für den deutschen Mittelstand, unseren wichtigsten Jobmotor. Derzeit gibt es in Deutschland rund 1,7 Millionen Kleinstunternehmer mit weniger als zehn Mitarbeitern, die über 80 Prozent aller deutschen Unternehmen ausmachen und fast 20 Prozent aller Erwerbstätigen in Deutschland beschäftigen. Kleine Unternehmen mit 10–49 Mitarbeitern stellen weitere 15 Prozent aller Firmen mit über 22 Prozent aller Beschäftigten. Mit anderen Worten: Kleine mittelständische Unternehmen machen über 85 Prozent aller Firmen aus und weisen einen Anteil von mehr als 40 Prozent an allen Beschäftigten auf. Zählt man (nach der üblichen Definition) auch noch diejenigen Betriebe mit weniger als 250 Mitarbietern zum Mittelstand, so addiert sich der Anteil an der Gesamtbeschäftigung auf stolze 60 Prozent – von dem Anteil von 80 Prozent an allen Ausbildungsstellen ganz zu schweigen.[68]

Allerdings wird gerade dieser Bereich der Wirtschaft von den Folgen der demografischen Veränderungen massiv getroffen. Der Wettbewerbsdruck wächst, die Innovationszyklen werden kürzer. Schon in den letzten zehn Jahren hat sich die Zahl der Insolvenzen mittelständischer Betriebe verdoppelt. Neben der erschwerten Unternehmensfinanzierung leiden viele Gewerbetreibende, handwerkliche Betriebe und Selbstständige auch unter dem Problem der Unternehmensnachfolge. Immer seltener ist sie familienintern zu lösen und die rückläufige Zahl junger motivierter Führungskräfte, die hierfür in Frage kämen, macht sich auch an dieser Stelle bereits bemerkbar.

Für mittelständische Unternehmen, die eher in der »Provinz« ihre Wurzeln haben, kann überdies die größere Mobilität der Fachkräfte zum Problem werden: Im Kampf um die besten Köpfe haben kleine und mittlere Betriebe im Vergleich zu Konzernen mit einem starken Markenimage und internationalen Perspektiven heute oft das Nachsehen. Sie haben nur dann eine Chance, wenn sie durch langfristige Berufsperspektiven, eine positive Unternehmenskultur, Programme zur nachhaltigen Mitarbeiterbindung und familienfreundliche Angebote aktiv dagegenhalten und ihrerseits auch international rekrutieren. An dieser Stelle können die neuen Selbstständigen und »Arbeitnehmerselbstständigen« in die Bresche springen. Gerade kleine Unternehmen sind am ehesten dazu in der Lage, sich für neue Arbeitsstrukturen zu öffnen und – etwa auf Basis projektorientierter Verträge – das Know-how von Selbstständigen in ihren Betrieb zuzukaufen.

Vorausschauende mittelständische Unternehmen müssen in Zukunft noch stärker als Großbetriebe frühzeitig den Kontakt zu ihrem potenziellen Nachwuchs suchen – durch Stellenbörsen, Infotage für Schulabgänger und Hochschulmessen, gezielte Kooperationen mit Schulen, Hochschulen und Ausbildungsstätten. Wichtig wird sein, Alleinstellungsmerkmale und ein hohes, unverwechselbares Firmenimage zu entwickeln, vor allem aber Arbeitsplatzextras anzubieten, die sich an den Bedürfnissen der jungen, selbstbewussten Fachkräfte orientieren.

These IX
Gute Arbeit, guter Lohn: Neue Strategien sind gefragt

Das generelle Lohnniveau in Deutschland ist im letzten Jahrzehnt nur mäßig gestiegen Die realen Nettolöhne sind inflationsbereinigt im Durchschnitt sogar leicht gesunken.[69] Die Tarifpartner haben der Beschäftigungssicherung zu Recht Vorrang eingeräumt. Aber auch der Einfluss der Gewerkschaften auf die Lohnbildung ist generell zurückgegangen, nicht zuletzt durch die mangelnde Tarifbindung in Ostdeutschland und die steigende Bedeutung der Dienstleistungsbranchen für die Beschäftigung. Durch eine Stärkung der inneren Flexibilität des deutschen Arbeitsmarktes und der betriebsinternen Arbeitsabläufe sowie eine Senkung der Lohnstückkosten konnte Deutschland seine internationale Wettbewerbsposition deutlich verbessern.[70]

Allerdings hat die Lohnkluft zwischen den sogenannten Gewinner- und Verliererbranchen zugenommen: In der Energie- und Wasserversorgung, der Chemiebranche, dem Fahrzeug- und Maschinenbau, der Elektrotechnik wird wesentlich mehr verdient als im Textil- und Bekleidungsgewerbe oder dem Einzelhandel. Eine akademische Ausbildung vermittelt heute einen noch größeren Lohnvorsprung gegenüber mittleren Abschlüssen als früher. Dieser Trend wird sich künftig weiter fortsetzen.

Konfrontiert mit einem knapper werdenden Angebot an Fachkräften werden die Firmen in Mangelberufen erheblich bessere, dabei regional und branchenspezifisch noch stärker als heute voneinander abweichende Gehälter zahlen müssen. Die Möglichkeiten zur Beteiligung der Arbeitnehmer an der wirtschaftlichen Entwicklung werden sich aber nicht nur (und häufig auch gar nicht) in höheren Löhnen und besseren tariflichen Zahlungen ausdrücken. Denn die exportorientierten Unternehmen, die der Motor des deutschen Wachstums sind, stehen künftig in einem eher noch härteren globalen Wettbewerb um Kosten und Produktivität. Sie werden deshalb, soweit das im Kampf um das Humankapital durchzusetzen sein wird, bei den Fixlöhnen vorsichtig vorgehen und eher mit leistungs- und ergebnisabhängigen Bonusprogrammen, Erfolgsprämien und Einmalzahlungen entlohnen. Bei Führungskräften machen variable Gehaltsbestandteile schon heute vielfach 30 Prozent des Jahreseinkommens aus. Auch auf den Ebenen darunter werden solche Modelle in Zukunft verstärkt Einzug halten. Sie stellen eine von verschiedenen denkbaren, zunehmend wichtigeren Varianten zu Leistung motivierender Lohnstrukturen und Mitarbeiterbeteiligung am Unternehmenserfolg dar. Zielvereinbarungen und Zusatzleistungen ergänzen dann den Basisverdienst. Insgesamt werden die Lohnstrukturen vielfältiger und die Tarifverträge noch flexibler. Öffnungsklauseln für konjunkturelle Schwankungen und besondere Krisensituationen dürften die Regel werden.

Zugleich werden viele Firmen die Suche nach neuen Vergütungsmodellen verstärken, die sich weniger am kurzfristigen Unternehmenserfolg ausrichten, sondern – wie Programme zur Mitarbeiterkapitalbeteiligung im engeren Sinn – mehr daran, qualifizierte Köpfe langfristig an den Betrieb zu binden und identitätsstiftend zu wirken. Bisher sind in Deutschland weniger als zehn Prozent der sozialversicherungspflichtigen Arbeitnehmer in irgendeiner Form am Kapital (noch eher selten) bzw. Gewinn (häufiger) ihres Unternehmens beteiligt. Die Erfahrung zeigt: Betriebe, die eine solche »Kapitalpartnerschaft« praktizieren, weisen nicht nur tendenziell eine höhere Produktivität und Innovationskraft auf; sie bauen auch eher Beschäftigung auf als ab. Dennoch sind offenbar die Vorbehalte auf Unternehmerseite und die ungeklärten Fragen etwa hinsichtlich des Transfers von Ansprüchen beim Arbeitsplatzwechsel noch Hinderungsgründe für eine größere Verbreitung. Dass die Probleme zu lösen sind, zeigen die Beispiele Frankreichs und Großbritanniens, wo Mitarbeiterbeteiligungsmodelle weit stärker verbreitet und akzeptiert sind.[71]

Eine angemessene Beteiligung der Arbeitnehmer am wirtschaftlichen Erfolg ihres Unternehmens ist allerdings schon deshalb künftig unverzichtbar, weil diese aus ihrem Einkommen in wachsendem Maß Eigenleistungen für Gesundheit, Rente und Pflege im Alter finanzieren müssen. Je geringer die gesetzlich verbrieften Leistungen der Sozialversicherungen fortan sein werden, umso wichtiger werden innovative Wege, ökonomischen Erfolg fairer zu verteilen, als dies heute der Fall ist.

These X
Innovative Beschäftigungspolitik: Bildung ist alles

Wichtigste Voraussetzung, um die Chancen der neuen Erwerbsgesellschaft zu nutzen und die mit Abstand beste, weil nachhaltigste Zukunftsinvestition sind Bildung und Ausbildung. Keine noch so zielgenau agierende Arbeitsmarktpolitik kann die Fehler korrigieren, die zuvor im Bildungsbereich gemacht worden sind. Bislang schneidet ausgerechnet der deutsche Bildungssektor im internationalen Vergleich eher schlecht ab – Ausdruck einer nur an kurzfristigen Zielen orientierten Politik, von der wir uns dringend verabschieden müssen.[72] Bund, Länder und Gemeinden haben zwar im Jahr 2010 zusammen die Rekordsumme von über 100 Milliarden Euro für Kindertagesstätten, Schulen, Jugendarbeit, Hochschulen, Ausbildungsförderung (BaföG), Volkshochschulen und Berufsakademien investiert. Doch Deutschland liegt mit seinen Bildungsausgaben international noch immer teils weit hinter den wichtigsten Ländern zurück und erreicht noch nicht einmal den OECD-Durchschnitt.[73]

Trotz aller Fortschritte sind vor allem die Schul- und Studienabbrecherquoten noch viel zu hoch und gleichzeitig die Studienanfängerquoten noch immer zu gering. Im Studienjahr 2011 haben sich erstmals mehr als eine halbe Million junge Menschen an einer Hochschule eingeschrieben. Die Studienanfängerquote stieg damit zwar sprunghaft auf gut 55 Prozent, während es in den zehn Jahren davor nur zwischen 36 und 45 Prozent waren. Doch dies hängt wesentlich mit Sonderfaktoren wie der Aussetzung des Wehr- und Zivildienstes und doppelten Abiturientenjahrgängen zusammen. Selbst dieser unbereinigte Wert liegt allerdings weiterhin unterhalb des OECD-Durchschnitts von 59 Prozent aus dem Jahr 2009 – und er reicht nicht aus, den mittel- und langfristigen Bedarf an Hochqualifizierten zu decken. Umso folgenschwerer ist vor diesem Hintergrund, dass je nach Berechnungsmethode und Hochschulart zwischen 20 und fast 30

Prozent der Studierenden ihre Ausbildung ohne Abschluss aufgeben.[74] Es ist dringend an der Zeit, das Problem an der Wurzel zu packen und endlich die Ausbildungssituation an den deutschen Hochschulen fundamental zu verbessern. In demografischer Hinsicht wäre alles andere fatal. Mit der flächendeckenden Rücknahme allgemeiner Studiengebühren wurde gerade der entgegengesetzte Weg dessen beschritten, was eigentlich nötig wäre. Eine hochwertige Ausbildung kostet Geld und sollte von denen mitfinanziert werden, die von ihr später in Form hoher Lohnvorteile profitieren. Es kann nicht länger sein, dass die Allgemeinheit dieses Privileg aus Steuermitteln voll subventioniert. Über ein erweitertes, durch Stiftungen getragenes Stipendienangebot und Leistungsanreize in Form reduzierter Rückzahlungsbeträge bei besonderem oder besonders raschem Studienerfolg lässt sich ein Kostenbeitrag fair und ohne neue Zugangsbarrieren für sozial schlechter gestellte Studierende regeln.

Die deutschen Debatten um die soziale Ungerechtigkeit von Studiengebühren versteht man in den USA oder Großbritannien ohnehin nicht. Die Topstudierenden aus Asien kommen gern in diese Länder, weil sie wissen, dass sich Spitzenbildung später auszahlt. Wer an der Sicherung von Chancengleichheit und einer großen sozialen Mobilität unabhängig von der sozialen (und ethnischen) Herkunft interessiert ist, muss es problematisch finden, dass in Deutschland zwar Studiengebühren anstößig sind, aber hohe Gebühren und Beiträge für Kindergärten als selbstverständlich gelten. Umgekehrt wäre es vernünftig: Will das deutsche Universitätssystem mit den globalen Herausforderungen erfolgreich umgehen, so wird es langfristig ohne Studiengebühren nicht auskommen. Kindergartenbeiträge sollten dagegen ganz entfallen.

Wenn mehr Studierende (aus dem In- und Ausland) für die Hochschulen gewonnen und auch Quereinstiege für Berufstätige und Absolventen der dualen Ausbildung erleichtert werden sollen, setzt das darüber hinaus adäquate Strukturen voraus, von denen gerade die westdeutschen Hochschulen heute weit entfernt sind. (Hochschul-)Bildung darf deshalb nicht nur »Ländersache« sein, der Bund muss sich hier massiv engagieren.

Liegen die Hochschulen im internationalen Vergleich noch empfindlich im Hintertreffen, beneidet uns die Welt um das insgesamt sehr erfolgreiche duale Ausbildungssystem.[75] Trotz mancher Reformbedürftigkeit im Detail sichert es in beeindruckender Weise die Qualifikation junger Menschen und den Übergang ins Berufsleben. Das Erfolgsgeheimnis ist die – duale – Verknüpfung von theoretisch-praktischer Berufsausbildung und betrieblichem Arbeitsplatz. Weltweit ist es bisher überwiegend nicht gelungen, das deutsche System zu »importieren«. Das hängt oft an der fehlenden

Bereitschaft zur Sozialpartnerschaft, die in Deutschland traditionell stark ausgeprägt ist. Wenn es gelingt, den Weg von der Berufsausbildung zur begleitenden oder anschließenden Fachhoch- oder Hochschulausbildung einfacher zu gestalten als bisher, würde die duale Ausbildung zusätzlich an Attraktivität gewinnen. Das wäre wichtig, denn sonst droht die Gefahr, dass sich die schrumpfende Zahl der Schulabgänger immer weniger für eine berufliche Ausbildung interessiert.

Es gibt international eine überhöhte Priorität für Hochschulabschlüsse, die sich langfristig ändern wird. Die Debatte um die Erfolgsbedingungen eines funktionsfähigen dualen Systems der Ausbildung ist derzeit weltweit im Gang. Universitätsabsolventen sind wenig praxisorientiert und berufsbezogen und oft mit Theorie überfrachtet. Fachhochschulen liefern auch international einen möglichen Kompromiss, der die Vielfalt qualifizierter Angebote für den Arbeitsmarkt sichern kann.

An den Hochschulen wie auch in der Berufsausbildung wird es in Zukunft neben regulären Formaten auch Angebote zu verkürzter Ausbildung geben (müssen). Das wird die Kombination verschiedener Bildungszweige erleichtern, setzt aber regelmäßige betriebliche und private Weiterbildung im Berufsleben zwingend voraus. Künftig wird sich ein breiter Weiterbildungsmarkt entwickeln, der eine kontinuierliche modulare Weiterqualifikation ermöglicht. Das »lebenslange Lernen« wird gewissermaßen zur obersten Bürgerpflicht. Bisher gibt es einen solchen Markt nur in den ersten Ansätzen. Weiterbildungsfirmen schaffen selbst Arbeitsplätze und sichern das nötige aktuelle Wissen insbesondere unter den älteren Arbeitnehmern, das erforderlich ist, um sie erfolgreich im Arbeitsmarkt zu halten und dem Fachkräftemangel zu begegnen.

Alles in allem ist Deutschland gut beraten, Bildung, Ausbildung und Weiterbildung zur zentralen gesellschaftlichen Aufgabe zu machen. Es gibt kaum eine nachhaltigere, ökonomisch sinnvollere und sozial gerechtere Zukunftsinvestition. Die Herausforderung und Verantwortung dafür kann allerdings nicht einfach nur bei staatlichen Institutionen hängen bleiben. Unternehmen, gesellschaftliche Organisationen, private Bildungseinrichtungen und nicht zuletzt die Menschen selbst sind gefordert.

5 Schlussbemerkungen

Die Erwerbsgesellschaft der Zukunft bietet neben neuen Risiken und neuer Unübersichtlichkeit vor allem vielfältige neue Chancen. Um sie bestmöglich zu nutzen, brauchen Gesellschaft, Wirtschaft und Politik ein neues Denken und Handeln, das die Familienfreundlichkeit der Arbeitswelt viel stärker betont, Bildung endlich zum Topthema macht, die Lebensarbeitszeit fair verlängert und offen um qualifizierte Zuwanderer wirbt. Nur so lässt sich die Zukunft der Arbeit positiv gestalten.

Das Potenzial Deutschlands liegt in Zukunft stärker als je zuvor in den klugen Köpfen seiner Bürger. Deshalb sind Investitionen in das Humankapital, mehr Chancengleichheit im Bildungsbetrieb und ein Abbau von Arbeitsmarktbarrieren für Akteure nicht deutscher Herkunft unverzichtbar. So kritikwürdig die politischen Defizite in dieser Hinsicht auch sind – die Unternehmen sind ebenso in der Pflicht, sich der Zeitenwende auf dem Arbeitsmarkt zu stellen, wollen sie angesichts von Demografie, Globalisierung und Technologiefortschritt nicht ihren eigenen wirtschaftlichen Erfolg aufs Spiel setzen. Gefragt sind nicht nur innovative Arbeitszeit-, Qualifizierungs- und Entlohnungsmodelle, sondern auch neue Wege der Mitarbeitergewinnung und Personalführung, mehr Mitarbeiterbeteiligung und mehr Chancengleichheit von Frauen oder Zuwanderern sowie eine Produktionsplanung unter Berücksichtigung unweigerlich alternder Belegschaften.

Unsere alternde Gesellschaft wird das Kräftegefüge zwar zugunsten der Alten verschieben, aber sie sind »auf Gedeih und Verderb« auf die Leistungskraft der Jüngeren angewiesen und müssen auch selbst ihren Beitrag leisten, damit der »Generationenvertrag« überleben und die Finanzierung der sozialen Sicherungssysteme stabilisiert werden kann. Längere Lebensarbeitszeiten dürfen deshalb nicht auf dem Altar politischen Kalküls geopfert werden; Bildungsausgaben, verkraftbare Sozialbeiträge und Familienfreundlichkeit sind wichtiger als Rentenerhöhungen – um es einmal provokant zuzuspitzen.

Der Fachkräftemangel wird die Verhandlungsmacht überdurchschnittlich gut qualifizierter und jüngerer Arbeitskräfte deutlich wachsen lassen. Dies wird mit einer noch stärkeren Kluft zwischen Gewinnern und Verlierern auf dem Arbeitsmarkt einhergehen. Verlieren wird, wer die bereitgestellten Bildungsangebote nicht nutzt, denn die Beschäftigungs- und Lohnperspektiven sind dann prekär und die Arbeitslosigkeit von Geringqualifizierten wird auch im Verlauf des demografischen Wandels nicht verschwinden. Die Arbeit geht uns nicht aus, sie erfordert aber mehr denn je ein hohes Maß an Eigenverantwortlichkeit des Einzelnen in Bildung, Ausbildung und Beruf und die Bereitschaft, sich immer wieder um neue und bessere Qualifikationen aktiv zu bemühen.

Deutschland hat gute Aussichten, die Herausforderungen zu meistern, darf sich allerdings nicht auf dem erreichten Status quo ausruhen. Im europäischen und internationalen Vergleich steht Deutschland aktuell zwar bemerkenswert gut da, doch ist das nur eine Momentaufnahme. Neue global ausstrahlende Kraftfelder wie China sind nur ein Beispiel dafür, wie schnell gerade im Zeitalter der Globalisierung etablierte Kräfteverhältnisse durch rasante Veränderungen hinweggefegt werden können. Wir müssen den eingeschlagenen Reformkurs auf dem Arbeitsmarkt und in der Gesellschaft deshalb mutig fortsetzen. Zurzeit ernten wir die Früchte der nach der Jahrtausendwende eingeleiteten Arbeitsmarktreformen. Nun geht es darum, endlich die Herkulesaufgabe des demografischen Wandels entschlossen anzupacken und entsprechende Reformen einzuleiten. Denn die Zukunft der Arbeit beginnt jetzt.

Anmerkungen

1 Vgl. für eine empirische Illustration dieser Zusammenhänge u.a. Bruno Crepon/Francis Kramarz, Employed 40 Hours or Not Employed 39: Lessons from the 1982 Mandatory Reduction of the Workweek, in: Journal of Political Economy, 110 (2002) 6, S. 1355–1389, und Martyn J. Andrews u. a., More Jobs? The Employment Effects of Longer Working Hours, IZA Discussion Paper No. 6652, 2012.

2 Vgl. Martin Kahanec/Klaus F. Zimmermann, International Migration, Ethnicity and Economic Inequality, in: Wiemer Salverda/Brian Nolan/Timothy M. Smeeding (Hrsg.), The Oxford Handbook of Economic Inequality, Oxford, 2009, S. 455–490.

3 Vgl. u.a. Jeremy Rifkin, Das Ende der Arbeit und ihre Zukunft, Frankfurt am Main/New York 1995, und Stanley Aronowitz/William Difazio, The Jobless Future: Sci-Tech and the Dogma of Work, Minneapolis 1994.

4 Dieser Trend macht auch vor neuen Branchen nicht halt. Das aktuelle Beispiel der in ihrer Existenz gefährdeten deutschen Solarindustrie zeigt, dass auch einmal errungene technologische Spitzenpositionen keine Gewähr für ein Firmenüberleben in veränderten globalen Wettbewerbskonstellationen bieten.

5 Siehe dazu auch den Beitrag von Toni Pierenkemper in diesem Band.

6 Vgl. dazu die Daten in: Deutscher Bundestag (Hrsg.), Psychische Belastungen aufgrund flexibler und atypischer Arbeitszeiten. Antwort der Bundesregierung auf die Kleine Anfrage der Abgeordneten Jutta Krellmann, Sabine Zimmermann, Diana Golze, weiterer Abgeordneter und der Fraktion DIE LINKE, Drucksache 17/12273 (http://dip21.bundestag.de/dip21/btd/17/122/1712273.pdf).

7 Vgl. World Bank (Hrsg.), World Development Report 2013: Jobs, Washington 2013. Ein Expertenteam des Instituts zur Zukunft der Arbeit hat für diesen Bericht ein umfassendes Hintergrundpapier zu Fragen von Arbeitslosigkeit und Ausbildung verfasst, vgl. Costanza Biavaschi u.a., Youth Unemployment and Vocational Training, IZA Discussion Paper No. 6890, 2012.

8 Vgl. dazu und im folgenden World Bank (Anm. 7), S. 3 ff.

9 So wurde in der letzten großen Wirtschaftskrise von Deutschland der Übergang von der Export- und Industrieorientierung zur Konsumorientierung gefordert. Diese fehlgeleitete politische Debatte verschwand inzwischen mit dem ökonomischen Erfolg Deutschlands. Internationale Arbeitsteilungen sind über Jahrzehnte gewachsen und können nicht auf Knopfdruck umgestellt werden. Industrieprodukte werden auch künftig gebraucht.

10 Siehe auch den Beitrag von Thomas Straubhaar in diesem Band.

11 Dies geht auf eine über 50 Jahre alte Idee des amerikanischen Präsidenten John F. Kennedy zurück. Vgl. dazu auch Klaus F. Zimmermann, USA und Europa brauchen eine globale Strategie, in: Die Welt (Onlineausgabe) vom 3. Juli 2012 (www.welt.de/debatte/kommentare/article107736090/USA-und-Europa-brauchen-eine-globale-Strategie.html). Mein Beitrag »Enorme Hürden« (Wirtschaftswoche vom 25. Februar 2013) betont die Bedeutung freier Arbeitsmobilität in einer solchen transatlantischen Wirtschaftszone.

12 Vgl. Stephen Machin/Kjell G. Salvanes/Panu Pelkonen, Education and Mobility, in: Journal of the European Economic Association 10 (2012) 2, S. 417–450.

13 Vgl. John Kennan, Open borders, in: Review of Economic Dynamics 16 (2013) 2, S. L1–L13.

14 Vgl. Holger Hinte/Ulf Rinne/Klaus F. Zimmermann, Zuwanderung, Demografie und Arbeitsmarkt: Fakten statt Vorbehalte, in: Andreas Heinz/Ulrike Kluge (Hrsg.), Einwanderung – Bedrohung oder Zukunft? Mythen und Fakten zur Integration, Frankfurt am Main 2012, S. 263–278.

15 Siehe dazu auch den Beitrag von Holger Hinte in diesem Band.

16 »The sick man of the Euro«, The Economist vom 3. Juni 1999.

17 »Europe's engine«, The Economist vom 11. März 2010.

18 Vgl. für die nachfolgenden Analysen Ulf Rinne/Klaus F. Zimmermann, Is Germany the North Star of Labor Market Policy?, IZA Discussion Paper No. 7260, 2013, sowie Ulf Rinne/Klaus F. Zimmermann, Another Economic Miracle? The German Labor Market and the Great Recession, IZA Diskussion Paper No. 6250, 2011. Dieser Beitrag ist unter http://www.izajolp.com/content/pdf/2193-9004-1-3.pdf kostenlos erhältlich. Siehe darüber hinaus auch den Beitrag von Hilmar Schneider in diesem Band.

19 Vgl. Werner Eichhorst/Klaus F. Zimmermann, Dann waren's nur noch vier … Wie viele (und welche) Maßnahmen der aktiven Arbeitsmarktpolitik brauchen wir noch? Eine Bilanz nach der Evaluation der Hartz-Reformen, IZA Discussion Paper No. 2605, 2007. Der Verfasser hat die Agenda 2010 frühzeitig für unvermeidbar gehalten, vgl. dazu insgesamt Klaus F. Zimmermann (Hrsg.), Reformen jetzt! So geht es mit Deutschland wieder aufwärts, Wiesbaden 2003.

20 Auf Arbeitszeitkonten werden geleistete Überstunden gutgeschrieben, die eingesetzt werden können, wenn die Unternehmung zeitweise keine Arbeit für den Beschäftigten hat.

21 Die nachfolgenden Überlegungen greifen Gedanken wieder auf und führen sie weiter, die der Verfasser in einem Gastbeitrag für die die Süddeutsche Zeitung erstmals formu-

liert hatte; vgl. Klaus F. Zimmermann, Die Zukunft der Arbeit: Arbeitnehmer, wappnet Euch, in: Süddeutsche Zeitung vom 9. Januar 2011. Vgl. außerdem Klaus F. Zimmermann, Wo bleibt die Agenda 2020?, in: Kölner Stadt-Anzeiger vom 8. März 2013.

22 Vgl. Statistisches Bundesamt, Bevölkerung Deutschlands bis 2060: 12. koordinierte Bevölkerungsvorausberechnung, Wiesbaden 2009. Siehe auch den Beitrag von Steffen Kröhnert in diesem Band. Demografische Prognosen sind in der Regel recht zuverlässig, weil sie langfristige Trends wie die steigende Lebenserwartung und die Geburtenhäufigkeit zur Grundlage nehmen. Die Bandbreite möglicher quantitativer Entwicklungen ergibt sich davon ausgehend durch variierte Annahmen zur Entwicklung von Erwerbsbeteiligung und Wanderungen.

23 Vgl. Johann Fuchs/Doris Söhnlein/Brigitte Weber, Projektion des Arbeitskräfteangebots bis 2050: Rückgang und Alterung sind nicht mehr aufzuhalten, in: IAB-Kurzbericht Nr. 16, 2011 (http://doku.iab.de/kurzber/2011/kb1611.pdf).

24 Vgl. für frühe Analysen des Geburtenrückgangs und seiner familienpolitischen Konsequenzen u.a. Klaus F. Zimmermann, Grenzen einer Bevölkerungspolitik durch Familienpolitik, in: Wirtschaftsdienst 64 (1984) 4, S. 180–185, und Klaus F. Zimmermann, Familienökonomie: Theoretische und empirische Untersuchungen zur Frauenerwerbstätigkeit und Geburtenentwicklung, Berlin u.a. 1985.

25 Vgl. Statistisches Bundesamt, Weniger Geburten, Sterbefälle und Eheschließungen, Pressemitteilung Nr. 225 vom 2. Juli 2012 (https://www.destatis.de/DE/PresseService/Presse/Pressemitteilungen/2012/07/PD12_225_126pdf.pdf;jsessionid=604DAAA0A825ACB6CC70F6486FCE27C5.cae1?__blob=publicationFile).

26 Vgl. Statistisches Bundesamt, Leichter Rückgang der Geburtenziffer 2011 auf 1,36 Kinder je Frau, Pressemitteilung Nr. 329 vom 20. September 2012 (https://www.destatis.de/DE/PresseService/Presse/Pressemitteilungen/2012/09/PD12_329_12612pdf.pdf?__blob=publicationFile).

27 Vgl. K.F. Zimmermann, Grenzen (Anm. 26), und K.F. Zimmermann, Familienökonomie (Anm. 26). Siehe auch den Beitrag von Katharina Spieß in diesem Band. Zur Problematik des Betreuungsgeldes vgl. Christina Gathmann/Björn Sass, Taxing Childcare: Effects on Family Labor Supply and Children, IZA Discussion Paper No. 6440, 2012.

28 Vgl. die Angaben des Statistischen Bundesamtes (https://www.destatis.de/DE/ZahlenFakten/Indikatoren/LangeReihen/Bevoelkerung/lrbev07.html) als Quelle der nachfolgend dargestellten Zahlen der deutschen Wanderungsstatistik (letzter Zugriff: 13. Februar 2013).

29 Vgl. Ulrich van Suntum u.a., Wer gewinnt, wer verliert? Globalisierung und Beschäftigungsentwicklung in den Wirtschaftsbranchen, Gütersloh 2010.

30 Vgl. Christina Anger/Wido Geis/Axel Plünnecke, MINT – Frühjahrsreport 2012, Köln 2012.

31 Vgl. Herbert Brücker u.a., Fachkräftebedarf: Analyse und Handlungsstrategien, in: Herbert Brücker u.a. (Hrsg.), Handbuch Arbeitsmarkt 2013: Analyse, Daten, Fakten, IAB-Bibliothek 334, 2012, S. 205–290.

32 Vgl. Bundesministerium für Bildung und Forschung, Berufsbildungsbericht 2012, Bonn/Berlin 2012, S. 12 f. (http://www.bmbf.de/pub/bbb_2012.pdf).

33 Vgl. Bundesministerium für Bildung und Forschung, Berufsbildungsbericht 2007, Bonn/Berlin 2007, S. 89 (http://www.bmbf.de/pub/bbb_07.pdf).
34 Der folgende Abschnitt basiert auch auf früheren Überlegungen des Verfassers; vgl. Klaus F. Zimmermann, Das Wachstum der Zukunft ist weiblich, IZA Standpunkte Nr. 48, 2012.
35 Vgl. Werner Eichhorst/Paul Marx/Verena Tobsch, Familienfreundliche flexible Arbeitszeiten – ein Baustein zur Bewältigung des Fachkräftemangels, IZA Research Report No. 33, 2012.
36 Vgl. unter Beteiligung des Verfassers u. a. Klaus F. Zimmermann u. a., Petersberger Erklärung, in: Wirtschaftsdienst 88 (2008) 12, S. 814 f.; Klaus F. Zimmermann u. a., Vollbeschäftigung ist keine Utopie: Arbeitsmarktpolitisches Programm des IZA, IZA Standpunkte Nr. 2, 2009; Hilmar Schneider/Klaus F. Zimmermann, Agenda 2020: Strategien für eine Politik der Vollbeschäftigung, IZA Standpunkte Nr. 24, 2010.
37 Vgl. zum Folgenden Statistisches Bundesamt, Frauen und Männer auf dem Arbeitsmarkt – Deutschland und Europa, Wiesbaden 2012.
38 Vgl. Kevin Daly, Gender Inequality, Growth and Global Ageing, Global Economics Paper No. 154, 2007.
39 Vgl. Statistisches Bundesamt, Hochschulen auf einen Blick, Wiesbaden 2012. Die Erstabsolventenquote zeigt, wie hoch der Anteil der Absolventinnen und Absolventen eines Erststudiums an der altersspezifischen Bevölkerung ist.
40 Vgl. Elke Holst/Julia Schimeta, 29 von 906: Weiterhin kaum Frauen in Top-Gremien großer Unternehmen, in: Wochenbericht des DIW Berlin, 78 (2011) 3, S. 2–10.
41 Vgl. Georges Desvaux/Sandrine Devillard-Hoellinger/Pascal Baumgarten, Women Matter, Gender diversity, a corporate performance driver, Paris 2007. S. 14 (http://www.mckinsey.de/downloads/publikation/women_matter/Women_Matter_1_brochure.pdf).
42 Vgl. dazu auch Hilmar Schneider, Die Beseitigung von Arbeitszeithürden als Beitrag zur Lösung des Fachkräftemangels, IZA Standpunkte Nr. 50, 2012 (http://ftp.iza.org/sp50.pdf).
43 Siehe dazu den Beitrag von Clemens Hetschko und Andreas Knabe in diesem Band.
44 Vgl. zur Sachstandsanalyse auch Martin Werding, Alterssicherung, Arbeitsmarktdynamik und neue Reformen: Wie das Rentensystem stabilisiert werden kann. Studie im Auftrag der Bertelsmann Stiftung, Gütersloh 2013 (http://www.bertelsmann-stiftung.de/cps/rde/xbcr/SID-07FE5D9D-7884C2D6/bst/xcms_bst_dms_37459_37460_2.pdf). Siehe auch den Beitrag von Christoph Müller und Bernd Raffelhüschen in diesem Band.
45 Klaus F. Zimmermann/Holger Bonin, Arbeiten bis siebzig, in: Süddeutsche Zeitung vom 18. August 2005. Später hat sich die Deutsche Bundesbank für die Rente mit 69 ausgesprochen: Vgl. Deutsche Bundesbank, Demographischer Wandel und langfristige Tragfähigkeit der Staatsfinanzen in Deutschland, in: Monatsbericht Juli 2009, S. 31–47 (http://www.bundesbank.de/Redaktion/DE/Downloads/Veroeffentlichungen/Monatsberichte/2009/2009_07_monatsbericht.pdf?__blob=publicationFile). Auch die Europäische Kommission plädiert in ihrem

»Grünbuch 2010« nachdrücklich für eine deutliche Verlängerung der Lebensarbeitszeit in der Europäischen Union. Ihren Berechnungen zufolge würde erst bei einem Anstieg des Renteneintrittsalters auf 70 Jahre bis 2060 das – ohnehin schon ungünstige – Verhältnis zwischen der Bevölkerung im Erwerbsalter und derjenigen im Rentenalter gegenüber heute in etwa konstant bleiben; vgl. Europäische Kommission, Grünbuch: Angemessene, nachhaltige und sichere europäische Pensions- und Rentensysteme, Brüssel 2010, S. 27 (Abbildung 2) (zit. nach Druckfassung in elektronischer Fassung S. 29, siehe http://www.cep.eu/fileadmin/user_upload/Kurzanalysen/Gruenbuch_Renten/KOM_2010-365.pdf). Die aktuelle Debatte des Jahres 2013 verdeutlicht, dass die Zahl der Befürworter weiterer Anpassungen des Renteneintrittsalters wächst.

46 Vgl. Karl Brenke/Klaus F. Zimmermann, Ältere auf dem Arbeitsmarkt, in: Vierteljahrshefte zur Wirtschaftsforschung 80 (2011) 2, S. 11–31.

47 Vgl. Erika Schulz, Ältere bleiben länger am Arbeitsmarkt, in: Wochenbericht des DIW Berlin 76 (2009) 12, S. 187–192.

48 Vgl. Johann Fuchs, Rente mit 67: Neue Herausforderungen für die Beschäftigungspolitik, in: IAB-Kurzbericht Nr. 16, 2006 (http://doku.iab.de/kurzber/2006/kb1606.pdf).

49 Vgl. Klaus F. Zimmermann, European Migration: Push and Pull, in: International Regional Science Review, 19 (1996) 1–2, S. 95–128.

50 Vgl. den Vorschlag für ein konsequent ökonomisches Zuwanderungssystem in Holger Hinte/Ulf Rinne/Klaus F. Zimmermann, Ein Punktesystem zur bedarfsorientierten Steuerung der Zuwanderung nach Deutschland, IZA Research Report No. 35, 2011. Siehe auch den Beitrag von Holger Hinte in diesem Band.

51 Vgl. Martin Kahanec/Klaus F. Zimmermann (Hrsg.), EU Labor Markets After Post-Enlargement Migration, Berlin u.a. 2009.

52 Der Anteil der Zuwanderer aus EU-Staaten betrug im Jahr 2011 mehr als 70 Prozent, vgl. Amelie F. Constant/Ulf Rinne, Labour Market Information for Migrants and Employers: The Case of Germany, IZA Research Report No. 50, 2013.

53 Vgl. M. Kahanec/K. F. Zimmermann, International Migration (Anm. 2).

54 Vgl. Holger Bonin, Der Finanzierungsbeitrag der Ausländer zu den deutschen Staatsfinanzen: Eine Bilanz für 2004, IZA Discussion Paper No. 2444, 2006.

55 Vgl. Bertelsmann Stiftung, Demographischer Wandel verändert den Arbeitsmarkt tiefgreifend. Einbruch bei Ausbildungsjahrgängen im Osten Deutschlands, Pressemeldung vom 1. Juni 2010 (http://www.bertelsmann-stiftung.de/cps/rde/xchg/bst/hs.xsl/nachrichten_101319.htm); Steffen Kröhnert/Franzisca Medicus/Reiner Klingholz, Die demografische Lage der Nation – Wie zukunftsfähig sind Deutschlands Regionen?, München 2006. Siehe dazu auch den Beitrag von Steffen Kröhnert in diesem Band.

56 Vgl. Everhard Holtmann/Joachim Ragnitz/Kerstin Völkl, Ostdeutschland 2020. Die Zukunft des »Aufbau Ost«. Einschätzungen künftiger Förderaktivitäten und Handlungsempfehlungen von Experten aus Wissenschaft und Praxis (Studie im Auftrag der Friedrich-Ebert-Stiftung), Berlin o.J. (2012), mit weiterführender Literatur.

57 Vgl. das Plädoyer für eine an Wachstumspolen orientierten regionalen Wirtschaftsförderung »Ost« in: Rüdiger Pohl, Reformbaustelle Ost: Ein gesamtdeutscher Ansatz für den Aufbau Ost, in: Klaus F. Zimmermann (Hrsg.), Deutschland – was nun? Reformen für Wirtschaft und Gesellschaft, München 2006, S. 283–296.

58 Vgl. dazu u.a. Steffen Kröhnert u.a., Die Zukunft der Dörfer. Zwischen Stabilität und demografischem Niedergang, Berlin 2011 (http://www.berlin-institut.org/fileadmin/user_upload/Doerfer_2011/Die_Zukunft_der_Doerfer_Webversion.pdf).

59 Vgl. Statistisches Bundesamt, Zahl der unbefristet in Vollzeit Beschäftigten steigt deutlich, Pressemitteilung Nr. 263 vom 30. Juli 2012. Eine Vollzeitbeschäftigung liegt in dieser Auswertung bei einer Erwerbstätigkeit mit einer wöchentlichen Arbeitszeit von mindestens 21 Stunden vor.

60 Vgl. Bundesagentur für Arbeit, Der Arbeits- und Ausbildungsmarkt in Deutschland – Monatsbericht Dezember und Jahr 2012, Nürnberg 2013.

61 Vgl. Bundesagentur für Arbeit, Der Arbeitsmarkt in Deutschland, Zeitarbeit in Deutschland – Aktuelle Entwicklungen, Nürnberg 2013.

62 Vgl. dazu die Daten des Statistischen Bundesamts: https://www.destatis.de/DE/ZahlenFakten/Indikatoren/LangeReihen/Arbeitsmarkt/lrerw013.html. Rechnet man den Bausektor heraus, betrug der Anteil der Erwerbstätigen im produzierenden Gewerbe 2012 nur noch 18,8 % nach immerhin noch 28,5 % zwanzig Jahre zuvor (https://www.destatis.de/DE/PresseService/Presse/Pressemitteilungen/2013/01/PD13_001_13321.html).

63 Vgl. Prognos AG, Globalisierungsreport 2011 – Welche Arbeitsplätze in Deutschland hängen von welchen Ländern ab?, Basel 2011.

64 Vgl. Klaus F. Zimmermann, Beginnt der grüne Aufschwung?, in: Cicero vom 15. September 2009.

65 Vgl. Umweltbundesamt (Hrsg.), Beschäftigung im Umweltschutz, Dessau 2012, S. 3 (http://www.umweltdaten.de/publikationen/fpdf-l/4307.pdf).

66 Vgl. Statistisches Bundesamt, Zahl der Erwerbstätigen erreicht im Jahr 2012 erneut Höchststand, Pressemitteilung Nr. 001 vom 2. Januar 2013. (https://www.destatis.de/DE/PresseService/Presse/Pressemitteilungen/2013/01/PD13_001_13321.html).

67 Vgl. Marina Furdas/Karsten Kohn, What's the Difference?! Gender, Personality, and the Propensity to Start a Business. IZA Discussion Paper No. 4778, 2010 (http://ftp.iza.org/dp4778.pdf).

68 Vgl. Statistisches Bundesamt, Anteil kleiner und mittlerer Unternehmen an ausgewählten Merkmalen 2010 (https://www.destatis.de/DE/ZahlenFakten/GesamtwirtschaftUmwelt/UnternehmenHandwerk/KleineMittlereUnternehmenMittelstand/Tabellen/Insgesamt.html).

69 Vgl. Karl Brenke/Markus M. Grabka, Schwache Lohnentwicklung im letzten Jahrzehnt, in: Wochenbericht des DIW Berlin, 78 (2011) 45, S. 3–15.

70 Vgl. U. Rinne/K. F. Zimmermann, Another Economic Miracle (Anm. 18), und U. Rinne/K. F. Zimmermann, Is Germany the North Star (Anm. 18).

71 Vgl. Lutz Bellmann/Iris Möller, Finanzielle Mitarbeiterbeteiligung: Selbst die Finanzkrise sorgt nicht für stärkere Verbreitung. IAB-Kurzbericht Nr. 17, 2011; Lutz

Bellmann/Gerhard Kleinhenz, Systeme der Mitarbeiterbeteiligung in Deutschland: Grundsätzliche Überlegungen und Ergebnisse aus dem IAB-Betriebspanel zur Verbreitung, Beteiligung und zum Produktivitätseffekt, in: Klaus-R. Wagner (Hrsg.), Mitarbeiterbeteiligung – Visionen für eine Gesellschaft von Teilhabern, Wiesbaden 2002, S. 47–55; Bundesministerium für Arbeit und Soziales (Hrsg.), Mitarbeiterkapitalbeteiligung – Modelle und Förderwege, Berlin o. J. (2011).

72 Sie dazu den Beitrag von Jo Ritzen und Holger Hinte in diesem Band.

73 Vgl. Statistisches Bundesamt, Öffentliche Bildungsausgaben steigen 2012 auf über 110 Milliarden Euro, Pressemitteilung Nr. 4380 vom 12. Dezember 2012 (https://www.destatis.de/DE/PresseService/Presse/Pressemitteilungen/2012/12/PD12_438_217.html).

74 Vgl. Autorengruppe Bildungsberichterstattung, Bildung in Deutschland 2012. Ein indikatorengestützter Bericht mit einer Analyse zur kulturellen Bildung im Lebenslauf, Bielefeld 2012, S. 8, 133, 297.

75 Vgl. Werner Eichhorst u. a., A Roadmap to Vocational Education and Training Systems Around the World, IZA Discussion Paper No. 7110, 2012.

Thomas Straubhaar

Wirtschaft im Wandel: Globalisierung, Technologie, Deindustrialisierung

»Globalisierung«: Kein anderes Wort charakterisiert die Zeit nach dem Zweiten Weltkrieg besser. Technologische Innovationen und politische Prozesse haben gleichermaßen die ökonomischen Rahmenbedingungen fundamental verändert. So haben schnellere und kapazitätsstärkere Verkehrsträger räumliche Distanzen zeitlich schrumpfen lassen. Mobile Telefonie und Internet ermöglichen heutzutage jederzeit und überall um den ganzen Globus eine Kommunikation im Hier und Jetzt. Virtuelle soziale Medien leisten ein Übriges zu einem weltumspannenden Informationsnetz in »Echtzeit«.

Aber auch die politische Landkarte hat sich komplett gewandelt. Der Ost-West-Konflikt ist Geschichte. Auf dem Reißbrett der Politik konstruierte Nachkriegsgrenzen wurden niedergerissen. Staaten wie die Sowjetunion, Jugoslawien oder die Tschechoslowakei zerbrachen. In Europa entstand eine Europäische Union (EU) mit (Anfang 2013) 27 Staaten und einer geografischen Ausdehnung vom Atlantik bis zum Schwarzen Meer und vom Nordkap bis Zypern. Vor allem jedoch haben sich aufstrebende Volkswirtschaften in Südostasien oder Lateinamerika in die weltweite Arbeitsteilung eingeklinkt – zunächst Japan, dann allen voran China; die Volksrepublik ist mittlerweile neben den USA und der EU einer der zentralen »Player« in der globalen Wirtschaft. Aber auch Indien, Brasilien, Südkorea, Indonesien, Mexiko, die Türkei und Vietnam rücken im Konzert der weltweit wichtigsten Volkswirtschaften weiter auf.

Bei aller Ähnlichkeit zu den früheren Globalisierungswellen im 19. Jahrhundert und beginnenden 20. Jahrhundert sind Dimension sowie Geschwindigkeit der heutigen Globalisierungsprozesse neu. Waren es zu Beginn des 20. Jahrhunderts einige wenige Länder des Nordens, die sich Rohstoffe aus dem Süden beschafften und untereinander Industrieprodukte international austauschten, erfasst die gegenwärtige Globalisierung immer mehr Länder und immer mehr ökonomische Aktivitäten. Nahezu alles Tun und Handeln muss sich heute an globalen Maßstäben orientieren. Das gilt gleichermaßen für den Austausch von Gütern und Dienstleistungen, für Arbeits-, Kapital- und Finanzmärkte wie auch für die Wirtschafts- und Arbeitsmarktpolitik.

Abb. 1: Der Aufstieg der aufstrebenden Volkswirtschaften

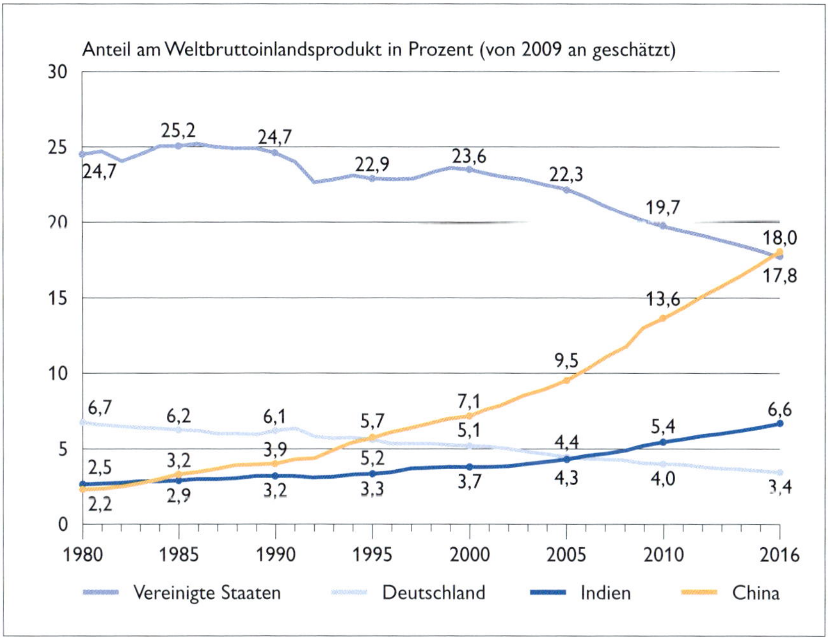

Quelle: Internationaler Währungsfonds (F.A.Z. Grafik Walter, in: Frankfurter Allgemeine Zeitung vom 23. Mai 2011, S. 12)

Eine nachhaltig wirksame Strategie zur Bewältigung der Folgen des demografischen Wandels auf einzelstaatlicher Ebene wird dadurch nicht eben erleichtert. Nicht nur, dass viele Staaten künftig mehr denn je um knapper werdendes Humankapital konkurrieren werden – auch die weltweiten Ströme von Menschen, Gütern und Kapital unterliegen inzwischen einer großen, von der Politik kaum noch beeinflussbaren Dynamik und sind dabei zugleich starken Schwankungen und »externen Effekten« wie Finanz- und Umweltkrisen unterworfen. Deshalb wird auch die Migrationspolitik zunehmend zu einem internationalen Thema werden. Nationale Alleingänge sind nämlich immer weniger möglich. Das gilt sowohl für die Herkunfts- wie auch die Zielländer. Denn zwischen Aus- und Einwanderungsregionen besteht ein asymmetrischer Zielkonflikt. In vielen vergleichsweise schwächer entwickelten Weltregionen werden die Bevölkerungen noch lange anwachsen. Entsprechend stark wird die Zahl junger Menschen steigen, die Arbeit suchen werden. Da wird auch Auswanderung zu einer gerne gewählten Option werden. Aber die Herkunftsregionen werden auf kluge Menschen nicht verzichten können und deshalb einen sogenannten Braindrain, also die Auswanderung von qualifizierten Fachkräften, vermeiden wollen. Andererseits werden sie Arbeitslose oder vergleichsweise schlechter ausgebildete Beschäftigungssuchende gerne ziehen lassen. Die Aufnahmeregionen hingegen möchten nur bestqualifizierte Spezialisten haben und sind nicht bereit, die Eingangstüren für Geringqualifizierte zu öffnen. Daraus ergibt sich zwischen Herkunfts- und Zielländern ein Spannungsfeld, das nur gemeinsam, nicht jedoch isoliert gelöst werden kann.[1]

1 Globalisierung 1.0 (1970 bis 1990)

1.1 Ursachen der ersten Globalisierungswelle

Möglich wurde die Globalisierung durch den rasanten Fall der Transport- und Transaktionskosten. Basisinnovationen in den Bereichen Verkehr, Transport, Logistik und (Tele-)Kommunikation bildeten die technische Voraussetzung für eine weit engere Verflochtenheit und stärkere gegenseitige Abhängigkeit ökonomischer Aktivitäten. So wurde es ökonomisch erschwinglich, Rohstoffe, Vorleistungen, Endprodukte und Personen über immer weitere Distanzen zu transportieren. Große und riesig werdende Containerschiffe schufen die technischen Voraussetzungen, immer größere Handelsmengen immer billiger über die Meere von Kontinent zu Kontinent verschiffen zu können. Großraumflugzeuge, Hochgeschwindigkeitszüge, Sattelschlepper, moderne Telekommunikation und das World Wide Web (WWW) taten ein Weiteres, um die einzelnen Regionen der Welt enger und enger zusammenzubringen.[2]

Das General Agreement on Tariffs and Trade (GATT) sowie später die World Trade Organisation (WTO) waren die politischen Wegbereiter der Globalisierung. Sie sorgten im Verlauf der letzten fünfzig Jahre im Rahmen durchaus schwieriger Verhandlungen dafür, dass die vielfältigen Handelsschranken nahezu vollständig beseitigt worden sind.[3]

In den ersten fünf GATT-Runden stand die Liberalisierung des internationalen Handels im Vordergrund. Es ging hauptsächlich um Zollsenkungen und damit um den Abbau von Marktzugangshindernissen, die »an der Grenze« errichtet waren (*border measures*). In der Kennedy-Runde (1963–1967) rückten nicht tarifäre Handelsschranken (*non-tariff barriers*, NTBs), wie z.B. Antidumpingmaßnahmen, stärker in den Blickpunkt.

Beides, der Abbau tarifärer und nicht tarifärer Hindernisse, gehört in den Bereich der »negativen Regulierung«. Dabei wird den Regierungen »vorgeschrieben«, was sie unterlassen sollen (z. B. Zölle oder Importquoten zu verhängen oder wieder einzuführen). In der Tokio-Runde (1973–1979) wurden erstmals auch binnenwirtschaftliche Maßnahmen (*behind-the-border measures*), die sich nachhaltig auf den internationalen Handel auswirken, stärker thematisiert. Dies galt in erster Linie für die Subventionspolitik der GATT-Vertragsparteien. Die Entwicklung zur »positiven Regulierung« – in diesem Fall wird den Regierungen »vorgeschrieben«, was sie tun sollen (z. B. Subventionen abzubauen oder handelsneutral zu gestalten) – erreichte in der Uruguay-Runde (1986–1994), der achten und letzten GATT-Runde, mit der Einbeziehung des Dienstleistungssektors und des Schutzes geistiger Eigentumsrechte in das multilaterale Regelwerk einen Höhepunkt.

In der ersten und noch immer laufenden WTO-Runde (Doha-Runde, seit 2001) ist das Pendel wieder von der Regelsetzung zur Liberalisierung zurückgeschlagen. Die neue handelspolitische Agenda, symbolisiert in den »Singapur-Themen« Wettbewerbspolitik, Politik gegenüber ausländischen Direktinvestitionen, Transparenz der öffentlichen Auftragsvergabe und Erleichterung der Handelsabwicklung, stand von Beginn der Verhandlungen an im Schatten der Marktzugangsagenda im Agrar-, Industrie- und Dienstleistungssektor.

Im Herbst 2003 entzündete sich an den Singapur-Themen zudem ein erbitterter Nord-Süd-Konflikt. Dies war neben der Uneinigkeit in der Agrarfrage ein Hauptgrund für das Scheitern der vierten WTO-Konferenz. Die Einigung auf eine Fortsetzung der Doha-Runde wurde im Sommer 2004 mit einem weitgehenden Verzicht der Industrieländer auf die Singapur-Agenda erkauft. Auf der Tagesordnung blieb allein das Thema Erleichterung der Handelsabwicklung (*trade facilitation*).

Nicht zuletzt aufgrund der weltweiten Finanzmarktkrise seit 2008 und ihrer massiven Folgen gibt es bis heute kaum Fortschritte in der Doha-Runde zu verzeichnen. Für den schleppenden Verlauf sind die unterschiedlichen Erwartungen bei den Landwirtschafts- und Dienstleistungsverhandlungen verantwortlich. Ein Abschluss der Doha-Runde ist auch im Jahr 2013 weiterhin nicht absehbar; zu groß sind nach wie vor die divergierenden einzelstaatlichen Interessen. Dennoch darf die Bedeutung dieser und früherer Verhandlungsrunden nicht unterschätzt werden. So sind die Globalisierungsschübe der letzten Jahrzehnte nur aufgrund der von GATT und WTO angestoßenen Liberalisierungsprozesse im Welthandel überhaupt möglich geworden.

Die fortschreitende globale Arbeitsteilung ermöglichte eine immer weiter gehende Spezialisierung. Ein stetig wachsender Anteil der Weltproduktion wurde auf den Weltmärkten verkauft.

Abb. 2: Güterhandelsströme 1948 bis 2010 (Exportwerte, weltweit in Billionen USD)

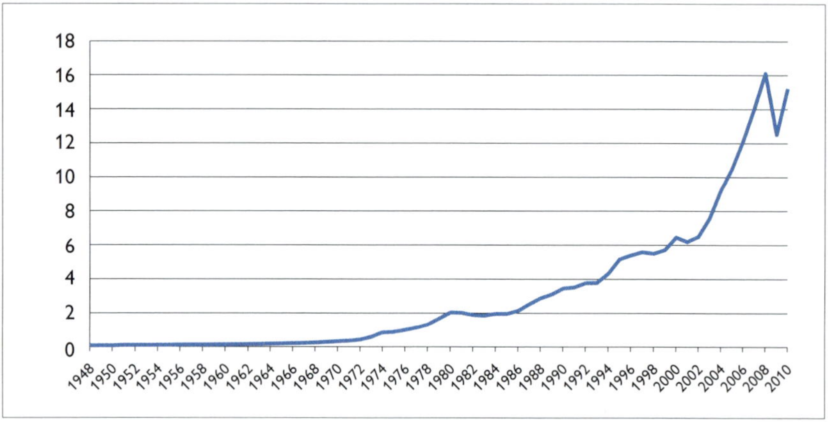

Quelle: Eigene Darstellung auf der Datengrundlage der WTO, http://stat.wto.org/StatisticalProgram/WSDBStatProgramHome.aspx?Language=E

Der internationale Warentausch folgte mehr oder weniger den Erwartungen der klassischen Außenhandelstheorie. Länder mit vielen Menschen und vergleichsweise wenig Kapital spezialisierten sich auf die arbeitsintensive Herstellung »billiger« Standardprodukte. Länder mit viel Kapital und vergleichsweise wenigen Menschen erstellten mit kapitalintensiven Technologien die »teuren« Maschinen. Auf den Weltmärkten wurden Massenkonsumgüter gegen Spezialgeräte, -apparate und -werkzeuge getauscht.

Trotz des Anstiegs der grenzüberschreitenden Aktivitäten blieb die Globalisierung jedoch vorerst ein Phänomen des Güterhandels. Es wurden insbesondere Waren getauscht, nicht so sehr Sachkapital oder unternehmensspezifisches Wissen. Die grenzüberschreitende Beteiligung am Eigenkapital einer ausländischen Firma oder die internationale Migration von Arbeitskräften blieben die Ausnahme.

Die erste Welle der Globalisierung in der Nachkriegszeit hat nur wenig daran geändert, dass Kapital und Arbeit international relativ immobil geblieben sind. Der überwiegende Anteil der Investitionen wurde von inländischen Firmen im Inland getätigt. Eine Eigenkapitalbeteiligung in vertrauter heimischer Nähe wurde in der Regel noch immer einem Engagement in der unbekannten Ferne vorgezogen. Direktinvestitionen im Ausland machten zunächst nur einen verschwindend geringen Teil der Investitionstätigkeit aus. Die meisten multinational agierenden Unternehmen waren ihrem Selbstverständnis nach immer noch vor allem »nationale« Firmen und durch einen nationalen »Touch« gekennzeichnet, der vom Mutterland geprägt wurde.

Abb. 3: Deutsche Firmen wollen bisher am liebsten in Deutschland investieren

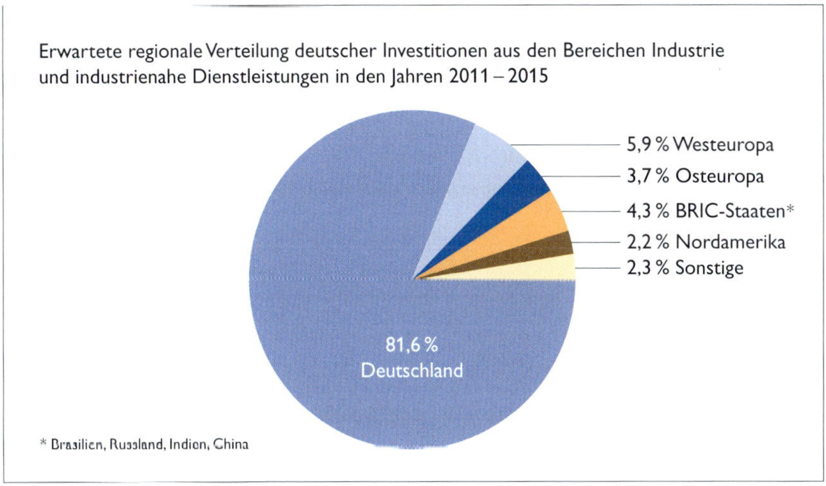

Quelle: Bundesverband der Deutschen Industrie, Institut der deutschen Wirtschaft (in: Welt am Sonntag vom 26. Juni 2011)

Genauso wenig fanden die mitunter befürchteten »Völkerwanderungen« von Armutsflüchtlingen statt – jedenfalls nicht in und nicht nach Europa oder in andere reiche Regionen. Zwar erlangten die Bootsflüchtlinge aus Afrika immer wieder eine die tatsächliche Dimension verzerrende mediale Aufmerksamkeit. Gemessen an den absoluten Bevölkerungszahlen blieben die internationalen Wanderungsbewegungen jedoch relativ unbedeutend. Das gilt im Übrigen bis in die heutige Zeit. Ungeachtet längst massiv gestiegener Mobilitätsanreize durch erschwinglicher gewordene Ferntransportmittel und leichter zu beschaffende Informationen über mögliche Zielländer leben von der gesamten Weltbevölkerung von sieben Milliarden Menschen heute gerade einmal drei Prozent – gut 200 Millionen Menschen – nicht in ihrem Heimatland.[4] Die stärksten Wanderungsbewegungen fanden bislang zwischen unmittelbaren Nachbarländern in Afrika, Asien und Lateinamerika statt.

Abb. 4: Länder mit den meisten Menschen, die im Ausland geboren wurden (absolute Zahlen für das Jahr 2010)

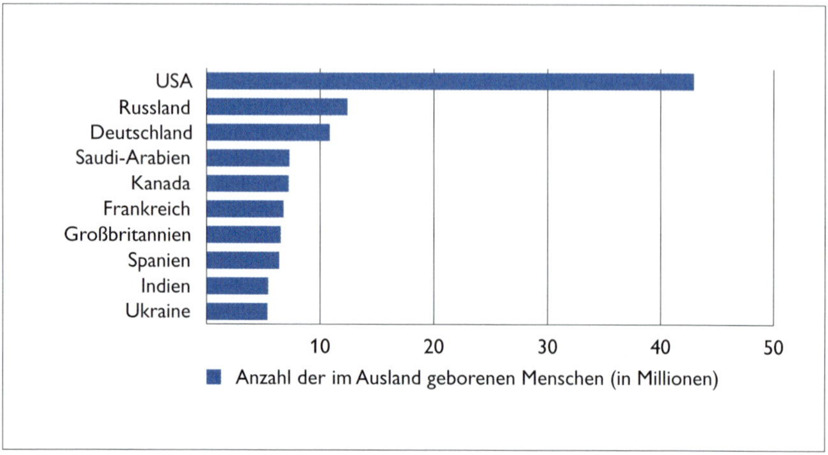

Quelle: International Organization for Migration (IOM), World Migration Report 2010 (The Future of Migration: Building Capacities for Change), Genf 2010, S. 115

Abb. 5: Länder mit den meisten Menschen, die im Ausland geboren wurden (relative Zahlen, gemessen an der Bevölkerungszahl des Aufnahmelandes für das Jahr 2010)

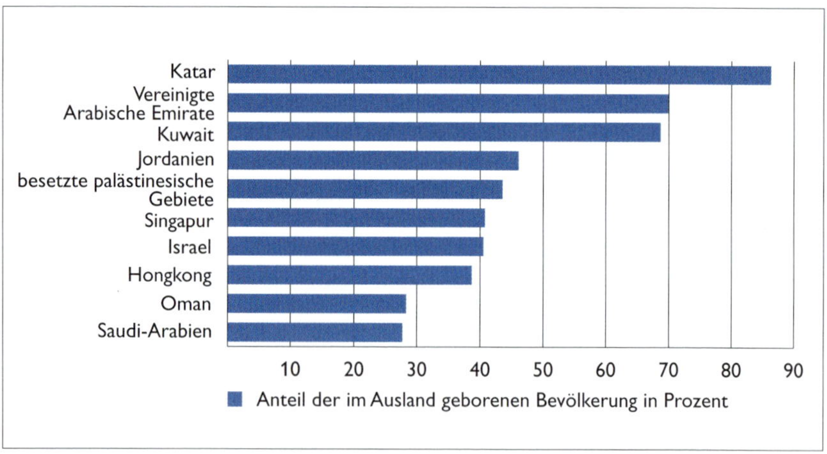

Quelle: International Organization for Migration (IOM), World Migration Report 2010 (The Future of Migration: Building Capacities for Change), Genf 2010, S. 115

Abb. 6: Länder mit den meisten Staatsangehörigen, die im Ausland leben (Jahr 2000)

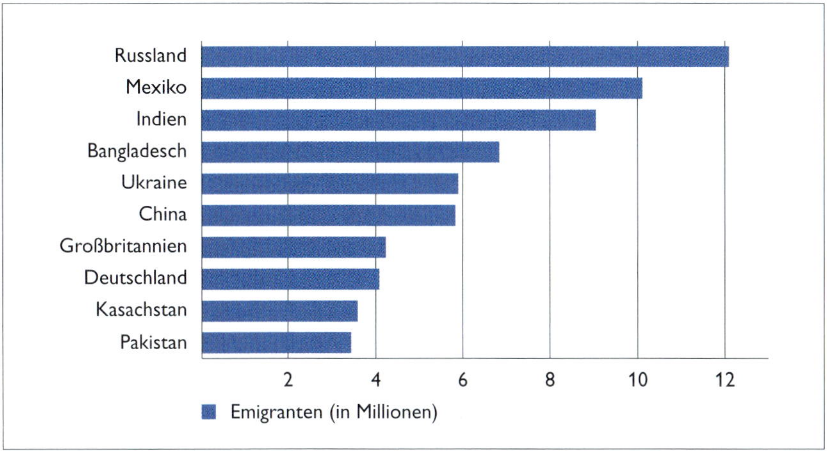

Quelle: International Organization for Migration (IOM), World Migration Report 2010 (The Future of Migration: Building Capacities for Change), Genf 2010, S. 117

1.2 Folgen der ersten Globalisierungswelle

Die erste Globalisierungswelle öffnete die nationalen Märkte dem internationalen Wettbewerb. Und wie von der Theorie vorausgesagt, führte die internationale Arbeitsteilung auf der Grundlage komparativer Kostenvorteile, sogenannter betrieblicher Skalenvorteile, durch spezialisierte Massenproduktion und in Form differenzierter Produkte auch in der Praxis zu deutlichen Wohlstandsgewinnen.

Der starke Druck der weltweiten Konkurrenz sorgte dafür, dass die Betriebe ihre durch Rationalisierung erzielten Kosteneinsparungen in Form tieferer Preise an die Kunden weitergeben mussten. Tiefere Preise wiederum erhöhten die reale Kaufkraft der Löhne. Die steigende Arbeitsproduktivität als Folge der weitreichenden Spezialisierung und des dadurch weiter beschleunigten technologischen Fortschritts sorgte zusätzlich für steigende Reallöhne der Beschäftigten.

Die Konzentration der ersten Globalisierungswelle auf den Güterhandel bedeutete nicht, dass die Folgen von globaler Arbeitsteilung und weltweitem Warentausch nicht enorme Rückwirkungen auf die hiesigen Arbeitsmärkte hatten. Denn die Globalisierung veränderte das Verhältnis zwischen Kapital und Arbeit dramatisch.

Der mit der ersten Globalisierungswelle einhergehende beschleunigte Strukturwandel verursachte erhebliche wirtschaftliche und gesellschaftliche Anpassungskosten. Mit der Einbeziehung Asiens in die weltweite Arbeitsteilung traten Milliarden von Arbeitskräften neu auf das nun globale Spielfeld. Sie konkurrierten mit den Belegschaften des Westens und deren Produkten nicht mehr nur in fernen Welten, sondern machten ihnen das Leben auch in Europa schwer, zwar nicht in Form intensiver Zuwanderung, aber doch in Form von Waren, die sie in Billiglohnländern herstellten und dann in die OECD-Länder verkauften. Arbeit wurde reichlicher verfügbar und damit billiger. Kapital wurde entsprechend knapper und somit teurer. Folglich verschoben sich in Westeuropa die Machtgleichgewichte weg von den Gewerkschaften hin zu den Arbeitgebern. Die westeuropäischen Belegschaften verloren in wenigen Jahren, was sie über viele Jahrzehnte von den Arbeitgebern an Rechten und Zusagen erstritten und erkämpft hatten. Sie mussten weitreichende Zugeständnisse machen, um im globalen Kostenwettbewerb konkurrenzfähig zu bleiben und das Beschäftigungsniveau halten zu können. Dazu gehörte beispielsweise, dass in Deutschland die wöchentliche Arbeitszeit der Belegschaften wieder anstieg und die Arbeitnehmer und Arbeitnehmerinnen seit Mitte der 1990er Jahre mit mehr als bescheidenen Reallohnsteigerungen Vorlieb nehmen müssen.

2 Globalisierung 2.0 (1990 bis 2010)

2.1 Ursachen der zweiten Globalisierungswelle

Die zweite Welle der Globalisierung hatte mit dem fundamentalen Strukturwandel von der Industrieproduktion zur Dienstleistungsökonomie zu tun, in der eine schnell wachsende Nachfrage nach immateriellen Leistungen etwa im Bereich von Kommunikation, Information, Wissensverwaltung, Bildung, Gesundheit, Beratung und Betreuung zu verzeichnen war.[5] Der Bedeutungsrückgang der klassischen Industrie hat eben nicht zu einem Ende der Arbeit geführt. Vielmehr haben neue Bedürfnisse der Menschen dafür gesorgt, dass ein immer größer werdender Teil der Wertschöpfung weltweit im Bereich solcher Dienstleistungen erfolgt. – Dieser Trend hat sich bis heute weiter beschleunigt. Dienstleistungen bestreiten in den Industrieländern inzwischen durchschnittlich fast 70 Prozent, in Staaten mittleren Einkommens 55 Prozent und in Ländern niedrigen Einkommens rund 44 Prozent des Bruttoinlandsprodukts.[6] Im Jahr 1960 lag dieser

Anteil in den Industrieländern noch bei etwa 50 Prozent. In dieser Entwicklung spiegelt sich die zweite industrielle Revolution – der Übergang vom Industriezeitalter in das Dienstleistungszeitalter – wider, nachdem im Zuge der ersten industriellen Revolution des 19. Jahrhunderts die Agrargesellschaft durch die Industriegesellschaft abgelöst worden war.

Ein zentrales Kennzeichen der neuen Ära ist die stark erhöhte internationale Handelbarkeit von Dienstleistungen. Zum einen haben technologische Basisinnovationen (wie die Mikroelektronik) viele Dienstleistungen handelbar gemacht (z.B. Programmierleistungen) und damit den Übergang vom Industrie- zum Dienstleistungszeitalter beschleunigt. Zum anderen haben moderne Telekommunikation und das Internet die Transaktionskosten für den internationalen Austausch von (gewichtslosen) Dienstleistungen nachhaltig gesenkt. Immer mehr Dienstleistungen werden international handelbar. Sie können entweder virtuell über das Internet oder aber mit modernen (Tele-)Kommunikations- und Transportsystemen schnell und billig an jeden Ort der Welt verkauft werden.

Die in den letzten Jahrzehnten auf die ganze Welt ausgeweitete internationale Arbeitsteilung und die damit einhergehende Spezialisierung sind somit beides: Sie sind Folge der Internationalisierung von Dienstleistungen,

Abb. 7: Dienstleistungshandelsströme 1980 bis 2010 (Exportwerte, weltweit in Billionen USD)

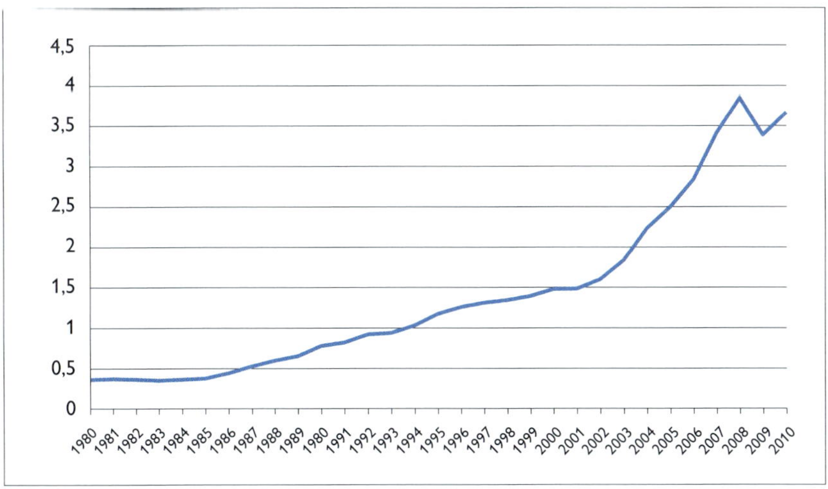

Quelle: WTO, http://stat.wto.org/StatisticalProgram/WSDBStatProgramHome.aspx?Language=E

die durch den rasanten Fortschritt in der Informations- und Kommunikationstechnik – insbesondere der Datenübertragungskapazität des Internets – ermöglicht wurde. Und sie sind zugleich Ursache des enorm gewachsenen grenzüberschreitenden Dienstleistungsaustausches, weil die einzelnen Glieder von Wertschöpfungsketten durch Transport- und Kommunikationsdienstleistungen zusammengefügt werden müssen. Tatsächlich sind Dienstleistungen die am schnellsten wachsende Komponente der globalen Arbeitsteilung. Der internationale Handel mit Dienstleistungen nimmt mittlerweile deutlich stärker zu als der Handel im Warensektor.[7]

Die internationale Verflechtung des Dienstleistungssektors unterscheidet sich wesentlich von der des Warensektors. Beim Güterhandel wird ein Produkt in einem Land hergestellt und in einem anderen Land verkauft. Herstellung und Nutzung des betreffenden Gutes erfolgen somit räumlich und zeitlich voneinander getrennt. Bei Dienstleistungen sind die Möglichkeiten vielfältiger[8] – hier lassen sich zumindest vier verschiedene Typen identifizierten, die nahezu beliebig auch miteinander kombinierbar sind.

- Typ 1: Grenzüberschreitende Dienstleistungen (*cross-border supply*)
  Die Dienstleistung wird in Land A erbracht und in Land B genutzt, wie z. B. bei der Übermittlung von Telefongesprächen, dem Consulting via Telefon oder E-Mail oder auch auf dem konventionellen Postweg, der Erstellung medizinischer Ferndiagnosen oder dem Fernstudium/E-Learning an »virtuellen« Universitäten. Diese Form einer Dienstleistung wird auch als *at arm's length services* oder Korrespondenzdienstleistung bezeichnet und mit »Outsourcing« und »Offshoring« in Verbindung gebracht.[9]
- Typ 2: Konsum der Dienstleistung im Ausland durch Inländer (*consumption abroad*)
  Die Dienstleistung wird in Land B erbracht und dort von Bürgern aus Land A genutzt. Beispiele sind Touristen, Studenten oder Patienten aus dem Inland, die im Ausland die entsprechenden Dienstleistungen in Anspruch nehmen. Es handelt sich mithin um »passive« (in Anspruch genommene) Dienstleistungen.
- Typ 3: Erbringung der Dienstleistung im Ausland durch inländische juristische Personen (*commercial presence*)
  Ein Unternehmen aus Land A gründet oder erwirbt eine Niederlassung in Land B, die dort ihre Dienstleistungen anbietet. Hierzu gehören beispielsweise Banken, Versicherungen, Hotelketten, Baufirmen oder Bildungseinrichtungen, die in ihrer jeweiligen Branche Direktinvestitionen im Ausland vornehmen, um dort zu produzieren. Im Unter-

schied zu Typ 2 lassen sich diese Dienstleistungen als »aktiv« (erbracht) klassifizieren.

- Typ 4: Erbringung der Dienstleistung im Ausland durch inländische natürliche Personen (*movement of natural persons*)
  Die Dienstleistung wird in Land B von Bürgern aus Land A angeboten. Beispiele sind Ingenieure, Monteure, Informatiker, Softwarespezialisten, Consultants, Manager, Ärzte oder Dozenten aus dem Inland, die selbstständig oder für eine Firma/Einrichtung im Ausland tätig werden. Dieser Modus umfasst daher sowohl den grenzüberschreitenden Personalaustausch innerhalb multinationaler Unternehmen als auch die Arbeitsmigration, die von kommerzieller Präsenz bzw. Direktinvestitionen im Ausland unabhängig ist.

Mehr als ein Drittel des gesamten internationalen Austauschs an Dienstleistungen entfällt heute auf den Typ 1. Der dominante Typ – mit etwa der Hälfte aller Transaktionen – ist jedoch weiterhin die geschäftliche Präsenz im Ausland in der Form von Direktinvestitionen (Typ 3). Hierin spiegelt sich in erster Linie das Aufbrechen staatlicher Dienstleistungsmonopole im Infrastruktursektor (Telekommunikation, Transport, Energie- und Wasserversorgung, Banken und Versicherungen etc.) seit Mitte der 1980er Jahre wider. Außerdem sind Direktinvestitionen im Ausland naturgemäß besonders gut geeignet, die Internationalisierung solcher Dienstleistungen zu forcieren, bei denen weiterhin die räumliche Nähe zum Markt bzw. der direkte Kontakt zum Klienten notwendig ist.

Die gestiegene Handelbarkeit von Typ-1-Dienstleistungen führt erstens dazu, dass dieser Typ nunmehr das dynamische Element bei der Internationalisierung des Dienstleistungssektors ist. Zweitens wird die vertikale Dimension des internationalen Dienstleistungshandels verstärkt. Dies bedeutet vor allem, dass Dienstleistungen die Integration von Wertschöpfungsstufen über nationale Grenzen hinweg vorantreiben. Ähnlich wie die Herstellung von Waren in internationalen Produktionsverbünden wird dabei die Erstellung von Dienstleistungen in einzelne Segmente aufgespalten und in verschiedenen Ländern unter Nutzung des jeweiligen Standortvorteils durchgeführt. Die Integration der Segmente geschieht durch Handel mit standortungebundenen Dienstleistungen (*at arm's length services*). Meistens findet eine derartige internationale Arbeitsteilung noch firmenintern – unter dem Dach multinationaler Dienstleistungsunternehmen – statt.

Eine einfache Integration liegt vor, wenn ausländische Tochtergesellschaften eine Dienstleistung oder Dienstleistungskomponente allein für ihre Muttergesellschaften bereitstellen und dafür etwa *back-office*-Funktionen verschiedener Art übernehmen. Beispiele wären die Durchführung der Buchhaltung oder Rechnungslegung für das regionale Hauptquartier eines multinationalen Unternehmens bei einer Auslandstochter dieses Konzerns oder die Koordinierung multinationaler Unternehmensaktivitäten in einer bestimmten Region durch eine eigene ausländische Filiale.

Bei komplexer Integration partizipieren entweder mehrere Tochtergesellschaften und die Muttergesellschaft an der internationalen Arbeitsteilung. Oder eine einzelne Auslandstochter erstellt Dienstleistungen für alle übrigen Mitglieder (oder die Mitglieder in einer bestimmten Weltregion) eines multinationalen Unternehmens. Oder eine Reihe von Tochtergesellschaften führt weltweit gemeinsam eine bestimmte Aktivität durch, etwa Forschung und Entwicklung auf integrierter Datenbasis mit rotierender Aufgabenverteilung.

Über ihre Rolle beim Zusammenfügen von Wertschöpfungsketten zwischen einzelnen Ländern hinaus fungieren internationale Dienstleistungen als »Schmiermittel« für entsprechende – und oftmals weiter reichende – Produktionsverbünde im Warensektor. Dies gilt vor allem für unternehmensbezogene (im Unterschied zu haushalts- und personenbezogenen) Dienstleistungen. Sie können sowohl unmittelbar mit Warenhandel und Direktinvestitionen verknüpft sein (z. B. Transport, Vertrieb, Service, Telekommunikation), beide aber auch ersetzen, etwa im Fall von Leasing- oder Lizenzverträgen. Ebenso können sich unternehmensbezogene Dienstleistungen auch ganz von Handel und Direktinvestitionen lösen, beispielsweise in Form allgemeiner Bank- und Versicherungsdienstleistungen.

Bei grenzüberschreitender »Fragmentierung« der Produktion im Warensektor spezialisieren sich die einzelnen Fertigungsstätten auf jene Teile der Wertschöpfung, bei denen die Gastländer über komparative Vorteile verfügen. Produktionskomponenten können innerhalb des gleichen multinational agierenden Unternehmens ausgelagert werden (dies führt zu unternehmensinternem internationalem Handel) oder Teile der Produktion werden an Unternehmen vergeben, die unabhängig voneinander sind (die beteiligten Unternehmen handeln dann über den Markt international miteinander). In beiden Fällen spielen Dienstleistungen eine entscheidende Rolle: Sie ermöglichen sowohl das Zustandekommen als auch die Abwicklung der relevanten Handelsströme. Im ersten Fall erfüllen sie außerdem eine wichtige Funktion bei der Koordinierung der Unternehmensaktivitäten in den verschiedenen Ländern. Infolge dieser Entwicklung werden auch Phänomene wie Outsourcing und Offshoring immer stärker von internationalen Dienstleistungen geprägt.

2.2 Folgen der zweiten Globalisierungswelle

Dienstleistungen sind nicht nur ein eigenständiger Wirtschaftsfaktor von hoher und wachsender Bedeutung. Sie sind auch ein zentraler wirtschaftlicher Komplementärfaktor, da die Produktion von Waren – und von Dienstleistungen selbst – immer mehr von Vorarbeiten aus diesem Sektor abhängt. Auch auf der Absatzseite sind die Hersteller in vielfältiger Weise auf Dienstleistungen angewiesen, um ihre Produkte profitabel an den Kunden zu bringen. Ähnliches gilt für die übrigen Unternehmensfunktionen (Finanzierung, Werbung etc.).

Von einem internationalen ökonomischen Blickwinkel aus gesehen, bedeuten diese Entwicklungen zweierlei:

- Die internationale Wettbewerbsfähigkeit der Dienstleistungsinfrastruktur, gemessen an Verfügbarkeit, Kosten und Qualität intermediärer Dienstleistungen, ist heute eine zwingende Voraussetzung für die internationale Wettbewerbsfähigkeit der Industrie eines Landes.
- Mit der Ausbreitung grenzüberschreitender Wertschöpfungsketten gewinnt die Komplementärfunktion der Dienstleistungen auch im internationalen Handel immer stärker an Bedeutung. Dienstleistungen kommt zunehmend die Rolle eines Katalysators bei der internationalen Vernetzung der Wertschöpfung zu.

Politisch wird es vor diesem Hintergrund immer wichtiger, einen freien Zugang der wirtschaftlichen Akteure zu internationalen Dienstleistungen zu gewährleisten, damit die globale Arbeitsteilung effizient »funktionieren« kann und für alle Länder, die daran teilnehmen, vorteilhaft ist.

Ein Abbau von Handels- und Investitionsschranken im Dienstleistungssektor wirkt sich in folgender Weise auf die am internationalen Dienstleistungsaustausch beteiligten Volkswirtschaften aus:

- Verschärfung des Wettbewerbs auf Dienstleistungsmärkten und eine damit verbundene Effizienzsteigerung in der Form neuer, besserer und billigerer Produkte;
- Kostensenkung durch Nutzung statischer und dynamischer Skalenvorteile bei Spezialisierung und Massenproduktion sowie durch Verbilligung von Vorleistungen im Rahmen internationaler Produktionsverbünde;
- Spezialisierung auf Bereiche mit komparativem Vorteil;
- Import neuer Technologien;
- Erhöhung der internationalen Wettbewerbsfähigkeit.

Zwischen den Warenexporten eines Landes und seinen Dienstleistungsimporten besteht eine komplementäre Beziehung – sie bedingen und ergänzen sich. Deshalb würde eine weitere Liberalisierung des internationalen Dienstleistungshandels dazu führen, die internationale Wettbewerbsfähigkeit eines Landes auch im Warensektor zu erhöhen. Als Quintessenz zeigen sich dann Wohlfahrtsgewinne für alle Handelspartner. Denn die Ökonomik des Outsourcing ist im Kern identisch mit der Ökonomik der internationalen Arbeitsteilung. In volkswirtschaftlicher Betrachtung macht es letztlich keinen Unterschied, ob Waren im Ausland produziert und dann durch die Welt transportiert werden oder ob Dienstleistungen über das Hochleistungsinternet in den Handel gelangen.[10]

Auch die Befürchtung, dass durch Outsourcing per saldo Arbeitsplätze vernichtet werden und höherwertige, gut bezahlte Arbeit durch geringer qualifizierte, schlecht bezahlte Arbeit ersetzt wird, ist theoretisch und empirisch wenig fundiert:[11]

- Die ökonomische Analyse ergibt grundsätzlich, dass die Anzahl der Arbeitsplätze in einer Volkswirtschaft in erster Linie durch die makroökonomische Politik bestimmt wird, während die Handelspolitik hauptsächlich die Zusammensetzung der Arbeitsplätze beeinflusst. Dementsprechend würde auch eine Liberalisierung der Märkte für Offshore-Dienstleistungen insgesamt nicht zu einem Beschäftigungsabbau führen.
- Der internationale Dienstleistungshandel ist wie der Warenhandel keine »Einbahnstraße«, sondern ein »Zwei-Wege-Handel«. Beispiele hierfür sind Unternehmensdienstleistungen sowie EDV-Dienste und Informationsdienste und damit Dienstleistungskategorien, die in hohem Maß »anfällig« für Outsourcing sind. In diesen Branchen entstehen im Gegenzug zur Abwanderung von Arbeitsplätzen durch Outsourcing oftmals an anderer Stelle der Volkswirtschaft neue, hochwertige Arbeitsplätze durch »Insourcing«. Ein Beispiel hierfür findet sich bei den Forschungs- und Entwicklungsabteilungen deutscher Industriebetriebe, die einige Dienstleistungen – wie EDV oder Wartungsarbeiten – ins Ausland verlagern, dafür aber andere – wie die strategische Unternehmensentwicklung, also die Entwicklung neuer Geschäftsfelder, Märkte und Produkte – in Deutschland konzentrieren und ausbauen.
- Empirisch ist gezeigt worden, dass es keinen negativen Zusammenhang zwischen der Intensität des Outsourcing und dem Arbeitsplatzwachstum in Dienstleistungsbranchen gibt und dass Beschäftigte, die in relativ schrumpfenden Dienstleistungsbranchen ihren Arbeitsplatz verlieren, durchweg schnell in relativ wachsenden Dienstleistungsbranchen neue Arbeitsplätze finden.[12]

Natürlich ist aber nicht auszuschließen, dass Arbeitskräfte, die durch Outsourcing ihre Arbeitsstelle verlieren, nur schlechter bezahlte neue Arbeit finden. Soweit dies zutrifft, findet sich hier ein ökonomisch plausibles Argument für arbeitsmarktpolitische Qualifizierungsmaßnahmen.

Bei Typ-4-Dienstleistungen (Erbringung der Dienstleistung im Ausland durch inländische natürliche Personen) ist das Ausmaß internationaler Transaktionen relativ am geringsten und der Liberalisierungsstand am niedrigsten. Zugleich bleiben die von den WTO-Mitgliedern auf multilateraler Ebene eingegangenen Liberalisierungsverpflichtungen häufig hinter dem tatsächlichen Liberalisierungsstand auf nationaler Ebene zurück.[13] Die bisherigen multilateralen Liberalisierungsverpflichtungen betreffen hauptsächlich den internationalen Personalaustausch in multinationalen Unternehmen – und damit auch in erster Linie Interessen der Industrieländer, da sie die Hauptquelle internationaler Direktinvestitionen sind –, während Arbeitsmigration, die nicht mit kommerzieller Präsenz (d. h. Direktinvestitionen im Waren- oder Dienstleistungssektor) im Ausland gekoppelt ist und in besonderem Maß Entwicklungsländer interessiert, bisher weitgehend von der Liberalisierung ausgespart wurde. Das Wirkungspotenzial wäre allerdings gerade hier beträchtlich: Schätzungen zufolge würde bereits ein relativ geringer Anstieg der Arbeitsmigration mit einer hohen Wohlfahrtssteigerung verbunden sein. Demnach könnte schon eine moderate Ausweitung des Zuwandereranteils an der Beschäftigung qualifizierter wie nicht qualifizierter Arbeitskräfte in den Industriestaaten um nur drei Prozent des insgesamt dort verfügbaren Arbeitskräftepotenzials zu einer Wohlfahrtssteigerung von über 150 Milliarden US-Dollar pro Jahr führen. Beide Seiten – neben den Industrie- auch die Entwicklungsländer – würden davon profitieren, allerdings nicht beide gleich stark. Je besser qualifiziert die Wandernden sind, umso stärker verschiebt sich der Migrationsgewinn zu den Aufnahmeländern (weil es dann eben doch zu einem Braindrain, also einem Verlust von Humankapital, kommt).[14]

3 Globalisierung 3.0 (seit 2010)

3.1 Ursachen der dritten Globalisierungswelle

Seit etwa dem Jahr 2010 rollt eine neue, dritte Welle der Globalisierung auf breiterer Front, beschleunigt und ungebremst, auf die europäischen Staaten zu. Sie richtet sich nicht mehr auf die Gütermärkte, die bereits in sehr hohem Maß globalisiert sind, und auch nicht auf die Dienstleistungsmärkte, die in den letzten Jahren internationalisiert worden sind. Sie zielt auf die Faktormärkte[15] und hier insbesondere auf die Eigentümer- und Managementfunktionen.

Zunächst – dieser Prozess ist bereits seit einiger Zeit im Gang – werden sich ausländische Investoren, nicht nur aus den USA oder Japan, sondern auch aus Südkorea, China und Indien sowie aus den Erdöl oder Erdgas exportierenden Ländern des arabischen Raums verstärkt an europäischen Firmen beteiligen. So hat etwa der chinesische Computerkonzern Lenovo binnen weniger Jahre erst die gesamte PC-Sparte des amerikanischen Industriegiganten IBM übernommen (2005) und inzwischen mit Medion erstmals ein großes und börsennotiertes deutsches Unternehmen aus der Unterhaltungselektronik aufgekauft (2011). Bei Autoherstellern wie Volvo, Saab und Opel haben sich chinesische und andere Investoren ebenfalls bereits eingekauft oder stehen kurz davor. Auch in vielen anderen Bereichen sind die mächtigen Staatsfonds aus südostasiatischen Ländern Beteiligungen eingegangen. Dazu gehören auch öffentliche Infrastrukturanlagen wie Straßen, See- oder Flughäfen.

Die »neuen« Investoren aus den aufstrebenden Volkswirtschaften begnügen sich nicht mit einer stillen Teilhabe an Unternehmen und es geht ihnen auch nicht so sehr um Dividenden und Wertsteigerungen. Mit der Eigenkapitalbeteiligung wollen sie den Kurs und die Richtung der europäischen Unternehmen entscheidend mitbestimmen. Es geht ihnen darum, durch eigenes oder ein von ihnen eingesetztes und streng kontrolliertes Management stille Reserven zu heben und die betriebswirtschaftliche Effizienz zu fördern, um dann im richtigen Moment ein saniertes und gesundes Unternehmen mit maximalem Gewinn verkaufen zu können. Vor allem aber sind die »neuen« Investoren an Know-how, Technologie und Patenten der aufgekauften Firmen interessiert. Mit einem Transfer dieses Wissensschatzes nach China ließe sich der in einigen Bereichen doch noch beträchtliche Technologierückstand vergleichsweise schnell aufholen. Das wiederum soll und wird die internationale Wettbewerbsfähigkeit chinesischer Unternehmen nachhaltig stärken.

3.2 Folgen der dritten Globalisierungswelle

Die dritte Welle der Globalisierung erschüttert die im Industriezeitalter entstandenen Nationalstaaten in ihren Grundfesten. Sie schränkt deren Macht, wirtschaftliche Aktivitäten mit den territorial begrenzten Rechtsmitteln der Nationalstaaten zu regulieren, zunehmend ein. Die Globalisierung der Wirtschaft sprengt die Territorialität nationalen Rechts. Es kommt immer stärker zu einer Entmonopolisierung des Nationalen und einer schleichenden Entnationalisierung des Wirtschaftsrechts sowie der gesellschaftlichen Werte und Normen. Politische Landesgrenzen werden durch internationale Abkommen ausgehebelt. Wirtschaftliche Unternehmensidentitäten gehen durch einen raschen Wechsel der Besitzer und des Managements verloren. Die Führungskräfte von ausländischen Eigenkapitalbeteiligungsfirmen werden kaum mehr Verständnis für die lokalen Eigenarten ihrer Belegschaften zeigen. Nationale Mitbestimmungsregeln, Tarifkartelle und lange eingespielte Seilschaften werden ihnen fremd sein und bleiben. Sie werden nur so weit Rücksicht auf kulturelle, gesellschaftliche oder historische Befindlichkeiten nehmen, wie die Kosten der Rücksichtsnahme geringer sind als die Vorteile in Form besser motivierter Mitarbeiter und Mitarbeiterinnen, besserer Reputation, höherer Umsätze oder wohlwollender politischer Behörden.

Die Globalisierung führt aber auch zu einer schleichenden Erosion staatlicher Macht. Der Nationalstaat hat nicht mehr das Zwangsmonopol, von seinen Staatsangehörigen alles und jedes einzufordern. Technologische Fortschritte im Transport-, Informations- und Kommunikationsbereich ermöglichen es, dass politische Grenzen einfacher überwunden oder leichter umgangen werden können. Ökonomische Aktivitäten erhalten zunehmend eine internationale, oft weltweite Dimension. Menschen können mit den Füßen abstimmen und das Land verlassen. Kapital wird im Ausland angelegt oder investiert.

Eine »funktionale Mobilität bei personeller Immobilität« ermöglicht eine immer stärkere räumliche Entflechtung von Wohnen und Arbeiten, Produktion und Konsum, Sparen und Investieren. Moderne Verkehrsmittel, leistungsfähige Telekommunikationsnetze, Satellitentechnologie, Internet und Cyberspace erleichtern es – zumindest innerhalb Europas –, Wohn- oder Geschäftssitz, Steuerdomizil und Bankkonto nach Belieben zu wählen. Traditionelle, oft hoheitlich erzwungene nationale Solidargemeinschaften werden aufgeweicht. Eine Loslösung individueller Entscheidungen von nationalen Sachzwängen, historisch gewachsenen standortspezifischen Werten, Normen, Moralvorstellungen und Verhaltensweisen wird für mehr und mehr ökonomische Sachverhalte möglich, ja in vielerlei Hinsicht sogar unvermeidbar.

In der Vergangenheit war es relativ einfach, gesellschaftliche Verantwortung einzufordern. Der Staat konnte mehr oder weniger hoheitlichen Zwang ausüben. Es war schwierig, »mit Sack und Pack« das Land zu verlassen oder gar mit einer ganzen Firma ins Ausland auszuwandern. Staatlicher Zwang, sozialer Druck oder die ökonomischen Kosten der Mobilität waren vergleichsweise hoch. Heute ist das anders. »Weggehen« ist billig und einfach geworden, für Menschen, für Produktionsstätten, für Dienstleistungsketten. Die Nationalstaaten verlieren im Zuge dessen unweigerlich an Stellenwert, Identifikationspotenzial und gestalterischem Einfluss.[16]

Von den Entwicklungen gehetzt, die sie immer weniger selbst steuern können, versuchen die Staaten auf die für sie wenig erfreulichen Folgen der dritten Globalisierungswelle zu reagieren, indem sie nach besseren, den neuen Zeiten angepassten Handlungsmechanismen und »Betriebsgrößen« suchen. Sie geben Teile ihrer hoheitlichen Kompetenz nach oben ab. Internationale oder supranationale Organisationen – wie beispielsweise die WTO – oder die Vertiefung und Erweiterung der Europäischen Union sind politische Antworten auf die Folgen der Globalisierung. Doch sind es auch die richtigen Antworten?

Im nationalen Zusammenhang ist die Auffassung noch stark verbreitet, mit einem starken Staat die Globalisierung zähmen zu wollen, um ihr ein menschliches Gesicht zu geben. Man müsse mit strengen Regeln dafür sorgen, dass es nicht zu unfairem (Steuer-)Wettbewerb, Lohndumping, Sozialtourismus und einer Schwächung des Sozialstaates komme. Dieser Argumentation folgend, wird deshalb in jüngster Zeit neben der zunehmend hilflosen Beschwörung nationaler Hoheitsrechte auch mit einem lauter werdenden Ruf nach einem Supranationalstaat auf die schleichende Erosion der nationalstaatlichen Macht reagiert. Mit weltweit verbindlich vorgeschriebenen Steuergesetzen, Arbeitsvorschriften, Umwelt- oder Sozialstandards soll die Globalisierung an die Kette genommen werden. Verschmutztes Wasser, saubere Luft, der Schutz der Tropenwälder, der Erhalt von Lebensräumen seltener Tiere, Kinderarbeit oder zu lange Arbeitszeiten werden als Vorwand genutzt, um sich zu vermeintlichen Interessenwahrern schwächerer Staaten aufzuschwingen, dabei aber letztlich doch nur wieder die eigenen Interessen im Blick zu haben.

Es wird zur Ironie der Geschichte, dass der Westen heute mit dem Argument des unfairen Wettbewerbs den Aufstieg neuer Konkurrenten bremst. Lange Zeit hatten arme Länder dieses Argument gegen die westlichen Industriestaaten ins Feld geführt: Sie hatten über die Marktmacht, den unfairen Wettbewerb, die Ausbeutung und die Verdrängung durch die reichen Länder geklagt. Es ist die große Illusion und falsche Hoffnung, die neue Welt würde auf den starken Staat des alten Europas warten. Die Menschen außerhalb Europas wollen und lassen sich nicht mehr in den engen Käfig kleiner nationaler Märkte zurücksperren, aus dem sie sich gerade eben befreit haben. Sie wollen teilhaben an den Früchten der internationalen Arbeitsteilung. Sie wollen die Regeln der Globalisierung mitgestalten.

4 Fazit: Mehr Chancen als Risiken durch die Globalisierung

Die dritte Globalisierungswelle macht die internationale Arbeitsteilung endgültig zu einem weltumspannenden, globalen Phänomen, das alle Erdteile gleichermaßen einbezieht. Die Globalisierung wird nicht mehr länger eine Einbahnstraße sein. Die Länder außerhalb Nordamerikas und Europas werden künftig weniger denn je nur die Rolle der attraktiven, weil bevölkerungsreichen Absatzmärkte und verlängerten Werkbänke des Westens spielen. Sie werden nicht mehr lediglich Sitzland von Tochterfirmen oder Zulieferer westlicher Konzerne sein wollen. Schon heute ist es ein fataler Irrtum zu glauben, China liefere nur billige Massengüter, Russland oder Arabien günstige Energie, Brasilien preiswerte Biomasse oder Indien kostengünstige Softwareprogramme oder Kommunikationsdienstleistungen.

Die neuen Mitspieler der Globalisierung werden in steigendem Ausmaß genauso hochwertige und vielfältige Güter und Dienstleistungen anbieten wie die Länder des Westens. Sie werden ihrerseits in mehr und mehr Bereichen zu globalen Schwergewichten aufsteigen, die zunächst Kostenführer und früher oder später sogar Technologieführer auf den Weltmärkten sein werden. Sie werden das Netz der global verknüpften Wertschöpfungsketten noch engmaschiger werden lassen. Das gilt nicht nur für die Gütermärkte, sondern auch für die Arbeits-, Kapital- und Finanzmärkte. Die Herausforderer aus dem Osten und dem Süden werden Firmen im Westen kaufen, umkrempeln und mit ihren Organisations- und Führungsmodellen sowie ihrer Strategie weltweit agieren lassen. Sie werden deren Technologien und Know-how nutzen, um eigene Betriebe weiter voranzubringen und selbst hochwertige und technologisch führende Güter herzustellen.

Um dem ökonomischen »Angriff« aus den aufstrebenden Volkswirtschaften standzuhalten, hat sich eine Vielzahl deutscher Unternehmen in den letzten Jahren in weltweit einzigartiger Weise vom Produkthersteller zum Systemanbieter gewandelt. Verkauft werden nicht mehr nur Maschinen, Elektrogeräte oder Fahrzeuge. Verkauft werden ganzheitliche innovative Problemlösungen mit einem industriellen Kern als Basis und einer Hülle unterschiedlichster vor- und nachgelagerter Dienstleistungen von der Planung und Organisation über die Führung und den Betrieb bis zur Finanzierung und Versicherung sowie der Wartung und Modernisierung. Deutsche Firmen sind mit qualitativ hochattraktiven »Rundum-Leistungspaketen« in vielen Branchen Weltmarktführer. Dabei sind es weniger geringe Kosten und tiefe Preise, die den Wettbewerbsvorteil verursachen.

Es sind die effektive Organisation und das effiziente Management komplexer internationaler Wertschöpfungsnetzwerke, die Monopolstellungen jenseits einer Kostenführerschaft schaffen. Es ist die Technologieführerschaft, die es erlaubt, die Spielregeln zu bestimmen und auch hohe Preise mit entsprechenden Gewinnspannen durchzusetzen.

Die Technologieführerschaft macht deutsche Firmen weniger anfällig für kurzfristige Konjunktursorgen. Für viele deutsche Firmen geht es nicht mehr darum, immer nur noch günstiger und noch billiger als die ausländische Konkurrenz zu werden. Für sie geht es um die Technologieführerschaft. Wer Technologieführer ist, steht nicht so sehr im so brutal harten internationalen Kostenwettbewerb und ist nicht einseitig kostenabhängig. Er bestimmt selbst die Preise. Deshalb kann er höhere Kosten an die Kunden weitergeben. Höhere Energiepreise oder ein stärkerer Euro schmälern dann nur die Margen. Sie gefährden aber nicht grundsätzlich die internationale Wettbewerbsfähigkeit.

An der Stelle zeigt sich, warum – anders als im ersten deutschen Wirtschaftswunder der Nachkriegszeit – das zweite deutsche Wirtschaftswunder nicht zu einer gefühlten Wohlstandsverbesserung für alle führt. Damals wurden Hände gesucht, um Deutschland wiederaufzubauen. Heute werden kluge Köpfe knapp. Es fehlen Fach- und Führungskräfte. Damals wurden über die Trümmerfrauen, die Bergleute, die Schwerindustriearbeiter bis hin zu den Gastarbeitern alle gebraucht, die arbeiten wollten. Heute genügt das Wollen nicht mehr, es geht ums Können. Es geht um jenes spezifische Fachwissen und jene speziellen Fähigkeiten, die andernorts in der Welt nicht mit derselben Kompetenz reichlich vorhanden sind. Und es geht darum, dieses Know-how zugleich hochflexibel zum Einsatz zu bringen und permanent zu aktualisieren – der voranschreitende demografische Wandel macht das wichtiger denn je. Deshalb öffnet sich beim zweiten deutschen Wirtschaftswunder die Schere zwischen Gewinn und Verlust stärker als jemals zuvor, aber eben nicht mehr zwischen Arbeitgebern und Arbeitnehmern, Kapitalisten und Proletariern. Sie öffnet sich zwischen besser und schlechter Ausgebildeten: Wer etwas kann, was andere nicht können, wird von den verschiedenen Wellen der Globalisierung profitieren. Wer nur etwas will, was andere auch wollen, verliert – nämlich im Zweifel seinen bisherigen Arbeitsplatz und damit die Möglichkeit, durch eigene Arbeit genug zum Leben verdienen zu können. Er wird in der Tat von der Globalisierung nicht profitieren, sondern läuft große Gefahr, zum dauerhaften Verlierer zu werden. Das gilt ungeachtet der demografischen Schrumpfungsprozesse, die nur dafür sorgen werden, dass die Chancenlosigkeit von geringer Qualifizierten im Kontrast zur hohen Nachfrage nach gut Gebildeten umso sichtbarer werden wird. Eine lebensbegleitende Aus- und Weiterbildung sowie ständiges Dazulernen sind also der Schlüssel zum Erfolg.

Jenseits der strategischen Aufgaben für die Familien- und Zuwanderungspolitik (mit deren Beantwortung etwa in Form besserer Vereinbarkeit von Familie und Beruf und gezielt dosierter Arbeitsmigration sowie einer verbesserten Integration der bereits in Deutschland lebenden Menschen mit Migrationshintergrund neue Potenziale an qualifizierter Arbeitskraft für die Gesellschaft erschlossen werden können) lautet eine zentrale Herausforderung deshalb, Deutschland wieder an die qualitative Spitze von Bildung und Ausbildung zu führen. Damit ließen sich trotz einer rückläufigen Zahl an Erwerbspersonen die in der Vergangenheit hierzulande erreichten führenden Wettbewerbs- und Wohlstandspositionen im weiteren Verlauf der Globalisierung festigen.

Keine Frage: Die Globalisierung wird auch in Zukunft den Taktstock schwingen und damit Tempo und Intensität des Strukturwandels vorgeben. An die Stelle alter Übersichtlichkeit und über lange Berufsjahre hinweg verlässlich planbarer Rahmenbedingungen tritt dabei als Folge ein nicht endender Anpassungsdruck. Und doch ist Zuversicht sehr angebracht. Die Chancen werden insgesamt größer sein als die Risiken – und die Vorstellung, auf dem Weg der Globalisierung letztlich auch etwas mehr Verteilungsgerechtigkeit in der Welt herstellen zu können, ist es wert, sich dieser Aufgabe optimistisch zu stellen.

Anmerkungen

1 Wie Migrationspolitik zu einer internationalen Aufgabe wird, die auch im Kontext mit einer Wachstums- und Entwicklungspolitik zu lösen ist, wird im Jahresgutachten des Sachverständigenrats deutscher Stiftungen für Integration und Migration, Migrationsland 2011, Berlin 2011, beschrieben (www.svr-migration.de).

2 Viele Daten und Grafiken zur Entwicklung der Globalisierung bei: Stefan Flückiger/Martina Schwab, Globalisierung: Die zweite Welle (Was die Schweiz erwartet), Zürich 2010.

3 Vgl. Georg Koopmann/Thomas Straubhaar, Globalisierung braucht starke Institutionen, in: Internationale Politik, 61 (2006) 9, S. 6–14.

4 Vgl. International Organization for Migration, World Migration Report 2010 (The Future of Migration: Building Capacities for Change), Genf 2010, S. 115.

5 Das Wesensmerkmal der Dienstleistungsökonomie liegt darin, dass sie in weiten Teilen eine »gewichtslose« Ökonomie ist. Damit sind letztlich ökonomische Akti-

vitäten der verschiedensten Art angesprochen, deren Gemeinsamkeit darin liegt, dass sie sich in »Information«, sogenannte *bit strings*, zerlegen lassen. Dazu zählen insbesondere Wissen, Datenbanken, Beratung und Kommunikation, Medien und Unterhaltung sowie der Bereich des geistigen Eigentums (Marken, Rechte, Titel, Patente). Vgl. Danny T. Quah, The Weightless Economy in Growth, The Business Economist, 30 (1999) 1, S. 40–53.

6 Datenbasis: World Bank, http://data.worldbank.org/topic/economic-policy-and-external-debt. Angesichts der weiter unten angesprochenen volkswirtschaftlichen Komplementärfunktion intermediärer Dienstleistungen dürfte mit den genannten Anteilen die tatsächliche Bedeutung des Dienstleistungssektors für die gesamte Wirtschaft noch deutlich unterschätzt werden. Vgl. Rohini Acharya/Michael Daly, Selected Issues Concerning the Multilateral Trading System, WTO Discussion Paper No. 7, 2004.

7 Vgl. Aaditya Mattoo/Robert M. Stern, Overview, in: Aaditya Mattoo/Robert M. Stern/Gianni Zanini (Hrsg.), A Handbook of International Trade in Services, Oxford 2008, S. 3.

8 Vgl. Jagdish Bhagwati, Splintering and Disembodiment of Services in Developing Nations, in: The World Economy, 7 (1984) 2, S. 133–144, sowie Gary Sampson/Richard Snape, Identifying the Issues in Trade in Services, in: The World Economy, 8 (1985) 2, S. 171–182.

9 »Outsourcing« meint, dass eine Firma nicht ihre gesamte Wertschöpfung selbst erbringt, sondern einzelne Elemente ihres Wertschöpfungsprozesses in andere (Tochter-)Unternehmen auslagert. »Offshoring« bezeichnet dabei die Verlagerung einzelner Elemente der betrieblichen Wertschöpfung ins Ausland. Vgl. Farok J. Contractor u. a., Global Outsourcing and Offshoring, Cambridge 2011.

10 Gregory Mankiw (seinerzeit Vorsitzender des US Council of Economic Advisers) hat diese weitgehende Analogie in einfachen Worten veranschaulicht: »Ich denke, dass Outsourcing ein immer wichtiger werdendes Phänomen werden wird. Aber ebenso sollten wir realisieren, dass es sich in der langen Frist positiv auswirken wird. Wir haben uns daran gewöhnt, dass Waren im Ausland produziert und per Schiff oder Flugzeug zu uns transportiert werden. Woran wir uns noch nicht gewöhnt haben ist, dass Dienstleistungen im Ausland produziert und per Internet oder Telefonleitungen zu uns übermittelt werden. Aber macht es aus einer ökonomischen Perspektive einen Unterschied, ob im Ausland geschaffene Werte und Leistungen per Flugzeug und Schiff oder per Fiberglaskabel zu uns gelangen? Offensichtlich nicht! Die Ökonomik hinter den Lieferungen ist dieselbe!« Zit. nach Edmund L. Andrews, Democrats Critize Bush over Job Exports, in: New York Times vom 11. Februar 2004, S. A26 (übersetzt vom Verfasser).

11 Vgl. ausführlicher die Debatte bei Jagdish Bhagwati/Arvind Panagariya/Thirukodikaval Nilakanta Srinivasan, The Muddles over Outsourcing, in: Journal of Economic Perspectives, 18 (2004) 4, S. 93–114, und Paul A. Samuelson, Where Ricardo and Mill Rebut and Confirm Arguments of Mainstream Economists Supporting Globalization, in: Journal of Economic Perspectives, 18 (2004) 3, S. 135–146. Allgemein zur Thematik Georg Koopmann/Thomas Straubhaar, Zur Internationali-

sierung des Dienstleistungssektors, in: Jahrbuch für Wirtschaftswissenschaften, 60 (2009) 2, S. 81–102.

12 Mary Amiti/Shang-Jin Wei, Service Offshoring, Productivity, and Employment: Evidence from the United States, International Monetary Found, IMF Working Papers 05/238, 2005.

13 Vgl. Sumanta Chaudhuri/Aaditya Mattoo/Richard Self, Moving People to Deliver Services, The World Bank, World Bank Policy Research Working Paper 3238, 2004, S. 7f.

14 Vgl. S. Chaudhuri u.a. (Anm. 13).

15 Faktormärkte sind Märkte, auf denen Produktionsfaktoren (Arbeit, Boden, Kapital) oder die Verfügungsrechte hierüber gehandelt werden.

16 Vgl. vor allem Herbert Giersch, Anmerkungen zum weltwirtschaftlichen Denkansatz, in: Weltwirtschaftliches Archiv, Bd. 125, 1989, S. 1–16.

Steffen Kröhnert

Demografische Entwicklung in Deutschland: Grundtendenzen und regionale Besonderheiten

1 Der demografische Wandel verändert die Gesellschaft

Als im Jahr 2002 eine Enquetekommission des Deutschen Bundestages zum »Demografischen Wandel« ihren Abschlussbericht vorlegte,[1] hatten die meisten Deutschen diesen Begriff noch nie gehört. Selbst manchen Fachleuten erschien der demografische Wandel als etwas, das irgendwann in ferner Zukunft stattfinden wird – möglicherweise völlig unbemerkt. Nur weitsichtigere Zeitgenossen räumten ein, dass man sich bereits jetzt auf diese grundlegende Veränderung vorbereiten müsse.

Doch heute, kaum zehn Jahre später, spüren wir auf vielen Ebenen die Auswirkungen der demografischen Veränderungen und lange Verdrängtes erreicht die öffentliche Diskussion. Ende 2002 registrierte das Statistische Bundesamt in der Bundesrepublik 82 537 000 Einwohner. Das war die höchste Einwohnerzahl ihrer Geschichte. Seit Kriegsende war die Einwohnerzahl fast ununterbrochen gewachsen, doch nun geht der Trend in die entgegengesetzte Richtung. Ende 2010 lebten bereits knapp 800 000 Menschen weniger in Deutschland – und der Bevölkerungsrückgang dürfte für lange Zeit ohne Umkehr sein.[2]

Grundsätzlich wandeln sich Gesellschaften im Lauf ihrer sozialen und ökonomischen Entwicklung stets auch demografisch: Auf einer frühen Stufe gesellschaftlicher Entwicklung haben Gesellschaften hohe Kinderzahlen, gleichzeitig existiert ein hohes Sterberisiko in jedem Lebensalter. Die durchschnittliche Lebenserwartung ist gering und nur relativ wenige Menschen erreichen ein Lebensalter jenseits der 60. Dadurch entsteht der klassische Altersaufbau einer Bevölkerung, dem die »Bevölkerungspyramide« ihren Namen verdankt: In ihr sind die Jahrgänge umso zahlreicher besetzt, je jünger die Menschen sind. Die Gesamtzahl der Bevölkerung ist trotz vieler Kinder zunächst weitgehend konstant, denn die Sterbe- ist ebenso hoch wie die Geburtenrate. Mit zunehmender wirtschaftlicher Entwicklung verbessern sich Ernährung und die medizinische Versorgung der Bevölkerung, es stirbt sich nicht mehr so leicht.

Immer mehr der zahlreichen Kinder überleben, die Bevölkerungszahl nimmt zu, es kommt zum »ersten demografischen Übergang«. In Ländern wie Niger, das sich auf dieser Entwicklungsstufe befindet, wächst die Einwohnerzahl jedes Jahr um 3,5 Prozent – bei einer Gesamtfertilitätsrate[3] von durchschnittlich sieben Kindern je Frau. Die Hälfte der Bevölkerung im Niger ist jünger als 15 Jahre.[4]

Entwickeln sich Gesellschaften weiter, reduzieren Familien immer stärker die Zahl ihrer Nachkommen. Als Arbeitskräfte auf dem Feld und als Altersvorsorge sind viele Kinder nicht mehr vonnöten, stattdessen verursachen sie immer höhere Kosten – für Kleidung, Erziehung und Ausbildung. In dieser Entwicklungsphase können Länder einen gewaltigen wirtschaftlichen Sprung nach vorn machen. Denn es gibt viele junge, konsumwillige und karrierehungrige Menschen, die noch nicht für viele Alte, aber auch nicht mehr für eine große Kinderschar zu sorgen haben. So entstehen »Tigerstaaten« wie das Südkorea der 1980er Jahre oder das China von heute. Im ungünstigsten Fall, wenn Jobs und Perspektiven sozialen Aufstiegs für die gewaltige Zahl junger Menschen fehlen, kann eine solche demografische Situation das Erstarken des politischen Extremismus sowie Gewalt und Krieg als Mittel der Politik begünstigen – wie im Deutschland der 1930er Jahre oder in zahlreichen afrikanischen Staaten der Gegenwart.[5]

Nach dieser Phase sinkt in entwickelten Industrieländern die Fertilitätsrate weiter, häufig unter das bestandserhaltende Maß von 2,1 Kindern je Frau. Während vorher der Anstieg der durchschnittlichen Lebenserwartung vor allem auf der Reduktion der Kindersterblichkeit beruhte, steigt sie nun vor allem im höheren Lebensalter immer weiter an. Der altersmäßige »Schwerpunkt« der Bevölkerung verschiebt sich zunächst von den jungen zu den älteren Erwerbsfähigen und schließlich zu den Rentnern, während immer kleinere Gruppen von jungen Menschen ins Eltern- und ins Erwerbsalter nachrücken. Die Bevölkerungszahl beginnt zu schrumpfen. In dieser Phase des demografischen Wandels, des »zweiten demografischen Übergangs«, befindet sich die Bundesrepublik bereits seit Längerem.

Deutschland erlebte seinen letzten Babyboom nach Ende des Zweiten Weltkrieges. 1964 wurden hierzulande (in beiden deutschen Staaten zusammen) 1,36 Millionen Kinder geboren – etwa 2,6 je Frau im fruchtbaren Alter. So viele sollten es nie wieder sein. In den frühen 1970er Jahren stürzte die Gesamtfertilitätsrate, die etwa zwei betragen müsste, damit eine Bevölkerung langfristig stabil bleibt, auf nur noch 1,4 ab. Seit 40 Jahren verharrt sie auf diesem Niveau und jede Generation neu Geborener ist dadurch im Vergleich zu der ihrer Eltern um ein Drittel kleiner. 2009 kamen in Deutschland nur noch etwa 660 000 Kinder zur Welt, weniger als halb so viele wie 1964.[6]

Abb. 1: Geburten und Sterbefälle 1950 bis 2050

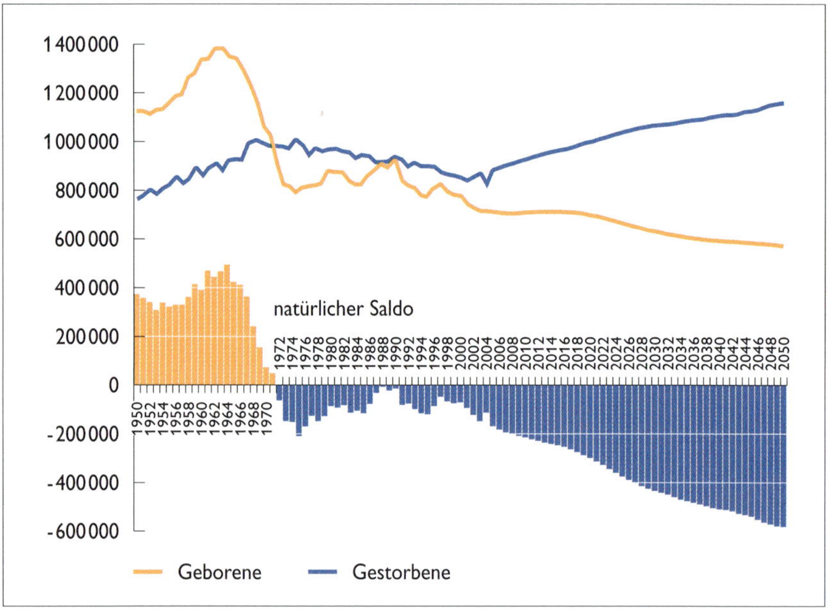

Quelle: Berlin-Institut für Bevölkerung und Entwicklung (Datengrundlage: Statistisches Bundesamt)

Durch diesen Rückgang der Geburtenzahl sterben hierzulande bereits seit den 1970er Jahren mehr Menschen, als geboren werden. Dieser Sterbeüberschuss war in der Vergangenheit leicht auszugleichen, wanderten doch im langjährigen Mittel jährlich mehr als 200 000 Menschen nach Deutschland ein – »Gastarbeiter« in den 1950er und 1960er Jahren, deren Familienmitglieder in den 1970ern, politische Flüchtlinge in den 1980ern und eine gewaltige Zahl an Freiheit und Arbeit suchenden Menschen nach dem Fall des Eisernen Vorhangs im Jahr 1990. Per Saldo kamen in den vergangenen sechs Jahrzehnten etwa neun Millionen Zuwanderer nach Deutschland, fünf Millionen davon, also die Mehrheit, erst nach 1990. So wuchs die Einwohnerzahl der Republik weiter. Doch seit dem Jahr 2000 hat die Zahl der Zuwanderer stark abgenommen, 2008 haben zum ersten Mal seit der Wirtschaftskrise Anfang der 1980er Jahre wieder mehr Menschen Deutschland verlassen, als zugezogen sind. In der jüngeren Vergangenheit hatte Deutschland kaum nennenswerte Zuwanderung.

Zwar könnte sich dies durch die Öffnung der Grenzen für Arbeitnehmer aus den neuen EU-Mitgliedsländern wieder ändern, doch in Zukunft nimmt auch der Überschuss der Sterbefälle über die Geburten kontinuierlich zu, denn die sehr geburtenstarken 1950er- und 1960er-Jahrgänge werden nach und nach alt. Die Zahl des Nachwuchses sinkt hingegen weiter. 2009 starben in Deutschland 190 000 Menschen mehr, als geboren wurden, 2030 werden es Prognosen zufolge etwa 400 000 sein. Ab 2040 verliert Deutschland jährlich etwa eine halbe Million Menschen durch den Überschuss von Sterbefällen über die Geburten.[7] Dies allein durch Zuwanderung auszugleichen, dürfte kaum gelingen und wäre angesichts des dazu erforderlichen Ausmaßes an Zuzügen auch sozial problematisch.[8]

Aktuelle Bevölkerungsvorausberechnungen des Statistischen Bundesamtes gehen davon aus, dass Deutschland im Jahr 2060 vermutlich nur noch zwischen 65 und 70 Millionen Einwohner haben wird – so viel wie in den ersten Jahren nach dem Zweiten Weltkrieg.

Abb. 2: Bevölkerungspyramiden 2009, 2025, 2050 (Anteil der jeweiligen Altersjahre in Prozent der Gesamtbevölkerung)

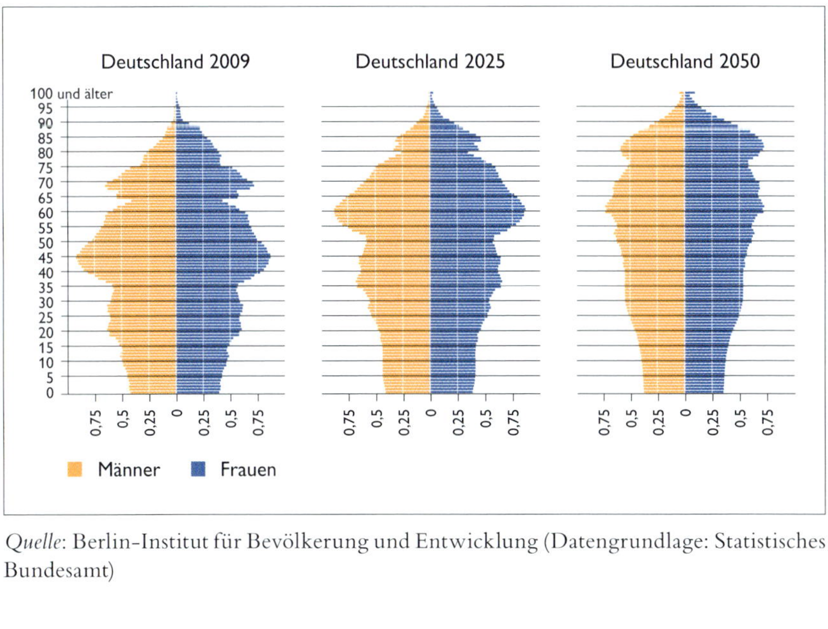

Quelle: Berlin-Institut für Bevölkerung und Entwicklung (Datengrundlage: Statistisches Bundesamt)

2 Der späte Umschwung in der Familienpolitik zeigt bisher wenig Wirkung

Warum aber kam es gerade im Land des Wirtschaftswunders zu einem früheren und stärkeren Abfall der Geburtenrate als anderswo auf der Welt? In Westdeutschland prallte die gesellschaftliche Modernisierung – ausgedrückt durch eine bessere Ausbildung und die Emanzipation von Frauen – auf ein politisch gefördertes Familienmodell, das auf einen männlichen Haupternährer und eine bestenfalls dazuverdienende Ehefrau gesetzt hatte. Kindergärten, Ganztagsschulen oder gar Kinderkrippen hatten in diesem Familienbild keinen Platz. Der Blick auf andere westeuropäische Länder zeigt, dass dieser familienpolitische Weg falsch war. Denn Länder wie Schweden oder Frankreich, die frühzeitig auf eine Vereinbarkeit von Familie und Berufstätigkeit auch für Frauen setzten, haben heute eine Fertilität, die nahe an jenen angestrebten zwei Kindern je Frau liegt. In Deutschland hingegen wurde für eine zunehmende Zahl von Paaren, deren Lebensentwürfe auf der beruflichen Entfaltung beider Partner und einem Doppelverdiener-Wohlstand aufbauten, aber auch für die wachsende Zahl Alleinstehender der Kinderwunsch zum Berufs- und Armutsrisiko. Die Menschen reduzierten die Zahl ihrer Kinder und immer mehr Menschen blieben ganz kinderlos. Unter den Frauen Anfang 40 hat heute jede fünfte keine Kinder – einer der höchsten Werte weltweit.[9]

Erst unter dem Druck der Diskussion über den demografischen Wandel hat sich die deutsche Familienpolitik gewandelt. Dem 1996 eingeführten Rechtsanspruch auf einen Kindergartenplatz für Drei- bis Sechsjährige folgte 2005 ein Kinderbetreuungsgesetz, das bis 2013 auch den Kleinsten deutschlandweit einen Krippenplatz sichern soll. Das im Jahr 2007 eingeführte Elterngeld, eine an das letzte Einkommen gekoppelte einjährige Lohnersatzleistung, wollte explizit zu einer höheren Geburtenzahl beitragen. Und wirklich hat sich die Zahl der Geburten in den Jahren 2007 und 2008 gegenüber 2006 leicht erhöht. Doch bereits 2009 war mit 665 000 Geburten ein neuer historischer Tiefpunkt erreicht. Waren die kostspieligen familienpolitischen Reformen also vergebens?

Die Zahl der Neugeborenen hängt sowohl von der durchschnittlichen Kinderzahl je Frau als auch von der Zahl der Frauen im fruchtbaren Alter ab. Da seit 35 Jahren tendenziell immer weniger Kinder zur Welt kommen, nimmt, zeitversetzt um eine Generation, zwangsläufig auch die Zahl der potenziellen Mütter ab – daran kann keine Familienpolitik mehr etwas ändern. Gab es 1995 noch 17,1 Millionen Frauen im Alter zwischen 15 und 44 Jahren, so sank deren Zahl auf 16,8 Millionen im Jahr 2000 und auf

15,6 Millionen 2008. Und weil sie künftig weiter sinken wird, muss die Zahl der Neugeborenen ebenfalls abnehmen – selbst wenn die Kinderzahl je Frau stiege.

Im Detail hat die neue Familienpolitik allerdings sehr wohl etwas verändert: Gerade in der Mittelschicht, wo die Entscheidung zwischen Familie und Beruf in der Vergangenheit häufig zugunsten der Karriere gefallen war, ist Besserung sichtbar. Gut qualifizierte und berufstätige Frauen bekamen in den letzten Jahren wieder mehr Kinder.[10] Auf die Gesamtfertilität in Deutschland hatte das bisher jedoch praktisch keine Auswirkungen, offenbar weil im Gegenzug die Kinderzahlen in jenen Regionen gesunken sind, in denen bisher die verbreitete Akzeptanz traditioneller Lebensformen (männlicher Hauptemährer und nur geringfügig oder nicht erwerbstätige Ehefrau) für eine höhere Geburtenhäufigkeit sorgte. Die Kinderzahl je Frau liegt in Deutschland unverändert bei 1,36 Kindern je Frau (2009).

Der Einfluss des sozialen Wandels, welcher auch die Lebensformen, die Familienplanung und die Fertilität betrifft, führte in den vergangenen zehn Jahren zu erheblichen Veränderungen bei der regionalen Fertilitätsentwicklung. So gab es im Jahr 2007 zum ersten Mal seit dem enormen Geburteneinbruch der Nachwendezeit, der die Fertilitätsrate in Ostdeutschland halbiert hatte, wieder einen Gleichstand zwischen Ost und West. Viele Kreise des Ostens können einen rasanten Anstieg der Fertilität verzeichnen. In Potsdam etwa, das 1997 noch zu den fünf geburtenärmsten Kreisen der Republik gehörte und wo durchschnittlich nur 0,92 Kinder je Frau zur Welt kamen, hat sich die Kinderzahl je Frau bis 2008 auf 1,43 Kindern erhöht – deutlich mehr als deutscher Durchschnitt. Aber auch in Neubrandenburg in Mecklenburg-Vorpommern oder im thüringischen Eisenach haben die Kreißsäle wieder mehr Kundschaft. Der vorpommersche Landkreis Demmin hat mit 1,7 Kindern je Frau sogar das lange Jahre führende niedersächsische Cloppenburg als geburtenstärksten Landkreis abgelöst. 2008 war nur noch ein Kreis aus den neuen Bundesländern unter den zehn geburtenärmsten zu finden: die Universitätsstadt Greifswald mit einer durchschnittlichen Kinderzahl von 1,19.[11]

Jene Zeiten, in denen vor allem ländliche Regionen hohe und urbane Zentren sehr niedrige Kinderzahlen aufweisen, scheinen zu Ende zu gehen. Gerade auf dem Land in Westdeutschland, wo bis vor wenigen Jahren unter eher traditionellen Familienverhältnissen höhere Kinderzahlen (auf insgesamt sehr niedrigem deutschem Niveau) die Norm waren, sind diese zurückgegangen. In städtischen Regionen mit einem hohen Anteil qualifizierter, erwerbstätiger Frauen ist die Fertilität hingegen gestiegen.

Abb. 3: Durchschnittliche Kinderzahl je Frau 1997 und 2008 nach Regionen

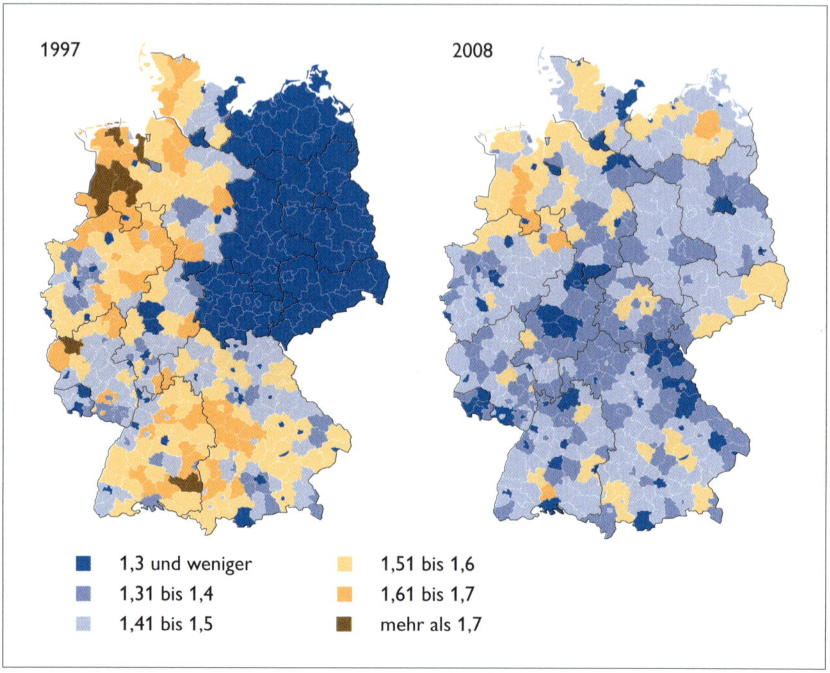

Quelle: Berlin-Institut für Bevölkerung und Entwicklung (Datengrundlage: Statistisches Bundesamt – Regionaldatenbank)

In den östlichen Bundesländern mit ihrer generell hohen Frauenerwerbsquote dürfte die Einführung des Elterngeldes wesentlich dazu beitragen haben, dass schon länger bestehende Kinderwünsche realisiert wurden. Allerdings haben die Kinderzahlen auch am anderen Ende des sozialen Spektrums zugenommen: bei gering qualifizierten und arbeitslosen jungen Frauen in wirtschaftlichen Krisenregionen. Ihnen bietet die Mutterrolle eine Alternative zu Ausbildungs- und Arbeitslosigkeit und über Transferleistungen ein höheres Einkommen. Sichtbar wird dies daran, dass etwa in weiten Teilen Mecklenburg-Vorpommerns und Sachsen-Anhalts, aber auch im Saarland Frauen besonders häufig bereits vor ihrem 20. Geburtstag Mütter werden. In wirtschaftlich prekären Städten und Regionen wie Brandenburg an der Havel oder dem vorpommerschen Landkreis Uecker-Randow werden bis zu zehn Prozent aller Kinder von Teenagern geboren. Der bundesdeutsche Durchschnitt liegt bei lediglich drei Prozent.[12]

Deutlich gewachsen ist auch der Anteil in Deutschland geborener Kinder mit Migrationshintergrund. Heute ist etwa ein Fünftel aller Einwohner Deutschlands aus dem Ausland zugewandert oder hat mindestens ein Elternteil mit Migrationserfahrung. Bei den unter Zehnjährigen beträgt dieser Anteil bereits 30 Prozent – denn Zuwanderer sind im Mittel jünger als Einheimische und sie haben mehr Kinder.[13] Allerdings gleicht sich die durchschnittliche Kinderzahl je Frau relativ rasch an den deutschen Durchschnitt an. Migrantinnen der zweiten Generation bekommen nur noch wenig mehr Kinder als Alteingesessene.[14]

Wirksame Familienpolitik braucht einen langen Atem. Erst in einigen Jahren wird sich zeigen, ob sich die Menschen in Deutschland wieder für mehr Kinder entscheiden. Es ist jedoch auch möglich, dass die seit mehr als einer Generation sehr niedrigen Kinderzahlen bereits zu einer sozialen Selbstverständlichkeit geworden sind und sich kaum noch politisch beeinflussen lassen. Doch auch wenn eine moderne Familienpolitik, die auf Vereinbarkeit von Familie und Beruf für beide Elternteile setzt, nicht erreichen sollte, dass sich mehr Menschen für Kinder bzw. für mehr Kinder entscheiden, bleibt sie wichtig. Der Arbeitsmarkt kann angesichts des demografischen Wandels auf qualifizierte Frauen nicht verzichten und eine gute Ganztagsbetreuung kann obendrein die Chancengleichheit der Kinder in einem zunehmend sozial polarisierten und ethnisch gemischten Land verbessern.

3 Integration und Zuwanderung bleiben »Dauerbaustellen« der Republik

Seit 1954, als die ersten »Gastarbeiter« in Westdeutschland eintrafen, sind per Saldo mehr als neun Millionen Menschen aus anderen Ländern nach Deutschland gekommen. Weil sie Familien gegründet haben, leben hierzulande mittlerweile 15 Millionen Einwohner, die einen sogenannten Migrationshintergrund haben: Sie sind selbst nach Deutschland zugewandert oder haben mindestens ein Elternteil, auf den das zutrifft.[15] Deutschland war in den vergangenen Jahrzehnten eines der wichtigsten Einwanderungsländer der Welt.

Das hat sich jedoch längst grundlegend geändert. Kamen im langjährigen Mittel mehr als 200 000 Zuwanderer pro Jahr nach Deutschland, so verließen 2008 erstmals seit 1984 wieder mehr Menschen Deutschland, als zuzogen. Daraus resultierte ein Wanderungsverlust von 56 000 Personen, im Jahr 2009 waren es immerhin 13 000. Die Bundesrepublik verzeichnet seit 2006 sogar eine Nettoabwanderung in die Türkei – 2008 waren es rund 10 000 Personen. Selbst Deutsche zieht es inzwischen vermehrt in wirtschaftlich attraktivere Länder. Seit 2005 ist der Wanderungssaldo dieser – durchweg gut bis sehr gut qualifizierten – Gruppe negativ: Deutschland verliert mehr Bürger an das Ausland als von dort zurückkehren. Von den etwa 50 000 Deutschen, die 2008 der Bundesrepublik den Rücken kehrten, gingen 21 000 in die Schweiz, 7 000 nach Österreich und jeweils 5 000 nach Großbritannien und in die USA.[16]

Die 2,6 Millionen »Gastarbeiter«, die zwischen 1954 und 1974 in die Bundesrepublik kamen, fanden damals auskömmliche Jobs in Bergbau und Industrie. Doch seither wurden mehr und mehr manuelle Tätigkeiten und Jobs für gering qualifiziertes Personal wegrationalisiert oder ins Ausland verlagert. Jene fünf Millionen Menschen, die seit dem Fall des Eisernen Vorhangs im Jahr 1989 zugewandert sind, hatten kaum noch Chancen, ohne anerkannte Qualifikationen einen guten Arbeitsplatz zu finden. So blieben Einwanderer über die Jahre immer häufiger ohne Beschäftigung, mussten mit schlecht bezahlten Tätigkeiten vorliebnehmen oder wurden zu Empfängern von Sozialleistungen. Mit Letzteren stattet Deutschland seine Bewohner im internationalen Vergleich gut aus – auch dies war ein Grund für umfangreichen Familiennachzug, auch wenn es keine Aussichten auf einen Job gab. Noch 1986 fanden sich unter den Einkommensschwachen lediglich 18 Prozent Migranten. Bis 2006 stieg dieser Wert auf 40 Prozent. Heute ist der Anteil der Armutsgefährdeten unter Migranten mehr als doppelt so hoch wie unter Alteingesessenen.[17]

Unter den Zugewanderten und deren Nachkommen sind vergleichsweise viele junge Menschen. Das liegt zum einen daran, dass Migranten tendenziell im jungen Erwerbsalter einwandern, und zum anderen daran, dass sie im Mittel mehr Kinder haben. Deshalb stellen Migranten bei einem Bevölkerungsanteil von 20 Prozent heute rund ein Drittel des Nachwuchses. Doch während Einheimische im »besten Alter« zwischen 35 und 45 Jahren zu 80 Prozent erwerbstätig sind, beläuft sich diese Quote bei Personen mit Migrationshintergrund lediglich 65 Prozent. Migranten leben mehr als doppelt so häufig wie Einheimische von Arbeitslosengeld oder Sozialhilfe.[18]

Eine homogene Gruppe sind Migranten freilich nicht. Als ökonomisch gut integriert erweisen sich Zuwanderer aus anderen EU-Ländern. Deren Erwerbsquote ist ähnlich hoch wie die von Einheimischen. Doch während der Anteil überwiegend von öffentlichen Leistungen Abhängiger bei Einheimischen fünf Prozent ausmacht, beträgt er bei Spätaussiedlern zehn, bei Türkischstämmigen 15 und bei Migranten aus dem Mittleren Osten gar 20 Prozent. Eine wichtige Ursache für die schlechte Integration vieler Migranten in den Arbeitsmarkt ist deren mangelhafte Qualifikation: 14 Prozent der Migranten verfügen über keinerlei Bildungsabschluss – bei den Einheimischen sind es nur knapp zwei Prozent. Dabei ist nicht nur das geringe Bildungsniveau von Zugewanderten selbst ein Problem, sondern auch die Tatsache, dass deren bereits in Deutschland geborene Nachkommen oft nicht viel besser dastehen. Diese Gruppe der »zweiten Zuwanderergeneration« bleibt im Mittel doppelt so häufig ohne Schulabschluss wie Einheimische.[19]

Je attraktiver eine Region in der Vergangenheit für Zuwanderer war – etwa weil die dortige Industrie viele Arbeitskräfte brauchte –, umso größer ist heute tendenziell der Anteil unqualifizierter Migranten. So ist in den früheren Schwerindustriemetropolen Essen und Duisburg der Anteil der Personen ohne Schulabschluss unter Migranten etwa elfmal so hoch wie unter Einheimischen. Die schlechtesten Werte erreichen die Regionen Rhein-Main (Offenbach, Darmstadt und Wiesbaden) und Rheinpfalz (mit der Chemiemetropole Ludwigshafen), wo Migranten 17-mal so häufig ohne Abschluss sind wie Einheimische. Besser sieht es da in Gebieten ohne frühere Massenzuwanderung aus: In den östlichen Bundesländern, wo es aus historischen Gründen nur wenig Zuwanderung gab, sind sehr viel weniger der heutigen Migranten ohne Abschluss, ihre Erwerbsquote ist sogar höher als bei Einheimischen.[20]

Während Personen ohne Bildung und Beschäftigung die Sozialsysteme belasten, entwickelt sich um Fachkräfte – Ingenieure, Wissenschaftler und Ärzte, aber auch um Facharbeitskräfte wie Tischler, Pflegepersonal oder Automechaniker – zunehmend ein internationaler Wettbewerb. Verglichen mit klassischen Einwanderungsnationen wie den USA und Kanada, aber auch mit der Schweiz war Deutschland beim Anwerben qualifizierter Migranten bisher wenig erfolgreich. Während in den USA und in der Schweiz Hochqualifizierte die größte Einwanderergruppe stellen und Geringqualifizierte die kleinste, ist es hierzulande umgekehrt.[21] Die Gründe dafür sind vielfältig. Zum einen wählen andere Nationen ihre Migranten gezielt nach gesuchten Berufsabschlüssen aus und schrecken Unqualifizierte durch geringe Sozialleistungen ab. Auf der anderen Seite versprechen die durchlässigen Arbeitsmärkte in den USA oder Kanada mit ihrer großen Lohnspreizung qualifizierten und motivierten Zuwanderern binnen kurzer Zeit beruflichen und sozialen Aufstieg: In den USA schaffen es Migranten oder deren Kinder bis in die Vorstandsetagen großer Unternehmen oder sie gründen selbst erfolgreiche Firmen. In Deutschland gelingt so etwas kaum.

Abb. 4: Bevölkerung mit und ohne Migrationshintergrund in der jeweiligen Altersklasse (in 1 000)

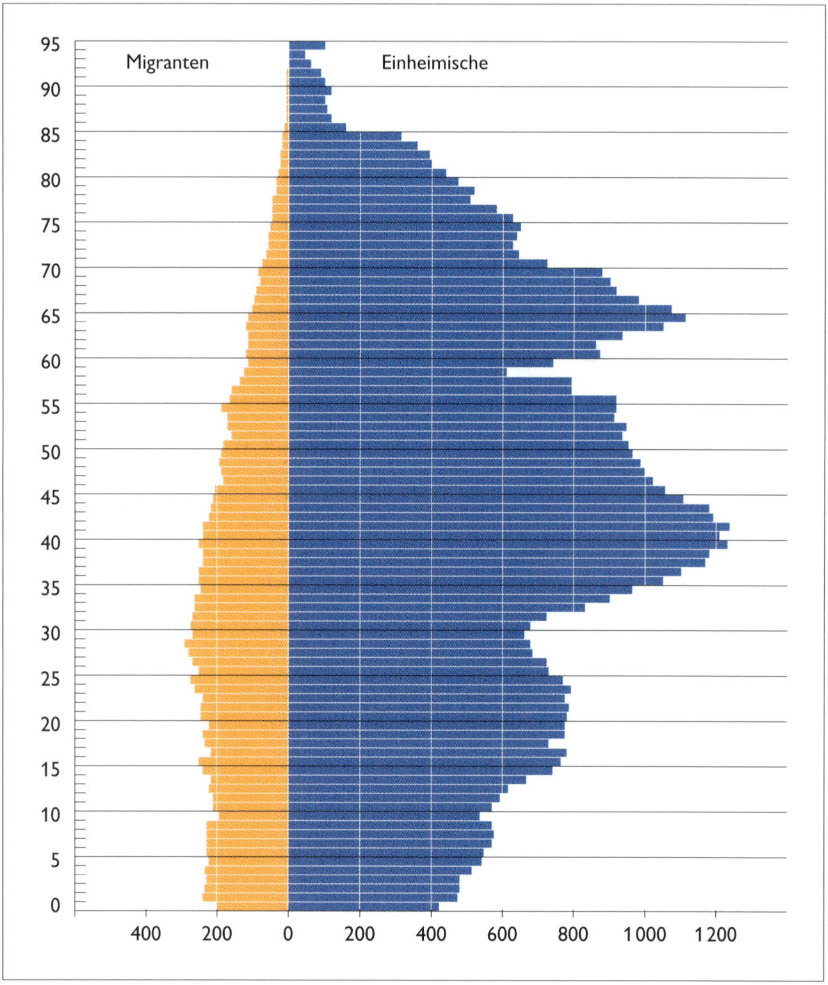

Quelle: Berlin-Institut für Bevölkerung und Entwicklung (Datengrundlage: Mikrozensus 2005, SUF, eigene Berechnung)

In Zukunft wird Deutschland angesichts des sich abzeichnenden Fachkräftemangels und der demografischen Alterung seiner Bevölkerung mehr und mehr auf Zuwanderung angewiesen sein. Doch je besser qualifiziert ein Migrant ist, desto größer sind seine Spielräume, zwischen Staaten und Regionen mit unterschiedlichen Einwanderungsbedingungen, Einkommens- oder Aufstiegsmöglichkeiten zu wählen. Deutschland muss im Vergleich zu seinen Wettbewerbern auf dem Markt für gut ausgebildete Zuwanderer wesentlich attraktiver werden, will es nicht weiter ins Hintertreffen geraten.

Im Mai 2011 hat Deutschland seine Grenzen für Arbeitsmigranten aus jenen EU-Ländern geöffnet, die 2004 der Gemeinschaft beigetreten sind, darunter Polen, Tschechien, die Slowakei und Ungarn. Noch lässt sich nicht absehen, wie viele Ostmitteleuropäer von dieser Möglichkeit Gebrauch machen werden. Das Institut für Arbeitsmarkt- und Berufsforschung (IAB) geht von einer jährlichen Zuwanderung von 140 000 Arbeitskräften nach Deutschland aus.[22] In Deutschland könnten diese Arbeitsmigranten entstandene Lücken schließen – bei Ingenieuren und Ärzten ebenso wie bei Pflegekräften. Mit einer Flut von Zuwanderern rechnet kaum jemand, denn ein Großteil der wanderungswilligen, jungen Menschen dürfte bereits nach 2004 in jene EU-Länder abgewandert sein, die ihre Arbeitsmärkte sofort für die EU-Neubürger geöffnet haben. Zwischen 2004 und 2009 war jährlich etwa eine Viertelmillion Menschen aus den neuen EU-Mitgliedsländern in die alten EU-Mitgliedsländer emigriert, etwa 60 Prozent davon gingen nach Großbritannien und Irland. Zudem sorgt in fast allen Ländern Osteuropas ein Geburtenrückgang nach 1990 dafür, dass die zukünftige Generation von Erwerbstätigen deutlich kleiner ausfällt als die gegenwärtige.

4 Regionale Verwerfungen: Metropolregionen profitieren – die Peripherie verliert

In der demografischen Entwicklung der Regionen Deutschlands sind gravierende Unterschiede zu konstatieren. Ob die absolute Zahl von Menschen, die in einer bestimmten Region leben, höher oder niedriger ausfällt, stellt im Prinzip kein Problem dar. Eine gesellschaftliche und politische Herausforderung sind hingegen die Veränderungen, die eine Gesellschaft durchläuft, deren Altersstruktur sich von vielen jungen zu vielen alten Menschen verändert und deren Einwohnerzahl sich deutlich reduziert. Mit diesen Herausforderungen werden wir in den nächsten Jahrzehnten umgehen müssen – ein Teil davon sind die regionalen Verwerfungen, die diese demografischen Veränderungen mit sich bringen.

Auf regionaler Ebene finden demografische Alterung und Bevölkerungsrückgang nicht gleichmäßig statt. Am stärksten verlieren derzeit ostdeutsche Bundesländer an Bevölkerung, wie sie es mit Ausnahme von Brandenburg, das vom Zuzug in den Berliner Speckgürtel profitieren konnte, schon seit 1990 tun. Der Einwohnerverlust der ostdeutschen Bundesländer lag im Zeitraum von 2002 bis 2009 zwischen knapp drei Prozent in Brandenburg und fast acht Prozent in Sachsen-Anhalt. Zum einen wandern aus allen ostdeutschen Ländern weiter Menschen in den Westen ab. Zum anderen sind die Sterbeüberschüsse hier besonders hoch, weil der Geburteneinbruch nach der Wiedervereinigung dafür gesorgt hat, dass nach 1994 nur noch eine »halbierte Generation« zur Welt kam, die in Zukunft auch für ein starkes Sinken der Zahl potenzieller Eltern sorgen wird. Die Einwohnerzahl aller Ostländer wird bis 2025 weiter stark schrumpfen – prognostiziert werden Verluste zwischen 13 Prozent für Sachsen und fast 18 Prozent für Sachsen-Anhalt.[23]

In Westdeutschland zeigt sich ein differenzierteres Bild. In den Jahren 2002 bis 2009 ist die Einwohnerzahl in Schleswig-Holstein, Baden-Württemberg und Bayern immerhin noch um etwa ein Prozent gewachsen, in Hamburg waren es sogar 2,6 Prozent. Berlin, das nach der Wiedervereinigung zunächst Einwohner verloren hatte, schaffte die Trendwende und hatte 2009 immerhin 1,5 Prozent mehr Einwohner als noch 2002. Während vor 2002 im Westen nur das Saarland Bevölkerung verloren hatte, schrumpfte danach allerdings auch in Hessen, Niedersachsen, Rheinland-Pfalz und Nordrhein-Westfalen die Einwohnerzahl um ein halbes bis ein Prozent.[24]

Da alle 16 deutschen Bundesländer einen Sterbeüberschuss verzeichnen, kann nur noch hinzugewinnen, wer den Verlust durch Zuwanderer (sei es aus dem Ausland, sei es aus anderen Regionen Deutschlands) ausgleichen kann – und das sind vor allem Stadtstaaten, Metropolregionen oder besonders wirtschaftsstarke Bundesländer. Die Zahl der Ost-West-Wanderer summiert sich seit 1990 im Saldo auf fast zwei Millionen. Schwankte der Wanderungssaldo aus Zu- und Fortzügen vorher stark von Jahr zu Jahr, so hat er sich seit 2002 bei jährlich etwa 50 000 »Ostflüchtlingen« eingependelt.[25] Gegenwärtig zieht es die Deutschen nur noch in wenige Regionen: Mit Abstand am beliebtesten ist Bayern, dorthin gingen im Jahr 2008 noch 26 000 Menschen, nach Baden-Württemberg immerhin 13 000. Außerhalb Süddeutschlands waren lediglich die Stadtstaaten Berlin und Hamburg Ziel von Wanderungen – sowie Brandenburg und Schleswig-Holstein, wo es jedoch im Wesentlichen die Anziehungskraft der beiden Stadtstaaten ist, von der die angrenzenden Flächenländer profitieren. Alle anderen Bundesländer mussten Abwanderungen hinnehmen, darunter auch die Westländer Nordrhein-Westfalen, Rheinland-Pfalz und Niedersachsen, die 2008 seit vielen Jahren zum ersten Mal einen negativen Wanderungssaldo aufwiesen.

Betrachtet man die Bevölkerungsentwicklung auf Kreisebene, so verzeichnen die vier ostdeutschen Bundesländer Mecklenburg-Vorpommern, Sachsen-Anhalt, Sachsen und Thüringen beinahe flächendeckend Bevölkerungsrückgänge – lediglich einige Großstädte haben sich aufgrund von Zuwanderung stabilisiert oder können gar wachsen. In Mecklenburg-Vorpommern sind es Wismar, Rostock und Greifswald, in Sachsen Leipzig, Dresden und Chemnitz, die angesichts allgegenwärtiger Schrumpfung mit ihren Bildungseinrichtungen, Unternehmen und Kulturangeboten Menschen anziehen. In Thüringen haben sich Jena, Weimar und Erfurt als Stabilitäts- bzw. Wachstumskerne etabliert, in Sachsen-Anhalt lediglich die Landeshauptstadt Magdeburg. Brandenburg profitiert von der Nähe zur Hauptstadt und zumindest Orte im Umkreis der Hauptstadt sind demografisch gewachsen.[26]

In Westdeutschland bleiben vor allem die Landkreise um München und Hamburg Bevölkerungsmagneten, ebenso wie der westliche Teil Niedersachsens rund um die beiden Landkreise Emsland und Oldenburger Münsterland. In Nordrhein-Westfalen ist vor allem der an Belgien grenzende westliche Teil einschließlich des Rheinlandes mit den Städten Düsseldorf, Köln und Bonn attraktiv. Zuwanderung verzeichnen darüber hinaus auch die Regionen um Mainz, Karlsruhe und Freiburg. Verlassen werden demgegenüber im Westen viele Gebiete entlang der ehemaligen innerdeutschen Grenze: der gesamte nördliche Teil Hessens, der südöstliche Teil Niedersachsens und der an Thüringen grenzende nördliche Teil Bayerns. Zudem sind besonders die Landkreise Wunsiedel (Bayern), Rhön-Grabfeld (Bayern), Vogelsberg (Hessen) und Helmstedt (Niedersachsen) betroffen. Auch tief im Westen ist die Abwanderung ein Thema, so in der Südwestpfalz auf der Schwäbischen Alb und im Ruhrgebiet.

Während in fast allen Bundesländern eher ländliche Regionen Einwohner verlieren, ist es in Nordrhein-Westfalen mit dem Ruhrgebiet eines der größten industriellen Ballungszentren Europas. 1961 lebten zwischen Wesel und Hamm, Recklinghausen und Hagen noch 5,7 Millionen Menschen, gegenwärtig sind es noch 5,2 Millionen und 2015 werden es vermutlich nur noch fünf Millionen sein. Durch den Niedergang der Schwerindustrie gehen hier bereits seit vielen Jahren Arbeitsplätze verloren – und mit ihnen verlassen vor allem die Angehörigen der gut qualifizierten Mittelschicht das Revier. Zurück bleiben viele ältere Menschen und schlecht qualifizierte Migranten. Die große Wende am Arbeitsmarkt ist trotz des bereits Jahrzehnte währenden Strukturwandels nicht gelungen. Auch in den Jahren

Abb. 5: Bevölkerungsentwicklung auf Kreisebene 2000 bis 2008 (in Prozent)

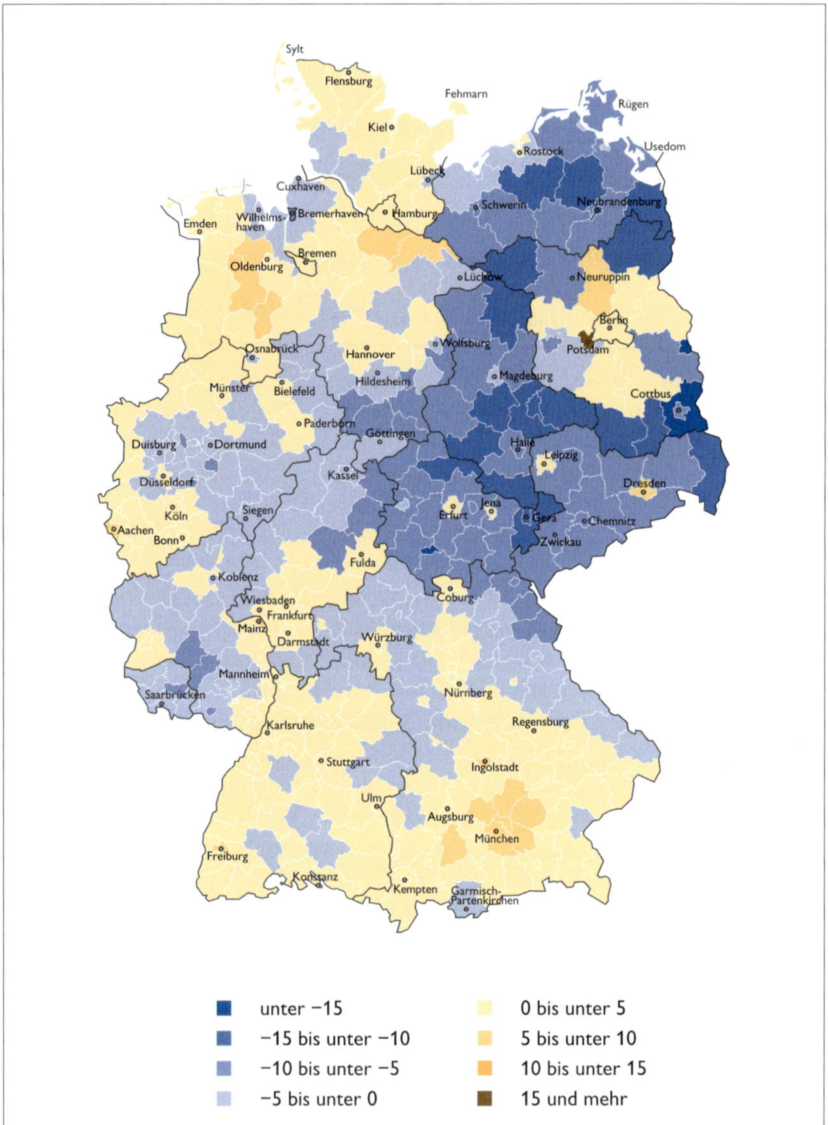

Quelle: Berlin-Institut für Bevölkerung und Entwicklung (Datengrundlage: Statistisches Bundesamt, Bundesamt für Bauwesen und Raumordnung)

2008 und 2009 verzeichneten fast alle Kreise und Städte des Ruhrgebiets Wanderungsverluste. Da alle auch mehr Sterbefälle als Geburten aufweisen, ist ein Ende des Schrumpfungsprozesses nicht abzusehen.

5 Frauen verlassen nicht mehr vorwiegend Ostdeutschland – doch sie meiden den ländlichen Raum

Bemerkenswert viele Frauen haben seit dem Mauerfall 1989 Ostdeutschland verlassen; ihr Anteil am Wanderungssaldo belief sich im Zeitraum von 1989 bis 2008 auf 55 Prozent. Besonders hoch war der Frauenüberschuss unter den Fortzüglern im Alter von 18 bis 25 Jahren. Die Ursache für die hohe Mobilität junger ostdeutscher Frauen liegt unter anderem in ihrer ausgeprägten Erwerbsneigung und in ihren im Vergleich zu den Männern deutlich besseren Bildungsabschlüssen. Viele Frauen gingen zur Ausbildung, zum Studium oder für einen guten Job in den Westen, oder sie zogen zu einem aus dem Westen stammenden Partner. Dies führte in Ostdeutschland, vor allem in ländlichen Regionen, zu einem erheblichen Frauendefizit bei den 18- bis 29-jährigen Einwohnern.[27]

Fast 20 Jahre nach der Wiedervereinigung begann diese Entwicklung sich abzuschwächen. 2008 gingen erstmals seit 1991 insgesamt ebenso viele Frauen wie Männer (per Saldo) von Ost nach West. Allerdings bleibt die Dominanz der Frauen in der mobilsten Altersgruppe von 18 bis 29 Jahre bestehen: Mit Ausnahme von Sachsen, wo das Geschlechterverhältnis ausgeglichen war, und von Berlin, das sich zu einem Magneten für junge Frauen entwickelt hat, lag in allen übrigen ostdeutschen Bundesländern auch 2008 die Zahl der abgewanderten jungen Frauen über jener der Männer.[28]

Doch während der Unterschied zwischen Ost und West schwindet, vergrößert sich jener zwischen Stadt und Land. In etwa 20 Landkreisen des Ostens hat sich das Geschlechterverhältnis (Männer je 100 Frauen im Alter von 18 bis 29 Jahren) seit 2004 nochmals deutlich verschlechtert. Hierzu zählen fast ausschließlich von Großstädten weit entfernte ländliche Kreise wie der Altmarkkreis Salzwedel (Sachsen-Anhalt), Mecklenburg-Strelitz (Mecklenburg-Vorpommern) und der Kreis Lausitz-Spreewald (Brandenburg). In diesen drei Kreisen kommen nur noch 78 Frauen auf je 100 Männer. Im Gegensatz dazu ist in einigen ostdeutschen Städten der Frauenanteil zum Teil deutlich gestiegen – etwa in Greifswald, Schwerin, Erfurt,

Abb. 6: Regionale Verteilung des Frauenanteils je 100 Männer im Alter zwischen 18 und 29 Jahren im Jahr 2008

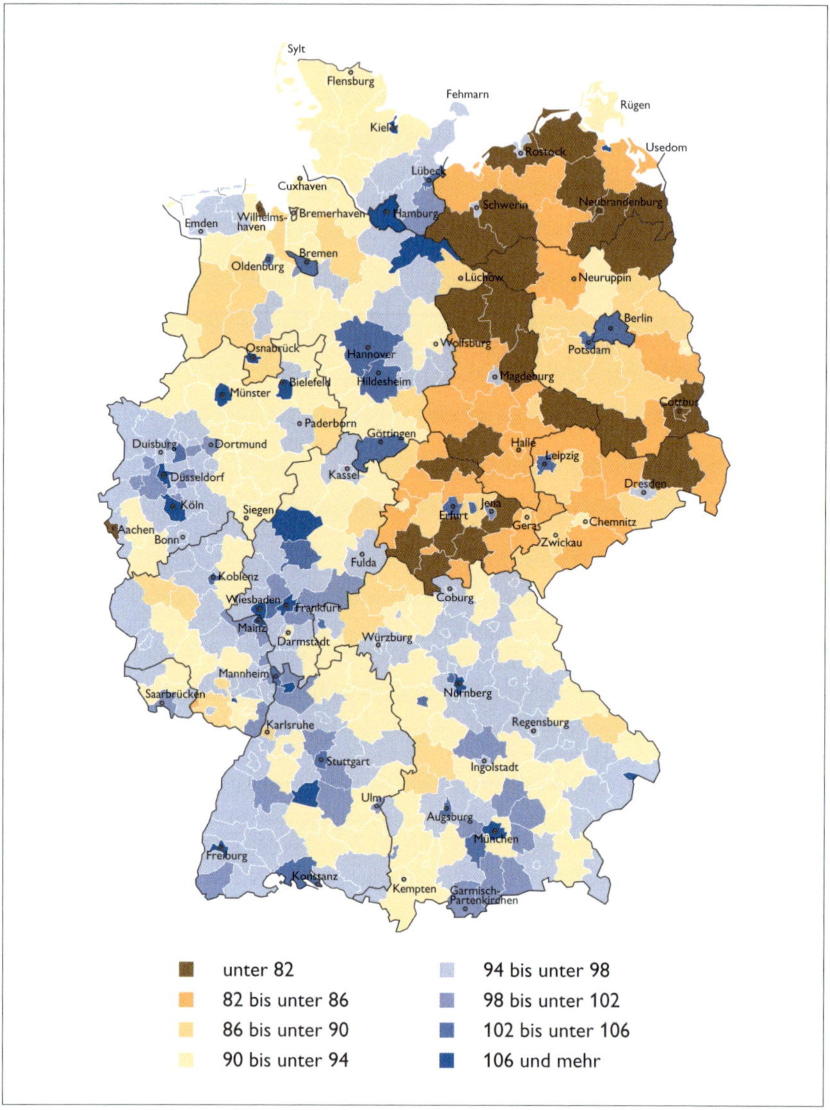

Quelle: Berlin-Institut für Bevölkerung und Entwicklung (Datengrundlage: Statistisches Bundesamt)

Halle, Leipzig und Potsdam. Mittlerweile gibt es in sieben Städten des Ostens (Berlin eingeschlossen) einen deutlichen Frauenüberschuss – im Jahr 2004 galt das nur für vier Städte.[29]

Auch im Westen verlassen junge Frauen zunehmend den ländlichen Raum. Zwischenzeitlich gibt es in Westdeutschland 24 Kreise, in denen das Geschlechterverhältnis weniger als 90 Frauen je 100 Männer (im Alter von 18 bis 29 Jahren) beträgt – im Jahr 2004 waren es lediglich neun Kreise. In etwa zwei Drittel aller westdeutschen Kreise hat sich das Geschlechterverhältnis bei den 18- bis 29-Jährigen zuungunsten der Männer verschlechtert. Kreise mit dem größten Frauendefizit sind auch hier die entlegensten Kreise wie Goslar (Niedersachsen), die Südwestpfalz (Rheinland-Pfalz) oder Amberg (Bayern). Im Gegensatz dazu verzeichnen die Universitätsstädte Heidelberg, Mainz und Würzburg mit mehr als 120 Frauen je 100 Männer die höchsten Frauenanteile in Deutschland. Die enormen Bildungserfolge von jungen Frauen und deren auch im Westen stark gestiegene Erwerbsbeteiligung machen ländliche Regionen mit wenig moderner Wirtschaftsstruktur als Lebensraum für sie zunehmend unattraktiv. In Zukunft dürfte sich die Bevölkerungsentwicklung angesichts einer sinkenden Einwohnerzahl immer deutlicher auf attraktive Stadträume und Metropolregionen konzentrieren. Dem ländlichen Raum hingegen steht eine schwierige Zeit bevor.

6 Dörfer mit ungewisser Zukunft

Jahrhundertelang gab es gerade unter der ländlichen Bevölkerung besonders viele Kinder. Für Bauern waren sie Arbeitskräfte und Altersversorgung zugleich. Zudem sind Menschen auf dem Land häufig konservativer, die hohe Bedeutung von Religion, Ehe und Großfamilie war lange ungebrochen. Auf der Suche nach einem Lebensunterhalt zogen oft jene Söhne, die den väterlichen Hof nicht erbten, in die Städte und wurden Fabrikarbeiter. Die Töchter verdingten sich dort als Hausmädchen oder Köchinnen. So speiste der Bevölkerungsüberschuss des Landes das Wachstum der Städte. Doch dieser Prozess ist in den vergangenen Jahrzehnten zum Stillstand gekommen. Die Geburtenrate ist auch im ländlichen Raum gesunken und fast überall sterben heute mehr Menschen, als geboren werden.

Der Drang junger Menschen in die Städte hingegen ist ungebrochen. In den letzten Jahrzehnten reduzierte zudem der wirtschaftliche Strukturwandel die Arbeitsmöglichkeiten im ländlichen Raum, etwa in Bergbau, Landwirtschaft oder Fertigungsindustrie, erheblich. Arbeitsplätze und Bevölkerung der heraufziehenden Wissensgesellschaft konzentrieren sich immer stärker in Stadt- und Metropolregionen. Dadurch hat das Dorf im ländlichen Raum seine historische Existenzberechtigung – die Nähe zu ländlichen Arbeitsplätzen – weitgehend verloren. Bestand haben werden nur Dörfer, die für sich eine neue Funktion finden oder sich durch besondere Attraktivität als Wohnort auszeichnen. Kleine, verkehrsungünstig gelegene Dörfer in dünn besiedelten Regionen werden veröden – und einige von ihnen irgendwann verlassen sein.

Die amtliche Statistik gliedert Deutschland in 4664 Gemeinden und Gemeindeverbände – darunter Groß-, Mittel- und Kleinstädte sowie ländliche Gemeinden. Betrachtet man eine Bevölkerungsveränderung in einem Bereich von minus ein bis plus ein Prozent im Fünfjahreszeitraum von 2003 bis 2008 noch als Stabilität, so haben während dieser Zeitspanne 42 Prozent aller Großstädte, knapp 50 Prozent aller Mittel- und Kleinstädte sowie 65 Prozent der ländlichen Gemeinden Bevölkerung verloren.[30]

Je stärker die Bevölkerung in einer Region, z.B. einem Bundesland, insgesamt schrumpft, umso stärker konzentriert sie sich in den Großstadtregionen. Denn vor allem jüngere Menschen verlassen den strukturschwachen Raum, in dem es wenig Arbeitsplätze und immer weniger kulturelle Angebote gibt. In Bayern, das in den vergangenen Jahren durch Zuzug insgesamt noch den stärksten Bevölkerungszuwachs innerhalb Deutschlands hatte, schrumpften zwischen 2003 und 2008 45 Prozent der ländlichen Gemeinden um mehr als ein Prozent. Im Saarland, dem westdeutschen Bundesland mit den stärksten Schrumpfungstendenzen, mussten bereits zwei Drittel der Gemeinden entsprechende Rückgänge verzeichnen. In Ostdeutschland, das weit stärker Bevölkerung verliert, erwiesen sich im genannten Fünfjahreszeitraum unter den elf Großstädten immerhin sieben, also fast zwei Drittel, als stabil oder wachsend. Von den Kleinstädten war das immerhin noch ein knappes Viertel. Hingegen schrumpften 96 Prozent aller ländlichen Gemeinden.

Gemeinden und Gemeindeverbände, die sehr stark Bevölkerung verlieren – mehr als fünf Prozent im genannten Zeitraum –, sind im Osten weit häufiger zu finden. 60 Prozent aller ostdeutschen Gemeinden (65 Prozent der ländlichen Gemeinden, 56 Prozent der Klein- und 50 Prozent der Mittelstädte) haben mehr als ein Zehntel ihrer Einwohner innerhalb von fünf Jahren eingebüßt. Im Westen waren das bislang »nur« fünf Prozent aller Gemeinden.[31] In Ost und West wird dieser Trend, der sich in Zukunft fortsetzen wird, erhebliche Auswirkungen haben.

Die starken Bevölkerungsverluste führen in ländlichen Gemeinden nicht nur zu Leerstand und zum Verfall von Gebäuden, sondern bereiten auch

Abb. 7: Bevölkerungsentwicklung nach Gemeindetypen und Bundesländern 2003 bis 2008 (in Prozent)

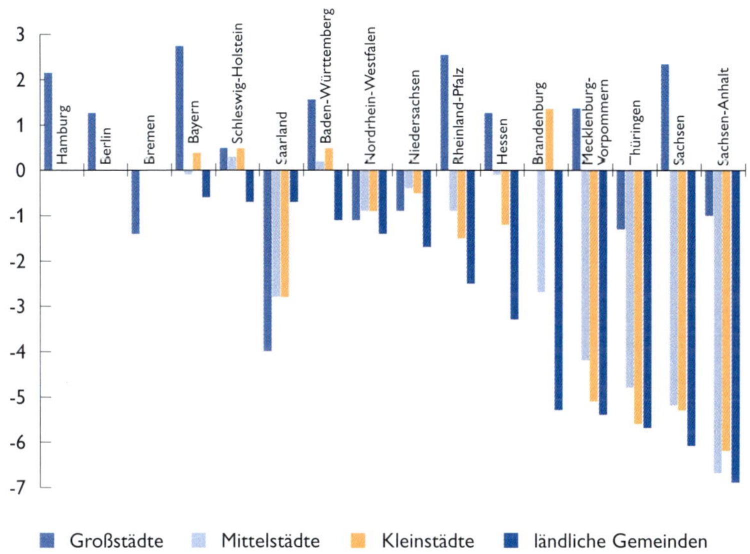

Quelle: Berlin-Institut für Bevölkerung und Entwicklung (Datengrundlage: Bundesamt für Bauwesen und Raumordnung)

den kommunalen Finanzen Probleme. Denn Schrumpfung bedeutet stets, dass die Einnahmen aus Steuern und Gebühren zurückgehen, während die Infrastrukturkosten kaum geringer werden oder sogar steigen. Der Grund dafür liegt darin, dass die Wartungs- und Instandhaltungskosten überdimensionierter Wasser-, Abwasser-, Strom- oder Verkehrsnetze bestehen bleiben oder sich sogar erhöhen, wenn es weniger Nutzer gibt. Besonders problematisch ist es, wenn Infrastruktursysteme auszufallen drohen, da zu wenige Menschen sie nutzen: So können sich beispielsweise Rohrleitungen zusetzen, weil der Durchfluss zu gering ist. Der eigentlich erforderliche Rückbau der Leitungsnetze in ländlichen Gemeinden ist jedoch wegen des meist verstreuten Leerstandes von Gebäuden ohne immensen Aufwand kaum zu bewerkstelligen. Zudem werden Dörfer und Kleinstädte durch verstreuten Leerstand immer unattraktiver – denn baufällige, unbewohnte Häuser oder gar Ruinen stören das Ortsbild. Von den Eigentümern ist der kostenaufwendige Abriss auf einem weitgehend wertlosen Grundstück oder die Sanierung einer unverkäuflichen Immobilie kaum zu erwarten. Ein weiterer Bevölkerungsrückgang ist angesichts der beschriebenen Entwicklung wahrscheinlich, die Diskrepanz zwischen Einnahmen und Ausgaben der Kommunen würde damit weiter verschärft.

Letztlich bleibt festzuhalten, dass es aus finanziellen, aber auch aus ökologischen Gründen nicht sinnvoll ist, in stark schrumpfenden, dünn besiedelten Regionen weiterhin flächendeckend die heute übliche Infrastruktur zu erhalten oder sogar durch Neuinvestitionen den Glauben zu vermitteln, man könne die demografische Entwicklung umkehren. Planungsbehörden, aber auch private Investoren sollten sich deshalb damit auseinandersetzen, welche Dörfer oder Siedlungen zukunftsfähig sind und welchen der Niedergang mit hoher Wahrscheinlichkeit bevorsteht. Festzulegen wäre, welche Infrastruktur gewährleistet sein müsste und welche Einwohnerzahl erforderlich wäre, um ungerechtfertigt hohe Kosten zu vermeiden. Anhand solcher Kriterien ließen sich mögliche Ansatzpunkte finden, um den Bevölkerungsrückgang nicht gänzlich ungesteuert geschehen zu lassen.

7 Steigende Kosten für Rente und Gesundheit

Während die Bevölkerung Deutschlands insgesamt sinkt, nimmt die Zahl der Menschen ab 65 Jahre bis 2020 um knapp zwei Millionen und bis 2050 um sechs bis sieben Millionen zu. Während zurzeit auf 100 Erwerbsfähige 34 Menschen im (heutigen) Rentenalter kommen, werden es bis 2050 fast doppelt so viele sein. Deutschland steht hier im internationalen Vergleich besonders ungünstig da. Gemessen am Anteil der ab 65-Jährigen altern weltweit nur die Bevölkerungen von Italien, Südkorea und Japan noch stärker. In Japan, dem demografisch »ältesten Land der Welt«, wo bereits heute 23 Prozent der Bevölkerung mindestens 65 Jahre alt sind, dürften es 2050 rund 38 Prozent sein. In Deutschland sind es dann immerhin auch bereits 33 Prozent.[32] Die Rentensysteme stehen dadurch unter einem erheblichen Anpassungsdruck. In Zukunft müssen entweder die Beitragssätze der Erwerbstätigen erheblich steigen oder das Rentenniveau wird sinken – vermutlich wird beides der Fall sein. Mildern lässt sich diese Entwicklung allenfalls dadurch, dass Gruppen mit bisher unterdurchschnittlicher Erwerbsbeteiligung, beispielsweise ältere Arbeitnehmer, Frauen oder Migranten, stärker in den Arbeitsmarkt einbezogen werden.

Vor diesem Hintergrund wird in Deutschland das gesetzliche Renteneintrittsalter schrittweise auf 67 Jahre angehoben. Ab 2030 gilt diese neue Regelaltersgrenze, doch bis zu diesem Zeitpunkt dürfte die mittlere Lebenserwartung in Deutschland schon um weitere fünf Jahre angestiegen sein.[33] Seit 2005 sorgt ein »Nachhaltigkeitsfaktor« bei der Rentenberechnung dafür, dass die Höhe der Rente in Deutschland nicht mehr linear an die Steigerung der Bruttolöhne gekoppelt ist, sondern dass das sich verschlechternde Verhältnis von Rentnern zu Beitragszahlern berücksichtig wird.

Angesichts der immer weiter steigenden Lebenserwartung lassen sich gute Gründe für einen späteren Ruhestand finden. Hatte in den 1960er Jahren ein Mann bei Renteneintritt noch durchschnittlich sieben Lebensjahre vor sich, so beträgt die fernere Lebenserwartung der 65-jährigen Männer heute 17 Jahre – Tendenz steigend. Wirtschaft und Politik haben sich in den vergangenen Jahren allmählich darauf eingestellt, dass Frühverrentungen, die in den 1990er Jahren den tatsächlichen Rentenbeginn auf unter 60 Jahre gedrückt hatten, nicht die Lösung sein können. Immerhin ist die Erwerbstätigenquote der 55- bis 64-Jährigen, die im Jahr 2000 bei lediglich 37 Prozent lag, bis 2009 auf 56 Prozent angestiegen. Damit liegt die Erwerbstätigenquote im höheren Lebensalter jedoch immer noch um 14 Prozentpunkte unter dem Niveau von Schweden und um 12 Prozentpunkte unter dem der Schweiz. In beiden Ländern ist es Normalität, dass Menschen bis zum gesetzlichen Renteneintrittsalter auch tatsächlich arbeiten.

Die Pensionäre von heute gehören, in West wie Ost, zur wohlhabendsten Rentnergeneration, die Deutschland je hatte. Sie können im Allgemeinen auf eine lange und ungebrochene Erwerbsbiografie zurückblicken. Die Armutsquote von Rentnern (Anteil mit weniger als 60 Prozent des Medianeinkommens[34]) liegt mit zwölf Prozent deutlich unter dem in der Gesamtbevölkerung von 15 Prozent. Junge Menschen, Migranten und alleinerziehende Eltern weisen heute ein deutlich höheres Armutsrisiko auf als Personen im Rentenalter. In Zukunft muss das jedoch nicht so bleiben.

Simulationsrechnungen zufolge können zukünftig männliche Rentner in Westdeutschland noch mit relativ stabilen Renten rechnen. Bei westdeutschen Frauen gibt es im Durchschnitt sogar einen leichten Zuwachs, weil immer mehr Frauen eine längere Erwerbstätigkeit aufweisen. In den ostdeutschen Bundesländern sieht es hingegen deutlich schlechter aus. Während die von 1947 bis 1951 Geborenen heute etwa 80 Prozent der Rente westdeutscher Männer erhalten, wird sich der Anteil der zwischen 1967 und 1971 Geborenen auf nur noch 67 Prozent belaufen. Die Ursache

Abb. 8: Anteil der über 64-Jährigen an der Gesamtbevölkerung in ausgewählten Bundesländern 2000 bis 2060 (in Prozent)

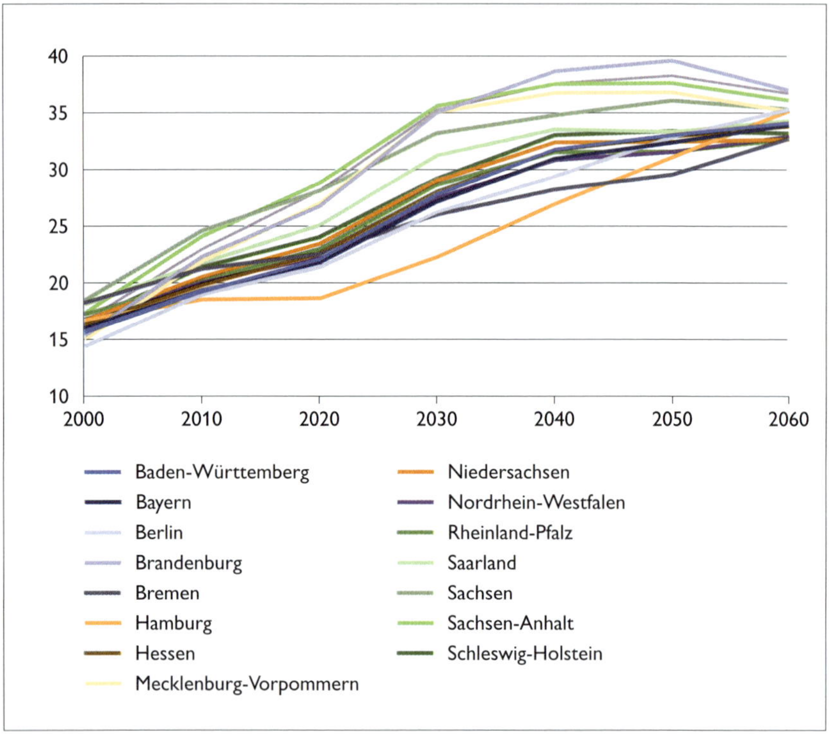

Quelle: Berlin-Institut für Bevölkerung und Entwicklung (Datengrundlage: Statistisches Bundesamt)

dieser Verschlechterung liegt darin, dass im Osten viele Menschen nach der Wiedervereinigung lange Jahre ohne Arbeit waren, sich mit kleinen Jobs begnügen mussten, schlecht bezahlt waren oder bis heute sind. Dadurch konnten sie im Vergleich zu ihren westdeutschen Altersgenossen, aber auch im Vergleich zu den Rentnern mit ununterbrochener DDR-Erwerbsbiografie, nur geringe Rentenansprüche erwerben. Viele laufen Gefahr, im Alter in relativer Armut zu leben. Fast die Hälfte der ostdeutschen Frauen und knapp ein Drittel der ostdeutschen Männer haben in Zukunft Renten von weniger als 600 Euro zu erwarten.[35]

Während man ein höheres Renteneintrittsalter per Gesetz beschließen kann, lässt sich das Auftreten von altersbedingten Krankheiten nur sehr bedingt beeinflussen. Auch wenn die Menschen länger gesund bleiben – die Kosten des Gesundheitssystems werden durch den demografischen Wandel enorm steigen. Denn nicht nur die Zahl älterer Menschen nimmt zu, auch die medizinischen Behandlungsmöglichkeiten verbessern sich ständig. Beides treibt die Kosten. Die Zahl der Demenzkranken dürfte sich bis 2050 verdoppeln.[36] Es ist damit zu rechnen, dass sich die Zahl der pflegebedürftigen Menschen bereits bis 2030 um 50 Prozent und bis 2050 um 100 Prozent erhöht.[37] Dann werden 4,5 Millionen Deutsche auf Pflege angewiesen sein und die Gesellschaft wird mehr als zwei Prozent ihres Bruttoinlandsproduktes für deren Versorgung aufwenden müssen.[38]

Die meisten Pflegebedürftigen werden derzeit noch zu Hause von Angehörigen versorgt. In Zukunft wird sich das Verhältnis von Pflegebedürftigen zu potenziellen Betreuern jedoch verschlechtern. Durch die gestiegene Mobilität wohnen Kinder immer seltener in der Nähe ihrer Eltern. Besonders schwierig ist die Situation in Regionen, aus denen viele junge Menschen abgewandert sind. Auch Töchter und Schwiegertöchter, die in der Vergangenheit einen großen Teil privater Pflegeleistungen übernommen haben, stehen immer seltener dafür bereit. Auf der einen Seite sind auch Frauen viel häufiger erwerbstätig und mobiler als in der Vergangenheit. Auf der anderen Seite hat der soziale Wandel dazu geführt, dass etwa die Scheidungsquoten gestiegen sind und familiäre Beziehungen nicht die gleiche Stabilität und denselben Verpflichtungscharakter haben wie früher. Die gesunkene Kinderzahl führt dazu, dass es in Zukunft weniger alte Menschen mit mehreren Kindern geben wird, die dann die Pflege der Eltern unter den Geschwistern aufteilen und somit eine Überbelastung vermeiden können. Letztlich sorgt auch die Erhöhung des Renteneintrittsalters dafür, dass weniger Menschen Zeit für die Pflege hochbetagter Angehöriger haben werden. In Zukunft müssen daher zunehmend alternative Möglichkeiten der Versorgung Pflegebedürftiger gefunden werden.

8 Entlastung des Arbeitsmarktes und künftiger Fachkräftemangel

Lange Zeit hat Deutschlands Wirtschaft und Gesellschaft die demografische Alterung kaum zur Kenntnis genommen. In der Vergangenheit profitierte Deutschland sogar von dieser Entwicklung: Seit Anfang der 1970er Jahre wurden hierzulande – im Vergleich zur bestandserhaltenden Zahl von 2,1 Kindern je Frau – bis heute insgesamt mehr als 10 Millionen

Kinder zu wenig geboren. Die Investitionen in Bildung und Erziehung, in Kleidung oder Spielplätze haben wir uns gespart. Als in den 1980er und 1990er Jahren nach und nach die große Gruppe der Babyboomer ins Berufsleben trat, mussten diese nur für wenige Kinder und noch nicht für viele Alte aufkommen. Der mittleren und älteren Generation bescherte das enormen Wohlstand. Gegenwärtig steht diese zahlenmäßig große Gruppe noch im besten Erwerbsalter – doch sie wird älter und wird ab 2015 nach und nach aus dem Erwerbsleben ausscheiden.

Mittlerweile wird der demografische Wandel am Arbeitsmarkt spürbar – wenngleich zunächst etwas anders als erwartet. Denn die Arbeitslosigkeit ist in den vergangenen Jahren nicht allein deshalb gesunken, weil zwischen 2005 und 2010 vier Prozent mehr Menschen einen Job fanden.[39] Entlastung brachte dem Arbeitsmarkt auch die Verrentung der zahlenmäßig sehr großen vor 1945 geborenen Altersgruppe. In die Altersgruppe der heute 60- bis 64-Jährigen aufgerückt ist hingegen die Generation der in den ersten Nachkriegsjahren Geborenen, die etwa ein Drittel kleiner war. Dadurch hat die Zahl der Personen in der ältesten erwerbsfähigen Gruppe zwischen 2005 und 2008 um 440 000 Menschen und damit fast um zehn Prozent abgenommen. Durch diese Alterseffekte sank die Zahl der arbeitslosen über 55-Jährigen in diesem Zeitraum um etwa 150 000 Personen. Doch dieser Effekt bleibt einmalig. Von nun an wird die Zahl älterer Erwerbsfähiger jahrelang wachsen. Waren 2001 noch lediglich 19,6 Prozent aller sozialversicherungspflichtig Beschäftigten in Deutschland älter als 50, so sind es gegenwärtig schon etwa 25 Prozent. Erst in Zukunft wird sich zeigen, ob ältere Erwerbstätige dauerhaft in den Arbeitsmarkt integriert werden können und ob der geplante spätere Eintritt ins Rentenalter auch zu mehr Beschäftigung für Ältere führt.

Die eigentliche demografische Wende findet derzeit am jüngeren Ende der Alterspyramide statt. Bei bestimmten Berufsgruppen mit hohem Altersdurchschnitt, etwa den Lehrkräften und beim gesamten öffentlichen Dienst, stehen regelrechte Wellen von Verrentungen bevor und es gibt häufig nicht ausreichend Nachwuchs. Während der Westen vorübergehend noch einmal von einem kleinen »Berg« von jungen Menschen (siehe *Abbildung 1*), die ein Studium oder eine Ausbildung beginnen, profitieren kann, gelangt im Osten die halbierte Generation der Nachwendegeborenen ins Ausbildungsalter. Vor allem in ländlichen Regionen fehlt der Nachwuchs bei Auszubildenden und Berufseinsteigern.

Die Zahl der 15- bis 18-Jährigen ist zwischen 2005 und 2009 um 530 000 Personen geschrumpft. Während in den Jahren bis 2006 bei den Arbeitsagenturen noch 40 000 bis 50 000 Jugendliche registriert waren, die keine Lehrstelle bekamen, gab es davon 2009 nur noch 9 600. Ostdeutschland registrierte 2009 zum ersten Mal ein ausgeglichenes Verhältnis zwischen angebotenen Lehrstellen und Nachfragen.[40] Für die Zukunft bedeutet das gute Aussichten für Jugendliche, die zunehmend von Unternehmen und Universitäten umworben werden dürften. Und schlechte Aussichten für die »Sozialindustrie«, die im Auftrag der Politik über Jahre Hunderttausende nicht vermittelbare junge Menschen in vorgeblich berufsqualifizierenden Maßnahmen »geparkt« hat.

Die größte Herausforderung für die Gesellschaft der Bundesrepublik dürfte der starke Rückgang der Bevölkerung im erwerbsfähigen Alter sein. Historisch gesehen, stand Wirtschaftswachstum praktisch immer in Zusammenhang mit einer Zunahme der Zahl der Erwerbstätigen. Doch in den kommenden 20 Jahren wird die Zahl der Menschen im erwerbsfähigen Alter zwischen 20 und 65 Jahren in Deutschland durchschnittlich jedes Jahr um 375 000 Personen abnehmen.[41] Die schrumpfende Zahl Erwerbsfähiger wird nicht nur die wachsende Gruppe der Pensionäre finanzieren, sondern auch die Innovationskraft der Wirtschaft sichern müssen. Denn allein Innovation kann bei abnehmender Erwerbstätigkeit für Wirtschaftswachstum sorgen. Der enorme Wohlstandszuwachs, den die Westdeutschen in der Wirtschaftswunderzeit und die Ostdeutschen nach der Wiedervereinigung erlebt haben, ist in Zukunft nicht mehr zu erwarten. Produktivitätsfortschritte, die in der Vergangenheit den Wohlstand aller gemehrt haben, werden künftig zur Bewältigung des demografischen Wandels benötigt.

Anmerkungen

1 Vgl. Deutscher Bundestag, Schlussbericht der Enquete-Kommission »Demografischer Wandel – Herausforderungen unserer älter werdenden Gesellschaft an den Einzelnen und die Politik«, Drucksache 14/8800, Berlin 2002.

2 Vgl. Statistisches Bundesamt, Datenangebot unter www.destatis.de, Wiesbaden 2011.

3 Als Gesamtfertilitätsrate wird die Summe der altersspezifischen Fertilitätsraten (Fertilität = Fruchtbarkeit) bezeichnet. Sie fasst die Fruchtbarkeit aller Frauen in einem Bezugszeitraum zusammen und gibt an, wie viele Kinder eine Frau im Lauf ihres Lebens durchschnittlich bekommen würde, wenn die für den gegebenen Zeitpunkt maßgeblichen altersspezifischen Fruchtbarkeitsverhältnisse der betrachteten Population als konstant angenommen werden.

4 Vgl. United Nations Population Division, World Population Prospects. The 2008 Revision Population Database, http://esa.un.org/wpp/unpp/panel_population.htm.

5 Vgl. Steffen Kröhnert, Demografische Faktoren bei der Entstehung gewaltsamer Konflikte. Eine empirische Untersuchung für den Zeitraum 1950 bis 2000, in: Zeitschrift für Soziologie, 35 (2006) 2, S. 120–143.
6 Vgl. Statistisches Bundesamt 2011 (Anm. 2).
7 Vgl. Statistisches Bundesamt, Bevölkerung Deutschlands bis 2060. Zwölfte koordinierte Bevölkerungsvorausberechnung, Wiesbaden 2009.
8 Siehe dazu auch den Beitrag von Holger Hinte in diesem Band.
9 Vgl. Statistisches Bundesamt 2011 (Anm. 2).
10 Vgl. Anke Beyersdorff u. a., Survey of Neonates in Pomerania (SNiP): A population based analysis of the mothers' quality of life after delivery with special relations to their social integration, in: International Journal of Public Health, 53 (2008) 2, S. 87–95.
11 Vgl. Steffen Kröhnert u. a., Die demografische Lage der Nation. Was freiwilliges Engagement für die Regionen leistet, Berlin-Institut für Bevölkerung und Entwicklung, Berlin 2011, S. 14 ff.
12 Vgl. S. Kröhnert u. a. 2011 (Anm. 11).
13 Vgl. Franziska Woellert/Steffen Kröhnert/Reiner Klingholz, Ungenutzte Potenziale. Zum Stand der Integration in Deutschland, Berlin-Institut für Bevölkerung und Entwicklung, Berlin 2009, S. 77.
14 Vgl. Nadja Milewski, Fertility of Immigrants. A Two-Generational Approach in Germany, Demographic Research Monographs, Hamburg u. a. 2010 (www.demogr.mpg.de/books/drm/006/).
15 Vgl. F. Woellert u. a. (Anm. 13), S. 6.
16 Vgl. Statistisches Bundesamt, Bevölkerung und Erwerbstätigkeit. Wanderungen, Fachserie 1 Reihe 1.2, Wiesbaden 2010.
17 Vgl. Meinhard Miegel/Stefanie Wahl/Martin Schulte, »Von Verlierern und Gewinnern« – Die Einkommensentwicklung ausgewählter Bevölkerungsgruppen in Deutschland, Bonn 2008.
18 Vgl. Statistisches Bundesamt, Bevölkerung und Erwerbstätigkeit. Bevölkerung mit Migrationshintergrund, Ergebnisse des Mikrozensus 2009, Fachserie 1 Reihe 2.2, Wiesbaden 2009.
19 Vgl. Statistisches Bundesamt 2009, Bevölkerung und Erwerbstätigkeit (Anm. 18).
20 Vgl. F. Woellert u. a. (Anm. 13), S. 60.
21 Vgl. Tito Boeri, Capturing Talent: A European Approach, Präsentation auf dem 7th Munich Economic Summit, München, 5.–6. Juni 2008.
22 Vgl. Timo Baas/Herbert Brücker, Mehr Chancen als Risiken für Deutschland, IAB-Kurzbericht Nr. 10, 2011.
23 Vgl. Bundesinstitut für Bau-, Stadt- und Raumplanung, Indikatoren und Karten zur Raumentwicklung (INKAR) 2010, Bonn 2010.
24 Vgl. Statistisches Bundesamt 2011 (Anm. 2).
25 Vgl. Statistisches Bundesamt 2010 (Anm. 16).
26 Vgl. S. Kröhnert u. a. 2011 (Anm. 11), S. 26 ff.
27 Vgl. Steffen Kröhnert, Sag mir, wo die Frauen sind. Ausprägung und Ursachen geschlechtsselektiver Abwanderung aus den neuen Bundesländern, Aachen 2009.

28 Vgl. Statistisches Bundesamt 2011 (Anm. 2).
29 Vgl. S. Kröhnert u. a. 2011 (Anm. 11), S. 28 f.
30 Eigene Berechnungen nach: Bundesinstitut für Bau-, Stadt- und Raumplanung (Anm. 23). Für 108 Gemeinden, vorwiegend ländliche Gemeinden in Niedersachsen und Bayern, liegen in der BBSR-Datenbank keine Daten zur Bevölkerungsentwicklung vor. Diese sind bei den genannten Analysen nicht berücksichtigt.
31 Eigene Berechnungen nach: Bundesinstitut für Bau-, Stadt- und Raumplanung (Anm. 23).
32 Vgl. United Nations Population Division (Anm. 4).
33 Vgl. Statistisches Bundesamt 2009, Bevölkerung Deutschlands bis 2060 (Anm. 7).
34 Ordnet man sämtliche Einkommensbezieher nach der Höhe ihres Einkommens, dann bezeichnet das Medianeinkommen das Einkommen des mittlersten Einkommensbeziehers. 50 Prozent der Einkommensbezieher verdienen somit weniger und die anderen 50 Prozent mehr als der Bezieher des Medianeinkommens. Der Vorteil dieses Maßes gegenüber dem arithmetischen Mittel des Durchschnittseinkommens besteht darin, dass es nicht von »Ausreißern« etwa in Form einzelner extrem hoher Einkommen beeinflusst wird.
35 Vgl. Johannes Geyer/Victor Steiner, Künftige Altersrenten in Deutschland: relative Stabilität im Westen, starker Rückgang im Osten, Wochenbericht des DIW Berlin, 77 (2010) 11, S. 2–11.
36 Vgl. Fritz Beske u. a., Morbiditätsprognose 2050. Ausgewählte Krankheiten für Deutschland, Brandenburg und Schleswig-Holstein, Schriftenreihe des Fritz Beske Instituts für Gesundheits-System-Forschung Kiel, Band 114, Kiel 2009.
37 Vgl. Statistische Ämter des Bundes und der Länder, Demografischer Wandel in Deutschland. Auswirkungen auf Krankenhausbehandlungen und Pflegebedürftige im Bund und in den Ländern, Heft 2, Wiesbaden 2010.
38 Vgl. Bartosz Przywara/Núria Diez Guardia/Etienne Sail, Future Long-term Care Needs and Public Expenditure in the EU Member States, CESifo Dice Report, Vol. 8, No. 2, München 2010.
39 Vgl. Statistische Ämter des Bundes und der Länder, Erwerbstätige in den kreisfreien Städten und Landkreisen der Bundesrepublik Deutschland 1991 bis 2008, Wiesbaden 2010.
40 Vgl. Bundesministerium für Bildung und Forschung, Berufsbildungsbericht 2009, Berlin 2009.
41 Vgl. Statistisches Bundesamt 2009, Bevölkerung Deutschlands bis 2060 (Anm. 7), S. 17.

Joachim Möller und Ulrich Walwei

Konsequenzen des demografischen Wandels für die Arbeitswelt: Ende der Arbeitslosigkeit nicht in Sicht?

1 Einleitung

Nachdem sich der deutsche Arbeitsmarkt in den Jahren 2005 bis 2008 im Aufschwung befand, geriet er danach in den Sog der weltweiten Wirtschafts- und Finanzkrise. Anders als in früheren Abschwungphasen kam es jedoch weder zu dramatischen Beschäftigungsverlusten noch zu einem starken Anstieg der Arbeitslosigkeit. Angesichts des starken Rückgangs des Bruttoinlandsprodukts 2009 von mehr als fünf Prozent erwies sich der Arbeitsmarkt als erstaunlich robust. Vor allem die von der Krise stark betroffenen Betriebe des verarbeitenden Gewerbes hatten in einem bisher nicht gekannten Ausmaß auf Maßnahmen der betriebsinternen Flexibilität gesetzt.[1] Im Vordergrund standen Instrumente der Arbeitszeitflexibilität, die von staatlicher Seite durch bessere Bedingungen für die Inanspruchnahme der Kurzarbeit unterstützt wurden. Betriebe hielten bei teils massiver Unterauslastung Personal, weil sie davon ausgingen, dass ihre Produkte auch nach der Krise wettbewerbsfähig sein würden und sie bei einer Wiedereinstellung von Fachkräften vor ähnlichen Schwierigkeiten stünden wie bei der Rekrutierung vor der Krise. Arbeitnehmer machten Zugeständnisse, indem sie auch im Rahmen betrieblicher Bündnisse für Arbeit auf Lohnsteigerungen und Sonderzahlungen verzichteten und Arbeitszeitverkürzungen ohne Lohnausgleich hinnahmen.

2011 war für Deutschland ein weiteres Jahr der wirtschaftlichen Erholung. Das Wirtschaftswachstum schwächte sich zwar im Jahresverlauf 2011 und auch 2012 ab; schon für 2013 spricht jedoch vieles wieder für ein stärkeres Wachstum. Weiterhin bestehen einige Risiken aufgrund der anhaltenden Turbulenzen auf den Finanzmärkten, die durch Spannungen und Bonitätsprobleme innerhalb der Eurozone befeuert werden. Auch drohende Ölpreissteigerungen aufgrund der Unruhen und politischen Umwälzungen in den arabischen Ländern und die konjunkturelle Schwäche der USA tragen zu erheblicher Unsicherheit über die weitere Entwicklung bei. Für den Fall, dass diese Risiken nicht zu stark durchschlagen, wird der deutsche Arbeitsmarkt jedoch weiterhin auf verbessertem Niveau stabil bleiben. Die Zahl der Arbeitslosen lag 2011 und 2012 bei drei bzw. 2,9 Millionen Personen, während zugleich die Erwerbstätigkeit mit 41,6 Millionen 2012 ein neues Redordniveau erreichte.[2] Erste Engpässe bei der Rekrutierung sind in bestimmten Berufsgruppen bereits spürbar und nicht wenige Regionen Süddeutschlands nähern sich mit Arbeitslosenquoten unter vier Prozent bereits einem Zustand, den man unter Berücksichtigung natürlicher Fluktuation und vorübergehender Arbeitslosigkeit aufgrund von Stellenwechseln als weitgehende Vollbeschäftigung charakterisieren kann. Zugleich geht die Zahl der hierzulande verfügbaren Arbeitskräfte zurück, fehlender Nachwuchs an Fachkräften wird zusehends als Problem erkannt.

Die demografische Entwicklung wird in der absehbaren Zukunft die Rahmenbedingungen des Arbeitsmarktes noch weit stärker beeinflussen, als dies bereits heute der Fall ist. Den gängigen Vorausberechnungen zufolge wird sich der Rückgang der Erwerbsbevölkerung selbst dann noch beschleunigen, wenn es aufgrund der seit Mai 2011 auch in Deutschland verwirklichten vollen Arbeitnehmerfreizügigkeit für Bürger und Bürgerinnen der mittel- und osteuropäischen EU-Staaten zu stärkerer Zuwanderung kommen sollte. Es wäre aber zu kurz gegriffen, wollte man die Auswirkung der demografischen Entwicklungen allein auf den Rückgang des Arbeitskräfteangebots beschränken. Die Effekte können noch wesentlich weiter gehen. Sie betreffen nicht nur die Altersstruktur der Erwerbspersonen, sondern beeinflussen auch das zukünftig verfügbare Angebot an qualifizierten Arbeitskräften. Darüber hinaus ist zu fragen, welche Rückwirkungen von einer schrumpfenden und alternden Bevölkerung auf die Güternachfrage, auf das Investitionsverhalten der Unternehmen, auf die technologische Entwicklung und auf Produktionsverlagerungen ausgehen. Die demografische Entwicklung wird mit hoher Wahrscheinlichkeit von Strukturveränderungen begleitet, die auch den Ausgleich von Angebot und Nachfrage auf dem Arbeitsmarkt betreffen. Selbst wenn man annimmt, dass sich die Schere zwischen dem verfügbaren Arbeitskräftepotenzial und der Nachfrage der Unternehmen nach Arbeitskräften in den kommenden Jahren weiter schließt, ist es demzufolge keineswegs ausgemacht, dass sich Vollbeschäftigung von selbst einstellt. Möglich ist, dass die demografische Entwicklung und ihre Folgen eine Spaltung der Arbeitsmarktentwicklung noch begünstigen. Auf der einen Seite könnten zunehmende Rekrutierungsprobleme das wirtschaftliche Wachstum bedrohen und auf der anderen Seite könnte eine immer größere Gruppe von Arbeitskräften ihre Beschäftigungsfähigkeit so weit eingebüßt haben, dass sie kaum mehr vermittelbar ist. In diesem Zusammenhang ist insbesondere das sogenannte qualifikatorische Mismatch anzusprechen, d.h. das Auseinanderfallen zwischen den vorhandenen Qualifikationen der Arbeitssuchenden und den Qualifikationsanforderungen der Unternehmen.

Dieser Beitrag möchte den vielfältigen Zusammenhängen zwischen demografischer Entwicklung und Arbeitsmarktentwicklung nachgehen. Im nachfolgenden zweiten Abschnitt werden zunächst die bisherigen und die aus heutiger Sicht absehbaren zukünftigen Effekte der demografischen Entwicklung auf den Arbeitsmarkt behandelt. Einen besonderen Schwerpunkt wird die Qualifikationsentwicklung einnehmen. Im dritten Abschnitt werden die Veränderungen auf der Angebotsseite mit den Trends der Nachfrage nach qualifizierten Arbeitskräften konfrontiert. Betrachtet man die Parameter Arbeitslosigkeit und Löhne, so deuten die vorliegenden Indizien darauf hin, dass sich das bereits unverkennbare Auseinanderdriften von Niedrig- und Gutverdienern sowie von Geringqualifizierten und höher Qualifizierten noch verschärfen wird. Die zukünftigen Trends und die sich daraus ergebenden Herausforderungen sind Gegenstand des vierten Abschnitts. Der Beitrag schließt mit den arbeitsmarktpolitischen Konsequenzen und diskutiert mögliche Handlungsoptionen, welche die Erschließung zusätzlicher Personalreserven, eine neue Bildungsexpansion sowie Anstrengungen zu einer sozialen Stabilisierung von Beschäftigung umfassen.

2 Effekte der Demografie auf den Arbeitsmarkt

Für die absehbare Zukunft geben die vorliegenden Bevölkerungsprognosen eine einheitliche Richtung vor.[3] In den nächsten Dekaden wird die durchschnittliche Lebenserwartung von Frauen und Männern weiter wachsen, was eindeutig als gesellschaftlicher Fortschritt zu werten ist. Von besonderer Bedeutung für den Arbeitsmarkt ist aber, dass die Fertilitätsrate (= Fruchtbarkeitsrate) mit nicht einmal 1,4 Kindern je Frau auch zukünftig nicht den Wert von 2,1 Kindern je Frau erreicht, der zur Aufrechterhaltung des Bevölkerungsstands nötig wäre. Selbst wenn man für die nächsten Dekaden einen gewissen Überschuss der Zuwanderungen gegenüber den Abwanderungen und damit einen positiven Wanderungssaldo erwartet, nimmt die Bevölkerung ab. Von heute noch über 80 Millionen könnte sie bis zum Jahr 2050 um rund ein Fünftel sinken. *Abbildung 1* illustriert die beiden entscheidenden Konsequenzen der Bevölkerungsentwicklung in den vor uns liegenden Dekaden. Zum einen führt die schon lange nicht mehr ausreichende Fertilitätsrate zu einer kontinuierlichen Abnahme der absoluten Zahl der Geburten. Zum anderen zeigt die Abbildung, wie stark die verschiedenen Altersgruppen noch besetzt sind, und macht deutlich, dass sich die geburtenstarken Jahrgänge gegenwärtig in ihren »besten Jahren« befinden. Allerdings werden sie natürlich älter, ein Prozess, der mit der Alterung der Bevölkerung insgesamt einhergeht.

Abb. 1: ***Bevölkerung im Alter von 0 bis 74 Jahren in den Jahren 2007, 2020 und 2050 bei einem angenommenen Wanderungssaldo von 100 000 Personen jährlich (in Tausend)***

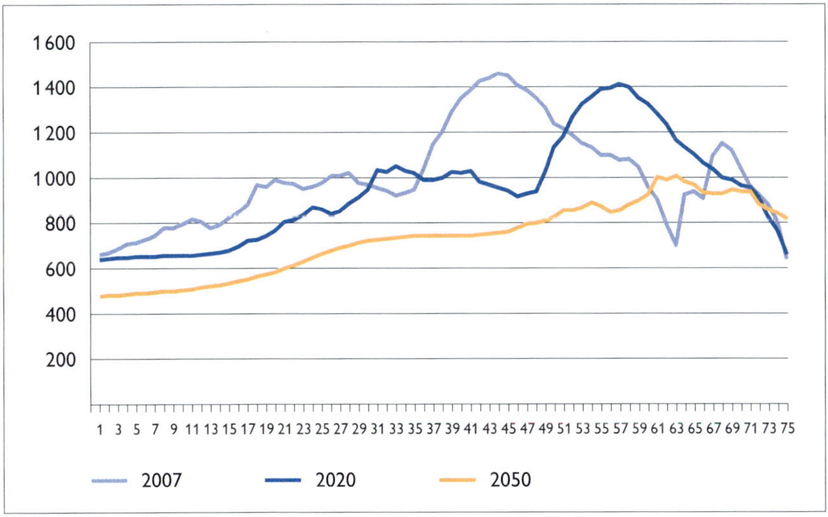

Quelle: Statistisches Bundesamt, IAB

Der Einfluss des Geburtenrückgangs auf die Zahl der verfügbaren Arbeitskräfte ist nicht neu. Dies wird deutlich, wenn man für den Zeitraum nach der Wiedervereinigung bis heute den Einfluss der Demografie auf das Arbeitskräfteangebot betrachtet (siehe *Abbildung 2*). Allein aufgrund der Tatsache, dass in den Arbeitsmarkt eintretende jüngere Kohorten schon seit Längerem kleiner ausfallen als aus dem Arbeitsmarkt ausscheidende ältere Kohorten, wäre die Zahl der verfügbaren Arbeitskräfte (Erwerbspersonenpotenzial) bei konstanter Erwerbsbeteiligung und einem ausgeglichenen Wanderungssaldo über den gesamten Zeitraum seit 1991 gesunken. Dass es nicht schon vor 2006/07 zu einem Rückgang des Erwerbspersonenpotenzials kam, ist einerseits dem Anstieg der Erwerbsquoten von Frauen und älteren Personen, andererseits aber auch dem insgesamt positiven Wanderungssaldo zu verdanken. Seitdem schlägt jedoch der demografische Effekt immer stärker durch und kann immer weniger durch die anderen Komponenten ausgeglichen werden.

Abb. 2: Demografische Komponente der Entwicklung des Erwerbspersonenpotenzials von 1992 bis 2013

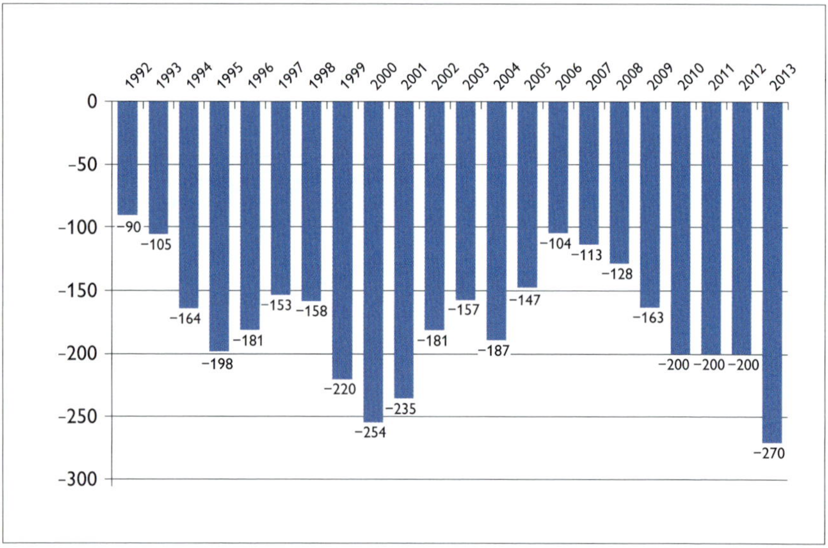

Anmerkung: Für das Jahr 2013 prognostizierter Wert
Quelle: IAB

Der Rückgang des Arbeitskräfteangebots hat also bereits spätestens Mitte des letzten Jahrzehnts eingesetzt und zwar im Osten Deutschlands früher als im Westen.

Nach allem, was wir heute wissen, wird sich der Rückgang der verfügbaren Arbeitskräfte nicht nur fortsetzen, sondern sogar beschleunigen.[4] Dies macht *Abbildung 3* deutlich. Unterstellt wird hier eine unveränderte niedrige Geburtenhäufigkeit und eine weiter steigende Lebenserwartung. Szenario 2 berücksichtigt zudem eine wachsende Erwerbsbeteiligung und die Umsetzung der Rente mit 67 und Szenario 3 bezieht darüber hinaus einen positiven Wanderungssaldo von 100 000 Personen pro Jahr mit ein. Das Arbeitskräfteangebot nimmt ähnlich wie die Bevölkerung insgesamt ab und dies mit stärkerer Tendenz.

Abb. 3: Szenarien zur Entwicklung des Erwerbspersonenpotenzials bis 2050 (in Tausend)

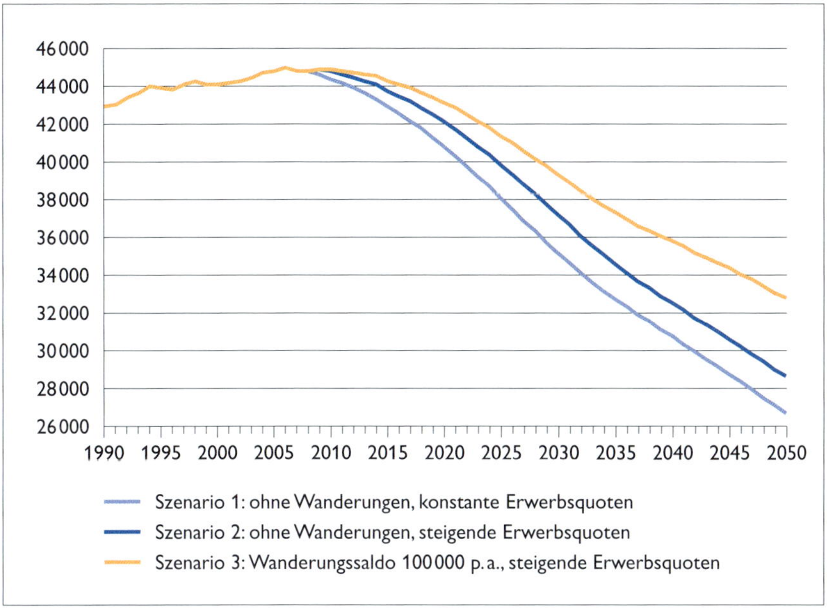

Quelle: IAB, eigene Berechnungen

Die demografische Entwicklung wirkt sich nicht nur auf die Zahl der verfügbaren Arbeitskräfte aus, sondern auch auf deren Struktur. Der Geburtenrückgang führt zu einer veränderten Zusammensetzung der Altersgruppen und insbesondere bis zum Ende der laufenden Dekade zu einer Alterung des Arbeitskräfteangebots. *Abbildung 4* dokumentiert die voraussichtlichen Anteilsverschiebungen von vier verschiedenen Altersgruppen bis zum Jahr 2050. Der starke Anstieg der Zahl der 50- bis 64-Jährigen hat, wie bereits erwähnt, in erster Linie damit zu tun, dass die geburtenstarken Jahrgänge älter werden und zunehmend in diese Altersgruppe hineinwachsen. Junge Menschen werden hingegen immer »knapper«. Sie können aufgrund eines latenten Bedarfs an »frischem Humankapital« damit rechnen, dass sich ihre Möglichkeiten, in den Arbeitsmarkt einzusteigen und beruflich voranzukommen, besser darstellen als die früherer Zugangskohorten. Das dürfte umso mehr gelten, je höher der Bildungs- und Ausbildungsabschluss der Neueinsteiger ausfällt. Etwas anders sieht die Situation bei der wachsenden Gruppe älterer Personen aus. Eine Verbesserung ihrer noch immer nicht als zufriedenstellend zu bewertenden Beschäftigungssituation wird nicht von allein kommen.[5] Durch die Rente mit 67 wird das Erwerbsleben verlängert und Arbeitnehmer und Betriebe stehen damit noch mehr vor der Herausforderung, wie die individuelle Beschäftigungsfähigkeit möglichst lange erhalten werden kann.

Abb. 4: Altersstruktur des Erwerbspersonenpotenzials bis 2050

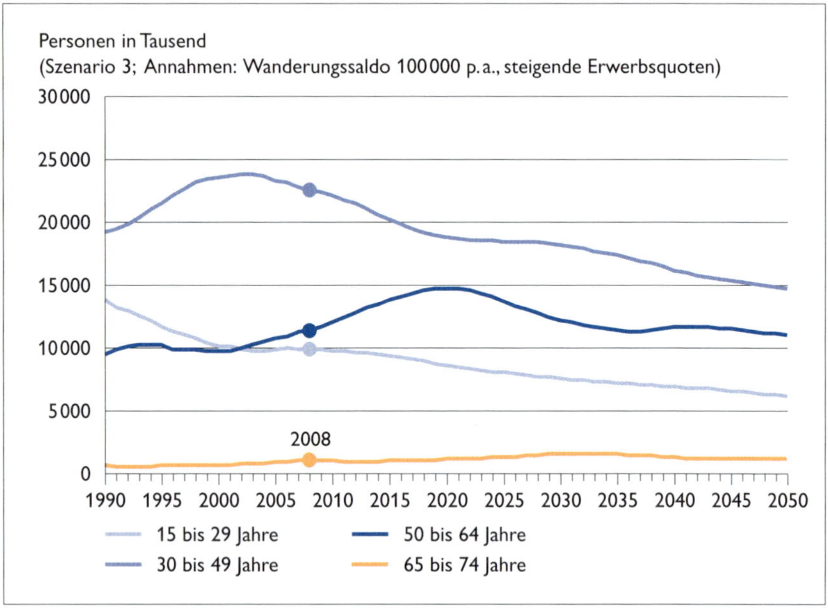

Quelle: IAB, eigene Berechnungen

Die Altersstruktur des Arbeitskräfteangebots hat auch Auswirkungen auf das Qualifikationsangebot, wie *Abbildung 5* dokumentiert. Die Bevölkerung von 5 bis 64 Jahren wird hier in fünf Altersgruppen zerlegt, die unterschiedlich stark besetzt sind. Projiziert man die Alters- und Qualifikationsstruktur in die Zukunft, könnte sich vor allem mit dem zum Ende der laufenden Dekade beginnenden Ausscheiden der Gruppen der 45- bis 54-Jährigen und danach der 35- bis 44-Jährigen ein nicht unbeträchtlicher Ersatzbedarf an qualifizierten Arbeitskräften ergeben. Dieser wäre umso schwerer zu generieren, je länger sich die Nachfrage nach Arbeitskräften zumindest auf dem heutigen Niveau halten kann, je weniger qualifizierte Fachkräfte im Sinn eines *brain gain* aus dem Ausland gewonnen werden können und je weniger die nachwachsenden Kohorten an Bildung wie auch an Ausbildung mitbringen. Hinweise auf die Bildungs- und Ausbildungsleistung im Kohortenvergleich liefert *Abbildung 6*. Sie gibt für Altersgruppen zwischen 30 und 64 Jahren an, wie sich der Akademikeranteil und der Anteil der Geringqualifizierten verändert haben. Nicht abgebildet ist hier die Restgröße, die im Wesentlichen aus den Absolventen des dualen Systems der Berufsausbildung besteht. Während bei den Akademikern ein Bedeutungsgewinn unübersehbar ist, ist die Entwicklung bei den nicht formal Qualifizierten nicht so eindeutig. In den beiden Altersgruppen der 30- bis 34-Jährigen und der 35- bis 39-Jährigen nimmt der Anteil der Unqualifizierten wieder zu. Eine sich stetig verbessernde Ausbildungsbeteiligung ist somit nicht garantiert.

Abb. 5: Bevölkerung nach Qualifikation und Alter im Jahr 2009 (in Millionen Personen)

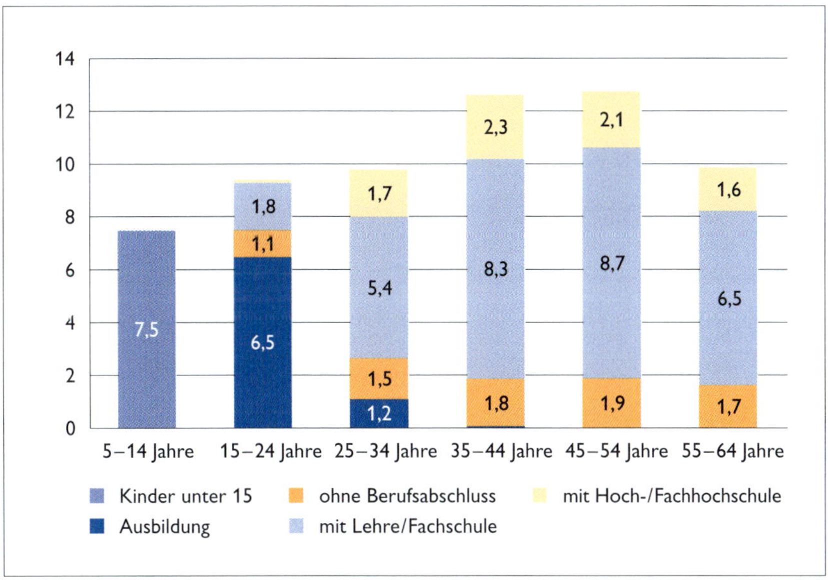

Quelle: IAB auf Basis des Mikrozensus des Statistischen Bundesamtes

Die sich abzeichnenden Veränderungen in Umfang und Struktur der Bevölkerung schlagen immer stärker auf den Arbeitsmarkt durch. Die Arbeitskräfte altern im Durchschnitt schneller als die Bevölkerung und ihre Zahl schrumpft stark. Somit steht dem Arbeitsmarkt in der absehbaren Zukunft ein zunehmend geringeres Arbeitskräfteangebot zur Verfügung. Weniger Arbeitskräfte bedeuten aber nicht zwangsläufig, dass die Arbeitslosigkeit in gleichem Umfang abnehmen muss. Denn eine rückläufige Bevölkerung und ein zurückgehendes Arbeitskräfteangebot können die Investitionen und somit den Kapitalstock in der Volkswirtschaft schrumpfen lassen sowie den Konsum bremsen.[6] Bei einer alternden Bevölkerung ist zudem damit zu rechnen, dass sich die Konsumstruktur verändert. Vor allem personenbezogene Dienstleistungen sowie der Gesundheitssektor dürften davon profitieren. Ein potenzieller Bremsklotz für die wirtschaftliche Dynamik wäre insbesondere dann gegeben, wenn das Arbeitskräfteangebot der Haushalte und die Arbeitskräftenachfrage der Betriebe qualifikatorisch, sektoral oder regional immer weniger zusammenpassen.

Abb. 6: Anteile der Hoch- und Fachhochschulabsolventen und Personen ohne formale Qualifikationen nach Alter im Jahr 2009 (in Prozent)

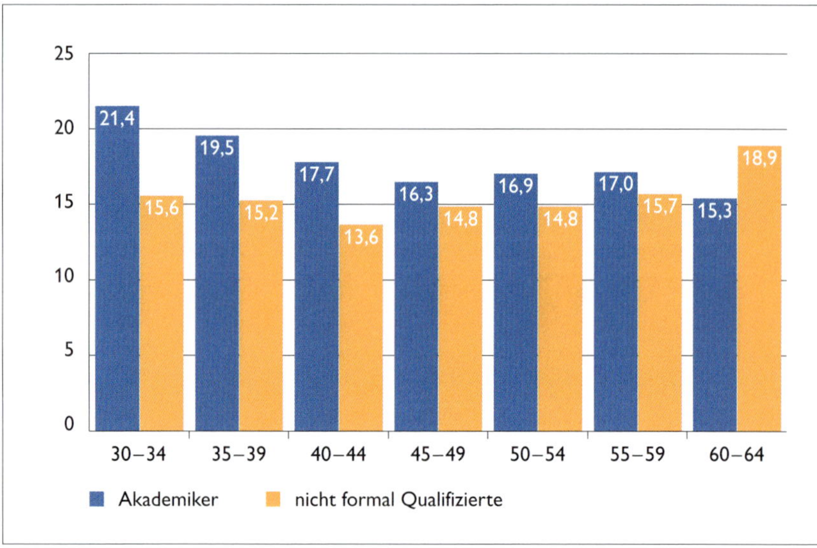

Quelle: IAB auf Basis des Mikrozensus des Statistischen Bundesamtes

Junge Arbeitskräfte werden zunehmend knapp und bei älteren wird ein produktiver Einsatz sehr stark von ihrer individuellen Beschäftigungsfähigkeit abhängen. Der mögliche Ersatzbedarf bei qualifizierten und vor allem hoch qualifizierten Arbeitskräften infolge der demografischen Entwicklung erscheint aus heutiger Sicht beträchtlich. Im Moment ist noch nicht absehbar, ob sich die Qualifikationsstruktur der Bevölkerung nachhaltig verbessern wird. Zwar steigt der Anteil der Akademiker, dem steht aber ein stagnierender, zuletzt sogar wieder steigender Anteil nicht formal Qualifizierter gegenüber. Dies wirft die Frage nach den längerfristigen Trends in der Entwicklung der Qualifikationsstruktur auf dem Arbeitsmarkt auf.

3 Die Entwicklung der Lohn- und Qualifikationsstruktur

3.1 Zum wirtschaftstheoretischen Hintergrund

Auf jedem funktionierenden Markt spiegeln sich Veränderungen von Angebot und Nachfrage in Veränderungen der relativen Preise wider. Dies gilt – zumindest tendenziell – auch auf dem Arbeitsmarkt. Wenn beispielsweise aufgrund gestiegener Nachfrage nach Hightechprodukten Unternehmen einen höheren Bedarf an Elektrotechnikingenieuren haben, die Zahl der verfügbaren Elektrotechnikingenieure aber von heute auf morgen nicht beliebig vermehrbar ist, dann ist zu erwarten, dass die Verdienste dieser Berufsgruppe überdurchschnittlich ansteigen werden. Die nach Personal suchenden oder um die Weiterbeschäftigung entsprechend qualifizierter Mitarbeiter besorgten Unternehmen sehen sich gezwungen, mit verbesserten Lohnangeboten auf die geänderte Marktsituation zu reagieren. Wenn umgekehrt die Nachfrage der Wirtschaft nach Elektrotechnikingenieuren stagniert und viele neue Absolventen auf den Markt kommen, dann wird nicht nur die Arbeitslosigkeit in dieser Gruppe steigen, sondern auch die Lohnentwicklung im Vergleich zu Gruppen mit besserer Arbeitsmarktlage zurückfallen.

Sofern alle anderen Einflussgrößen konstant bleiben, führt eine Ausweitung der Nachfrage auf einem funktionierenden Markt zu einem Preisanstieg, eine Ausweitung des Angebots hingegen zu einer Preissenkung. Wenn trotz Angebotssteigerung eine Preiserhöhung beobachtet wird, dann gibt es dafür nur ein plausibles Erklärungsmuster: Die Nachfrage muss stärker als das Angebot gestiegen sein. Dies gilt offenbar weltweit für die Hochqualifizierten, d. h. die Personen, die einen Studienabschluss auf der Ebene der deutschen Fachhochschulen oder Universitäten nachweisen können. Denn zumindest in den entwickelten Ländern ist in den letzten Jahrzehnten die Zahl der Hochschulabsolventen deutlich angestiegen, und zugleich ist festzustellen, dass sich die Entlohnung Hochqualifizierter relativ zu Personen mit geringerer Qualifikation verbessert hat. Die Nachfrage der Wirtschaft nach Hochqualifizierten muss also noch stärker als das Angebot gestiegen sein, sodass es trotz der Angebotsausweitung zu einer Verknappung gekommen ist.

Was steht aber hinter dem starken Nachfragesog zugunsten der Hochqualifizierten? Über diese Frage diskutieren Ökonomen seit mehr als zwei Jahrzehnten. Ein plausibler Ansatz macht die technische Entwicklung, insbesondere die Computerisierung, dafür verantwortlich. Computereinsatz führt dazu, dass Personen, die mit diesem Arbeitsmittel sehr gut umgehen können, deutlich produktiver werden. Geht man davon aus, dass dies in der Regel auf Hochqualifizierte zutrifft, so ist klar, dass diese Gruppe von der technischen Entwicklung besonders profitiert. Wirtschaftsgeschichtlich war dies übrigens nicht immer so. So bedeutete die Einführung von Fließbandproduktion eher einen Vorteil für die Geringqualifizierten.

Ein zweiter Erklärungsansatz sieht die Ursachen der Lohnungleichheit in einer globalisierten Arbeitswelt. Durch die stärkere Integration der Entwicklungs- und Schwellenländer in die Weltwirtschaft ist das Potenzial von Arbeitskräften mit einfachen Kenntnissen enorm gestiegen. Diese »Reservearmee« billiger Arbeitskräfte wird von international agierenden Unternehmen immer stärker genutzt. Produktion, die auf Routinetätigkeiten beruht, steht deshalb in Hochlohnländern auf verlorenem Posten. So sind beispielsweise in der Herstellung von Bekleidung in Deutschland in den letzten Jahrzehnten viele Arbeitsplätze verschwunden. Höherwertige Tätigkeiten etwa in den Bereichen Entwicklung, Design, Markterschließung, Finanzierung und Logistik haben hingegen von der Entwicklung profitiert. Auch hier sind die höher Qualifizierten die Gewinner.

Möglich ist auch, dass nicht nur der technologische, sondern ebenso der organisatorische Wandel in den Betrieben die besser Ausgebildeten begünstigt. Die Tendenz geht hin zu einem komplexeren Tätigkeitsprofil, das unter dem Stichwort »Multitasking« diskutiert wird. Arbeitskräfte kombinieren manuelle und kognitive Tätigkeiten, z. B. das Einlegen eines Werkstücks und die Programmierung einer Werkzeugmaschine. Auch die Tendenz in modernen Unternehmen, flachere Hierarchien auszubilden, stellt an den Einzelnen höhere Anforderungen.

3.2 Die Entwicklung der qualifikationsbedingten Arbeitslosigkeit

Internationale Vergleichsstudien aus den 1990er Jahren postulierten, dass es zwischen den Volkswirtschaften vom kontinentaleuropäischen Typus (Deutschland, Frankreich) und dem angelsächsischen Typus (USA, Großbritannien) einen charakteristischen Gegensatz gibt. Der spätere Nobelpreisträger Paul Krugman ging davon aus, dass sich vor allem aufgrund der technologischen Entwicklung die Produktivität der Arbeitskräfte auseinanderentwickelt. Wenn die Marktkräfte zum Zuge kommen, müsse dies zu einer stärkeren Differenzierung der Löhne, also zu mehr Ungleichheit, führen.[7] Die Ökonomen Francine Blau und Lawrence Kahn argumentierten, dass in Kontinentaleuropa aufgrund eines ausgebauten Sozialsystems sowie vergleichsweise starker Tarifbindung das Absinken der Löhne verhindert wird. Im oberen Bereich der Lohnverteilung ergeben sich hingegen keine Einschränkungen, da übertarifliche Zuschläge jederzeit möglich sind.[8] Die vermeintliche Behinderung der Lohnspreizung infolge institutioneller Regelungen hat dann auch den Anlass für Paul Krugmans berühmte These von den »zwei Seiten derselben Medaille« gegeben. Auf einen technologisch bedingten Rückgang der Nachfrage nach Arbeitskräften zulasten bestimmter Gruppen wie den Geringqualifizierten sind demnach zwei Reaktionen möglich: Man kann entweder Lohnsenkungen zulassen und nimmt dabei die Verarmung eines Teils der Arbeitnehmerschaft in Kauf (*working poor*) oder man verhindert Lohnsenkungen um den Preis, dass dann hohe Arbeitslosigkeit unter den Betroffenen entsteht. Die USA und Großbritannien haben die erste, Deutschland und Frankreich die zweite Option gewählt.

Als Beleg für Krugmans These lässt sich zumindest auf den ersten Blick die hohe Arbeitslosigkeit unter den Geringqualifizierten in Deutschland anführen. *Abbildung* 7 illustriert die qualifikationsspezifischen Arbeitslosenquoten im Zeitraum von 1991 bis 2009. Es zeigt sich, dass die Arbeitslosenquote umso niedriger liegt, je hoher die Qualifikation ist. Personen mit Hochschulausbildung tragen das geringste, Personen ohne formale Qualifikationen hingegen das mit Abstand höchste Arbeitslosigkeitsrisiko, während Personen mit einer abgeschlossenen Berufsausbildung dazwischenliegen. Besonders auffällig ist der steile Anstieg der Arbeitslosenquote der Geringqualifizierten im Zeitraum von 1991 bis 1997. Es liegt nahe, hier einen Zusammenhang mit der Grenzöffnung hin zu den mittelosteuropäischen Staaten zu vermuten. Seit dem Höchststand von etwa 27 Prozent im Jahr 1997 hat die Arbeitslosigkeit unter den Geringqualifizierten zwar wieder etwas abgenommen, erreicht aber am aktuellen Rand immer noch Werte von über 20 Prozent. Im Vergleich dazu kann man bei den Hochqualifizierten mit einer Arbeitslosenquote von unter drei Prozent quasi von Vollbeschäftigung sprechen.

Weniger gut zu Krugmans Hypothese passt allerdings, dass in den USA die Arbeitslosigkeit in der Gruppe der Geringqualifizierten ebenfalls überdurchschnittlich hoch ausfällt. Wie im folgenden Abschnitt gezeigt werden soll, kann zudem die Behauptung nicht aufrechterhalten werden, dass die deutsche Lohnverteilung im unteren Bereich völlig starr war.

Abb. 7: Qualifikationsspezifische Arbeitslosenquoten von 1991 bis 2009 (in Prozent)

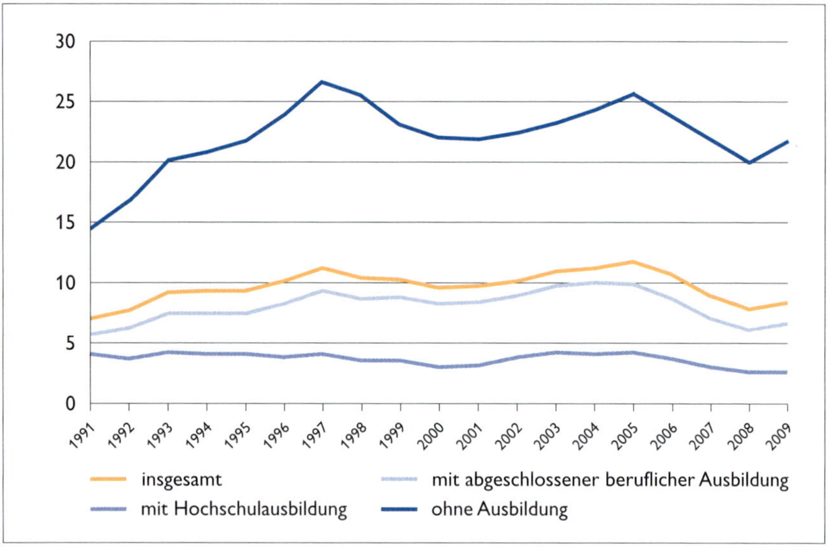

Quelle: Bundesagentur für Arbeit, Mikrozensus, eigene Berechnungen

3.3 Die Entwicklung der qualifikationsbedingten Lohnunterschiede

Während die Veränderung der Lohnstruktur in anderen Ländern – so etwa Großbritannien oder USA – bereits seit längerer Zeit gut dokumentiert ist, war das Wissen hierzu in Deutschland bislang eher dürftig. Erst mithilfe der kürzlich verfügbar gewordenen Stichprobe der sogenannten integrierten Arbeitsmarktbiografien ist es möglich, die Entwicklung über längere Zeiträume verlässlich nachzuzeichnen. Hierbei muss berücksichtigt werden, dass das individuelle Einkommen u. a. auch von der Berufserfahrung bestimmt wird, die wiederum stark mit dem Alter zusammenhängt. Die Analyse beschränkt sich auf die Verdienste von vollzeitbeschäftigten 40-jährigen Männern, da die Verdienste von Frauen wegen der stärkeren Schwankungen in der Arbeitszeit (hoher Teilzeitanteil) schwerer vergleichbar sind. Weiterhin wurde Ostdeutschland nicht berücksichtigt, weil dafür keine

Daten vor 1992 vorliegen. Für die ausgewählte Gruppe zeigt *Abbildung 8* die nominalen – also nicht preisbereinigten – Bruttomonatsverdienste im Zeitraum von 1984 bis 2008.

Abb. 8: Nominale Bruttomonatsentgelte 40-jähriger vollzeitbeschäftigter Männer im Zeitraum von 1984 bis 2008 (in Euro)

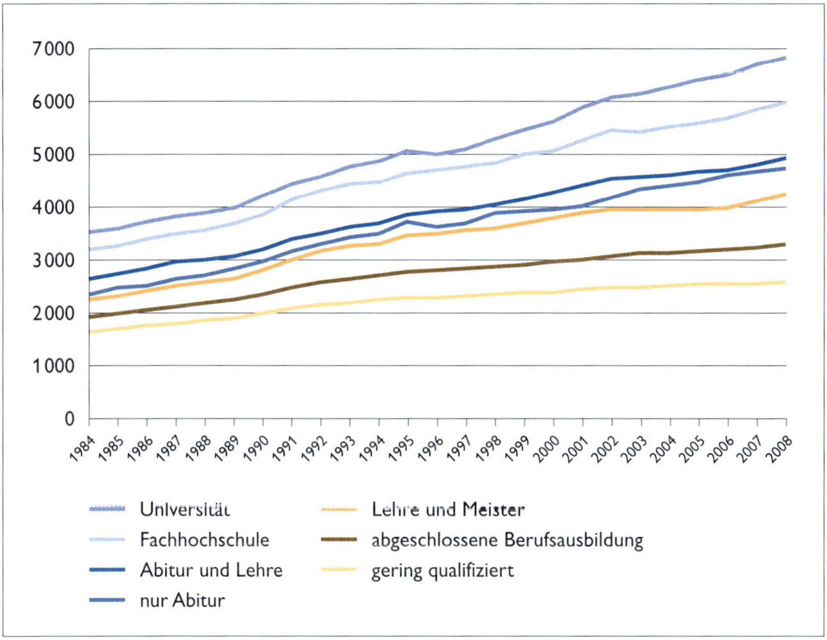

Quelle: IAB

Die Abbildung weist zunächst auf eine Rangordnung der Verdienste hin, die über die Zeit stabil bleibt. Personen ohne abgeschlossene Berufsausbildung und ohne höhere Schulbildung liegen am unteren Rand, Universitätsabsolventen an der Spitze der Lohnhierarchie. Weiterhin ist erkennbar, dass die Schere zwischen den Geringqualifizierten und den höher Qualifizierten im Trend immer weiter auseinandergeht. Dies wird noch deutlicher, wenn man die sogenannten qualifikatorischen Lohndifferenziale betrachtet. Darunter versteht man den prozentualen Mehrverdienst, den qualifizierte Arbeitnehmer im Verhältnis zu Geringqualifizierten erhalten (siehe *Abbildung 9*). Es zeigt sich, dass die qualifikatorischen Lohndifferenziale ohne Ausnahme einem steigenden Trend unterliegen. Allerdings

Abb. 9: Aufschläge auf die Bruttoentgelte von Geringqualifizierten in Prozent (40-jährige vollzeitbeschäftigte Männer in Westdeutschland von 1984 bis 2008)

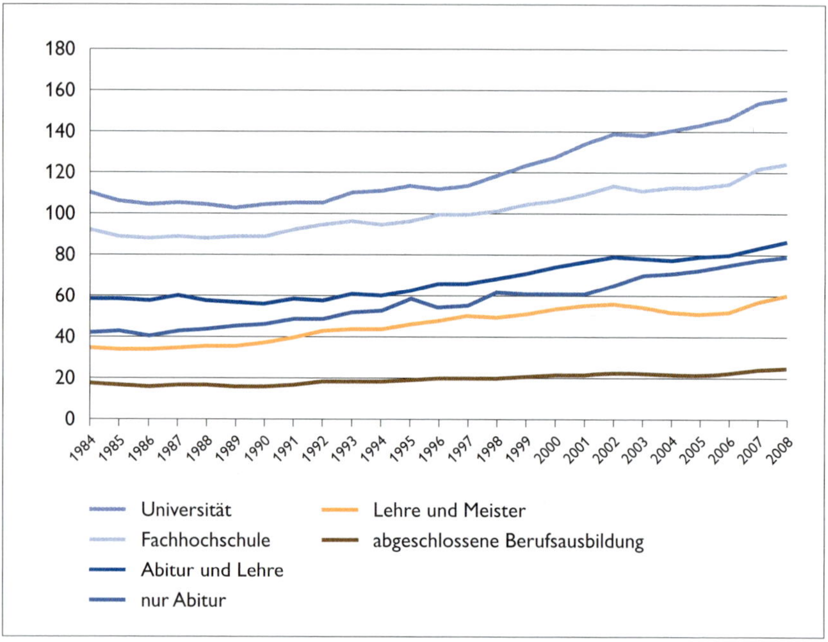

Quelle: IAB

ist das Ausmaß des Anstiegs unterschiedlich. Im Jahr 1984 verdiente ein 40-jähriger Vollzeitbeschäftigter mit einer abgeschlossenen Lehre im Durchschnitt etwa 19 Prozent mehr als ein gleichaltriger Ungelernter. Bis 2008 ist dieser Unterschied auf etwa 27 Prozent angewachsen. Die Rendite, die eine abgeschlossene Lehre bringt, ist also größer geworden. Bei Universitätsabsolventen betrug das Lohndifferenzial im Vergleich zur untersten Qualifikationskategorie zwischen Mitte der 1980er Jahre und Anfang der 1990er Jahre etwa 110 Prozent, d.h., Hochschulabsolventen erhielten in dieser Zeit das 2,1-Fache des Lohns eines Geringqualifizierten. Bis 2008 stieg dieser Aufschlag auf fast 160 Prozent. Personen in der höchsten Bildungskategorie verdienen somit aktuell im Mittel etwa das 2,6-Fache wie Personen der untersten Kategorie. Für Fachhochschulabsolventen ist das qualifikatorische Differenzial zwischen 1984 und 2008 von 94 auf 126 Prozent gestiegen (siehe *Tabelle 1*), für Personen mit Abitur und

Lehre von etwa 60 auf 88 Prozent. Auch die Kategorie »nur Abitur« sticht mit einer Zunahme von 44 auf 80 Prozent hervor.
Das Phänomen der steigenden Qualifikationsprämien ist in Deutschland also deutlich nachweisbar. Insbesondere ab Mitte der 1990er Jahre weitet sich die Schere zwischen den Bruttoverdiensten der Geringqualifizierten und denen der höher Qualifizierten immer mehr.

Tab. 1: Qualifikatorische Lohndifferenziale für 40-jährige vollzeitbeschäftigte Männer (Aufschlag auf dic Bruttoentgelte von Geringqualifizierten in Prozent)

	abgeschlossene Berufs-ausbildung	**nur Abitur**	**Lehre und Meister**	**Abitur und Lehre**	**Fach-hoch-schule**	**Univer-sität**
1984	18,96	43,63	36,90	60,42	93,58	112,63
2008	26,72	80,51	61,66	87,99	126,40	158,28
Veränderung	7,76	36,88	24,76	27,56	32,82	45,65

Quelle: IAB, eigene Berechnungen

3.4 Anstieg der Lohnungleichheit

Neben diesen Befunden zu den qualifikationsbedingten Lohnunterschieden ist darüber hinaus von Interesse, wie sich die allgemeine Ungleichheit der Verdienste in diesen 25 Jahren verändert hat. Traditionell erscheint Deutschland als ein Land mit einer vergleichsweise geringen Differenzierung der Löhne. Zwar sind in Ländern wie Schweden oder Norwegen die Lohnunterschiede noch weniger ausgeprägt, Deutschland weist aber für die 1980er Jahre eine deutlich geringere Lohnspreizung auf als etwa die USA oder Großbritannien. Besonders im Verlauf der 1990er Jahre, als in den beiden zuletzt genannten Ländern hohe Beschäftigungszuwächse in einfachen Dienstleistungsjobs zu beobachten waren, wurde in Deutschland ein unterentwickelter Niedriglohnsektor beklagt. Seit dieser Zeit haben sich die Dinge indes erheblich gewandelt. Deutschland liegt hinsichtlich der Zunahme der Lohnungleichheit an der Spitze der OECD-Länder. Bemerkenswert ist, dass die Vergrößerung der Lohnunterschiede nicht nur zwischen den Qualifikationsgruppen, sondern auch innerhalb der Gruppen festzustellen ist. Die Aufspreizung der Löhne geschieht dabei sowohl im unteren als auch im oberen Bereich der Lohnverteilung.

Als Maß für die Größe des Niedriglohnsektors kann der Anteil der Beschäftigten herangezogen werden, der unterhalb eines Schwellenwertes –

beispielsweise zwei Drittel des mittleren Verdienstes – liegt. *Abbildung 10* zeigt, dass die Niedriglohnbeschäftigung ab Mitte der 1980er Jahre bis etwa Mitte der 1990er Jahre leicht, dann aber deutlich stärker ansteigt. Nach dem hier gewählten Indikator waren – ausschließlich bezogen auf Westdeutschland – Mitte der 1980er Jahre etwa zwölf Prozent, 2008 aber bereits 19 Prozent der Beschäftigung im Niedriglohnbereich zuzuordnen. Bei den Männern in Westdeutschland ist ein Anstieg der Quote von knapp über fünf Prozent 1984 auf über 15 Prozent 2008 zu verzeichnen. Diese Entwicklung kontrastiert mit dem horizontalen Verlauf zwischen Mitte der 1970er und Mitte der 1980er Jahre.

Abb. 10: Entwicklung der relativen Größe der Niedriglohnbeschäftigung von 1975 bis 2008 in Prozent (nur Vollzeitbeschäftigte im Alter zwischen 25 und 55)

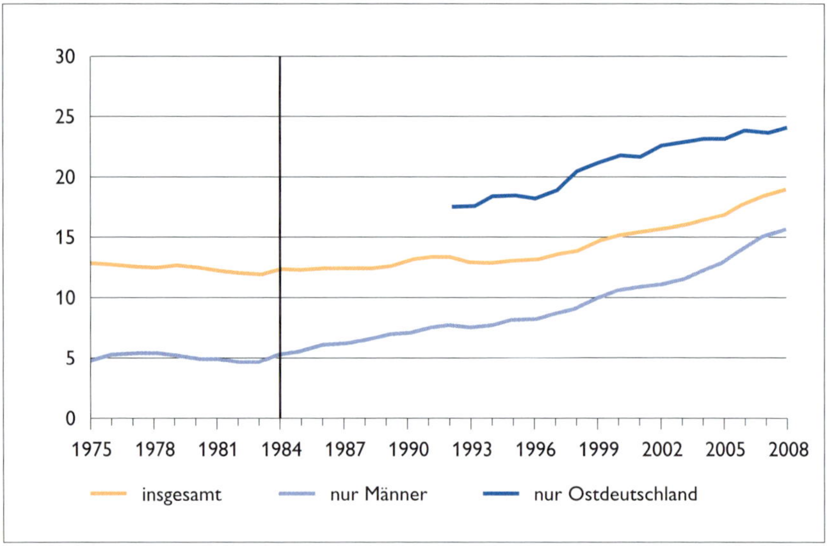

Anmerkungen: Die Niedriglohngrenze ist hier definiert als zwei Drittel des mittleren Lohnes (Medians); die vertikale Linie markiert die Änderung der Entgeltdefinition im Jahr 1984.
Quelle: SIAB (=Stichprobe der Integrierten Arbeitsmarktbiografien).

Weiteren Aufschluss über die Lohnungleichheit geben Indikatoren, die eine differenzierte Sicht auf die Ungleichheit im oberen und unteren Bereich der Verteilung erlauben. Man stelle sich vor, die Stichprobe bestehe aus

100 Personen, die sich nach ihren Verdiensten geordnet aufstellen. Die Verdienste einer Person am unteren Rand der Lohnhierarchie (z.B. an Position 20) oder am oberen Rand (z.B. an Position 80) können dann jeweils mit den Verdiensten der Person genau in der Mitte, also mit der Person an Position 50, verglichen werden. Position 20 entspricht in einer allgemeinen Verteilung dem 2. Dezil, Position 80 dem 8. Dezil und Position 50 dem Median oder 5. Dezil. Für die Berechnungen der Verteilungsmaße liegen dann auch nicht nur 100 Beobachtungen, sondern in der hier verwendeten SIAB-Stichprobe mehrere Hunderttausend Beobachtungen zugrunde.

Abb. 11: Lohnungleichheit im unteren (D5–D2) und oberen Bereich (D8–D5) der Verteilung von 1975 bis 2008 (Vollzeitbeschäftigte im Alter zwischen 25 und 55 in Westdeutschland)

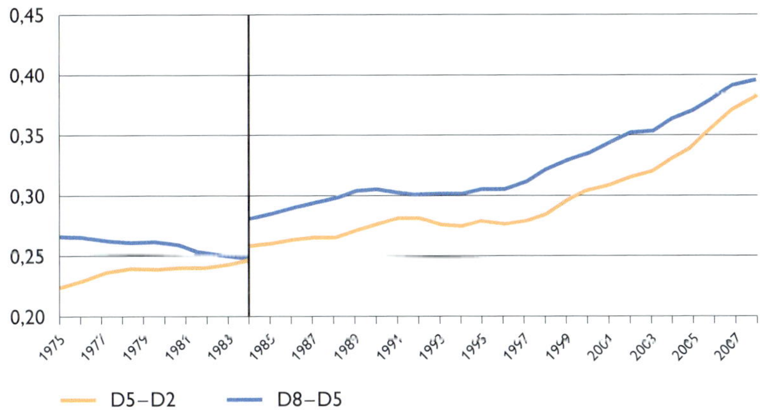

Anmerkungen: Vertikale Linie markiert den Strukturbruch 1984; ausgewiesen wird die Differenz der Logarithmen der jeweiligen Dezile.
Quelle: Eigene Berechnungen auf Basis von SIAB.

Abbildung 11 zeigt die berechneten Maße für die Lohnungleichheit im unteren (D5–D2) und im oberen Bereich (D8–D5). Beide Maße weisen ein ähnliches Verlaufsmuster auf. Nach einer Phase eines moderaten Anstiegs von Mitte der 1980er Jahre bis etwa zum Zeitpunkt der Wiedervereinigung folgt eine Phase der Stagnation, die bis etwa Mitte der 1990er Jahre andauert. Danach steigt die Lohnungleichheit bis ans Ende des Beobachtungszeitraums steil an.

Abb. 12: Index der Ungleichheit (1984 = 1) im unteren (D5–D2) und oberen Bereich (D8–D5) der Verteilung von 1984 bis 2008 (Vollzeitbeschäftigte zwischen 25 und 55 in Westdeutschland)

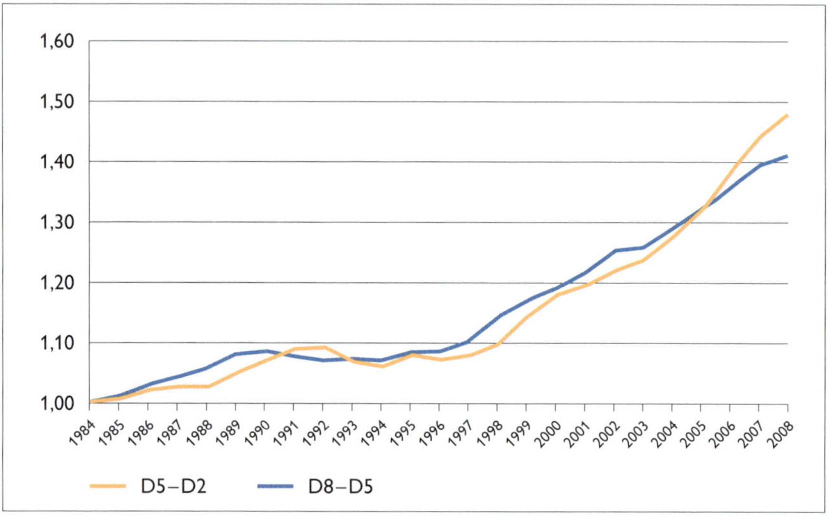

Quelle: Eigene Berechnungen auf Basis von SIAB

Abbildung 12 beschränkt sich auf den Zeitraum von 1984 bis 2008 und gibt einen Index der Ungleichheitsmaße im unteren und oberen Bereich der Verteilung wieder. Hier zeigt sich die starke Parallelität der Veränderung der Lohnungleichheit unterhalb und oberhalb des Medians. Nach 2005 ist allerdings die Ungleichheit im Niedriglohnbereich noch stärker gestiegen als weiter oben in der Lohnhierarchie. Aus der Darstellung geht hervor, dass unser Ungleichheitsmaß im unteren Bereich der Verteilung um fast 50 Prozent und im oberen Bereich um etwa 40 Prozent zugenommen hat. Diese Werte weisen auf eine erhebliche Vergrößerung der Lohnspreizung hin. Wie dies einzuschätzen ist, daran scheiden sich die Geister. Von den einen wird die höhere Lohnspreizung begrüßt, da sie mehr Leistungsanreize schafft und Personen mit niedriger Produktivität Zugangsmöglichkeiten zum Arbeitsmarkt eröffnet. Von den anderen wird dies bestritten. Sie empfinden höhere Ungleichheit als ungerecht und sehen Gefahren einer zunehmenden Spaltung der Gesellschaft, die auch den sozialen Frieden bedroht. Welcher Position man auch immer folgt, fest steht, dass sich Deutschland mit dieser Entwicklung an die Spitze eines international zu beobachtenden Trends hin zu mehr Lohnungleichheit gesetzt hat.

4 Trends der Wirtschaftsentwicklung

4.1 Internationaler Wettbewerb und Strukturwandel

Deutschland ist ein Hochtechnologie- und Hochlohnland. Aufgrund des internationalen Wettbewerbs, der sich im Zuge der Globalisierung noch verschärft hat, wird es darauf ankommen, sich weiterhin auf den Weltmärkten zu behaupten und durch Innovationen neue wirtschaftliche Potenziale zu erschließen. Das in Deutschland traditionell starke verarbeitende Gewerbe ist durch seine Exportorientierung eine wichtige Antriebskraft der wirtschaftlichen Entwicklung und findet gerade in den aufstrebenden Schwellenländern interessante Märkte – aber auch erstarkende Konkurrenten – vor.

Unabhängig davon kann mit einiger Sicherheit angenommen werden, dass die Beschäftigung im Dienstleistungsbereich absolut und relativ weiter zulegen wird. Bislang resultierte ein Teil des dortigen Zuwachses allerdings auch aus der Auslagerung produktionsnaher Dienstleistungen – z. B. Ingenieurbüros – aus Betrieben des verarbeitenden Gewerbes. Der Trend zur Dienstleistungsgesellschaft darf daher nicht vorschnell als Deindustrialisierung gedeutet werden. Vielmehr wird auch das künftige Verhältnis von Industrie und Dienstleistungen eher durch Komplementarität als durch Substitution gekennzeichnet sein.[9]

Technischer Fortschritt hat in Bezug auf die Beschäftigung einen Doppelcharakter. Entscheidend ist, ob der Fortschritt sich in Bereichen »alter« oder »neuer« Güter abspielt. Technologische Neuerungen führen nicht nur zu Produktivitätssteigerungen (sodass pro Einheit des Gutes weniger Arbeitskraft notwendig ist), sondern auch zu Preissenkungen. Märkte für »alte« Güter sind tendenziell gesättigte Märkte. Preissenkungen führen nur zu geringen Nachfrageimpulsen. Deshalb wird ein Fortschritt in der Produktionstechnologie unter dem Strich zu einem Verlust von Arbeitsplätzen führen. Bei »neuen« Gütern ist dies vollkommen anders. Preissenkungen aufgrund technischen Fortschritts lassen dort die Nachfrage überproportional anwachsen. Die Tatsache, dass für das einzelne Gut weniger Arbeitskraft erforderlich ist, wird dadurch mehr als kompensiert. Bei neuen Gütern ist der technische Fortschritt also ein Jobmotor. Die entscheidende Frage lautet deshalb, ob es gelingt, Innovation und technischen Fortschritt auch künftig im gleichen Ausmaß zu erhalten bzw. noch auszubauen. Wenn dies der Fall ist, ist zu erwarten, dass die Wertschöpfung im verarbeitenden Gewerbe auch in Zukunft überdurchschnittlich wächst.

4.2 Der Tasks-Ansatz

In jüngster Zeit wird in den USA die These vertreten, dass es vor allem die Natur der Tätigkeiten (*tasks*) ist, die künftig dafür verantwortlich zeichnet, wie sich die Nachfrage nach Arbeit verändern wird.[10] Dabei wird zum einen zwischen Routine und Interaktion und zum anderen zwischen manuellen und kognitiven Tätigkeiten unterschieden. Der Tasks-Ansatz geht davon aus, dass Routinetätigkeiten durch Rationalisierung besonders bedroht sind. Dies kann sich auf die Arbeitsmarktnachfrage bestimmter Qualifikationen auswirken. Die Tätigkeiten von Geringqualifizierten sind der These zufolge zwar stark durch manuelle Routine geprägt, umfassen aber auch interaktive manuelle Tätigkeiten. Insbesondere Tätigkeiten, die eine Auge-Hand-Koordination verlangen, sind nicht oder nur schwer rationalisierbar (z. B. die Bedienung in einem Restaurant oder der Pförtner in einem Betrieb). Für Personen im mittleren Qualifikationssegment (z. B. Buchhalter oder Bürofachkräfte) sind vielfach Tätigkeiten charakteristisch, die sich als kognitive Routine beschreiben lassen. Diese Tätigkeiten verlieren durch die Computerisierung der Arbeitswelt an Bedeutung, die entsprechenden Arbeitsplätze sind stark gefährdet. Personen der obersten Qualifikationsebene üben hingegen meist kreative oder kognitiv-interaktive Tätigkeiten aus, die gut gegen Rationalisierung geschützt sind.

Sollte diese Diagnose richtig sein, könnte es bedeuten, dass durch die technische Entwicklung die mittlere Qualifikationsebene unter Druck gerät: Deren Löhne und Beschäftigungschancen könnten tendenziell sinken, während sich die Bedingungen für Personen am unteren und oberen Rand der Qualifikationshierarchie günstiger darstellen. Dies würde bei der Lohn- und Beschäftigungsentwicklung zu einem u-förmigen Verlauf führen. Dieses Phänomen wird auch als Polarisierung bezeichnet. Eine solche Polarisierung ist für die USA für die Zeit seit Mitte der 1990er Jahre empirisch nachgewiesen. Dies bedeutet zugleich, dass die ökonomische Lage der Geringqualifizierten sich dort offenbar nicht weiter verschlechtert, sondern tendenziell sogar verbessert. Für Deutschland ist die empirische Evidenz nicht so eindeutig. Neue Studien[11] zeigen, dass sich in jüngster Zeit auch hierzulande ein u-förmiges Muster bei der Beschäftigungsentwicklung abzeichnet, jedoch nicht bei den Löhnen. Die Ausweitung der Lohnspreizung schreitet demnach weiter voran.

Ein weiterer Aspekt ergibt sich durch das Phänomen der Produktionsverlagerungen, d. h. des internationalen Outsourcing und Offshoring[12]. Die wissenschaftlichen Analysen hierzu stehen erst am Anfang.[13] Bei der Entscheidung, inwieweit eine Standortverlagerung stattfinden kann oder nicht, spielt beispielsweise eine wichtige Rolle, ob für das Ausüben der Tätigkeit persönliche Kontakte erforderlich sind, ob im Fall der Verlagerung hohe Transportkosten anfallen und ob die Leistung standardisierbar ist, sodass ihre Qualität gut kontrolliert werden kann.[14] Einen Zusammenhang zwischen der Möglichkeit zur Produktionsverlagerung und dem Qualifikationsniveau gibt es nicht zwangsläufig: Während die Bedienung im Restaurant, der Grundschullehrer und die Hausärztin gegen die Verlagerung ihrer Jobs weitgehend geschützt sind, müssen sowohl der Radiologe – die Auswertung eines Röntgenbildes ist nicht an einen Ort gebunden – wie auch die Arbeiterin am Fließband potenziell damit rechnen, dass ihr Arbeitsplatz irgendwann im Zuge von Verlagerungsaktivitäten zur Disposition stehen könnte. Welche Auswirkungen sich hieraus ergeben, ist noch unzureichend erforscht.

5 Arbeitsmarkt- und wirtschaftspolitische Konsequenzen

Längerfristige Projektionen des Arbeitskräftebedarfs auf der Basis eines makroökonomischen Modells[15] gehen davon aus, dass die Erwerbstätigkeit bei einem Trendwachstum des Bruttoinlandsprodukts von 1,7 % bis zur Mitte des laufenden Jahrzehnts noch um einige Hunderttausend Personen zulegen könnte. Danach würde eine Phase der Stagnation der Arbeitsnachfrage einsetzen, die zu Beginn des nächsten Jahrzehnts tendenziell in einen Rückgang des Arbeitskräftebedarfs münden könnte. Eine wichtige Rolle für dieses Kippen des prognostizierten Nachfragetrends spielt die demografische Entwicklung, denn eine rückläufige und alternde Bevölkerung sorgt für Engpässe am Arbeitsmarkt, die vermutlich mit Lohnsteigerungen einhergehen und damit weiteres Beschäftigungswachstum bremsen können. Engpässe sind insbesondere bei den (hoch) qualifizierten Beschäftigten zu erwarten. Auch wenn manche hoch qualifizierten Tätigkeiten durchaus nicht immun gegenüber einer Verlagerung in Niedriglohnländer sind, gilt doch grundsätzlich, dass ein höheres Bildungs- oder Ausbildungsniveau auch deshalb Vorteile bietet, weil es die Möglichkeit eröffnet, flexibler auf Veränderungen in der Arbeitswelt reagieren zu können. Für die oberen Qualifikationsebenen sind somit auch zukünftig kaum gravierende Beschäftigungsprobleme zu erwarten. Vielmehr wird sich der Wettbewerb um die besten Köpfe weiter verschärfen. Gerade vor dem Hintergrund der rückläufigen Erwerbsbevölkerung wird es also darauf ankommen, an der Spitze der Qualifikationspyramide neue Personalreserven für den Arbeitsmarkt zu erschließen. Gering qualifizierte Arbeitnehmer werden hingegen auf absehbare Zeit noch eine Problemgruppe am Arbeitsmarkt sein, auch wenn sich – wie im Tasks-Ansatz postuliert – die Nachfrage nach bestimmten einfachen Tätigkeiten zukünftig sogar erhöhen könnte. Bei diesem Personenkreis wird es darauf ankommen, die erkennbaren Tendenzen zur Prekarisierung so weit wie möglich durch eine Stabilisierung ihrer Beschäftigung und soziale Flankierung aufzufangen. Dabei besteht die Herausforderung solcher Maßnahmen darin, die Anreize richtig zu setzen und den für wettbewerbsschwache Personen ohnehin schwierigen Zugang zum Arbeitsmarkt nicht noch weiter zu verbauen. Maßnahmen könnten nicht zuletzt auch einen mit Augenmaß festgesetzten gesetzlichen Mindestlohn und Elemente eines Kombilohns umfassen, der die Verdienste von Personen mit niedriger Produktivität durch moderate staatliche Zuschüsse aufbessert. Beide Elemente sind aber unter Ökonomen durchaus umstritten. Empirisch gestützte Wirkungsanalysen müssen zeigen, wo die Möglichkeiten und Grenzen einer solchen Einflussnahme liegen.[16]

Für die Politik geht es angesichts der demografischen Entwicklung in der nahen Zukunft darum, alle gesellschaftlichen Kräfte zu bündeln, um die in Deutschland vorhandenen quantitativen und qualitativen Reserven des Arbeitskräftepotenzials nachhaltig zu erschließen. Dies gilt in erster Linie für bildungspolitische Anstrengungen, die längerfristiger Natur sind und den Arbeitsmarkt zunächst nur mittelbar betreffen. Erkenntnisse der Bildungsforschung legen nahe, dass der frühkindlichen Bildung und Betreuung ein höherer Stellenwert beizumessen ist als den später im Lebensverlauf angesiedelten korrigierenden Eingriffen, wie sie sich etwa im sogenannten Übergangssystem mit Maßnahmen wie dem Berufsvorbereitungsjahr finden.[17] Vor allem ein den gesamten Lebensverlauf in den Blick nehmendes, wo möglich auch präventives Bildungskonzept dürfte individuell wie gesellschaftlich die höchsten Erträge abwerfen. Vorrangig ist, den Anteil von Personen mit ungenügendem Schulabschluss oder ohne berufsqualifizierenden Abschluss zu verringern. Das Augenmerk ist also vor allem auf die Förderung bildungsschwacher Schichten sowie von Jugendlichen mit schlechter Arbeitsmarktperspektive zu lenken.

Lebenslanges Lernen ist zwar in Deutschland in aller Munde, nichtsdestoweniger gibt es gerade bei der Verbreitung von betrieblicher Weiterbildung noch deutliches Verbesserungspotenzial.[18] So steigen die betrieblichen Weiterbildungsaktivitäten mit der Betriebsgröße.[19] Eine niedrige Weiterbildungsbeteiligung zeigt sich bei Geringqualifizierten und Älteren.[20] Auch wenn die Verantwortung für die Weiterbildung in erster Linie bei Arbeitnehmern und Betrieben liegt, kann der Staat hier gezielte Hilfestellung leisten. Verbünde zur Verbesserung der strukturellen Rahmenbedingungen der Weiterbildung im Bereich kleiner und mittelgroßer Betriebe sowie Programme wie WeGebAU (Weiterbildung Geringqualifizierter und beschäftigter Älterer im Unternehmen) weisen in die richtige Richtung.[21] Zudem könnte durch eine stärkere Zertifizierung des teils unübersichtlichen Weiterbildungsmarkts ein wichtiger Beitrag zur Transparenz für alle Beteiligten geleistet werden.

Qualifizierung und Weiterbildung spielen auch für die nachhaltige Integration von Arbeitslosen eine entscheidende Rolle. Mit Blick auf die Beschäftigungsperspektiven von Arbeitslosen nach Weiterbildungsmaßnahmen kommen die vorliegenden Studien überwiegend zu positiven Ergebnissen. So weisen insbesondere betriebsnahe Trainingsmaßnahmen relativ gute Erfolgschancen auf.[22] Doch auch zeitaufwendigere Weiterbildungsmaßnahmen sind sinnvoll, wenn eine grundsätzliche berufliche Umorientierung nötig erscheint. Auch hier sollten Maßnahmen so weit wie möglich an den betrieblichen Bedarfen ausgerichtet werden. Obwohl sich die Beschäftigungschancen bei solchen Maßnahmen in der Regel erst nach einer etwas längeren Frist verbessern, scheint der positive Effekt deutlich größer und nachhaltiger zu sein als bei kürzeren Maßnahmen.

Ältere haben nicht nur Aufholbedarf in der betrieblichen Weiterbildung, sondern trotz einer positiven Entwicklung in den letzten zehn Jahren noch immer eine – gemessen an anderen Altersgruppen – relativ geringe Erwerbsbeteiligung.[23] Insbesondere bei rentennahen Altersgruppen über 60 Jahren, bei Frauen und bei Älteren mit einer niedrigen formalen Qualifikation besteht noch Potenzial. Mit Blick auf die Alterung und die Schrumpfung des Arbeitskräfteangebots schlummern hier wichtige Personalreserven, die von den Betrieben mittelfristig zur Deckung ihres Fachkräftebedarfs benötigt werden. Die Politik hat in den letzten Jahren einige richtige Weichen für eine längere Erwerbsbeteiligung gestellt. Hierzu gehört unter anderem die Entscheidung, frühzeitige Übergänge aus Erwerbstätigkeit in den Ruhestand nicht mehr über die Altersteilzeit zu fördern. Entscheidend dürfte aber sein, ob das betriebliche Arbeitsumfeld geeignet ist, die verlängerte Lebensarbeitszeit gesund und produktiv zu gestalten. Spezifische Maßnahmen der Beschäftigungsförderung Älterer sind in den Betrieben aber noch immer die Ausnahme.[24]

Weitere erhebliche Personalreserven bestehen bei der Beschäftigung von Frauen. Da sich ihre Erwerbsbeteiligung zuletzt deutlich erhöht hat, geht es vor allem um die Steigerung des Arbeitsvolumens. So ist Teilzeitarbeit noch immer eine Frauendomäne. Dabei zeigen jedoch aktuelle Erhebungen, dass ein nennenswerter Teil der teilzeitbeschäftigten Frauen gerne ihre Arbeitszeit verlängern würde.[25] Zwar unterstützt Teilzeitarbeit in einem gewissen Maß die Vereinbarkeit von Beruf und Familie – häufig fehlen jedoch die Möglichkeiten, etwas zugunsten einer Arbeitszeitausweitung ändern zu können. Insbesondere zusätzliche Angebote zur Ganztags- oder Nachmittagsbetreuung von Kindern könnten einen Beitrag dazu leisten, dass Frauen sich für längere Arbeitszeiten entscheiden. Dies gilt vor allem für Frauen mit geringen Einkommensperspektiven, bei denen hohe Kinderbetreuungskosten eine zusätzliche Barriere für die Aufnahme einer Erwerbstätigkeit darstellen. Auch bessere Wiedereinstiegsbedingungen, beispielsweise durch gezielte Bildungsangebote nach einer familienbedingten Erwerbspause, sind geeignet, die Erwerbsbeteiligung von Frauen weiter zu stärken und die vorhandenen Qualifikationen besser zu nutzen. Diese Politik sollte aber generell nicht nur auf Mütter zielen. Familiengerechte Arbeitsplätze, die mit mehr Zeitsouveränität für Beschäftigte mit Kinderbetreuungspflichten einhergehen, könnten in den Familien zu einer gleichmäßigeren Aufteilung von Familien- und Erwerbsarbeit beitragen.

Zu den bisher nur unzureichend ausgeschöpften Reserven gehören zudem Personen mit Migrationshintergrund.[26] Die schlechteren Arbeitsmarktchancen dieses Personenkreises haben viele Ursachen. Sie reichen von mangelnden Sprachkenntnissen, fehlenden Bildungsabschlüssen, nicht anerkannten ausländischen Qualifikationen bis hin zu Elementen der Diskriminierung. Vorliegende Forschungsbefunde weisen zwar auf die Notwendigkeit der Anerkennung ausländischer Qualifikation hin.[27] Dennoch dürfte selbst dann bis auf Weiteres noch keine faktische Anerkennung auf dem Arbeitsmarkt gewährleistet sein, weil für die Betriebe noch immer Qualitätsunsicherheiten gegeben sein können.[28] Hier wird es darum gehen, die vorhandene Intransparenz so weit wie möglich zu beseitigen und bei identifizierten Qualifikationslücken durch gezielte Weiterbildung wertvolle Fachkräftereserven für den Arbeitsmarkt zu erschließen.

Neben der Ausschöpfung bestehender Personalreserven ist die Gewinnung qualifizierter Arbeitnehmer aus dem Ausland ein weiterer Schritt zur nachhaltigen Entwicklung des Erwerbspersonenpotenzials. In den letzten Jahren kann nicht von einer bedarfsgerechten Zuwanderung die Rede sein, denn der positive Saldo aus Zu- und Fortzügen war nicht nennenswert. Zudem zeigt sich, dass die durchschnittliche Qualifikation der Zuwanderer nicht nur niedriger als die der einheimischen Bevölkerung ausfällt, sondern auch unterhalb des durchschnittlichen Niveaus in den Ursprungsländern liegt.[29] Insbesondere in Ländern, die wie die USA und vor allem Kanada die Zuwanderung nach Humankapitalkriterien steuern, ist das Qualifikationsniveau der ausländischen Bevölkerung genauso hoch oder höher als in der einheimischen Bevölkerung. Das gegenwärtige System der Steuerung der Zuwanderung in Deutschland wird solchen Anforderungen nicht gerecht. Hier könnte man durch eine gezielte Zuwanderungspolitik Abhilfe schaffen, die nicht auf spezifische Tätigkeitsprofile setzt, sondern sich am allgemeinen Ausbildungsniveau orientiert und damit langfristig ein breites Tätigkeitsspektrum ermöglicht. Einen Ansatzpunkt hierzu bieten sogenannte Punktesysteme, die Kriterien für die Auswahl von Zuwanderungsbewerbern festlegen. Diese könnte man an der längerfristigen Beschäftigungsfähigkeit potenzieller Zuwanderer orientieren. Dabei wird es nicht nur darum gehen, sehr hoch qualifizierte Arbeitskräfte für Deutschland zu gewinnen, sondern einen Mix aus Akademikern in den sogenannten MINT-Berufen (MINT = Mathematik, Informatik, Naturwissenschaft, Technik) und Gesundheitsberufen sowie qualifizierten Facharbeitern in Mangelberufen. Zudem ist darauf zu achten, dass gesteuerte Zuwanderung mit einer wirksamen Integrationspolitik verbunden wird, um sie positiv in der Gesellschaft zu verankern.

Die Folgen des demografischen Wandels für den Arbeitsmarkt sind weitreichend. Der Rückgang der Erwerbsbevölkerung ist nicht mehr aufzuhalten, gleichzeitig wird Deutschland die Arbeit nicht ausgehen. Dass dies automatisch zu einem Rückgang der Arbeitslosigkeit führt, ist jedoch alles andere als ausgemacht. Möglich ist auch, dass die demografische Entwicklung und ihre Folgen die Spaltung des Arbeitsmarkts verstärken. Zuletzt zeichnete sich ein Auseinanderdriften der Arbeitsmarktchancen von Geringqualifizierten und höher Qualifizierten ab. Um dieser Entwicklung entgegenzuwirken, ist ein breites Bündel an Maßnahmen notwendig. Beschäftigungsreserven, beispielsweise bei Frauen und Älteren, können noch mobilisiert werden. Gleichzeitig braucht es zusätzliche Arbeitskräfte durch eine gesteuerte Zuwanderung. Da der Arbeitsmarkt für Geringqualifizierte weiter schrumpfen und an Attraktivität verlieren wird, sind auf breiter Ebene neue Bildungsanstrengungen notwendig, um diese Gruppe ebenfalls am Arbeitsmarkt der Zukunft teilhaben zu lassen.

Anmerkungen

1 Vgl. Joachim Möller, The German labor market response in the world recession – De-mystifying a miracle, in: Zeitschrift für ArbeitsmarktForschung, 42 (2010) 4, S. 325–336; Martin Dietz/Michael Stops/Ulrich Walwei: Safeguarding jobs in times of crisis – Lessons from the German experience, International Institute for Labour Studies, Discussion Paper 207, 2011.

2 Vgl. Johann Fuchs u. a., Der Arbeitsmarkt bekommt konjunkturellen Rückenwind. IAB-Prognose 2013, in: IZA-Kurzbericht 6/2013, Nürnberg 2013 (http://doku.iab.de/kurzber/2013/kb0613.pdf).

3 Siehe auch den Beitrag von Steffen Kröhnert in diesem Band.

4 Vgl. Johann Fuchs/Katrin Dörfler, Projektion des Arbeitsangebots bis 2050: Demografische Effekte sind nicht mehr zu bremsen, IAB-Kurzbericht Nr. 11, 2005.

5 Vgl. Andrea Arlt/Martin Dietz/Ulrich Walwei, Besserung für Ältere am Arbeitsmarkt: Nicht alles ist Konjunktur, IAB-Kurzbericht Nr. 16, 2009.

6 Vgl. Gianmarco Ottaviano/Giovanni Peri, Rethinking the Effects of Immigration on Wages, NBER Working Paper 12497, 2006; Herbert Brücker/Elke Jahn, Migration and Wage Setting: Reassessing the Labor Market Effects of Migration, in: The Scandinavian Journal of Economics, 113 (2010) 2, S. 286–317.

7 Vgl. Paul Krugman, Past and prospective causes of high unemployment, in: Economic Review, Federal Reserve Bank of Kansas City, Issue Q IV, 1994, S. 23–43.

8 Vgl. Francine D. Blau/Lawrence M. Kahn, International Differences in Male Wage Inequality: Institutions versus Market Forces, Journal of Political Economy, 104 (1996) 4, S. 791–836; dies., At Home and Abroad – US Labor Market Performance in International Perspective, New York 2002.

9 Vgl. Johann Fuchs/Gerd Zika, Arbeitsmarktbilanz bis 2025: Demografie gibt die Richtung vor, IAB-Kurzbericht Nr. 12, 2010.

10 Vgl. z. B. David H. Autor/Frank Levy/Richard J. Murnane, The Skill Content of Recent Technological Change: An Empirical Investigation, in: Quarterly Journal of Economics, 118 (2003) 4, S. 1279–1333.

11 Vgl. Karsten Kohn/Dirk Antonczyk, The Aftermath of Reunification: Sectoral Transition, Gender, and Rising Wage Inequality in East Germany, IZA Discussion Paper No. 5708, 2011.

12 Outsourcing: Verlagerung von Teilen des Wertschöpfungsprozesses auf Zulieferer; Offshoring: Verlagerung von Teilen des Wertschöpfungsprozesses ins Ausland.

13 Für eine Übersicht vgl. Michael Pflüger u. a., Labor Market Effects of Trade and FDI – Recent Advances and Research Gaps, IZA Discussion Paper No. 5385, 2010.

14 Vgl. Alan S. Blinder, How Many U.S. Jobs Might be Offshorable?, CEPS Working Paper No. 142, 2007.

15 Vgl. J. Fuchs/G. Zika 2010 (Anm. 9).

16 Vgl. Joachim Möller/Marion König, Mindestlohneffekte des Entsendegesetzes? Eine Mikrodatenanalyse für die deutsche Bauwirtschaft, in: Zeitschrift für ArbeitsmarktForschung, 41 (2008) 2/3, S. 327–346.

17 Vgl. Martin Schlotter/Ludger Wößmann, Frühkindliche Bildung und spätere kognitive und nichtkognitive Fähigkeiten: deutsche und internationale Evidenz, in: Vierteljahrshefte zur Wirtschaftsforschung, 79 (2010) 3, S. 99–120.

18 Vgl. Ute Leber, Betriebsgröße, Qualifikationsstruktur und Weiterbildungsbeteiligung. Ergebnisse aus dem IAB-Betriebspanel, in: Zeitschrift für Berufs- und Wirtschaftspädagogik, Beiheft 22, 2009, S. 149–168.

19 Vgl. Jens Stegmaier, Effects of Workplace Representation on Firm-Provided Further Training, IAB Discussion Paper No. 14, 2010.

20 Vgl. Lutz Bellmann/Ute Leber, Weiterbildung für Ältere in KMU, in: Sozialer Fortschritt, 57 (2008) 2, S. 43–48.

21 Vgl. Margit Lott/Eugen Spitznagel, Präventive Arbeitsmarktpolitik: Impulse für die berufliche Weiterbildung im Betrieb, IAB-Kurzbericht Nr. 11, 2010.

22 Vgl. Eva Kopf/Joachim Wolff, Die Wirkung von Trainingsmaßnahmen für ALG-II-Bezieher: Auf den Inhalt kommt es an, IAB-Kurzbericht Nr. 23, 2009.

23 Vgl. A. Arlt u. a. (Anm. 5).

24 Vgl. Lutz Bellmann/Ernst Kistler/Jürgen Wahse, Demographischer Wandel: Betriebe müssen sich auf alternde Belegschaften einstellen, IAB-Kurzbericht Nr. 21, 2007.

25 Vgl. Susanne Wanger, Ungenutzte Potenziale in der Teilzeit: Viele Frauen würden gerne länger arbeiten, IAB-Kurzbericht Nr. 9, 2011; Werner Eichhorst/Paul Marx/Verena Tobsch, Familienfreundliche flexible Arbeitszeiten – ein Baustein zur Bewältigung des Fachkräftemangels. Gutachten im Auftrag des Bundesministeriums für Familie, Senioren, Frauen und Jugend, IZA Research Report No. 33, 2011.

26 Siehe auch den Beitrag von Holger Hinte in diesem Band.

27 Vgl. Daniela Hochfellner/Rüdiger Wapler, Licht und Schatten: Die Situation von Aussiedlern und Spätaussiedlern auf dem deutschen Arbeitsmarkt, in: IAB-Forum Nr. 2, 2010, S. 44–49.

28 Vgl. Bettina Englmann/Martina Müller, Brain Waste. Die Anerkennung von ausländischen Qualifikationen in Deutschland, Tür an Tür – Integrationsprojekte gGmbH – Teilprojekt »global competences«, Augsburg 2007, und Arnd-Michael Nohl u. a. (Hrsg.), Kulturelles Kapital in der Migration. Hochqualifizierte Einwanderer und Einwanderinnen auf dem Arbeitsmarkt, Wiesbaden 2010.

29 Vgl. Herbert Brücker/Sebastian Ringer, Ausländer in Deutschland: Vergleichsweise schlecht qualifiziert, IAB-Kurzbericht Nr. 1, 2008.

Hilmar Schneider

Reformpolitik und institutioneller Wandel: Neue Chancen für benachteiligte Gruppen auf dem Arbeitsmarkt?

Bis Mitte der 1990er Jahre wurde die Arbeitsmarktentwicklung in Deutschland von einer stetig wachsenden Erwerbsbevölkerung[1] begleitet, während die Zahl der sozialversicherungspflichtig Beschäftigten weitgehend stagnierte. Dennoch wäre es zu kurz gegriffen, das Bevölkerungswachstum als ausschlaggebende Ursache für den Anstieg der Arbeitslosigkeit ab Mitte der 1970er Jahre anzusehen. Bevölkerungswachstum generiert grundsätzlich auch zusätzliche Güternachfrage. Von daher war das Potenzial für eine gleichzeitig steigende Arbeitsnachfrage vorhanden. Dass es nicht genutzt werden konnte, hängt eher mit falschen Weichenstellungen in der Arbeitsmarkt- und Beschäftigungspolitik zusammen.

Über einen langen Zeitraum versuchte die Politik, den wachsenden Problemen am Arbeitsmarkt mit einer künstlichen Verknappung des Arbeitskräfteangebots zu begegnen, insbesondere in Form von faktischen Frühverrentungsanreizen. Auch im Zuge der Wiedervereinigung machte die Politik massiv von der Möglichkeit Gebrauch, den Arbeitsmarkt durch »Kurzarbeit Null« und eine massive Ausweitung von Arbeitsbeschaffungsmaßnahmen »zu entlasten«. Die Erkenntnis, dass die Prämierung des Ausstiegs aus dem Arbeitsmarkt nicht nur teuer war, sondern auch in erheblichem Umfang Wachstumspotenziale zerstört hat und somit alles andere als eine Entlastung für den Arbeitsmarkt darstellt, setzte sich erst allmählich durch und führte schließlich zu den bis heute umstrittenen Arbeitsmarktreformen in den Jahren 2003 bis 2005.

Die kommenden Jahrzehnte werden von einem massiven Bevölkerungsrückgang gekennzeichnet sein. Aber ebenso wenig wie der Bevölkerungsanstieg in der Vergangenheit ursächlich für die wachsende Arbeitslosigkeit verantwortlich war, wird der Bevölkerungsrückgang in der Zukunft automatisch dazu führen, dass sich die Arbeitslosigkeit in Luft auflöst. Zwar ist abzusehen, dass der Bevölkerungsrückgang zu einer starken Verknappung von Fachkräften führen wird, und ebenso leicht ist vorherzusehen, dass dies den Preis für qualifizierte Arbeit nach oben treiben wird. Für Menschen, die am Arbeitsmarkt bislang eher benachteiligt waren, werden sich neue Chancen eröffnen. Aber ob diese Chancen langfristig Bestand haben, hängt entscheidend davon ab, wie verantwortungsvoll Politik und Sozialpartner damit umgehen werden. Wenn die Verknappung von qualifizierter Arbeitskraft ein Ausmaß erreicht, das Unternehmen dazu zwingt, an kostengünstigere Standorte auszuweichen, kann aus der Verheißung schnell ein Albtraum werden. Nur wenn es gelingt, die Zahl der Jobs in Deutschland einigermaßen konstant zu halten, lässt sich der demografische Wandel bewältigen. Sollte dies nicht gelingen, droht eine gefährliche Abwärtsspirale. Weniger Beschäftigung bedeutet höhere Sozialabgaben für die verbleibenden Beitragszahler und damit steigende Arbeitskosten über das Maß hinaus, das durch die rein demografisch bedingte Verschlechterung der Relation von Beitragszahlern zu Leistungsberechtigten ohnehin schon zu erwarten ist. Der Verlust von Arbeitsplätzen wirkt somit selbstverstärkend. Damit stünde nicht nur die Basis für den Wohlstand der Erwerbsbevölkerung auf dem Spiel, sondern auch die Zukunft des Alterssicherungssystems.

Mit den Arbeitsmarktreformen und der schrittweisen Anhebung des gesetzlichen Renteneintrittsalters auf 67 Jahre sind wichtige Weichenstellungen vorgenommen worden, um den demografischen Herausforderungen wirksam begegnen zu können. Sie werden, für sich allein genommen, aber nicht ausreichen. Neben einer Beseitigung der Hürden für die Zuwanderung von Fachkräften gehören auch die institutionellen Hürden im Steuer- und Transfersystem auf den Prüfstand, die – wie auch die immer noch defizitären Angebote qualifizierter, flexibler Kinderbetreuung – einer Ausweitung der Frauenerwerbstätigkeit bisher massiv im Weg stehen. Auch eine Verlangerung der Wochenarbeitszeit darf letztlich kein Tabu sein.

Der demografische Wandel ist nicht per se ein Problem für den Arbeitsmarkt. Aber er kann es werden, wenn falsche institutionelle Weichenstellungen bestehen bleiben.

1 Woher wir kommen

Dass der deutsche Arbeitsmarkt bislang fast ungeschoren durch die weltweite Finanzmarktkrise ab 2008/2009 gekommen ist und in manchen Regionen schon von Vollbeschäftigung gesprochen werden kann, macht leicht vergessen, in welch desolater Verfassung sich dieser Arbeitsmarkt noch keine zehn Jahre zuvor befunden hat. Ab Mitte der 1970er Jahre war die Arbeitslosigkeit von Rezession zu Rezession angestiegen, ohne im jeweils darauffolgenden Aufschwung wieder auf das Ausgangsniveau zurückzukehren. In Ökonomenkreisen sprach man vornehm von einem schubweisen Anstieg der Sockelarbeitslosigkeit, was zwar nichts erklärt, das Phänomen aber dennoch recht anschaulich beschreibt.

Dieser Anstieg der Sockelarbeitslosigkeit vollzog sich in vier markanten Schritten: die erste Ölkrise Mitte der 1970er Jahre, die zweite Ölkrise Mitte der 1980er Jahre, die Globalisierungskrise zu Beginn der 1990er Jahre und schließlich die sogenannte Dotcom-Krise in den Jahren 2002/2003. In der ersten Ölkrise stieg die Arbeitslosigkeit in Westdeutschland erstmals nach dem Zweiten Weltkrieg wieder über die Grenze von einer Millionen. Mit der zweiten Ölkrise wurde auch die Grenze von zwei Millionen überschritten. Im wiedervereinigten Deutschland sorgte dann die Anfang der 1990er Jahre einsetzende Globalisierungskrise sogar für ein Überschreiten der Grenze von vier Millionen. Produktionsverlagerungen in großem Stil verursachten einen tief greifenden Strukturwandel, der sich in einem beschleunigten Abbau von Industriearbeitsplätzen niederschlug. Ihren traurigen Höhepunkt erreichte die Situation im Januar 2005. Im Zuge der Dotcom-Krise (ausgelöst durch das Platzen einer großen Spekulationsblase, die mit einem rasanten Scheinwachstum des Werts von Internetfirmen einherging) war die Arbeitslosigkeit der Grenze von fünf Millionen bereits bedenklich nahe gekommen. Den Rest erledigte eine – sachlich sehr gerechtfertigte – Umstellung der Statistik, die die Zahlen nochmals nach oben trieb (siehe *Abbildung 1*).

Dass zu diesem Zeitpunkt nichtsdestoweniger bereits die entscheidende Wende eingeleitet war, wollte damals kaum jemand glauben, vermutlich nicht einmal mehr derjenige, der sie politisch zu verantworten hatte. Gerhard Schröder kostete es jedenfalls die Bundeskanzlerschaft. Entnervt vom schwindenden Rückhalt in den eigenen Reihen für seine mutige Reformpolitik und den für die SPD sehr negativen Landtagswahlresultaten, stellte er sich im Jahr 2005 einer Vertrauensabstimmung im Deutschen Bundestag, die er prompt verlor. Die daraufhin vorgezogenen Neuwahlen führten zu einem Regierungswechsel, der die SPD zum schwächeren Partner innerhalb einer Großen Koalition mit der CDU/CSU schrumpfen ließ.

Im Jahr 2003 hatte die damalige rot-grüne Bundesregierung unter Führung von Bundeskanzler Gerhard Schröder damit begonnen, die Vorschläge der sogenannten Hartz-Kommission[2] umzusetzen. Sie erstreckten sich zunächst auf eine Organisationsreform der damaligen Bundesanstalt für Arbeit sowie eine Reform der zahlreichen arbeitsmarktpolitischen Instrumente wie berufliche Weiterbildung, Jobvermittlung, Einstellungsbeihilfen und Unterstützung bei der Existenzgründung. Große Erwartungen wurden zudem an die öffentlich geförderte Leiharbeit geknüpft. Zu diesem Zweck sollte jeder Arbeitsamtsbezirk mithilfe einer sogenannten Personal-Service-Agentur (PSA) tätig werden. Den PSA war die Rolle des Flaggschiffs der Arbeitsmarktreformen zugedacht. Zwar konnten sie die in sie gesetzten Erwartungen letztlich zu keinem Zeitpunkt erfüllen und gehörten deshalb zum Ersten, was von der Reform später wieder zurückgenommen wurde, aber im Großen und Ganzen kann die Reform der Instrumente durchaus respektable Erfolge für sich verbuchen.

Abb. 1: Entwicklung der Arbeitslosigkeit in Deutschland seit 1960 (in Millionen)

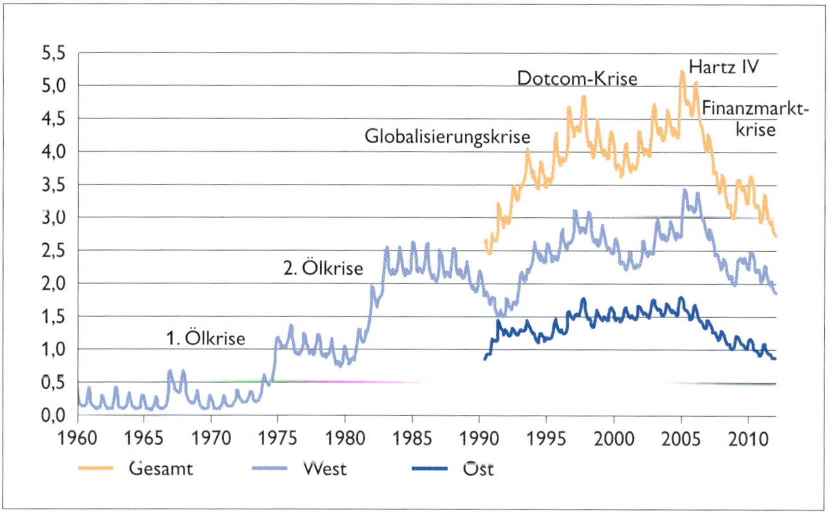

Quelle: Bundesagentur für Arbeit

Tatsächlich entscheidend für die Veränderung auf dem Arbeitsmarkt war jedoch etwas anderes: die Abschaffung der Arbeitslosenhilfe in Verbindung mit einer drastischen Verkürzung der maximalen Bezugsdauer für Arbeitslosengeld, die im Januar 2005 in Kraft trat. Diese Reform hat sich unter der wenig erhellenden Bezeichnung »Hartz IV« (die »IV« steht dabei für den vierten Komplex innerhalb des Pakets der Hartz-Reformen) in das kollektive Gedächtnis der Nation eingebrannt. Seither erhalten Langzeitarbeitslose nach dem Auslaufen des Anspruchs auf Arbeitslosengeld nicht mehr wie früher zunächst die höhere Arbeitslosenhilfe, sondern fallen sofort auf das niedrigere Niveau der Sozialhilfe zurück, falls sie über keine anderen Einkommensquellen mehr verfügen.

Aus erwerbsfähigen Sozialhilfebeziehern wurden nun Arbeitslose. Entsprechend wurde die Sozialhilfe für diese Gruppe in Arbeitslosengeld II umgetauft. Zwar waren erwerbsfähige Sozialhilfebezieher auch schon vorher gehalten, sich beim Arbeitsamt als Arbeit suchend zu melden, doch da damit kein unmittelbarer finanzieller Anreiz für sie verbunden war und sich viele der Betroffenen auch keine erfolgreiche Vermittlung davon versprachen, blieben sie in der amtlichen Statistik der registrierten Arbeitslosigkeit weitgehend unberücksichtigt. Mit der Umstellung auf Arbeitslosengeld II wurden die für die Sozialhilfe zuständigen Kommunen nun erstmals systematisch in die Erfassung der Arbeitslosigkeit einbezogen. Im Ergebnis stieg die Zahl der registrierten Arbeitslosen von Dezember 2004 bis zum Januar 2005 um etwa 500 000 Personen an. Politisch entwickelte sich das zu einem verheerenden Signal für die Schröder-Regierung, auch wenn es substanziell völlig ungerechtfertigt war. Die Zahlen signalisierten das Gegenteil dessen, was in der Folgezeit eintreten sollte.

Innerhalb weniger Jahre vollzog sich ein bis dahin beispielloser Rückgang der Arbeitslosigkeit. Begünstigt von der Weltkonjunktur erlebte Deutschland einen nicht mehr für möglich gehaltenen Aufschwung am Arbeitsmarkt. Erstmals seit einem halben Jahrhundert sank die Arbeitslosigkeit in einem Aufschwung wieder unter das Niveau vor der vorherigen Rezession. Was aber vielleicht noch viel erstaunlicher ist: Als Deutschland Ende 2008 von der weltweiten Finanzmarktkrise erfasst wurde, beeindruckte das den Arbeitsmarkt kaum. Während die Arbeitslosigkeit in vielen Ländern regelrecht emporschoss, legte die Erholung des Arbeitsmarktes in Deutschland lediglich nur eine kurze Pause ein. Inzwischen knüpft die Entwicklung wieder da an, wo sie vor der Finanzmarktkrise gestoppt wurde, wenn auch mit einem vermindertem Tempo. In Westdeutschland ist die Arbeitslosigkeit bereits unter das Niveau gesunken, das sie Mitte der 1980er Jahre erreicht hatte.

Der Rückgang der Arbeitslosigkeit erlaubte eine Absenkung des Beitragssatzes zur Arbeitslosenversicherung von 6,5% auf nunmehr 3,0%. Diese Senkung entspricht fast exakt der Halbierung der Arbeitslosigkeit, die im Bereich der Arbeitslosenversicherung tatsächlich erreicht wurde. Die Erholung auf dem Arbeitsmarkt wirkt somit im Prinzip selbstverstärkend, weil durch die damit einhergehende Senkung der Arbeitskosten für die Unternehmen (die ja ebenfalls von den Beitragssenkungen profitieren) eine zusätzliche Nachfrage nach Arbeitskraft ausgelöst wird.

Was hat dies alles mit den Arbeitsmarktreformen zu tun? Mit der Abschaffung der Arbeitslosenhilfe, der Verkürzung der Bezugsdauer von Arbeitslosengeld und der Einschränkung von Frühverrentungsmöglichkeiten hat der Druck auf Arbeitslose, sich möglichst rasch eine neue Stelle zu suchen, enorm zugenommen. Im Allgemeinen droht nun nach zwölf Monaten Arbeitslosigkeit die Sozialhilfeabhängigkeit. Sofern Vermögen vorhanden ist, muss dieses zunächst bis auf einen gewissen Selbstbehalt aufgebraucht werden, bevor überhaupt ein Anspruch auf Arbeitslosengeld II entsteht. Unter anderem dadurch hat sich die Konzessionsbereitschaft von Arbeitslosen bei der Stellensuche deutlich erhöht.[3] Dies schlägt sich auch darin nieder, dass das sogenannte Akzeptanzlohnniveau von Arbeitslosen seit Beginn der Hartz-Reform kontinuierlich zurückgegangen ist.

Heute ist man weit eher bereit, auch einen Arbeitsplatz zu übernehmen, der ein geringeres Einkommen vermittelt: Im Jahr 2001, also vor der Reform, nahm ein Arbeitsloser Untersuchungen zufolge am Anfang seiner Arbeitslosigkeit nur einen Job an, wenn das entsprechende Monatsgehalt im Durchschnitt um mindestens 70 Euro über dem des vorherigen Jobs lag. 2005 betrug das Plus nur noch 27 Euro. Nach zwölf Monaten nahm ein Arbeitsloser 2001 im Schnitt ein Minus von 77 Euro in Kauf, 2005 betrug das Minus bereits 186 Euro.[4]

Arbeitslose finden jedoch aufgrund dieser Verhaltensanreize nicht nur schneller zurück ins Erwerbsleben. Der drohende Abstieg auf »Hartz IV« sorgt dafür, dass die zerstörerische Wirkung langer Arbeitslosigkeit seltener zur Entfaltung kommt. Im Verlauf der Arbeitslosigkeit vollzieht sich für den Einzelnen unmerklich eine Entwöhnung von den Anforderungen des normalen Berufsalltags, die bis zu einem weitgehenden Verlust der Beschäftigungsfähigkeit führen kann. Arbeitslosigkeit wirkt selbstverstärkend. Der besondere Verdienst der Hartz-Reform besteht darin, die Betroffenen einer trügerischen Sicherheit entrissen zu haben.

Das Bemerkenswerte daran ist, dass die Wirkung selbst während der Finanzmarktkrise und der infolgedessen stark rückläufigen Zahl von offenen Stellen anhielt. Faktisch kam es auch in dieser Phase nicht zu einem erneuten Anstieg der Arbeitslosigkeit. Zwar existieren aktuell keine Untersuchungen zur Veränderung des Akzeptanzlohnniveaus während der Krise, doch das praktisch gleichbleibende Niveau der Arbeitslosigkeit lässt nur den Schluss zu, dass die Konzessionsbereitschaft von Arbeitslosen in dieser Phase weiter zugenommen hat und dass es den Betroffenen auf diese Weise gelungen ist, genauso rasch wie vor der Krise in die Beschäftigung zurückzukehren. Mit Unterstützungsansprüchen wie vor der Hartz-Reform hätten sie möglicherweise ähnlich wie in früheren Krisen in vermeintlicher Sicherheit abgewartet. So gesehen hat die Hartz-Reform eine wichtige Nagelprobe bestanden.

2 Schicksal Arbeitslosigkeit?

Zur Paradoxie des Erfolgs gehört jedoch, dass insbesondere Hartz IV in breiten Teilen der Bevölkerung verhasst ist. Die latente Drohung des sozialen Abstiegs lastet nicht nur auf den Arbeitslosen selbst, sondern auch auf denjenigen, die sich ihres Arbeitsplatzes nicht besonders sicher sind. Diese Drohung wird als Angriff auf den sozialen Frieden wahrgenommen. Hier offenbart sich das Dilemma der Politik. Gibt sie dem nachvollziehbaren Bedürfnis nach sozialer Absicherung nach, lassen sich leicht Wählerstimmen gewinnen. Zugleich aber erzeugt man das, was Ökonomen als »Moral Hazard« bezeichnen. Die Ausgestaltung der Sicherung verändert das Verhalten der Versicherten. Das ist immer dann ein Problem, wenn das zu versichernde Risiko in gewissem Umfang beeinflussbar ist. Dies ist bei Arbeitslosigkeit definitiv der Fall. Je großzügiger die Absicherung des Risikofalls, desto größer die Gefahr, dass der Risikofall aktiv herbeigeführt wird.

Genau dies war in der Vergangenheit das Problem. Die Arbeitslosenversicherung wurde von Beschäftigten und deren Unternehmen als faktisches Frühverrentungsinstrument genutzt. Das war möglich, weil eine maximale Bezugsdauer von 32 Monaten für ältere Arbeitslose in Verbindung mit einer zeitlich unbefristeten und nur unwesentlich geringeren Arbeitslosenhilfe einen relativ frühzeitigen Ausstieg aus dem Erwerbsleben ermöglichte. Schon mit vergleichsweise geringen Abfindungszahlungen konnten die Betroffenen dadurch ohne nennenswerte Abstriche beim laufenden Einkommen und bei den Rentenanwartschaften bereits mit Ende 50 den faktischen Ruhestand antreten. Im günstigsten Fall konnte der Ausstieg durch eine vorgeschaltete Phase in einer sogenannten Transfergesellschaft auch schon mit Mitte 50 erfolgen.

Es ist deshalb wenig verwunderlich, wenn Unternehmen von solchen Möglichkeiten rege Gebrauch machten. Insbesondere dann, wenn Restrukturierungsbedarf anstand, ließ sich dieser verhältnismäßig einvernehmlich mit den Belegschaften über die Entlassung von Älteren abwickeln, wenn auch auf Kosten eines unbeteiligten Dritten: der Solidargemeinschaft von Steuer- und Beitragszahlern. Das Ergebnis war, dass ältere Arbeitnehmer auf dem Arbeitsmarkt zu einer raren Spezies wurden. Allgemein setzte sich die Ansicht durch, dass man spätestens ab Mitte 50 keine Chance mehr auf dem Arbeitsmarkt habe.

Seit der Einführung von Hartz IV wird erkennbar, dass die Grenze, ab der das Alter ein Handicap auf dem Arbeitsmarkt darstellt, offenbar deutlich höher liegt, als bis dahin angenommen. Bis 2004 hatte sich die Erwerbstätigenquote der 55- bis 64-Jährigen in Deutschland stabil bei einem Wert von knapp 40 Prozent eingependelt. Seither ist sie durchschnittlich um drei Prozentpunkte pro Jahr gestiegen (siehe *Abbildung 2*). 2010 hatte sie unbeeindruckt von der Finanzmarktkrise bereits einen Wert von 58 Prozent erreicht. Inzwischen dürfte sie die 60-Prozent-Marke überschritten haben. Im internationalen Vergleich ist das zwar noch kein Spitzenwert, aber die Entwicklung ist weltweit zweifellos einmalig. Sie entkräftet nachhaltig den Haupteinwand gegen die 2007 beschlossene und seit 2012 wirksame allmähliche Anhebung des gesetzlichen Renteneintrittsalters auf 67 Jahre, wonach Ältere gar nicht genügend Beschäftigungschancen hätten und es sich deshalb bei der Rente mit 67 schlichtweg um eine Kürzung der Rentenansprüche handle.[5] Statt zu einer Rentenkürzung führt die verlängerte Erwerbsphase zu höheren Rentenansprüchen und stärkeren Rentensteigerungen, von einem höheren Einkommen während der verlängerten Erwerbsphase einmal ganz abgesehen.

Die Entwicklung der Erwerbstätigenquote der Älteren seit 2003 zeigt damit eindrucksvoll, welchen Einfluss institutionelle Rahmenbedingungen auf das Arbeitsmarktgeschehen haben können. Dass Ältere neuerdings länger erwerbstätig bleiben, hat im Übrigen keineswegs dazu geführt, dass es für

Abb. 2: Erwerbstätigenquote der 55- bis 64-Jährigen im internationalen Vergleich (in Prozent)

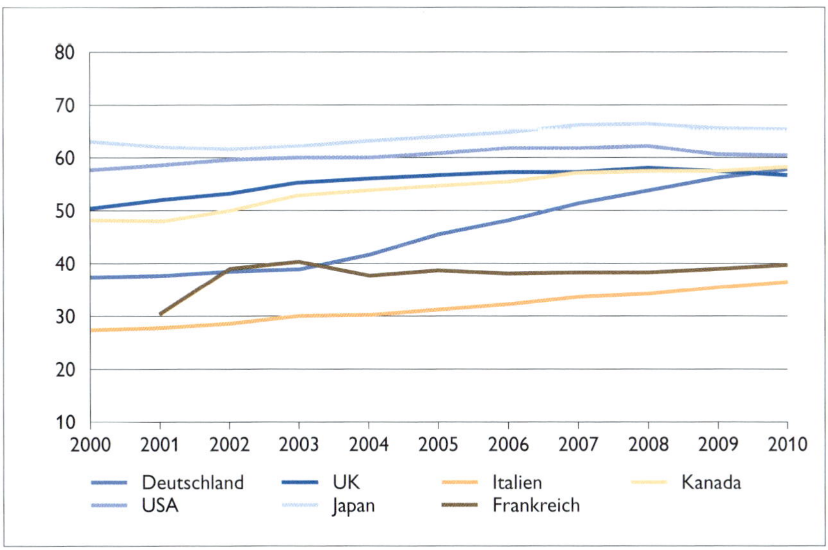

Quelle: OECD Employment Outlook 2011

Jüngere im Gegenzug schwieriger geworden wäre, Fuß zu fassen. Dieser vermeintliche Zusammenhang hatte in der Vergangenheit stets als Argument für die Einführung diverser Frühverrentungsprogramme herhalten müssen. So heißt es beispielsweise im 1996 verabschiedeten Altersteilzeitgesetz wörtlich: »Die Bundesagentur für Arbeit (Bundesagentur) fördert durch Leistungen nach diesem Gesetz die Teilzeitarbeit älterer Arbeitnehmer, die ihre Arbeitszeit ab Vollendung des 55. Lebensjahres spätestens ab 31. Dezember 2009 vermindern und damit die Einstellung eines sonst arbeitslosen Arbeitnehmers ermöglichen.«[6] Der gleiche Gedanke spiegelt sich offenbar im Allgemeinen Gleichbehandlungsgesetz wider, denn es sieht vor, dass eine Diskriminierung wegen Alters – gemeint ist hier vor allem die Zwangsverrentung bei Erreichen des gesetzlichen Renteneintrittsalters – zulässig sein kann, »um die berufliche Eingliederung von Jugendlichen [...] sicherzustellen.«[7]

Die Beschäftigungsentwicklung in einer Volkswirtschaft stellt jedoch kein Nullsummenspiel dar, die man vermeintlich nur durch Umverteilungsmaßnahmen steuern kann. So hat das gesamtwirtschaftliche Arbeitsstundenvolumen in Deutschland zwischen 2005 und 2010 trotz Finanzmarktkrise um 4,3% zugenommen. Da die Erwerbsbevölkerung im gleichen Zeitraum um zwei Prozent geschrumpft ist, hat das pro Kopf »verfügbare« Arbeitsvolumen sogar um 6,3% zugenommen. Dagegen hat die Politik der Arbeitszeitverkürzung vor allem in den 1980er Jahren keinen Beitrag zur Erhöhung der Beschäftigung leisten können, sondern in Wirklichkeit Erwerbseinkommenspotenziale vernichtet[8] – ein weiterer Beleg dafür, wie sehr es auf die richtigen institutionellen Rahmenbedingungen ankommt, damit Vollbeschäftigung ein realistisches Ziel bleibt.

In der Schaffung und Aufrechterhaltung solcher Rahmenbedingungen liegt die eigentliche Verantwortung der Politik. Dieser Verantwortung entsprach die 2005 gewählte große Regierungskoalition unter Bundeskanzlerin Angela Merkel durch weitgehende arbeitsmarktpolitische Enthaltsamkeit. Zwar gab sie dem öffentlichen Druck partiell nach und entschärfte die für ältere Arbeitslose auf 18 Monate verkürzte maximale Bezugsdauer von Arbeitslosengeld durch eine Verlängerung auf 24 Monate. In der Substanz änderte sich durch diese Anfang 2008 in Kraft getretene Erleichterung aber nur wenig an der prinzipiellen Abkehr von der faktischen Frühverrentung mithilfe der Arbeitslosenversicherung.

Die Ironie der Geschichte besteht darin, dass die CDU-Mehrheit in der Bundesregierung darauf verzichten musste, sich die bald nach dem Regierungswechsel deutlich sichtbar werdende Erholung auf dem Arbeitsmarkt auf ihre Fahnen zu schreiben, denn sie hatte nichts vorzuweisen, was sie als Ursache für den Erfolg für sich hätte reklamieren können. Die Sozialdemokraten, die es gekonnt hätten, unterließen es aus einem anderen Grund: Sie schämen sich bis heute für die Einschnitte in den Sozialstaat, die unter ihrer Verantwortung die Wende auf dem Arbeitsmarkt eingeleitet hatten.

Zwischen Januar 2005 und Januar 2008 ging die Arbeitslosigkeit um über zwei Millionen Personen zurück, so stark wie in keinem Aufschwung zuvor. Mit der Entwicklung der Weltkonjunktur allein ist dies nicht zu erklären, zumal Nachbarländer wie Frankreich, die der globalen Entwicklung ebenso ausgesetzt sind wie Deutschland, im gleichen Zeitraum weitaus weniger von der positiven Entwicklung des Welthandels profitierten. Es spricht deshalb vieles dafür, dass Binnenfaktoren eine ausschlaggebende Rolle für diese Entwicklung spielten.

Ohne dass dies beabsichtigt gewesen sein dürfte, hat die Abschaffung der bestehenden Frühverrentungsanreize zugleich den Kündigungsschutz gestärkt. Er verhindert zwar keine Entlassungen, treibt aber den Preis dafür nach oben. Das dürfte einer der Hauptgründe dafür sein, warum die von der Politik ermöglichte Ausweitung des Instruments der Kurzarbeit in der

Abb. 3: Lohnstückkosten im internationalen Vergleich (Index – Ausgangsjahr 2000 = 100)

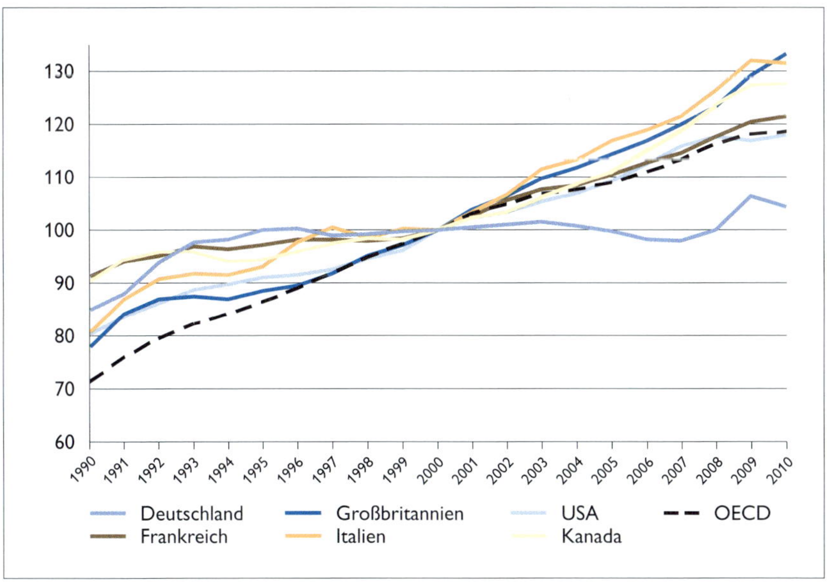

Quelle: OECD

jüngsten Krise so wichtig war. Ohne den massiven Einsatz der Kurzarbeit wären Unternehmen mutmaßlich zu für sie kostenträchtigen Massenentlassungen gezwungen gewesen, da eine billige Frühverrentungsoption nicht mehr zur Verfügung stand. Deutschland hat damit eine interessante Variante des sogenannten Flexicurity-Prinzips[9] entdeckt, die in dieser Form bislang nirgendwo sonst existiert.

Zu den Faktoren, die eine erfolgreiche Krisenbewältigung ermöglichten, gehört neben den Arbeitsmarktreformen die Lohnzurückhaltung der vergangenen Jahre. Die in deren Folge gestiegene Wettbewerbsfähigkeit deutscher Unternehmen schlägt sich unter anderem in einem deutlichen Vorteil bei den Lohnstückkosten nieder. Noch vor wenigen Jahren war Deutschland internationaler Spitzenreiter bei den Arbeitskosten. Während es jedoch hierzulande gelungen ist, die Lohnstückkosten seit über 10 Jahren praktisch konstant zu halten, sind die Lohnstückkosten in den wichtigsten Vergleichsländern deutlich gestiegen (siehe *Abbildung 3*).

3 Der Beitrag arbeitsmarktpolitischer Instrumente und ihre Erfolgsbewertung

Um Arbeitslose bei der Suche nach einer Stelle zu unterstützen, stehen den Arbeitsagenturen zahlreiche gesetzlich verankerte Instrumente zur Verfügung. Neben Trainingsmaßnahmen und der Förderung der beruflichen Weiterbildung gehören dazu Lohnkostenzuschüsse, die Einschaltung privater Vermittlungsdienstleister, die Förderung der Selbstständigkeit sowie öffentlich geförderte Beschäftigungsprogramme. Im Zuge der Hartz-Reform wurden viele dieser Instrumente umfangreichen Neuerungen unterzogen. Außerdem wurden die internen Ablaufprozesse in der Arbeitsvermittlung neu strukturiert. Die diesbezüglichen Veränderungen waren im Wesentlichen Gegenstand der Gesetzesinitiativen, die unter dem Etikett Hartz I-III zwischen 2003 und 2004 in Kraft traten.

Einem Entschließungsantrag des Deutschen Bundestags ist es zu verdanken, dass diese Reformelemente einer – jedenfalls in Deutschland – bis dahin beispiellosen wissenschaftlichen Erfolgsbewertung unterzogen wurden.[10] Dies war eine längst überfällige Entscheidung der Politik, denn bis dahin stand die Wirksamkeit vieler ungemein kostenträchtiger Arbeitsmarktprogramme dahin oder wurde naiv nur anhand von Teilnehmerzahlen »gemessen«. Dabei kann eine Politikmaßnahme, die nur wenige Menschen wieder in Arbeit bringt, sehr wohl weit sinnvoller sein als eine andere, die zwar rein quantitativ erfolgreicher zu sein scheint und im Zweifel auch weit mehr Steuermittel verschlingt, bei der aber nicht ausgeschlossen werden kann, dass die Teilnehmenden die Rückkehr in den Arbeitsmarkt auch ohne das Programm geschafft hätten. Gleichzeitig kann eine Maßnahme auch unerwünschte negative Begleitwirkungen entfalten, indem sie zwar den Teilnehmenden hilft, aber die Chancen anderer Gruppen auf dem Arbeitsmarkt verschlechtert.

Die von der Bundesregierung initiierte systematische Erfolgsanalyse auch durch unabhängige Forschungseinrichtungen stellt einen Quantensprung dar und hat die Weiterentwicklung von Arbeitsmarktmaßnahmen sehr maßgeblich beeinflusst. Inzwischen ist eine neue Initiative ohne entsprechende Begleitforschung und die Bereitstellung von Daten für die Wissenschaft kaum mehr vorstellbar – die Zielgenauigkeit der Arbeitsmarktpolitik hat davon insgesamt profitiert.

Die Arbeitsweise der Wissenschaft folgt modernsten Analyseverfahren, die überwiegend auf einem quasiexperimentellen Vergleichsgruppenansatz basieren. »Was wäre geschehen, hätte die betreffende Person nicht an der Maßnahme teilgenommen?«, lautet dabei die Ausgangsfrage. Die Teilnahme an einer arbeitsmarktpolitischen Maßnahme wird als Stimulus betrachtet, deren Effekt sich durch einen Vergleich mit Personen, die nicht an der Maßnahme teilgenommen haben, statistisch ermitteln lässt. Damit ein Vergleich zwischen Teilnehmenden und Nichtteilnehmenden aussagekräftig ist, dürfen sich beide Gruppen ansonsten nicht systematisch voneinander unterscheiden. Auf diese Weise lässt sich die statistische Differenz im Hinblick auf ein Erfolgskriterium wie beispielsweise die Beschäftigungswahrscheinlichkeit als Wirkung der jeweiligen Maßnahmen interpretieren.

Streng genommen handelt es sich bei dem so ermittelten Effekt allerdings nur um einen durchschnittlichen Effekt für das teilnehmende Individuum. Wenn beispielsweise eine Vermittlungsmaßnahme dazu führt, dass die Arbeitsuchenden, die daran teilgenommen haben, schneller eine neue Stelle finden als andere, heißt das noch nicht automatisch, dass dadurch die Beschäftigungswahrscheinlichkeit insgesamt steigt. Eine Maßnahme, die den Vermittlungsprozess bei den Teilnehmenden beschleunigt, kann bei konstanter Zahl der verfügbaren Stellen zur Folge haben, dass diejenigen, die nicht an einer solchen Maßnahme teilnehmen, plötzlich länger für die Stellensuche brauchen als in einer Situation, in der die Maßnahme nicht zur Anwendung kommt. In der Vergleichsgruppenanalyse zeigt sich zwar ein messbarer Vorteil der Maßnahmenteilnehmer gegenüber den Nichtteilnehmern, aber in dem Maß, in dem Substitutionseffekte eine Rolle spielen, können sich die Effekte in der Summe gegenseitig aufheben.

Mindestens so wichtig wie die Identifikation individueller Effekte ist daher die Ermittlung von Aggregateffekten, die in der Praxis allerdings ungleich schwieriger ist, weil dies nur auf der Aggregatebene möglich ist. Wenn beispielsweise eine Maßnahme mit 40 000 Teilnehmenden die individuelle Beschäftigungswahrscheinlichkeit um zehn Prozentpunkte erhöht, entspricht dies im Idealfall einem Plus von 4 000 Beschäftigten im Aggregat. Bezogen auf eine Gesamtzahl von 40 Millionen Erwerbstätigen resultiert daraus aber nur eine Erhöhung um 0,1 ‰, ein Effekt, der selbst in großen Stichproben unterhalb der statistischen Nachweisgrenze bleiben dürfte. Aggregateffekte lassen sich somit bestenfalls für sehr große Programme mit einem besonders starken Effekt nachweisen.[11]

Dennoch lässt sich als Ergebnis der bisher durchgeführten Evaluationen festhalten, dass die Modifizierung der arbeitsmarktpolitischen Instrumente durch die Hartz-Reformen in ihrer Gesamtheit zu einer Erhöhung der Dynamik auf dem Arbeitsmarkt beigetragen hat.[12] Beschränkt man sich auf die Messung des durchschnittlichen Effekts auf die Teilnehmenden, sind Eingliederungszuschüsse, betriebliche Trainingsmaßnahmen, berufliche Weiterbildung und die Förderung der Selbstständigkeit die Instrumente mit den stärksten positiven Effekten.[13] Insgesamt weniger gut schneiden im Gegensatz dazu private Vermittlungsdienstleistungen ab. Eine Ausnahme bildet lediglich die Gruppe der Arbeitsuchenden, die sich unter Ausnutzung eines behördlicherseits ausgestellten Vermittlungsgutscheins in Eigeninitiative einen privaten Vermittler ausgewählt hat – hier ist generell ein höherer Vermittlungserfolg feststellbar.[14] Nicht bewährt haben sich öffentlich geförderte Beschäftigungsmaßnahmen.[15] Sie kamen vor allem in den neuen Bundesländern nach der Wiedervereinigung in großem Stil zum Einsatz. Es stellte sich jedoch bald heraus, dass sie der Suche nach regulären Jobs eher im Weg standen. Inzwischen fristen sie nur noch ein Schattendasein im arbeitsmarktpolitischen Instrumentenkanon und kommen allenfalls noch bei besonderen Problemgruppen zum Einsatz.

Das Spannungsverhältnis zwischen Individualeffekt und Aggregateffekt tritt besonders bei den Eingliederungszuschüssen zutage. Nach den vorliegenden Evaluationsergebnissen ist die Beschäftigungswahrscheinlichkeit von Personen, deren Einstellung mit einem Eingliederungszuschuss gefördert wurde, drei Jahre nach Förderbeginn um bis zu 40 Prozentpunkte höher als bei ungeförderten Personen.[16] Zugleich geben Arbeitgeber in Befragungen offen zu, dass sie in 40–60 Prozent der Fälle die jeweils geförderte Person auch ohne Zuschuss eingestellt hätten. In der Praxis kommt es zudem nicht selten vor, dass einem Arbeitgeber von der Arbeitsagentur ein Eingliederungszuschuss gewährt wird, nachdem die Entscheidung über die Einstellung bereits getroffen wurde.[17] Dies legt nahe, dass bei diesem Instrument Mitnahmeeffekte eine große Rolle spielen. Ein Vergleich von Personen, die mit und ohne Eingliederungszuschuss eingestellt wurden, zeigt allerdings, dass die Geförderten im Durchschnitt länger beschäftigt sind. Der Effekt ist so stark, dass sich die Kosten der Förderung bereits innerhalb eines Zeitraums von dreieinhalb Jahren amortisiert haben.[18]

4 Die Rolle der Zeitarbeit

Neben der Reform der arbeitsmarktpolitischen Instrumente wurde im Zuge der Arbeitsmarktreformen auch die Zeitarbeit liberalisiert. Wesentliches Reformelement dürfte der Wegfall des sogenannten Synchronisationsverbots gewesen sein, der zum 1. Januar 2003 in Kraft trat. Bis dahin waren Zeitarbeitsfirmen gesetzlich gezwungen, ihre Mitarbeiter dauerhaft einzustellen, und zwar unabhängig davon, ob es Verleihmöglichkeiten für sie gab oder nicht. Zeitarbeitsfirmen mussten also das Risiko der Nichtverleihbarkeit in ihre Preise einkalkulieren. Zeitarbeit war entsprechend teuer und die Nachfrage demzufolge gering. Seitdem die Beschäftigungsdauer auf die absehbare Verleihdauer befristet werden kann, brauchen Zeitarbeitsfirmen das Verleihrisiko nicht mehr in diesem Maß zu berücksichtigen. Die Preise für Zeitarbeit sind folglich erheblich gesunken und zugleich ist, wenig verwunderlich, deren Inanspruchnahme deutlich gestiegen (siehe *Abbildung 4*).

Für den Boom der Zeitarbeit dürfte aber auch die bereits geschilderte Abschaffung der Frühverrentungsanreize maßgeblich sein. Sie hat indirekt zudem dafür gesorgt, dass der gesetzlich verankerte Kündigungsschutz erheblich erstarkt ist. Solange es den Unternehmen möglich war, Frühverrentungsmöglichkeiten als Instrument bei Umstrukturierungsbedarf zu nutzen, wurde es ihnen leicht gemacht, den Betroffenen ihren Kündigungsschutz zulasten der Solidargemeinschaft »abzukaufen«. Mit dem Wegfall dieser Möglichkeit sind Firmen erstmals in vollem Umfang mit der Strenge des Kündigungsschutzes konfrontiert. Damit sinkt tendenziell die Einstellungsbereitschaft, weil das Kostenrisiko einer Entlassung steigt. Gleichzeitig steigt aber damit auch der Bedarf nach flexiblen Beschäftigungsformen.

Abb. 4: Entwicklung der Zeitarbeit (Personen)

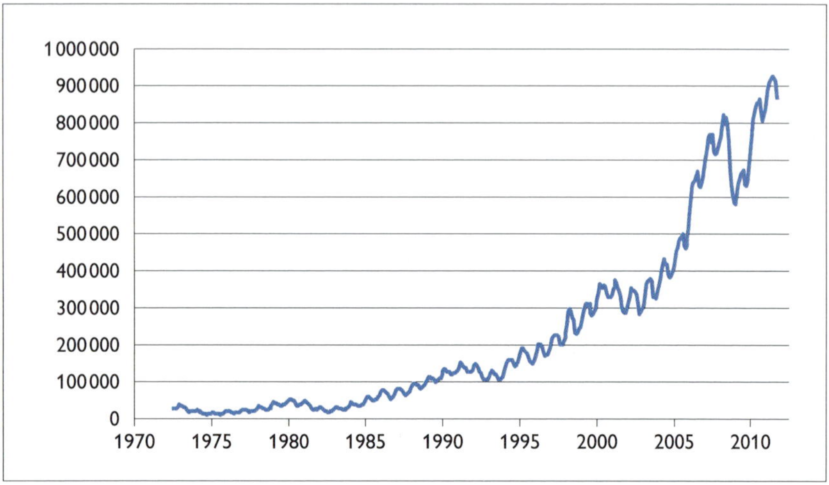

Quelle: Bundesagentur für Arbeit

Der dadurch insgesamt ausgelöste Bedeutungszuwachs der Zeitarbeit hat zweifellos bei Arbeitnehmern und Gewerkschaften für Verunsicherung gesorgt. So hatte die Zeitarbeit beispielsweise im Jahr 2006 einen Bestandszuwachs um 132000 Beschäftigte, was drei Viertel des seinerzeitigen gesamtwirtschaftlichen Beschäftigungszuwachses entsprach. Inzwischen haben sich die Zuwachsraten aber deutlich verlangsamt, ganz zu schweigen von dem deutlich überproportionalen Rückgang der Beschäftigung im Krisenjahr 2009, was den Charakter der Zeitarbeit als Krisenpuffer unterstreicht. Durch die Reformen scheint ein neuer Gleichgewichtspunkt ausgelöst worden zu sein, dem sich die Branche allmählich nähert.

Die immer wieder vorgetragene Befürchtung, dass durch Zeitarbeit reguläre Beschäftigung verdrängt wird, ist – abgesehen von spektakulären Einzelfällen – bislang kaum belegt. Jedenfalls taugen weder hohe Zuwachsraten noch ein hoher Anteil am Beschäftigungswachstum als Beweis für Verdrängung. Auch die Tatsache, dass jede siebte Neueinstellung in der Zeitarbeit erfolgt, erweist sich bei Licht besehen als eher harmloses Faktum.[19] Zeitarbeit kommt typischerweise dort zum Einsatz, wo kurzfristige Auslastungsschwankungen oder ein vorübergehender Personalausfall abgefangen werden müssen. Deswegen liegt die durchschnittliche Beschäftigungsdauer in der Leiharbeit bei knapp neun Monaten, während sie über alle anderen Beschäftigungsverhältnisse hinweg im Durchschnitt

50 Monate beträgt.[20] Statistisch betrachtet, ersetzt ein Leiharbeitnehmer folglich nur ein Sechstel einer »normalen« Einstellung. Wenn jede siebte Neueinstellung nur ein Sechstel einer »normalen« Einstellung wiegt, dann liegt der wahre Anteil der Zeitarbeit bei den Neueinstellungen nicht etwa bei einem Siebtel, sondern bei einem Zweiundvierzigstel, also gerade einmal bei 2,5%. Das entspricht dann auch in etwa dem Anteil der Zeitarbeit am Gesamtbestand der Beschäftigung. Von der Verdrängungsthese bleibt damit nicht mehr viel übrig.

Eine alternative Erklärungsmöglichkeit geht in der vorherrschenden Verdrängungsrhetorik meist völlig unter. Es könnte durchaus sein, dass die Liberalisierung der Zeitarbeit ein zusätzliches Segment für Beschäftigung erschlossen hat, das andernfalls nicht existieren würde. Dafür spricht, dass von den 7,5 Millionen Stellen, die im Jahr 2010 insgesamt neu besetzt wurden, gut ein Drittel (2,65 Millionen) von zuvor Arbeitslosen besetzt wurde. Von den 1,1 Millionen neu besetzten Zeitarbeitsstellen wurden hingegen zwei Drittel von zuvor Arbeitslosen oder Nichterwerbstätigen besetzt.[21] Dies ist immerhin ein starkes Indiz dafür, dass Zeitarbeit ein wichtiges Sprungbrett bei der Rückkehr von Arbeitslosen in den Arbeitsmarkt darstellt. Belastbare Studien, die sich der Rolle von Zeitarbeit im Hinblick auf Verdrängung oder Wachstum in kausaler Hinsicht widmen, liegen für Deutschland bislang allerdings nicht vor.

Die gegenwärtigen Bestrebungen von Politik und Gewerkschaften zur Eindämmung der Zeitarbeit bergen die Gefahr, den Betroffenen einen Bärendienst zu erweisen. Die Durchsetzung des Equal-Pay-Prinzips und die Einführung eines gesetzlichen Mindestlohns würden dafür sorgen, dass Zeitarbeit für Unternehmen unattraktiv wird. Durch die einseitige Blickverengung auf ein höheres Einkommen für die beschäftigten Zeitarbeitnehmer werden die wesentlich drastischeren Einkommenseinbußen für entlassene oder gar nicht erst eingestellte Zeitarbeitnehmer übersehen. Ähnlich wie in der Mindestlohndebatte wird hier mit der Suggestion gearbeitet, dass die einzige Alternative zu einem schlecht bezahlten Job in der Zeitarbeit in einer politisch verfügten besseren Bezahlung bestünde. Dass Unternehmen in diesem Fall auch von der Möglichkeit Gebrauch machen können, auf den Einsatz von Zeitarbeit zu verzichten, wird zulasten der Betroffenen schlicht ignoriert.

5 Achillesferse Grundsicherung

Auch wenn der Rückgang der Arbeitslosigkeit seit den Arbeitsmarktreformen als Erfolgsgeschichte gewertet werden kann, ist doch nicht zu verhehlen, dass sich dieser Erfolg bei den Beziehern von Leistungen der Grundsicherung (Arbeitslosengeld II) bislang nicht in gleicher Weise eingestellt hat wie für die übrigen Arbeitslosen. Deren Zahl ist seit 2005 nur vergleichsweise schwach zurückgegangen, während sich die Zahl der Bezieher von Arbeitslosengeld praktisch halbiert hat (siehe *Abbildung 5*).

Abb. 5: Arbeitslosigkeit nach Rechtskreisen (in Tausend)

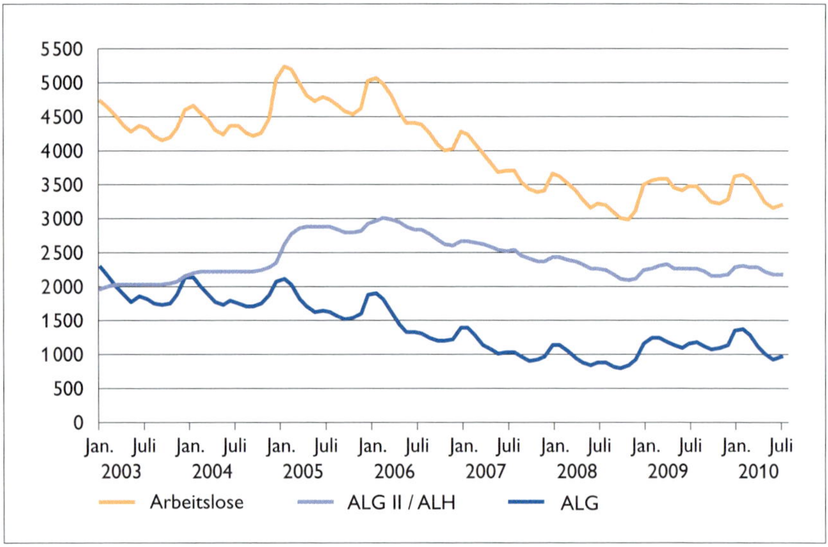

Quelle: Bundesagentur für Arbeit

Eine wesentliche Ursache für die divergente Entwicklung beruht auf der Tatsache, dass es sich bei Beziehern von Arbeitslosengeld II oftmals um Personen mit starken Vermittlungshemmnissen handelt. Zum einen spielt hier fehlende Qualifikation eine Rolle, zum anderen findet sich darunter ein überdurchschnittlich hoher Anteil von Alleinerziehenden.[22] Naturgemäß ist auch der Anteil von Langzeitarbeitslosen unter den Beziehern von Arbeitslosengeld II höher als unter den Beziehern von Arbeitslosengeld. Typischerweise handelt es sich um einen Personenkreis, der am Markt nur relativ geringe Löhne durchsetzen kann. Deswegen ist auch der monetäre

Anreiz für die Betroffenen gering, ihre Einstellungschancen durch Lohnzugeständnisse zu verbessern, weil sie damit kaum mehr oder gar weniger Einkommen erzielen würden, als ihnen durch das Arbeitslosengeld II ohnehin zusteht.

Hier spielt die Grundsicherung in Form von Arbeitslosengeld II und der Übernahme der Kosten der Unterkunft eine wichtige Rolle. In der bestehenden Form erzeugt das Sicherungssystem, das Menschen davor schützen soll, nicht unter einen gesellschaftlichen Mindesteinkommensstandard abzusinken, zugleich eine Abhängigkeit von entsprechenden Sozialtransfers. Was das im Fall der Grundsicherung bedeutet, lässt sich an einem einfachen Beispiel illustrieren (siehe *Abbildung 6*).

Abb. 6: Erwerbsanreize der Grundsicherung am Beispiel eines Alleinlebenden

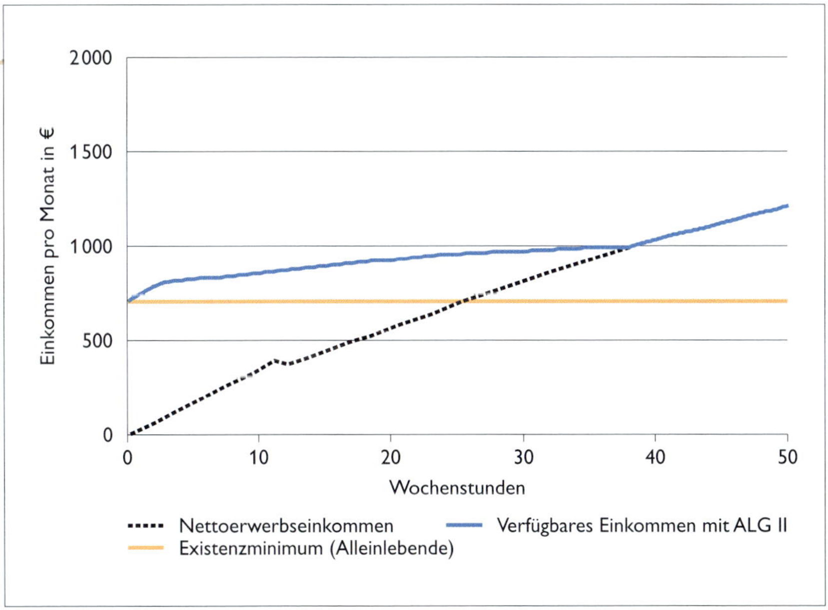

Anmerkung: Angenommener Bruttostundenlohn acht Euro

Quelle: Eigene Berechnungen

Der durchschnittliche Unterstützungsanspruch in der Grundsicherung (Regelsatz plus Kosten der Unterkunft) liegt für einen Alleinlebenden derzeit bei knapp 700 Euro pro Monat.[23] Dies entspricht in etwa dem Nettoeinkommen aus einer Vollzeittätigkeit mit 40 Wochenstunden und einem Bruttostundenlohn von fünf Euro und ist in der Grafik als horizontale Linie dargestellt. Damit ist keineswegs gesagt, dass es für jemanden, der auf Arbeitslosengeld II angewiesen ist, hinreichend attraktiv wäre, zu einem Bruttostundenlohn von sechs oder sieben Euro zu arbeiten. Da das Erwerbseinkommen nahezu vollständig auf den Unterstützungsanspruch angerechnet wird, führt eine entsprechende Tätigkeit im unteren Lohnbereich praktisch kaum zu einer Verbesserung des verfügbaren Einkommens. In der Abbildung ist dargestellt, wie sich dies bei einem angenommenen Stundenlohn von acht Euro in Abhängigkeit von der Wochenarbeitszeit auf das verfügbare Einkommen auswirkt. Selbst bei einem Bruttostundenlohn von acht Euro erbringt eine Vollzeitbeschäftigung für einen Alleinstehenden am Ende des Monats bei einem Bruttolohn von ca. 1300 Euro nur etwa 320 Euro netto mehr ein als das Arbeitslosengeld II.[24] Gemessen an den Anstrengungen für etwa 160 Stunden Arbeit im Monat entspricht das einem effektiven Stundenlohn von zwei Euro. Selbst wenn jemand bereit ist, dafür die Umstände in Kauf zu nehmen, die mit einer entsprechenden Tätigkeit verbunden sind, dürfte ein derart niedriger Effektivlohn von vielen Menschen als Verletzung ihrer Würde empfunden werden. So argumentieren zumindest die Befürworter eines gesetzlichen Mindestlohns in Deutschland.[25] Wie viel mehr eine Person verdienen muss, damit sich das finanziell für sie lohnt, ist zweifellos individuell verschieden. Auf der Basis von Schätzungen, die auf einem Nutzenmaximierungsmodell basieren, dürfte die Größenordnung tendenziell etwa beim Zweifachen des Grundsicherungseinkommens liegen.[26]

Da der entsprechende Stundenlohn für die Betroffenen häufig nicht erreichbar ist, greifen sie zu Ausweichlösungen. Eine dieser Ausweichlösungen besteht in Schwarzarbeit. Eine andere besteht in der Ausübung eines steuer- und abgabenfreien »Minijobs« bis zu einer Einkommensgrenze von 400 Euro, was unmittelbar nachvollziehbar wird, wenn man die entsprechenden Verhältnisse von Aufwand und Ertrag vergleicht. Die Ausübung der geschilderten Tätigkeit im Rahmen eines Minijobs führt mit einer Wochenarbeitszeit von elfeinhalb Stunden schon auf ein verfügbares Einkommen von 854 Euro im Monat[27] und damit immerhin auf einen Betrag, der um 160 Euro über dem Einkommen liegt, das einem Alleinlebenden auch ohne Arbeit zusteht. Der entsprechende effektive Stundenlohn beliefe sich dann immerhin auf 3,20 Euro. Der Wechsel von einem Minijob auf eine Vollzeitstelle ist demgegenüber eher unattraktiv. Um am Ende des Monats weitere 160 Euro mehr in der Tasche zu haben als im Minijob, müsste jemand über 120 Stunden im Monat zusätzlich arbeiten und das zu einem effektiven Stundenlohn von 1,35 Euro.

Dass sich Bezieher von Leistungen der Grundsicherung unter den gegebenen Umständen dauerhaft mit einem oder mehreren Minijobs arrangieren, darf daher als ökonomisch durchaus rational betrachtet werden. Es gibt in Deutschland derzeit etwa 1,4 Millionen sogenannter Aufstocker, die als Bezieher von Arbeitslosengeld II gleichzeitig einer Erwerbstätigkeit nachgehen.[28] Die weitaus meisten von ihnen arbeiten maximal bis zur 400-Euro-Grenze, also genau in dem Rahmen, der sich finanziell noch halbwegs lohnt. Sie würden zweifellos gern einer Vollzeittätigkeit nachgehen, aber die Löhne, zu denen sich Vollzeitarbeit für sie lohnen würde, erreichen sie nicht, und die Löhne, die sie erzielen könnten, empfinden sie unter den gegebenen Umständen zu Recht als Zumutung.

Im Ergebnis hätten die meisten Menschen durchaus die Möglichkeit, ihre Existenz aus eigener Kraft zu sichern, aber das soziale Sicherungssystem hindert sie daran, dies auch zu tun. Statt die Menschen vor der Bedürftigkeit zu schützen, erzeugt der Sozialstaat die Abhängigkeit von Transfers.

Als Ausweg werden von der Politik sowohl Mindestlöhne als auch eine großzügigere Ausgestaltung der Hinzuverdienstmöglichkeiten in der Grundsicherung thematisiert. Beide Konzepte dürften jedoch nicht zum Ziel führen. Mindestlöhne kranken daran, dass der Mindesteinkommensanspruch nur denjenigen zugutekommt, die durch die damit verbundene Erhöhung der Arbeitskosten nicht ihren Job verlieren. Arbeitgeber können zwar gesetzlich dazu gezwungen werden, einen Mindestlohn zu zahlen, nicht aber dazu, Stellen anzubieten, die sich wirtschaftlich nicht rechnen. Das Ergebnis einer Mindestlohnregelung kann also darin bestehen, dass der Schaden für diejenigen, die deswegen keine Anstellung mehr finden, größer ist als der Nutzen für diejenigen, deren Einkommen dadurch steigt.

Als Alternative dazu gilt eine großzügigere Ausgestaltung der Hinzuverdienstmöglichkeiten in der Grundsicherung. Dies entspricht der Idee von Kombilohnkonzepten.[29] Damit die Aufnahme einer Erwerbstätigkeit attraktiver wird, soll die Anrechnung von Erwerbseinkommen auf den Grundsicherungsanspruch reduziert werden. Der Nachteil besteht darin, dass diese Modelle entweder wirkungslos oder unfinanzierbar oder gar beides sind. Es muss schließlich eine Grenze geben, an der die Subvention von Niedriglohntätigkeiten ausläuft. Je höher aber diese Grenze festgelegt ist, desto mehr Menschen erlangen einen Subventionsanspruch und desto höher ist das Volumen von Mitnahmeeffekten. Die Beschäftigungseffekte sind zwar in der Tat umso größer, je höher die Subventionsgrenze angesetzt wird, aber in allen bislang konzipierten Modellen läuft der Kosteneffekt durch Mitnahme dem Einnahmeeffekt durch mehr Beschäftigung hoffnungslos davon. Abgesehen davon, erzeugen die Modelle einen mehr oder weniger ausgeprägten Teilzeitanreiz, denn auch durch die Reduzierung der eigenen Arbeitszeit kann man theoretisch zum Kombilohnberechtigten werden. Auch und vor allem dieser Anreiz ist in einer Zeit demografisch bedingt verringerter Ressourcen an menschlicher Arbeit denkbar fehl am Platz.

Eine wirksame Alternative besteht darin, den Bezug von Sozialleistungen an eine Pflicht zur Gegenleistung in Form von Arbeit im weitesten Sinn zu koppeln.[30] Das bedeutet, dass Sozialleistungen gleichsam verdient werden müssen. Dieses auch als »Workfare« bekannte Prinzip schafft starke Anreize zur Ausübung gering entlohnter Tätigkeiten für Menschen, deren Qualifikation nicht ausreicht, um am Markt einen hinreichend hohen Stundenlohn zu erzielen.[31]

Workfare kommt ohne Abstriche beim Niveau der Grundsicherung aus und sorgt für Einkommen oberhalb der Grundsicherung. Wer mit einfacher Arbeit mehr verdienen kann als in der Grundsicherung, hat allen Anreiz, dies zu tun. Dass dies zu einer Ausweitung der Niedriglohnbeschäftigung führen dürfte, mag als Problem angesehen werden. Dennoch kann die heute zu beobachtende Alternative, die in der Arbeitslosigkeit bei noch niedrigerem Einkommen besteht, nicht ernsthaft als überlegen angesehen werden.

Damit das Prinzip von Leistung und Gegenleistung funktionieren kann, darf es nicht mit Kombilohnelementen verknüpft werden, die subventionierte Teilzeitarbeit attraktiver machen als unsubventionierte Vollzeitarbeit. Workfare schafft ohne zusätzlichen Subventionsbedarf den größtmöglichen Anreiz zur Ausübung einer Vollzeitarbeit im ersten Arbeitsmarkt.

Workfare macht aus Leistungsbeziehern Steuer- und Beitragszahler, sorgt somit auch für eine Entlastung der öffentlichen Haushalte und schafft Spielraum für Zukunftsinvestitionen. Ein willkommener Nebeneffekt von Workfare besteht in einem Beitrag zur Bekämpfung der Schwarzarbeit. Wer seine Zeit mit der Erbringung einer Gegenleistung für die staatliche Unterstützung verbringt, kann nicht gleichzeitig schwarzarbeiten. Wer dennoch lieber schwarzarbeitet, kann zumindest nicht mehr auf die Subventionierung durch den Sozialstaat bauen. Last but not least ist Workfare sozial gerecht. Dies bestätigen die Ergebnisse eines entsprechenden Laborexperiments.[32] Die Teilnehmenden mussten darin eine bestimmte Aufgabe gegen reale Entlohnung durchführen. Ein Teil von Ihnen wurde durch einen Zufallsprozess »arbeitslos« und erhielt dadurch nur noch ein reduziertes Einkommen. Dieses musste von den übrigen Teilnehmenden durch eine Abgabe finanziert werden. Vorab waren die Teilnehmenden über dieses Risiko informiert worden und mussten sich entscheiden, ob diejenigen, die im Rahmen des Experiments arbeitslos wurden, eine Gegenleistung in Form einer reduzierten Tätigkeit leisten sollten oder die Unterstützung ohne Gegenleistung erhalten durften. Die Gegenleistung hatte weder Konsequenzen für die Höhe der Abgabe noch für die Höhe des Einkommens der Arbeitslosen. Dennoch entschieden sich 85 Prozent der Teilnehmergruppen für die Gegenleistungsvariante. Als Begründung führten sie in einer nachgelagerten Befragung vor allem Gerechtigkeitsargumente für ihre Entscheidung an. Das Experiment diente dazu, die Relevanz des rawlschen Gerechtigkeitsbegriffs für menschliches Verhalten nachzuweisen.[33]

Es geht bei Workfare aber noch um mehr als nur Gerechtigkeit. Statt Bedürftige auszugrenzen, wird ihnen signalisiert: Ihr werdet gebraucht! Statt Bedürftigkeit zu erzeugen, wird Eigenständigkeit gefördert. Unter dem Schlagwort »Fördern und Fordern« hat die Politik dieses Konzept inzwischen aufgegriffen und unter anderem die Zumutbarkeitskriterien für die Aufnahme angebotener Jobs verschärft. Doch sie scheut bislang zu Unrecht davor zurück, das Workfare-Grundprinzip mit aller Konsequenz umzusetzen und damit das Sozialstaatsprinzip vom Kopf wieder auf die Füße zu stellen. Die Gründe dafür liegen nicht zuletzt in einer unsicheren Rechtslage. Die Aussichten, erfolgreich gegen die Einweisung in einen unliebsamen Ein-Euro-Job zu klagen, sind nach wie vor relativ hoch. Solange das so bleibt, werden sich die Sozialbehörden mit Zwangsmaßnahmen zurückhalten. Sie riskieren ansonsten nicht nur nutzlose Prozesskosten, sondern auch ein Untergraben ihrer Autorität. Hier ist letztlich der Gesetzgeber gefordert, Klarheit zu schaffen, um die kommunalen Aufgabenträger wirksam bei ihrer Arbeit im Interesse der Bedürftigen zu unterstützen.

6 Fazit

Die Arbeitsmarktreformen der Jahre 2003 bis 2005 haben entscheidend zu einer bemerkenswerten Trendumkehr auf dem deutschen Arbeitsmarkt beigetragen und damit auch einen wichtigen Beitrag geleistet, das Land besser auf die Konsequenzen des demografischen Wandels vorzubereiten. Die Schlüsselfunktion kommt dabei aber nicht der Reform der Instrumente der aktiven Arbeitsmarktpolitik zu, sondern den Einschnitten bei den passiven Leistungen der Arbeitsmarktpolitik. Insbesondere die

Abschaffung der Arbeitslosenhilfe hat sowohl für eine Beseitigung der faktischen Frühverrentungsanreize durch die Arbeitslosenversicherung als auch für eine Beschleunigung des Stellenbesetzungsprozesses gesorgt. Für Unternehmen und Gewerkschaften ist es seither erheblich schwieriger geworden, Abkommen zulasten der Solidargemeinschaft zu vereinbaren. Die Verantwortung der Tarifpartner für das Arbeitsmarktgeschehen ist dadurch wieder unmittelbarer geworden, was letztlich einer Stärkung der Marktkräfte gleichkommt. Interessanterweise hat der gesetzliche Kündigungsschutz dadurch allerdings ebenfalls eine Stärkung erfahren, ohne dass die Buchstaben des Kündigungsschutzgesetzes maßgeblich verändert worden wären. Bis zur Reform war der Kündigungsschutz praktisch weitgehend außer Kraft gesetzt, da sich insbesondere ältere Mitarbeiter diesen Schutz mit großzügiger Hilfe des Staates willig abkaufen ließen. Seither bekommen Unternehmen die davon ausgehenden Einschränkungen ihres Flexibilitätsspielraums unmittelbarer zu spüren.

Da der Bedarf der Unternehmen nach Flexibilität aber nicht ab-, sondern eher noch zugenommen hat, haben sich die Formen der Flexibilität verändert. Während Unternehmen ihre Flexibilitätserfordernisse vor der Reform bequem über das soziale Sicherungssystem abfedern konnten, wird diese Rolle nunmehr zunehmend von flexiblen Beschäftigungsformen wie beispielsweise der Zeitarbeit übernommen. Der Erfolg besteht darin, dass die produktiven Fähigkeiten der Erwerbsbevölkerung wieder stärker zur Entfaltung gebracht werden und damit zur Wohlstandsmehrung beitragen, statt sie mithilfe staatlicher Subventionen nutzlos stillzulegen.

Der Systemwechsel hat in der jüngsten Wirtschaftskrise seine Feuerprobe bestanden. Das bedeutet paradoxerweise allerdings nicht, dass die Erfolge auf dem Arbeitsmarkt zu einer allgemeinen Akzeptanz der Reformen geführt hätten. Den Verlust der vermeintlichen Sicherheit durch das soziale Sicherungssystem empfinden viele Menschen als Bedrohung. Ein gesicherter Rechtsanspruch auf Unterstützung wiegt in der subjektiven Wahrnehmung offenbar stärker als der von den Reformen ausgelöste Zuwachs an Beschäftigungssicherheit. Es darf getrost unterstellt werden, dass auch mancher Unternehmensvertreter es begrüßen würde, wenn die alten Frühverrentungsmöglichkeiten wieder eingeführt würden. Die Herausforderung für die Politik besteht folglich darin, solchen von kurzfristigem und bequemem Eigennutz getriebenen Vorstellungen im Interesse des Gemeinwohls zu widerstehen. Es hat dreißig Jahre gedauert, bis die Ursachen für die insbesondere in den 1980er Jahren geschaffenen Fehlanreize des sozialen Sicherungssystems in einem politischen Kraftakt beseitigt werden konnten. Sie wieder einzuführen, wäre ein Leichtes, aber unverantwortlich gegenüber denjenigen, die in den kommenden Jahrzehnten schon mehr als genug mit den Lasten des demografischen Wandels zu kämpfen haben werden.

Anmerkungen

1 Unter dem Begriff Erwerbsbevölkerung ist hier die Bevölkerung im Alter zwischen 15 und 64 Jahren zu verstehen.
2 Der Begriff leitet sich aus dem Namen des Kommissionsvorsitzenden, Peter Hartz (seinerzeit Personalvorstand bei der Volkswagen AG), ab. Vgl. Kommission zum Abbau der Arbeitslosigkeit und zur Umstrukturierung der Bundesanstalt für Arbeit, Moderne Dienstleistungen am Arbeitsmarkt, Berlin 2002.
3 Vgl. Stefan Bender u. a., Konzessionsbereitschaft: Was muten sich (Langzeit-)Arbeitslose zu?, IAB-Forum Nr. 1, 2007, S. 42–48.
4 Vgl. Abbildung 3 in Hilmar Schneider, Die Veränderung der Lohnersatzleistungen und die Reform der Vermittlungsprozesse im SGB III, in: Vierteljahrshefte zur Wirtschaftsforschung, 77 (2008) 1, S. 20–37.
5 Vgl. Deutscher Paritätischer Wohlfahrtsverband – Gesamtverband e. V. et al., Rente mit 67? Zu wenig Arbeitsplätze und zu wenig gute Arbeit für ein Arbeiten bis 67 – Vierter Monitoring-Bericht des Netzwerks für eine gerechte Rente, Berlin 2010.
6 § 1 Altersteilzeitgesetz, http://www.gesetze-im-internet.de/bundesrecht/alttzg_1996/gesamt.pdf.
7 § 10 Allgemeines Gleichbehandlungsgesetz, http://www.gesetze-im-internet.de/agg/__10.html
8 Vgl. Christian Dreger/Jürgen Kolb, Keine Beschäftigungseffekte durch Verkürzung der tariflichen Wochenarbeitszeit, in: Wirtschaft im Wandel, 12/1998, S. 12–17.
9 Der Begriff Flexicurity stellt eine Wortschöpfung aus den Begriffen »Flexibility« und »Security« dar. Gemeint ist damit ein Politikkonzept, das den Unternehmen hinreichend viel Flexibilität bietet, um auf Nachfrageschwankungen reagieren zu können, und den Arbeitnehmern gleichzeitig hinreichend viel soziale Absicherung im Fall des Arbeitsplatzverlusts bietet. Der Begriff geht auf Ton Wilthagen, Flexicurity: A New Paradigm for Labour Market Policy Reform?, WZB Discussion Paper FS I, 1998, S. 98–202, zurück und hat rasch Eingang in diverse Strategiepapiere der Europäischen Kommission gefunden (vgl. Marteen Keune, Flexicurity: a contested concept at the core of the European labour market debate, in: Intereconomics, 43 [2008] 2, S. 92–98).
10 Vgl. Bundestagsdrucksache 15/98 vom 14.11.2002, http://dipbt.bundestag.de/dip21/btd/15/000/1500098.pdf. Insgesamt waren mehr als 20 namhafte Forschungseinrichtungen mit etwa 100 Wissenschaftlern an den Hartz-Evaluationen beteiligt. Einen umfangreichen und aktuellen Überblick über den Erkenntnisstand vermit-

telt das Bundesministerium für Arbeit und Soziales/Institut für Arbeitsmarkt- und Berufsforschung, Sachstandsbericht der Evaluation der Instrumente, Nürnberg 2011 (http://www.iab.de/389/section.aspx/Publikation/k110118p02).

11 Es überrascht daher nicht, dass die diesbezüglichen Versuche einer Ermittlung von Aggregateffekten einzelner arbeitsmarktpolitischer Instrumente bislang kaum weiterführende Ergebnisse hervorgebracht haben; vgl. Michael Fertig/Jochen Kluve/Christoph Schmidt, Die makroökonomische Wirkung aktiver Arbeitsmarktpolitik – eine Panelanalyse auf Ebene regionaler Arbeitsmärkte, in: Zeitschrift für ArbeitsmarktForschung, 39 (2006) 3/4, S. 575–601.

12 Vgl. René Fahr/Uwe Sunde, Did the Hartz Reforms Speed-Up the Matching Process? A Macro-Evaluation Using Empirical Matching Functions, in: German Economic Review, 10 (2009) 3, S. 284–316.

13 Vgl. Susanne Koch u. a., Arbeitsmarktinstrumente auf dem Prüfstand, IAB-Kurzbericht Nr. 11, 2011.

14 Vgl. Werner Eichhorst/Klaus F. Zimmermann, And Then There Were Four ... How Many (and Which) Measures of Active Labor Market Policy Do We Still Need?, in: Applied Economics Quarterly, 53 (2007) 3, S. 243–272.

15 Vgl. Marco Caliendo/Reinhard Hujer/Stephan Lothar Thomsen, Evaluation der Eingliederungseffekte von Arbeitsbeschaffungsmaßnahmen in reguläre Beschäftigung für Teilnehmer in Deutschland, in: Zeitschrift für ArbeitsmarktForschung, 37 (2004) 3, S. 211–237.

16 Vgl. BMAS/IAB (Anm. 10), S. 18 ff.

17 Vgl. BMAS/IAB (Anm. 10), S. 20.

18 Vgl. Gesine Stephan, Employer wage subsidies and wages in Germany – empirical evidence from individual data, in:Zeitschrift für ArbeitsmarktForschung, 43 (2010) 1, S. 53–71.

19 Vgl. Hilmar Schneider, Angstmacher Zeitarbeit, INSM-Ökonomenblog, http://www.insm.de/insm/Themen/Arbeit/Hilmar-Schneider--Angstmacher-Zeitarbeit.html.

20 Vgl. Bundesagentur für Arbeit, Zeitarbeit in Deutschland – Aktuelle Entwicklungen (Arbeitsmarktberichterstattung Juli 2011), Nürnberg 2011, S. 18.

21 Vgl. Bundesagentur für Arbeit (Anm. 20), S. 17.

22 Vgl. Martin Dietz u. a., Reform der Hinzuverdienstregeln im SGB II. Fiskalische Effekte und Arbeitsmarktwirkungen, in: Sozialer Fortschritt, 60 (2011) 1/2, S. 4–15.

23 Vgl http://statistik.arbeitsagentur.de/Statistikdaten/Detail/201012/iiia7/bedarf/bedarf-d-0-zip.zip, Blatt 4. Bedarfsgemeinschaftstypen nach Netto-Bedarfen und Netto-Leistungen.

24 Dem liegt eine angenommene Wochenarbeitszeit von 40 Stunden bei 4,33 Wochen pro Monat zugrunde. Daraus ergibt sich ein Monatsbruttolohn von 1 385,60 Euro. Abzüglich Lohnsteuer gemäß Steuerklasse I sowie den Beiträgen zur gesetzlichen Sozialversicherung resultiert ein Nettomonatslohn von 1016,24 Euro (Stand 2012). Im Vergleich zum Grundsicherungsanspruch bestehend aus Regelsatz in Höhe von 374 Euro plus durchschnittlichen Kosten der Unterkunft in Höhe von 320 Euro resultiert eine Differenz von gut 320 Euro.

25 Vgl. z.B. DGB – Deutschland braucht den Mindestlohn, http://www.mindestlohn.de/hintergrund/argumente/.

26 Vgl. Hilmar Schneider, Kombilohn oder Workfare – Eine Frage der Grundsicherung, in: Zeitschrift für Wirtschaftspolitik, 55 (2006) 2, S. 198–208.

27 Von den 400 Euro bleiben 100 Euro anrechnungsfrei, von den restlichen 300 Euro werden dagegen 80 Prozent auf den Grundsicherungsanspruch angerechnet, sodass davon nur 20 Prozent, d.h. 60 Euro, anrechnungsfrei bleiben. Das verfügbare Einkommen erhöht sich somit nur um 160 Euro.

28 Vgl. Dietz u.a. (Anm. 22) sowie Bundesagentur für Arbeit, http://statistik.arbeitsagentur.de/Statistikdaten/Detail/201012/iiia7/ehb-einkommen/ehb-einkommen-d-0-zip.zip.

29 Vgl. H. Schneider (Anm. 26).

30 Vgl. H. Schneider (Anm. 26).

31 Zur Herkunft des Begriffs Workfare vgl. Hilmar Schneider, Soziale Verantwortung am Arbeitsmarkt, in: Ulrich Pfeiffer, Eine neosoziale Zukunft, Wiesbaden 2009, S. 119–136.

32 Vgl. Holger Bonin/Armin Falk/Hilmar Schneider, Workfare – Praktikabel und gerecht, in: ifo Schnelldienst, 60 (2007) 4, S. 33–37, sowie Armin Falk/David Huffman, Studying Labor Market Institutions in the Lab: Minimum Wages, Employment Protection and Workfare, in: Journal of Institutional and Theoretical Economics, 163 (2007) 1, S. 30–45.

33 Vgl. John Rawls, Theorie der Gerechtigkeit, Frankfurt/Main 1975.

André Habisch

Soziale Marktwirtschaft in der demografischen Krise: Neue Gerechtigkeitsprobleme und Wege zu ihrer Überwindung*

Der Erfolg der deutschen Wirtschaft seit 1945 ist nach der Agonie der Weimarer Republik und dem Zweiten Weltkrieg ein erstaunlicher und in der Rückschau in mancher Hinsicht unwahrscheinlicher Vorgang. Er war nur möglich, weil mit dem Konzept »soziale Marktwirtschaft« eine – ethisch fundierte – Rahmenordnung entwickelt wurde, die Vertrauen geschaffen und dadurch die gemeinsamen Kräfte mobilisiert hat. Denn erst durch diese allseits akzeptierte »Geschäftsgrundlage« wurde die wechselseitige Blockade der Interessengruppen überwunden. Als gerecht empfundene Regeln werden hier als »kulturelles Kapital« einer Gesellschaft ansichtig, weil sie Vertrauen bilden und Investitionen in eine gemeinsame Zukunft mobilisieren können. Heute stellen der demografische Wandel und die von ihm hervorgerufenen Entwicklungen am Arbeitsmarkt diese Geschäftsgrundlage vor eine ernsthafte Bewährungsprobe.

Brauchen unsere sozialstaatlichen Grundprinzipien angesichts der gravierenden Veränderungsprozesse, die mit Fachkräftemangel und Überalterung nur unvollkommen charakterisiert sind, eine systematische Neudefinition? Muss soziale Gerechtigkeit heutzutage mit Blick auf zusehends enger werdende Verteilungsspielräume anders akzentuiert werden? Am Beispiel der deutschen Arbeitsverfassung und ihrer Kernelemente von Mitbestimmung, Tarifautonomie und Arbeitsgerichtsbarkeit lässt sich zeigen, dass die Entwicklung einer weitgehend konsensorientierten und pragmatischen Kultur am Arbeitsmarkt in vielerlei Hinsicht nachhaltige Arrangements hervorgebracht hat, die auch den neuen Herausforderungen im Prinzip gewachsen sein werden. Damit sie ihre vertrauensbildende Funktion auch weiterhin erfüllen können, müssen Regeln aber immer wieder an Veränderungen des gesellschaftlichen Umfeldes angepasst werden. Nur eine an sozialer Nachhaltigkeit orientierte Weiterentwicklung arbeitsrechtlicher Institutionen kann das notwendige Systemvertrauen auch künftig stabil fundieren. Erst damit wird die Grundvoraussetzung für mehr Generationengerechtigkeit und für mehr Investitionen von (potenziellen) Eltern in eine zukünftige Generation geschaffen.

1 Gerechte Regeln, Vertrauen und wirtschaftliche Entwicklung

Douglas North, der Nobelpreisträger von 1993 für Wirtschaftswissenschaft, hat 2009 zusammen mit seinen Koautoren John Wallis und Barry Weingast ein bemerkenswertes Buch zum Thema »Gewalt und soziale Ordnungen« vorgelegt.[1] Er grenzt in der Geschichte der menschlichen Zivilisation »natürliche Staaten« (*natural states*) von »Gesellschaften mit offenem Zugang« (*open access societies*) ab. Beiden Typen von Gemeinwesen ist es erfolgreich gelungen, Gewalt zu kanalisieren und den permanenten Konflikt kleiner Gruppen zu überwinden. Doch sie unterscheiden sich deutlich in der Fähigkeit, zivilgesellschaftliches und ökonomisches Leben zu mobilisieren. Was charakterisiert diese beiden Typen sozialer Ordnung?

Im natürlichen Staat gelingt es einem Herrscher oder dessen Vertreter, die wichtigsten Machtgruppen in Schach zu halten bzw. in seine Koalition einzubinden. Dazu verleiht er Privilegien, gibt Beuteanteile aus oder schafft Positionen, die Einkommensmöglichkeiten eröffnen. Die erfolgreiche Gründung und Leitung eines natürlichen Staates erfordert die Möglichkeit, auf wechselnde Machtverhältnisse flexibel zu reagieren und mal die eine, mal die andere Gruppe durch die Gewährung von Privilegien einzubinden – jeweils entsprechend ihrer augenblicklichen Bedeutung. Der »Preis« dieser notwendigen Flexibilität zum ständigen Neuarrangement besteht allerdings in einer nur begrenzten Garantie von Eigentumsrechten und Erwartungssicherheit. Der natürliche Staat kann somit nicht dauerhaft Eigentumsrechte garantieren, da der Herrscher beständig auf eine möglichst umfassende »Verteilungsmasse« zurückgreifen muss, um potenzielle Konkurrenten zu befriedigen und sein prekäres Herrschaftsgleichgewicht zu stabilisieren.

Im natürlichen Staat entstehen deshalb auch nur beschränkt Organisationen, die unabhängig agieren können und nicht in die politische »Verhandlungsmasse« des Herrschers eingebunden sind. Ohne Eigentumsrechte aber werden keine nennenswerten Investitionen getätigt und es entwickelt sich kaum wirtschaftliche Dynamik. Insbesondere entsteht keine nachhaltige ökonomische und gesellschaftliche Entwicklung. Der natürliche Staat bleibt in seinem Inneren stets gefährdet. Gelingt es dem Herrscher oder der regierenden Clique nicht mehr, die wichtigsten Gruppen in das Machtsystem einzubinden oder zumindest in Schach zu halten, dann droht das Gemeinwesen im Bürgerkrieg zu versinken und auseinanderzufallen.

Diese Entwicklungsblockade kann nur dann überwunden werden, wenn an die Stelle des natürlichen Staates ein neues Paradigma tritt: die Gesellschaft mit offenem Zugang. Zentral für diese Ordnungsform ist nicht eine Person oder Personengruppe, sondern ein Ensemble von (Verfassungs-) Regeln, das für alle – auch für die Mächtigsten im Staat – gilt. Nicht mehr der Herrscher, sondern die Geltung festgelegter Regeln garantiert Stabilität. Der Übergang vom natürlichen Staat zur offenen Zugangsgesellschaft kann nur dann gelingen, wenn die Verfassungsregeln von allen anerkannt werden. Dies geschieht insbesondere dann, wenn sie a) insgesamt als gerecht empfunden werden und deshalb b) mithin die meisten Menschen auf ihren Bestand vertrauen können. Nur dann kann sich ein generalisiertes »Systemvertrauen« entwickeln, das Investitionen mobilisiert und wirtschaftliche Entwicklung ermöglicht.

Die Autoren machen also deutlich, welche enorme Bedeutung gerechten Regeln und Institutionen sowie einem daraus resultierenden allgemeinen Systemvertrauen zukommt.[2] Ihre Thesen zeigen sowohl Berührungspunkte zur Tradition der Ordnungsökonomie von Walter Eucken und Ludwig Erhardt als auch zur Verfassungsökonomik von James Buchanan und anderen Ordnungsmodellen. All diese Konzepte aber machen auch deutlich: Werden die gemeinsamen Spielregeln (und die sie tragenden Institutionen) als unfair empfunden, dann steigt die Attraktivität der Regelübertretung. Die Stabilität des gesamten Systems ist dann bedroht. Hält aber niemand die Regeln ein, dann werden – um im Bild des Mannschaftssports zu bleiben – Nachwuchsspieler nicht bereit sein, durch eisernes Training operative Exzellenz zu erwerben; sie müssen ja befürchten, dass andere einen regelwidrigen, aber bequemeren Weg gehen, um ihr Ziel zu erreichen. Für zukünftige Generationen besteht dann kein Anreiz, sich den Regeln entsprechend zu verhalten, weil es profitabel und bequem ist, sie zu brechen. Der Lerneffekt geht also in die »falsche« Richtung.

Man wird dem Konzept von North, Wallis und Weingast noch hinzufügen müssen, dass auch die Art und Weise der Regelanwendung wichtig ist. Nur wenn Regeln auch klug und »ihrem Geist entsprechend« angewandt werden, können sie jenes Systemvertrauen verankern, das zur sozialen Stabilisierung notwendig ist. Nicht nur Politiker und Administratoren, sondern auch Unternehmer, Verbandsfunktionäre und Wirtschaftseliten selbst sind damit für die Stabilität gemeinsamer Spielregeln verantwortlich – indem sie diese nämlich verantwortlich und entsprechend ihrer Regelungsabsicht anwenden und umsetzen und nicht kontinuierlich nach gerade noch legalen Schlupflöchern suchen. Vor allem die Finanzkrise hat uns für diese Dimension von Gerechtigkeit sensibilisiert.

2 Systemvertrauen und wirtschaftliche Entwicklung in Deutschland: Arbeitsverfassung in der sozialen Marktwirtschaft

Der Zusammenhang von gerechter Ordnung, von Systemvertrauen und Wachstum bzw. wirtschaftlicher Entwicklung lässt sich ebenso in Hinblick auf die deutsche Geschichte des 20. Jahrhunderts entfalten. Denn auch hier ist es erst schrittweise zur Ausbildung eines stabilen, regelgeleiteten Gemeinwesens gekommen, das seinen Bürgerinnen und Bürgern durch allgemein anerkannte Regeln Erwartungssicherheit zu geben in der Lage war.

In der Weimarer Zeit existierte eine Reichsverfassung, aber diese vermochte – insbesondere zur Zeit der Weltwirtschaftskrise nach dem Schwarzen Freitag 1929 – kein Regelvertrauen zu verankern. Marktwirtschaft, Rechtsstaat und Demokratie wurden nicht allgemein akzeptiert. Große Teile der politischen Öffentlichkeit kämpften für die Abschaffung der Verfassung – wenngleich unter unterschiedlichen Vorzeichen. Die wichtigsten sozialen Gruppen blockierten sich auf diese Weise gegenseitig. Statt sich an der Ausgestaltung der Arbeitsverfassung im demokratischen Rechtsstaat zu beteiligen, forderten etwa Teile der Arbeiterbewegung die Revolution und die Abschaffung des Kapitalismus; viele Unternehmer engagierten sich in rechtsgerichteten Kartellen und versuchten ihrerseits, demokratische Prozesse zu unterminieren. Verfassungsrechtliche Stabilität und wirtschaftliche Wachstumsdynamik konnten sich unter diese Bedingungen nicht entwickeln.

Erst nach der Katastrophe des Zweiten Weltkrieges wurde es möglich, unter dem Leitbild der »sozialen Marktwirtschaft« eine »Gesellschaft mit offenem Zugang« dauerhaft zu etablieren. Alfred Müller-Armack, mit Ludwig Ehrhard einer der Väter dieses Konzeptes, hat den dargestellten Zusammenhang von gerechten Regeln, Vertrauen und wirtschaftlicher Entwicklung thematisiert, wenn er von der sozialen Marktwirtschaft als »friedensstiftender (»irenischer«) Formel« sprach. Der vertrauensbildende Grundkonsens der gesellschaftlichen Gruppen hat der Bundesrepublik Deutschland einen neuen Entwicklungspfad eröffnet. Allgemein geteilte sozialethische Leitvorstellungen, daraus resultierendes Systemvertrauen und funktionierende Regeln stehen dabei in einem wechselseitigen Bedingungsverhältnis. So konnten etwa im Rahmen der sozialen Marktwirtschaft in einem breiten gesellschaftlichen Konsens Regeln des Miteinanders vereinbart werden, die sowohl sozialethischen Vorstellungen als auch marktwirtschaftlichen Grundsätzen Rechnung trugen. Staatliche Rechtsprechung konnte sich als neutrale und anerkannte Instanz profilieren. Stabile politische Verhältnisse garantierten jene Kultur, in der sich Unternehmen darauf konzentrieren konnten, wettbewerbsfähig zu werden und zu bleiben.

3 Das »institutionelle Kapital« der deutschen Arbeitsverfassung

Welche Regeln sind in der sozialen Marktwirtschaft besonders wichtig geworden? Was trägt in besonderer Weise zur Vertrauensbildung bei? Eine Schlüsselrolle kommt von Anfang an einer gerechten Arbeitsverfassung zu. Denn im Umfeld des eigenen Arbeitsplatzes werden wesentliche Faktoren der Lebensqualität und des Lebensstandards bestimmt. Erfahrungen im Kontext des Arbeitslebens prägen zugleich für einen Großteil der Bevölkerung die allgemeine Einstellung zur Wirtschafts- und Gesellschaftsordnung. Sie legen die Grundlage dafür, ob eine freiheitliche Wirtschaftsordnung und eine demokratische Verfasstheit der Gesellschaft allgemein akzeptiert sind oder nicht. Arbeit schafft nicht nur die materielle Existenzgrundlage und den Wohlstand der Familie, sondern vermittelt auch immaterielle Güter wie sozialen Status, Rollendefinition, Verwirklichung persönlicher Ziele. Für viele Menschen ist dies außerdem der einzige Bereich, in dem staatliche Eingriffe direkt persönlich spürbar werden. In ihren gesetzlich geregelten Arbeitsbedingungen, ihren steuerlichen Abzügen, ihrer Möglichkeit demokratischer und gewerkschaftlicher Mitbestimmung erschließt sich ihnen die Zugehörigkeit zur demokratisch verfassten Marktgesellschaft. Geht es hier gerecht oder ungerecht zu, dann lässt dies in den Augen vieler Bürger Rückschlüsse auf die Legitimität des gesamten Gemeinwesens zu.

Die Bedeutung der Arbeitsverfassung für die Stabilisierung sozialer Ordnung in Deutschland wird nach wie vor nicht hinreichend gewürdigt. Ein Indiz dafür ist, dass die Protagonisten der deutschen Arbeitsverfassung im späten 19. und frühen 20. Jahrhundert – wie etwa der langjährige (1920–1928) Reichsarbeitsminister Heinrich Brauns – heute weitgehend vergessen sind. Und doch sind die von ihnen gelegten Grundlagen einer fairen Arbeitsmarktordnung in Form von betrieblicher Mitbestimmung, Tarifautonomie und Arbeitsgerichtsbarkeit bis heute prägend und werden es auch künftig sein.

3.1 Betriebliche Mitbestimmung

Die Entstehung der deutschen Arbeitsverfassung reicht in die Zeit der Industrialisierung und des Kaiserreiches zurück, in der sozial engagierte Unternehmerpersönlichkeiten – teils aus liberal-bürgerlichen (Ernst Abbe, Heinrich Freese), teils aus christlichen Motiven (Franz Brandts) heraus – betriebliche Initiativen zur Emanzipation ihrer Arbeiter auf den Weg brachten. In der Montanindustrie wurden schon zu Anfang des 20. Jahrhunderts Bergarbeiterausschüsse verpflichtend. Das Gesetz über den vaterländischen Hilfsdienst 1916 sah erstmals in der Geschichte der deutschen Arbeitsordnung eine institutionalisierte Vertretung der Arbeiter vor. Unter dem Druck des Ersten Weltkrieges musste die Zwangsverpflichtung männlicher Arbeitskräfte in Munitionsfabriken einvernehmlich ausgestaltet werden. Arbeiterräte wurden teilweise gegen den Willen der Arbeitgeber eingeführt; nach dem Ersten Weltkrieg kam es zur Verabschiedung des Betriebsverfassungsgesetzes (1920), das bis zur Aufhebung durch das nationalsozialistische Regime eine Tradition der institutionalisierten Vertretung von Belegschaftsinteressen durch (ehrenamtliche) Betriebsräte sicherstellte. Diese übten in Betrieben von über 20 Mitarbeitern Einfluss auf die Betriebsleitung aus, um Arbeitnehmerinteressen dort systematisch zur Geltung zu bringen.

Nach der nationalsozialistischen Gleichschaltung 1933 (durch die Einsetzung sogenannter Arbeiterführer) und dem Zweiten Weltkrieg wurde die Tradition der deutschen Arbeitsverfassung 1951/52 mit den Mitbestimmungsgesetzen fortgesetzt. Diese regelten insbesondere die betrieblichen Informationspflichten und Mitbestimmungsrechte des Betriebsrates, der nun bereits in Betrieben ab fünf Angestellten eingerichtet werden konnte. Die Praxis betrieblicher Mitbestimmung ist grundsätzlich von der Aufsichtsratsmitbestimmung zu unterscheiden. Während Letztere immer wieder kontrovers diskutiert wird, hat Erstere die partnerschaftliche Unternehmenskultur in vielen – insbesondere mittelständischen – Betrieben geprägt.

Betriebliche Mitbestimmung hat zahlreiche Vorzüge: So senkt sie Informationskosten und schafft Vertrauen durch institutionalisierte Informationspflichten und Mitentscheidungsrechte. Spektakuläre Fehlentscheidungen werden weniger wahrscheinlich. Dadurch wird ein koordiniertes Handeln von Geschäftsführung und Belegschaft vereinfacht und die Akzeptanz von Entscheidungen der Geschäftsführung ist eher gewährleistet. Eskalationen betrieblicher Auseinandersetzungen (wie etwa in Frankreich, wo Manager in ihren Büros regelrecht festgesetzt werden) kommen dann sehr selten vor. Die Kommunikationsfähigkeit mit dem Betriebsrat ist zudem ein Qualifikationsmerkmal professioneller Personalarbeit, was nicht ohne Folge für die Auswahl und Weiterbildung der entsprechenden Mitarbeiter bleibt.

3.2 Tarifautonomie

Die Tarifautonomie ist ein Herzstück der deutschen Arbeitsverfassung. Sie konstituiert ein subsidiäres System autonomer Verhandlungen zwischen Arbeitgeber- und Arbeitnehmervertretungen. Auch dies reicht an das Ende des Ersten Weltkrieges zurück, als die Arbeitgeber unter dem Eindruck der Russischen Revolution 1917 und der drohenden deutschen Niederlage um ihre Eigentumsrechte fürchteten. Im Stinnes-Legien-Abkommen vom November 1918 wurden die Gewerkschaften als Vertragspartner in Sachen kollektiver Tarifverträge akzeptiert. Der Artikel 159 der Weimarer Reichsverfassung (WRV) schrieb dann die Autonomie der Tarifpartner als »Koalitionsfreiheit« verfassungsrechtlich fest. In Abweichung vom Bürgerlichen Gesetzbuch (1900), das den Dienstvertrag in § 611 BGB noch vom Gedanken der Privatautonomie her als einfachen wirtschaftlichen Austausch zwischen zwei prinzipiell ebenbürtigen Vertragspartnern gedacht hatte, wird hier ein System autonomer arbeitsrechtlicher Institutionen geschaffen, das das Privateigentum der Produktionsfaktoren inhaltlich ausgestaltet.

Die Tarifpartner einigen sich nicht nur auf die Lohnhöhe. Sie gestalten auch die Rahmenbedingungen des Arbeitsverhältnisses mit: etwa durch die Schaffung von Arbeitszeitkonten, die ein Abfedern von Konjunkturschwankungen erleichtern, oder durch die Vorgabe eines Rahmens für die betriebliche Ausbildung. Hier ist nicht das Bestreben, politisch-ideologische Zielvorstellungen umzusetzen, sondern die problemorientierte »praktische Klugheit« der Beteiligten immer wieder handlungsleitend geworden.

3.3 Arbeitsgerichte

Auf Initiative des Reichsarbeitsministers Heinrich Brauns verabschiedete der Reichstag 1926 das Arbeitsgerichtsgesetz, das die Arbeitsgerichtsbarkeit als eigenen Instanzenzug mit speziellen Kompetenzen konstituierte. Mehr als andere Rechtsgebiete ist das Arbeitsrecht in Deutschland Richterrecht, das über Jahrzehnte wesentliche Eckpfeiler der Arbeitsordnung geschaffen hat. Es ist mithin durch eine pragmatische Problemorientierung charakterisiert. Im Gegensatz zur Privatautonomie des bürgerlichen Rechts hat es der spezifischen Abhängigkeit des (weisungsgebundenen) Arbeitnehmers vom Arbeitgeber Rechnung getragen. Der Arbeitsvertrag ist eingebettet in ein komplexes System von Regulierungen, das durch Betriebsvereinbarungen, Tarifverträge, nationale und internationale Gesetze und Verordnungen sowie eben die ständige Rechtsprechung der Arbeitsgerichte inhaltlich ausgestaltet ist.

Es wird deutlich: Anders als in einigen europäischen und außereuropäischen Ländern (etwa im angelsächsischen Raum mit seiner individualistisch geprägten Arbeitsverfassung des *hire and fire*) sind im deutschen Arbeitsrecht Regeln und Institutionen gewachsen, die eine Kultur der Kooperation entstehen ließen. Deren Wurzeln reichen in die Weimarer Zeit, sie konnten aber ihre vertrauensbildende Wirkung erst nach Diktatur und Weltkrieg im Kontext der gesellschaftspolitischen Gesamtkonzeption der sozialen Marktwirtschaft entfalten.

Diese kooperative Kultur schlägt sich etwa in günstigen Streikstatistiken nieder. Deutschland ist im EU-Vergleich das große Flächenland mit den bei Weitem wenigsten Streiktagen: Im Intervall zwischen 1996 und 2005 streikten die Deutschen durchschnittlich nur 2,4 Tage – gegenüber 20 Tagen in Schweden, 23 Tagen in Großbritannien, 71 Tagen in Frankreich, 86 in Italien und sogar 144 Tagen in Spanien.[3] Deutlich zeigt sich die gewachsene Zusammenarbeit in den Betrieben der mittelständischen Wirtschaft, die in Deutschland eine im internationalen Vergleich geradezu einzigartige Unternehmenskultur ausgeprägt haben. Zu einer besseren Unternehmenskultur und einem stärkeren betrieblichen Zusammenhalt tragen auch kleinere Betriebsgrößen bei.

Die vergleichsweise hohe Anzahl von Arbeitnehmern in vielen mittelständischen Betrieben ist im internationalen Vergleich bemerkenswert.[4] Unternehmen dieser Größenordnung sind einerseits auf globalen Märkten leistungsfähig, bieten aber andererseits noch jene Überschaubarkeit, die die Anonymität von Großkonzernen nicht mehr zu gewährleisten vermag. So lassen sie Produktivität und Zusammengehörigkeit unmittelbar ansichtig werden.

4 Fortschreibung der sozialen Marktwirtschaft angesichts der demografischen Krise

Die Logik der Arbeitsverfassung der sozialen Marktwirtschaft zeigt: Nur eine als gerecht empfundene soziale Ordnung vermag Vertrauensbeziehungen zu fundieren und infolgedessen Investitionen und wirtschaftliche

Dynamik auszulösen. Die soziale Marktwirtschaft, wie sie sich – aufbauend auf Institutionen der Weimarer Republik – im Nachkriegsdeutschland entwickelte, hat diese wichtige Kulturleistung vollbracht. Ihre eingebauten Kontrollmechanismen bildeten die Grundlage für sozialen Frieden – und mithin Stabilität und Wachstum in der Arbeitsgesellschaft.

Damit in einer Gesellschaft Stabilität und Wachstum auch fortwährend Bestand haben können, sind diese Kontrollmechanismen allerdings immer wieder an veränderliche äußere Umstände anzupassen. Hier ist als Herausforderung unter einer Reihe von wichtigen Faktoren insbesondere der demografische Wandel hervorzuheben. Er sorgt für ein verschärftes Spannungsverhältnis zwischen der jungen und alten Generation, belastet die arbeitende Bevölkerung mit kontinuierlich steigenden Abgaben für Generationenvertrag und soziale Sicherung und schafft allein durch das Ausbleiben starker Nachwuchsjahrgänge Unsicherheiten bezüglich der Tragfähigkeit und Legitimität etablierter Strukturen. Dies alles berührt den Arbeitsmarkt, seine Institutionen und Akteure unmittelbar. Und es sind vor allem Familien, die von den Veränderungsprozessen betroffen sind. Sich ihren Belangen verstärkt zuzuwenden, zählt zu den zentralen Aufgaben künftiger Politik, wie nachfolgend am Beispiel der Vereinbarkeit von Beruf und Familie für junge Eltern ausgeführt werden soll.

Junge Menschen haben heute weniger Kinder. Doch müssen wir – so wie die Altpolitiker Helmut Kohl und Peter Glotz vor gut 20 Jahren meinten – darin wirklich das politisch unabwendbare Anzeichen von hedonistischem Wertewandel erkennen? Nicht nur der internationale Vergleich, sondern auch der Befund, dass die gewünschte regelmäßig über der realisierten Kinderzahl eines Paares liegt, sollte skeptisch stimmen, den Grund für diese Entwicklung allein in einem Präferenzwandel hin zum Individualismus zu sehen. So steigen nicht nur die absoluten Haushaltskosten durch eine höhere Kinderzahl, sondern Familien erwachsen auch strukturelle Nachteile aus der Notwendigkeit, die Erwerbstätigkeit in quantitativer (Aufgabe oder Reduzierung der Erwerbstätigkeit) und qualitativer (Karriereplanung) Hinsicht einzuschränken. Bei vielen Kinderlosen besteht der erklärte Wille, zu einem späteren Zeitpunkt Eltern zu werden, wenn die finanzielle Leistungsfähigkeit der jungen Familie gestiegen ist und dem eigenen Kind eine bessere Perspektive geboten werden kann. Diese Absicht kann aber das zunächst freiwillige Verschieben des Kinderwunsches mit fortschreitendem Alter zu einer unfreiwilligen Kinderlosigkeit werden lassen. Das gilt insbesondere für höher gebildete Frauen, die nach Studium und Promotion erst spät eine Erwerbstätigkeit aufnehmen und ihren Karriereweg beginnen.[5] Für sie haben beruflicher Erfolg und die damit verbundene soziale Anerkennung verständlicherweise einen sehr hohen Stellenwert – und die Familiengründung ist deshalb mit besonders hohen Opportunitätskosten verbunden. In dieser Konstellation machen sich die negativen Folgen einer »strukturellen Rücksichtslosigkeit«[6] unserer Erwerbs- und Sozialsysteme gegenüber Familien unmittelbar bemerkbar: Das Fehlen von hochwertigen außerhäuslichen und bedarfsgerechten Betreuungsangeboten sowie von Vorteilen für Familien im Hinblick auf spätere Rentenanwartschaften verstärkt den rückläufigen Geburtentrend. Mehr noch: Den Familienberichten der Bundesregierungen zufolge ist auch die bedauerlich weitverbreitete Kinderarmut auf diese Form gesellschaftlicher Ignoranz zurückzuführen.[7] Aber es gilt auch der folgende Umkehrschluss: Das Vorliegen sozialer Anerkennung kann die Familienplanung in positiver Hinsicht beeinflussen. Eine Verringerung der strukturellen Rücksichtslosigkeit könnte deshalb auch ohne große Mehrkosten einen Beitrag zur Steigerung der Geburtenhäufigkeit leisten.

Die Benachteiligung von Eltern und Kindern dokumentiert den veränderten Charakter von Gerechtigkeitsproblemen in der Gesellschaft des 21. Jahrhunderts. Denn hier geht es nicht mehr um »Klassenkonflikte« zwischen verschiedenen gesellschaftlichen Schichten. Vielmehr sind es bestimmte Lebensentwürfe innerhalb jeder sozialen Gruppe, die zu – meist versteckter, aber nicht weniger wirksamer – Diskriminierung führen: Der Erziehungsarbeit leistende Elternteil ist auf jeder Qualifikationsstufe und in jeder sozialen Gruppe gegenüber seinem alleinstehenden Kollegen benachteiligt. Während er in der Elternphase aufgrund der Doppelbelastung nur eingeschränkt im Arbeitsleben einsetzbar ist, zahlen seine Kinder später in die Rentenversicherung ein und finanzieren durch die Umlage damit die Ruhegeldansprüche des kinderlosen Zeitgenossen. Ein umlagefinanziertes Rentensystem, welches die Kosten der Kindererziehung (nach Berechungen mehrere Hunderttausend Euro bis zum 18. Lebensjahr[8]) privat tragen lässt, die Nutzen aber in Form von Beitragszahlungen sozialisiert, verstärkt damit die strukturelle Rücksichtslosigkeit; Reformen – wie etwa die Berücksichtigung von Kindererziehungszeiten in der Rentenformel – haben diesem Mechanismus zwar entgegengewirkt, können ihn aber letztlich nur unvollkommen kompensieren.

Ein Weiteres kommt hinzu: Eine immer kinderärmere Gesellschaft droht ein zunehmend feindlicher Lebensraum für Kinder und Eltern zu werden, weil sie – selbst weitgehend durchrationalisiert – wenig Verständnis für die spezifischen Bedürfnislagen von Familien aufbringt. Viele Benachteiligungsfaktoren von Familien und Kindern ergeben sich als ungewollte Nebenwirkungen von Politikentscheidungen und

Marktmechanismen, die sich zusehends am älteren und kinderlosen »Normalbürger« als Kunden bzw. Konsumenten orientieren:

- Das gilt etwa am Wohnungsmarkt, wo sich Investoren vor allem auf kinderlose Paare als finanzkräftige Kunden einstellen. Entsprechend bieten sie Wohnungen in einer Ausstattung und Größe an, die den Wünschen dieser Kundengruppe entgegenkommen, nicht aber den Anforderungen einer kinderreichen Familie entsprechen.
- Auch Freizeit- und Erholungsmöglichkeiten richten sich in einer alternden Gesellschaft zunehmend am Durchschnittsbürger aus; Investitionen in kindgerechte Angebote werden in der Tendenz reduziert und das Ruhebedürfnis der älteren Generation kollidiert schnell mit dem Spielbedürfnis von Kindern.
- Eine zurückgehende Nachfrage nach Spielwaren, altersgerechten Bildungsmaterialien, Medienangeboten, Verkehrsmitteln und Dienstleistungen lässt Skaleneffekte in der Produktion schrumpfen und führt zu steigenden Preisen bzw. sinkender Angebotsvielfalt bei diesen Gütern. In einer Gesellschaft mit immer weniger Kindern wird also nicht nur die Beschaffung kindgerechter Güter tendenziell kostspieliger, sondern zudem werden Familien sich mit weniger passgenauen, weil standardisierten Produkten zufriedengeben müssen, wenn sie nicht über ausreichende Mittel verfügen, um teure Maßangebote zu finanzieren.
- Auch das politische System funktioniert keineswegs rein gemeinwohlorientiert, sondern bildet die vorhandene Interessenstruktur der Wählerinnen und Wähler ab. So wird die Alterung des Medianwählers voraussichtlich dazu führen, dass familienorientierte Reformen etwa des Renten- oder Gesundheitssystems im demokratischen Staat immer schwerer durchzusetzen sind.[9] Viele Reformvorhaben, die Familien und Kinder finanziell und/oder strukturell besserstellen würden, werden künftig mehr denn je vor allem hinsichtlich ihrer Kosteneffekte für die gesellschaftliche Mehrheit der älteren Menschen betrachtet werden. Dieses Argument bildete bereits in den späten 1950er Jahren ein Hindernis bei der Reform des Umlageverfahrens in der gesetzlichen Rentenversicherung (»Schreiberplan«). Auch damals schon hätte der geplante »Bildungskredit« für Kinder, der die Rentenzahlung für alte Menschen flankieren sollte, nur eingeführt werden können, wenn Rentner auf Teile ihres Anspruchs verzichtet hätten – was die Politik mit ihrer Orientierung an Wählermehrheiten scheute.[10] Wenig spricht für die Ansicht, dass sich dieses Politikverhalten in Zukunft grundlegend ändern sollte.
- Die Konstruktion unseres Systems der Sozialversicherung bürdet den zukünftigen Elterngenerationen immer stärker wachsende Lasten auf,

die ihre finanziellen Spielräume als Eltern weiter einschränken. Auch die heutige »Sandwich-Generation« der 30- bis 50-Jährigen, die sich zusätzlich zur eigenen Vorsorge noch um die eigenen Kinder und schon um die eigenen Eltern kümmern muss, wird vom demografischen Wandel besonders schmerzhaft »in die Zange genommen«. Im öffentlichen Bewusstsein ist die alterungsbedingte Finanzierungsproblematik bereits angekommen: Nach einer aktuellen Studie sind sich knapp 90 Prozent der Befragten der Tatsache bewusst, dass die Rentenproblematik ein großes oder sehr großes Problem der nachfolgenden Generationen darstellt.[11] Anderen Untersuchungen zufolge schätzen inzwischen 65 Prozent der Befragten das Rentensystem als ungerecht gegenüber Jüngeren ein. Eine deutliche Mehrheit erwartet zudem, dass die Probleme in Renten- und Krankenversicherung zu einem Konflikt zwischen Jung und Alt führen könnten. Doch auch wenn 46 Prozent der Befragten die momentanen Beitragssätze für zu hoch halten, wird eine Anhebung des Renteneintrittsalters von nur 7,5 Prozent der Befragten befürwortet.[12] Es bleibt also abzuwarten, ob dieses Bewusstsein den Generationenkonflikt herbeiführt, den die politische Ökonomik vorhersagt, oder ob die ältere Generation der jüngeren entgegenkommt, um auch weiterhin deren Teilnahme am Sozialversicherungssystem sicherzustellen und ihre verstärkte Abwanderung ins Ausland zu verhindern.

Es wird deutlich: Die Benachteiligung von Familien ist in den meisten Fällen nicht Folge bewussten Diskriminierungshandelns. Vielmehr geht es auch um sich selbst stabilisierende Mechanismen mit negativen Nebenwirkungen. »Rücksichtslosigkeit« meint eben nicht bewusste Schädigung, sondern die Abwesenheit von Rücksichtnahme. Auch manifestiert sich der »Protest« junger Eltern gegen ihre Lebens- und Arbeitsbedingungen nicht in Form von Arbeitsniederlegungen oder Protestmärschen, sondern vielmehr in einer wesentlich geringeren Erbringung von Erziehungsleistungen: An die Stelle des medienwirksamen Streiks tritt der leise Auszug aus der Elternverantwortung. Von Albert O. Hirschman stammt das Konzept der zwei Optionen »Abwanderung und Widerspruch« (*exit or voice*) in der modernen Gesellschaft:[13] Wer keine Möglichkeit zum Widerspruch bzw. zur Repräsentation der eigenen Position im kollektiven Entscheidungsprozess eingeräumt bekommt, der wird sich über kurz oder lang von der Gemeinschaft abwenden. Der Niedergang der totalitären Regime in Ostdeutschland und Osteuropa vor 1990 hat das veranschaulicht. In Bezug auf unsere Thematik bedeutet dies: Die Tendenz zu weniger Kindern lässt sich in diesem Sinn auch als Abwendung von der – unattraktiv gewordenen – Elternrolle interpretieren, weil es an Widerspruchsmöglichkeiten fehlt.

Ziel einer Familienpolitik als Gesellschaftspolitik ist es also nicht, Familien zu bevorzugen (mithin Gleiches ungleich zu behandeln), sondern bestehende Benachteiligungen auszugleichen (also Ungleiches auch ungleich zu behandeln) und dem grundgesetzlichen Auftrag des Schutzes der Familie (Artikel 6) nachzukommen. Dabei sind in vielen Fällen staatliche Transfersysteme nicht die entscheidenden Stellschrauben, an denen gedreht werden muss. Vielmehr geht es im Sinn einer »Ordnungspolitik der Gesellschaft« um die Verbesserung von Rahmenbedingungen für Eltern in anderen gesellschaftlichen Bereichen wie Beruf und Arbeitswelt, Bildungssystem sowie Gesundheits- und Sozialordnung. In allen diesen Feldern finden sich Elemente »struktureller Rücksichtslosigkeit«: Aus ökonomischer Sicht lässt sich Kinderlosigkeit also auch als (individuell) rationales Anpassungsverhalten an eine gesellschaftspolitisch induzierte Anreizkonstellation verstehen – mit negativen Effekten für die eigene Lebensqualität in Zukunft und harten Konsequenzen für die Gesellschaft.

5 Die Folgen der demografischen Krise für Wohlstand und Lebensqualität

Die demografische Entwicklung der Alterung und Bevölkerungsschrumpfung bei konstant niedriger Geburtenrate verläuft nicht linear, sondern exponentiell. Denn eine schwach besetzte Kindergeneration reproduziert sich später als Elterngeneration noch einmal schwach. Mithin stellen sich in Deutschland, wo der Schrumpfungstrend schon länger besteht als in anderen europäischen Ländern, die wirtschaftlichen, gesellschaftlichen und kulturellen Folgen demnächst immer schneller ein. Der Mangel an qualifiziertem Personal wird ein massives Problem für viele Unternehmen und könnte in Zukunft den Aufbau von Beschäftigung noch stärker behindern. Mehr noch als für markenstarke Großkonzerne – etwa in der Automobilindustrie oder in der Medienbranche – gilt das für den Mittelstand, der in Deutschland den Großteil der Arbeitsplätze zur Verfügung stellt.[14] Viele Mittelständler bieten wohnortnahe Beschäftigungsmöglichkeiten in exportorientierten Branchen, sehen sich aber schon heute mit rückläufigen Bewerberzahlen konfrontiert. Dieser Trend wird sich in Zukunft verstärken und die Firmen vor ganz massive Anpassungszwänge stellen.

Zu den wirtschaftlichen kommen kulturelle Herausforderungen: Wie wird sich die Lebensqualität in einer Gesellschaft darstellen, in der schon ab 2030 auf je zwei Personen im Erwerbsalter (18- bis unter 65-Jährige) eine Person im Alter von über 65 Jahren kommt?[15] Wird diese gealterte und weiter alternde Gesellschaft – im Jahr 2050 werden nur noch etwa 1,5 Erwerbspersonen einem Ruheständler gegenüber stehen – die Toleranz, Weltoffenheit und Investitionsbereitschaft dafür aufbringen, dass sie gleichzeitig eine Zuwanderungsgesellschaft sein soll, die Hunderttausende von Neuankömmlingen willkommen heißen und integrieren muss, um ihren Lebensstandard wenigstens annähernd zu halten? Wie viel Toleranz wird sie der immer selteneren Spezies »Kind« entgegenbringen – zumal wenn die Kinder in beträchtlicher Anzahl einen außereuropäischen Migrationshintergrund besitzen werden? Zur Beantwortung dieser Fragen liegt keinerlei historisches Erfahrungswissen vor – wir wissen schlichtweg nicht, wie alternde Gesellschaften funktionieren und reagieren werden.[16] Sicher ist aus heutiger Sicht: Die Lebensqualität älterer Menschen wird nicht nur durch Befriedigung ihrer physischen Bedürfnisse, sondern gerade auch durch Zuwendung und Liebe ihrer Kinder und Familienangehörigen gesteigert; wo diese zunehmend ausbleibt, da müssen andere innovative soziale Beziehungsmuster gefunden werden. Dazu zählen beispielsweise Mehrgenerationenhäuser, Solidaritätsnetzwerke unter rüstigen Senioren sowie Patenschaftsmodelle. Doch ohne nachwachsende junge Menschen bleiben auch solche innovativen Anpassungsleistungen an veränderte gesellschaftliche Verhältnisse oft aus. Das Nachlassen einer innovativen Dynamik verläuft unerkannt im Hintergrund: Niemand vermisst die Innovation, die nicht entdeckt und eingeführt wird. Und doch: Der Verlust an Innovationskraft prägt die Kultur eines Gemeinwesens in allen Lebensbereichen mit.

Der demografische Wandel trifft zudem verschiedene Landesteile in unterschiedlicher Stärke. Generell gilt hier das biblische Prinzip: »Wer hat, dem wird gegeben werden.« In wirtschaftlich boomenden Regionen im Süden der Republik oder im Umfeld der großen Städte werden auch weiterhin junge Familien leben. Im Osten und Norden Deutschlands aber sind schon heute weite Landstriche durch Alterung und Bevölkerungsschwund gekennzeichnet: Nach Berechnungen des Statistischen Bundesamtes (2011) sind zwischen 1991 und 2008 1,1 Millionen Menschen aus den neuen Bundesländern in die alten abgewandert.[17] Vor allem qualifizierte junge Menschen zog es in die wirtschaftlichen Zentren; dieser Trend wird sich zukünftig aber abschwächen, da der Anteil junger, mobiler Menschen in den neuen Bundesländern bereits stark abgenommen hat und weiter abnimmt. Sinkende Immobilienpreise, größere Schulbezirke (inklusive wachsender Fahrzeiten für die verbleibenden Schüler), Lehrlingsmangel etwa im gewerblichen Bereich und eine zunehmend fragile Infrastruktur sind die Folge. In vielen Innenstädten kommt es schon heute durch die Schließung von Läden und die Bündelung von Einkaufsmöglichkeiten auf wenige Zentren mit Discountern zur Verödung. Auch Schrumpfung muss – etwa städtebaulich – gestaltet werden, beispielsweise durch Ausweisung von Abbruchgebieten, wie dies in Leipzig geschehen ist, um das Problem der »löchrigen Stadt« mit innerstädtischen Kriminalitätszentren zu verhindern.[18] Unsere an Wachstum, Zuwachs und Expansion orientierte Kultur muss auch dafür notwendige politische und ethische Leitvorstellungen bereitstellen, die das Anpassungsverhalten nicht nur in der Politik, sondern auch in Wirtschaft und Bürgergesellschaft tragen und anleiten.

Anpassungsbedarf existiert erst recht in Bezug auf die sozialen Sicherungssysteme. Diese sind in Deutschland fast durchgängig im Umlageverfahren konstruiert. Das trifft explizit für die Rentenversicherung zu; implizit sind aber auch in Kranken- und Arbeitslosenversicherung die Mehrzahl der Nettozahler junge Menschen, die Mehrzahl der Nettoempfänger dagegen Ältere. All diese Systeme kommen durch die (von ihnen selbst indirekt mitinduzierten?) Alterungsprozesse unter erheblichen Stress. Denn die Zahl der Anspruchsberechtigten steigt beständig, während die Zahl der Nettozahler ebenso unaufhaltsam sinkt. Auch die 2009 ausgesprochene Rentengarantie, die dazu führen soll, dass die Renten nie wieder sinken werden, zieht erhebliche Kosten nach sich. Allein durch alle in den letzten Jahren erlassenen Schutzklauseln[19] wurden Rentnern bis 2009 16,6 Milliarden Euro mehr ausgezahlt als eigentlich vorgesehen. Die Kosten für einen Prozentpunkt nicht durchgeführter Rentenkürzung summieren sich bis zu ihrer Nachholung je nach Szenario auf 10 bis 15 Milliarden Euro.[20]

Ein entsprechendes Anpassungs- bzw. Vermeidungsverhalten ist bereits gegenwärtig zu beobachten. So drängt es gut ausgebildete Nachwuchskräfte zunehmend ins Ausland: Seit 2001 verlassen nach Angaben des Statistischen Bundesamtes jährlich über 110 000 Menschen die Bundesrepublik Deutschland (mit vorläufigem Höhepunkt von knapp 175 000 im Jahr 2008); darunter befinden sich überdurchschnittlich viele gut und sehr gut ausgebildete Fachkräfte. Sie gehören mithin zu jener Bevölkerungsgruppe, die sich im Rahmen des deutschen Sozialstaats mit erheblichen Nettozahlungsansprüchen konfrontiert sieht. Für die verbliebenen Altersgenossen steigen die Transferkosten noch. Durchgreifende Kostenverlagerungen durch sozialpolitische Reformen erscheinen angesichts der demografischen Verhältnisse immer unwahrscheinlicher – dies zeigen schon die laufenden Auseinandersetzungen um das gesetzlich vorgeschriebene Renteneintrittsalter. Auch wenn heute in der öffentlichen Wahrnehmung noch kein Generationenkonflikt vorherrscht, bleibt doch zu erwarten, dass die intergenerationellen Verteilungskämpfe an Härte zunehmen werden und sozialpolitische Garantien aufgrund schwindender demografischer Grundlagen immer weniger eingelöst werden können.

6 Gesellschaftspolitische Handlungsoptionen: Weiterentwicklung der deutschen Arbeitsverfassung in Richtung auf Familienfreundlichkeit

Die demografische Krise stellt vielleicht die umfassendste Herausforderung an die deutsche Wirtschafts- und Sozialordnung dar. Anders als der ökologische Umbau lässt sie sich definitiv auch nicht in ein vorwärtsgewandtes Wachstumsprogramm (*green growth*) (um)definieren. Vielmehr geht es um gerechte Gestaltung von Rückbau und Schrumpfung sowie die Schaffung besserer Lebensbedingungen für Eltern und Kinder. Orientierung verspricht hier das Konzept nachhaltiger Entwicklung, wenn und insofern es nicht nur ein ökologisches Leitkonzept bleibt, sondern um eine soziale und intergenerationelle Dimension erweitert wird. Hier gälte es, an die ursprüngliche Definition nachhaltiger Entwicklung der Brundtland-Kommission anzuknüpfen: »Dauerhafte Entwicklung ist Entwicklung, die die Bedürfnisse der Gegenwart befriedigt, ohne zu riskieren, dass zukünftige Generationen ihre eigenen Bedürfnisse nicht befriedigen können.«[21] Eine in diesem Sinn umfassend nachhaltige Entwicklung muss auch die Weiterentwicklung unseres Arbeits- und Sozialstaates implizieren.

Welche Handlungsoptionen ergeben sich angesichts der genannten unbequemen Befunde? Eine Schlüsselstellung kommt sicherlich der besseren Vereinbarkeit von Familie und Beruf für beide Geschlechter zu. In Anbetracht des gewachsenen Scheidungsrisikos, des allgemein hohen Bildungsstandes beider Geschlechter, individualisierter Sozialsysteme (z. B. weitgehender Wegfall der Witwenrente bzw. Hinterbliebenenversorgung) und des Risikos von Arbeitslosigkeit auch für qualifizierte Arbeitskräfte, ist die Erwerbsbeteiligung beider Geschlechter in Zukunft als Standardfall anzunehmen. In der Vergangenheit ist staatliche Familienpolitik über Jahrzehnte hauptsächlich an staatlichen Transferleistungen orientiert gewesen. Lohnersatzleistungen für den nicht berufstätigen Partner standen im Mittelpunkt. Die Ergebnisse dieses Ansatzes sind aber ernüchternd. Nachbarländer wie Frankreich und die skandinavischen Länder zeigen hier die Handlungsmöglichkeiten einer integrierten Bildungs- und Gesellschaftspolitik, die bessere Betreuungsmöglichkeiten in der öffentlichen Infrastruktur schafft. Aber auch marktorientierte Systeme wie in den angelsächsischen Ländern verzeichnen tendenziell höhere Geburtenraten. In den vergangenen Jahren hat deshalb in Deutschland eine Tendenz eingesetzt, die Familienpolitik stärker als umfassende Gesellschafts-Ordnungspolitik begreift:[22] Ministerien und Kommunen bemühen sich gemeinsam mit bürgergesellschaftlichen Akteuren wie Unternehmen, Bildungseinrichtungen und Stiftungen, Rahmenbedingungen für Familien zu verbessern und dabei konkret an bestimmten Teilfragen anzusetzen: Themen wie Vereinbarkeit von Beruf und Familie oder lokale Bündnisse für Familie kennzeichnen einen solchen umfassenden Ansatz.[23]

Dabei besteht das Problem, dass die Familienpolitik sehr große Überschneidungsbereiche mit anderen Ressorts (so beispielsweise Steuer-, Bildungs-, Sozial- und Arbeitsmarktpolitik) aufweist. Dadurch kommt es zu Inkonsistenzen in der deutschen Reformpolitik hinsichtlich der Vereinbarkeit von Familie und Beruf: Experten beurteilen die deutsche Familienpolitik als »durchaus widersprüchlich«, da zwar Steuererleichterungen für Familien aufgrund geringer durchschnittlicher Besteuerung deren finanzielle Basis stärken, gleichzeitig aber durch Regelungen wie das Ehegattensplitting oder Minijobs die Erwerbstätigkeit von Frauen und Müttern durch hohe Grenzsteuersätze für Zweitverdiener eingeschränkt wird.[24]

Um hier politisch kohärenter und gezielter ansetzen zu können, ist eine genauere Analyse der demografischen Krise notwendig. So bleiben gerade akademisch ausgebildete Partner überdurchschnittlich oft kinderlos; gesellschaftspolitisch ist dies insofern bedeutsam, als der Bildungserfolg von Kindern offenbar stark vom Bildungsstand der Eltern abhängt.[25] Die »strukturelle Rücksichtslosigkeit« auch unserer Bildungsinstitutionen macht in den Augen vieler die Vereinbarkeit von Familie und Ausbildung unmöglich (mit der Bologna-Reform hat dieses Problem deutlich zugenommen[26]). Weiterhin sind diskriminierende Mechanismen in der Phase des Berufseinstiegs und der frühen Berufstätigkeit zu nennen. Das Karrieremuster der »allzeit bereiten« Führungskraft, das noch immer in vielen Unternehmen gepflegt wird, fördert die Kinderlosigkeit der Berufseinsteiger. Gerade in zahlreichen attraktiven privatwirtschaftlichen Branchen (z. B. in der Unternehmensberatung und Wirtschaftsprüfung, im Gesundheitssystem, in der Kommunikations- und Medienbranche) wird die ungezügelte Arbeitskraft junger Menschen ausgenutzt, um hohe Gewinne und Gehälter von Führungskräften zu ermöglichen. Hoffnungen auf unbefristete Beschäftigung oder auf Statusgewinne als

»Junior«, »Senior« oder gar »Partner« treiben junge Nachwuchskräfte an; betriebliche und virtuelle soziale Netzwerke dienen vielen als »Ersatzheimat« im Kontext einer individualisierten Gesellschaft.

Berufliches Fortkommen oder Wiedereinstieg bedeutet oftmals, dass Bindungswünsche untergeordnet werden. Das Arbeitsleben droht durch seine zeitliche Allgegenwärtigkeit jenseits einstiger »Normalarbeitsverhältnisse« Partnerschaft und Familie zu verdrängen. Aus einer rein instrumentellen Bedeutung von Arbeit und Beruf als »Broterwerb« ist längst eine Identität stiftende und die Persönlichkeit bestimmende Charakteristik geworden. Doch das eigene Beratungsprojekt wie die Kommunikationskampagne, die Steuerberaterprüfung oder der Key-Account-Kunde entfalten nicht die gleiche Dynamik wie personale Beziehungen im Nahbereich. Die empirische Glücksforschung hat in diesem Sinn auf die Nichtsubstituierbarkeit von Beziehungsgütern (*relational goods*) für den Erhalt persönlicher Lebensqualität hingewiesen.[27] Zwar sind auch Unternehmen heute zunehmend demografisch sensibilisiert und reflektieren die Bedeutung der Thematik für ihre Praxis – etwa im Kontext des Netzwerkes nachhaltigkeitsorientierter Unternehmen »econsense« oder des »Bundes Katholischer Unternehmer« (BKU). Vor dem Hintergrund des sich bereits abzeichnenden Fachkräftemangels entdecken Unternehmen nach und nach das Potenzial, das in flexiblen Arbeitszeiten und Betreuungsstrukturen wie Betriebskindergärten, Arbeit von zu Hause und Ähnlichem steckt und fungieren als Vorbilder für ihre Branche.[28] Das Zertifikat der von der Gemeinnützigen Hertie-Stiftung gegründeten »Beruf und Familie gGmbH« hat für Handlungsfelder familienbewussten Managements sensibilisiert: Mehr Flexibilität in Hinblick auf Arbeitszeit und Arbeitsort, betriebliche Informationspolitik und Beförderungen, Kontakthalteprogramme für Familienurlauber oder regionale Kooperationen beispielsweise zur Verbesserung der Betreuungssituation leisten einen Beitrag zu stärker praktizierter Familienfreundlichkeit im Alltag.

Es bedarf aber darüber hinaus eines kulturellen Wandels im Berufsleben, der die Bedeutung von personalen Verantwortlichkeiten von Mitarbeiterinnen und Mitarbeitern auch jenseits des eigenen Arbeitsplatzes reflektiert und in betriebliche Organisationsentscheidungen integriert. Diese werden heute als freiwillige Maßnahmen im Kontext verantwortlichen Managements (*corporate responsibility*) realisiert. Einen Ersatz für institutionelle Lösungen stellen sie aber nicht dar. Nur als gerecht empfundene Regeln, die auch institutionelle Mitentscheidungsrechte einräumen bzw. spezialisierte Institutionen bilden, können eine Vertrauenskultur begründen. Die deutsche Arbeitsverfassung, wie sie sich in der ersten Hälfte des

20. Jahrhunderts entwickelte, hat hier mit der betrieblichen Mitbestimmung, der Tarifautonomie und der Arbeitsgerichtsbarkeit entsprechende kulturprägende Institutionen hervorgebracht. Sie müssen nun an die Herausforderungen der demografischen Entwicklung angepasst werden. Welche Möglichkeiten bieten sich dafür?

Die angestoßene Diskussion um eine Frauenquote im Management sollte in Hinblick auf eine Elternquote für Führungskräfte (unter Einschluss mehrjährige Erziehungsarbeit leistender Väter) weiterentwickelt werden. Denn nicht nur schichten-, sondern auch geschlechtsübergreifend gilt eine Diskriminierung zwischen kinderlosen Arbeitnehmern und solchen, die Elternverantwortung wahrnehmen. Im Rahmen eines wettbewerbsorientierten *diversity managements* würde auch eine Elternquote nicht einer betriebsfremden Logik der »Political Correctness« folgen; vielmehr stellen aus Elternarbeit resultierende Kompetenzen (z.B. intrinsische Motivationsfähigkeit, Empathie, kommunikative Kompetenz) auch für Firmen in vielen Tätigkeitsfeldern wertvolle Ressourcen dar.

Im Rahmen der grundgesetzlich garantierten Tarifautonomie sollten Gewerkschaften und Arbeitgeberverbände am Umbau der deutschen Arbeitsverfassung in Richtung einer Steigerung der Nachhaltigkeit mitwirken. Dazu wäre eine Verpflichtung, jährlich in einem »sozialen Nachhaltigkeitsbericht« über mittelfristige Ziele, Konzeptionen und Zielerreichung zu berichten, sinnvoll. Maßnahmen zur besseren Vereinbarkeit von Familie und Beruf müssen insbesondere in den Tarifverträgen – mit je nach Ausgangslage und Branche unterschiedlichen Implikationen – verankert werden. Berichte, Konferenzen und Kommunikationsstrukturen der Tarifpartner zur Thematik sollten nicht zuletzt Lernprozesse innerhalb der Betriebe zur Verbesserung der Vereinbarkeit von Familie und Beruf anstoßen.

Durch die Weiterentwicklung des Betriebsverfassungsgesetzes könnte innerhalb des Betriebsrates ein Familienbeauftragter bestellt werden, der speziell die betrieblichen Anliegen von Eltern vertritt. Um dadurch keine zusätzliche innerbetriebliche Bürokratie zu schaffen, sollte die Einschätzung des Familienbeauftragten jeweils bereits bei der Stellungnahme des Betriebsrates im Rahmen seiner gesetzlichen Konsultationspflichten berücksichtigt werden. Ziel sollte es dabei nicht zuletzt sein, die Betriebsratsarbeit für die häufig versteckten Bedürfnisse von Eltern zu sensibilisieren. Dabei empfiehlt es sich, die Arbeit von Frauen- und Familienbeauftragten zu bündeln.

Die Weiterentwicklung der bald 100 Jahre alten und in der Rückschau sehr erfolgreichen deutschen Arbeitsverfassung hin zu mehr Generationengerechtigkeit und sozialer Nachhaltigkeit stellt angesichts der bereits nicht mehr umkehrbaren demografischen Krise eine Jahrhundertaufgabe dar. Dazu ist institutionelle Phantasie und langfristige Planung gefordert. Es ist höchste Zeit, die entsprechenden Prozesse anzustoßen.

Anmerkungen

* Die vorgelegten Überlegungen sind auf dem Hintergrund der Diskussionen und Arbeiten für die Enquete-Kommission »Wachstum, Wohlstand, Lebensqualität« des Deutschen Bundestages entstanden. Ich danke in diesem Zusammenhang meiner Mitarbeiterin Stefanie Herber für weiterführende Hinweise, Kritik und Ergänzungen.

1 Douglas C. North/John J. Wallis/Barry R. Weingast, Violence and Social Orders – A Conceptual Framework for Interpreting Recorded Human History, Cambridge 2009.

2 Dies gilt auch während der Bildung der Institutionen: Wie Cervellati, Fortunato und Sunde zeigen, haben Gewalt und Konflikte während der Entstehung von Demokratien auch nach deren Etablierung noch negative Folgen für die Qualität der entstandenen politischen Institutionen. Ein einvernehmlicher Systemwandel, der Vertrauen in die Beständigkeit und Verlässlichkeit der Institutionen erlaubt, hat zudem positive wirtschaftliche Effekte (vgl. Matteo Cervellati/Piergiuseppe Fortunato/Uwe Sunde, Democratization and Civil Liberties: The Role of Violence During the Transition, CEPR Discussion Paper No. DP8315, 2011; Matteo Cervellati/Uwe Sunde, Democratization, Violent Social Conflicts, and Growth, IZA Discussion Paper No. 5643, 2011).

3 Vgl. Hans-Böckler-Stiftung, Streiktage im europäischen Vergleich, zit. nach http://www.tagesschau.de/wirtschaft/meldung488344.html.

4 Nach der dominierenden Definition des Instituts für Mittelstandsforschung (IfM) in Bonn zählen zum Mittelstand Unternehmen mit bis zu 500 Mitarbeitern und einem Jahresumsatz bis zu 50 Millionen Euro, wobei Unternehmen mit weniger als zehn Mitarbeitern und einem Umsatz von weniger als eine Million Euro zu den kleinen und Unternehmen mit zehn bis 500 Mitarbeitern und maximal 50 Millionen Euro Umsatz zu den mittleren Unternehmen gezählt werden (vgl. IfM Bonn, Kennzahlen zum Mittelstand 2009/2010 in Deutschland, http://www.ifm-bonn.org/index.php?id=99).

5 Zum Zusammenhang zwischen Erwerbstätigkeit und erfülltem Kinderwunsch in Abhängigkeit von der Ausbildungsdauer vgl. die Ergebnisse von Michaela Kreyenfeld, Uncertainties in Female Employment Careers and the Postponement of Parenthood in Germany, in: European Sociological Review, 26 (2010) 3, S. 351–366.

6 Dieser treffende Begriff wurde von Franz-Xaver Kaufmann geprägt; vgl. u. a. Franz-Xaver Kaufmann, Zukunft der Familie im vereinten Deutschland. Gesellschaft-

liche und politische Bedingungen (Perspektiven und Orientierungen – Schriftenreihe des Bundeskanzleramtes, Band 16), München 1995, S. 169 ff.

7 Vgl. insbesondere den 5. Familienbericht, für den die Begrifflichkeit der »strukturellen Rücksichtslosigkeit« prägend geworden ist: Bundesministerium für Familie, Senioren, Frauen und Jugend (Hrsg.), 5. Familienbericht, Bonn 1995.

8 Hufnagel errechnet nach Abzug staatlicher Unterstützungsleistungen für Kinder und Familien Gesamtkosten in Höhe von 200 000 EUR zur Betreuung und Versorgung zweier Kinder bis zu ihrem 17. Lebensjahr. Schränken beide Partner gleichermaßen ihre Erwerbsbeteiligung zur Kinderbetreuung ein, dann entstehen zusätzliche Opportunitätskosten je nach Höhe des ausgefallenen Verdienstes (vgl. Rainer Hufnagel, Die Kosten von Kindern und die Kosten einer egalitären Partnerschaft, in: Vierteljahrshefte zur Wirtschaftsforschung, 71 [2002] 1, S. 114–125).

9 Als Medianwähler wird in der Wissenschaft derjenige Wähler bezeichnet, der exakt die »Mitte« wählt, also rechts wie links von sich exakt gleich viele Wähler vorfindet, die eine andere Wahlentscheidung treffen. Für die politischen Parteien ist der Medianwählertheorie zufolge eine Orientierung an dessen Überzeugungen erfolgversprechend, was zu einer tendenziellen Angleichung von Parteiprogrammen führt. Mit der demografischen Alterung führt eine Orientierung am (alternden) Medianwähler allerdings dazu, dass nicht in der »Mitte« angesiedelte Politikvorhaben an Stellenwert verlieren. Vgl. u. a. Silke Übelmesser, Political Feasibility of Pension Reforms, in: Topics in Economic Analysis and Policy, 4 (2004) 1, Art. 20; Hans-Werner Sinn/Silke Übelmesser, Pensions and the Path to Gerontocracy in Germany, in: European Journal of Political Economy, 19 (2003) 1, S. 153–158.

10 Dabei wird allerdings nicht gesehen, dass familienfreundliche Politik nicht nur aktuell Geld umverteilt, sondern dass sie in Form von zukünftigen Steuerzahlern und qualifizierten Mitarbeitern einen – auch finanziellen – Mehrwert für die Gesellschaft erbringt. Eine solche Politikblockade wird nur aufgelöst, wenn auch die langfristigen Wirkungen berücksichtigt werden und der Vorteil von Reformen für alle Generationen deutlich wird.

11 Vgl. Bundesverband deutscher Banken, Generationengerechtigkeit – Befragung September 2009, http://www.bankenverband.de/downloads/meinungsumfrage/generationengerechtigkeit.

12 Vgl. Markus Schrenker, Warum fast alle das deutsche Rentensystem ungerecht finden, aber trotzdem nichts daran ändern möchten, in: Kölner Zeitschrift für Soziologie und Sozialpsychologie, 61 (2009) 2, S. 1–24, hier insbes. S. 3.

13 Albert O. Hirschman, Abwanderung und Widerspruch. Reaktionen auf Leistungsabfall bei Unternehmen, Organisationen und Staaten, Tübingen 1974.

14 Das IfM schätzte auf Grundlage von Daten des Unternehmensregisters 2008 für das Jahr 2010, dass kleine und mittelständische Unternehmen 59,9 % der sozialversicherungspflichtigen Beschäftigten anstellen und 83,1 % der Auszubildenden betreuen (vgl. IfM Bonn [Anm. 4]).

15 Vgl. Organisation for Economic Co-operation and Development (OECD) (Hrsg.), Pensions at a Glance 2009 – Retirement-Income Systems in OECD Countries, Paris 2009, S. 151.

16 Vgl. Meinhard Miegel, Die deformierte Gesellschaft – Wie die Deutschen ihre Wirklichkeit verdrängen, Berlin 2002.

17 Vgl. Statistische Ämter des Bundes und der Länder (Hrsg.), Demografischer Wandel in Deutschland – Bevölkerungs- und Haushaltsentwicklung im Bund und in den Ländern (Heft 1), Wiesbaden 2011, S. 19.

18 Vgl. dazu Stefanie Rößler, Freiräume in schrumpfenden Städten – Chancen und Grenzen der Freiraumplanung im Stadtumbau, IÖR Schriftenreihe 50, Dresden 2010.

19 2004 wurde ausgeschlossen, dass Nachhaltigkeits- und Riester-Faktor in der Rentenformel zu einer Rentenkürzung führen können und 2006 wurde mit der modifizierten Schutzklausel ein Nachholfaktor in die Rentenformel eingefügt, mit dem der Ausgleichsbedarf der 2005 und 2006 unterlassenen Rentenkürzungen nachgeholt werden sollte. Seit 2011 wird bis zur Rückführung des Nachholbedarfs jede positive Rentenanpassung nur noch zur Hälfte realisiert.

20 Zu diesem Ergebnis gelangt Gasche in seinen Berechnungen (vgl. Martin Gasche, Rentenanpassung 2010 – Wem nützt die Rentengarantie?, Mannheim Research Institute for the Economics of Aging (MEA) Working Paper 199–2010, 2010).

21 Vgl. United Nations World Commission on Environment and Development (WCED), Our Common Future, Oxford 1987, S. 43: »Sustainable development is development that meets the needs of the present without compromising the ability of future generations to meet their own needs.«

22 Vgl. dazu André Habisch, Gesellschafts-Ordnungspolitik. Gestaltung institutioneller Arrangements für die Bürgergesellschaft des 21. Jahrhunderts, in: Bernhard Jans/André Habisch/Erich Stutzer (Hrsg.), Familienwissenschaftliche und familienpolitische Signale. FS Max Wingen zum 70. Geburtstag, Grafschaft 2000, S. 89–98.

23 Vgl. René Schmidpeter, Gesellschaftliche Selbststeuerung als Instrument der Kommunalen Familienpolitik – am Beispiel des Familien-Tisches, Berlin 2009.

24 Vgl. Werner Eichhorst/Eric Thode, Vereinbarkeit von Familie und Beruf: Wie konsistent sind die Reformen?, IZA Discussion Paper No. 4294, 2009.

25 Vgl. u. a. Klaus-Jürgen Duschek/Heike Wirth, Kinderlosigkeit von Frauen im Spiegel des Mikrozensus: Eine Kohortenanalyse der Mikrozensen 1987 bis 2003, in: Wirtschaft und Statistik 8/2005, S. 800–820.

26 Vgl. Wissenschaftlicher Beirat für Familienfragen beim Bundesministerium für Familie, Senioren, Frauen und Jugend (BMFSFJ), Ausbildung, Studium und Elternschaft: Analysen und Empfehlungen zu einem Problemfeld im Schnittpunkt von Familien- und Bildungspolitik, Kurzfassung des gleichnamigen Gutachtens des Wissenschaftlichen Beirats für Familienfragen beim BMFSFJ, Berlin 2010.

27 Vgl. Luigino Bruni, The Happiness of Sociality. Economics and Eudaimonia: A Necessary Encounter, in: Rationality and Society, 22 (2010) 4, S. 383–406.

28 Vgl. bereits André Habisch, Familienorientierte Unternehmensstrategie. Beiträge zu einem zukunftsorientierten Programm, DNWE-Schriftenreihe Bd. 1, Mering 1995, sowie laufende Publikationen auf www.beruf-und-familie.de.

Dierk Hirschel

Eine neue Ordnung für den Arbeitsmarkt: Warum Deutschland mehr denn je starke Gewerkschaften braucht

Vor einem Jahrzehnt wurde das Regelwerk des deutschen Arbeitsmarktes und Sozialstaates grundlegend verändert. Unter Führung des damaligen Bundeskanzlers Gerhard Schröder griff eine rot-grüne Bundesregierung massiv in die bestehende Arbeitsmarkt- und Sozialgesetzgebung ein.

Dem vorausgegangen war ein jahrelanges Wehklagen der Arbeitgeber und ihrer Verbände über die angeblich beschäftigungsfeindliche Regulierung des Arbeitsmarktes und Sozialstaates. Die überwiegende Mehrheit der Medien und der wirtschaftswissenschaftliche Mainstream spielten dieselbe Melodie. Ursächlich für die deutsche Wachstumsschwäche und hohe Arbeitslosigkeit waren angeblich zu hohe Löhne, eine zu geringe Lohnspreizung sowie zu hohe Sozialleistungen.

Ziel der Schröder-Regierung war es, den Niedriglohnsektor umfassend auszubauen. Dadurch sollten ungenutzte Beschäftigungspotenziale erschlossen werden und insbesondere Geringqualifizierte wieder Zugang zum Arbeitsmarkt finden. Zu diesem Zweck legte die rot-grüne Bundesregierung die Arbeitslosen- und Sozialhilfe zusammen und senkte sie auf das Niveau der Sozialhilfe ab (Hartz IV). Gleichzeitig erschwerte die Schröder-Regierung die Voraussetzungen für den Bezug von Hartz IV. Die Zumutbarkeit der Arbeitsaufnahme wurde ebenso verschärft wie die Bezugsdauer des Arbeitslosengeldes reduziert. Die Leiharbeit wurde dereguliert, die feste Überlassungsdauer für Leiharbeiter abgeschafft. Doch damit nicht genug: Die rot-grüne Regierung verschlechterte auch den Kündigungsschutz. Befristungen ohne sachlichen Grund wurden erleichtert, Mini- und Midijobs, Ein-Euro-Jobs und Ich-AGs arbeitsmarktpolitisch gefördert.

Der deutsche Arbeitsmarkt ist heute nicht wiederzuerkennen. Die sogenannten Reformen, die in Wirklichkeit an einen Kahlschlag erinnern, schlugen voll auf die Struktur der Beschäftigung durch. Betriebliche Kostensenkungsstrategien, die im Rahmen dieser Reformen weitestgehend ungehindert durchgesetzt werden konnten, führten zur Entsicherung der Arbeitsverhältnisse.

Aber ist Deutschland damit gut gefahren? Sind wir deshalb besser auf die Herausforderungen der Zukunft vorbereitet? Versetzen uns die sogenannten Arbeitsmarktreformen in die Lage, den technischen Fortschritt, die zunehmende internationale Arbeitsteilung und den demografischen Wandel besser zu bewältigen und unseren Wohlstand zu mehren? Die Antwort auf jede dieser Fragen lautet: nein!

1 Billiglohn und atypische Beschäftigung: Die neue Schieflage

Jeder dritte Job ist heute ein atypisches Beschäftigungsverhältnis.[1] Bei den Frauen ist es sogar jeder zweite Arbeitsplatz. Im Zeitraum von 2000 bis 2011 wurden hierzulande 1,8 Millionen Vollzeitstellen abgebaut. Dies entspricht einem Rückgang von sieben Prozent. Die Teilzeitarbeit ist dagegen um 30 Prozent auf heute 12,6 Millionen Arbeitsplätze gestiegen. Davon arbeiten zwei Millionen Menschen in Zwangsteilzeit, würden also lieber vollzeitbeschäftigt sein. Die Zahl der Leiharbeiter kletterte auf fast eine Million. Schon lange geht es den Firmen nicht mehr darum, Produktionsspitzen auszugleichen. Leiharbeit wird verstärkt zum Lohndumping eingesetzt. In der Metall- und Elektroindustrie liegt der Verdienst von Leiharbeitern im Schnitt 20 bis 40 Prozent unter dem Lohn gleich qualifizierter Stammbelegschaften.[2] Jeder achte Leiharbeiter erhält heute unterstützend Hartz IV. Die geringfügige Beschäftigung explodierte. Die Zahl der Mini- und Midijobs[3] stieg auf 7,4 Millionen. Zudem entstanden über 300 000 neue Ein-Euro-Jobs. In Verbindung mit den neuen Aufstockungsmöglichkeiten für Hartz-IV-Empfänger, denen unter bestimmten Voraussetzungen Hinzuverdienste nicht ganz auf den Transferbezug angerechnet werden, wurden auf diese Weise umfangreiche Kombilohnregelungen geschaffen. Die Zahl der sogenannten Aufstocker erreichte – nicht überraschend – schnell 1,4 Millionen, darunter befinden sich 350 000 Vollzeitbeschäftigte. Die Soloselbstständigkeit stieg zwischen 1998 und 2009 um 35 Prozent auf heute rund 2,3 Millionen Personen. Etwa 30 Prozent von ihnen beziehen aber nur ein monatliches Nettoeinkommen unter 1 100 Euro. Auch eng umgrenzte Projekt- und Werkverträge sowie unbezahlte Praktika werden bei den Unternehmen immer beliebter. Darüber hinaus nahmen die befristeten Arbeitsverträge zu: Die Zahl der befristeten Arbeitsverhältnisse hat sich zwischen 1996 und 2010 verdoppelt; jede zweite Neueinstellung ist heute befristet.[4]

Abb. 1: Entwicklung von Beschäftigungsverhältnissen 1991 bis 2009

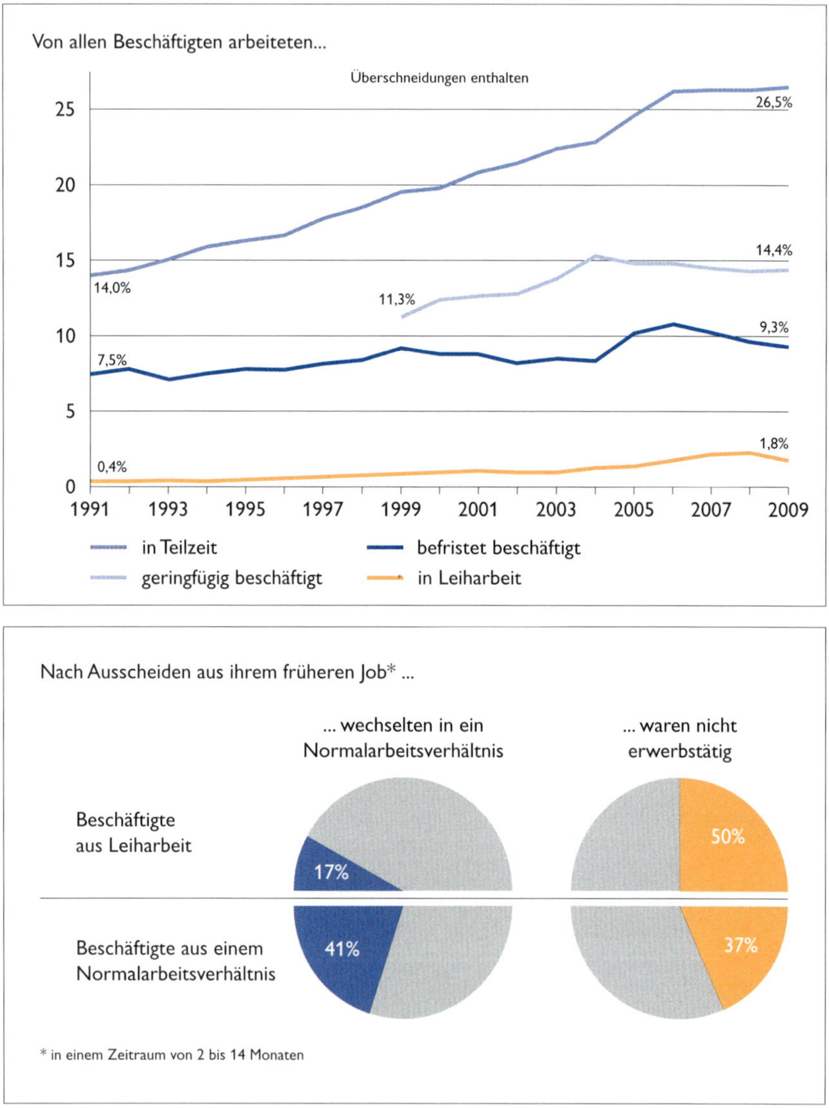

Quelle: Bernd Keller/Hartmut Seifert, Atypische Beschäftigungsverhältnisse. Stand und Lücken der aktuellen Diskussion, in: WSI-Mitteilungen, 64 (2011) 3, S. 138–145, hier S. 139

Abb. 2: Markteinkommen und verfügbare Einkommen 1985 bis 2005

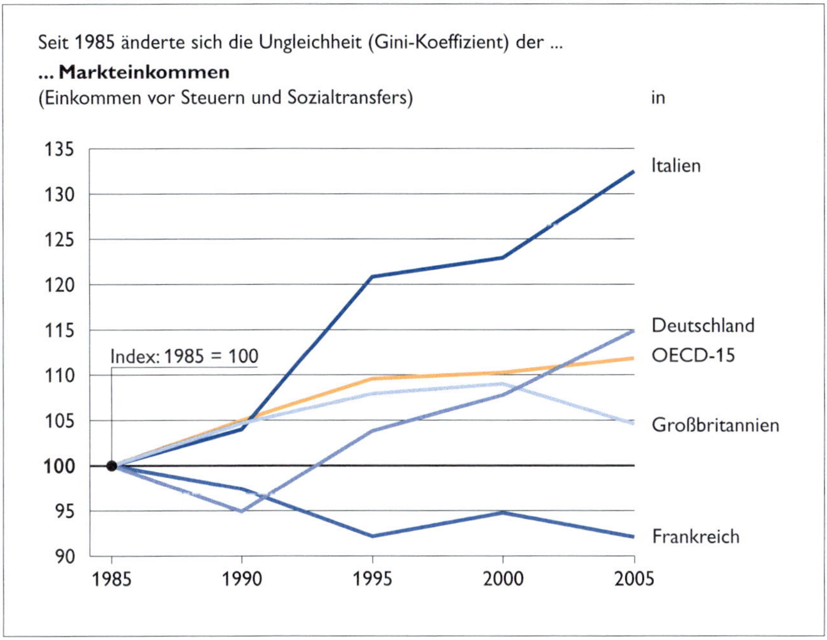

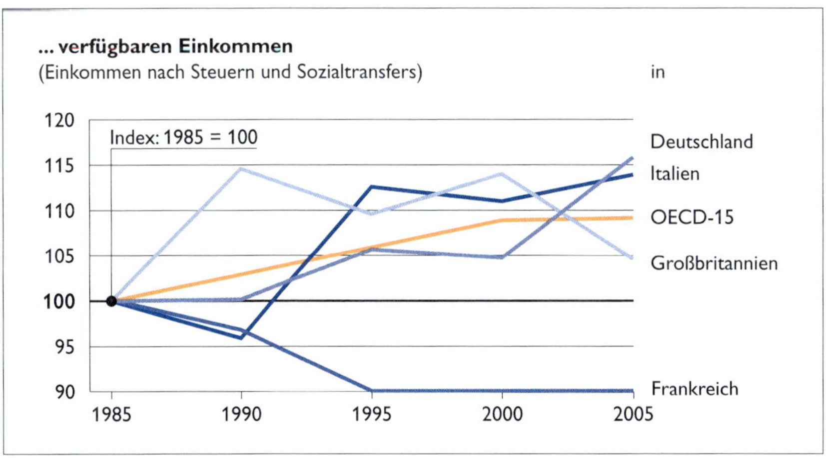

Quelle: Zwei Jahrzehnte wachsende Ungleichheit – zulasten der Wirtschaftskraft, in: Böckler Impuls 3/2011, S. 6f., hier S. 6; http://boeckler.de/pdf/impuls_2011_03_6-7.pdf (Datenquelle: OECD 2008, Horn 2011)

Die Hartz-Reformen zwangen Arbeitslose, unter Androhung drastischer Leistungskürzungen jede noch so schlecht bezahlte Arbeit anzunehmen. Die mit atypischen Beschäftigungsformen verknüpfte Unsicherheit und die Angst vor dem Absturz in den Hartz-IV-Armutskeller erhöhten die lohnpolitische Konzessionsbereitschaft der Arbeitnehmer.

Die neue Schieflage auf dem Arbeitsmarkt drückte die Löhne. Der Niedriglohnsektor[5] expandierte. Fast jeder vierte Arbeitnehmer arbeitet heute in diesem Segment.[6] Hierbei handelt es sich um 7,9 Millionen Menschen – ein Zuwachs von über 2,3 Millionen seit 1995. Rund 2,5 Millionen Menschen bekommen für ihre Arbeit weniger als sechs Euro pro Stunde. Fast 1,4 Millionen erhalten einen Stundenlohn von weniger als fünf Euro.

Unter den Billiglöhnern befinden sich bis zu 4,5 Millionen Personen, die in Vollzeit arbeiten. Der Rest der Geringverdiener arbeitet in Teilzeit oder hat einen Minijob. Die Mehrheit der Geringverdiener sind Frauen. Mehr als jede dritte berufstätige Frau arbeitet in Deutschland für einen Billiglohn, bei den Männern sind es »nur« 13 Prozent. Entgegen einem weitverbreiteten Vorurteil arbeiten im Niedriglohnsektor keineswegs überwiegend unqualifizierte Arbeitnehmer. Mehr als vier Fünftel der Niedriglöhner haben eine abgeschlossene Berufsausbildung oder gar einen akademischen Abschluss. Den Kern des deutschen Niedriglohnsektors bilden die privaten Dienstleistungen. Den größten Niedriglohnanteil gibt es bei Dienstleistungen für Privathaushalte, bei sonstigen Dienstleistungen, im Gastgewerbe, in der Land- und Forstwirtschaft und in der Leiharbeit. In diesen Branchen arbeiten mehrheitlich Geringverdiener. Aber auch die Freizeitwirtschaft, das Gesundheits- und Sozialwesen und der Handel haben ein großes Niedriglohnsegment.[7]

Bereits 2005 verkündete Gerhard Schröder auf dem Weltwirtschaftsforum in Davos: »Wir haben einen der besten Niedriglohnsektoren aufgebaut, den es in Europa gibt.« Heute verfügt Deutschland nach den USA über den größten Niedriglohnsektor der führenden Industriestaaten. Die Billiglöhne bremsten die gesamtwirtschaftliche Lohnentwicklung. Die realen Bruttolöhne sind hierzulande im letzten Jahrzehnt um vier Prozent gesunken. Damit hat Deutschland bei den Löhnen die rote Laterne in Europa.

Gleichzeitig nahm die Lohnspreizung immer weiter zu. In keinem westlichen Industrieland stiegen die Einkommensunterschiede so stark wie in Deutschland. Während Deutschland in den 1980er und 1990er Jahren zu den eher egalitäreren Gesellschaften gehört hat, liegt es heute nur noch im Mittelfeld. Die reichsten zehn Prozent verdienen heute achtmal so viel wie die untersten zehn Prozent.[8]

2 Das Märchen vom Jobwunder

Diese Entwicklung wird von der überwiegenden Mehrheit der Ökonomen begrüßt. Die deutsche Lohnschwäche und Lohnspreizung erklärt aus Sicht des ökonomischen Mainstreams den aktuellen Beschäftigungsboom. Die neuen Rekordstände bei der Erwerbstätigkeit und der Rückgang der Arbeitslosigkeit werden der Deregulierung des Arbeitsmarktes zugeschrieben.

Doch diese Erzählung entpuppt sich bei näherer Betrachtung als ökonomisches Märchen. Zunächst einmal gilt es, die monatlichen Jubelmeldungen aus Nürnberg zu hinterfragen. Die offizielle Arbeitslosenstatistik schönt die triste Realität. Die registrierte Arbeitslosigkeit von drei Millionen hat nur eine geringe Aussagekraft. Über vier Millionen Menschen sind hierzulande unterbeschäftigt. Hierbei handelt es sich um Personen in Trainings- und Weiterbildungsmaßnahmen, ALG-II-Empfänger, die älter als 58 Jahre sind, oder um Ein-Euro-Jobber. Doch damit nicht genug: Arbeitsuchende, die keine Leistungsansprüche gegenüber der Arbeitslosenversicherung haben, werden von der offiziellen Arbeitslosenstatistik gar nicht erst erfasst. Gleiches gilt für zwei Millionen unfreiwillig Teilzeitbeschäftigte, die vergebens eine Vollzeitstelle suchen. Kurzum: Hierzulande suchen mindestens sieben Millionen Menschen Arbeit. Von Vollbeschäftigung sind wir meilenweit entfernt. Selbst der demografische Wandel wird die Arbeitslosigkeit nicht überwinden. Die Wissenschaftler der Bundesagentur für Arbeit gehen davon aus, dass im Jahr 2025 noch immer 1,5 Millionen Menschen arbeitslos sein werden.

Auch die Aussagekraft der Erwerbstätigenstatistik muss in Zweifel gezogen werden. Der neue Erwerbstätigenrekord ist kein Beleg für eine vermeintlich starke Beschäftigungsdynamik. Viele Unternehmen wandeln verstärkt Vollzeitstellen in Teilzeitarbeitsverhältnisse und Minijobs um. Die Zahl der Erwerbstätigen nimmt dadurch zu, dass die vorhandene Arbeit zu prekären Bedingungen neu verteilt wird. Heute gibt es nicht mehr bezahlte Arbeit als noch vor 20 Jahren. Und auch seit der Jahrtausendwende ist keine deutliche Zunahme der bezahlten Arbeit zu verzeichnen. Das Arbeitsvolumen betrug 2011 insgesamt 58,1 Milliarden Arbeitsstunden und lag somit lediglich 0,3 % über dem Wert aus dem Jahr 2000.

Darüber hinaus steht der unterstellte kausale Zusammenhang zwischen Lohnschwäche und Beschäftigungswachstum auf tönernen Füßen. Die Agenda 2010 und Hartz IV haben mit den Beschäftigungszuwächsen der letzten beiden Aufschwünge genauso viel zu tun wie die Geburtenhäufigkeit mit der Zahl der Störche.

Dies verdeutlicht anschaulich ein Vergleich des Aufschwungs 1998/2001 mit dem Aufschwung 2004/2008.[9] Der »Agenda-Aufschwung« 2004/2008 war überwiegend exportgetrieben. Während die realen Exporte kräftig stiegen, kam die Inlandsnachfrage kaum vom Fleck. Dies galt besonders für den privaten Konsum. Zwar war auch der Aufschwung 1998/2001 exportgetrieben, das Missverhältnis zwischen Export- und Inlandsnachfrage war jedoch weniger ausgeprägt. Die Einkommen entwickelten sich im »Agenda-Aufschwung« deutlich schwächer als im Aufschwung 1998/2001. Erstmals in einer Phase des Aufschwungs sanken die Reallöhne.

Abb. 3: Entwicklung sozialversicherungspflichtiger Beschäftigung

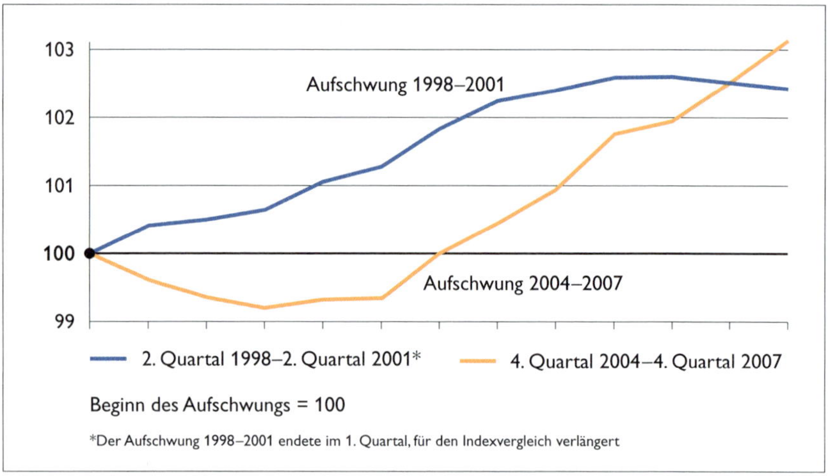

Quelle: Arbeitsmarktreformen: Bislang bleibt das Jobwunder aus, in: Böckler Impuls 7/2008, S. 2; http://boeckler.de/pdf/impuls_2008_07_2.pdf (Datenquelle: Bundesagentur für Arbeit, Berechnungen des IMK 2008)

Das Arbeitsvolumen stieg im »Agenda-Aufschwung« stärker als im Aufschwung 1998/2001. Allerdings stimmt das nur auf den ersten Blick, denn letztlich war dieser kräftigere Zuwachs allein der längeren Dauer des »Agenda-Aufschwungs« – 13 versus sieben Quartale – geschuldet, was wiederum dem günstigeren weltwirtschaftlichen Umfeld zu verdanken war.[10] Getrieben wurde diese Zunahme des Arbeitsvolumens durch eine Ausweitung der individuellen Arbeitszeiten – Arbeitszeitkonten, Überstunden etc. – und nicht durch Neueinstellungen. Die Arbeitsstunden stiegen also aufgrund der Wirksamkeit interner Flexibilisierungsinstrumente. Folglich war dies nicht den sogenannten Arbeitsreformen zu verdanken, die explizit auf externe Flexibilisierung setzten.

Der Zuwachs an neuen Arbeitsplätzen war im »Agenda-Aufschwung« ebenfalls leicht stärker. Gleiches gilt für die Zunahme sozialversicherungspflichtiger Jobs (siehe *Abbildung 3*). Doch auch hier wirkte sich allein die längere Dauer des »Agenda-Aufschwungs« aus, wobei sich der Beschäftigungszuwachs im »Agenda-Aufschwung« erst mit großer zeitlicher Verzögerung Anfang 2006 einstellte. Vorher gab es sogar Beschäftigungsverluste.

Die Arbeitslosigkeit ging im Zuge des »Agenda-Aufschwungs« stärker als im Aufschwung 1998/2001 zurück. Dies gilt allerdings nicht für die Langzeitarbeitslosigkeit. Dabei standen gerade die Langzeitarbeitslosen im Fokus der Arbeitsmarktreformen. Der stärkere Abbau der Arbeitslosigkeit im Aufschwung 2004/2008 war vor allem auf den demografisch bedingten Rückgang des Arbeitskräfteangebots zurückzuführen.[11] Es fragten weniger junge Menschen nach Arbeit nach, als ältere Erwerbstätige aus dem Berufsleben ausschieden. Zudem nahmen Frauenerwerbstätigkeit und Zuwanderung nicht mehr zu.

Mit anderen Worten: Der empirische Beweis für die angeblich positiven Beschäftigungswirkungen der Agenda 2010 und der Hartz-Gesetze ist bis heute nicht erbracht worden. Der Zuwachs von Jobs 2004/2008 bewegte sich im Rahmen einer gewöhnlichen Erholung der Konjunktur. Mit großer reformerischer Entfesselungskunst und heilsamer Zwangsdiät hatte dieser klassische Investitionszyklus überhaupt nichts zu tun. Die Arbeitsmarktreformen führten zu keiner höheren Beschäftigungsdynamik. Eine zeitliche Reihenfolge – Aufschwung folgt Reformen – ist eben noch keine Kausalität.

Mit dem Ausbau des Niedriglohnsektors war auch die Hoffnung verknüpft, Arbeitslosen den Zugang zum Arbeitsmarkt zu erleichtern Der Einstieg über den Niedriglohn sollte als »Sprungbrett« in eine dauerhafte reguläre Beschäftigung dienen. Heute zeigt sich, dass diese Hoffnungen unberechtigt waren. Der Niedriglohnsektor ist vielmehr zu einer Niedriglohnfalle geworden.

Unter den vollzeitbeschäftigten Geringverdienern schafft nur jeder Achte den Aufstieg in ein existenzsicherndes Beschäftigungsverhältnis.[12] Besonders schlecht sind die Aufstiegschancen für Frauen, Ältere und Unqualifizierte. Noch dürftiger sind sie bei der Leiharbeit. Nur sieben Prozent der Leiharbeiter schaffen den langfristigen Übergang in ein reguläres Beschäftigungsverhältnis[13] – von einem »Klebeeffekt« keine Spur. Damit wurde das große Versprechen der sozialen Marktwirtschaft außer Kraft gesetzt: Leistung lohnt sich nicht mehr. Für eine Gesellschaft, die mehr denn je darauf angewiesen sein wird, dass Leistung sich lohnt, sind das die völlig falschen Signale.

3 Arbeitsmarkt, Macht und Verteilung

Auf dem Arbeitsmarkt geht es immer um Machtfragen. Der Arbeitsmarkt ist kein klassischer »Kartoffelmarkt«, wo der Preis Angebot und Nachfrage reguliert. Die neoklassische Arbeitsmarkttheorie unterstellt, dass die Nachfrage nach Arbeitskräften von der Höhe des Reallohnes abhängt. Wenn der Reallohn sinkt, steigt die Nachfrage und umgekehrt. Arbeitslosigkeit ist in der neoklassischen Welt somit immer Ausdruck eines überhöhten Reallohnsatzes. Das neoklassische Arbeitsmarktmodell ist aber eine reine Fiktion. Die Grundannahmen der neoklassischen Arbeitsmarkttheorie sind vollkommen realitätsfremd.

Zwischen Arbeitnehmern und Arbeitgebern herrschen keine gleichen Wettbewerbsbedingungen. Sie verhandeln nicht auf Augenhöhe. Arbeitnehmer müssen ihre Arbeitskraft verkaufen, um ihren Lebensunterhalt bestreiten zu können. Sinken die Löhne, so können sich die Beschäftigten nicht vom Arbeitsmarkt zurückziehen, wie es die Neoklassik unterstellt. Es herrscht der stumme Zwang der Existenzsicherung. Daran ändert auch das hohe private Nettovermögen nichts. Zwar verfügt – rein statistisch – jeder Deutsche über ein durchschnittliches Nettovermögen von 88 000 Euro. Es ist jedoch denkbar ungleich verteilt. Die reichsten zehn Prozent besitzen rund 70 Prozent des gesamten Nettovermögens. Die unteren 50 Prozent – überwiegend Arbeitnehmerhaushalte – gehen fast leer aus.[14]

Bei sinkenden Löhnen müssen die Beschäftigten sogar zusätzliche Tätigkeiten ausüben, um ihr Einkommen zu sichern. Dieses Überangebot an Arbeitskraft lässt die Löhne weiter fallen. Entgegen der neoklassischen Annahme steigt auf dem realen Arbeitsmarkt das Arbeitsangebot bei sinkenden Preisen. Zudem sind Arbeitnehmer nicht so grenzenlos mobil wie das Kapital. Familie, soziale Netze oder Wohneigentum binden Beschäftigte an lokale Arbeitsmärkte. Das macht sie erpressbar. Ohne gewerkschaftlichen und gesetzlichen Schutz sind sie den Arbeitgebern ausgeliefert.

Die Arbeitsmarkt- und Sozialpolitik des letzten Jahrzehnts hat die gewerkschaftliche Verhandlungsposition empfindlich geschwächt. Die massive Tarifflucht der Arbeitgeber tat ein Übriges. Aufgrund zahlreicher Haustarifverträge, Öffnungsklauseln und Härtefallregelungen ist die Tarifpolitik heute stärker dezentralisiert und »verbetrieblicht«. Das, was ver.di, IG Metall & Co aushandeln, kommt bei immer weniger Beschäftigten an. Lediglich 63 Prozent der Arbeitnehmer schützt heute noch ein Tarifvertrag. Die deutschen Gewerkschaften können die gesamtwirtschaftliche Lohnentwicklung nicht mehr steuern. Folglich wurden die Löhne ausgebremst. Die realen Tariflöhne sind in den letzten zehn Jahren zwar um rund sieben Prozent gestiegen. Im gleichen Zeitraum sanken aber die Bruttolöhne.

Die Verschiebung der Kräfteverhältnisse auf dem Arbeitsmarkt ließ die Gewinn- und Vermögenseinkommen explodieren. Sie kletterten ab 2000 um fast 50 Prozent. Damit stiegen die Gewinneinkommen 2,6-fach so stark wie die Arbeitnehmerentgelte. Deswegen schrumpfte das Kuchenstück der Arbeitnehmerinnen und Arbeitnehmer. Die Lohnquote – der Anteil der Arbeitnehmerentgelte am Volkseinkommen – liegt heute mit 67,2% auf einem historischen Tiefststand. Im Jahr 2000 lag die Lohnquote noch bei 72,1%.

Abb. 4: Entwicklung von Gewinn-, Vermögens- und Arbeitnehmereinkommen

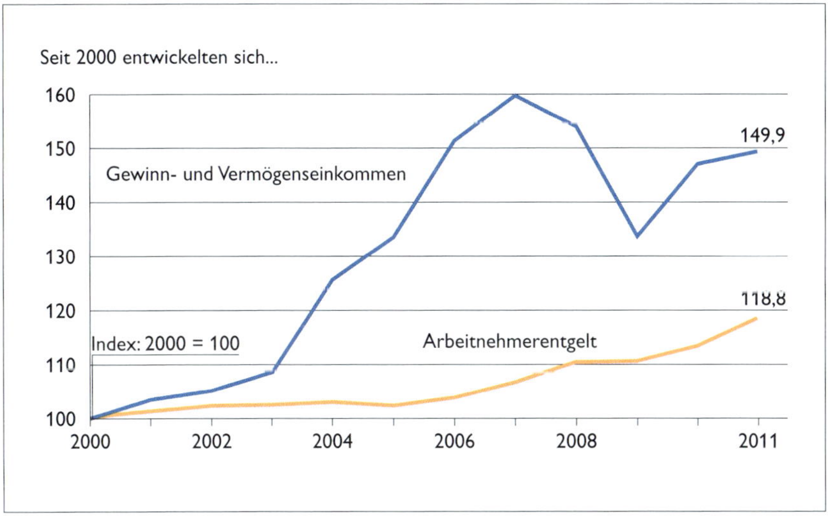

Quelle: Kapitaleinkommen wachsen weiter, Tarife bremsen reale Lohnverluste, in: Böckler Impuls 5/2012, S. 4; http://boeckler.de/impuls_2012_05_4.pdf (Datenquelle: Statistisches Bundesamt 2012)

In dieser Hinsicht waren die sogenannten Arbeitsmarktreformen in der Tat erfolgreich. Sie führten zu einer gigantischen Umverteilung zugunsten der Unternehmer und Vermögensbesitzer. Der erhoffte gewinngetriebene Investitionsschub ist aber ausgeblieben. Die Investitionsquote – der Anteil der Bruttoanlageinvestitionen am Bruttoinlandsprodukt – sank von 21,5% (2000) auf 18,2% (2002).

4 Arbeit und Demografie

Die Kräfteverhältnisse auf dem Arbeitsmarkt spiegeln natürlich auch Knappheiten wider. So hat der konjunkturbedingte Rückgang der Arbeitslosigkeit eine Debatte über einen drohenden allgemeinen Fachkräftemangel entfacht. Angeheizt wird diese Diskussion durch die demografisch bedingte Schrumpfung des Erwerbstätigenpotenzials. Eine auf diese Weise erzeugte Verknappung des Arbeitsangebots könnte die Verhandlungsposition der Arbeitnehmer perspektivisch tatsächlich stärken. Es gibt jedoch wenig Anlass zur Annahme, dass die Arbeit in den nächsten Jahren knapp werden könnte. Trotz der guten monatlichen Nachrichten aus Nürnberg kommt auf sieben registrierte Arbeitslose noch immer nur eine offene Stelle.

Natürlich können Fachkräfte dennoch knapp werden, wenn die Arbeitsuchenden unzureichend qualifiziert sind. Doch ein Blick in die Branchen und Berufsgruppen gibt auch hier Entwarnung. Laut einer aktuellen DIW-Studie stehen in fast allen Fachkräftegruppen mehr Arbeitslose als offene Stellen zur Verfügung.[15] Dies erklärt auch, warum trotz angeblicher Personalknappheit die Löhne der entsprechenden Berufsgruppen nicht gestiegen sind. Nur bei Vulkaniseuren, Elektroinstallateuren und Ärzten ergibt sich ein anderes Bild. In den Ingenieursberufen wird es sogar in den nächsten Jahren zu einer Fachkräfteschwemme kommen, da hier die Zahl der Studierenden deutlich zugenommen hat.

Die Klagen über einen allgemeinen Fachkräftemangel lösen sich bei näherer Betrachtung in Luft auf. Was es gibt, sind einzelne regionale und berufsspezifische Engpässe. Darüber hinaus könnte schon bald in den Gesundheits- und Sozialberufen ein größerer Fachkräftemangel entstehen. Hier sind die Betriebe gefordert. Wenn aber die Unternehmen mehr ausbilden, ihre Beschäftigten qualifizieren, altersgerechtes Arbeiten ermöglichen, die Vereinbarkeit von Familie und Beruf fördern sowie für gute Arbeitsbedingungen und Löhne sorgen, dann finden sie auch entsprechendes Personal. Gleichzeitig muss auch die Politik die Erwerbschancen von Arbeitslosen und Frauen arbeitsmarkt- und familienpolitisch verbessern. Um akute Engpässe zu beheben, ist auch eine gesteuerte Zuwanderung denkbar. Vorrang muss jedoch immer die Beschäftigung und Qualifizierung hiesiger Erwerbsfähiger haben.

5 Gute und schlechte Arbeit

In den letzten Jahren haben sich die Arbeitsbedingungen wesentlich verschlechtert. Dünne Personaldecken gehen mit hoher Arbeitsbelastung einher. Die Abhängigkeit von Kundenvorgaben steigt. Der Verantwortungsdruck nimmt zu.[16] Der Leistungsdruck ist gestiegen, die Arbeitszeiten ufern aus und die gesundheitlichen Belastungen am Arbeitsplatz nehmen zu.

Abb. 5: Arbeitsbedingungen Wahrnehmung belastender Faktoren

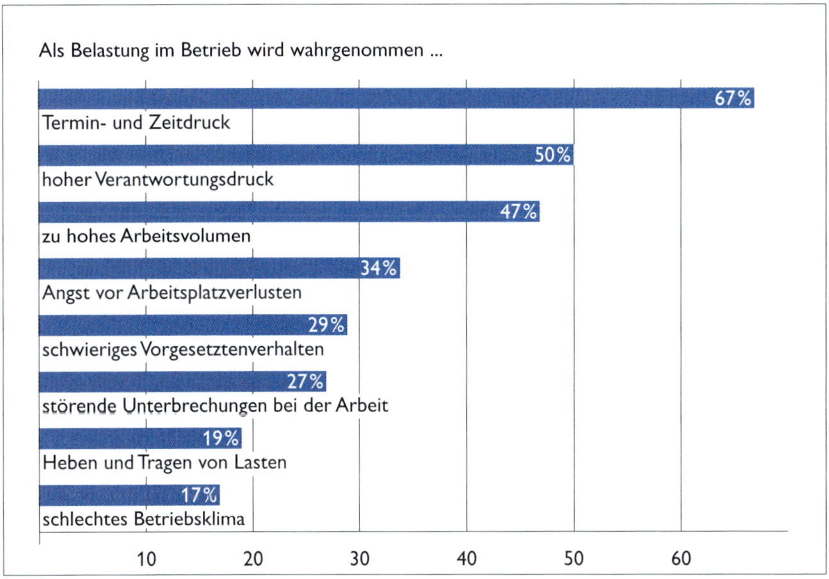

Quelle: Leistungspolitik stresst Belegschaft, in: Böckler Impuls 19/2009, S. 7; http://www.boeckler.de/pdf/impuls_2009_19_7.pdf (Datenquelle: WIS-PARGEMA-Betriebsrätebefragung 2008/09)

In einer Befragung geben 80 Prozent der befragten Betriebsräte zu Protokoll, dass die psychischen Belastungen der Beschäftigten zugenommen haben. Ein Viertel der Betriebsräte klagt zudem über steigende physische Belastungen.[17] Dies betrifft besonders Beschäftigte im Gesundheitswesen, in der Pflege und im Handel. Nach einer arbeitswissenschaftlichen Untersuchung des DGB arbeitet heute ein Drittel der befragen Arbeitnehmerinnen und Arbeitnehmer unter schlechten Arbeitsbedingungen.[18] Lediglich 15 Prozent sind der Auffassung, dass ihre Arbeitsbedingungen gut sind.[19]

In 85 Prozent der deutschen Betriebe leiden die Mitarbeiter unter hohem Zeit- und Leistungsdruck. In den Branchen Finanzdienstleistungen, Verkehr, Nachrichten und Telekommunikation trifft es jeden Zweiten.[20] Besonders betroffen sind mittlere Angestellte, Facharbeiter und Führungskräfte.

Seit den 1990er Jahren flexibilisieren die Unternehmen die Arbeitszeiten. Sie wurden verlängert und nach Geschlecht und Beschäftigtengruppen – insbesondere nach Funktion und Qualifikation – ausdifferenziert. Bei Vollzeitbeschäftigten[21] gab es in Deutschland die größte Arbeitszeitverlängerung im europäischen Vergleich.[22] Die durchschnittliche effektive Wochenarbeitszeit liegt heute bei 40,4 Stunden. Zwischen 2000 und 2008 stieg die deutsche Wochenarbeitszeit um 0,3 Stunden. Nur in Spanien, Griechenland und Großbritannien wird heute länger gearbeitet. Damit liegt die tatsächliche Wochenarbeitszeit 2,8 Stunden über der tariflich vereinbarten Wochenarbeitszeit. Mit abnehmender Tarifbindung verliert die tariflich vereinbarte Wochenarbeitszeit ihre normierende Prägung.

Ein anderes Bild ergibt sich bei der Teilzeitarbeit. Deutschland hat im europäischen Vergleich eine der höchsten Teilzeitquoten. Überwiegend sind es Frauen, die in Teilzeit arbeiten. Die durchschnittliche Wochenarbeitszeit von teilzeitbeschäftigten Frauen beträgt hierzulande 18,5 Stunden.[23] Das ist der niedrigste Wert in Europa. Die unzureichende Vereinbarkeit von Familie und Beruf, das deutsche Steuer- und Sozialsystem (z.B. Ehegattensplitting) sowie der Boom von geringfügigen Beschäftigungsverhältnissen verhindern häufig, dass Frauen ihre Arbeitszeitwünsche realisieren können.

Gut qualifizierte Arbeitskräfte arbeiten länger als gering qualifizierte. Die durchschnittliche effektive Wochenarbeitszeit von hoch qualifizierten Arbeitnehmern liegt in Deutschland bei 41,6 Stunden, die von gering qualifizierten bei 39,7 Stunden. Diese Ausdifferenzierung der Arbeitszeiten nach Qualifikation hat im Zeitraum 2000–2008 zugenommen.

Überlange Arbeitszeiten und Überstunden wirken sich negativ auf die Gesundheit der Beschäftigten aus. Lange Arbeitszeiten gehen mit Ermüdung, Monotonie und sinkender Aufmerksamkeit einher. Die Unfallhäufigkeit steigt. In Deutschland arbeiten sieben Prozent der Männer und zwei Prozent der Frauen länger als 48 Stunden pro Woche.

Verlängerte Öffnungs- und Betriebszeiten zwingen Beschäftigte vermehrt zu ungewöhnlichen die Gesundheit belastenden Arbeitszeiten. In Deutschland gibt es in 16 Prozent der Betriebe Nachtarbeit, in 38 Prozent Samstagsarbeit, in 18 Prozent Sonntagsarbeit und in 31 Prozent Schichtarbeit.[24] Ein Viertel der Beschäftigten muss regelmäßig am Samstag und

13 Prozent regelmäßig am Sonntag arbeiten. Jeder zehnte Beschäftigte leistet Nachtarbeit und jeder sechste Arbeitnehmer Schichtarbeit.

Darüber hinaus werden Arbeitszeit sowie Leistung zunehmend entgrenzt. Die Grenzen zwischen normaler Arbeit und Mehrarbeit sowie zwischen Arbeit und Freizeit verschwimmen.[25] So werden die Arbeitszeiten schleichend immer mehr ausgeweitet. Durch die Einführung von Arbeitszeitkonten vermeiden die Unternehmen zuschlagspflichtige Überstunden. Durch den einhergehenden Wegfall von Anordnungs- und Zustimmungspflichten kann die Arbeitszeit flexibel an die betrieblichen Erfordernisse angepasst werden. Dadurch werden unsoziale Arbeitszeiten zur Norm. Vertrauensarbeitszeit hebt die Grenzen zwischen Arbeits- und Anwesenheitszeiten auf. Formal gibt es zwar eine vertraglich festgelegte Arbeitszeit – in der Praxis werden jedoch häufig Überstunden abgeleistet, die weder dokumentiert noch entlohnt werden. Werkverträge informalisieren die Arbeitszeiten. Bezahlt wird nur noch das Arbeitsergebnis, nicht mehr die zu seiner Erbringung notwendige Stundenzahl. Störungen im Arbeitsablauf, Fehler in der Arbeitsplanung oder Krankheit gehen voll zulasten des Arbeitnehmers, der so ungewollt zum Scheinselbstständigen mutiert.

Auf die fortschreitende Alterung der Belegschaften sind viele Unternehmen nicht vorbereitet. In der schlanken Fabrik sind Arbeitsplätze, die auf die Bedürfnisse älterer Arbeitnehmer Rücksicht nehmen, immer noch Mangelware. Es fehlt an einer präventiven und ganzheitlichen Gestaltung von Arbeitsplätzen, Arbeitsumgebung und Arbeitsorganisation. Qualifikationsbedarfe werden häufig nicht systematisch ermittelt. Eine alternsgerechte Personalentwicklung findet in vielen Unternehmen nicht statt. Der betriebliche Arbeits-und Gesundheitsschutz reicht im Hinblick auf die steigenden psychischen Belastungen für ältere Beschäftigte nicht aus. In jedem zweiten Betrieb gibt es keine Gefährdungsbeurteilungen.

Die oben skizzierte Prekarisierung der Arbeitswelt macht die betroffenen Beschäftigten physisch und psychisch krank. Geringe Einkommen schließen die Betroffenen vom sozialen und kulturellen Leben aus. Die permanente Unsicherheit bezüglich der eigenen beruflichen Zukunft erschwert jede mittelfristige Lebensplanung. Gleichzeitig ist der Leistungsdruck hoch, da der Verlust des Arbeitsplatzes den Absturz in den Hartz-IV-Armutskeller bedeuten kann.

Diese Negativtrends in der Arbeitswelt sind Ausdruck einer marktzentrierten Produktionsweise unter dem Renditediktat der Finanzmärkte. Der Markt wird in die Arbeitsorganisation internalisiert. Ergebnisorientierte Arbeits- und Steuerungsformen (Projektarbeit, Zielvereinbarungen,

Kennziffernorientierung, Profitcenter, Benchmarking[26], Controlling etc.) setzen die Beschäftigten unter Druck. Die betrieblichen Kostensenkungsstrategien verschlechtern die Arbeitsbedingungen und tragen dazu bei, dass der demografische Wandel große soziale Verwerfungen mit sich bringt.

6 Arbeit und soziale Sicherheit

Die neue Schieflage auf dem Arbeitsmarkt hat gravierende Folgen für die sozialen Sicherungssysteme. Brüche in den Erwerbsbiografien und Niedriglöhne senken die Ansprüche an die gesetzliche Rentenversicherung. Dadurch erhöht sich für viele Beschäftigte die Gefahr der Altersarmut.

Die jüngsten sogenannten Rentenreformen haben diese Entwicklung verschärft. Unter Hinweis auf die angeblichen Sachzwänge einer alternden Gesellschaft und zu hohe Lohnnebenkosten (Rentenversicherungsbeiträge) vollzog die rot-grüne Regierung einen Paradigmenwechsel in der Rentenpolitik.[27] Die Schröder-Regierung ersetzte die Prinzipien der Lebensstandardsicherung und der strukturellen Armutsfestigkeit durch das Prinzip der Beitragsstabilität.[28]

Seitdem dominiert in der Rentenversicherung eine einnahmenorientierte Ausgabenpolitik. Der Rentenversicherungsbeitrag soll bis 2030 eine Schwelle von 22 Prozent nicht mehr überschreiten. Deswegen wurde die gesetzliche Rente mittels einer veränderten Rentenformel kurzerhand von der Lohnentwicklung abgekoppelt. So wurde das zukünftige Rentenniveau gesenkt. Zudem wurden die Beitragszahlungen bei Arbeitslosigkeit reduziert. Die so entstehende Versorgungslücke sollte durch den Aufbau einer privaten kapitalgedeckten Alterssicherung geschlossen werden.[29] Und last but not least wurde auch noch das Renteneintrittsalter auf 67 Jahre erhöht.

Diese Rentenpolitik wurde in der Öffentlichkeit immer wieder als »alternativlos« dargestellt. Die Sozialversicherungsbeiträge der Arbeitgeber sollten zukünftig nicht mehr steigen, um die Wettbewerbsfähigkeit deutscher Unternehmen nicht zu gefährden. Hohe Lohnnebenkosten, so die Behauptung, würden angeblich zulasten von Wachstum und Beschäftigung gehen.

Für die unterstellten beschäftigungsfeindlichen Effekte gab und gibt es aber keinen empirischen Beleg. Lohnnebenkosten sind fester Bestandteil der Löhne. Seit Mitte der 1990er Jahre sind aber die deutschen Arbeitskosten hinter dem Produktivitätsanstieg zurückgeblieben. Dadurch hat sich die preisliche Wettbewerbsfähigkeit deutscher Unternehmen kontinuierlich verbessert. Die steigenden Exportüberschüsse legen davon Zeugnis ab.

Auch der »dramatische demografische Wandel« entpuppt sich bei näherem Hinsehen als ein ideologisches Konstrukt. Die größten demografischen Verschiebungen liegen bereits hinter uns. Der Altersquotient – die Relation zwischen den über 65-Jährigen und den 15- bis 65-Jährigen im erwerbsfähigen Alter – stieg zwischen 1900 und 1960 stärker als für die nachfolgenden 60 Jahre berechnet.

Die Alterung unserer Gesellschaft ist keine Herausforderung, die ein moderner Sozialstaat nicht bewältigten kann. Maßgebend für die Finanzierung der gesetzlichen Rentenversicherung ist das Verhältnis von Beitragszahlern zu Rentenempfängern. Eine steigende Lebenserwartung und weniger Kinder können dieses Verhältnis zulasten der Beitragszahler verschieben. Eine größer werdende Rentnergeneration kann bei gleichbleibenden Sicherungsansprüchen einen größeren Anteil des Volkseinkommens beanspruchen.

Ob diese potenziellen Belastungen bezahlbar sind, hängt maßgeblich von der wirtschaftlichen Leistungsfähigkeit der Volkswirtschaft ab. Und diese wird auch in Zukunft aufgrund technologischer und organisatorischer Verbesserungen steigen. Wenn die Produktivität zukünftig jährlich um moderate 1,8 % steigt, dann verdoppelt sich das deutsche Bruttoinlandsprodukt bis 2050. Entsprechende Lohnsteigerungen müssen dann dafür sorgen, dass das Kuchenstück der abhängig Beschäftigten nicht schrumpft. Die wachsende Lohnsumme sorgt für steigende Beitragseinnahmen. Die Rentenfrage ist somit eine Verteilungsfrage.

Darüber hinaus ist die Entwicklung der Erwerbstätigkeit und der Beitragszahler politisch gestaltbar. Weniger Arbeitslose, mehr erwerbstätige Frauen, mehr Zuwanderung und die Abschaffung sozialversicherungsfreier Beschäftigungsformen könnten die Einnahmesituation der Rentenversicherung deutlich verbessern. All diese Stellschrauben wurden jedoch in der rentenpolitischen Debatte ignoriert.

Die sogenannten Reformen senkten das Leistungsniveau der gesetzlichen Rentenversicherung. Das Bruttorentenniveau soll langfristig von 48,5 % (1998) auf 39,7 % (2030) schrumpfen.[30] Um zukünftig eine Rente in Höhe der Grundsicherung zu erhalten, muss ein durchschnittlich verdienender Arbeitnehmer 35 Jahre lang arbeiten. Wer unterdurchschnittlich – 75 Prozent des Durchschnittseinkommens – verdient, braucht dazu 47 Jahre.[31]

Bereits heute müssen 50 Prozent der westdeutschen Rentnerinnen und Rentner aufgrund der Schieflage auf dem Arbeitsmarkt mit einem durchschnittlichen Abschlag von 14 Prozent auskommen.[32] Die Rente mit 67 wird diesen Abschlag weiter erhöhen, da in vielen physisch und psychisch belastenden Berufen ein Arbeiten bis zur Altersgrenze von 67 nicht möglich ist.

Abb. 6: Rentenbeitragsjahre zum Erreichen der Grundsicherungsschwelle

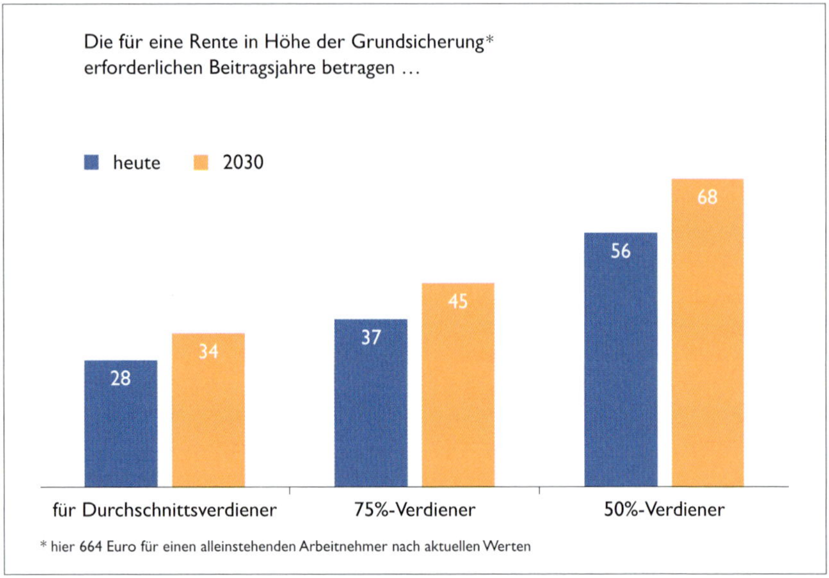

Quelle: Konzepte gegen Altersarmut, in: Böckler Impuls (17) 2009, S. 4f., hier S. 5; http://www.boeckler.de/pdf/impuls_2009_17_4-5.pdf (Datenquelle: Steffen 2008)

Gesetzliche Kürzungen und arbeitsmarktbedingte Abschläge drohen das zukünftige Rentenniveau um ein Drittel – im Vergleich zu einer abschlagsfreien Rente bei aktuellem Leistungsniveau – zu senken. Somit droht die Altersarmut künftig zuzunehmen. Bereits zwischen 2003 und 2008 stieg die Zahl der Empfänger von Grundsicherung im Alter und von Erwerbsminderungsrenten um 75 Prozent auf 770 000 Menschen. Insbesondere für Frauen tickt hier eine Zeitbombe: Sie sind es, die besonders häufig in Teilzeit arbeiten, und sie beziehen überproportional oft Billiglöhne. Was das für ihre späteren Rentenanwartschaften bedeutet, liegt auf der Hand.

Die private Altersvorsorge kann das sinkende Leistungsniveau der gesetzlichen Rente nicht kompensieren. Sie garantiert keine Teilhabe an der allgemeinen Lohnentwicklung, sondern verzinst lediglich die Ersparnis und sichert ein versicherungsmathematisch kalkuliertes Risiko ab.[33] Die private Altersvorsorge schließt keine durch Arbeitslosigkeit und Erziehungszeiten bedingten Sicherungslücken. Auch das Erwerbsminderungsrisiko ist nicht abgesichert. Darüber hinaus wirkt die private Altersvorsorge extrem selektiv. Nur sehr wenige Geringverdiener sorgen privat vor. Ihnen fehlen dazu schlicht die finanziellen Mittel.

Laut OECD wird in Deutschland auch unter Berücksichtigung privater und betrieblicher Altersvorsorge die Gefahr von Altersarmut steigen. Die Zeiten, als die deutsche Altersvorsorge noch international vorbildhaft war, sind Geschichte. Nach einer Studie der OECD bewegt sich die Bruttoersatzrate[34] der gesetzlichen Rente in Deutschland mit 43 Prozent deutlich unter dem OECD-Durchschnitt von 59 Prozent.[35] Noch härter sind Geringverdienende und Arbeitslose von den Leistungskürzungen betroffen. Auch bei Geringverdienern (mit 50 Prozent des Durchschnittseinkommens) liegt die Bruttoersatzrate hierzulande bei 43 Prozent. Der OECD-Durchschnitt beläuft sich hingegen auf 72 Prozent.

Ungleiche Belastungen als Resultat der jüngsten »Reformen« gibt es zudem auf der Finanzierungsseite. Das Einfrieren des Arbeitgeberbeitrages bedeutete den Ausstieg aus der paritätischen Finanzierung der gesetzlichen Rente. Die finanzielle Belastung der versicherten Arbeitnehmer ist seitdem kontinuierlich gestiegen. Für sie kletterte der kombinierte Versicherungsbeitrag aus gesetzlicher und privater Altersvorsorge auf 15 Prozent. Des Weiteren führt die Subventionierung der privaten Altersvorsorge zu einer massiven Umverteilung von unten nach oben. Die Verkäuferin finanziert mit ihren Steuern die Riester-Rente ihres Filialleiters. Zudem fehlen die Milliarden, die für die Subventionierung der privaten Versicherungswirtschaft – in der Endstufe sind dies 13 Milliarden Euro pro Jahr – aufgebracht werden, der gesetzlichen Rentenversicherung.

7 Kurswechsel für gute Arbeit und soziale Sicherheit

Die arbeitsmarkt- und sozialpolitischen Weichenstellungen des zurückliegenden Jahrzehnts haben keinen ökonomischen und sozialen Fortschritt gebracht. Sie haben lediglich das Kräfteverhältnis auf dem Arbeitsmarkt zugunsten der Unternehmen und Vermögensbesitzer verschoben. Was wir jetzt brauchen, ist ein Kurswechsel für gute Arbeit und soziale Sicherheit.

Zunächst bedarf es einer neuen Ordnung auf dem Arbeitsmarkt. Der Niedriglohnsektor muss ausgetrocknet werden. Hierfür muss ein allgemeiner gesetzlicher Mindestlohn eingeführt werden. Der DGB schlägt zur Einführung einen Stundenlohn von 8,50 Euro vor. Ein solcher Mindestlohn beendet das Lohndumping und zwingt die Unternehmen in einen Qualitätswettbewerb. Darüber hinaus schrumpfen die sozialen Folgekosten von Billiglöhnen. Die Erfahrungen unserer europäischen Nachbarn unterstreichen, dass von der Einführung eines Mindestlohns keine negativen Beschäftigungseffekte ausgehen. Dies wurde in zahlreichen nationalen und internationalen Studien immer wieder belegt.[36]

Zudem brauchen wir aus gewerkschaftlicher Sicht gleichen Lohn für gleiche Arbeit in der Leiharbeit. Die lohnpolitische Diskriminierung von Leiharbeitern muss beendet werden. Das »Heuern und Feuern« von Leiharbeitnehmern kann durch ein Synchronisationsverbot verhindert werden. Auf diese Weise werden die Vertragslaufzeit und das jeweilige Arbeitsprojekt zeitlich entkoppelt. Die Einführung einer Höchstverleihzeit kann den Abbau von Stammarbeitsplätzen durch Leiharbeit unterbinden.

Darüber hinaus müssen Mini- und Midijobs vom ersten Euro an voll sozialversicherungspflichtig werden. Der steuer- und sozialversicherungsrechtliche Sonderstatus von Minijobs sollte beendet werden. Dadurch verschwinden die bestehenden Anreize zur Umwandlung regulärer sozialversicherungspflichtiger Arbeit in geringfügige Beschäftigungsverhältnisse. Die Möglichkeit sachgrundloser Befristungen von Arbeitsverträgen sollte wieder abgeschafft werden.

Des Weiteren sollten die Flächentarifverträge politisch gestärkt werden. Ein starkes Tarifvertragssystem gleicht die Machtasymmetrie zwischen Unternehmen und abhängig Beschäftigten aus.[37] Wenn die abhängig Beschäftigten ihre Arbeitsverträge individuell aushandeln müssen, sind sie den Arbeitgebern hoffnungslos unterlegen – das gilt prinzipiell auch dann, wenn sich ihre Verhandlungsposition infolge der demografischen Veränderungen je nach Qualifikation etwas verbessern sollte. Die verfassungsrechtliche Institutionalisierung kollektiver Interessenvertretung schützt vor Ausbeutung. Darüber hinaus reduzieren Tarifverträge die Informations- und Transaktionskosten der Unternehmen. Die Signalwirkung von Tarifverträgen senkt die Kosten für die Ermittlung der Löhne von Konkurrenzunternehmen und das Verhalten der Beschäftigten. Zudem haben Tarifverträge eine gesamtwirtschaftliche Logik. Eine am gesamtwirtschaftlichen Verteilungsspielraum ausgerichtete Lohnpolitik stärkt die private Konsumnachfrage. Dadurch werden Wachstum und Beschäftigung gestärkt. Last but not least organisieren Tarifverträge einen Qualitätswettbewerb. Tarifvertraglich festgelegte Lohnuntergrenzen konterkarieren betriebliche Lohndumpingstrategien. Die Unternehmen müssen folglich mittels Innovationen ihre Wettbewerbsfähigkeit verbessern. Das Tarifvertragssystem kann u.a. durch eine leichtere Allgemeinverbindlichkeit von Tarifverträgen politisch gestärkt werden. Bundesländer und Kommunen sollten ihre öffentliche Auftragsvergabe an die Einhaltung von tariflichen Lohnstandards knüpfen. Erst eine solche neue Ordnung auf dem Arbeitsmarkt würde die abhängig Beschäftigten und ihre Gewerkschaften wieder in die Lage versetzen, auf Augenhöhe zu verhandeln.

Doch das genügt noch nicht: Als Antwort auf schlechte Arbeitsbedingungen braucht es auch eine Humanisierungsoffensive – ein arbeitspolitisches Reformkonzept.[38] Arbeitszeiten und Leistung sind im Interesse der Beschäftigten neu zu regulieren. Die Prekarisierung der Arbeitswelt muss bekämpft, Arbeitsplätze, Arbeitsorganisation und Arbeitsumfeld müssen altersgerecht gestaltet werden.

Das alles geht nur über betriebliche Gegenmacht. Hierfür braucht es mehr betriebliche Demokratie, die abhängig Beschäftigten müssen ihre Arbeitsbedingungen stärker mitgestalten können. Sie müssen ihre Ansprüche an eine gesunde, qualifizierte, weniger entfremdete und stärker selbstregulierte Arbeit formulieren.[39] Zu diesem Zweck ist das Leitbild guter Arbeit von den Belegschaften mit Leben zu füllen. Darüber hinaus müssen die Rechte von Personal- und Betriebsräten gestärkt werden. Die Unternehmensmitbestimmung sollte ausgebaut werden.

Auch in der Rentenpolitik ist ein Kurswechsel erforderlich. Die gesetzliche Rentenversicherung, die den Ansprüchen eines modernen Sozialstaates genügt, muss armutsfest und lebensstandardsichernd sein. Das Leistungsziel soll somit wieder ins Zentrum der Rentenpolitik rücken. Daraus folgt, dass ein deutlich höheres gesetzliches Rentenniveau angestrebt werden sollte. Zu diesem Zweck muss zunächst die Rentenformel geändert werden. Bruttolohnentwicklung und Beitragssatz sollten zukünftig allein über die Höhe des Rentenniveaus bestimmen. Die Anwendung dieser Formel würde den Beitragssatz für die gesetzliche Rente leicht steigen lassen. Da jedoch gleichzeitig nicht mehr privat vorgesorgt werden müsste, würde der Gesamtbeitrag aus gesetzlicher und privater Vorsorge sogar sinken.

Die Risiken prekärer Erwerbsbiografien müssen in der gesetzlichen Rentenversicherung besser abgesichert werden. Dies erfordert höhere Beiträge für Zeiten der Arbeitslosigkeit, Kindererziehung und Pflege ebenso wie für Geringverdiener. Die Abschläge bei den Erwerbsminderungsrenten müssen wieder abgeschafft werden. Nach unten ist ein Mindestsicherungsziel festzulegen.

Mittelfristig sollte die gesetzliche Rentenversicherung zu einer Bürgerversicherung umgebaut werden. Dazu müsste die Versicherungspflicht auf

Beamte, Selbstständige und geringfügig Beschäftigte ausgeweitet werden. Darüber hinaus würden alle Einkommensarten veranlagt.

Die deutschen Gewerkschaften streiten für einen arbeitsmarkt- und sozialpolitischen Kurswechsel. Für eine Politik für gute Arbeit und soziale Sicherheit. Die zentralen gewerkschaftlichen Forderungen – Mindestlohn, gleicher Lohn für gleiche Arbeit, armutsfeste Rente etc. – werden von einer breiten Bevölkerungsmehrheit getragen. Sie sind kein Ballast in Zeiten demografisch bedingter Veränderungsprozesse, sondern werden durch sie nur noch wichtiger. Wenn wir verhindern wollen, dass sich die Erwerbsgesellschaft künftig noch stärker in Gewinner und Verlierer aufspaltet und eine weitere Entsolidarisierung erfährt, dann muss jetzt gegengesteuert werden. Dafür braucht es einflussreiche und starke Gewerkschaften in diesem Land.

Anmerkungen

1 Hans-Böckler-Stiftung, Datenbank Atypische Beschäftigung, http://www.boeckler.de/wsi_5859.htm.
2 IG Metall, Initiative Leiharbeit, http://www.gleichearbeit-gleichesgeld.de/leiharbeit/argumente/unfaire-entlohnung/.
3 Bei Midijobs liegt das Einkommen zwischen 401 und 800 Euro.
4 Stefanie Gundert/Christian Hohendanner, Leiharbeit und befristete Beschäftigung: Soziale Teilhabe ist eine Frage von stabilen Jobs, IAB-Kurzbericht Nr. 4, 2011.
5 Unter Niedriglohn wird ein Lohn verstanden, der weniger als zwei Drittel des Medianlohnes (= mittleren Lohnes) beträgt. Das Institut für Arbeit und Qualifikation (IAQ) bezifferte die Niedriglohnschwelle für das Jahr 2010 auf einen Stundenlohn von 9,15 Euro.
6 Thorsten Kalina/Claudia Weinkopf, Niedriglohnbeschäftigung 2010: Fast jede/r Vierte arbeitet für Niedriglohn, IAQ-Report Nr. 1, 2012.
7 Thorsten Schulten, Niedriglöhne in Deutschland, in: Günter Wallraff/Frank Bsirske/Franz-Josef Möllenberg, Leben ohne Mindestlohn – Arm wegen Arbeit, Hamburg 2011.
8 OECD, Divided we stand: Why Inequality keeps rising, Paris 2011.
9 Gustav Horn, Des Reichtums fette Beute, Frankfurt/Main 2011, S. 35 ff.
10 G. Horn (Anm. 9).
11 G. Horn (Anm. 9).
12 Thorsten Schank u. a., Niedriglohnbeschäftigung: Sackgasse oder Chance zum Aufstieg?, IAB-Kurzbericht Nr. 8, 2008.
13 Florian Lehmer/Kerstin Ziegler, Brückenfunktion der Leiharbeit: Zumindest ein schmaler Steg, IAB-Kurzbericht Nr. 13, 2010.

14 Joachim Frick/Markus Grabka, Gestiegene Vermögensungleichheit in Deutschland, in: Wochenbericht des DIW Berlin, 76 (2009) 4, S. 54–67.
15 Karl Brenke, Fachkräftemangel kurzfristig noch nicht in Sicht, in: Wochenbericht des DIW Berlin, 77 (2010) 46, S. 2–15.
16 Mehr Eigenverantwortung wird von den Beschäftigten zwar begrüßt, kann aber gleichzeitig zu einer hohen psychischen Belastung werden.
17 Elke Ahlers, Belastungen am Arbeitsplatz und betrieblicher Gesundheitsschutz vor dem Hintergrund des demografischen Wandels, WSI-Diskussionspapier 175, 2/2011.
18 DGB-Index Gute Arbeit, Der Report 2010, Berlin 2011.
19 Die Arbeitsbedingungen werden als gut bewertet, wenn ein hohes Maß an Einfluss- und Entwicklungsmöglichkeiten besteht, wenige körperliche und emotionale Belastungen auftreten, ein angemessenes Einkommen bezahlt wird, ein hoher Grad an beruflicher Zukunftssicherheit gegeben ist und außerdem ein unterstützendes, entwicklungs- und lernförderndes Arbeitsorganisationsumfeld vorherrscht.
20 E. Ahlers (Anm. 17).
21 Eine Betrachtung aller abhängig Beschäftigten würde aufgrund unterschiedlicher Teilzeitquoten die international vergleichenden Statistiken verzerren.
22 Thomas Händel/Axel Troost, Arbeitszeitentwicklung in Europa, Fürth 2011.
23 T. Händel/A. Troost (Anm. 22).
24 T. Händel/A. Troost (Anm. 22).
25 Alexandra Wagner, Entgrenzung der Arbeit und der Arbeitszeit?, in: Arbeit 3/2001, S. 365–378.
26 Unter Benchmarking versteht man den kontinuierlichen Vergleich von Produkten, Dienstleistungen, Abläufen und Methoden auf betrieblicher, institutioneller oder staatlicher Ebene. Dabei wird ein Bezugswert (Benchmark) zugrunde gelegt, unter- oder oberhalb dessen die Einordnung im jeweiligen Benchmarking erfolgt. Durch diese Form der vergleichenden Wettbewerbsanalyse können Leistungsmängel systematisch identifiziert werden.
27 Die sogenannten Reformen umfassten das Altersvermögensgesetz (2001), das Altersvermögensergänzungsgesetz (2001), das Alterseinkünftegesetz (2004) und das Rentenversicherungs-Nachhaltigkeitsgesetz (2004).
28 Lebensstandardsichernd ist eine Rente, wenn Versicherte nach langer Berufstätigkeit und Beitragszahlung eine Rente erhalten, die es ermöglicht, den im Berufsleben erreichten Lebensstandard zu sichern. Armutsfest ist eine Rente, wenn die Leistungen nach erwerbslebenslanger Beitragszahlung eine Grundversorgung gewährleisten, die deutlich oberhalb des Niveaus der Grundsicherung liegt.
29 Die Versicherungswirtschaft und ihre wissenschaftlichen Helfershelfer verbreiteten die Mär der Überlegenheit einer kapitalgedeckten Altersversicherung gegenüber der umlagebasierten Rentenversicherung. Ausgeblendet wurde der Sachverhalt, dass beide Formen der Alterssicherung ihre Leistungen aus dem laufenden Sozialprodukt bezahlen müssen. Rückblickend entpuppten sich die Renditeversprechen der Versicherungswirtschaft als Illusion (die »Rürüp-Kommission« ging von einer Kapitalrendite von vier Prozent aus), da die Kapitalmarktrisiken kleingerechnet wurden.

30 Das Bruttorentenniveau ist die Bruttorente eines Durchschnittsverdieners nach 45 Beitragsjahren im Verhältnis zum durchschnittlichen Bruttolohn.
31 Winfried Schmähl, Warum ein Abschied von der »neuen deutschen Alterssicherungspolitik« notwendig ist, ZeS-Arbeitspapier Nr. 1, 2011.
32 W. Schmähl (Anm. 31).
33 Hans-Heinrich Dedring u. a., Rückkehr zur lebensstandardsichernden und armutsfesten Rente, in: Friedrich-Ebert-Stiftung, WISO-Diskurs 10/2010.
34 Die Bruttoersatzrate berechnet die Altersversorgungsansprüche eines 20-jährigen Berufseinsteigers bis zum Erreichen des nationalen Renteneintrittsalters und setzt diese zum Bruttolohn eines vergleichbaren Arbeitnehmers ins Verhältnis.
35 OECD, Pensions at a Glance, Paris 2011, S. 129 (http://www.oecd-ilibrary.org/finance-and-investment/pensions-at-a-glance-2011_pension_glance-2011-en).
36 Die bekannteste internationale Studie stammt von der Universität Berkeley. Diese inhaltlich und methodisch anspruchsvolle Untersuchung kommt zu dem Ergebnis, dass gesetzliche Mindestlöhne keine negativen Beschäftigungseffekte mit sich bringen (vgl. Arindrajit Dube/T. William Lester/Michael Reich, Minimum Wage Effects Across State Borders: Estimates Using Contiguous Counties, in: The Review of Economics and Statistics, 92 (2010) 4, S. 945–964). Die jüngste nationale Studie wurde vom Bundesministerium für Arbeit und Soziales (BMAS) in Auftrag gegeben. In dieser wissenschaftlichen Untersuchung wurden die Beschäftigungseffekte von allgemeinen Mindestlöhnen in acht Branchen (Bauindustrie, Dachdeckerhandwerk, Abfallwirtschaft, Wäschereidienstleistungen, Gebäudereinigung, Pflegebranche, Maler- und Lackiererhandwerk und Elektrohandwerk) untersucht, vgl. http://www.bmas.de/DE/Themen/Arbeitsrecht/Meldungen/evaluation-mindestloehne.html?cms_searchArchive=0&cms_submit=Senden&cms_dateafter=tt.mm.jjjj&cms_sortString=-score_&cms_searchIssued=0&cms_datebefore=tt.mm.jjjj&cms_templateQueryString=Mindestlohn. Die Wissenschaftler konnten keine Arbeitsplatzverluste feststellen.
37 Rudolf Hickel, Kassensturz, Hamburg 2006.
38 Klaus Pickshaus/Hans-Jürgen Urban, Gute Arbeit als Strategie – Perspektiven gewerkschaftlicher Arbeitspolitik, in: Lothar Schröder/Hans-Jürgen Urban, Gute Arbeit. Handlungsfelder für Betriebe, Politik und Gewerkschaften, Frankfurt/Main 2009, S. 95–112.
39 K. Pickshaus/H.-J. Urban (Anm. 38).

Anke Hassel

Die Zukunft der Sozialpartnerschaft: Individualisierung versus Arbeitnehmerschutz?

1 Einleitung: Die Dualisierung der deutschen Sozialpartnerschaft

Die in Deutschland entwickelte Sozialpartnerschaft ist im internationalen Vergleich außergewöhnlich. Das Zusammenspiel von Arbeitgebern und Gewerkschaften koordiniert die sozialen Beziehungen zwischen Arbeitnehmern, Managern und Anteilseignern in einer Weise, dass sie Marktmechanismen stabilisieren und Austauschbeziehungen auf eine langfristige Grundlage stellen: Eine enge Kooperation zwischen Arbeitnehmern und Unternehmensleitungen im Betrieb – vermittelt durch die betriebliche Mitbestimmung, ein vergleichsweise rigides Kündigungsschutzrecht und überbetriebliche Tarifverträge – erlaubt und erzwingt bis heute eine langfristige Personalpolitik. Das duale Ausbildungssystem – ermöglicht durch die Einbindung der Unternehmen in Form von Kammern und Verbänden sowie tariflich regulierte Löhne – basiert auf langfristigen Investitionen sowohl des Betriebes in die Auszubildenden als auch der Auszubildenden in die betrieblich vermittelte Qualifikation. Die einzelnen Bestandteile der Sozialpartnerschaft stützten sich dabei gegenseitig: Die betriebliche Mitbestimmung basierte auf dem überbetrieblichen Tarifsystem, das wiederum nur im Zusammenspiel mit den zentralisierten Verbänden funktionieren konnte.

Zu Beginn der 1990er Jahre waren Arbeitnehmer in Deutschland im Durchschnitt über zehn Jahre bei ihrem damaligen Arbeitgeber beschäftigt. In den USA betrug die durchschnittliche Beschäftigungsdauer zur gleichen Zeit 6,7 Jahre und in Großbritannien acht Jahre.[1] Bei der Lohnungleichheit lag Deutschland im Mittelfeld, zwar hinter den skandinavischen Ländern, aber vor Südeuropa und den angelsächsischen Ländern.

Obwohl die Sozialpartnerschaft die stürmischen 1970er Jahre der ersten und zweiten Ölkrise vorbildlich überstanden hat und gerade durch ihren positiven Beitrag zur Überwindung der Krise zum »Modell Deutschland« aufgestiegen ist, befindet sie sich seit Mitte der 1980er Jahre im Umbruch. Die Verbände auf Arbeitgeber- wie Arbeitnehmerseite verlieren seit nunmehr über zwanzig Jahren beständig an Mitgliedern und halten – wichtiger noch – in ihrer Mitgliederstruktur mit dem sektoralen Wandel der Wirtschaft nicht mit. Auf der betrieblichen Ebene haben wiederkehrende Konzessionsverhandlungen und Wettbewerbspakte ihre Spuren hinterlassen und in der Tarifpolitik wurden vormals einheitliche Regulierungen durch eine Vielzahl von Öffnungsklauseln flexibilisiert und dezentralisiert. Auch der Kündigungsschutz ist heute stärker fragmentiert und für große Teile der Arbeitnehmerschaft, die in befristeten Beschäftigungsverhältnissen oder Zeitarbeit erwerbstätig sind, kaum noch vorhanden. Die »Hartz-Reformen« haben zu einer drastischen Zunahme der Zahl der Arbeitnehmer im Niedriglohnsektor geführt und sowohl die Lohnungleichheit als auch der Anteil der Geringbezahlten an den Beschäftigten haben rapide zugenommen. Gleichzeitig haben gerade die Elemente der traditionellen Sozialpartnerschaft der deutschen Wirtschaft geholfen, die Auswirkungen der jüngsten Finanzkrise nach 2008 vergleichsweise gut zu meistern, indem sie durch Arbeitszeitkonten und Kurzarbeit Entlassungen in der Krise vermeiden konnten.

Wohin entwickelt sich die deutsche Sozialpartnerschaft in Anbetracht von Globalisierung und demografischem Wandel? Was ist vom »Modell Deutschland« noch übrig? Worauf lassen sich diese Entwicklungen zurückführen? Und was bedeutet dies für die Zukunft? Nachfolgend soll gezeigt werden, dass die Sozialpartnerschaft weiterhin ein wichtiger Baustein des deutschen Modells ist, sich jedoch stark gewandelt hat. Während früher durch Tarifverträge und betriebliche Mitbestimmung auch gesellschaftspolitische Weichen gestellt wurden und die Gleichbehandlung von Arbeitnehmern eine wichtige Zielmarke war, dienten später die Instrumente der Sozialpartnerschaft im Wesentlichen dem Erhalt der Wettbewerbsfähigkeit der Exportunternehmen. Zur Sicherung des Standorts ist die Sozialpartnerschaft für Unternehmensleitungen, Betriebsräte und Gewerkschaften weiterhin unverzichtbar. Diese betrieblichen Wettbewerbskoalitionen bestimmten einerseits die Praxis der Sozialpartnerschaft, andererseits unterminierten sie die Voraussetzungen für eine funktionierende Sozialpartnerschaft in anderen Bereichen der zunehmend durch Dienstleistungen charakterisierten Volkswirtschaft. Für weite Teile der Beschäftigten im Dienstleistungssektor sieht daher heute Sozialpartnerschaft anders aus als für ihre Kollegen in der verarbeitenden Industrie.

Um die Dynamik der Transformation der deutschen Sozialpartnerschaft zu analysieren, muss man den Blick auf die großen Unternehmen der deutschen Exportindustrie werfen, die das Rückgrat der deutschen Volkswirtschaft und auch des Modells Deutschland bilden. Hier wurde die Sozialpartnerschaft gelebt und hier wurden die wesentlichen Parameter ihrer Transformation gesetzt. Insbesondere die Reaktion der deutschen Wirtschaft auf die Herausforderungen durch den Vereinigungsschock, die Währungsunion und den Zusammenbruch der New Economy hat einen Anpassungsmechanismus in Gang gesetzt, der das Fundament der Sozialpartnerschaft nachhaltig geändert hat. Diese Entwicklung strahlt auch auf die Bereiche aus, die nicht im Zentrum des deutschen Modells stehen. In den Dienstleistungssektoren finden die Mechanismen der Sozialpartnerschaft zwar gleichfalls Anwendung, allerdings unter deutlich anderen Bedingungen.

In der Folge bildete die Praxis der deutschen Sozialpartnerschaft langsam aber stetig zwei sehr unterschiedliche Segmente aus: ein traditionell von Gewerkschaften, Betriebsräten und Arbeitgeberverbänden gemeinsam reguliertes Segment von größeren und großen Unternehmen in der verarbeitenden Industrie und ein Segment, in denen die Institutionen der Sozialpartnerschaft – Gewerkschaften, Betriebsräte und Arbeitgeberverbände – fast nicht mehr vorhanden sind.

In dem traditionell sozialpartnerschaftlichen Segment spielt die kollektive Vertretung weiterhin eine überragende Rolle. Sie wurde in den letzten zwei Jahrzehnten als eine Reaktion auf die deutsche Einheit, globalen Wettbewerbsdruck und die Folgen der Finanzkrise eher stärker als schwächer.[2] Gleichzeitig ist in dem schwachen Segment ein starker Trend zur Individualisierung von Arbeitsverhältnissen zu verzeichnen. Dabei hält das individualisierte, sozialpartnerschaftsfreie Segment auch Einzug in einzelne Nischen der verarbeitenden Industrie, nämlich dort, wo Betriebe der deutschen Großunternehmen von Zeitarbeitnehmern bestückt werden und weder tariflich reguliert sind noch von Betriebsräten effektiv mitgestaltet werden.

Die so entstandene Dualisierung in starke und schwache Segmente der Sozialpartnerschaft ist der dominante Trend in den Arbeitsbeziehungen der letzten zwanzig Jahre. In den folgenden Abschnitten wird dieser Prozess genauer beleuchtet. Zuvor wird jedoch der Zusammenhang zwischen kollektiven Rechten und Individualisierung thematisiert.

2 Individuelle Rechte und kollektive Vertretung

In allen entwickelten Industrieländern stehen individuelle und kollektive Arbeitnehmerrechte in einem komplementären Verhältnis zueinander.

Während das Arbeits- und Arbeitsschutzrecht Arbeitnehmer mit Mindestrechten am Arbeitsplatz in Bezug auf Arbeitszeiten, Arbeitsbedingungen und Kündigungsschutz ausstatten, helfen kollektive Formen der Interessenvertretung durch Tarifverträge und Mitbestimmung, diese Rechte umzusetzen und auszubauen. Arbeitnehmer erhalten damit teils bessere und teils standardisierte Rechtspositionen.

In Deutschland ist die Arbeitsteilung zwischen Arbeitsrecht, Mitbestimmung und Tarifvertrag besonders engmaschig kodifiziert. Einerseits sind individuelle Arbeitnehmerrechte insbesondere im Kündigungsschutzrecht und Arbeitszeitrecht bereits vergleichsweise arbeitnehmerfreundlich gestaltet. Andererseits werden diese individuellen Mindestrechte durch weitreichende Regulierungen in Tarifverträgen verbessert. Das betrifft zum Beispiel Urlaubsregelungen, wöchentliche Arbeitszeiten, Lohnfortzahlung, Kündigungsschutz und Zulagen. In Tarifverhandlungen sind die gesetzlichen Bestimmungen die Ausgangslage für weitere Verbesserungen. Für Arbeitnehmer lohnt es sich daher in (fast) jedem Fall, in einem tarifvertraglich gebundenen Betrieb beschäftigt zu sein.

Individuelle und tarifvertragliche Arbeitnehmerrechte werden zudem wesentlich durch die Mitspracherechte der Betriebsräte gestärkt. Insbesondere Arbeitszeitregelungen, aber auch Kündigungsschutzrechte und Arbeitsschutz können oftmals nur effektiv umgesetzt und kontrolliert werden, wenn Betriebsräte vorhanden und verhandlungsfähig sind. Für den einzelnen Arbeitnehmer ist es erheblich schwieriger, bei seinem Vorgesetzten auf die Einhaltung von Arbeitsschutzregelungen zu pochen, wenn keine betriebliche Interessenvertretung existiert. Darüber hinaus verhandelt der Betriebsrat unter anderem über weitere Regelungen bezüglich Arbeitszeitordnungen, über Sozialpläne und Kriterien bei Einstellungen oder Entlassungen.

Vor diesem Hintergrund wird leicht ersichtlich, dass die effektive Umsetzung individueller Rechte von dem Vorhandensein und der Ausübung kollektiver Rechte abhängig ist. Gehen die kollektiven Rechte oder die Handlungsfähigkeit der Akteure, die sie ausüben, verloren, werden auch individuelle Rechte geschwächt. Ein Prozess der Individualisierung, zum Beispiel durch die fehlende Tarifbindung eines Betriebs, die Nichtmitgliedschaft in Gewerkschaften oder fehlende Betriebsräte, ist daher im Wesentlichen ein Prozess der Schwächung von individuellen Rechten und ihrer Umsetzungsmöglichkeiten.

Gleichzeitig wird es zunehmend problematischer, kollektive Arbeitnehmerrechte und Interessenvertretungen überhaupt aufrechtzuerhalten und zu reproduzieren. Der Übergang von der Industrie- zur Dienstleistungsgesellschaft, die Globalisierung von Wertschöpfungsketten wie auch die Heterogenisierung der Arbeitnehmerschaft durch eine Vielzahl von unterschiedlichen Beschäftigungsverhältnissen machen es schwerer denn je, Arbeitnehmer wie auch Betriebe unter das Dach von kollektiven Vertretungen in Gewerkschaften und Arbeitgeberverbänden zu organisieren. Die Ausdifferenzierung von Arbeitnehmerinteressen und betrieblichen Interessen hat eine Schwächung von kollektiv organisierten Verbänden und eine zunehmende Individualisierung zur Folge. Als Individuum sind die Arbeitnehmer jedoch grundsätzlich in einer schwächeren Position als zuvor. Diese allgemeine Feststellung gilt unabhängig von dem Umstand, dass infolge der demografischen Umwälzungen künftig besonders gesuchte Fachkräfte im Einzelfall sehr wohl eine Konstellation vorfinden können, in der sie es sind, die arbeitsvertragliche Bedingungen in gewisser Weise »diktieren« können. Auch wenn es hier dann weniger um Arbeitsrecht und Arbeitsschutz denn um Privilegien rund um den eigenen Arbeitsplatz gehen wird, unterstreicht dieser vorhersehbare Trend umso mehr, dass die Schwächung kollektiver Interessensvertretungen auch eine Spaltung des Arbeitsmarkts in »Gewinner« und »Verlierer« hervorrufen kann.

Die Institutionen der Sozialpartnerschaft sind auch insofern komplementär, als sie aufeinander aufbauen. Während effektive Tarifpolitik nur von starken Verbänden betrieben werden kann, sind die Verbände in ihrer Mitgliederrekrutierung wiederum auf die Mitbestimmung und Betriebsverfassung angewiesen. Ein Mitgliederschwund schwächt so die Tarifpolitik wie auch die Verbreitung von Betriebsräten. Die Veränderung eines Teilbereichs der Sozialpartnerschaft hat unmittelbare Auswirkungen auf alle anderen.

Umgekehrt hat eine Schwächung der individuellen Arbeitnehmerrechte auch Konsequenzen für die kollektiven Vertretungsmechanismen. Zum Beispiel erschwert die Aufweichung der Kündigungsschutzrechte durch die verbreitete Einführung befristeter Beschäftigungsformen eine langfristige Beschäftigung von Arbeitnehmern im Betrieb und macht somit eine Gewerkschaftsmitgliedschaft wie auch die Gründung eines Betriebsrats weniger wahrscheinlich. Je unsicherer die Beschäftigung von Arbeitnehmern ist, desto schwächer fallen kollektive Formen der Interessenvertretung aus.

Aus diesem Zusammenspiel lässt es sich erklären, dass in den letzten Jahren zwar nur marginale Veränderungen in den individuellen Arbeitnehmerrechten in den Bereichen der Zeitarbeit und befristeten Beschäftigung eingetreten sind, diese aber für die kollektive Vertretung von entscheidender Bedeutung waren. Daher ist der Eindruck einer zunehmenden Individualisierung der Arbeitnehmerrechte nicht falsch. Die Schwächung der Sozialpartnerschaft durch den Mitgliederschwund in den Verbänden hat dieser Entwicklung Vorschub geleistet.

3 Der Umbau der »Deutschland-AG« und die Verbreitung betrieblicher Bündnisse für Arbeit

Der Wirtschaftsaufschwung der deutschen Einheit endete 1992 in einer Tarifrunde mit außergewöhnlich hohen Lohnsteigerungen. Die anschließende Rezession führte zu dem stärksten Einbruch der Wirtschaftsleistung seit dem Zweiten Weltkrieg. Im Winter 1992/93 gingen knapp eine halbe Million Arbeitsplätze im produzierenden Sektor verloren. In den darauffolgenden zwei Jahrzehnten sank der Anteil der Beschäftigten in der verarbeitenden Industrie in Deutschland um fast zehn Prozentpunkte von 28,3 im Jahr 1990 auf 18,5 Prozent im Jahr 2009.[3]

Nach vollzogener Wiedervereinigung erwartete die Politik von deutschen Unternehmen, in Ostdeutschland zu investieren. Parallel dazu wurden in Ostdeutschland die Löhne in Stufentarifverträgen schnell an das westdeutsche Niveau angenähert. Hinzu kam eine neue Wettbewerbssituation deutscher Unternehmen auf dem Weltmarkt. Insbesondere japanische Firmen setzten zu Beginn der 1990er Jahre deutsche Exportunternehmen stark unter Druck. Die deutsche Exportindustrie lief Gefahr, ihre Führungsposition auf den Weltmärkten zu verlieren. Japanische und andere ostasiatische Konkurrenten hatten gelernt, qualitativ hochwertige Produkte zu produzieren, die tendenziell günstiger waren als die deutschen. Der davon ausgehende Kostendruck wurde noch durch die hohe Bewertung der Deutschen Mark im europäischen Währungssystem verstärkt.

In dieser Situation reagierten die deutschen Exportunternehmen mit umfassenden betrieblichen Restrukturierungen. Innerhalb von 15 Jahren zwischen 1994 und 2009 senkte die deutsche Wirtschaft ihre realen Lohnstückkosten im Vergleich zu ihren europäischen Konkurrenten um 20 Prozent.[4] Diese massive Senkung der Arbeitskosten gelang durch eine Kombination von betrieblicher Umstrukturierung und politischer Flankierung. Auf diese Weise konnten Qualifikationen und Flexibilität in den Betrieben erhalten werden, während zugleich alle nicht notwendigen Ausgaben konsequent identifiziert und reduziert wurden.

Dazu gehörte auch die Auslagerung von Teilen der Produktion nach Osteuropa in der zweiten Hälfte der 1990er Jahre. Einige Ökonomen gehen davon aus, dass die Aufsplitterung der Zuliefererkette für die Reduzierung der Arbeitskosten von größerer Bedeutung war als die Lohnzurückhaltung der Gewerkschaften.[5] Die Auslagerung von Produktionsstätten nach Osteuropa verdreifachte nicht nur die Produktivität im Vergleich zu Betrieben, die diesen Weg nicht beschritten, sondern verdoppelte auch die Produktivität der Muttergesellschaften in Deutschland. Verlagerungen nach Osteuropa verschlankten deutsche Unternehmen und halfen ihnen, neue Marktanteile in einer verschärften globalen Wettbewerbssituation zu erschließen. Besonders ausgeprägt waren diese Effizienzgewinne und die damit verbundene Reduzierung von Lohnstückkosten in der deutschen Industrie in der Zeit nach 2004.[6]

Die Auslagerung von Produktionsstätten nach Osteuropa verlangsamte somit auch den Lohnzuwachs in Deutschland. Indem zugleich qualifizierte Tätigkeiten nach Osteuropa ausgelagert wurden, verringerte sich die Nachfrage nach Facharbeitern in Deutschland. Verlagerungen verbesserten somit die Wettbewerbsfähigkeit der deutschen Industrie und reduzierten die Löhne für qualifizierte Mitarbeiter.

Aber auch in den deutschen Betrieben wurde radikal umgebaut, um Kosten zu senken. Da die deutschen Unternehmen aufgrund der starken individuellen und kollektiven Arbeitnehmerrechte, anders als ihre Wettbewerber im angelsächsischen Ausland, ihren Beschäftigten nicht einfach kündigen und deren Einkommen kürzen konnten, mussten sie andere Wege finden, die im Wesentlichen aus den etablierten Instrumenten der Sozialpartnerschaft bestanden.

Um den Arbeitsplatzabbau und die Restrukturierung ohne große Konflikte bewerkstelligen zu können, griffen die Unternehmen und Betriebsräte zu einem neuen Instrument, das bereits in den späten 1980er Jahren von einzelnen Unternehmen eingesetzt worden war. Unternehmensleitungen und Betriebsräte verhandelten und vereinbarten betriebliche Bündnisse für Arbeit, um die Wettbewerbsfähigkeit eines Standortes bzw. Unternehmens zu verbessern und gleichzeitig Beschäftigung zu sichern.[7] Dafür waren beide Seiten bereit, Kompromisse einzugehen: Die Arbeitnehmerseite machte Zugeständnissen in den Bereichen Einkommen, Arbeitszeit und Betriebsabläufe, während die Betriebe ihrerseits auf betriebsbedingte Kündigungen verzichteten oder den Erhalt des Standorts und die dafür notwendigen Investitionen garantierten.

Im Unterschied zu Konzessionsverhandlungen in US-amerikanischen Unternehmen, in denen es im Wesentlichen um die Senkung der Lohnkosten ging, waren die betrieblichen Bündnisse für Arbeit in Deutschland breiter angelegt. So wurde über Maßnahmen zur Infrastrukturverbesserung und zur Qualifizierung, über die Nähe zu den Absatzmärkten, die Kosten, die Produktivität und die technische Ausstattung im Rahmen der Investitionsentscheidungen verhandelt. Durch das Benchmarking[8] mehrerer Standorte wurden die Belegschaften aufgefordert, gemeinsam mit ihren Betriebsleitungen das beste Angebot an die Konzernzentrale abzugeben und um Investitionen zu konkurrieren. Die Unternehmensleitungen versuchten Lohnsenkungen durch produktivitätssteigernde Maßnahmen und Reorganisationen zu vermeiden. Sie versprachen, den Standort und Arbeitsplätze zu erhalten. Diese Versprechen waren zwar nicht einklagbar; ihre Einhaltung war jedoch für die Betriebsabläufe im Alltag von erheblicher Bedeutung.

Gleichzeitig stieg die Bereitschaft der Betriebe, stärker zwischen der Kern- und der Randbelegschaft zu differenzieren. Die Flexibilisierung des Arbeitsrechts im Hinblick auf die Befristung von Arbeitsverträgen und die Liberalisierung der Zeitarbeit machten dies möglich. Fluktuationen und konjunkturelle Schwankungen konnten durch temporäre Beschäftigungsverhältnisse abgefedert werden.

Das neue Instrument breitete sich rasant aus. Bis 2005 hatte etwa ein Drittel der Bertriebe im verarbeitenden Gewerbe Standortsicherungsvereinbarungen abgeschlossen. Auch in anderen Branchen außerhalb des produzierenden Gewerbes fanden sie Einzug. Zum Beispiel handelten die ehemals staatlichen Infrastrukturunternehmen regelmäßig betriebliche Pakte aus, um die Kosten im Prozess der Privatisierung zu senken. Auch in Dienstleistungsunternehmen und sogar im öffentlichen Dienst findet man betriebliche Bündnisse für Arbeit.

Standortsicherungsvereinbarungen wie auch die Ausweitung der befristeten Beschäftigung in großen Betrieben hatten zur Folge, dass die Kernbelegschaft dieser Betriebe während der Laufzeit der Standortsicherungsverträge nahezu unkündbar wurde. Diese Entwicklung zeichnete sich schon länger in den Tarifverträgen des produzierenden Gewerbes ab. Ähnlich wie im öffentlichen Dienst hatten die Tarifvertragsparteien nach einer gewissen Betriebszugehörigkeit Klauseln zur Unkündbarkeit der Belegschaft vereinbart. Die Standortsicherungsvereinbarungen weiteten diese Klauseln auf die gesamte Kernbelegschaft aus. Nach Ablauf einer Vereinbarung bestand die Tendenz, eine neue mit ähnlichen Konditionen abzuschließen.[9]

Eine wichtige Folge der betrieblichen Bündnisse für Arbeit war, dass sie die Kooperation zwischen Management und Betriebsräten intensivierten und den Betriebsräten mehr Mitspracherechte einräumten, als ihnen nach dem Gesetz zustanden. Zum Beispiel wurden im Gegensatz zu traditionellen Betriebsvereinbarungen oftmals auch Themen (wie z. B. Investitionen) verhandelt, die nach dem Betriebsverfassungsgesetz nicht der Mitbestimmung unterlagen, sondern dem Direktionsrecht des Managements oder der Regulierung der Tarifparteien.[10]

Die zunehmende Segmentierung zwischen Kern- und Randbelegschaft wurde durch rechtliche Veränderungen im Kündigungsschutz verstärkt. Der Kündigungsschutz für festangestellte Mitarbeiter ist bis heute stark geblieben, während der Schutz für »irreguläre« Verträge deutlich gelockert wurde.[11] Im Lauf der Jahre nahmen die drei Haupttypen der irregulären Arbeit auf dem Arbeitsmarkt stark zu: befristete Verträge, Zeitarbeit und geringfügige Beschäftigung. Firmen nutzen diese Alternativen als Flexibilitätspuffer für den Schutz der Kernbelegschaft.

Die Stärkung des Kündigungsschutzes für festangestellte Mitarbeiter wurde darüber hinaus durch Klauseln in Tarifverträgen in der verarbeitenden Industrie unterstützt, die langjährige Mitarbeiter vor Entlassungen schützen. Wiederholte Runden von betrieblichen Bündnissen für Arbeit führten zu einer höheren Beschäftigungssicherheit zumindest für einige Gruppen von Arbeitnehmern.[12] Um nur ein Beispiel zu nennen: Im September 2010 traf das Unternehmen Siemens eine Vereinbarung mit dem Betriebsrat über eine Beschäftigungsgarantie für nahezu die gesamte Belegschaft von mehr als 120 000 Mitarbeitern.[13]

In der Finanzkrise nach 2008 wiederholten sich diese Anpassungsreaktionen deutscher Unternehmen. Der deutsche Arbeitsmarkt konnte die Finanzkrise vergleichsweise unbeschadet überstehen, weil Unternehmen an ihren Beschäftigten festhielten, anstatt sie zu entlassen.[14] Exportunternehmen »horteten« ihre Kernbelegschaft, indem sie Überstunden abbauten, Arbeitszeiten verkürzten, Arbeitszeitkonten ausglichen und Kurzarbeitsprogramme in Anspruch nahmen.[15] Diese Strategie zum Schutz der Kernbelegschaft durch Kurzarbeit und Arbeitszeitkonten war nur möglich auf der Grundlage der betrieblichen Bündnisse für Arbeit, die die Unternehmen mit ihren Betriebsräten ab den späten 1980er Jahren verhandelt hatten.[16]

3.1 Die Flexibilisierung der Tarifverträge

Der Umbau des deutschen Modells fand seinen Niederschlag auch in der Tarifpolitik. Die großen Unternehmen hatten bis in die 1980er Jahre Branchentarifverträge für alle in ihren Betrieben beschäftigten Mitarbeiter. Das änderte sich durch die Kostensenkungsmaßnahmen in den 1990er Jahren. Neben Auslagerungen von Teilen der Produktion in andere Länder wurden auch Tätigkeitsbereiche an deutsche Zulieferer und Subunternehmer ausgelagert. So wurden zum Beispiel Kantinen und Wachpersonal nicht mehr von den Betrieben der verarbeitenden Industrie, sondern von Subunternehmern übernommen. Damit fielen sie unter günstigere Tarifverträge in den zuständigen Dienstleistungssektoren. Teilweise wurden auch Tarifverträge entsprechend angepasst, sodass Servicekomponenten in niedrigere Gehaltsstufen neu eingestuft werden konnten.

Betriebliche Bündnisse für Arbeit enthielten häufig Regelungen zu Lohnsteigerungen und Arbeitszeiten, die nicht konform mit den Tarifverträgen waren. Es war zudem unklar, ob die auf betrieblicher Ebene verhandelten Themen aus rechtlicher Sicht überhaupt in die Verantwortung der Betriebsräte gehörten. Bis in die späten 1990er Jahre wurden diese Verstöße gegen Tarifverträge von den Verbänden geduldet. Das betraf etwa bis zu einem Drittel der Unternehmen. In weiteren etwa 15 Prozent der Unternehmen wurde gegen Tarifverträge verstoßen, ohne dass dem ein betriebliches Bündnis zugrunde lag.[17] Aus diesen Entwicklungen erwuchs ein erheblicher Anpassungsdruck auf die Tarifvertragsparteien. In der Metallindustrie einigten sie sich im Jahr 2004 auf einen innovativen Tarifvertrag (Pforzheimer Abkommen), der weitreichende Öffnungsklauseln enthielt. Bis 2006 verhandelten bereits zehn Prozent der Unternehmen in der Metallwirtschaft eine offiziell abgesegnete Abweichung vom Tarifvertrag.[18]

Für die Verbände war es schier unmöglich, die Vielzahl der betrieblichen Abweichungen tatsächlich zu kontrollieren. Kaum ein Beschäftigter wagte es, gegen Tarifabweichungen zu klagen und somit ein betriebliches Bündnis infrage zu stellen. Unternehmen hofften, dass der bestehende Wettbewerbsdruck und die Schwäche der Gewerkschaften langfristig zu einer Kostensenkungsstrategie beitragen würden, die ihnen interne Flexibilität verschaffte.

Diese Rechnung ging weitgehend auf. Gewerkschaften blockierten die betrieblichen Entwicklungen nicht, sondern waren vielmehr bereit, die Tarifpolitik dementsprechend anzupassen und zu flexibilisieren. Die zunehmenden Beschäftigungsgarantien für die Kernbelegschaften gingen dabei Hand in Hand mit wachsenden Randbelegschaften, die entweder befristet eingestellt wurden oder für Zeitarbeitsfirmen arbeiteten. Mit dem »5 000 x 5 000-Modell« von Volkswagen fand diese Form der Zweiteilung der Belegschaft sogar ein – öffentlich sehr positiv aufgenommenes – arbeitsmarktpolitisches Konzept: Unter Verweis auf die positive Beschäftigungswirkung wurden Beschäftigte von VW auf Zeit zu schlechteren Konditionen eingestellt. Die Unternehmen argumentierten generell, dass der einzige Weg zur langfristigen Beschäftigungssicherung die Senkung der Arbeitskosten sei – auch wenn diese zu Lasten der Beschäftigungssicherung der Randbelegschaft gehe. Flexibilität und Wettbewerbsfähigkeit wurden auf diese Weise mit dem Einverständnis der Gewerkschaften durch eine zunehmende Segmentierung der Beschäftigten erreicht.

Institutionell änderte sich dabei nur wenig. Die Struktur der Tarifverhandlungen wurde ebenso beibehalten wie die tarifpolitischen Zuständigkeiten. Im Rahmen der Agenda 2010 war vorübergehend von einer gesetzlichen Regulierung betrieblicher Bündnisse für Arbeit die Rede, die jedoch wieder fallen gelassen wurde.

Allerdings ging die Tarifbindung der Beschäftigten durch Tarifverträge in den 1990er Jahren deutlich zurück. Zwischen 1998 und 2006 sank die Tarifbindungsquote in Westdeutschland von 76 auf 65 Prozent und in Ostdeutschland von 63 auf 53 Prozent.[19] Während Deutschland im europäischen Vergleich bis zu Beginn der 1990er Jahre zu den Ländern mit einer hohen Tarifbindung gehörte, ist es heute im Mittelfeld anzusiedeln. Dies ist insbesondere deshalb bemerkenswert, weil die Bundesrepublik das einzige Land in der EU mit relativ geringer Tarifbindung ist, das zugleich auf einen flächendeckenden gesetzlichen Mindestlohn verzichtet.[20] In anderen europäischen Ländern ohne gesetzlichen Mindestlohn, insbesondere Skandinavien, werden Mindestlöhne durch Tarifverträge für mehr als 80 Prozent der Beschäftigten festgelegt.

Zu Recht wurde mit Blick auf den Wandel in der Tarifpolitik im Verlauf der letzten Jahre »statt von einem Abbau des Flächentarifs [...] eher von einem Anbau an denselben« gesprochen – »freilich einem, der im weiteren Verlauf auch zu einem Umbau führt«. Sowohl innerhalb des Tarifvertrags als auch auf betrieblicher Ebene wurden neue Elemente ergänzt, »die zum Flächentarif hinzutreten und mit deren Existenz dieser zurechtkommen muss. Dies tut er [...], indem er Konflikten mit ihnen aus dem Weg geht und sich für sie öffnet.«[21]

3.2 Die Schwächung der Verbände

Die Tarifpolitik und die betrieblichen Bündnisse für Wettbewerbsfähigkeit und Standortsicherung wurden in den 1990er Jahren zu einer Belastungsprobe für die Arbeitgeberverbände. Während einerseits in der Tarifpolitik einheitliche Tarifabschlüsse für alle Mitgliedsunternehmen galten und damit die flächendeckende Regulierung von Löhnen und Arbeitskosten weiterhin gültig blieb, wurden gleichzeitig die Unternehmen über Standortsicherungsvereinbarungen umgebaut. Die Produktivität der Betriebe wurde erhöht; Einkommen – zumeist im übertariflichen Bereich – wurden verringert und die Unternehmen flexibilisiert. Gleichsam wurde jedoch ein Teil des Kostendrucks der Unternehmen an Zuliefererunternehmen abgegeben, indem Zulieferern genaue Vorgaben über Preise gemacht wurden. Diese Zulieferer, soweit in Deutschland ansässig, waren jedoch in der Regel Mitglied im gleichen Arbeitgeberverband und damit Teil des gleichen Tarifvertrags wie die Abnehmerunternehmen.

Die sektoralen Arbeitgeberverbände spürten den Druck innerhalb des Verbands unmittelbar. Eine Antwort auf dieses Dilemma war die Einrichtung von sogenannten Ohne-Tarif-Verbänden (OT-Verbänden). OT-Verbände sind angegliederte sektorale Arbeitgeberverbände, bei denen die Mitgliedschaft nicht unmittelbar zur Tarifbindung führt. Kritische und unzufriedene Unternehmen, die nicht länger die Bestimmungen des Tarifvertrages in ihren Betrieben anwenden wollten, sollten eine Möglichkeit erhalten, weiterhin im Verband bleiben zu können. Von der OT-Option machten überwiegend kleine und mittlere Betriebe mit durchschnittlich 100 Beschäftigten Gebrauch.[22] In einzelnen ostdeutschen Verbänden war die Zahl der Mitglieder in OT-Verbänden sogar größer als die Mitgliederzahl im Tarifverband derselben Branche.[23] Damit wurde der Kritik innerhalb der Verbände die Spitze genommen.

Auf der Gewerkschaftsseite setzte der Mitgliederschwund bereits Ende der 1980er Jahre ein. Mit der deutschen Einheit schnellten die Mitgliederzahlen zwar kurzfristig in die Höhe, um danach allerdings umso schneller zu fallen. Der Mitgliederschwund ist seit fast zwei Jahrzehnten stetig; jedes Jahr verloren die deutschen Gewerkschaften zwischen zwei und drei Prozent ihrer Mitgliedschaft.

Zwischen 1990 und 2009 sank die Mitgliedschaft in den deutschen Gewerkschaften um knapp 50 Prozent. Im europäischen Vergleich gehören sie damit mittlerweile zu den mitgliederschwächeren Arbeitnehmervertretungen. Nur die Gewerkschaften in Südeuropa und Frankreich haben eine geringere Organisationsrate. Umfragedaten wie in *Tabelle 1* dargestellt, enthalten auch wichtige Informationen über die Zusammensetzung der Mitgliedschaft. Es gibt deutliche Hinweise darauf, dass die deutschen Gewerkschaften primär Vertreter von sogenannten Arbeitsmarktinsidern sind, von Beschäftigten mit stabilen und überdurchschnittlich vergüteten Arbeitsplätzen, und zudem weder Frauen noch junge Arbeitnehmer adäquat in ihrer Mitgliedschaft widerspiegeln:[24]

- In keinem anderen europäischen Land ist die Kluft zwischen den Geschlechtern bei den Gewerkschaftsmitgliedern so groß wie in Deutschland. In den deutschen Gewerkschaften waren die Organisationsgrade von Männern lange Zeit nahezu doppelt so hoch wie die der Frauen. Diese Lücke wird nun erst langsam überbrückt.

- Der Organisationsgrad der über 25-Jährigen ist viermal so hoch wie der von jungen Arbeitnehmern unter 25 Jahren.
- Es gibt eine deutlich geringere Organisationsneigung von Arbeitnehmern, die in Teilzeit oder befristet beschäftigt sind.
- Die Mehrheit der Gewerkschaftsmitglieder verdient mehr als das Medianeinkommen[25].
- Zudem ist der Organisationsgrad in der verarbeitenden Industrie deutlich höher als im privaten Dienstleistungssektor und im öffentlichen Dienst.

Tab. 1: Gewerkschaftliche Organisationsgrade 2008

Dimension	Indikator	Prozent
Alter	15–25	6
	26–65	24
Geschlecht	Männer	17
	Frauen	10
Vertragsform	unbefristet	16
	befristet	8
	kein Vertrag	6
Einkommen	über dem Medianeinkommen	17
	unterhalb des Medianeinkommens	13
Arbeitszeiten	< 17 Stunden	6
	> 17 Stunden	15
Sektor	verarbeitende Industrie	19
	private Dienstleistungen	7
	öffentlicher Dienst	15

Quelle: European Social Survey, eigene Berechnungen

Die Konzentration der Mitgliedschaft unter männlichen Vollzeitbeschäftigten mit überdurchschnittlichen Einkommen in der verarbeitenden Industrie passt dabei gut zu der Entwicklung der betrieblichen Bündnisse für Arbeit. Die Tarifpolitik der letzten beiden Jahrzehnte hat diese Beschäftigtengruppe in den Mittelpunkt ihrer Interessenpolitik gestellt und die Beschäftigten anderer Branchen erkennen zu Recht, dass die Tarifpolitik der Gewerkschaften für sie häufig nicht vorteilhaft ist. Hinzu kommt, dass mittlerweile nur noch in den Großbetrieben der verarbeitenden Industrie die traditionellen Rekrutierungsmechanismen der Gewerkschaften über Betriebsräte und betriebliche Vertretung effizient genutzt werden können. In weiten Teilen der Dienstleistungssektoren existieren diese Instrumente nicht.

3.3 Spartengewerkschaften und die Abspaltung von den etablierten Sozialpartnern

Eine weitere Form der Dualisierung der Sozialpartnerschaft besteht in dem Erstarken von Spartengewerkschaften außerhalb des Deutschen Gewerkschaftsbundes (DGB). In Deutschland gibt es mittlerweile über 500 Arbeitnehmerverbände.[26] Davon sind jedoch lediglich 70 bis 80 Gewerkschaften mit einer eigenständigen Tarifpolitik.[27] Spartengewerkschaften sind unabhängige Organisationen, die oftmals auf der Grundlage einzelner Berufe organisiert sind und aufgrund der Bedeutung dieser Berufe im Betriebsablauf eine beträchtliche Verhandlungsmacht ausüben können. Während einzelne Berufsgruppen innerhalb der Industriegewerkschaften des DGB nur eine Gruppe unter vielen sind und sich in einen größeren Verbund von Interessen anderer Beschäftigtengruppen einbinden lassen müssen, spezialisieren sich Spartengewerkschaften genau auf die Interessen der verhandlungsstarken Berufsgruppe. In der Vergangenheit haben sie in der Regel mit den DGB-Gewerkschaften eine Tarifgemeinschaft gebildet und waren somit Teil eines einheitlichen Tarifvertrages, der mit dem Arbeitgeber ausgehandelt wurde. Der Prozess einer voranschreitenden Autonomisierung vom DGB ist aber inzwischen unübersehbar und wohl auch unaufhaltsam.

In den letzten zwanzig Jahren haben besonders drei Branchen das Erstarken von Berufsgewerkschaften und die Herausbildung einer eigenständigen Tarifpolitik durch Spartengewerkschaften erlebt: der Gesundheitssektor durch die Ärztevertretung Marburger Bund, die Luftfahrtindustrie durch die Vereinigung Cockpit (VC), die Unabhängige Flugbegleiterorganisation (UFO) und die Gewerkschaft der Flugsicherung (GdF) sowie der Schienenverkehr durch die Gewerkschaft Deutscher Lokomotivführer (GDL).

Die Vereinigung Cockpit setzte den Prozess der gewerkschaftlichen Abspaltung in Gang, indem sie die Tarifgemeinschaft mit der Vereinten Dienstleistungsgewerkschaft (ver.di) kündigte und ihre Anerkennung als Gewerkschaft erstreikte. Damit setzte sie bei der Deutschen Lufthansa erstmals einen eigenen Tarifvertrag durch. Diesem Vorbild sind dann die Beschäftigten der Flugsicherung unter Führung der Fluglotsen gefolgt.[28]

Die Eroberung des Tarifbereichs der Deutschen Bahn durch die Nicht-DGB-Gewerkschaft GDL ist ein gutes Beispiel für die Entwicklung der

Tarifkonkurrenz zwischen dem DGB und unabhängigen Spartengewerkschaften. Im Bereich der Deutschen Bahn bestanden lange Zeit drei Bahngewerkschaften: die DGB-Gewerkschaft Transnet, die Verkehrsgewerkschaft GDBA und die Lokomotivführergewerkschaft GDL. Die GDL trat in unmittelbare Konkurrenz zu den anderen Gewerkschaften, indem sie sich 2002 zunächst für Zugbegleiter und Bordpersonal öffnete und in einem zweiten Schritt einen eigenen Spartentarifvertrag für das Fahrpersonal forderte. Die Deutsche Bahn konzedierte daraufhin der GDL innerhalb des bestehenden Tarifgefüges eine größere Unabhängigkeit von den beiden anderen Bahngewerkschaften.[29]

In der Tarifrunde 2007 forderte die GDL dann erneut die tarifpolitische Eigenständigkeit für Lokomotivführer. Sie organisierte mehrere Arbeitskämpfe, bis sie einen eigenen Tarifvertrag durchsetzen konnte. In dem Prozess der zunehmenden Tarifkonkurrenz konnte die GDL über ihre tarifpolitische Militanz der DGB-Gewerkschaft Transnet weitgehend den Rang ablaufen. Transnet hatte sich im Wesentlichen durch ihre Kompromissbereitschaft gegenüber der Deutschen Bahn bei vielen Mitgliedern diskreditiert.

Auf ähnliche Weise konnte der Marburger Bund sich von der Dominanz der DGB-Gewerkschaft ver.di lösen und zu einer tarifpolitischen Eigenständigkeit kommen. Traditionell hatte sich der Marburger Bund als berufspolitische Ärztevertretung gesehen und sich tarifpolitisch zunächst von der Deutschen Angestellten Gewerkschaft (DAG) und nach der Fusion der Dienstleistungsgewerkschaften von ver.di vertreten lassen. Die Etatkürzungen für Universitätskliniken im Jahr 2003 betrafen jedoch die Ärzte stark, da ihnen zunächst das Weihnachtsgeld gestrichen und dann die Wochenarbeitszeit ohne Lohnausgleich verlängert wurde. Im Zuge der Reform des Bundesangestelltentarifvertrags BAT forderten die kommunalen Krankenhäuser ähnliche Gehaltskürzungen. Daraufhin beendete der Marburger Bund die Tarifkooperation mit ver.di. Im Sommer 2006 konnte der Marburger Bund eigene Tarifverträge für die Krankenhausärzte durchsetzen.[30]

Diese Beispiele gewerkschaftlicher Konkurrenz sind in vielen westlichen Industrieländern längst normal und nur für die deutsche Gewerkschaftslandschaft bislang noch eher ungewöhnlich. Sie entwickeln sich in Sektoren, die von großen Veränderungen betroffen sind, wie zum Beispiel in den staatlichen und staatsnahen Sektoren, und dort, wo einzelne Berufsgruppen aufgrund ihrer Qualifikation über ein erhebliches Machtpotenzial verfügen.

Der Erfolg der Spartengewerkschaften hat auf der rechtlichen Ebene zusätzliche Fragen aufgeworfen, da man bislang von der sogenannten

Tarifeinheit im Betrieb ausgegangen war – in jedem Betrieb sollte nur ein einheitlicher Tarifvertrag für alle Beschäftigten gelten. Durch die eigenständigen Tarifverträge wird dieses Prinzip der Tarifeinheit durchbrochen. Der zuständige Senat des Bundesarbeitsgerichtes hat in einer richterlichen Entscheidung seine Absicht erklärt, in Zukunft am Grundsatz der Tarifeinheit nicht mehr festhalten zu wollen. Begründet wurde die Position damit, dass es an einer gesetzlichen Regelung für die Verdrängung nachrangiger Tarifverträge fehle. Daraufhin haben die Spitzenverbände DGB und BDA im Juni letzten Jahres einen Vorstoß an den Gesetzgeber gestartet, um die Tarifeinheit im Betrieb gesetzlich abzusichern. Dieses Anliegen fand bislang keine politische Unterstützung.[31]

4 Fazit

Wie sieht die Zukunft der deutschen Sozialpartnerschaft aus? Bewegen wir uns auf ein liberales angelsächsisches Modell zu, in dem Arbeitnehmer nur noch individuelle Verträge mit ihrem Arbeitgeber eingehen und keine weiteren kollektiven Verhandlungen mehr stattfinden? Werden Arbeitnehmer zunehmend individuell ihre Arbeitsverträge aushandeln?

Aufgrund der Entwicklungen in den letzten zwei Jahrzehnten lassen sich einige Vermutungen über die Zukunft der Sozialpartnerschaft ableiten: In der verarbeitenden Industrie gibt es weiterhin ein tarifpolitisches Modell, das von der Kernbelegschaft und den Unternehmen getragen wird. Es hat sich in der Anpassung an neue Weltmarktbedingungen und in der Finanzkrise als sehr flexibel und belastbar erwiesen. Man kann davon ausgehen, dass dieses Modell weiterhin bestehen bleibt, solange beide Seiten ihre Vorteile darin verfolgen können.

Außerhalb der exportorientierten verarbeitenden Industrie muss die Sozialpartnerschaft andere Formen entwickeln, um sich sowohl im öffentlichen wie auch privaten Dienstleistungssektor neu zu verankern. Die Spartengewerkschaften haben gezeigt, dass es auch in zuvor tarifpolitisch schwach organisierten Bereichen zu neuen Formen der Tarifpolitik kommen kann. In anderen Bereichen, wie zum Beispiel im Handel oder im Bereich sozialer Dienstleistungen, sind die Vertretungsformen jedoch sehr schwach ausgeprägt. Die Dienstleistungsgewerkschaft ver.di hat es in weiten Bereichen nicht vermocht, die Interessen der Beschäftigten in Dienstleistungssektoren zu bündeln und effektiv zu vertreten. Hier wird es in den nächsten Jahren darauf ankommen, ob und wie Arbeitnehmer und ihre Gewerkschaften bereit sind, Engpässe auf dem Arbeitsmarkt, die durch den beginnenden Fachkräftemangel verursacht sind, in eine aktivere Tarifpolitik umzuwandeln.

Die DGB-Gewerkschaften sind zunehmend bereit, sich den Interessen auch der Randbelegschaften und der Geringqualifizierten zuzuwenden und dort auch neue Vertretungsformen zu erproben. Ob diese erfolgreich sein werden und ob das neue Vertretungsmodell dann dem etablierten in der verarbeitenden Industrie ähnlich sehen wird, bleibt abzuwarten.

Fest steht, dass sich der Alleinvertretungsanspruch der deutschen Großgewerkschaften kaum noch aufrechterhalten lässt. Kleinere, flexiblere, reaktionsschnellere Arbeitnehmervertretungen werden in Zukunft eine größere Rolle spielen, wenn es darum geht, in einem enger werdenden Arbeitsmarkt überhaupt noch Arbeitnehmerinteressen mit einem mehrheitlichen Vertretungsanspruch versehen zu können. In dem Maß, wie sich der Arbeitsmarkt individualisiert und darüber hinaus gesuchten Fachkräften verbesserte Chancen zur »Selbstvermarktung« verschafft, werden sich die Gewerkschaften auch künftig weiter anpassen müssen. Und doch werden sie nicht verhindern können, dass eine wachsende Zahl von Beschäftigten ihre Mitbestimmungsrechte künftig möglicherweise bevorzugt außerhalb von tradierten Organisationsformen wahrnehmen wird, durch neue Formen von Mitarbeiterbeteiligung am Unternehmen und auch hinsichtlich der Ausgestaltung von Arbeitsplatz und Arbeitsvertrag. Dies wird mit dem Bestreben vieler Unternehmen einhergehen, sich mehr denn je von den Einschränkungen des Tarifvertrags und einer Mitgliedschaft im Arbeitgeberverband alter Prägung zu lösen. Es wird dann umso mehr darauf ankommen, dass Verbände auf Arbeitgeber- und Arbeitnehmerseite die Interessen ihrer potenziellen Mitglieder erkennen und eine größere Nähe zu ihnen entwickeln. So kann die in Deutschland so bewährte Sozialpartnerschaft auch in Zukunft ein stabiles Fundament des Arbeitsmarktes bilden.

Anmerkungen

1 Anke Hassel, Die Schwächen des deutschen Kapitalismus, in: Volker R. Berghahn/Sigurt Vitols (Hrsg.), Gibt es einen deutschen Kapitalismus? Tradition und globale Perspektiven der sozialen Marktwirtschaft, Frankfurt/Main 2006, S. 200.

2 Anke Hassel, The paradox of liberalization – Understanding dualism and the recovery of the German political economy, LEQS Paper No. 42, 2011.

3 Datenbank OECD STAN.
4 Dalia Marin, Germany's super competitiveness: A helping hand from Eastern Europe, 2010 (www.voxeu.org/index.php?q=node/5212).
5 Dalia Marin, The Opening Up of Eastern Europe at 20: Jobs, Skills, and »Reverse Maquiladoras« in Austria and Germany, Munich Discussion Paper 2010–14, University of Munich.
6 Vgl. D. Marin, The Opening Up (Anm. 5).
7 Vgl. Hartmut Seifert (Hrsg.), Betriebliche Bündnisse für Arbeit. Rahmenbedingungen – Praxiserfahrungen – Zukunftsperspektiven, Berlin 2002; Norbert Berthold/Marita Brischke/Oliver Stettes, Betriebliche Bündnisse für Arbeit. Eine empirische Untersuchung für den deutschen Maschinen- und Anlagenbau. Wirtschaftswissenschaftliche Beiträge des Lehrstuhls für Volkswirtschaftslehre, Wirtschaftsordnung und Sozialpolitik. Nr. 68, Frankfurt/Main 2003; Britta Rehder, Betriebliche Bündnisse für Arbeit in Deutschland. Mitbestimmung und Flächentarif im Wandel, Schriftenreihe des MPI für Gesellschaftsforschung, Bd. 48, Köln 2003; Heiko Massa-Wirth/Hartmut Seifert, Betriebliche Bündnisse für Arbeit nur mit begrenzter Reichweite?, in: WSI-Mitteilungen, 57 (2004) 5, S. 246–254.
8 Unter Benchmarking versteht man den kontinuierlichen Vergleich von Produkten, Dienstleistungen, Abläufen und Methoden auf betrieblicher, institutioneller oder staatlicher Ebene. Dabei wird ein Bezugswert (Benchmark) zugrunde gelegt, unter- oder oberhalb dessen die Einordnung im jeweiligen Benchmarking erfolgt. Durch diese Form der vergleichenden Wettbewerbsanalyse können Leistungsmängel systematisch identifiziert werden.
9 Anke Hassel/Christof Schiller, Der Fall Hartz IV. Wie es zur Agenda 2010 kam und wie es weitergehen wird, Frankfurt/Main 2010.
10 Britta Rehder, Mitbestimmung im Investitionswettbewerb, in: WeltTrends, 13 (2005) 47, S. 64–76, hier S. 67.
11 Gemäß einer international vergleichenden OECD-Skala von 0 bis 4 wurde der Kündigungsschutz bei befristeter Beschäftigung von 3,5 (1990) auf 0,75 (2008) gesenkt. Für die Zeitarbeit wurde die Regulierung von 4,0 auf 1,75 gelockert. Gleichzeitig blieb der Schutz der Festangestellten stabil bzw. wurde sogar von 2,58 auf 3,0 verstärkt.
12 Vgl. auch Stefan Zagelmeyer, Company-level employment relations during the globalfinancial crisis: Five illustrative cases from Germany, Manuscript submitted to the Industrial Relations in Europe Conference IREC 2010, 8–10 September, Oslo, Norway.
13 Vgl. Siemens schützt 128 000 Mitarbeiter vor Kündigung, in: Spiegel Online vom 22. September 2010, http://www.spiegel.de/wirtschaft/unternehmen/0,1518,718797,00.html.
14 Organisation for Economic Co-operation and Development, Employment Outlook, Paris 2010; Steffen Lehndorff, Before the crisis, in the crisis, and beyond: The upheaval of collective bargaining in Germany, Duisburg-Essen 2010.
15 Nach Angaben des Betriebssurveys des Wirtschafts- und Sozialwissenschaftlichen Instituts der Hans-Böckler-Stiftung (WSI) nutzten 30 Prozent der Firmen Arbeits-

zeitkonten, um Entlassungen zu vermeiden. Andere Maßnahmen waren Job-Rotation (14 Prozent), zusätzliche Urlaubstage (13 Prozent) und Gehaltskürzungen (11 Prozent). Vgl. Claudia Bogedan/Wolfram Brehmer/Alexander Herzog-Stein, Betriebliche Beschäftigungssicherung in der Krise. Eine Kurzauswertung der WSI-Betriebsrätebefragung 2009, WSI-Report Nr. 1, 2009.

16 Joachim Möller: The German labor market response in the world recession – Demystifying a miracle, in: Zeitschrift für ArbeitsmarktForschung, 42 (2010) 4, S. 325–336.

17 Reinhard Bispinck/Thorsten Schulten, Verbetrieblichung der Tarifpolitik? – Aktuelle Tendenzen und Einschätzungen, in: WSI-Mitteilungen, 56 (2003) 3, S. 157–166.

18 S. Lehndorff (Anm. 14), S. 16.

19 http://www.boeckler.de/pdf/ta_tarifbindung_2009.pdf.

20 Europäische Kommission (Hrsg.) Arbeitsbeziehungen in Europa 2008, Luxemburg 2009.

21 Wolfgang Streeck/Britta Rehder, Institutionen im Wandel: Hat die Tarifautonomie eine Zukunft?, in: Hans-Werner Busch u. a., Tarifpolitik im Umbruch, Köln 2005, S. 49–82, S. 6.

22 Vgl. W. Streeck/B. Rehder (Anm. 21).

23 Claus Schnabel, Gewerkschaften und Arbeitgeberverbände: Organisationsgrade, Tarifbindung und Einflüsse auf Löhne und Beschäftigung, Zeitschrift für ArbeitsmarktForschung, 38 (2005) 2/3, S. 181–196; Wolfgang Schroeder/Stephen J. Silvia, Gewerkschaften und Arbeitgeberverbände, in: Wolfgang Schroeder/Bernhard Wessels (Hrsg.), Die Gewerkschaften in Politik und Gesellschaft der Bundesrepublik Deutschland, Wiesbaden 2003, S. 244–270.

24 Anke Hassel, The Curse of Institutional Security – The Erosion of German Trade Unionism, in: Industrielle Beziehungen, 14 (2007) 2, S. 176–191.

25 Ordnet man sämtliche Einkommensbezieher nach der Höhe ihres Einkommens, dann bezeichnet das Medianeinkommen das Einkommen des mittlersten Einkommensbeziehers. 50 Prozent der Einkommensbezieher verdienen somit weniger und die anderen 50 Prozent mehr als der Bezieher des Medianeinkommens. Der Vorteil dieses Maßes gegenüber dem arithmetischen Mittel des Durchschnittseinkommens besteht darin, dass es nicht von »Ausreißern« etwa in Form einzelner extrem hoher Einkommen beeinflusst wird.

26 Wolfgang Schroeder, Gewerkschaftskonkurrenz: Gefahr und Chance zugleich, in: Orientierungen zur Wirtschafts- und Gesellschaftspolitik 115/2008, S. 2–6, hier S. 2.

27 Hagen Lesch, Spartengewerkschaften – Droht eine Destabilisierung des Flächentarifvertrags?, in: Sozialer Fortschritt, 57 (2008) 6, S. 144–153, hier S. 145.

28 Zur Konkurrenz zwischen DGB-Gewerkschaften und Spartenorganisation vgl. Reinhard Bispinck/Heiner Dribbusch, Tarifkonkurrenz der Gewerkschaften zwischen Über- und Unterbietung. Zu aktuellen Veränderungen in der Tarif- und Gewerkschaftslandschaft, in: Sozialer Fortschritt, 57 (2008) 6, S. 153–163; H. Lesch (Anm. 27); Wolfgang Schroeder/Samuel Greef, Industrie- und Spartengewerkschaften im Konflikt. Organisatorische Voraussetzungen und realisierte Gelegenheitsstrukturen, in: Industrielle Beziehungen, 15 (2008) 4, S. 329.

29 Hans-Peter Müller/Manfred Wilke, »Gestaltend Einfluss nehmen« – Bahngewerkschaft und Bahnreform 1993–2005, Berlin 2006.

30 W. Schroeder/S. Greef (Anm. 28).

31 Bundesvereinigung der Deutschen Arbeitgeberverbände/Deutscher Gewerkschaftsbund, Funktionsfähigkeit der Tarifautonomie sichern – Tarifeinheit gesetzlich regeln, 2010 (http://www.dgb.de/themen/++co++81408d58-6fc6-11df-59ed-00188b4dc422).

Philipp Krohn

Solidarisches Bürgergeld und bedingungsloses Grundeinkommen: Braucht die alternde Gesellschaft Alternativen und innovative Anreize zur Erwerbsarbeit?

Deutschland altert. Schon in den kommenden Jahren werden der Republik viele junge Fachkräfte fehlen, wenn nicht politisch gegengesteuert wird. Die fortschreitende Globalisierung und der demografische Wandel setzen gleichzeitig das deutsche Sozialsystem unter Druck. Ist in einer solchen Lage noch die Zeit für alternative Konzepte, die die Gesellschaft wegführen wollen vom Zwang zur Erwerbsarbeit? Oder verlangen die wachsenden Finanzierungsschwierigkeiten der sozialen Sicherungssysteme und eine zunehmend anspruchsvollere Arbeitswelt mit schlechteren Beschäftigungschancen für Geringqualifizierte nach einem neuen Grundprinzip? Ist ein Modell vorstellbar, das dabei helfen könnte, die wachsende Wohlfahrtskluft zwischen Gewinnern und Verlierern dieser Veränderungsprozesse zu verringern?

Weite Teile der Bevölkerung halten Konzepte wie ein »solidarisches Bürgergeld« oder ein »bedingungsloses Grundeinkommen« für vielversprechende Ideen, die in diese Richtung zielen. Je nach Ausgestaltung sehen die Modelle lebenslange Pauschalzahlungen vor, die teils deutlich oberhalb heutiger Niedriglöhne liegen – insbesondere dann, wenn man die Pro-Kopf-Beträge für Paare oder Familien zusammenzählt. Im Gegenzug sollen nahezu alle bisher gewährten Sozialtransfers entfallen, die in ihrer Vielfalt sehr intransparent sind und zu unvorhergesehenen Effekten führen. Unter den Befürwortern sind namhafte Unternehmer, Politiker und Wissenschaftler. Sie versprechen sich von der Idee des Grundeinkommens, dass Bürger freier über die Dauer und Ausgestaltung ihrer Erwerbsarbeit entscheiden können. Gleichzeitig setzen sie darauf, dass dieses Vorhaben durch eine Entbürokratisierung des Sozialstaats zu finanzieren sind. Darüber hinaus könnten ihrer Ansicht nach auch neue Impulse auf dem Arbeitsmarkt entstehen: Gesellschaftlich wertvolle, aber wenig »marktgängige« und gering entlohnte Arbeit werde dank Bürgergeld oder Grundeinkommen aufgewertet; Bürger würden solche Aufgaben wieder verstärkt übernehmen. Zudem versetze es sie in die Lage, sich gezielt um Arbeit zu bemühen, die ihnen gefalle. So könnten sie ihre Qualifikationen mit positiven gesamtwirtschaftlichen Effekten optimal einsetzen. Ein Grundeinkommen trage auch der Tendenz Rechnung, dass berufliche Patchworklebensläufe mit regelmäßigen Brüchen der Erwerbstätigkeit häufiger werden. Berufliche Aktivitäten, familiäre Auszeiten, Weiterbildungen oder andere individuelle Konstellationen wechseln sich deutlich häufiger als früher ab. Das Grundeinkommen entkopple die Erwerbssphäre von der sozialen Sicherung und ermögliche so neue Investitionen in das eigene Humankapital. Zudem erleichtere es den Bürgern, räumlich mobil zu sein und gesellschaftliche Verantwortung zu übernehmen – beispielsweise, indem sie Angehörige pflegen können.

Kritiker dagegen sehen in solchen Ansätzen unfinanzierbare, unvernünftige Sozialutopien mit falschen Verhaltensanreizen. Fehlt ihnen nur die Phantasie, sich den Sozialstaat ganz anders – schlanker, gerechter und bürgerfreundlicher – vorzustellen? Wer schon einmal einen Vortrag des prominenten Unternehmers und Gründers der Drogeriemarktkette dm, Götz Werner, über den wesentlich von ihm konzipierten Vorschlag eines bedingungslosen Grundeinkommens gehört oder eine seiner zahlreichen Publikationen zum Thema studiert hat,[1] wird sich wie ein Sozialzyniker vorkommen, wenn er dennoch Bedenken dagegen äußert – so überzeugend klingt seine Argumentationskette. Sie basiert auf einem altruistischen Menschenbild. Es geht davon aus, dass sich jeder Einzelne auch im Besitz eines vergleichsweise großzügigen Bürgergelds nicht vom Arbeitsmarkt zurückzieht oder seinen Zeiteinsatz dort vermindert. Stattdessen würden Arbeitnehmer dann erst recht sozial nützliche Aufgaben übernehmen, für die sich heute zu wenige Ehrenamtliche finden.

An diesem Argument entzündet sich ein großer Teil der Skepsis gegenüber einem existenzsichernden Grundeinkommen, das ohne Konditionen ausgezahlt wird. Sie ist vor allem im Menschenbild begründet. Die Verfechter der Grundeinkommensidee glauben, dass sich die wenigsten Bürger auf Kosten der anderen ausruhen würden, wenn sie sich auf eine sichere Existenzgrundlage vom Staat verlassen könnten. Viele Ökonomen, aber auch andere Skeptiker bezweifeln dagegen, dass im Niedriglohnsektor dann noch die nötige Arbeitskraft zur Verfügung gestellt würde. Nicht von ungefähr existieren inzwischen auch Modellvarianten mit ungleich niedriger angesetztem Grundeinkommensniveau, die sich von der Idee eines Lebens ohne Arbeitszwang distanzieren und vor allem die Effizienzsteigerung des Sozialstaats im Blick haben.

Heute gibt es kaum mehr eine deutsche Großstadt, in der sich nicht eine Initiative gegründet hat, die sich für ein bedingungsloses Grundeinkommen anstelle der zentralen Sozialtransfers einsetzt. Im Jahr 2009 haben überdies in kurzer Zeit mehr als 50000 Bürger eine Onlinepetition an den Deutschen Bundestag unterzeichnet. Der Petitionsausschuss musste sich im Jahr 2010 deshalb mit den Argumenten der Befürworter auseinandersetzen, von denen viele sagen, durch die Idee des Grundeinkommens hätten sie erstmals seit Langem wieder das Gefühl politischer Lethargie hinter sich gelassen. Sie versprechen sich davon eine freiere und damit leistungsstärkere Arbeitswelt, in der jeder sich ohne finanziellen Zwang für oder gegen die Aufnahme einer Arbeit entscheiden kann, weil er durch den festen staatlichen Einkommenstransfer auch ohne eine Lohnarbeit auskommen könnte.[2]

1 Wettstreit der Grundeinkommenskonzepte: Idealvorstellungen und Nutzenkalkül

Diese zentrale Idee des bedingungslosen Grundeinkommens ist nicht nur denkbar einfach, sondern auch schon alt: Sie hat ihre Wurzeln bei so unterschiedlichen Denkern wie dem englischen Staatsmann des 16. Jahrhunderts Thomas Morus, dem radikalliberalen Wirtschaftsnobelpreisträger Milton Friedman oder dem freidemokratischen Soziologen Ralf Dahrendorf. Den Anspruch eines jeden Bürgers auf einen festen monatlichen Geldbetrag ungeachtet seiner Bedürftigkeit bezeichnete Friedman als die effizienteste Form der Armutsbekämpfung. Wie hoch dieser Geldbetrag ausfallen könne, hänge dabei von der Steuerlast ab, die die große Mehrheit bereit wäre, für diesen Zweck zu tragen, schrieb der amerikanische Ökonom im Jahr 1962 in »Kapitalismus und Freiheit«.[3]

Bezogen auf die deutschen Verhältnisse wäre das gleichbedeutend mit einem radikalen Umbau des Steuer- und Transfersystems: Allen voran würde die gesetzliche Rentenversicherung, die Arbeitslosenversicherung und das Arbeitslosengeld II (Hartz IV) vollständig in einem solchen steuerfinanzierten Einheitstransfer aufgehen. Auch andere Transferansprüche etwa in Form von Wohngeld, Kindergeld oder BAföG würden abgeschafft. In der politischen Sphäre wird das Grundeinkommen inzwischen verstärkt unter dem Begriff »solidarisches Bürgergeld« diskutiert, seit der frühere christdemokratische Ministerpräsident Thüringens, Dieter Althaus, im Jahr 2006 ein gleichnamiges Konzept vorgestellt hat, das in ähnlicher Weise auch vom Hamburgischen WeltWirtschaftsInstitut (HWWI) vertreten wird.[4] Dessen Direktor Thomas Straubhaar bezieht klar Position:

»Das Grundeinkommen ist eine sozialpolitische Revolution. Die Risiken, die ein derart fundamentaler Neuanfang mit sich bringt, sind abzuwägen mit den Risiken des Festhaltens am heutigen System. Für Deutschland zeigt sich, dass das Grundeinkommen den schwierigen Zielkonflikt zwischen ökonomischer Effizienz und sozialer Gerechtigkeit am kostengünstigsten beheben würde.«[5] Von vielen Befürwortern des Grundeinkommens werden diese zwei Ansätze als »Schrumpfversion« ihrer idealistischeren Vision abgelehnt.

Vereinfacht dargestellt, würde nach dem HWWI-Konzept ein pauschales Bürgergeld von 600 Euro an jeden Bürger ausbezahlt. Der Althaus-Plan sieht alternativ unterschiedliche Staffelungen je nach Einkommenshöhe vor, die das Modell allerdings um einiges komplexer machen würden: Unterhalb von 1 600 Euro Einkommen sollte jedem volljährigen Bürger ein voraussetzungsloses Grundeinkommen von 800 Euro (Kinder 500 Euro) abzüglich einer von vornherein einzubehaltenden Einheitsgesundheitsprämie von 200 Euro gewährt werden. Oberhalb dieser Einkommensschwelle würde ein halbiertes Bürgergeld von 400 Euro gezahlt. Unabhängig von der unterschiedlichen Gestaltung im Detail, versprechen sich Althaus wie Straubhaar davon gleich mehrere positive Effekte: So könne die Sozialbürokratie deutlich verschlankt werden, schikanöse Bedürftigkeitsprüfungen und aufwendige Vermögensnachweise würden entfallen. Auch die Beiträge zu den Sozialkassen würden überflüssig, stattdessen würde die Einkommenssteuer dagegen ab dem ersten Euro auf ein Niveau angehoben, das für alle Bürger gleich hoch ist. Niemandem würde auf diese Weise ein Leben zugemutet, für das ihm weniger als das Existenzminimum zur Verfügung stünde, das durch das Grundeinkommen definiert würde.

Zugleich erhielten Personen, die auf Tätigkeiten im Niedriglohnbereich angewiesen sind – wie Straubhaar und Althaus gleichermaßen betonen – deutliche Anreize, bislang unattraktive Tätigkeiten aufzunehmen. Bezieher geringer Einkommen könnten einen größeren Teil ihres über das Grundeinkommen hinaus erzielten Verdienstes für sich behalten, weil, anders als heute, eben nicht mehr nahezu der gesamte Hinzuverdienst »wegbesteuert« werde. Zudem würden durch den Verzicht auf Sozialtransfers und -abgaben sowie die einheitliche Finanzierung über die Einkommenssteuer Arbeit und Lohnzusatzkosten voneinander gelöst, mit der Folge, dass die Unternehmen zusätzliche Arbeitskräfte zu geringeren Kosten einstellen könnten.

Ähnlich wie der Unternehmer Götz Werner, der zuletzt ein Pro-Kopf-Grundeinkommen von 1 000 Euro zur Diskussion gestellt hat,[6] versprechen sich auch die Erfinder des solidarischen Bürgergeldes davon einige fundamentale qualitative Änderungen auf dem Arbeitsmarkt. Arbeitnehmer und Arbeitgeber würden auf Augenhöhe miteinander in Verhandlungen treten, erwarten sie. Dadurch hätten Arbeitnehmer eine bessere Verhandlungsposition. Erst durch das Bürgergeld entstehe eine echte Angebots- und Nachfragesituation auf dem Arbeitsmarkt, die nicht durch weitere Einflussfaktoren wie Macht und Abhängigkeitsverhältnisse verzerrt werde. Und anders als ein Mindestlohn stelle die feste Existenzsicherung keinen Eingriff in die freie Preisbildung zwischen Anbietern und Nachfragern von Arbeitskraft dar.

Althaus gesteht zu, dass durch das neue Modell Gewerkschaftsmacht gebrochen werden könnte, weil in jedem Betrieb dank Grundeinkommen die Löhne frei verhandelt werden könnten. Das ist sicher auch einer der Gründe, warum das Modell sowohl unter Arbeitnehmervertretern als auch in der politischen Linken umstritten ist. Gleichwohl zählt mit der Bundestagsabgeordneten Katja Kipping eine der führenden Vertreterinnen der Partei Die Linke zu den entschiedensten Befürworterinnen eines bedingungslosen Grundeinkommens. Im 2011 vorgestellten Programmentwurf ihrer Partei wird dank ihres Einflusses eine vage Sympathie zu dem Konzept angedeutet. Allerdings schwebt der stellvertretenden Bundesvorsitzenden der Linken eine deutlich andere Umsetzung als Althaus und Straubhaar vor.

Ohnehin dürfen die unterschiedlichen Stoßrichtungen der verschiedenen Grundeinkommensmodelle nicht übersehen werden, die bei aller grundsätzlichen Übereinstimmung dennoch bestehen. Während Althaus/Straubhaar vor allem die Arbeitsanreize im Blick haben und das Bürgergeld deshalb bewusst niedrig ansetzen, geht Werner sein Thema eher grundsätzlich und idealistischer an. Er will nicht nur das Grundeinkommen besser dotieren, sondern im gleichen Zuge von der Einkommensbesteuerung wegkommen. Um unternehmerische Tätigkeit nicht zu behindern, solle der Staat die Einkommenstransfers durch niedrigere Einkommens- und höhere Verbrauchssteuersätze – im Idealfall ausschließlich über die Besteuerung des Konsums – finanzieren. Werner sieht zwar sehr wohl, dass eine Umstellung auf eine höhere Konsumbesteuerung kurzfristig erhebliche negative Effekte auf die Konsumnachfrage hätte. Langfristig aber hält er sie für die Lösung des Arbeitsanreizproblems. Unmissverständlich ist so auch der Untertitel seines jüngsten Buches: »Freiheit, Gleichheit, Grundeinkommen«.[7]

»Das bedingungslose Grundeinkommen ist die erste konstruktive Zukunftsidee seit langem«,[8] formuliert auch Susanne Wiest. Neben Werner ist sie eine zentrale Protagonistin der Bürgergeldbewegung. Der Künstler

Enno Schmidt, dessen Film »Grundeinkommen – ein Kulturimpuls« breit rezipiert wurde, bezeichnet Werner als den »gutmütigen König« der Bewegung und Wiest als die Muse, die – der »Freiheit« in Eugène Delacroix' berühmtem Bild gleich – die Fahne vorwegtrage. Wiest vermutet, mit einem solchen Reformkonzept lasse sich eine neue Bürgerbeteiligung »von unten« und eine Revitalisierung demokratischer Willensbildungsprozesse erreichen. Für diese Ansicht spricht der bemerkenswerte Erfolg einer spontanen Initiative der Tagesmutter aus Mecklenburg-Vorpommern, die ihren Weg bis in den Petitionsausschuss des Deutschen Bundestags fand. Im Ärger über eine steuerliche Änderung für Tagesmütter schrieb sie damals kurzerhand eine Petition an den zuständigen Ausschuss des Deutschen Bundestags. Dieser möge ein bedingungsloses Grundeinkommen für jeden Bürger in Höhe von 1 500 Euro und für Kinder in Höhe von 1 000 Euro beschließen und stattdessen alle Sozialtransfers streichen, verlangte sie in ihrem Schreiben, das mit keiner der zahlreichen Bürgerinitiativen des Landes abgestimmt war und doch schon innerhalb weniger Tage mehrere Tausend Unterstützer fand.

Die erfolgreiche Initiative hatte zur Folge, dass es verschiedene bundesweite Treffen einer bunten Basisbewegung gab, unter anderem am 1. Mai 2009 in Berlin. Der Kontrast des »bedingungslosen Kaffeetrinkens« an der Siegessäule zu den Gewerkschaftsveranstaltungen nur zwei Kilometer weiter am Brandenburger Tor hätte größer nicht sein können. Warben dort Mitglieder auf T-Shirts für gerechte Löhne und gaben die Losung »Soziales Europa gemeinsam gestalten« aus, wurden mit hohem logistischem Aufwand Bratwurststände und Tombolas organisiert, kam hier eine ganz zufällig zusammengewürfelte Truppe von Bürgern zusammen, die sich nie zuvor gesehen und nur über das Internet Kontakt miteinander aufgenommen hatte. Alles hatte einen spontanen Charakter, was gegen die etablierten Kräfte der Gewerkschaften mit ihren häufig vorgetragenen Forderungen wie ein frisches Lüftchen im politischen Diskurs wirkte.

In der Öffentlichkeit sind es denn auch nicht die eher nüchternen Bürgergeldstrategen wie Althaus und Straubhaar, sondern die charismatischen Leitfiguren Götz Werner und Susanne Wiest, die der Bewegung Stimme, Ziel und Elan geben. Auch Susanne Wiests radikaldemokratisches politisches Selbstverständnis tut ein Übriges dazu. In ihrem Bild einer funktionierenden Gemeinschaft geht der Wille tatsächlich vom Volk aus. Nicht Politiker müssten Themen adressieren, vielmehr beruhe der Dialog auf einer Einladung der Bürger an die Politiker: »Ich habe gedacht, es wäre gut, wenn auch unsere Abgeordneten über diese Idee mitdiskutieren würden, wenn man sie also dazu einlädt, sich an dieser Diskussion zu beteiligen«,[9] erklärte sie einmal zur Begründung ihrer Petition. Dass sie im November 2010 ihr Anliegen – wenn auch naturgemäß ohne unmittelbare politische Konsequenzen – vor den Mitgliedern des Petitionsausschusses des Parlaments vortragen konnte, stellt einen beachtlichen Erfolg dar. Wäre die Arbeitsmarktkonstellation nicht heute eine ganz andere als noch vor einiger Zeit, ein noch nachhaltigerer Zuspruch für die Ideen der Bürgergeldbewegung wäre wahrscheinlich.

Erstmals seit den Studentenrevolten von 1968 könne jeder in der Gesellschaft sich an der Diskussion über eine unmittelbar einleuchtende Sozialutopie beteiligen, meint der Künstler Enno Schmidt, dessen 100-minütiger Dokumentarfilm über das Grundeinkommen für viele der Initiativen zur Initialzündung geworden ist. Ihn fasziniere daran die Möglichkeit, zum Unternehmer der eigenen Biografie werden zu können, weil es nicht mehr darum gehe, zunächst die finanzielle Existenzgrundlage zu sichern. Drei Szenen des Films sorgen regelmäßig für das größte Raunen im Publikum: Als es heißt, wer innerlich gekündigt habe, könne das mit dem Grundeinkommen auch äußerlich, als eine Rentnerin sich darüber ärgert, dass kein Politiker zugebe, dass die Gesellschaft 100 Jahre dafür gekämpft habe, dass die Arbeit abgeschafft würde und man dem nun endlich näher gekommen sei. Schließlich wird das Hauptargument der Befürworter durch eine Umfrage unterstrichen: Demnach sagen 60 Prozent der Befragten, dass sie mit einem Grundeinkommen trotzdem weiterarbeiten würden und nur zehn Prozent, dass sie es nutzen würden, um auszuschlafen. Werden sie aber gefragt, ob andere noch arbeiten würden, antworten 80 Prozent der Befragten mit »Nein«.

Auch für dm-Gründer Götz Werner ist diese Frage zum Kristallisationspunkt geworden. Nach kaum einem seiner öffentlichen Auftritte bleibt die Frage aus, wer in seiner Utopie denn eigentlich noch bereit wäre, einfache und gering entlohnte Arbeiten zu erledigen. Die Antwort des bekennenden Anthroposophen und Philanthropen ist so idealistisch wie entwaffnend. Ein Arbeitgeber, der eine solche Stelle anbiete, habe drei Möglichkeiten: Entweder biete er einen so attraktiven Lohn für die Arbeit, dass sich dafür am Markt auch ein Arbeitnehmer finde, oder er müsse die Dienstleistung automatisieren und Stellen durch Maschinen ersetzen oder er müsse sie andernorts oder letztlich selbst erledigen. »Was würden Sie tun, wenn Sie ein Grundeinkommen hätten«, fragt der erfolgreiche Unternehmer die Skeptiker seiner Idee und suggeriert auch gleich die Antwort: »Eine gute Arbeit suchen.«[10] Jeder Bürger müsse seinem Nachbarn das Grundeinkommen allerdings auch dann gönnen, wenn dieser sich dafür entschieden habe, ganz oder bis auf Weiteres auf ergänzende Erwerbsarbeit zu verzichten.

Innerhalb der Fraktion der Befürworter von Grundeinkommenskonzepten erntet Götz Werner durchaus Widerspruch: So hält Thomas Straubhaar als engagierter Verfechter des solidarischen Bürgergelds zugleich das Konzept Werners für überzogen und unfinanzierbar, weil das finanzielle Niveau zu hoch angesetzt sei. Setze man hingegen das Grundeinkommen knapp an, falle ein zentrales Gegenargument in sich zusammen und es sei nicht zu befürchten, dass sich Bürger auf der »sozialen Hängematte« ausruhen würden. Stattdessen werde jeder versuchen, das Bürgergeld durch eigene Verdienste mithilfe von Erwerbsarbeit aufzubessern.

Sieht man von den primär ökonomisch argumentierenden Bürgergeldverfechtern ab, haben die meisten Befürworter von Grundeinkommensideen explizit oder unausgesprochen ein teleologisches Verständnis von der arbeitsmarktpolitischen Entwicklung. Sie argumentieren, dass die Menschheit historisch das Ziel verfolgt habe, sich von Arbeit zu entledigen. Durch erfolgreiche Automatisierung sinke die Nachfrage nach Arbeitskräften zwangsläufig. Gleichzeitig aber habe die Gesellschaft nach dem Übergang von der Selbst- zur Fremdversorgung kein neues Entlohnungssystem geschaffen, das es erlaube, am Produktivvermögen teilzuhaben, auch wenn die Lohnarbeiter als Produktivkräfte nicht mehr benötigt werden. In der Diktion Götz Werners heißt das: »Aus Arbeitsplätzen sind Einkommensplätze geworden.«[11]

In Zeiten, als fünf Millionen Deutsche eine Arbeit suchten, ließ sich diese Sichtweise begreiflicherweise leicht vermitteln. Man konnte sagen: Woher kommt denn das Heer der Arbeitslosen, wenn nicht von der Automatisierung? Langfristig würden industrielle Tätigkeiten überflüssig. Und die viel beschworenen Stellen in den Dienstleistungen bildeten sich wohl leichter, wenn sie nicht aus einem Zwang zur Existenzsicherung durch Arbeit entstünden, sondern auf Basis eines »neuen« Arbeitsmarktes mit ausgewogenen Machtverhältnissen zwischen Arbeitsangebot und Arbeitsnachfrage. Seit gut einem halben Jahrzehnt allerdings hat die ökonomische Entwicklung Fakten geschaffen, die es den Befürwortern des Grundeinkommens zunehmend schwerer machen: In Deutschland fiel die Zahl der Arbeitslosen, ungeachtet der kaum überstandenen Finanz- und Wirtschaftskrise im Jahr 2011, auf unter drei Millionen. Seit Längerem schon liegt die Zahl der Erwerbstätigen in Deutschland stabil über 40 Millionen – davon der weit überwiegende Teil in sozialversicherungspflichtigen Beschäftigungsverhältnissen. In weiten Teilen Bayerns und Baden-Württembergs herrscht praktisch Vollbeschäftigung oder bereits eine »Überschussnachfrage« nach qualifiziertem Personal, also Arbeitskräfteknappheit, in diesem Segment. Angesichts von schon rund einer Million unbesetzten Stellen in der deutschen Wirtschaft erkennt die Politik die Herausforderung inzwischen stärker darin, ausreichend Fachkräfte zu finden. Ob also Arbeit wirklich knapper wird, wie von vielen Befürwortern des Grundeinkommens implizit angenommen, darf auf absehbare Zeit zumindest stark bezweifelt werden.

Dennoch bricht damit nur ein Teilelement der Grundeinkommensstrategie in sich zusammen, denn tatsächlich hat sich die Diskussion schrittweise längst von dieser Ausgangsthese emanzipiert. Sie sieht die Überlegenheit des Konzepts heute weit stärker in der idealtypischen Reorganisation des Arbeitsmarkts mit faireren Austauschbeziehungen. Das Bürgergeld oder Grundeinkommen könne dabei helfen, einen in sich nicht stimmigen Sozialstaat auf effiziente Weise zu entbürokratisieren.

2 Utopische Finanzierbarkeit und gesellschaftspolitische Fehlwirkungen?

In der Wissenschaft und im politischen Diskurs gibt es gleichwohl zwei seriöse Stränge, die den Gegnern von bedingungslosen Grundeinkommen starke Argumente in die Hand geben: einen nüchternen arbeitsökonomischen, der die Finanzierbarkeit des Grundeinkommens und seine Wirkungen auf das Arbeitskräfteangebot untersucht, und einen sozialphilosophischen, der nach dem bürgerlichen Selbstverständnis fragt.

Erste Experimente, wie sich ein bedingungslos gewährter Sozialtransfer auf die Arbeitsbereitschaft auswirkt, wurden in den Vereinigten Staaten schon in den frühen 1970er Jahren durchgeführt. Die Ergebnisse waren so ernüchternd – das Arbeitsangebot nahm deutlich ab –, dass auf die politische Umsetzung ganz verzichtet wurde. Auch jüngere ökonomische Studien aus Deutschland kommen zu keinen positiveren Ergebnissen. Zwar schreiben sie dem solidarischen Bürgergeld von Althaus die Fähigkeit zu, die Zahl der Erwerbstätigen um 600 000 zu steigern – insbesondere, weil Zusatzverdienste von Niedriglohnempfängern nicht entzogen würden. Allerdings würde nicht zuletzt deshalb die Zahl der Nettotransferempfänger derart stark steigen, dass auf den Staat über 220 Milliarden Euro an Mehrkosten zukämen – und zwar jedes Jahr und unter Anrechnung der Einnahmen, die durch die zusätzliche Beschäftigung entstehen würden. In Wirklichkeit könnten diese Summen sogar noch höher liegen, nämlich dann, wenn tatsächlich am Markt geringere Löhne etabliert würden und somit auch das Steueraufkommen geringer ausfiele.[12] Rein rechnerisch wären das Kosten von mehr als einer halben Million Euro jährlich für jeden zusätzlich geschaffenen Arbeitsplatz. Diese Vorstellung erscheint utopisch, nimmt man nur den Beschäftigungseffekt in den Blick und lässt die von den Befürwortern prophezeiten Systemwirkungen eines Grundeinkommens außer Betracht. Nach Einschätzung des Sachverständigenrats zur Begutachtung der gesamtwirtschaftlichen Lage käme die Umsetzung eines solchen Konzepts einem »wirtschaftspolitischen Vabanquespiel« gleich.[13]

Allzu viele Erwerbsfähige im Niedriglohnbereich würden sich von einem festen Einkommenstransfer davon abhalten lassen, eine Arbeit aufzunehmen, argumentiert auch der Wissenschaftliche Beirat des Bundesfinanzministeriums. Es dürfte »nicht wenige geben, die sich damit zufrieden geben und ihren Lebensstandard allenfalls durch gelegentliche Schwarzarbeit aufbessern«, schlussfolgert dessen Gutachten.[14] Im deutlich größeren Empfängerkreis sehen auch andere Experten den entscheidenden Nachteil des Grundeinkommens gegenüber alternativen Konzepten wie eines staatlich subventionierten Kombilohnmodells. Nach einer Simulationsrechnung[15] verdoppelt sich die Zahl der Nettotransferempfänger, wenn ein Grundeinkommen eingeführt wird. Dagegen steige sie bei einem – ebenfalls aus der Anreizperspektive problematischen – Kombilohnmodell »nur« um zehn Prozent. Rund 21 Millionen Bürger, davon ein großer Teil Rentner und Pensionäre, würden das Bürgergeld erhalten. In jeder Einkommensgruppe wachse dabei der Anteil der Transferempfänger gegenüber dem aktuellen Stand deutlich.

Die Autoren begrüßen dies mit Blick auf die Gruppe mit den geringsten Haushaltseinkommen, in denen bislang noch immer viele auf Lohnersatzleistungen verzichten. Mit dem Bürgergeld könne an dieser Stelle verdeckte Armut bekämpft werden. Allerdings kämen auf den Staat auch unnötige Transferzahlungen zu, weil viele Vermögende, die nicht bedürftig sind, die Leistung erhalten würden. Insgesamt würden der Simulation zufolge 45 Prozent der Haushalte Nettotransfers beanspruchen, womit das Grundeinkommen weit jenseits jeder Finanzierbarkeit sei. Hinzuzufügen ist, dass die Untersuchung nur die Varianten des Bürgergelds berücksichtigt, die mit 800 Euro monatlich noch am unteren Ende der Skala der Vorschläge liegen. Werners Vorschlag sieht 1 000 Euro, Wiests Anregung 1 500 Euro für Erwachsene und 1 000 Euro für Kinder vor. Eine vierköpfige Familie käme demnach schon auf 5 000 Euro – unabhängig von ihrer Produktivität für die Volkswirtschaft. Je höher aber der Transfer ausfiele, desto schwieriger wäre es, einen Lohnabstand zwischen Transfer und niedrigstem Lohneinkommen herzustellen, den Arbeitsmarktforscher für den entscheidenden Faktor halten, durch den Arbeitslose einen Arbeitsanreiz erhalten.

Hinzu kommt ein demografisches Argument: Wenn künftig die deutsche Bevölkerung stark schrumpft, wäre die Finanzierbarkeit eines Grundeinkommens nur scheinbar weniger problematisch. Denn zugleich fehlen mit den nachrückenden jungen Arbeitskräften auch ihre Beiträge zur volkswirtschaftlichen Wertschöpfung und zur Alterssicherung. Die von manchen angestrebte Grundeinkommensrevolution kann dadurch wohl umso weniger finanziert werden. Angesichts der neuen, massiven Lasten für den Generationenvertrag scheint eine steuerfinanzierte Grundrente daher ein realistischeres Modell.

Jenseits von Finanzierungs- und Erwerbsanreizfragen gehen die sozialphilosophischen Bedenken gegen die Bürgergeldkonzepte noch weitaus tiefer. Verträgt es sich beispielsweise mit den Leitprinzipien der katholischen Soziallehre, wenn der Staat unabhängig von der Bedürftigkeit seine Bürger alimentiert? Nach dem Modell des Grundeinkommens wäre das Verhältnis des Bürgers zum Staat vollständig verändert. Er wäre kein Subjekt mehr, das im existenziellen Notfall auf die Hilfe der Allgemeinheit setzen könnte, sondern würde von Beginn an zu einem Anspruchsberechtigten auf Transferzahlungen. Der Staat würde noch stärker als ohnehin schon zu einer Auszahlstelle von Sozialtransfers werden. Die Folgen, die ein Grundeinkommen für die Bereitschaft des Einzelnen hätte, selbst etwas für den Staat zu leisten, sind unabsehbar. Zudem stellt sich die Gerechtigkeitsfrage, wenn Bürger Geldzahlungen erhalten, ohne dass sie auf Hilfe angewiesen sind.

Bedenken grundsätzlicher Art lassen sich auch aus anderer Warte anführen: Eine höhere Mehrwertsteuer, wie sie Götz Werner zur Gegenfinanzierung in seinem Modell vorsieht, würde finanzschwächere Haushalte, wie es sie trotz des hohen Transfers weiterhin geben würde, deutlich stärker treffen. Dadurch wäre die soziale Gerechtigkeit unmittelbar berührt. Zudem stellt sich die Frage, ob das Grundeinkommen nicht um einen zu hohen Preis, nämlich die Abschaffung historisch erkämpfter und gewachsener sozialpolitischer Errungenschaften, erkauft wäre. Beinhalten diese nicht weit mehr Sicherheit als nur einen Transferanspruch? Man muss gar nicht so weit gehen, das vermeintliche »Schlaraffenland ohne Arbeitszwang« umzudeuten in »ein wahres Paradies für Unternehmer, in dem Arbeitnehmer wenig Rechte und Gewerkschaften keine (Gegen-)Macht mehr hätten«,[16] um hier ins Grübeln zu geraten.

Wie sich also die Bürger zu dem Konzept stellen, hängt in erster Linie von ihrem Menschenbild ab. Dies zeigt nicht zuletzt die Kritik, die in einem Internetblog an der Überschrift eines Artikels über dieses Thema in der Frankfurter Allgemeinen Zeitung geäußert wurde. Der Titel lautete »Einkommen, ohne zu arbeiten«. Die Autoren des Blogs bemängelten, dass es eigentlich »Einkommen, um zu arbeiten« heißen müsse. Auf welche Weise das Reformmodell zu interpretieren ist, ist nicht zuletzt also eine Glaubensfrage. Ob man aber auf dieser Grundlage ohne empirische Belege eine so weitreichende Sozialreform anstreben sollte, ist mehr als fraglich. Wenig spricht dafür, dass die demografisch vorangetriebene Zeitenwende auf dem Arbeitsmarkt diese Einschätzung in absehbarer Zeit korrigieren wird.

Anmerkungen

1 Vgl. u.a. Götz Werner, Einkommen für alle, Köln 2007.
2 Vgl. insgesamt das Themenheft »Grundeinkommen« der Beilage »Aus Politik und Zeitgeschichte 51–52/2007« zur Wochenzeitung »Das Parlament«.
3 Vgl. Milton Friedman, Kapitalismus und Freiheit, München 2004.
4 Vgl. Dieter Althaus, Das solidarische Bürgergeld, Erfurt (o.J. [2006]); Hamburger WeltWirtschaftsInstitut, Bedingungsloses Grundeinkommen und Solidarisches Bürgergeld – mehr als sozialutopische Konzepte, Hamburg 2007.
5 Thomas Straubhaar, Ein Grundeinkommen für alle – ganzheitliche Lösung statt partielles Flickwerk, HWWI Standpunkt 8. Februar 2010, S. 2f.
6 Vgl. Götz Werner/Adrienne Goehler, 1000 Euro für jeden. Freiheit, Gleichheit, Grundeinkommen, Berlin 2010.
7 Vgl. G. Werner/A. Goehler (Anm. 6).
8 Vgl. Philipp Krohn, Einkommen, ohne zu arbeiten, Frankfurter Allgemeine Zeitung vom 12. Juni 2009.
9 Vgl. P. Krohn (Anm. 8).
10 Im Gespräch mit dem Autor im März 2009.
11 Im Gespräch mit dem Autor im März 2009.
12 Zu diesem Ergebnis gelangt eine unveröffentlichte, Anfang 2007 im Auftrag der Staatskanzlei Thüringens erstellte Expertise des Instituts zur Zukunft der Arbeit. Vgl. auch Clemens Fuest/AndreasPeichl/Thilo Schäfer, Beschäftigungs- und Finanzierungswirkungen des Bürgergeldkonzepts von Dieter Althaus, in: ifo Schnelldienst, 60 (2007) 10, S. 36–40.
13 Sachverständigenrat zur Begutachtung der gesamtwirtschaftlichen Lage, Das Erreichte nicht verspielen. Jahresgutachten 2007/08, Wiesbaden 2007, S. 18, vgl. aber auch S. 222–246 (http://www.sachverstaendigenrat-wirtschaft.de/fileadmin/dateiablage/download/gutachten/jg07_ges.pdf).
14 Vgl. Wissenschaftlicher Beirat beim Bundesministerium der Finanzen, Existenzsicherung und Erwerbsanreiz, Gutachten des Wissenschaftlichen Beirats beim Bundesministerium der Finanzen, Berlin 2008. S. 4 (http://www.bundesfinanzministerium.de/nn_25412/DE/Wirtschaft__und__Verwaltung/Finanz__und__Wirtschaftspolitik/

Wissenschaftlicher__Beirat/Gutachten__und__Stellungnahmen/Ausgewaehlte__Texte/001__a__gutachten__existenzsicherung__erwerbsanreiz,templateId=raw,property=publicationFile.pdf).

15 Vgl. Clemens Fuest/Andreas Peichl, Grundeinkommen vs. Kombilohn: Beschäftigungs- und Finanzierungswirkungen und Unterschiede im Empfängerkreis, IZA Standpunkte Nr. 11, 2009.

16 Christoph Butterwegge, Grundeinkommen und soziale Gerechtigkeit, in: Aus Politik und Zeitgeschichte 51–52/2007, S. 25–30, hier S. 27.

Michael Stahl

Fachkräftemangel: Welche Antworten finden die Unternehmen?

1 Einleitung

Zu den anerkannten Vorzügen des Standortes Deutschland gehörte lange Zeit das große Potenzial an qualifizierten Fachkräften. Die demografische Entwicklung in Deutschland sorgt dafür, dass sich die Unternehmen künftig auf einen strukturellen Fachkräftemangel einstellen müssen. Anders als in vergangenen konjunkturellen Boomphasen wird dieser Fachkräftemangel die Unternehmen dauerhaft beschäftigen, weil die demografische Entwicklung das Angebot an verfügbaren Fachkräften limitieren wird. Die Bevölkerung in Deutschland schrumpft und altert.[1] Ein weiteres strukturelles Element kommt hinzu: Es gibt einen dauerhaften Mangel vor allem in den MINT-Berufen (MINT = Mathematik, Informatik, Naturwissenschaften und Technik). Schon heute fehlen in erheblichem Maß Akademiker und qualifizierte Facharbeiter mit naturwissenschaftlichen und technischen Qualifikationen. Davon sind vor allem die Industrie und industrienahe Dienstleister betroffen.

Die Unternehmen müssen sich deshalb auf eine veränderte Situation einstellen, die für ihre gesamte Personalwirtschaft von Bedeutung ist: von der Rekrutierung der Nachwuchskräfte über die laufende Qualifizierung der Mitarbeiter bis zum Umgang mit älteren Mitarbeiterinnen und Mitarbeitern. Die Unternehmen sind aufgefordert, bislang noch zu wenig erschlossene Potenziale an Arbeits- und Fachkräften zu nutzen. Nicht alle Unternehmen haben diese Herausforderung schon verinnerlicht, aber immer mehr von ihnen stemmen sich gegen die Folgen des demografischen Wandels und entwickeln dabei vielfältige kreative Maßnahmen.

2 Fachkräftemangel aus der Unternehmensperspektive

Mittelfristig läuft unser Land auf einen demografiebedingten strukturellen Fachkräftemangel zu, der sich etwa ab Mitte dieses Jahrzehnts immer stärker bemerkbar machen wird – wenn nicht wirkungsvolle Gegenmaßnahmen getroffen werden. Die Unternehmen müssen mit folgenden Entwicklungen rechnen:

- Es fehlen künftig qualifizierte Nachwuchskräfte für die Ausbildung. Die Zahl der Schulabgänger und damit der Bewerber um Ausbildungsplätze ist rückläufig. Im Jahr 2011 haben etwa 60000 Schüler weniger die allgemeinbildenden Schulen verlassen als noch im Jahr 2002. Dabei haben doppelte Abiturjahrgänge in Bayern und Niedersachsen den wahren Rückgang noch verschleiert. In den ostdeutschen Bundesländern (einschließlich Berlin) ist der Rückgang weit dramatischer: Hier hat sich die Zahl der Schulabgänger zwischen 2002 bis 2011 von 230000 auf 103000 mehr als halbiert. Der Rückgang der Schulabsolventenzahlen wird in den alten Bundesländern bis zum Ende des Jahrzehnts weiter anhalten, in den neuen Bundesländern stabilisiert sich die Zahl etwa ab Mitte des Jahrzehnts, aber auf deutlich niedrigerem Niveau. Hinzu kommt, dass unter den Schulabgängern immer noch zu viele nicht ausbildungsreif sind.
- Die Belegschaften in den Unternehmen werden im Durchschnitt älter. Mit dem Ausscheiden stärkerer Altersjahrgänge wächst künftig der Ersatzbedarf. Gleichzeitig müssen die Unternehmen ihre Mitarbeiter länger im Betrieb halten (Rente mit 67), um den fehlenden Fachkräftenachwuchs wenigstens teilweise kompensieren zu können. Sie stehen damit vor der Doppelaufgabe, einerseits die wachsende Zahl älterer Mitarbeiter körperlich und geistig beschäftigungsfähig zu halten, andererseits aber auch Karrierewege und Laufbahnen von knapper und damit umso wichtiger werdenden jüngeren Mitarbeitern nicht auf diesem Weg zu blockieren.
- In einzelnen Berufen und Qualifikationen – und in bestimmten Regionen – sind Fachkräfte auf dem Arbeitsmarkt schon heute nicht mehr in dem gesuchten Maß verfügbar. Betroffene Unternehmen sprechen pauschal von »Fachkräftemangel«, wenn sie entweder freie Stellen überhaupt nicht besetzen können oder wenn sie ihre Vakanzen nicht mehr so einfach besetzen können wie bisher, d. h., wenn die Stellenbesetzung länger dauert und sie bei der Qualität der Bewerber Einschränkungen machen müssen. Zu den Mangelberufen gehören heute schon einige Ingenieurberufe, Berufe für industrielle Fachkräfte, aber auch Pflege- und verschiedene Handwerksberufe. Der einsetzende Fachkräftemangel ist keineswegs nur auf akademische Qualifikationen beschränkt.

Die Sichtweise und die Erfahrungen eines Unternehmens können durchaus abweichen von den Daten des gesamten Arbeitsmarktes. Auch wenn bundesweit die Zahl der arbeitslos gemeldeten Personen die offenen Stellen (gemeldete und nicht gemeldete) übersteigt, kann ein Unternehmen in einer bestimmten Region vom Fachkräftemangel betroffen sein.

So gaben in einer Umfrage des Deutschen Industrie- und Handelskammertages (DIHK) im Herbst 2010 rund 30 Prozent der befragten Unternehmen über alle Branchen und Betriebsgrößen hinweg an, sie könnten offene Stellen zwei Monate oder länger nicht besetzen. Bei mittelständischen Betrieben liegt dieser Anteil mit 35 Prozent sogar merklich höher. Ein gutes Drittel der befragten Firmen (34 Prozent) sieht im Fachkräftemangel grundsätzlich ein Risiko für die betriebliche Entwicklung. Diese Quote hat sich nach Meinung des DIHK inzwischen stabilisiert und verdeutlicht den strukturellen Charakter des Fachkräftemangels.[2] Eine weiter gehende Analyse der Umfragedaten zeigt, dass im Baugewerbe (49 Prozent) sowie unter den Dienstleistern (39 Prozent) der Anteil der Unternehmen, die den Fachkräftemangel als grundsätzliches Risiko sehen, überdurchschnittlich hoch ist.

Einzelfälle von Absolventen technischer Berufe, die gut qualifiziert sind und dennoch erfolglos nach adäquater Beschäftigung suchen, sprechen nicht gegen diesen Befund. Sie zeigen aber, dass es vielfach an der überregionale Mobilität der Bewerber mangelt und dass die Arbeitsagenturen noch gezielter vermitteln müssen. Auch darf die starke Diskrepanz zwischen den hervorragenden Arbeitsmarktperspektiven von MINT-Absolventen und den zurzeit noch vergleichsweise deutlich ungünstigeren Aussichten des akademischen Nachwuchses etwa im Bereich der Geisteswissenschaften nicht zu dem Trugschluss verleiten, der Fachkräftemangel sei nur ein »Randproblem«. Die demografischen Fakten sprechen eine eindeutige Sprache: Der Fachkräftemangel wird, wenn nicht gegengesteuert wird, in naher Zukunft in vielen Bereichen spürbar werden.

Das Problem des Fachkräftemangels wirkt sich regional unterschiedlich aus. In Ostdeutschland schlägt nunmehr, mehr als zwei Jahrzehnte nach dem Mauerfall, der Geburtenrückgang auf dem Ausbildungs- und Arbeitsmarkt voll durch. Diese Entwicklung kommt trotz insgesamt noch deutlich höherer Arbeitslosigkeit bei den Unternehmen an. In den industriestarken Bundesländern im Süden Deutschlands sind die Unternehmen ebenfalls stärker vom Fachkräftemangel betroffen. Hier meldet ein Drittel der Firmen längerfristige Besetzungsprobleme, während es in den übrigen Regionen nur etwa ein Viertel der Unternehmen betrifft.[3]

Von besonderer strategischer Bedeutung für die Wettbewerbsfähigkeit von forschungs- und innovationsgetriebenen Industrieunternehmen sind die schon jetzt bestehenden Engpässe bei akademisch ausgebildeten MINT-

Fachkräften (siehe *Abbildung 1*). Diese Engpässe sind ebenfalls struktureller Natur: Selbst in der einschneidenden Krise der Jahre 2008/2009 verschwand diese MINT-Lücke nicht vollständig und sie wird sich in den nächsten Jahren noch vergrößern.

Abb. 1: Fachkräftelücken im MINT-Segment

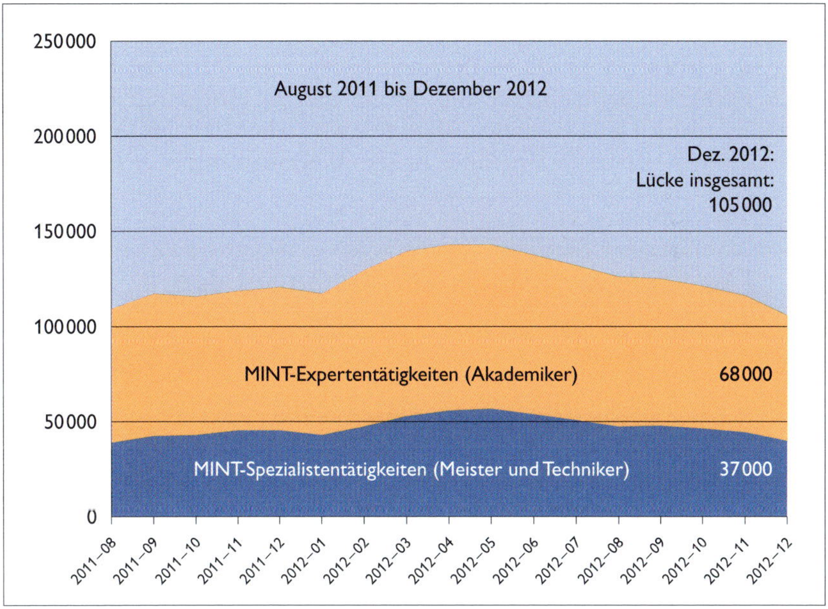

Quelle: IW-Berechnung auf Basis von Daten der Bundesagentur für Arbeit; IW-Zukunftspanel, 2009

Für den Dezember 2012 errechnete das Institut der deutschen Wirtschaft Köln (IW) eine MINT-Lücke von 105 000 Personen. Darunter waren 86 600 hoch qualifizierte MINT-Experten, also gewöhnlich Akademiker, und 37 000 Spezialisten auf der Ebene der Meister und Techniker. Ebenso waren im Dezember 2012 insgesamt 71 900 offene Stellen in den verschiedenen Ingenieurberufen zu besetzen. In mehr als der Hälfte der Fälle wurden Bewerber mit den Schwerpunkten Maschinen- und Fahrzeugtechnik (21 700) sowie Energie- und Elektrotechnik (16 600) gesucht. Dem gegenüber standen 24 115 Arbeitslose in Ingenieurberufen. Im Schnitt aller Ingenieurberufe kamen auf einen Arbeitslosen drei offene Stellen. Ein besonders großer Engpass herrschte mit 6,6 offenen Stellen je Arbeitslosen bei

Ingenieurberufen mit Schwerpunkt Maschinen- und Fahrzeugtechnik.[4] Das Institut der deutschen Wirtschaft (IW Köln) hat 2009 in einer Untersuchung zudem analysiert, dass der Wirtschaft insgesamt – wenn keine Maßnahmen ergriffen werden – bis zur Mitte des Jahrzehnts allein im Bereich der Ingenieurwissenschaften rund 220000 Fachkräfte fehlen werden.[5]

Die Unternehmensbefragungen zeigen überdies: Die Betriebe rechnen damit, dass sich die Fachkräfteengpässe künftig noch stärker bemerkbar machen werden. Mehr als 40 Prozent erwarten bis Mitte des Jahrzehnts einen Fachkräftemangel über alle Berufe und Qualifikationen hinweg. Wenn es speziell um Hochqualifizierte geht, sehen fast 50 Prozent der Unternehmen verstärkte Probleme bei der Rekrutierung.[6]

3 Die Reaktion der Unternehmen auf den Fachkräftemangel

3.1 Problembewusstsein bei den Unternehmen wächst

Sind Unternehmen in Deutschland auf den drohenden demografiebedingten Fachkräftemangel vorbereitet und haben sie geeignete Instrumente zu seiner Abwehr zur Verfügung? Konjunkturell verursachte Knappheiten auf dem Arbeitsmarkt, wie zuletzt in den Boomjahren 2007/2008, sind für die Unternehmen eher schwierig zu bewältigen, zumal wenn eine konjunkturelle Hochphase schneller kommt, länger anhält oder stärker ausfällt, als es Erfahrungswerte vermuten lassen.

Wirtschaften in globalen Märkten ist volatiler geworden, unzuverlässiger und weniger sicher vorherzusagen. Viele Unternehmen müssen sich auch in der Beschäftigung Flexibilitätsspielräume verschaffen, weil ihre Kunden mit Aufträgen viel unsteter reagieren und gleichzeitig der Kostendruck der weltweiten Konkurrenz spürbar gewachsen ist. Personalreserven vorzuhalten, ist dann vielfach schwer möglich.

Schon in der Vergangenheit sind in einzelnen Mangelberufen typische »Schweinezyklen« entstanden, also durch die Studien- oder Ausbildungszeit begründete verzögerte Angebotsreaktionen auf Nachfragesprünge der Unternehmen: Eine hohe Nachfrage nach Ingenieuren mit entsprechender Vergütung lockt mehr Studienanfänger in den Ingenieurfächern an die Hochschulen. Aber bis sie ihr Studium nach fünf bis sechs Jahren abgeschlossen haben, hat sich die Nachfrage abgeschwächt und Absolventen finden keine Stelle. Die Folge solcher Nachrichten vom Arbeitsmarkt: Es gehen weniger Studienbewerber in die fraglichen Fächer – und der Kreislauf beginnt von vorn.

Der demografische Wandel mit seinen Folgen ist aber ein längerfristiges, gut prognostiziertes Phänomen. Viele Unternehmen spüren die Auswirkungen auf dem Ausbildungsmarkt – es können nicht alle angebotenen Lehrstellen besetzt werden – und im Altersaufbau ihrer Belegschaften. In einer Umfrage unter baden-württembergischen Unternehmen der Metall und Elektroindustrie im Frühjahr 2008 gaben 23 Prozent der Betriebe an, sie hätten bereits heute eine Überalterung ihrer Belegschaften zu registrieren, und weitere 21 Prozent sehen einen zu starken Mittelbau und damit eine problematische Altersstruktur in absehbarer Zukunft.[7]

Die ausgeprägte Politik der Beschäftigungssicherung der allermeisten Unternehmen im Krisenjahr 2009 macht aber deutlich, dass der demografische Wandel und das Thema Fachkräftemangel in den Unternehmen angekommen sind. Initiativen der Politik und Aktivitäten der Wirtschaftsverbände und der Gewerkschaften sorgen zusätzlich dafür, dass Unternehmen für das Problem sensibilisiert werden.

Zur Schärfung des Problembewusstseins hat weiter beigetragen, dass zahlreiche – aber durchaus noch zu wenige – Unternehmen inzwischen eine »Altersstrukturanalyse« durchgeführt, die personelle Struktur des Betriebes analysiert und mit dem erwarteten Erwerbspersonenpotenzial der Region abgeglichen haben. Dort, wo diese Analysen vorliegen, herrscht eine recht klare Vorstellung darüber, wann und in welchem Umfang das Demografieproblem das eigene Unternehmen einholt. Die Vorbereitung auf diese Herausforderung kann so gezielter erfolgen. Richtig ist aber auch, dass dieser Kenntnisstand bei kleinen und mittleren Unternehmen oft noch nicht in dieser Intensität »angekommen« ist.

Maßnahmen der Personalwirtschaft mit Blick auf den demografischen Wandel müssen auch finanziert werden. Deshalb sind Forderungen nach einer vorausschauenden Personalpolitik zwar berechtigt, aber nicht in jedem Fall auch wirtschaftlich durchsetzbar. Das betrifft nicht zuletzt das Ausbildungsverhalten der Unternehmen. In den Jahren 2008/2009 zum Beispiel mussten viele Unternehmen eine tiefe Absatzkrise bewältigen. Sie haben ihre Stammbelegschaften weitestgehend gehalten und ihre Kosten reduziert. Keine Frage, dass dann vielen Betrieben die Existenzsicherung wichtiger sein musste als die Ausbildung für einen möglichen künftigen Fachkräftebedarf.

3.2 Fachkräftesicherung verlangt ein gesellschaftliches Gesamtkonzept

Die Sicherung des Fachkräftepotenzials für die Arbeitgeber in der Wirtschaft ebenso wie im staatlichen Sektor verlangt ein schlüssiges Gesamtkonzept, an dessen Umsetzung sich alle gesellschaftlichen Gruppen beteiligen müssen: Unternehmen, Politik, Verbände und Gewerkschaften, Schulen und Universitäten, auch die Eltern und Familien.

Die Bundesregierung hat in ihrem Fachkräftekonzept vom 22. Juni 2011 diesen Ansatz bekräftigt.[8] Sie unterstreicht, dass zur Sicherung des Fachkräftebedarfs in Deutschland eine schlüssige Gesamtstrategie notwendig ist. Die Bundesregierung benennt dazu fünf Wege, um das inländische Arbeitskräftepotenzial bestmöglich auszuschöpfen, aber zugleich auch eine gezielte Zuwanderung qualifizierter Fachkräfte zu ermöglichen. Im Einzelnen geht es um die Stichworte Aktivierung (Arbeitsloser) und Beschäftigungssicherung (Älterer), bessere Vereinbarkeit von Familie und Beruf, Förderung schwächerer Jugendlicher (»Bildungschancen von Anfang an«), Aus- und Weiterbildung in den Unternehmen und schließlich um Integration ausländischer Fachkräfte und qualifizierte Zuwanderung.

Den »Königsweg« zur Verhinderung oder Abschwächung eines künftigen Fachkräftemangels gibt es nicht, alle Erfolg versprechenden Maßnahmen müssen genutzt werden. Dabei ist auch die zeitliche Perspektive zu beachten: Wird der Fachkräftebedarf akut, so lässt er sich nur mit rasch wirksamen Maßnahmen beheben (dazu gehört auch die Anwerbung ausländischer Fachkräfte). Strukturelle Reformen (z. B. Verbesserung der frühkindlichen Bildung, Stärkung der MINT-Fächer in den Schulen, bessere Integration von Jugendlichen mit Migrationshintergrund) sind eher geeignet, dem mittelfristig zu erwartenden Mangel zu begegnen.

Die Unternehmen selbst werden verstärkt um knappe Fachkräfte konkurrieren müssen. Dabei spielen die Entgelte und die ganze Palette der Arbeitsbedingungen eine wichtige Rolle. Höhere Entgelte können auch Bewerber aus der sogenannten stillen Reserve des Arbeitsmarktes locken und das Arbeitskräftepotenzial insgesamt erhöhen. Trotzdem: Die Konkurrenz zwischen den einzelnen Branchen und den Unternehmen um knappe Fachkräfte löst nicht das Gesamtproblem eines demografisch verknappten Arbeitsangebotes.

Auch wenn die Bekämpfung des Fachkräftemangels eine Gemeinschaftsaufgabe ist, müssen die Unternehmen als Betroffene am Ende mit den Ergebnissen der gesellschaftlichen und politischen Prozesse fertig werden. Sie müssen unter Umständen unmittelbar reagieren und können deshalb nicht die Ergebnisse politischer Entscheidungen oder der Verbesserungen des Bildungssystems abwarten.

Zwei wesentliche Strategien, auf den Fachkräftemangel zu reagieren, kristallisieren sich für die Unternehmen heraus: Sie können einmal zusätzliche Fachkräfte und Nachwuchskräfte aus bisher noch nicht erschlossenen Potenzialen von außerhalb des Betriebes holen (»Recruiting«). Sie können – oder müssen – sich gleichzeitig aber auch zusätzliche betriebsinterne Potenziale erschließen. Bei der letztgenannten Strategie geht es darum, durch Qualifizierung und systematische Personalentwicklung die Kompetenzen der Belegschaften insgesamt zu stärken. Bedarfsgerechte betriebliche Weiterbildung hat auch produktivitätssteigernde Effekte. Die Unternehmen können mit der gleichen Kopfzahl eine höhere Produktion bewältigen und auch so dem Arbeitskräftemangel ein Stück weit entgegenwirken. In die gleiche Richtung wirkt auch eine auf Produktivitätssteigerung und Rationalisierung ausgerichtete Investitionspolitik.

Zu den internen Potenzialen zählt zudem die Möglichkeit, bei Bedarf zusätzliches Arbeitsvolumen in Form flexibler und längerer Arbeitszeit bei dringend benötigten Qualifikationen zu schaffen. Ein dritter Weg sollte allerdings nicht unterschlagen werden. Wenn an den heimischen Standorten die Fachkräfte nicht zu gewinnen sind, kommen auch Standortverlagerungen und schließlich auch Produktionseinschränkungen als Maßnahmen infrage.

3.3 Zusätzliche Potenziale von außerhalb des Betriebes holen

Attraktivität als Arbeitgeber verbessern

Das sinkende Arbeitskräftepotenzial wird den Wettbewerb um knapp gewordene Fachkräfte zwischen den Unternehmen verschärfen. Die Unternehmen müssen sich auf dem Ausbildungs- und Arbeitsmarkt als attraktive Arbeitgeber präsentieren und sich durch ihr »Employer Branding«, also gezielte Maßnahmen zur Schaffung eines positiven Unternehmensbildes unter Absolventen, aber auch in der Öffentlichkeit, gegenüber den Wettbewerbern hervorheben. Diese Aufgabe wird für kleinere und mittelständische Betriebe schwieriger werden als zum Beispiel für weltweit bekannte Großunternehmen.

Es ändert sich auch das Spielfeld für die Präsentation: Die Netzwerke der »Social Media« sind heute wichtig für junge Leute – wer dort nicht präsent ist und kommuniziert, erreicht die Zielgruppe vielfach überhaupt nicht. Für die Unternehmen wird es darauf ankommen, Verbindungen zu den

Schulen zu knüpfen oder zu intensivieren, den jungen Menschen Praktika anzubieten, um den ersten Kontakt zum Betrieb herzustellen und einen Eindruck von den angebotenen Ausbildungsgängen und deren Anforderungen zu vermitteln. Das Gleiche gilt für die Kontakte zu Hochschulen im Bereich des akademischen Nachwuchses.

Schwächere Jugendliche verstärkt ausbilden

Die Unternehmen werden ihre Anstrengungen in der Ausbildung weiter intensivieren und auch die Potenziale schwächerer Jugendlicher nutzen müssen. Rund 20 Prozent eines Jahrgangs verlassen die Schule gänzlich ohne Abschluss oder ohne das für eine erfolgreiche Ausbildung erforderliche Wissen.[9] Der Anteil junger Menschen mit einem Migrationshintergrund ist in dieser Gruppe überdurchschnittlich hoch. Hier sind grundsätzlich die Politik (Integration) und das Bildungssystem gefordert. Aber viele Unternehmen haben schon erkannt, dass sie es sich nicht länger leisten können, auf die Schulen zu warten.

Eine wachsende Zahl von Unternehmen bemüht sich deshalb um diese Jugendlichen. Die Ansätze zu deren Integration in die Ausbildung sind vielfältig, folgen aber meistens zwei Grundmustern: Die Unternehmen fördern die Jugendlichen durch eine vorgeschaltete Qualifizierung, um ihre Ausbildungsreife zu verbessern. Oder sie sorgen für eine zusätzliche Betreuung während der Ausbildung. Viele Unternehmen beteiligen sich am erfolgreichen EQ-Programm der Bundesregierung (EQ = Einstiegsqualifizierung) und bieten Jugendlichen ohne Schulabschluss oder mit nicht ausreichenden Kenntnissen eine meist einjährige Einstiegsqualifizierung, die dann in eine reguläre Ausbildung münden kann.

So hat die Wirtschaft im Rahmen des nationalen Ausbildungspaktes 2011 rund 25 000 EQ-Plätze zur Verfügung gestellt.[10] Andererseits bieten auch knapp zwei Drittel der ausbildenden Unternehmen Nachhilfe und Stützunterricht an, um Qualifikationsdefizite von Auszubildenden auszugleichen.[11] Die positive Erkenntnis in den Unternehmen: Viele Jugendliche mit schulischen Schwierigkeiten und sozialen Problemen erweisen sich im Betriebsalltag als viel stärker, als man erwarten konnte. Die praktische Erfahrung macht den Unterschied. Die Übernahmequote in eine reguläre Ausbildung liegt gewöhnlich deutlich über 50 Prozent. Wichtig ist für diese Jugendlichen also, den Einstieg in die Berufswelt zu schaffen.

In diesem Zusammenhang muss auch das Potenzial der Ausbildungsabbrecher ins Auge gefasst werden. Rund 20 Prozent der Auszubildenden kündigen ihren Vertrag vorzeitig, etwa die Hälfte davon verlässt das

System der dualen Ausbildung.[12] Eine intensive Auseinandersetzung mit den Gründen für solche Entwicklungen, die vorbeugende Beschäftigung mit gefährdeten Jugendlichen und eine rechtzeitige Förderung sollten die Quote reduzieren helfen.

Duale Studiengänge ausbauen

Um den gesuchten akademischen Nachwuchs u. a. in den MINT-Fächern zu fördern und möglichst frühzeitig an sich zu binden, nutzen immer mehr Unternehmen das Instrument des dualen Studiums. Dabei wird die akademische Ausbildung mit einer Facharbeiterausbildung oder mit praktischen Phasen im Betrieb kombiniert. Die Betriebe kooperieren dazu mit Fachhochschulen oder speziellen dualen Hochschulen. Die Studenten lernen die Praxis kennen und sind nach dem Studium mit dem Betrieb ihrer Wahl vertraut. Die frühe Bindung verkürzt auch die Anlernphase. Der Betrieb seinerseits leistet finanzielle Beiträge für das Studium. Das Engagement der Wirtschaft bei der Gestaltung dualer Studiengänge wächst beständig. 2011 gab es rund 41 000 Angebote von Unternehmen für ein duales Studium, ein Plus von 46 Prozent gegenüber 2010. Gleichzeitig wurden etwa 62 000 dual Studierende gezählt – rund 20 Prozent mehr als 2010.[13]

Mehr Frauen und Mädchen gewinnen

Die Wirtschaft muss ihre Anstrengungen weiter erhöhen, um das Potenzial der Frauen nutzen zu können, gerade in den Mangelberufen, wie zum Beispiel den MINT-Studiengängen und den technischen Berufen.

Die Unternehmen und ihre Verbände haben in den vergangenen Jahren in zahlreichen Projekten und Maßnahmen versucht, das Interesse junger Frauen und Mädchen für technische Berufe und Ingenieurstudiengänge zu wecken. Dazu gehören die Unterstützung des bundesweiten »Girls-Day« ebenso wie Broschüren zur Berufsinformation und Internetseiten, die speziell auf die Zielgruppe der jungen Frauen abgestimmt sind (z. B. www.girls-ing.de). Weil nichts anziehender ist als ein erfolgreiches Vorbild, haben sich auch Mentorinnenprojekte und Testimonials als Weg zur Ansprache junger Frauen bewährt.

Trotz dieser Anstrengungen ist es bislang noch kaum gelungen, mehr Mädchen für diese wichtigen Berufe und Studienrichtungen zu gewinnen: So liegt zum Beispiel der Anteil junger Frauen unter den Auszubildenden in technischen Berufen der Metall- und Elektroindustrie über die Jahre ziemlich stabil bei sieben Prozent. Unter den Studienanfängern bei den Elektroingenieuren waren 2012 nur etwa elf Prozent Frauen, bei den Maschinenbauingenieuren nur 17 Prozent.[14] Insgesamt lag der Anteil der jungen Frauen unter allen Studierenden aber bei etwa 50 Prozent.

Im Vergleich zu Ländern mit höherer Frauenbeschäftigung zeigt sich, dass nicht allein das Marketing für die Beschäftigung der Frauen in bislang typischen Männerberufen die Frauenquote in diesen Berufen erhöht, sondern vielmehr die Rahmenbedingungen entscheidend sind, die die Frauen antreffen. Hierzu gehören Einrichtungen zur Kinderbetreuung (z. B. Unterhalt von Betriebskindergärten, Organisation von Kita-Plätzen in Firmennähe), flexible Arbeitszeiten, Möglichkeiten zur Telearbeit oder zum Homeoffice.

Inzwischen bieten mehr als 90 Prozent der Unternehmen mindestens eine dieser Maßnahmen zur Verbesserung der Vereinbarkeit von Familie und Beruf im Arbeitsleben an.[15] Maßnahmen der Elternförderung zielen vor allem auf einen schnellen beruflichen Wiedereinstieg und die Reduzierung von Qualifikationsverlusten ab.

Zuwanderung nutzen

Sofern auf dem heimischen Arbeitsmarkt die erforderlichen Qualifikationen nicht verfügbar sind, bietet sich für die Unternehmen die Beschäftigung ausländischer Fachkräfte an – immer unter der Maßgabe, dass alle Potenziale zu nutzen sind, weil es den einen Königsweg nicht gibt. Je stärker die Unternehmen international vernetzt sind, umso näher liegt eine solche Lösung. Die vollständige Liberalisierung des Arbeitsmarktes in Deutschland auch für die Bürger der osteuropäischen Beitrittsländer seit dem 1. Mai 2011 bietet den Unternehmen zusätzliche Möglichkeiten. Darüber hinaus hat die Bundesregierung die Bedingungen für die Anwerbung und Beschäftigung von hoch qualifizierten Fachkräften aus Drittstaaten außerhalb der EU verbessert. Die Unternehmen brauchen effiziente, unbürokratische Regelungen im Zuwanderungs- und Aufenthaltsrecht, die auch von kleinen und mittelständischen Betrieben umgesetzt werden können.[16]

Arbeitslose einstellen und qualifizieren

Eine naheliegendes Potenzial für zusätzliche Beschäftigung sind die Arbeitswilligen und Beschäftigungsfähigen unter den etwa drei Millionen Arbeitslosen in Deutschland. Die Unternehmen können auch Arbeitslosen neue Beschäftigungsperspektiven bieten. Den Weg dazu ebnen

Qualifizierungsmaßnahmen, die möglichst unmittelbar an den betrieblichen Anforderungen ausgerichtet sind, aber auch flexible Beschäftigungsformen wie etwa die Zeitarbeit. Gerade bei der Wiedereingliederung Langzeitarbeitsloser und Geringqualifizierter in den Arbeitsmarkt hat sich das Instrument der Zeitarbeit in den vergangenen Jahren durchaus bewährt. So waren im ersten Halbjahr 2012 rund 64 Prozent der neu eingestellten Zeitarbeitnehmer vorher arbeitslos oder sogar noch nie beschäftigt, und jeder zwölfte war zuvor länger als ein Jahr ohne Arbeit.[17]

3.4 Vorhandene Potenziale im Unternehmen nutzen

Zusätzliche Potenziale, um den Fachkräftemangel zu beheben, finden sich nicht nur auf dem Arbeitsmarkt, sondern auch in den Unternehmen selbst. Viele Unternehmen haben noch »stille Reserven« an Kompetenzen und Qualifikationen, die bislang noch nicht entdeckt oder nicht abgerufen werden. Die Analyse vorhandener Kompetenzen, die gezielte Förderung und bedarfsgerechte Qualifikation von Mitarbeiterinnen und Mitarbeitern helfen dabei, solche Reserven zu aktivieren.

Wissens- und Kompetenzmanagement forcieren

Mit einer systematischen Kompetenzerfassung und Kompetenzbilanzierung im Unternehmen wird die Grundlage zur Erschließung bislang unentdeckter Qualitätsreserven gelegt. Sei es, dass qualifizierte Fachkräfte nicht immer ihrer Qualifikation entsprechend eingesetzt werden, sei es, dass Mitarbeiter über zusätzliche Kompetenzen verfügen (z.B. Sprachen oder EDV-Kenntnisse), die bislang im Beruf oder in der besetzten Position nicht abgefragt wurden.

Weiterbildung bedarfsgerecht ausbauen

Zu den wichtigsten Instrumenten, um den Auswirkungen des Fachkräftemangels in den Unternehmen zu begegnen, zählt die betriebliche Weiterbildung. Nach ihren Maßnahmen gegen Fachkräftemangel befragt, antworteten im Herbst 2011 in einer Umfrage der DIHK 49 Prozent aller Unternehmen, dass sie beabsichtigen, mit vermehrter Weiterbildung gegenzusteuern (siehe *Abbildung 2*).[18] In der DIHK-Weiterbildungsumfrage 2011 wurde diese Einschätzung bestätigt. Hier gaben 59 Prozent der Unternehmen an, sie würden die benötigten Fachkräfte durch betriebliche Weiterbildung gewinnen.[19]

Abb. 2: Unternehmen setzen auf Weiterbildung

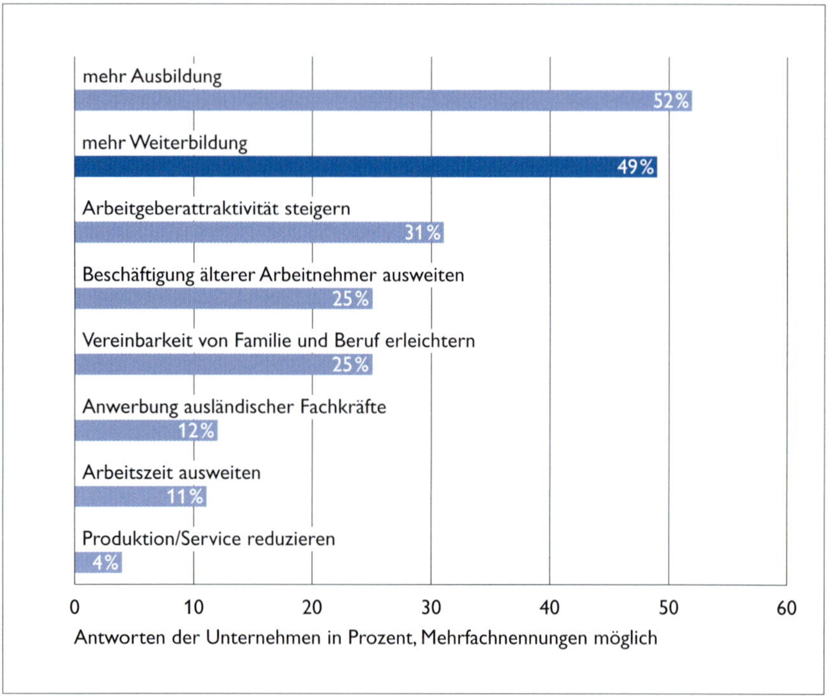

Quelle: DIHK-Umfrage unter 1600 Unternehmen (DIHK 2011)

Dabei stehen die Unternehmen vor der Herausforderung, die bestehende Qualifikationsstruktur der Beschäftigten nach oben zu verschieben, um Lücken eher im Bereich der niedrigeren Qualifikationen entstehen zu lassen, die dann durch verfügbare Kräfte vom Arbeitsmarkt gefüllt werden können. Die Durchlässigkeit in den Bildungs- und Karrierewegen spielt hier eine wichtige Rolle.

Die konkreten Maßnahmen der Weiterbildung im Einzelnen orientieren sich an den jeweiligen betrieblichen Erfordernissen und sind so vielfältig wie die Herausforderungen, vor denen die Unternehmen stehen: Auszubildende können bei Eignung zusätzlich eine Studienberechtigung erwerben (z. B. Fachoberschulabschluss). An- und ungelernte Beschäftigte im Betrieb werden weitergebildet, um qualifizierte Tätigkeiten übernehmen zu können. Facharbeiter erhalten eine berufsbegleitende Aufstiegsqualifizierung. Techniker werden zu Meistern qualifiziert.

Ältere Beschäftigte länger im Betrieb halten

Weiterbildung erhält gerade unter dem Aspekt des lebenslangen Lernens zur Sicherung der Beschäftigungsfähigkeit älterer Mitarbeiter eine besondere Bedeutung.

Der heutige Grad der Beschäftigung Älterer ist zum Teil noch das Ergebnis der vom Gesetzgeber ausdrücklich hierfür vorgesehenen und gemeinsam von den Sozialpartnern getragenen Programme zu Altersteilzeit und Vorruhestand. Sie hatten in der Vergangenheit das Ziel, Arbeitsplätze für junge Mitarbeiter verfügbar zu machen. Inzwischen haben die Unternehmen jedoch bei der Beschäftigung Älterer den Strategiewechsel eingeleitet: Sie gehen weg von der Altersteilzeit und hin zur bewussten Weiterbeschäftigung älterer Mitarbeiter.

Viele Unternehmen wissen, dass sie künftig verstärkt auf ihre älteren Mitarbeiter angewiesen sind, sie müssen sie länger im Betrieb halten. Unter dem Stichwort »demografiefeste Personalpolitik« entwickeln die Unternehmen Maßnahmen, um körperliche und geistige Fitness, aber auch die Motivation der älteren Mitarbeiter zu fördern.

Wesentliche Fortschritte in der Gestaltung des Arbeitsplatzes (Ergonomie) und Investitionen in moderne Produktionstechniken sowie die wachsende Bedeutung der Gesundheitsvorsorge haben dazu beigetragen, dass die Mitarbeiter länger im Betrieb aktiv sein können. Weiterbildung in den Betrieben und die Bereitschaft zu lebenslangem Lernen sichern die Berufs- und Beschäftigungsfähigkeit und sind Voraussetzung dafür, dass künftig ältere Beschäftigte länger arbeiten können.

In der Frage der Weiterbildung setzt sich unterdessen die Erkenntnis durch, dass es nicht genügt, sich nur um die älteren Mitarbeiter zu kümmern. Es geht vielmehr darum, das lebenslange Lernen schon frühzeitig in den Köpfen der Mitarbeiter zu verankern und die Bedingungen dafür in den Betrieben zu verbessern.

In einem Projekt der Arbeitgeberverbände der Metall- und Elektroindustrie unter dem Titel »länger leben. länger arbeiten. länger lernen« wurden diese Bedingungen untersucht und konkrete Vorschläge für die Arbeitsorganisation, die Gestaltung von Lernumgebungen sowie für zielorientierte Führungssysteme erarbeitet.[20]

Es zeigte sich, dass in einem Gesamtkonzept für das lebenslange Lernen drei Elemente wichtig sind:[21]

- Die Führungskräfte müssen sich – neben anderen Führungsaufgaben – auch als »Lerncoach« verstehen und ihre Mitarbeiter systematisch in ihrer Lernentwicklung fördern und fordern.

- Die Mitarbeiter selbst sind herausgefordert, ein Stück Eigenverantwortung für ihre Weiterentwicklung zu übernehmen. Dazu ist aber auch wichtig, ihnen Kenntnisse und Instrumente zu vermitteln, die sie bei der Analyse und der Weiterentwicklung ihres Lernverhaltens und ihrer Lernbereitschaft unterstützen.
- Schließlich muss der Betrieb auch alle Lernchancen im Produktionssystem nutzen. Er muss also das bestehende Produktionssystem durch eine »Lernbrille« betrachten und so Bereiche entdecken, die Möglichkeiten bieten, das Lernen in die Abläufe zu integrieren.

Arbeitszeiten für knappe Fachkräfte verlängern

Ein naheliegender Weg für die Unternehmen, mit Personalengpässen in einzelnen Produktionsbereichen oder auf bestimmten Qualifikationsebenen umzugehen, ist es, die Arbeitszeiten der vorhandenen Mitarbeiter zu verlängern – soweit das im Rahmen von Tarifverträgen, Arbeitsverträgen oder rechtlichen Regelungen möglich ist. Zur Disposition stehen Wochenarbeitszeiten, Mehrarbeit und die ohnehin gesetzlich verankerte längere Lebensarbeitszeit (Rente mit 67). Dazu gehören aber auch flexible Arbeitszeitmodelle wie z.B. Arbeitszeitkonten. Letztere ermöglichen die ungleiche Verteilung der Arbeitszeit über einen bestimmten Zeitraum und verschaffen so den Unternehmen mit saisonal schwankenden Produktionen längere Arbeitsstunden in den Zeiten, in denen sie gebraucht werden. Die Verlängerung der Arbeitszeit bietet den Betrieben eine kurzfristige Reaktionsmöglichkeit, wenn andere Maßnahmen, seien sie betriebsintern bedingt oder von politischen Entscheidungen abhängig (wie etwa bei Familienförderung und Zuwanderung), erst verzögert ihre Wirkung entfalten.

Produktivität steigern

Produktionsvolumen wie auch Produktivität bestimmen die Arbeitskräftenachfrage der Unternehmen. Werden Arbeitskräfte knapper und – relativ zum Kapitaleinsatz – teurer, entstehen Anreize für verstärkte Kapitalinvestitionen, um die nicht verfügbare Arbeitsleistung ersetzen zu können. Zusammen mit organisatorischen Verbesserungen – zum Beispiel können knappe Fachkräfte stärker von Routinetätigkeiten entlastet werden – und verbunden mit einer gezielten Qualifizierungspolitik können solche Maßnahmen ebenfalls innerbetriebliche Potenziale verfügbar machen.

3.5 Ausweichreaktionen

Wenn Unternehmen weder vom Arbeitsmarkt noch mithilfe innerbetrieblicher Maßnahmen die benötigten Fachkräfte und Kompetenzen sichern können, sind auch Verlagerungen an ausländische Standorte oder aber Produktionsanpassungen mögliche Reaktionsmaßnahmen.

Tätigkeiten auslagern

Zu den Gründen für Standort- und Produktionsverlagerungen der Unternehmen ins Ausland zählen bislang vor allem die Markteroberung, Kostenvorteile, die Nähe zu Kunden oder Residenzvorschriften der jeweiligen Länder. Nur in Einzelfällen wurden Verlagerungen aufgrund von Fachkräftemangel am heimischen Standort oder die Verfügbarkeit dringend gesuchter Experten an ausländischen Standorten genannt.

Künftig könnten solche Motive der Produktionsverlagerung jedoch an Bedeutung gewinnen, wenn beispielsweise in den für Entwicklung zuständigen Abteilungen von Unternehmen ein für die gesamte Produktionsstrategie folgenreicher Engpass an Fachkräften entsteht. Die Verlagerung von Forschungs- und Entwicklungsaktivtäten brächte dann auch die Gefahr einer Verlagerung von Produktion und weiteren Firmenbereichen mit sich, weil Unternehmen in der Regel bestrebt sind, Forschung und Entwicklung, Produktion, Produktionstechniken, Vertrieb und Beratung möglichst zusammenzuhalten.[22]

Produktion an vorhandenes Fachkräftepotenzial anpassen

Schließlich könnten Unternehmen auch gezwungen sein, ihre Aktivitäten den verfügbaren Fachkräften anzupassen. Die Verschiebung und Streckung von Entwicklungsprojekten ist eine Option, ebenso sind Produktionseinschränkungen denkbar. So weist zum Beispiel der ifo-Konjunkturtest regelmäßig aus, wie viele Unternehmen »Produktionseinschränkungen wegen Arbeitskräftemangels« hinnehmen müssen. Im April 2012, in einer spürbaren konjunkturellen Schwächephase, waren das immer noch sechs Prozent der befragten Betriebe des verarbeitenden Gewerbes. Für die Volkswirtschaft als Ganzes summieren sich diese Produktionsausfälle zu erheblichen Wohlstandsverlusten auf. So errechnet das IW Köln allein aus dem Ingenieurmangel von 72000 fehlenden Experten für das Jahr 2011 einen gesamtwirtschaftlichen Wertschöpfungsausfall von etwa 8 Milliarden Euro. [23]

4 Zusammenfassung

Die Unternehmen haben verschiedene Möglichkeiten, dem absehbaren demografiebedingten Fachkräftemangel zu begegnen. Sie werden sowohl die eigenen, betriebsinternen Potenziale verstärkt nutzen, vor allem durch gezielte Weiterbildung der Belegschaften und durch die längere Beschäftigung älterer Mitarbeiter. Der zweite Weg, die Ausschöpfung zusätzlicher Potenziale von außerhalb des Betriebes, eröffnet auch solchen sozialen Gruppen bessere Beschäftigungschancen, die bislang noch eher durch das Bewerbungsraster gefallen sind: Jugendlichen ohne Schulabschluss oder mit schwachen Noten sowie Jugendlichen mit einem Migrationshintergrund. Der Fachkräftemangel wird auch zu einem verschärften Wettbewerb zwischen den Unternehmen führen. In diesem Wettbewerb spielen die Arbeitsbedingungen insgesamt, einschließlich des Entgeltes, und der Ruf des Unternehmens als Arbeitgeber eine wesentliche Rolle.

Der spezielle Blick auf die Rolle der Unternehmen bei der Bekämpfung des Fachkräftemangels darf allerdings nicht darüber hinwegtäuschen, dass auch Schulen, Universitäten, Eltern und nicht zuletzt die politischen Entscheidungsträger ebenfalls gefordert sind. Alle an den notwendigen Veränderungsprozessen Beteiligten müssen ihren Beitrag leisten, wenn die demografische Herausforderung erfolgreich bewältigt werden soll.

Anmerkungen

1 Vgl. auch den Beitrag von Steffen Kröhnert in diesem Band.

2 Vgl. Deutscher Industrie- und Handelskammertag (DIHK), Fachkräfte – auch bei schwächerer Wirtschaftslage gesucht; DIHK-Arbeitsmarktreport Januar 2013, Berlin 2013, S. 6.

3 Vgl. DIHK (Anm. 2), S. 8.

4 Die Ergebnisse der Untersuchungen des IW Köln werden z. B. regelmäßig auf den Internetseiten der BDA/BDI-Initiative »MINT Zukunft schaffen« veröffentlicht (www.mintzukunftschaffen.de). Die Daten zum Ingenieurmangel veröffentlicht der Verein Deutscher Ingenieure (VDI) regelmäßig gemeinsam mit dem Institut der deutschen Wirtschaft Köln im VDI-Ingenieur-Monitor (www.vdi.de/presse/publikationen/vdi-iw-ingenieurmonitor).

5 Vgl. Gesamtmetall (Hrsg.), Die Entwicklung der MINT-Fachkräftelücke in Deutschland, Köln/Berlin 2009, S. 9.

6 Vgl. Deutscher Industrie- und Handelskammertag (DIHK), Mitarbeiter dringend gesucht! Fachkräftesicherung – Herausforderung der Zukunft. Ergebnisse einer Online-Unternehmensbefragung vom 9. bis 15. Juli 2010, Berlin/Brüssel 2010, S. 1.

7 Vgl. Gesamtmetall (Hrsg.), Potenziale erschließen – Lebenslanges Lernen im Alltag des Betriebes, Köln/Berlin 2011, S. 5.
8 Vgl. Bundesministerium für Arbeit und Soziales (BMAS) (Hrsg.), Fachkräftesicherung – Ziele und Maßnahmen der Bundesregierung, Berlin 2011.
9 Vgl. z. B. Bundesvereinigung der Deutschen Arbeitgeberverbände (BDA), Fachkräftemangel bekämpfen – Wettbewerbsfähigkeit sichern. Handlungsempfehlungen zur Fachkräftesicherung in Deutschland, Berlin 2010, S. 35.
10 Vgl. Bundesministerium für Bildung und Forschung (BMBF) (Hrsg.), Berufsbildungsbericht 2012, Bonn/Berlin 2012, S. 53.
11 Vgl. BDA (Anm. 9), S. 37.
12 Vgl. Bundesagentur für Arbeit, Perspektive 2025: Fachkräfte für Deutschland, Nürnberg 2011, S. 22.
13 Vgl. Bundesinstitut für Berufsbildung (Hrsg.), AusbildungPlus in Zahlen, Trends und Analysen, Bonn 2011, S.40. Informationen zu dualen Studiengängen finden sich auch in der Datenbank »AusbildungPlus« (www.ausbildungplus.de).
14 Vgl. Statistisches Bundesamt, Schnellmeldungsergebnisse der Hochschulstatistik zu Studierenden und Studienanfänger/-innen, Wintersemester 2012/2013, Wiesbaden 2012.
15 Vgl. Bundesministerium für Familie, Senioren, Frauen und Jugend (Hrsg.), Unternehmensmonitor Familienfreundlichkeit 2010, Berlin 2010, S. 5.
16 Vgl. auch den Beitrag von Holger Hinte in diesem Band.
17 Vgl. Bundesagentur für Arbeit, Zeitarbeit in Deutschland – Aktuelle Entwicklungen. Stand: Januar 2013, Nürnberg 2013, S. 16.
18 Vgl. Deutscher Industrie- und Handelskammertag (DIHK), Der Arbeitsmarkt im Zeichen der Fachkräftesicherung - DIHK-Arbeitsmarktreport 2011, Ergebnisse einer DIHK-Unternehmensbefragung Herbst 2011, Berlin 2011, S. 12 f.
19 Vgl. DIHK, Weiterbildung 2011, Ergebnisse einer IHK-online-Unternehmensbefragung, Berlin/Brüssel 2011, S. 5.
20 Vgl. Gesamtmetall (Anm. 7).
21 Vgl. Gesamtmetall (Anm. 7), S. 9 ff.
22 Vgl. Martin Kannegiesser, »Unsere Löhne sind weltweit Spitze«, Interview in: Die Welt vom 9. Mai 2011, S. 11.
23 Vgl. Verein Deutscher Ingenieure (VDI)/Institut der deutschen Wirtschaft Köln (Hrsg.), Ingenieure auf einen Blick – Erwerbstätigkeit, Innovation, Wertschöpfung, Köln 2012, S. 16.

C. Katharina Spieß

Die Vereinbarkeit von Familien- und Erwerbsarbeit: Ein neuer Ansatzpunkt der deutschen Familienpolitik

Viele Jahre stand die Vereinbarkeit von Familien- und Erwerbsarbeit nicht explizit im Fokus der deutschen Familienpolitik – ungeachtet der auch früher schon geäußerten Wünsche vieler Mütter (und Väter) nach besseren Möglichkeiten, Beruf und Familie etwa durch erweiterte Angebote einer qualitativ hochwertigen außerhäuslichen Kinderbetreuung in Einklang zu bringen. Erst in den letzten Jahren hat das Thema gesellschafts- und familienpolitisch spürbar an Bedeutung gewonnen. Dies mag mehrere Ursachen haben. Von besonderer Bedeutung ist, dass sich zunehmend die Erkenntnis durchgesetzt hat, dass auch mittels einer stärkeren Erwerbsbeteiligung von Müttern dem demografisch bedingten Rückgang des Erwerbspersonenpotenzials begegnet werden kann.

Heute wird eine verbesserte Vereinbarkeit von Familie und Beruf allgemein als eine der zentralen Stellschrauben gesehen, um mittelfristig das heimische Erwerbspersonenpotenzial nachhaltig zu erhöhen. Dass hierin ein tatsächliches Potenzial liegt, ist offensichtlich: Im internationalen Vergleich sind in Deutschland immer noch relativ wenige Mütter mit jungen Kindern erwerbstätig, obwohl die Müttererwerbstätigkeit insgesamt in den letzten Jahren zugenommen hat. Dies macht deutlich, dass Deutschland an dieser Stelle noch erheblichen Nachholbedarf hat, denn die Erwerbswünsche von Frauen übertreffen die faktische Erwerbsbeteiligung.

Immerhin hat Deutschland mit dem seit der rot-grünen Bundesregierung verfolgten Konzept einer »nachhaltigen Familienpolitik«[1] eine bessere Vereinbarkeit von Familie und Beruf zu einem ihrer zentralen Ziele erklärt. Dabei verfolgt die nachhaltige Familienpolitik noch andere Ziele wie die Sicherung der wirtschaftlichen Stabilität und der sozialen Teilhabe von Familien, die frühe Förderung von Kindern, die Steigerung der Geburtenrate bzw. die Erfüllung von Kinderwünschen sowie den Nachteilsausgleich zwischen Familientypen. Mit dieser Neuausrichtung der deutschen Familienpolitik sind unterschiedliche Reformen verbunden, die explizit eine bessere Vereinbarkeit von Familie und Beruf ermöglichen sollen. Ob sich durch diese Neuausrichtung der Familienpolitik in den nächsten Jahren die Erwerbstätigkeit von Müttern weiter signifikant erhöhen wird, ist auch davon abhängig, wie dauerhaft diese Politikmaßnahmen in ihrer Finanzierung tatsächlich gesichert sind und wie flexibel sie auf unterschiedliche Präferenzen für eine Vereinbarkeit von Familie und Beruf eingehen. Denn sozialwissenschaftliche Forschungen bestätigen den nicht sehr überraschenden Befund, dass individuell unterschiedliche Vorstellungen darüber existieren, wie Familie und Beruf am besten vereinbart werden können. Dies betrifft Unterschiede hinsichtlich des gewünschten Zeitpunktes des Wiedereinstiegs in den Beruf nach der Geburt eines Kindes oder auch Unterschiede hinsichtlich des gewünschten Arbeitsvolumens. Darüber hinaus sind nach wie vor große Unterschiede zwischen Ost- und Westdeutschland festzustellen, die historisch begründet sind. In der DDR war die Erwerbstätigkeit von Müttern aufgrund eines umfassenden staatlichen Angebots an Plätzen in Betreuungseinrichtungen der Regelfall. Frauen mit Kindern weisen in Ostdeutschland auch heute noch eine weit höhere Erwerbsnähe auf als Mütter in Westdeutschland.

In der Debatte um eine verbesserte strukturelle Familienförderung darf ein wesentlicher Aspekt nicht zu kurz kommen: Eine bessere Vereinbarkeit von Familie und Beruf betrifft keineswegs ausschließlich die Betreuung, Erziehung und Bildung von noch minderjährigen Kindern, sondern ebenso die private Pflege von Familienangehörigen. Es muss verstärkt der Blick darauf gerichtet werden, dass Familienpolitik auch dieser Aufgabe gerecht zu werden hat, will sie tatsächlich nachhaltig wirken. Neben erweiterten Optionen zur individuellen Kombination von Kinderbetreuung und Beruf wird unsere Gesellschaft auch die Vereinbarkeit von familiärer Pflege und Erwerbsarbeit in Zukunft wirksam unterstützen müssen. Denn auch diese Vereinbarkeitsproblematik gewinnt vor dem Hintergrund des demografischen Wandels an Bedeutung. Obwohl mit dem Anstieg in der Lebenserwartung ein zunehmender Anteil gesunder Jahre verbunden ist, wird der Anteil von Pflegebedürftigen in den nächsten Jahren deutlich zunehmen. Ein Großteil der Pflegebedürftigen wird informell gepflegt, und zwar insbesondere von Frauen, die mehrheitlich noch nicht das Rentenalter erreicht haben. Auch hier stellt sich aus gesamtwirtschaftlicher Perspektive die Frage, wie die in der Pflege aktiven Frauen Familien- und Erwerbsarbeit vereinbaren können, wenn auch sie zur Sicherung des Erwerbspersonenpotenzials benötigt werden. Die Familienpolitik darf sich auch dieser Herausforderung nicht entziehen. Eine schlüssige Antwort liegt wiederum in der Vereinbarkeit familiärer Verpflichtungen mit hohem gesellschaftlichem Wert und beruflicher Interessen.

Nicht zuletzt muss auf die Langzeitfolgen eines möglichen, durch strukturelle Defizite hervorgerufenen Rückzugs einer beträchtlichen Anzahl von Frauen vom Arbeitsmarkt hingewiesen werden: Aus individueller ökonomischer Perspektive ist es von entscheidender Bedeutung, Eltern und Pflegenden eine Erwerbsarbeit zu ermöglichen, sofern dies ihren Präferenzen entspricht. Für die Sicherung oder Steigerung ihres Humankapitals sind kontinuierliche Erwerbsbiografien von hoher Relevanz – nicht nur deshalb, weil sie kurzfristig mit einer zusätzlichen Einkommenssicherung einhergehen, sondern auch, da sie langfristig mit höheren Löhnen und damit einem höheren Lebenseinkommen verbunden sind. Insbesondere der letztgenannte Aspekt wird in der allgemeinen Diskussion häufig übersehen. Empirische Studien belegen, dass Unterbrechungen der Vollerwerbstätigkeit zu erheblichen Lohneinbußen führen können. Jedes Nichterwerbsjahr sorgt dafür, dass vorher erworbene Berufserfahrung um bis zu 33 Prozent abgeschrieben werden muss.[2] Die Lohnverluste aufgrund einer Erwerbsunterbrechung sind dabei umso höher zu veranschlagen, je später diese Unterbrechung im Lebensverlauf stattfindet (»Timingeffekt«). Umgekehrt fallen die negativen Einkommenseffekte geringer aus, wenn eine Unterbrechung kurz ist und die Frauen mit dem Arbeitsmarkt in Verbindung bleiben, zumindest durch die beschleunigte Aufnahme einer Teilzeitbeschäftigung. Angesichts all dessen ist es nicht nur effizient, insbesondere Frauen eine bessere Vereinbarkeit von Familie und Beruf zu ermöglichen, sondern es ist auch ein Gebot der gesellschaftlichen Fairness, Eltern und Pflegenden optimale Rahmenbedingungen für die Wahrnehmung beider Aufgaben zu schaffen.

1 Fakten zur Vereinbarkeit von Familien- und Erwerbsarbeit in Deutschland

In Deutschland ist es für Eltern vergleichsweise schwierig, Familie und Beruf zu vereinbaren. Wie in allen europäischen Nachbarstaaten weisen auch in Deutschland Mütter eine geringere Erwerbsbeteiligung auf als Väter. Die Diskrepanz zwischen den Geschlechtern ist in Deutschland im Vergleich etwa zu den skandinavischen Ländern allerdings sehr viel höher. Darüber hinaus gibt es große Unterschiede innerhalb der Gruppe von Frauen: Insgesamt sind in Deutschland 83 Prozent der Frauen ohne Kinder und nur 69 Prozent der Frauen mit Kindern erwerbstätig. Mit dieser Differenz von 14 Prozentpunkten liegt Deutschland zwar nur unwesentlich über dem EU-Durchschnitt mit einer Differenz von »nur« elf Prozentpunkten. Dieser Durchschnittswert allein sollte allerdings nicht der Maßstab sein, denn in ihn fließen die Werte aller Länder mit ein, z.B. auch der osteuropäischen Länder, bei denen die Differenz deutlich über dem EU-Durchschnitt liegt. Wichtiger erscheint der Blick auf Staaten wie Finnland oder auch Frankreich, wo die Differenz mit sieben bzw. neun Prozentpunkten nicht nur geringer ausfällt als in Deutschland, sondern auch unterhalb des EU-Durchschnitts liegt.

Große Unterschiede lassen sich ferner je nach Alter des jüngsten Kindes feststellen. Hier zeigt ein EU-Vergleich, dass die Erwerbstätigenquote der Mütter, deren jüngstes Kind noch keine drei Jahre alt ist, in Dänemark mit 82 Prozent oder in den Niederlanden mit 81 Prozent um mehr als 20 Prozentpunkte über dem deutschen Wert von nur 58 Prozent liegt (2007). Darüber hinaus fällt im EU-Vergleich auch auf, dass in Deutschland mit 67 Prozent ein vergleichsweise hoher Anteil von Müttern teilzeitbeschäftigt ist, im EU-Durchschnitt sind dies nur 37 Prozent. Lediglich in den Niederlanden gehen mit 89 Prozent mehr Mütter einer Teilzeitbeschäftigung nach.[3]

Tab. 1: Anteil aktiv erwerbstätiger Mütter nach dem Alter des jüngsten Kindes (in Prozent)

Alter des jüngsten Kindes (Jahre)	**1996**	**2002**	**2008**
Westdeutschland			
< 3	25,6	30,3	27,5
3–6	46,9	56,0	57,5
6–10	58,1	65,7	64,1
10–15	65,5	71,9	69,9
15–18	66,3	73,5	72,1
Ostdeutschland			
< 3	32,5	41,9	33,3
3–6	63,8	64,1	63,2
6–10	75,3	69,3	71,3
10–15	77,8	74,8	69,7
15–18	78,4	77,4	73,3

Quelle: Statistisches Bundesamt, Erwerbstätigenquoten der 15- bis unter 65-Jährigen mit Kindern unter 18 Jahren: Früheres Bundesgebiet/Neue Länder. Jahre, Alter des jüngsten Kindes, Geschlecht, Ergebnisse des Mikrozensus, Wiesbaden 2010

Betrachtet man die zeitliche Entwicklung der letzten Jahre und konzentriert die Betrachtung auf aktiv Erwerbstätige (ohne Mütter in Elternzeit), so reduziert sich der Anteil erwerbstätiger Mütter mit Kindern unter drei Jahren erheblich: Im Jahr 2008 waren dann nur noch knapp 28 Prozent der Mütter mit Kindern unter drei Jahren erwerbstätig. Eine Analyse des Zeitraums zwischen 1996 bis 2008 zeigt, dass es in der aktiven Erwerbstätigenquote aller Mütter in Westdeutschland einen Anstieg um etwa sieben Prozentpunkte gegeben hat. Eine Differenzierung nach dem Alter des jüngsten Kindes weist darauf hin, dass der Anstieg primär durch eine zunehmende Erwerbstätigkeit von Müttern mit älteren Kindern über drei Jahren zu erklären ist. In Ostdeutschland ist dagegen ein Rückgang von neun Prozentpunkten zu beobachten, dieser wird insbesondere von Frauen mit Schulkindern hervorgerufen (siehe *Tabelle 1*). Die Ursachen dafür sind sowohl auf der Seite der Arbeitsnachfrage als auch des Arbeitsangebots zu suchen.

Bemerkenswert sind außerdem die Unterschiede nach dem Arbeitsvolumen. In den letzten Jahren hat in Westdeutschland der Anteil vollzeiterwerbstätiger Mütter an allen erwerbstätigen Müttern mit Kindern unter drei Jahren von 43 Prozent auf 22 Prozent abgenommen. Dagegen hat der Anteil der in Teilzeit erwerbstätigen Mütter mit einem Kind unter drei Jahren an allen Erwerbstätigen von 57 Prozent auf 78 Prozent stark zugenommen. Ein ähnliches Bild zeigt sich auch in den anderen Gruppen. Ostdeutschland weist insgesamt eine höhere aktive Erwerbsteilnahme von Müttern auf: 48 Prozent aller erwerbstätiger Mütter mit einem Kind unter drei Jahren gehen hier aktiv einer Vollzeiterwerbstätigkeit nach und 52 Prozent einer Teilzeitbeschäftigung. Für beide Teile Deutschlands trifft zu, dass mit dem Alter des jüngsten Kindes der Anteil der vollzeiterwerbstätigen Mütter an allen erwerbstätigen Müttern steigt (siehe *Tabelle 2*).

Fragt man Mütter nach den Gründen für einen reduzierten Erwerbsumfang, steht die Vereinbarkeit von Familie und Beruf im Vordergrund: Insgesamt geben 85 Prozent aller Mütter an, dass der Grund für ihre Teilzeittätigkeit die Betreuung von Kindern (oder Pflegebedürftigen) ist. Allerdings finden sich hier einmal mehr große Unterschiede zwischen Ost- und Westdeutschland. In Westdeutschland geben 89 Prozent aller teilzeiterwerbstätigen Mütter an, dass sie wegen Betreuungsaufgaben einer Teilzeitarbeit nachgehen, während dies in Ostdeutschland nur 52 Prozent aller Mütter tun.[4]

Tab. 2: Anteil voll- und teilzeiterwerbstätiger Mütter an allen erwerbstätigen Müttern nach dem Alter des jüngsten Kindes (in Prozent)

Alter des jüngsten Kindes	1996	2002	2008
Westdeutschland			
< 3 Jahre			
Vollzeit	43,4	32,0	22,0
Teilzeit	56,6	68,0	78,0
3–6 Jahre			
Vollzeit	28,3	21,9	18,3
Teilzeit	71,7	78,1	81,7
6–10 Jahre			
Vollzeit	30,9	25,0	19,7
Teilzeit	69,1	75,0	80,3
10–15 Jahre			
Vollzeit	39,6	32,0	25,0
Teilzeit	60,5	68,0	75,0
15–18 Jahre			
Vollzeit	48,8	42,4	34,0
Teilzeit	51,2	57,6	66,0
Ostdeutschland			
< 3 Jahre			
Vollzeit	68,0	63,4	48,0
Teilzeit	32,0	36,6	52,0
3–6 Jahre			
Vollzeit	69,4	60,2	51,7
Teilzeit	30,6	39,8	48,3
6–10 Jahre			
Vollzeit	75,6	61,1	51,8
Teilzeit	24,4	38,9	48,2
10–15 Jahre			
Vollzeit	79,0	70,5	57,0
Teilzeit	21,0	29,5	43,0
15–18 Jahre			
Vollzeit	82,7	74,2	60,0
Teilzeit	17,3	25,8	40,0

Quelle: Statistisches Bundesamt, Erwerbstätigenquoten der 15- bis unter 65-Jährigen mit Kindern unter 18 Jahren: Früheres Bundesgebiet/Neue Länder. Jahre, Alter des jüngsten Kindes, Geschlecht, Ergebnisse des Mikrozensus, Wiesbaden 2010

Das tatsächliche Arbeitsvolumen von Müttern entspricht jedoch nicht immer ihrem gewünschten Arbeitsvolumen. Vollzeiterwerbstätige Mütter wünschen diesen Umfang der Erwerbstätigkeit zwar mehrheitlich, aber immerhin 38 Prozent dieser Mütter würden einen geringeren Erwerbsumfang bevorzugen. Mehrheitlich sind auch Mütter, die einer Teilzeitarbeit nachgehen, mit diesem Modell zufrieden. Allerdings wollen insbesondere Mütter in Ostdeutschland, die eine Teilzeitarbeit bis zu 20 Wochenstunden ausüben, tendenziell ihre Arbeitszeit erhöhen. Hervorzuheben ist auch, dass die große Mehrheit der Mütter, die geringfügig oder nur gelegentlich beschäftigt sind, entweder gern vollzeiterwerbstätig wäre oder eine Teilzeitarbeit von mehr als 20 Stunden ausüben würde. Sie wollen ihre Arbeitszeit also gegenüber dem Status quo deutlich erhöhen.[5]

Auch die Mehrzahl der nicht erwerbstätigen Mütter weist eine beachtliche Nähe zum Arbeitsmarkt auf: Im Jahr 2008 gaben in Westdeutschland 81 Prozent aller Mütter, deren jüngstes Kind unter drei Jahren war, einen (noch nicht realisierten) Erwerbswunsch an. Bei Müttern, deren jüngstes Kind drei bis sechs Jahre alt war, waren es 71 Prozent. In Ostdeutschland lagen diese Anteile mit 89 Prozent und 97 Prozent noch höher. Allerdings wollen diese Mütter in Westdeutschland nur zu neun Prozent, im Osten auch nur zu zwölf Prozent sofort erwerbstätig sein. Die anderen Mütter wollen ihre Erwerbsabsicht zu einem späteren Zeitpunkt realisieren. Bei den Müttern mit Kindern im Kindergartenalter (drei Jahre bis zum Schuleintritt) ist der Anteil derjenigen, die ihre Erwerbsabsicht gern im selben Jahr realisieren wollen, mit 27 Prozent im Westen und 56 Prozent im Osten sehr viel höher. Hier zeigt sich, dass mit zunehmendem Alter des Kindes die Erwerbsabsichten von Müttern sehr viel konkreter werden.[6]

Bei Vätern variiert die Erwerbstätigkeit nicht mit dem Alter des jüngsten Kindes. Sie sind in der Regel vollzeiterwerbstätig. Die bundesweite Teilzeitquote betrug bei Vätern mit Kindern im Jahr 2008 lediglich sechs Prozent. Allerdings verändert sich in den letzten Jahren insbesondere die Erwerbstätigkeit von Vätern mit sehr jungen Kindern. Dies kommt vor allem darin zum Ausdruck, dass Väter von ihrem Recht, in Elternzeit zu gehen, zunehmend Gebrauch machen. Im Jahr 2010 waren in Westdeutschland immerhin 19 Prozent der Elterngeldempfänger Väter und in Ostdeutschland sogar 22 Prozent, wenn auch mit großen regionalen Divergenzen zwischen städtischen und ländlichen Regionen.[7]

Wie sieht die Situation für pflegende Angehörige aus, wie viele sind von der Vereinbarkeitsproblematik betroffen? In Deutschland sind 40 Prozent aller Hauptpflegepersonen erwerbstätig und 65 Prozent aller Personen, die überhaupt Pflegeaufgaben leisten. Differenziert man nach dem Arbeitsvolumen, so zeigt sich, dass unter den Personen, die Zeit für die Versorgung oder Betreuung pflegebedürftiger Personen aufbringen, 41 Prozent einer Vollzeittätigkeit nachgehen, 18 Prozent teilzeiterwerbstätig sind und 6 Prozent einer geringfügigen Beschäftigung nachgehen.[8]

2 Familienpolitische Maßnahmen – die neue Richtung stimmt

2.1 Elterngeld

Wie eingangs bemerkt, wurden in Deutschland in den letzten Jahren unterschiedliche Reformmaßnahmen, die zu einer besseren Vereinbarkeit beitragen sollen, durchgeführt. Als eine wichtige Reform in diesem Kontext ist die Einführung eines lohnabhängigen Elterngeldes im Jahr 2007 zu nennen, mit dem das vorherige Erziehungsgeld abgelöst wurde. Diese Reform vollzog insofern einen Paradigmenwechsel, als eine Transferleistung, die bis dahin als einkommensabhängiger Pauschalbetrag zur Auszahlung kam, von einer Leistung ersetzt wurde, die den Einkommensausfall derjenigen »versichert«, die zur Wahrnehmung von Erziehungsleistungen ihre Erwerbstätigkeit vorübergehend aufgeben. Ihm oder ihr werden 65 Prozent des Nettoverdienstes, den sie bzw. er vor der Geburt bezogen hat, ersetzt, mit einer Höchstgrenze von 1 800 Euro im Monat. Die Bezugsdauer wurde dabei von zwei Jahren (Erziehungsgeld) auf nur noch zwölf Monate und zwei Partnermonate verkürzt. Viele empirische Studien belegen, dass mit der Ausdehnung der Elternzeit ab Anfang der 1980er Jahre und damit verbunden einer Ausdehnung der Bezugsdauer des Erziehungsgeldes der Anteil von Müttern gesunken war, die in eine aktive Erwerbsarbeit zurückkehren. Von daher ist zu erwarten, dass mit einer Verkürzung der Bezugsdauer des Transferbezugs die Wahrscheinlichkeit einer früheren Rückkehr steigen wird. Simulationsstudien und erste Wirkungsstudien geben Hinweise darauf, dass die Elterngeldreform in dieser Hinsicht tatsächlich erfolgreich ist[9] und nach dem ersten Jahr seit der Geburt eines Kindes mehr Mütter wieder in den Arbeitsmarkt zurückkehren. Mit der Elterngeldreform wurde darüber hinaus auch das Ziel verfolgt, eine größere Gleichstellung der Geschlechter bei der Wahrnehmung von Erziehungs- und Betreuungsaufgaben zu erreichen. Tatsächlich ist heute der Anteil von Vätern als Elterngeldempfängern sehr viel höher als der Anteil der männlichen Erziehungsgeldempfänger vor 2007.

2.2 Außerhäusliche Betreuung

Neben dieser wichtigen familienpolitischen Änderung haben die Bundesregierungen der letzten Jahre unter wechselnder politischer Führung auch den Ausbau der außerhäuslichen Betreuung von Kindern unter drei Jahren vorangetrieben. So soll mit dem Tagesbetreuungsausbaugesetz (2005) und dem Kinderförderungsgesetz (2008) insbesondere die außerhäusliche Betreuung für Kinder unter drei ausgebaut werden: Ziel ist es, dass für etwa 35 Prozent der Kinder unter drei Jahren im Jahr 2013 ein solcher Betreuungsplatz zur Verfügung steht. Darüber hinaus soll im Jahr 2013 der Rechtsanspruch auf einen Kinderbetreuungsplatz ab dem zweiten Lebensjahr in Kraft treten. Für dieses Reformvorhaben stellt der Bund insgesamt vier Milliarden Euro zur Verfügung. Auch dies kann als ein Paradigmenwechsel interpretiert werden, und zwar in dem Sinn, dass der Bund sich erstmals explizit an der Finanzierung von Kindertageseinrichtungen beteiligt, die bisher nur von Ländern und Kommunen öffentlich gefördert wurden.

Mit beiden Gesetzeswerken hat die Politik das Ziel verbunden, die Rahmenbedingungen für eine Vereinbarkeit von Familie und Erwerbsleben zu verbessern. Wenngleich viele Regionen, insbesondere in Westdeutschland, von dem anvisierten Ziel einer Betreuungsquote von etwa 35 Prozent noch weit entfernt sind, kam es in den letzten Jahren zu einem substanziellen Ausbau bei der Betreuung von Kindern unter drei Jahren. Stand 100 Kindern unter drei Jahren in Westdeutschland 1991 nur ein Betreuungsplatz zur Verfügung, konnten 2010 immerhin bereits 17 Prozent der Kinder unter drei Jahren eine Kindertageseinrichtung bzw. Kindertagespflege besuchen (14 Prozent in einer Kindertageseinrichtung und drei Prozent in der Kindertagespflege). In Ostdeutschland ist allerdings ein rückläufiges Angebot bzw. eine rückläufige Nutzung zu beobachten. 1991 standen 100 Kindern in der jeweiligen Altersgruppe nahezu 53 Plätze zur Verfügung, während 2010 48 Prozent der Kinder in der entsprechenden Altersgruppe einen Platz nutzten (43 Prozent in einer Kindertageseinrichtung und 5 Prozent in der Kindertagespflege).[10]

Mit dem Kinderförderungsgesetz wurde auch die Absicht gesetzlich fixiert, im Jahr 2013 ein Betreuungsgeld einzuführen. Das inzwischen in Kraft getretene Gesetz sieht vor, dass ab August 2013 Eltern für Kinder im zweiten Lebensjahr 100 Euro monatlich erhalten, sofern für die Kinder keine öffentlich finanzierte Kindertagesbetreuung genutzt wird. Ab August 2014 sollen 150 Euro monatlich für Kinder im zweiten und dritten Lebensjahr gezahlt werden. Mit einer solchen Regelung würde der relative Einkommensunterschied zwischen Beschäftigung und Nichtbeschäftigung reduziert und insbesondere für Mütter im unteren Einkommensbereich stiegen die Anreize für eine Nichterwerbstätigkeit. Damit würde diese Maßnahme die Vereinbarkeit von Familie und Beruf grundsätzlich nicht fördern.

Der 1996 eingeführte Rechtsanspruch auf einen Kindergartenplatz ab dem vierten Lebensjahr hat dazu geführt, dass heute nahezu alle Kinder, zumindest im Jahr vor der Einschulung, einen Kindergarten besuchen. Allerdings bezieht sich dieser bundesweite Rechtsanspruch auf einen Halbtagsplatz, nur in einigen wenigen Bundesländern wurde er auf einen Ganztagsplatz erweitert. In Westdeutschland sind Ganztagsangebote nach wie vor nicht flächendeckend vorhanden. Ein Viertel der Kinder zwischen drei Jahren und dem Schuleintritt werden täglich unter fünf Stunden betreut. Knapp die Hälfte der betreuten Kinder im Westen hat einen Betreuungsplatz von fünf bis sieben Stunden. Insgesamt verbringen etwa 27 Prozent der betreuten Kinder täglich mehr als sieben Stunden in der Kindertagesbetreuung. In Ostdeutschland sind dies nahezu 80 Prozent.[11] Hier ist eine Vereinbarkeit von Familie und Beruf auch für Eltern von Kindern dieser Altersgruppe viel einfacher möglich.

Probleme der Vereinbarkeit von Familien- und Erwerbsarbeit treten aber nicht nur für Eltern mit noch nicht schulpflichtigen Kindern auf. Für Eltern von Grundschulkindern stellt sich eine spezifische Vereinbarkeitsfrage. Auch hier zeigen sich große Unterschiede zwischen Ost- und Westdeutschland: Insgesamt wurden im Jahr 2005/2006 etwa 60 Prozent aller Grundschulkinder in Ostdeutschland in einer Ganztagsschule oder in einer Kindertageseinrichtung (einem Hort, der der Kinder- und Jugendhilfe zuzuordnen ist) betreut. In Westdeutschland bewegte sich dieser Anteil mit zehn Prozent auf sehr viel geringerem Niveau.[12] Bereits im Jahr 2003 hatte die damalige Bundesregierung mit dem Investitionsprogramm »Zukunft, Bildung und Betreuung« die Länder mit insgesamt vier Milliarden Euro beim Ausbau von Ganztagsschulen unterstützt. Mit diesem Programm sollte auch eine bessere Vereinbarkeit von Familie und Beruf erreicht werden. Zwar wurden daraufhin in vielen Ländern unterschiedliche Initiativen zu einer Nachmittagsbetreuung von Schulkindern gestartet, doch ist ein flächendeckender Ausbau einer ganztägigen Betreuung von Kindern im Grundschulalter bis heute nicht nachhaltig gesichert.

Darüber hinaus wurde für Familien, die Steuern zahlen, die steuerliche Absetzbarkeit von Kinderbetreuungskosten verbessert. Damit handelt es sich allerdings um eine Reform, von der Bezieher niedriger Einkommen, die keine oder kaum Steuern zahlen, nicht profitieren. Bis zum Jahr 2002 konnten diese Ausgaben der Familien steuerlich nicht abgesetzt werden. Ab dem Jahr 2002 konnten Kinderbetreuungskosten bis maximal 1 500 Euro als Sonderausgaben geltend gemacht werden. Dabei war die Erwerbstätigkeit beider Elternteile eine Voraussetzung. Seit 2006 sind zwei Drittel der Kosten bis zu maximal 4 000 Euro pro Kind und Jahr abzugsfähig. Bei Kindern von drei bis sechs Jahren entfällt dabei die Voraussetzung der Erwerbstätigkeit.

2.3 Vereinbarkeit von Pflege und Beruf

In Hinblick auf die Vereinbarkeit von Pflege und Beruf sind insbesondere Pflegegeld- und Pflegezeitregelungen bedeutsam. Seit der Einführung der Pflegeversicherung im Jahr 1995 erhalten die Gepflegten ein Pflegegeld von 235 bis 700 Euro im Monat, das sie für selbst beschaffte Pflegehilfen ausgeben können. Seit 2008 ist darüber hinaus die unbezahlte Freistellung eines Arbeitnehmers bzw. einer Arbeitsnehmerin zur Pflege eines pflegebedürftigen Angehörigen bis zu sechs Monaten möglich (Pflegezeitgesetz). Seit 2012 ist das neue Familienpflegezeitgesetz in Kraft, das für Arbeitgeber Anreize setzen will, durch einen Entgeltvorschuss das Einkommen von Beschäftigten aufzustocken, die wegen der Pflege eines nahen Angehörigen für einen Zeitraum von maximal 24 Monaten ihre Arbeitszeit auf bis zu 15 Wochenstunden reduzieren. Dabei handelt es sich also nicht um einen Rechtsanspruch, sondern um eine Kannbestimmung. Arbeitgeber, die ihren Beschäftigen während der Familienpflegezeit das Arbeitsentgelt um die Hälfte der Differenz zwischen dem bisherigen Arbeitsentgelt und dem sich durch Arbeitszeitreduzierung ergebenden geringeren Arbeitsentgelt aufstocken, haben die Möglichkeit, diese Vorschussleistung durch ein zinsloses Bundesdarlehen zu refinanzieren. Mit solchen Kannbestimmungen bleibt das Gesetz allerdings hinter ursprünglich geplanten rechtsverbindlichen Regelungen zurück.

2.4 Haushaltsnahe Dienstleistungen

Zu Recht wird schon seit geraumer Zeit Kritik geäußert, dass haushaltsnahe Dienstleistungen in Deutschland unterentwickelt sind und auch von daher die Vereinbarkeit von Familie und Beruf erschwert wird. In der Tat werden familienunterstützende Dienstleistungen in Deutschland bislang nur von einer Minderheit regelmäßig und legal in Anspruch genommen. Überwiegend nutzen nicht Familien mit Kindern, sondern Senioren – insbesondere wenn ein Haushaltsmitglied pflegebedürftig ist – familienunterstützende Dienstleistungen. Junge Familien beschäftigen zu einem weit geringeren Anteil Haushaltshilfen, als es ihrem Gesamtanteil an allen Haushalten entspricht. So sind unter den regelmäßigen Nutzern einer Haushaltshilfe nur 17 Prozent Paare mit Kindern vertreten, während sie 25 Prozent aller Haushalte ausmachen.[13] Es bestehen durchaus Möglichkeiten, den Bereich der haushaltsnahen Dienstleistungen – etwa über die Einrichtung lokaler Agenturen als Anlaufstellen für interessierte Kunden – transparenter und effizienter zu organisieren, um so Angebot und Nachfrage (unterstützt durch steuerliche Erleichterungen und staatliche Subventionen) besser zu verknüpfen.

2.5 Familienpolitische Maßnahmen mit anderer Zielsetzung

Neben den Reformen der letzten Jahre, die auf eine bessere Vereinbarkeit von Familie und Erwerbsarbeit abzielen, existieren jedoch nach wie vor andere familienpolitische Maßnahmen und Leistungen, die – wenn auch nicht explizit intendiert – Erwerbsanreize insbesondere von Müttern, die mit einem vollzeiterwerbstätigen Partner zusammenleben, verringern und dann die Wirkungen von »vereinbarkeitsbezogenen« Maßnahmen konterkarieren. Dies sind Maßnahmen, die historisch gewachsen sind und andere familienpolitische Ziele verfolgen. Zu diesen Maßnahmen zählt das Ehegattensplitting in der Einkommensbesteuerung, welches – wie ökonomische Studien belegen – das Arbeitsangebot von verheirateten Frauen reduzieren kann, wenn ihr (potenzielles) Erwerbseinkommen deutlich geringer als das des Ehemannes ist. Der Übergang zu einer Individualbesteuerung wäre das ökonomisch rationalere Konzept und würde zu einer Abschaffung entsprechender negativer Anreizwirkungen beitragen.[14] In einem solchen System wäre zu erwarten, dass sich das Arbeitsangebot von Müttern ausweiten und auch in seinem zeitlichen Volumen vergrößern würde. Gegenseitige Unterhaltsverpflichtungen könnten dabei steuerlich angerechnet werden. Dabei geht es um Unterhaltspflichten z. B. gegenüber einem nicht erwerbstätigen Ehepartner.

Neben diesen Elementen des Steuersystems kann auch die beitragsfreie Mitversicherung von nicht erwerbstätigen Ehepartnern in der gesetzlichen Krankenversicherung negative Erwerbsanreize insbesondere für Ehefrauen verursachen. Auch hier profitieren eher Paare, die sich für das »Einverdienermodell« entscheiden, in dem nur ein Partner erwerbstätig ist. Einschlägige ökonomische Studien haben darüber hinaus gezeigt, dass auch das Kindergeld entsprechend negative Arbeitsanreize zur Folge haben kann.[15]

Zusammenfassend lässt sich festhalten, dass das deutsche System familienbezogener Leistungen in den letzten Jahren zwar einerseits einen Paradigmenwandel erfahren hat, in dessen Verlauf explizit Reformen durchgeführt wurden, die eine bessere Vereinbarkeit von Familie und Beruf fördern sollen. Andererseits sind diese in ein System familienbezogener Leistungen eingebunden, das zugleich negative Arbeitsanreize für Mütter setzt. Von einem Paradigmenwechsel der deutschen Familienpolitik schlechthin kann daher nicht gesprochen werden – das historisch gewachsene System aller familienbezogenen Maßnahmen im weiteren Sinn besteht vielmehr aus Maßnahmengruppen, die sich in ihrer Wirkung teilweise konterkarieren können und darüber hinaus teilweise nur auf die Ehe und nicht generell auf Partnerschaften mit Kindern (unabhängig vom Ehestatus) ausgerichtet sind.

3 Ausblick: Nachhaltige Familienpolitik weiterverfolgen

Wenn in Deutschland weiterhin die Bedingungen für eine Vereinbarkeit von Familien- und Erwerbsarbeit verbessert werden sollen – und das ist u. a. eine der zentralen Anforderungen an eine »demografiefeste« Politik –, so muss es darum gehen, die bisherigen Anstrengungen nachhaltig und langfristig zu sichern.

Mit der Elterngeldreform wurden grundsätzlich wichtige Impulse in Hinblick auf einen früheren Erwerbseinstieg gegeben. Um dem Wunsch vieler Eltern nach Teilzeitarbeit nachzukommen und eine flexible, partnerschaftlich-familiäre Arbeitsteilung zu erleichtern, sollte das Elterngeld auch in Form eines »Teilelterngeldes« für teilzeiterwerbstätige Eltern ausgezahlt werden können, was bisher nicht der Fall ist. Dies kann zusätzlich dazu beitragen, dass Frauen einen früheren Wiedereinstieg in das Erwerbsleben realisieren.[16]

Darüber hinaus müssen alle Gebietskörperschaften, insonderheit Bund, Länder und Kommunen, nachhaltig und noch konsequenter in den Betreuungsausbau für Kinder unter drei Jahren investieren. Es wäre nicht effektiv, dies mit Blick auf den demografischen Wandel zu unterlassen – damit bliebe das ökonomische Potenzial von ganzen Müttergenerationen auch weiter nur unvollständig ausgeschöpft.

Insbesondere in Hinblick auf das Humankapital der nachwachsenden Generation ist es dabei von hoher Bedeutung, dass dieser Ausbau nicht nur quantitativ erfolgt, sondern auch flächendeckend eine gute pädagogische Qualität gesichert wird. Es gibt keine empirischen Hinweise dafür, dass eine außerhäusliche Betreuung von Kindern dem Ziel einer frühen Förderung von Kindern entgegensteht. Zugleich weisen aber internationale und nationale Studien darauf hin, dass ein solcher Zusammenhang abhängig davon ist, wann mit einer außerhäuslichen Betreuung begonnen wird, wie hoch deren Umfang und insbesondere deren pädagogische Qualität ist.[17] Darüber hinaus zeigen insbesondere internationale Studien, dass gerade Kinder aus anregungsarmen Familien von einer qualitativ guten außerhäuslichen Betreuung stark profitieren.[18] Von einem grundsätzlichen Zielkonflikt zwischen einer besseren Vereinbarkeit und einer frühkindlichen Förderung ist demnach nicht auszugehen. Vielmehr sollte auch aus bildungspolitischen Gesichtspunkten insbesondere in eine gute pädagogische Qualität frühkindlicher Bildungs- und Betreuungsangebote außerhalb der Familie investiert werden. Diese Investitionen dienen nicht nur einer besseren Vereinbarkeit von Familien- und Erwerbsarbeit und damit der Sicherung und Steigerung des Humankapitals von Müttern (und Vätern), sondern fördern auch den frühzeitigen Humankapitalerwerb der Kinder.

Die Qualität der Betreuungsangebote darf zukünftig nicht mehr davon abhängen, in welcher Gemeinde Familien zufällig leben. Verbindliche und flächendeckende Qualitätsmindeststandards sind notwendig. Für Kinder im Kindergartenalter muss es darum gehen, flächendeckend ganztägige Angebote bzw. Angebote zu schaffen, die auch ein Mittagessen mit einschließen. Dabei darf der quantitative Ausbau auch hier nicht zulasten qualitativer Aspekte gehen.[19] Ähnliches trifft auch auf die Betreuungsangebote für Schulkinder zu. Für Eltern mit Kindern im Grundschulalter ist es heute noch stark von regionalen Besonderheiten abhängig, ob sie Familien- und Erwerbsarbeit vereinen können. Auch hier sind flächendeckende sowie qualitativ hochwertige Angebote notwendig, die dann auch die vom Arbeitsmarkt erwünschte regionale Mobilität von Familien mit Schulkindern erleichtern können.

Mithilfe von Betreuungsgutscheinen für Familien kann zugleich neue Marktdynamik durch »Nachfragemacht« und zusätzlichen geregelten Wettbewerb geschaffen werden. Wenn Familien mit solchen Gutscheinen in die Lage versetzt werden, nach dem für ihre Bedürfnisse bestgeeigneten Betreuungsangebot zu suchen, kann dies zu Anpassungen auf der Anbieterseite und damit insgesamt zu einer vergrößerten Passgenauigkeit der Betreuungsalternativen beitragen.[20] Darüber hinaus müssen dringend die Möglichkeiten, Pflegetätigkeiten mit Erwerbsarbeit zu kombinieren, verbessert werden. Mittel- bis langfristig kann über Familienzeitmodelle nachgedacht werden, die es nicht nur Eltern von jungen Kindern ermöglichen, ihre Erwerbsarbeit zu unterbrechen, sondern allen Familienmitgliedern zu unterschiedlichen Phasen eine Erwerbsunterbrechung erlauben. Allen könnte ein zeitlich befristetes »Familienzeitkontingent« zur Verfügung stehen, das über den Lebensverlauf hinweg »verbraucht« werden kann – sei es für die Betreuung von Kindern, Jugendlichen oder pflegebedürftigen Angehörigen. Eine solche Familienzeit könnte durch staatliche Familienzeitkredite gefördert werden, vergleichbar dem Bildungskredit, der im Rahmen des Bildungskreditprogramms der Bundesregierung Schülerinnen und Schülern sowie Studierenden die Möglichkeit eines zinsgünstigen Kredits gibt.[21]

Des Weiteren sollte der Markt für familienunterstützende Dienstleistungen in Deutschland weiter ausgebaut werden. Der hohe Anteil an Schwarzarbeit lässt sich neben den offensichtlichen finanziellen Vorteilen auch durch verzerrte Anreizstrukturen auf der Anbieterseite erklären. In anderen Ländern werden Hilfen in Privathaushalten häufiger in Anspruch genommen als in Deutschland. Ein Ansatzpunkt, um die bestehende Angebotspalette zu erweitern, bietet die Unterstützung eines Teils der Anbieter über Qualifizierungen und »kollegiale Strukturen«, wie sie in Dienstleistungsagenturen anzutreffen sind. Dies würde zugleich dafür sorgen, dass für die Familien als Kunden neben dem Vorteil einer zentralen Anlaufstelle auch ein besserer individueller Zuschnitt organisiert werden kann. Überdies könnte eine solche Struktur dazu genutzt werden, geringfügige Beschäftigungen in reguläre Erwerbsarbeit zu überführen, indem die Agentur Aufträge seitens der Familien entsprechend je Mitarbeiter koordiniert und bündelt.

Für viele junge Familien wird die Inanspruchnahme solcher Agenturen – die neben dem Lohn für die Tätigkeit auch einen Preis für die Vermittlung der jeweiligen Dienstleistung erzielen müssen – zu kostenintensiv sein, von daher kann eine auf Dauer angelegte Subventionierung sinnvoll erscheinen. Darüber hinaus ließe sich die bereits bestehende steuerliche Förderung durch eine gezielte subjektbezogene Förderung auf der Basis von Gutscheinen ergänzen. Auch an dieser Stelle scheint das Instrument gut geeignet, um den nachfragenden Familien ein Instrument zur Mitgestaltung des Angebots in die Hand zu geben, indem sie ihre Gutscheine nur für als adäquat empfundene Dienstleistungen einsetzen.[22]

Neben diesen Maßnahmen, die eher dem Infrastrukturbereich zuzuordnen sind, müssen auch auf betrieblicher Ebene verbesserte Rahmenbedingungen geschaffen werden. Nach wie vor wird von den Betroffenen das Angebot flexibler Arbeitszeiten als die wichtigste Maßnahme gesehen, um Familie und Beruf besser zu vereinbaren. Bemerkenswert ist, dass dies bereits seit vielen Jahren so ist – daran wird deutlich, dass die Angebote vieler Unternehmen noch nicht mit den Bedürfnissen von Familien

Schritt halten. Der demografische Wandel, der mit ihm einhergehende punktuelle Fachkräftemangel und der sich deshalb verschärfende Wettbewerb der Unternehmen um gut qualifizierte Mitarbeiter werden sukzessive dafür sorgen, dass hier Korrekturen erfolgen, denn hoch qualifizierte Mütter und auch Väter werden in den Fokus der Personalabteilungen rücken (müssen). Eine vorausschauende Personalpolitik der Unternehmen tut gut daran, diesen Aspekt nicht zu unterschätzen.

Alle diese Maßnahmen können mit dazu beitragen, dass das Erwerbspersonenpotenzial Deutschlands zunehmen kann, indem Kinder und Pflegebedürftige betreuende Mütter und Väter ihre Qualifikation und Arbeitskraft stärker einbringen. Auf diese Weise lässt sich darüber hinaus auch die Wohlfahrt der betroffenen Wirtschaftssubjekte steigern. In der Ökonomie wird diese Wohlfahrt auch in Form der Lebenszufriedenheit von Individuen gemessen. Entsprechende Analysen zeigen, dass Mütter, die nicht erwerbstätig sind, eine deutlich geringere Lebenszufriedenheit aufweisen als vollzeiterwerbstätige Mütter. Die Untersuchungen dokumentieren zudem, dass nur rund die Hälfte des Verlusts an Lebenszufriedenheit auf monetäre Effekte durch das entgangene Einkommen zurückzuführen ist, während die andere Hälfte durch »psychologische Effekte« bedingt ist.[23] Andere Studien belegen, dass eine verringerte Arbeitszeit bei erwerbstätigen Müttern zu einem Anstieg in der Lebenszufriedenheit führt, sofern dies ihrem Wunsch nach einer Reduktion der Arbeitszeit bei gleichzeitigem Erhalt einer Erwerbstätigkeit entspricht.[24] Weitere Reformen in Richtung einer verbesserten Vereinbarkeit von Familien- und Erwerbsarbeit können somit zu einer Steigerung der individuellen und der gesamtwirtschaftlichen Wohlfahrt beitragen. In Zeiten gravierender Veränderungen aufgrund des demografischen Wandels wäre damit sehr viel erreicht.

Anmerkungen

1 Vgl. z. B. Malte Ristau-Winkler, Der ökonomische Charme der Familie, in: Aus Politik und Zeitgeschichte 23–24/2005, S. 16–23.

2 Zu diesem Ergebnis gelangen z. B. Miriam Beblo/Elke Wolf, Die Folgekosten von Erwerbsunterbrechungen, DIW Vierteljahrshefte zur Wirtschaftsforschung, 71 (2002) 1, S. 83–94. Jenseits der errechneten prozentualen Abschreibung ist es das Verdienst der Studie, die Dimension dieser schleichenden Entwertung von Qualifikationen z. B. aufgrund fehlender Anwendung und Weiterbildungsmöglichkeit verdeutlicht zu haben, von der neben Arbeitslosen eben auch vorübergehend pausierende Mütter und Pflegende betroffen sein können.

3 Vgl. Eurostat 2010, Eurostat Datenbank LFS. Zur Verfügung gestellt vom Statistischen Bundesamt/EDS Europäischer Datenservice, http://www.eds-destatis.de (Stand: Juni 2010).
4 Vgl. Statistisches Bundesamt (Hrsg.), Frauen und Männer in verschiedenen Lebensphasen, Wiesbaden 2010.
5 Werner Eichhorst/Paul Marx/Verena Tobsch, Familienfreundliche flexible Arbeitszeiten – ein Baustein zur Bewältigung des Fachkräftemangels, IZA Research Report No. 33, 2011, S. 11.
6 Eigene Auswertungen auf der Basis des Sozio-oekonomischen Panels, SOEP.
7 Vgl. Statistisches Bundesamt, Elterngeld für Geburten 2008 nach Kreisen, Wiesbaden 2010, und http://www.destatis.de/jetspeed/portal/cms/Sites/destatis/Internet/DE/Content/Statistiken/Sozialleistungen/KindergeldElterngeld/Tabellen/Content100/Leistungsbezuege2010Bezugsdauer,templateId=renderPrint.psml.
8 Vgl. Jürgen Schupp/Harald Künemund, Private Versorgung und Betreuung von Pflegebedürftigen in Deutschland, Wochenbericht des DIW Berlin, 71 (2004) 20, S. 289–294.
9 Vgl. für eine zusammenfassende Darstellung C. Katharina Spieß, Vereinbarkeit von Familie und Beruf – wie wirksam sind deutsche »Care Policies«?, Perspektiven der Wirtschaftspolitik, 12 (2011) Supplement S1, S. 4–27.
10 Berechnungen der Dortmunder Arbeitsstelle Kinder- und Jugendhilfestatistik 2011.
11 Vgl. Josefin Lotte, Ganztagskindergärten im Westen: weiterhin Mangelware, in: KomDat Jugendhilfe, Sonderausgabe: Kindertagesbetreuung 2010, November 2010.
12 Vgl. Deutsches Jugendinstitut (DJI) (Hrsg.), Zahlenspiegel 2007. Kindertagesbetreuung im Spiegel der Statistik, München 2008, S. 56.
13 Vgl. Dominik H. Enste/Nicola Hülskamp/Holger Schäfer, Familienunterstützende Dienstleistungen – Marktstrukturen, Potentiale und Politikoptionen, Analysen. Forschungsberichte aus dem Institut der deutschen Wirtschaft Köln Nr. 44, 2008 (Nachweis nach http://www.bosch-stiftung.de/content/language1/downloads/Analyse.pdf).
14 Vgl. u. a. Katharina Wrohlich, Evaluating Family Policy Reforms Using Behavioral Microsimulation. The Example of Childcare and Income Tax Reforms in Germany (Dissertation, Freie Universität Berlin), Berlin 2007.
15 Vgl. u. a. Marcus Tamm, Child Benefit Reform and Labor Market Participation, in: Jahrbücher für Nationalökonomie und Statistik 230/3, 2010, S. 313–327.
16 Vgl. BMFSFJ – Bundesministerium für Familie, Senioren, Frauen und Jugend (Hrsg.), Memorandum Familie Leben. Impulse für eine familienbewusste Zeitpolitik, Berlin 2009, S. 57 f.
17 Vgl. z. B. Hans-Günther Roßbach, Effekte qualitativ guter Betreuung, Bildung und Erziehung im frühen Kindesalter auf Kinder und ihre Familien, in: Sachverständigenkommission Zwölfter Kinder- und Jugendbericht (Hrsg.), Bildung, Betreuung und Erziehung von Kindern unter sechs Jahren. Materialien zum 12. Kinder- und Jugendbericht, Bd. 1, München 2005.
18 C. Katharina Spieß, Volkswirtschaftliche Bedeutung der Kinderbetreuung: Wie ist diese zu bewerten und was können wir dabei aus dem Ausland lernen?, in: Ursula von der Leyen/Vladimir Spidla (Hrsg.), Voneinander lernen – miteinander handeln.

Aufgaben und Perspektiven der Europäischen Allianz für Familien, Baden-Baden 2009, S. 251–263.

19 Vgl. ausführlicher C. Katharina Spieß, Sieben Ansatzpunkte für ein effektiveres und effizienteres System der frühkindlichen Bildung in Deutschland, in: Thomas Apolte/ Uwe Vollmer (Hrsg.), Bildungsökonomik und Soziale Marktwirtschaft, Stuttgart 2010, S. 3–18.

20 Vgl. ausführlicher Michaela Kreyenfeld/C. Katharina Spieß/Gert G. Wagner, Finanzierungs- und Organisationsmodelle institutioneller Kinderbetreuung. Analysen zum Status quo und Vorschläge zur Reform, Neuwied 2001, oder auch C. K. Spieß 2009 (Anm. 18).

21 Vgl. u. a. die Anregungen in BMFSFJ (Anm. 16), S. 59 ff.

22 Vgl. C. Katharina Spieß/Jürgen Schupp/Gert G. Wagner, Familienbezogene Dienstleistungen stärker an den Familien ausrichten, in: Alexander Dilger/Irene Gerlach/ Helmut Schneider, Betriebliche Familienpolitik. Potenziale und Instrumente aus multidisziplinärer Sicht, Wiesbaden 2007, S. 187–205.

23 Vgl. u. a. Eva Berger, Maternal Employment and Happiness: The Effect of Non Participation and Part-Time Employment on Mothers' Life Satisfaction, DIW-Diskussionspapier Nr. 890, 2009.

24 Vgl. Vanessa Gash/Antje Mertens/Laura Romeu Gordo, Women between Part-Time and Full-Time Work: The Influence of Changing Hours of Work on Happiness and Life-Satisfaction, SOEPpapers 268, 2010.

Holger Hinte

Zuwanderung und Integration: Baustein einer demografiefesten Politik

1 Einleitung

Der heraufziehende demografische Wandel stellt Deutschland – und zugleich in unterschiedlicher Ausprägung auch andere Staaten der Europäischen Union – vor eine massive Herausforderung: Immer weniger jungen Menschen treten immer mehr ältere gegenüber, und dies bei einer insgesamt schrumpfenden Gesamt- und Erwerbsbevölkerung. Ganz gleich, unter welchen Annahmen demografische Prognosen für die nächsten Jahre und Jahrzehnte erstellt werden – eines zeigen sie unisono sehr deutlich: Der Rückgang der Bevölkerung ist in Deutschland ebenso vorprogrammiert wie eine drastische Verschiebung des Altersaufbaus der Gesellschaft.

Schon bis zum Ende dieses Jahrzehnts ist mit einer um gut zwei Millionen Menschen verringerten Gesamtbevölkerungszahl zu rechnen, bis 2050 werden es möglicherweise nochmals zehn Millionen weniger sein. Doch muss ein absoluter Bevölkerungsrückgang für sich genommen noch keinen Nachteil bedeuten. Umso erhellender ist ein Blick auf die wahrscheinliche Entwicklung der Bevölkerung im erwerbsfähigen Alter zwischen 20 und 65 Jahren: Auch sie wird schon bis 2020 um etwa zwei Millionen abnehmen, bis 2030 um weitere sechs Millionen potenzielle Erwerbstätige schrumpfen und im Jahr 2050 gegenüber heute womöglich gar eine Reduzierung um fast ein Drittel auf nur noch 36 Millionen zu verzeichnen haben. Gleichzeitig verlagert sich der Schwerpunkt in der Alterspyramide nach 2020 besonders schnell zu den alten Menschen. Anders als heute, wo nur jeder Fünfte über 65 Jahre alt ist, dürfte es um 2050 schon fast jeder Dritte sein, und wo derzeit 100 Menschen im Erwerbsalter etwa 34 Über-65-Jährige gegenüberstehen, werden es dann wohl schon fast doppelt so viele sein.[1] Ohne erhebliche Anpassungsprozesse können das kein Arbeitsmarkt und kein Sozialsystem auffangen.

Selbst wenn heute mit mehr Zuwanderung, steigenden Geburtenraten aufgrund von stark verbesserter struktureller Familienfreundlichkeit und einer gezielten Ausschöpfung von bislang brachliegenden Erwerbspotenzialen bei Frauen, Älteren und Arbeitslosen unmittelbar gegengesteuert werden könnte, würden sich die positiven Effekte solcher Maßnahmen erst mit starker zeitlicher Verzögerung einstellen und bestenfalls die Geschwindigkeit dieser Schrumpfungsprozesse etwas verlangsamen.[2] Und dabei sind wir noch weit davon entfernt, einen gesellschaftlichen Konsens über einen entsprechenden Handlungskatalog erzielt oder gar schon weitreichende politische Beschlüsse in diese Richtung gefasst zu haben. Doch ist dies kein Grund, entsprechende Anstrengungen zu unterlassen, die schon zu lange aufgeschoben worden sind. Unterbleiben sie auch künftig oder werden nur halbherzig umgesetzt, werden wir die Langzeitfolgen des demografischen Wandels nur noch schmerzhafter zu spüren bekommen.

Die Konsequenzen dieser Entwicklung werden weit über das Feld von Wirtschaft, Arbeitsmarkt und Sozialstaat hinausreichen, auch wenn sie hier naturgemäß besonders deutlich zu greifen sind. Zu den absehbaren und faktisch kaum noch aufzuhaltenden Folgen zählen ein Verlust an Innovationskraft und wirtschaftlicher Dynamik mit starken regionalen Schwankungen (auch hervorgerufen durch Binnenwanderungen von Ost nach West innerhalb Deutschlands[3]), eine sich verschärfende Zweiteilung des Arbeitsmarkts in ein Segment gut ausgebildeter »Gewinner« und geringer qualifizierter »Verlierer« sowie erhebliche Finanzierungsrisiken für die Sicherungssysteme im Bereich von Rente, Gesundheit und Pflege. Gerade der »Generationenvertrag« bisheriger Lesart in der Altersvorsorge wird unter wachsenden Legitimationsdruck geraten.

Eine erfolgreiche Strategie, die den demografischen Wandel aktiv beeinflussen will, wird angesichts der Versäumnisse der Vergangenheit an vielen Stellen parallel ansetzen müssen, und das unter dem Diktat knapper Kassen und immer enger werdender Verteilungsspielräume. Zugleich wird der Ruf einer zahlenmäßig erstarkenden Gruppe alter, aber gesunder Menschen nach altersgerechter Infrastruktur sowie Dienstleistungsbandbreite lauter werden. Über die Wahrscheinlichkeit dringend notwendiger Großinvestitionen in eine fundamental verbesserte Betreuungsinfrastruktur für Familien und eine Bildungsreform mit dem Ziel, den viel zu hohen Anteil an unterqualifizierten Absolventen zu verringern, braucht man sich deshalb wohl keinen Illusionen hinzugeben.

Nicht zuletzt deshalb kommt einer ökonomisch motivierten Zuwanderungspolitik ein hoher Stellenwert als unverzichtbarer Baustein einer Gesamtstrategie zu: Ihr kann es mit vergleichsweise geringem Aufwand gelingen, durch den organisierten Zuzug und die systematische Integration benötigter Fachkräfte – generell vor allem im Bereich hoher Qualifikation (Hochschulabschluss), aber in geringerem Umfang auch mit mittlerer Qualifikation (etwa im Gesundheits- und Pflegesektor oder im Handwerk) – neue Impulse für Wirtschaft und Gesellschaft zu setzen. Agiert der Staat hier entschlossen genug, kann er überdies Zeit für die Vorbereitung und Umsetzung von Reformen an anderer Stelle gewinnen.

2 Aus Fehlern lernen: Status quo von Migration und Integration in Deutschland

2.1 Kurzchronik der Wanderungsgeschichte

Die deutsche Zuwanderungspolitik der letzten Jahrzehnte hat mit einer ökonomischen Komponente ihren Anfang genommen, diese dann aber schnell aus dem Blick verloren. Die mit dem deutsch-italienischen Anwerbevertrag zur Gewinnung ausländischer »Gastarbeiter« 1955 eingeleitete und vor allem mit den entsprechenden Abkommen mit Spanien (1960) und der Türkei (1961) intensivierte Phase einer ausdrücklich an den Bedarfslagen des Arbeitsmarkts orientierten Zuwanderungspolitik endete (nach einer bereits 1967 erfolgten zwischenzeitlichen Aussetzung) mit dem seit 1973 geltenden »Anwerbestopp« unter dem Eindruck des ersten empfindlichen ökonomischen Rückschlags nach der Zeit des »Wirtschaftswunders«.[4] Bis dahin waren mit bemerkenswertem organisatorischem Aufwand im Ausland gezielt einfach qualifizierte Arbeitskräfte auf der Grundlage zwischenstaatlicher Vereinbarungen angeworben worden, um in Deutschland – der Intention zufolge nur vorübergehend – Arbeitsmarktlücken zu füllen. Die Einreise des einmillionsten Gastarbeiters wurde 1964 gar zum medialen Großereignis.

Seit dem Anwerbestopp von 1973 hat die Bundesrepublik faktisch – ungeachtet wiederholter wirtschaftlicher Blütezeiten – noch nicht wieder zu einer primär ökonomisch motivierten Zuwanderungspolitik zurückgefunden. Das ist umso erstaunlicher, als sich Deutschland im weiteren Verlauf durch eine fast kontinuierliche Steigerung der Zuzugszahlen zum Land mit der weitaus meisten Zuwanderung in ganz Europa entwickelte (siehe *Abbildung 1*) und schließlich in den 1990er Jahren quantitativ zeitweise in die Dimensionen klassischer Zuwanderungsländer wie die USA, Kanada oder Australien vorstieß. Für diese Entwicklung war nach 1973 zunächst vor allem eine Ausweitung des seit 1965 rechtlich möglichen Familiennachzugs zu »Gastarbeitern« verantwortlich – der Anwerbestopp schuf faktisch einen Anreiz zum Verbleib in Deutschland und zum Nachzug der eigenen Familie, weil eine Rückkehr nach Deutschland nach zwischenzeitlicher Ausreise in die alte Heimat nicht mehr möglich gewesen wäre. Vor allem gegen Ende der 1980er Jahre setzte dann aufgrund eines vergleichsweise großzügigen Asylrechts und angesichts vieler Krisenherde und Bürgerkriegsregionen in der Welt ein starker Zuzug von Flüchtlingen bzw. Asylbewerbern nach Deutschland ein. Zugleich stieg nach dem Fall des »Eisernen Vorhangs« in Europa auch der Zuzug deutschstämmiger (Spät-)Aussiedler aus Osteuropa massiv an.

Das Wanderungsgeschehen beruhigte sich erst ab Mitte der 1990er Jahre wieder, nicht zuletzt aufgrund von teils einschneidenden Gesetzesänderungen, die das Recht auf Asylgewährung stark einengten und auch die Anerkennung als Spätaussiedler von der Erfüllung strengerer Kriterien

Abb. 1: Entwicklung von Zuzügen, Fortzügen und Wanderungssalden für Deutsche und Ausländer 1961 bis 2011 (Personen)

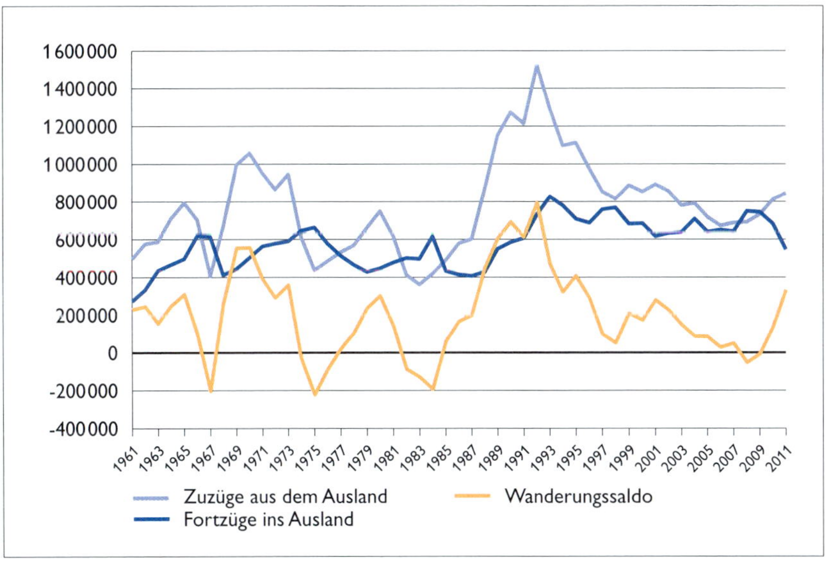

Anmerkungen: Die Zu- und Fortzugsstatistik des Statistischen Bundesamtes umfasst nicht nur dauerhafte Ein- und Ausreisen, sondern auch kürzere oder wiederholte Aufenthalte etwa von Saisonarbeitnehmern, die allein zwischen 2000 und 2010 durchschnittlich etwa 300 000 Personen jährlich unter den erfassten Neuzuwanderern ausmachten. Erfassungsstichtag ist jeweils der 31. Dezember eines Jahres. Vorläufige Zahlen für 2011.
Quelle: Statistisches Bundesamt, https://www.destatis.de/DE/Publikationen/Thematisch/Bevoelkerung/Wanderungen/vorlaeufigeWanderungen.html?nn=71252

abhängig machten und sogar mit einer jährlichen Höchstquote limitierten. Heute ist der Zuzug von Spätaussiedlern fast völlig versiegt und auch die Zahl neuer Asylsuchender bewegt sich in geringfügigen Dimensionen.

Am deutlichsten treten die Veränderungen zutage, sofern man die langjährigen durchschnittlichen Wanderungssalden aus Zu- und Fortzügen betrachtet: Betrug dieser Saldo im Jahrzehnt zwischen 1961 und 1970 noch 239 000 pro Jahr, fiel er danach auf 131 000 (1971–1980), stieg im folgenden Jahrzehnt leicht auf 184 000 (1981–1990) und verdoppelte sich dann fast auf 335 000 (1991–2000). Im letzten Zehnjahreszeitraum (2001–2010) erreichte der gemittelte Wanderungssaldo mit 90 000 jährlich einen historischen Tiefststand und lag um mehr als die Hälfte unterhalb des Gesamtdurchschnitts der Jahre 1961–2010 in Höhe von 195 000 Zuwanderern netto pro Jahr.

Abb. 2: Kumulierte Zuzüge, Fortzüge und Wanderungssalden von Deutschen und Ausländern 1950 bis 2011 (Personen)

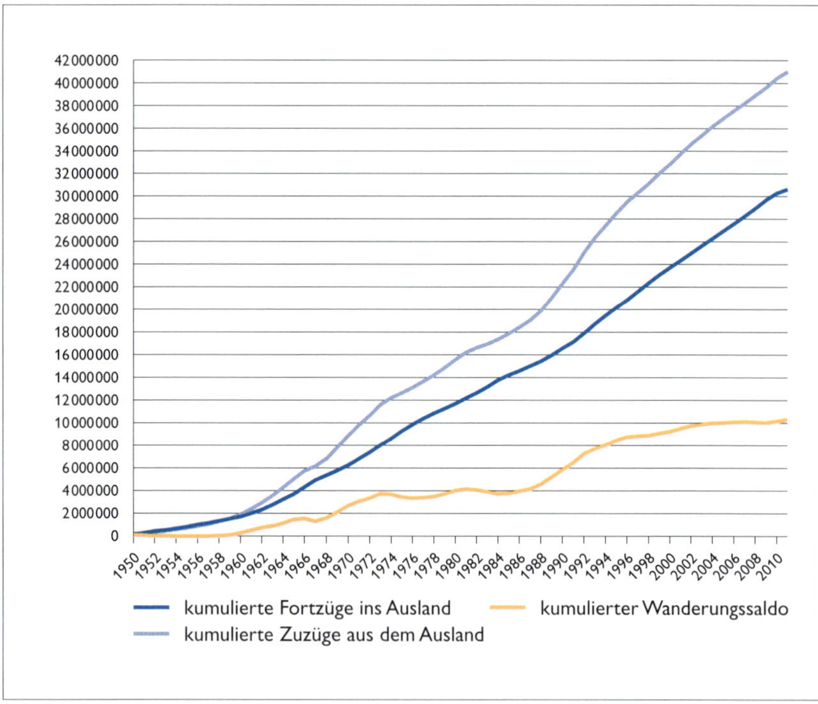

Quelle: Statistisches Bundesamt, eigene Berechnungen

Statt einer naheliegenden rationalen ökonomischen Steuerung der Zuwanderung verfolgte die Politik in Reaktion auf die zeitweise sehr hohen Zuwandererzahlen eine fast ausschließlich defensive Strategie zur Drosselung des Zuzugs und sah dabei für qualifizierte Fachkräfte kaum Ausnahmen vor. Wohl signalisierte die Ende 1990 erlassene »Anwerbestoppausnahmeverordnung« das Eingeständnis eines gewissen Bedarfs an ausländischen Arbeitskräften, doch die Fallzahlen der auf dieser Rechtsgrundlage genehmigten Einreisen gut qualifizierter Migranten bewegen sich im Zeitverlauf in denkbar geringfügigen Größenordnungen. Lediglich auf dem Weg zeitlich eng befristeter Tätigkeiten auf der Grundlage von Regierungsabkommen (vor allem Werkverträge und gering qualifizierte Saisonarbeit) wurde ein gewisses Maß an Flexibilität geschaffen. Diese Defensivstrategie prägt bis heute das Bild der deutschen Zuwanderungspolitik im In- und Ausland und ist ein wesentlicher Grund dafür, warum Deutschland sich bislang nicht als attraktives Zielland für sehr gut qualifizierte Arbeitskräfte aus dem Ausland hat etablieren können.

Dabei hat sich an der Wanderungsdynamik über die Jahre prinzipiell wenig verändert, sodass ein ganz erheblicher Gestaltungsspielraum auch ohne eine weitere Ausweitung der Zuwanderung gegeben gewesen wäre. Einer beachtlich hohen Zahl von Zuzügen, die sich im letzten Jahrzehnt grob beziffert zwischen gut 900000 und knapp 700000 Personen jährlich bewegt hat, standen in jüngerer Zeit fast ebenso viele oder sogar mehr Fortzüge gegenüber – erst seit 2009, wohl infolge der Finanz- und Wirtschaftskrise im Euroraum, scheint sich allmählich wieder ein leichter Überschuss an Zuzügen zu stabilisieren. Noch eindrucksvoller wird das Bild, addiert man alle Zahlen über den Zeitverlauf: Fast 42 Millionen Zuzügen seit 1950 stehen mehr als 31 Millionen Fortzüge von Deutschen und Ausländern gegenüber. Daraus resultiert ein Gesamtwanderungssaldo aus 60 Jahren von gut zehn Millionen Menschen (siehe *Abbildung 2*). Diese für Deutschland schon traditionelle Mischung aus intensiver Immigration und Emigration zeigt auf, dass die Vorstellung, es gebe nur den Weg einer dauerhaften Entscheidung für eine neue Heimat in einem anderen Land, wenig mit der Wirklichkeit zu tun hat.

2.2 Akzentverlagerungen im Wanderungsgeschehen

Das Wanderungsgeschehen ist tatsächlich weit vielschichtiger, als es in der Statistik zum Ausdruck kommt. Weniger als die Hälfte der in der Zuwanderungsstatistik erfassten Neuzuwanderer hält sich heute länger als ein Jahr in Deutschland auf.[5] Dazu trägt vor allem der Zuzug aus den neuen

EU-Staaten in Mittel- und Osteuropa bei, der sich zwar weit unterhalb gelegentlich befürchteter Szenarien von Masseneinwanderung bewegt, aber doch einen nennenswerten Umfang erreicht, wobei insbesondere hier kürzere und wiederholte (Arbeits-)Aufenthalte in Deutschland einen stärkeren Anteil ausmachen.

Darin kommt auch ein genereller Trend im weltweiten Wanderungsgeschehen zum Ausdruck, der seinerseits allgemeine Trends der immer dichteren globalen Vernetzung reflektiert. Die Welt ist heute mobiler als jemals zuvor – das gilt für Kapital, Waren, Produktionsprozesse und Dienstleistungen wie auch für die Menschen selbst. Doch sind wir nicht nur Getriebene des Wandels, sondern auch seine Mitgestalter und profitieren dabei von immer genauerer Information, die wir über das Internet beziehen. Für viele Menschen (und hier vor allem diejenigen mit überdurchschnittlich hoher Qualifikation) ist ein häufigerer »Ortswechsel« rund um den Globus – beginnend mit Schul- und Studienaufenthalten im Ausland bis hin zur Tätigkeit für global agierende Unternehmen oder zu selbstständigem Unternehmertum, mal lokal, mal virtuell über die elektronischen Kommunikationskanäle – kein notwendiges Übel, sondern ein selbst gewählter Lebensweg.

In diesem Zusammenhang nehmen temporäre Wanderungen, die Weiterwanderung in andere Staaten und auch ein Pendeln zwischen zwei oder mehreren Staaten an Bedeutung zu – »zirkuläre Migration« ist für letztere, auch in Deutschland sehr häufige Wanderungsform eine recht treffende Bezeichnung.[6] Längst nicht jeder Wanderungswillige ist mithin zu Beginn auf ein Zielland fixiert, geschweige denn auf einen dauerhaften Aufenthalt dort eingestellt, sondern kann sich in der Tat auch die Rolle eines modernen »Gastarbeiters« vorstellen – mit freilich ungleich höheren Ansprüchen an Arbeitsplatz und soziale Stellung, als dies vor 50 Jahren noch der Fall war.

Die nationale Migrationspolitik wird durch diese Entwicklungen vor neue Herausforderungen gestellt. Auch sie muss flexibler werden, geschmeidiger reagieren, ein breiteres Angebot an Zuwanderungsformen bereithalten, sich von alten Vorstellungen lösen, wenn sie auf den demografischen Wandel reagieren, auf dem »Markt für Humankapital« erfolgreich agieren und sich im Wettbewerb der Zuwanderungsländer behaupten will. Sie darf nicht nur den dauerhaften Zuzug in den Blick nehmen, sondern muss akzeptieren, dass auch gesuchte und vielleicht nur mit viel Mühe für Deutschland gewonnene Fachkräfte womöglich schon bald wieder das Land verlassen – um vielleicht kurze Zeit später erneut einreisen und hier arbeiten zu wollen.

Im Übrigen erhält auch die Thematik des sogenannten Braindrains, also des Verlusts kluger Köpfe und ihrer Produktivität durch Auswanderung in andere Länder, auf diese Weise neue Facetten. Die Abwanderung von Fachkräften ist zunächst in der Tat kritisch zu bewerten, jedenfalls dann, wenn das Heimatland selbst diese Arbeitskräfte dringend benötigt und nicht aufgrund von Wirtschaftskrisen vorübergehend keinen Bedarf an ihnen hat. Doch Wanderungen gehen in der Regel auch mit dem Erwerb zusätzlicher Qualifikationen und der Rücküberweisung von Teilen des erzielten Einkommens an die Familie in der ursprünglichen Heimat einher. Während die neuen Qualifikationen – Sprach- und Kulturkenntnisse, Studienabschlüsse oder berufliche Fortbildungen – bei einer Rückkehr in die alte Heimat dort zum Nutzen des Landes eingesetzt werden können, tragen auch die Finanztransfers zur Verbesserung der Wirtschaftslage bei. Hinzu kommen potenziell positive Auswirkungen auf den Wirtschaftsaustausch zwischen Herkunfts- und Zuwanderungsland durch die Nutzung entstandener Netzwerke. Eine bessere Allokation von Humankapital durch – temporäre – Wanderungen ist nicht zwangsläufig nur mit Nachteilen für die Herkunftsländer von Migranten verbunden, sondern kann ihnen auch Vorteile verschaffen, die sie ohne Migration nicht hätten erzielen können.[7]

2.3 Dimension der Zuwanderung und Arbeitsmigration

Doch zurück zu Migration und Integration in Deutschland. Das Gesicht der Zuwanderung in die Bundesrepublik unterliegt ständigen Schwankungen und ist aktuell von einer Zunahme der EU-Binnenmigration geprägt: Der Anteil von Neuzuwanderern aus EU-Staaten ist prozentual zuletzt auf über 50 Prozent gewachsen, vor allem aufgrund der EU-Osterweiterung.

Heute sind nicht mehr die Türkei oder ehemalige EU-Anwerbestaaten die Hauptherkunftsländer der Zuwanderer, sondern Polen, Rumänien, Bulgarien und Ungarn liegen vorn. Türkische Zuwanderer stellen demgegenüber mit nur noch gut 30 000 Personen im Jahr 2011 eine eher kleine Gruppe. Übrigens bilden deutsche Staatsbürger 2011 die mit gut 115 000 Personen zweitstärkste Fraktion unter den Zuwanderern (2009 und 2010 waren sie sogar die größte Gruppe) und rangieren bei den Auswanderern seit Jahren an Nummer eins (2010 und 2011 jeweils mehr als 140 000). Wie selbstverständlich nehmen eben auch Deutsche am internationalen Wanderungsgeschehen teil; das galt früher für die Millionen dauerhafter deutscher Auswanderer in die neuen Welten Australiens, Kanadas und der USA und das gilt heute für Zehntausende von im Ausland studierenden

Deutschen, für temporär im Ausland arbeitende Fachkräfte, aber auch für dauerhafte Emigranten aller Qualifikationsstufen.[8]

Abb. 3: Saldierte Zu- und Fortzüge von EU-Bürgern von und nach Deutschland 1991 bis 2011

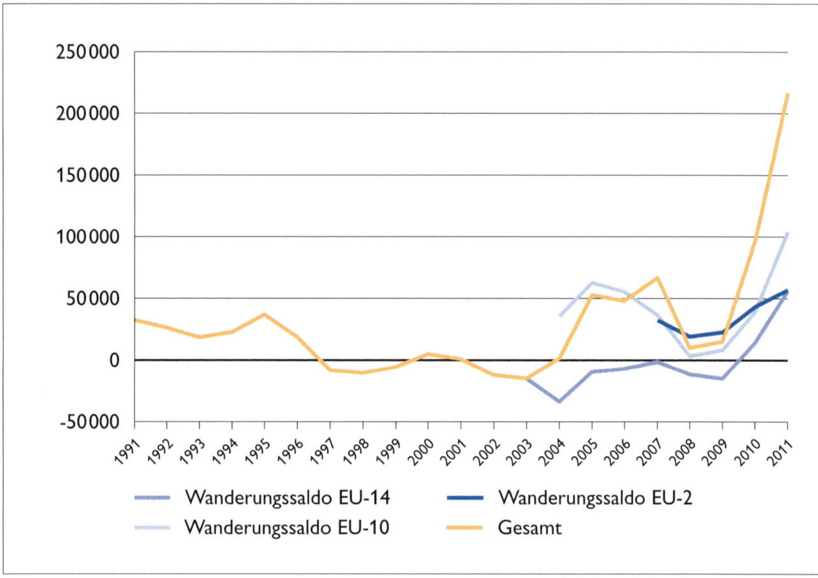

Anmerkungen: Zahlen jeweils zum 31. Dezember eines Jahres; vorläufige Zahlen für das Jahr 2011; EU-14 = alle alten EU-Staaten ohne Deutschland; EU-10 = alle neuen EU-Staaten mit Beitrittsdatum 1. Mai 2004; EU-2 = Rumänien und Bulgarien (EU-Beitritt 1. Januar 2007)
Quelle: Bundesamt für Migration und Flüchtlinge, Migrationsberichte 2005–2010; Statistisches Bundesamt (für das Jahr 2011)

Trotz der Zunahme der EU-Binnenmigration von und nach Deutschland bewegt sich die Gesamtzahl aller Ausländer in Deutschland seit mehr als einem Jahrzehnt in etwa auf gleichem Niveau von rund 7,1 bis 7,4 Millionen Menschen (2010: 7,2 Millionen). Allerdings verzerrt die amtliche Statistik das Bild deutlich, denn sie erfasst auch solche Personen, die nicht dauerhaft in Deutschland leben, wohingegen eingebürgerte Ausländer, deutsche Spätaussiedler oder als Deutsche geborene Angehörige von Migranten in dieser Statistik nicht berücksichtigt werden. Dabei können die Integrationsleistungen oder -probleme aller Gruppen sehr wohl vergleichbarer Natur sein.

Ein Fünftel der Wohnbevölkerung hat einen Migrationshintergrund

Ein zutreffenderes Bild über die Dimension und inzwischen längst erreichte Normalität des »Einwanderungslandes Deutschland« erhält man (ungeachtet mancher Probleme hinsichtlich der genauen Definition des Personenkreises), wenn neben Bürgern ausländischer Staatsangehörigkeit auch Menschen »mit Migrationshintergrund« statistisch erfasst werden – hierunter fallen außer inzwischen eingebürgerten Zuwanderern erster Generation auch deren Kinder oder Enkel mit deutscher Staatsangehörigkeit, aber beispielsweise auch geborene Deutsche mit einem ausländischen Elternteil sowie Spätaussiedler und ihre Kinder.[9] Auf diese Weise ergibt sich ein ungleich aufschlussreicheres Bild über die Struktur der Bevölkerung mit individuellem oder familiärem Migrationshintergrund in Deutschland.

Schon die Größenordnungen verdeutlichen den Gewinn an Aussagekraft mit diesem neuen statistischen Konzept: Es zeigt sich, dass der Anteil von mit Migrationserfahrungen in Berührung stehenden Menschen an der Gesamtbevölkerung rund doppelt so groß ist, als es die reine Ausländerstatistik vermuten lassen würde. 2005 bis 2010 betrug die Zahl der Personen mit Migrationshintergrund jeweils deutlich über 15 Millionen; das entspricht bei zugleich rückläufiger Gesamtbevölkerung einem Bevölkerungsanteil von zuletzt mehr als 19 Prozent. Zwei Drittel von ihnen verfügen über eigene Migrationserfahrungen und halten sich im Durchschnitt schon seit über 20 Jahren in Deutschland auf.

Verpasste Chancen zur ökonomischen Steuerung der Zuwanderung

Bei den Zuwanderungsarten hat die Arbeitsaufnahme als Saisonarbeitnehmer seit Jahren eine zentrale Bedeutung. Ausweislich der Statistik ist offenbar der Bedarf an dieser flexiblen Beschäftigungsform im Bereich einfacher Tätigkeiten (vor allem in der Landwirtschaft) seit den 1990er Jahren stark angewachsen. Wurden 1994 »nur« knapp 140 000 Erlaubnisse für solche mehrmonatigen Aushilfstätigkeiten erteilt, waren es 2004 fast 200 000 mehr. Seitdem hat sich die Zahl der Genehmigungen auf einem hohen Niveau von rund 300 000 jährlich eingependelt. Allerdings wird sich das künftig – zumindest statistisch – verändern, denn die überwiegend aus Osteuropa stammenden Saisonarbeitskräfte genießen inzwischen in den meisten Fällen die volle Arbeitnehmerfreizügigkeit in der EU und müssen somit keinerlei Genehmigungsverfahren mehr durchlaufen. Zu den weiteren markanten Zuwanderungsformen zählen Studienanfänger (2010: 60 000), der Familiennachzug (2010: 55 000[10] – nur hier stellen türkische

Staatsangehörige noch die stärkste Gruppe), Asylsuchende (2010: 41 000) sowie Werkvertragsarbeitnehmer (2010: 18 000), die als Beschäftigte von ausländischen Firmen unter bestimmten Voraussetzungen im Rahmen zwischenstaatlicher Vereinbarungen in Deutschland arbeiten dürfen.

In nur sehr geringem Umfang – bezeichnend für die Struktur der deutschen Zuwanderungspolitik und die durch sie hervorgerufenen Fehlsteuerungen – findet heute Zuwanderung aus Nicht-EU-Staaten zum erklärten Zweck regulärer Erwerbstätigkeit auf dem deutschen Arbeitsmarkt statt. Dies liegt wesentlich darin begründet, dass Deutschland bislang nur bruchstückhaft und in sich teils widersprüchlich Ansätze zur Wiederbelebung der ökonomischen Zuwanderungskomponente entwickelt hat. Das nach harten politischen Auseinandersetzungen nur in »entschärfter« Form in Kraft getretene »Gesetz zur Steuerung und Begrenzung der Zuwanderung und zur Regelung des Aufenthalts und der Integration von Unionsbürgern und Ausländern« (Zuwanderungsgesetz) enthält diverse Bestimmungen zu Aufenthalt und Arbeitserlaubnis qualifizierter Zuwanderer, macht die Einreisegenehmigung aber entweder davon abhängig, dass zuvor bürokratisch überprüft wird, ob ein mögliches Vorrecht bereits im Land lebender Arbeitnehmer für den vom Zuwanderungswilligen angestrebten Arbeitsplatz greift (sogenannte Vorrangprüfung gemäß § 18), wissenschaftliche Spitzenleistungen erbracht werden bzw. ein hohes Mindesteinkommen per Arbeitsvertrag nachgewiesen wird (§ 19 für Forscher, Spezialisten und leitende Angestellte) oder aber ein ausländischer Unternehmer hohes Eigenkapital mitbringt und Arbeitsplätze schafft (§ 21 für Selbstständige). Es überrascht deshalb nicht, dass sich die Nachfrage nach diesen Zuwanderungsangeboten, oder genauer: die Zahl der unter diesen Bedingungen genehmigungsfähigen Einreisen, eher gering ausnimmt.

Seit Inkrafttreten des Zuwanderungsgesetzes sind binnen fünf Jahren (2005–2009) lediglich rund 135 000 ausländische Arbeitskräfte aus Nicht-EU-Staaten auf diesem Weg nach Deutschland gekommen (und keineswegs alle hiergeblieben). Auch 2010 sind immerhin geringfügig mehr, aber doch auch nur 28 000 Fachkräfte eingereist. Dabei macht die Zahl der zugewanderten besonders hoch qualifizierten Spitzenkräfte mit insgesamt gerade einmal knapp 850 (!) Personen zwischen 2005 und 2010 nur einen verschwindenden Bruchteil aus, während zugleich auch nur etwa zwei Drittel der insgesamt erteilten Arbeitserlaubnisse im Rahmen der Bestimmungen des Zuwanderungsgesetzes überhaupt für qualifizierte Tätigkeiten erteilt wurden.[11] Die im Jahr 2011 beschlossene Herabsetzung der Mindesteinkommensgrenzen für ausländische Hochqualifizierte wird daran wohl nichts Grundlegendes ändern können.

Die Daten des Ausländerzentralregisters lassen außerdem den Schluss zu, dass die Bestimmungen des Zuwanderungsgesetzes zur Arbeitsmigration vorrangig von schon im Land lebenden Zuwanderern in Anspruch genommen werden; die Zahl der an »Altzuwanderer« erteilten neuen Aufenthaltsgenehmigungen gemäß §§ 18, 19, 21 des Zuwanderungsgesetzes übersteigt bislang jedes Jahr deutlich die Zahl der genehmigten Ersteinreisen.[12] So wichtig die auf diese Weise immerhin erreichte bessere Integration ausländischer Studienabsolventen auch ist, ersetzt sie nicht Maßnahmen zur Gewinnung von qualifizierten Neuzuwanderern. Ganz offensichtlich müssen diese nachdrücklicher erfolgen, um zum Ziel zu führen.

Auch die verschiedenen Sonderregelungen zur Zuwanderung von Fachkräften in der Informations- und Kommunikationstechnologie haben nur sehr begrenzte Wirkung entfaltet. Im Jahr 2000 medienwirksam als »Greencard« eingeführt, zog diese Offerte bis 2004 letztlich nur etwa 17 000 Einreisen entsprechender Fachleute nach sich. Die Anschlussregelungen im Zuwanderungsgesetz führten gleichfalls nicht zu einer Ausweitung der Zuwanderung solcher Spezialisten, sondern es blieb bislang bei einer Zahl von etwa 2 500 bis 4 000 Personen jährlich – bei zuletzt sogar rückläufigem Trend.[13] All das liegt weit jenseits dessen, was im Sinn einer Stärkung von Fachkräftepotenzialen in Deutschland vernünftigerweise schon vor Jahren geboten gewesen wäre.

Obwohl das deutsche Zuwanderungsrecht – etwa im Rahmen der bereits erwähnten Anwerbestoppausnahmeverordnung – noch zahlreiche weitere Sonderregelungen kennt, die die Einreise und Arbeitsaufnahme von Zuwanderern zulassen und in geringen Fallzahlen auch für positive behördliche Entscheidungen herangezogen werden, fehlt es der deutschen Zuwanderungspolitik bislang erkennbar an einem in sich schlüssigen und transparenten Gesamtkonzept. Erst zögerlich beginnt sich die Auffassung auch politisch durchzusetzen, dass Deutschland noch mehr für eine gezielte Zuwanderung qualifizierter Fachkräfte tun muss.

Mit dem öffentlich und auch im Ausland kaum bekannt gemachten, in seinem Titel erstaunlich klaren »Gesetz zur arbeitsmarktadäquaten Steuerung der Zuwanderung Hochqualifizierter und zur Änderung weiterer aufenthaltsrechtlicher Regelungen« (Arbeitsmigrationssteuerungsgesetz) wurden im Jahr 2009 immerhin einige »fortschrittliche« Neuregelungen in Kraft gesetzt, die ausdrücklich darauf zielen, mehr Hochschulabsolventen aus dem In- und Ausland für den deutschen Arbeitsmarkt zu gewinnen.[14] Für Akademiker mit ausländischen Abschlüssen wurde die Einreise deutlich erleichtert, für ausländische Absolventen deutscher Hochschulen auf die Vorrangprüfung zugunsten von Arbeitsplatzbewerbern mit »älteren Rechten« (Deutsche, EU-Bürger) verzichtet. Damit wurden die Bestimmungen des Zuwanderungsgesetzes modifiziert, die für ausländische Studienabsolventen ab 2005 überhaupt erstmals die Möglichkeit geschaffen hatten, nach Studienabschluss bei Nachweis eines angemessenen Arbeitsplatzes (binnen eines Jahres) in Deutschland bleiben zu können, statt wie zuvor zwingend das Land verlassen zu müssen. Beide Ziele – Gewinnung von Akademikern aus dem Ausland und Mobilisierung inländischer Absolventen ausländischer Herkunft – sind auch für eine künftig weiter zu reformierende Zuwanderungspolitik von zentraler Bedeutung. Gerade die hier schon lebenden Absolventen bringen alles mit, woran Deutschland interessiert sein muss: sehr gute Qualifikation, gute bis sehr gute Deutschkenntnisse und die Perspektive, sich als junge, leistungswillige Menschen in die Gesellschaft einzubringen. Von den aktuell gut 250 000 Studierenden mit ausländischer Staatsangehörigkeit in Deutschland sind etwa drei Viertel (185 000) eigens zum Zweck des Studienbeginns eingereist. Inzwischen schließen Jahr für Jahr – bei steigender Tendenz – mehr als 25 000 dieser »Bildungsausländer« ihr Studium in Deutschland ab – eine Verdreifachung gegenüber den Absolventenzahlen noch zum Ende der 1990er Jahre. Doch nur rund 20 Prozent von ihnen bleiben letztlich in Deutschland und verstärken hier das Fachkräfteangebot auf dem Arbeitsmarkt.[15] Raum für Attraktivitätsverbesserungen des Standorts Deutschland ist also auch an dieser Stelle offenkundig noch gegeben, von der gezielten »Anwerbung« ausländischer Akademiker durch gastfreundliche Zuwanderungsangebote ganz zu schweigen.

Im Ganzen bleibt, ungeachtet einiger Lichtblicke, bislang der Eindruck eines eher verwirrenden denn erhellenden und zur Zuwanderung ermutigenden Regelwerks vorherrschend. Die mangelnde Wirksamkeit der bisher geltenden Regelungen zur Einreise von Fachkräften lässt sich nicht zuletzt auch darauf zurückführen, dass Deutschland zeitgleich (anlässlich der Osterweiterung der Europäischen Union der Jahre 2004 und 2007) wiederum nach Kräften das Bild eines an Vermeidung von Zuwanderung und nicht das eines an leistungswilligen Immigranten interessierten Landes gezeichnet hat. Dabei hätte die EU-Osterweiterung geradezu ideale Voraussetzungen geboten, um neue Verfahren zur Zuwanderung ausgewählter osteuropäischer Bewerber bereits vor Inkrafttreten der vollen Arbeitnehmerfreizügigkeit zu erproben. Diejenigen Staaten, die vorzeitig Freizügigkeit gewährt haben, konnten davon in Bezug auf ihre Arbeitsmärkte nachweislich profitieren.[16]

Deutschland hat diese Chance ungenutzt gelassen und erst sehr spät im Jahr 2009 mit dem Arbeitsmigrationssteuerungsgesetz faktisch Freizügigkeit zumindest für Akademiker aus den neuen EU-Staaten verwirklicht (ohne dies allerdings hinreichend öffentlich zu machen). Seitdem und auch seit Deutschland als letztes EU-Land zum Stichtag 1. Mai 2011 die volle Arbeitnehmerfreizügigkeit verwirklicht hat, sind denn auch innerhalb der Zuzüge aus den neuen EU-Staaten die besonders gut qualifizierten Arbeitskräfte nur schwach vertreten. Unter dem Eindruck der noch nicht überwundenen, von Deutschland aber bislang am besten gemeisterten Wirtschaftskrise und noch dazu angesichts der Finanzkrise im Euroraum mag sich das noch verändern. Doch es ist nicht zu erkennen, dass Deutschland über diesen Zuwanderungskanal seinen Bedarf an Fachkräften künftig wird decken können, zumal inzwischen auch bereits demografisch bedingte Humankapitalengpässe und in der Folge Lohnsteigerungen in Staaten wie Polen absehbar werden, die eine Rückwanderung dorthin für manchen Auswanderer attraktiv erscheinen lassen wird. Eher schon ist ein leicht wachsender Zuzug geringer qualifizierter Osteuropäer nach Deutschland wahrscheinlich, der für den Arbeitsmarkt nur eingeschränkt von Vorteil sein dürfte.

2.4 Qualifikation und Integration

Dies führt nun zur Frage nach dem Qualifikationsniveau und den Integrationserfolgen der in Deutschland lebenden Zuwanderer. Die Anfangsphase gering qualifizierter Immigration der 1960er Jahre und der kontinuierliche Verzicht auf eine gezielte Anwerbung auch höher qualifizierter Migranten wirkt bis heute auf das durchschnittliche Qualifikationsniveau von Zuwanderern und bereits hier geborenen Menschen mit familiärem Migrationshintergrund nach. Beginnend mit Benachteiligungen schon im Kindesalter, bewegt es sich trotz im Zeitverlauf erreichter Fortschritte nach wie vor deutlich unterhalb des durchschnittlichen Niveaus der deutschen Bevölkerung und resultiert nicht von ungefähr auch in einem höheren Arbeitslosigkeitsrisiko.[17] Die Gründe hierfür sind ungemein vielschichtig: Die Auswirkungen defizitärer Deutschkenntnisse, mitunter kulturell bedingt andere Bildungs- und Rollenvorstellungen in Migrantenfamilien, mangelnde Arbeitsmarktfairness bei der Anerkennung von Berufsabschlüssen und im Bewerbungsverfahren, Defizite bei Integrationsangeboten und -bereitschaft sowie die indirekte Bevorzugung geringer qualifizierter Neuzuwanderer durch den Verzicht auf eine nicht zuletzt am Bildungsstand orientierte Zuwanderungspolitik spielen hier eine Rolle. Auch vor diesem Hintergrund erscheint deren Neuorientierung umso dringlicher, um künftig den Zuzug von weniger gut gebildeten Zuwanderern zu vermeiden und gezielt um qualifizierte Migranten zu werben, deren Integrationsprognose aller Erfahrung nach von vornherein deutlich günstiger ausfällt.

Diese Forderung entbindet Politik, Wirtschaft und Gesellschaft nicht von der Verpflichtung, die Anstrengungen zur besseren Integration der bereits im Land lebenden Zuwanderer und vor allem ihrer Kinder weiter zu verstärken. Unstreitig ist hier inzwischen manches in Bewegung geraten, angefangen von dem wichtigen Signal einer deutlichen Erleichterung der Einbürgerung durch das reformierte Staatsangehörigkeitsrecht (seit 2000) über die nicht minder bedeutsame Einführung und wiederholte Modifizierung von Integrationskursen für Alt- und Neuzuwanderer im Rahmen des Zuwanderungsgesetzes (ab 2005) bis hin zur Bündelung einer Vielzahl von Initiativen auf unterschiedlichen Politikfeldern und über alle Altersstufen von Zuwanderern und Menschen mit Migrationshintergrund hinweg zu einem integrationspolitischen Gesamtkonzept im »Nationalen Integrationsplan«[18] (seit 2007).

Das neue deutsche Staatsangehörigkeitsrecht hat zwar nur vorübergehend zu einem merklichen Anstieg der Einbürgerungszahlen geführt,[19] aber mit der sogenannten Optionsregelung die Integrationsvoraussetzungen für hier geborene Kinder mit Zuwanderungshintergrund insoweit doch nennenswert verbessert, als sie mit der Geburt automatisch auch die deutsche Staatsbürgerschaft erhalten und sich erst zwischen dem 18. und 23. Lebensjahr für oder gegen diese entscheiden müssen. Der Wegfall der (bislang womöglich doppelten) Wehrpflicht könnte künftig einen Ansatzpunkt bieten, eine doppelte Staatsbürgerschaft deutscherseits noch großzügiger zu akzeptieren, um die wichtigen Integrationsvorteile der Einbürgerung für einen größeren Personenkreis zur Geltung bringen zu können.

Gleichzeitig haben die Integrations- und Sprachkurse, die für bestimmte Gruppen von Neuzuwanderern und schon hier lebende Empfänger staatlicher Unterstützungsleistungen obligatorisch sind, aber auch von anderen bereits in Deutschland ansässigen Zuwanderern freiwillig besucht werden können, einen nicht zu unterschätzenden Langzeitnutzen. Gerade für »Altmigranten«, die bislang die Mehrheit der Kursbesucher stellen, bieten die Kurse eine zusätzliche Möglichkeit, Sprach- und andere Integrationsdefizite abzubauen. Gleichzeitig sorgen sie mit Kostenbeteiligungen, positiven (u.a. Verkürzung der Mindestaufenthaltsdauer bis zum Erwerb eines Einbürgerungsanspruchs) wie auch negativen Sanktionen (z.B. Kürzung staatlicher Leistungen) für Verhaltensanreize, die allerdings ebenso noch der genauen Evaluation harren wie der Praxisbezug der Kursinhalte selbst.[20]

Auch jüngste Politikmaßnahmen wie etwa das im Jahr 2011 beschlossene »Gesetz zur Verbesserung der Feststellung und Anerkennung im Ausland erworbener Berufsqualifikationen« (Anerkennungsgesetz) weisen sowohl eine sinnvolle Richtung vor wie sie zugleich die teils erstaunliche Kurzsichtigkeit in der Vergangenheit offenlegen: Nach über 60 Jahren Migrationsgeschichte erhalten Zuwanderer auf der Grundlage dieses Gesetzes nun erstmals einen Rechtsanspruch auf eine angemessene Bewertung und Anerkennung ihrer im Ausland erworbenen Bildungs- und Berufsabschlüsse. Für sehr viele Zuwanderer in Deutschland und indirekt damit auch ihre Angehörigen kommt dies freilich zu spät. Ihre Berufsabschlüsse sind durch ein inzwischen zu hohes Lebensalter, durch zu lange Zeiten berufsfremder Tätigkeit unterhalb des eigentlichen Qualifikationsniveaus oder gar lange Erwerbslosigkeit weitgehend entwertet. Schätzungen zufolge werden von der Neuregelung bestenfalls 300 000 schon in Deutschland lebende, überwiegend jüngere Personen profitieren können.[21] Dass sie und künftige Neuzuwanderer inzwischen leichter und rascher mit einer Anerkennung ihrer Abschlüsse rechnen können, ist dennoch ein Fortschritt, der seine ökonomische und Integrationswirkung auf mittlere Sicht nicht verfehlen wird.

Dessen ungeachtet sind die Integrationsprobleme vieler in Deutschland lebender Personen mit familiärem Zuwanderungshintergrund weiterhin ein sehr gravierendes Hindernis für ihre gleichberechtigte Teilhabe an Gesellschaft und Arbeitsmarkt. Auch eine Vielzahl beeindruckender individueller Integrationserfolge und die langsam zunehmende Selbstverständlichkeit etwa der Vertretung von Bürgern mit Migrationshintergrund in den politischen Parteien, ihrer Präsenz in Filmproduktionen und im Sport oder aber ihrer Vereinnahmung für Produktwerbung können darüber nicht hinwegtäuschen. Benachteiligungen ziehen sich wie ein roter Faden durch die Lebensläufe und -chancen vieler Zuwanderer, werden mitunter durch eigenes Dazutun oder die Einflussnahme des Umfeldes noch verstärkt und lassen sich im weiteren Verlauf oft nur noch – wenn überhaupt – mit erheblichen Anstrengungen korrigieren.

Frühkindlicher Spracherwerb nicht selbstverständlich

Bis heute leidet die Integration im Kindesalter unter einer deutlich niedrigeren Betreuungsquote von Kindern mit Migrationshintergrund, was seine Ursache sowohl im bisherigen Mangel an außerhäuslichen Betreuungsplätzen als auch in der sozioökonomischen Lage der Eltern hat. Verfügen sie über eine geringere Bildung, sind erwerbslos oder haben mehrere Kinder, nehmen sie entsprechende Angebote laut Statistik weniger intensiv wahr. Wird zugleich die vorschulische Erziehung als alleinige Aufgabe der Familie angesehen und wird in ihr überwiegend oder nur die Sprache des Herkunftslands der Eltern gesprochen, mutet das den Kindern erst recht bereits in jungen Jahren eklatante Startnachteile zu.[22]

Über ein Viertel der Drei- bis Sechsjährigen in deutschen Kindertageseinrichtungen hat ein oder zwei ausländische Elternteile; mehr als jedes sechste Kind dieser Altersgruppe (über 350 000 insgesamt) spricht zu Hause überwiegend nicht Deutsch. In vielen Kindergärten von Großstädten bilden Kinder mit nur geringen Deutschkenntnissen inzwischen fast oder schon die Mehrheit – Zahlen, die belegen, wie groß die Herausforderung an dieser Stelle tatsächlich ist.[23] Das am schwersten wiegende Problem ist dabei wohl die festzustellende Segregation: Da die »Migrantenkinder« nicht in gleicher Weise über alle Betreuungsangebote hinweg verteilt sind, sondern bevorzugt dort untergebracht werden, wo schon ein hoher Kinderanteil mit Zuwanderungshintergrund anzutreffen ist (was wiederum auch mit der oft schwerpunkthaften Ansiedlung von Immigranten in bestimmten Wohnvierteln zusammenhängt), führt dies zu einem negativen Doppeleffekt: Vorschulkinder, die selbst nur wenig Deutsch sprechen, sind vielfach mehrheitlich von Gleichaltrigen umgeben, für die dasselbe gilt, sodass ein angemessenes Erlernen der deutschen Sprache von vornherein sehr erschwert wird.

Hinzu treten Probleme qualitativer Natur. Die Kindertagesstätte als Ort des Einstiegs in die soziale Integration und des spielerischen Spracherwerbs ist – ungeachtet vieler Initiativen zur entsprechenden Qualifizierung des Personals – nur begrenzt dazu in der Lage, Kindern mit Migrationshintergrund auch in der Muttersprache der Eltern zu begegnen, ihre Zweisprachigkeit als besonderes Gut zu fördern, individuellen Nachholbedarf beim Deutschlernen zu diagnostizieren und entsprechende Angebote vorzuhalten, die sinnvollerweise überdies auf unterschiedliche kulturelle Hintergründe abgestimmt sein müssten. An dieser Stelle kommt deshalb auch dem intensiveren Spracherwerb der Eltern und praktizierter Zweisprachigkeit in den Familien eine erhebliche Bedeutung zu.

Schulische Integration versagt zu oft

Es liegt auf der Hand, dass die schulische Bildung von Kindern mit Zuwanderungshintergrund schnell auf gravierende Probleme stößt, wenn nicht spätestens zum Schuleintritt ausreichende Deutschkenntnisse mitgebracht werden. Angesichts der Tatsache, dass der Anteil nicht deutscher Schülerinnen und Schüler in vielen Grundschulklassen der großen Städte heute regelmäßig weit über der 50-Prozent-Marke liegt, können die Schulen die Versäumnisse aus früheren Lebensjahren kaum noch angemessen ausgleichen.

Dass ausländische Kinder und solche mit Migrationshintergrund an Gymnasien trotz geringfügiger Fortschritte immer noch zu wenig und dafür vor allem an Hauptschulen sehr stark vertreten sind, hat letztlich die gleichen Gründe, die schon für ihre Zurücksetzung im Bereich der vorschulischen Bildung verantwortlich sind, also eine nicht selten fatale Mischung aus sozioökonomischen Nachteilen der Familie, anderen Bildungsbegriffen der Eltern, offener oder verdeckter Diskriminierung und mangelndem Spracherwerb. Doch selbst wenn fehlende oder geringere Deutschkenntnisse Bildungsrückstände und vor allem schwächere Lesekompetenzen schon zur Hälfte erklärbar machen sollten,[24] schützt offenkundig auch ein erfolgreicherer Spracherwerb nicht zwangsläufig vor Benachteiligungen.

In der Summe wirken sich diese Umstände sehr folgenreich aus: Neben dem überproportional hohen Anteil an Hauptschülern (2008 betrug der Ausländeranteil in dieser Schulform 20 Prozent gegenüber nur knapp neun Prozent bei deutschen Staatsbürgern) und dem klaren Rückstand im Gymnasialanteil (gut 13 Prozent im Vergleich zu fast 29 Prozent) ist auch der hohe Anteil an Förderschulbesuchen mit sonderpädagogischem Programm auffällig. Festzuhalten ist aber ebenso, dass einzelne Nationalitäten eine bemerkenswert hohe Gymnasialquote erreichen, die teils sogar diejenige der Deutschen übertrifft (etwa im Fall vietnamesischer Schüler), was allerdings weniger auf besondere Integrationserfolge des Schulsystems, sondern eher auf besondere Integrationsvorteile der Schüler und ihres familiären Umfeldes zurückzuführen sein wird.[25]

Es leuchtet unmittelbar ein, dass aus dem hohen Anteil von Hauptschulbesuchen unter Jugendlichen mit Migrationshintergrund auch eine entsprechend weit höhere Quote von Hauptschulabschlüssen als unter deutschen Jugendlichen resultiert. Dass hier in den letzten Jahren ein statistischer Aufholprozess eingesetzt hat, der allmählich auch die mittleren Schulabschlüsse erreicht, ist sicher ermutigend, geht aber auch auf einen weiter gewachsenen Trend zur Gymnasialausbildung unter Deutschen ohne Zuwanderungshintergrund zurück, deren Anteile an anderen Schulformen leicht rückläufig sind. Der Abstand bei Abitur und Fachhochschulreife hat sich de facto jedenfalls noch nicht verringert, vielmehr hat er sich zuletzt sogar wieder leicht vergrößert (siehe *Abbildung 4*). Insgesamt gilt, dass hier Geborene mit Migrationshintergrund die selbst aus dem Ausland Zugewanderten in Bezug auf das durchschnittliche Bildungsniveau zumeist übertreffen.[26]

Und damit nicht genug, gibt erst recht die nach wie vor viel zu hohe Schulabbrecherquote unter Jugendlichen mit Migrationshintergrund Anlass zur Sorge: Sie war in den letzten Jahren mit teils über zehn Prozent durchgängig doppelt so hoch wie unter Jugendlichen ohne Zuwanderungshintergrund (wo sie im Übrigen auch inakzeptabel erscheint). Betrachtet man nur ausländische Jugendliche, so hat sich die Abbrecherquote unter ihnen zwar von über 19 Prozent im Jahr 2003 auf 15 Prozent fünf Jahre später verringert, besitzt damit aber weiterhin eine hohe soziale Sprengkraft. Dies wird umso mehr anhand der Bestandszahlen laut Mikrozensus deutlich: Mehr als 60000 15- bis 19-jährige Jugendliche mit Migrationshintergrund haben keinen Schulabschluss; dies entspricht einem Anteil von über 35 Prozent an allen Jugendlichen ohne Schulabschluss. Anders als einheimische Jugendliche holen sie einen Schulabschluss zudem seltener in späteren Lebensjahren nach, ohne dass ihnen das ausschließlich selbst angelastet werden könnte.[27]

Abb. 4: Schulabschlüsse der 15- bis 19-Jährigen 2005 bis 2008 (Prozentanteile)

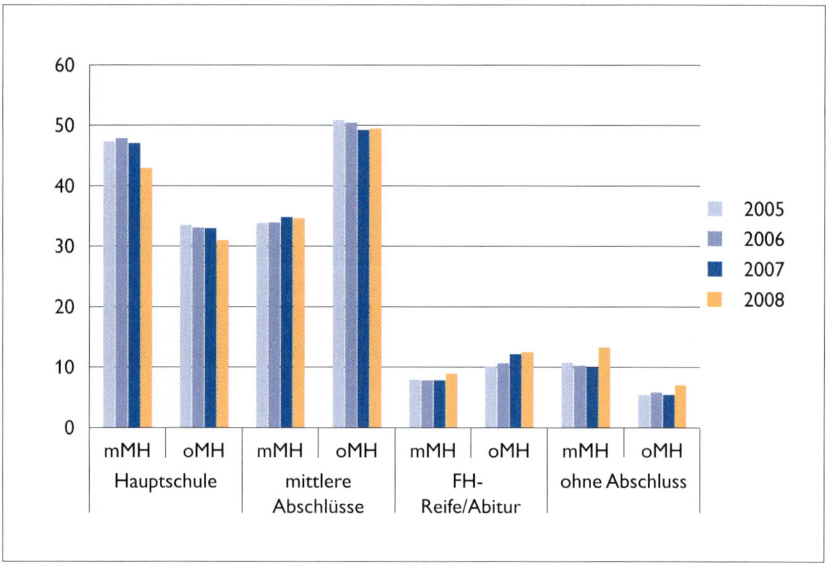

Anmerkungen:
mMH = mit Migrationshintergrund
oMH = ohne Migrationshintergrund
Quelle: Beauftragte für Migration, Flüchtlinge und Integration, 8. Bericht der Beauftragten für Migration, Flüchtlinge und Integration über die Lage der Ausländerinnen und Ausländer in Deutschland, Berlin 2010, S. 62 (http://www.bundesregierung.de/Content/DE/Publikation/IB/Anlagen/2010-11-03-8-lagebericht,property=publicationFile.pdf)

Die von der Politik mittlerweile – vor allem mit dem Instrument der Integrationskurse, die auf die Stärkung der elterlichen Sprachkompetenz zielen – eingeleiteten Verbesserungen werden noch viel Zeit benötigen, um Wirkung zu zeigen. Der Ansatz, Eltern stärker zu fördern, aber zugleich auch stärker in die Pflicht zu nehmen (beispielsweise durch Elternarbeit an den Schulen), damit ihren Kindern ein besserer Bildungserfolg zuteilwerden kann,[28] ist vernünftig, kommt aber wiederum für viele junge Menschen mit einem Migrationshintergrund zu spät.

Berufliche Bildung verliert zu viele junge Migranten

In der beruflichen Bildung setzen sich die Auswirkungen ihrer Startnachteile folgenschwer fort: Während durchschnittlich jeder zweite 20- bis 24-jährige »Migrant« (bei in den letzten Jahren stagnierender Entwicklung) keinen Berufsabschluss vorweisen kann, ist es bei jungen Menschen ohne Zuwanderungshintergrund »nur« jeder vierte. Hauptgrund hierfür ist der eklatante Unterschied in der Geschwindigkeit, mit der beide Gruppen einen Ausbildungsplatz finden. Es dauert fast eineinhalb Jahre und nicht nur ein Vierteljahr, bis zumindest die Hälfte der Jugendlichen mit Migrationshintergrund eine Lehrstelle gefunden hat, nach drei Jahren sind es mit gut 60 Prozent in dieser Gruppe nur wenig mehr, bei den Jugendlichen ohne Zuwanderungshintergrund aber immerhin schon fast 90 Prozent.[29] Hier spielen neben den im Durchschnitt schwächeren Schulabschlüssen, möglicherweise eingeschränkten Deutschkenntnissen und etwaigen Einflüssen des Familienumfelds mit einiger Wahrscheinlichkeit auch Negativerfahrungen und daraus – bewusst oder unbewusst – abgeleitete Vorurteile bei Ausbildungsbetrieben auch gegenüber gut qualifizierten Bewerbern mit familiärer Migrationsgeschichte eine Rolle.[30] Sie sorgen mit dafür, dass sich der Abstand zu den Deutschen ohne Migrationshintergrund mit steigendem Lebensalter nochmals verschärft: »Nur« knapp elf Prozent aller deutschen 20- bis 34-Jährigen haben keinen Berufsabschluss, bei den Gleichaltrigen mit Zuwanderungshintergrund (einschließlich der Eingebürgerten) ist der Prozentsatz mit über 37 Prozent mehr als dreimal so hoch, bei Ausländern mit fast 47 Prozent sogar mehr als vierfach höher.[31]

Damit nicht genug, drücken sich die Benachteiligungen auch in einem verengten Spektrum von Ausbildungsberufen aus. Der öffentliche Dienst bildet faktisch fast keine Bürger ohne deutschen Pass aus, auch Technikberufe sind vergleichsweise selten, einfachere Dienstleistungsberufe dagegen häufiger anzutreffen. Die vergleichsweise höhere Ausbildungsquote in den freien Berufen, etwa in Arztpraxen oder Apotheken, lässt immerhin erkennen, dass man dort offenbar die Vorteile von doppelter Sprach- und Kulturkompetenz zu schätzen weiß. Junge Frauen mit Migrationshintergrund kommen hier eher in Ausbildung, während sie ansonsten ungeachtet ihrer durchweg gegenüber Männern der gleichen Gruppe weit besseren Schulabschlüsse bei der Ausbildungsquote noch hinter diese zurückfallen, also doppelt benachteiligt sind.[32]

Bildungsinländer an deutschen Hochschulen unterrepräsentiert

Auch im Bereich der Hochschulbildung holen Studierende mit Migrationshintergrund zwar in letzter Zeit Rückstände auf und haben ihren Anteil insbesondere durch eine verstärkte Teilhabe junger Studierender auf zuletzt über 16 Prozent (gegenüber gut 20 Prozent unter Nichtmigranten) steigern können; hinsichtlich akademischer Spitzenabschlüsse sind sie jedoch noch immer krass unterrepräsentiert. Ausländische »Bildungsinländer« mit Lebensmittelpunkt in Deutschland stellen zwar ein Viertel aller ausländischen Studierenden, aber nur rund drei Prozent der erfolgreich Promovierten. Die Fortführung eines Studiums mit dem Ziel der Promotion dürfte dabei viel öfter als bei deutschen Studierenden aus finanziellen Erwägungen unterbleiben, die auch zuvor schon zu weit häufigeren Studienunterbrechungen führen. Während Deutschland bei der Gewinnung von Studierenden aus dem Ausland durchaus erfolgreich ist (auch wenn Staaten wie Australien, Großbritannien oder die Schweiz über weit höhere Anteile ausländischer Studierender verfügen), muss die Förderung von hier aufgewachsenen Studierwilligen aus integrationspolitischem wie demografischem Interesse noch intensiviert werden. Die aufgestauten Versäumnisse an dieser Stelle können als der Endpunkt einer Kette von Integrationshemmnissen im Bildungsbereich verstanden werden, die insgesamt zu einem merklichen Verlust an Humankapitalpotenzialen unter jungen Menschen mit ausländischem Pass oder Migrationshintergrund geführt haben.[33]

Geringere Erwerbsbeteiligung, stärkere Krisenanfälligkeit, höhere Arbeitslosigkeit

Der Arbeitsmarkt spiegelt dies als marktwirtschaftlicher Gradmesser schonungslos wider. So liegt die Erwerbsquote (Berufstätige und Erwerbslose im Alter von 15 bis unter 65 Jahren) von Menschen mit Zuwanderungshintergrund deutlich unterhalb des Niveaus der restlichen Bevölkerung dieser Altersgruppe (2008: 69 Prozent gegenüber 77 Prozent), es stehen also anteilig weit weniger »Migranten« prinzipiell dem Arbeitsmarkt zur Verfügung. Nimmt man nur die Quote der tatsächlich Erwerbstätigen in den Blick, so fällt der Abstand mit gut 61 Prozent zu rund 73 Prozent (2008) sogar noch größer aus. Ein wichtiger Grund hierfür ist die schwache Arbeitmarktbeteiligung von (gut ausgebildeten) Migrantinnen, die mit der zuletzt stärker angestiegenen Erwerbstätigenquote deutscher Frauen ohne Migrationshintergrund nicht Schritt gehalten hat. Die Zahlen lassen erkennen, dass hier bei aller Problematik unterdurchschnittlicher Bildungs- und Berufsabschlüsse ein erhebliches Reservoir an Arbeitskräften für den Arbeitsmarkt erschlossen werden könnte, was in demografischer Hinsicht sehr wichtig wäre.[34]

Dessen ungeachtet, zeigt sich die Beschäftigung von Personen mit Zuwanderungshintergrund schon traditionell überdurchschnittlich anfällig für Wirtschaftskrisen, da sie in der Mehrzahl in solchen Branchen erwerbstätig sind, die unter Konjunkturschwankungen potenziell besonders stark leiden (produzierendes Gewerbe, Gastgewerbe), oder mangels anerkannter oder erzielter Berufsabschlüsse nur einfache Tätigkeiten (im Dienstleistungssektor) ausüben, die am ehesten von Rationalisierungen und Arbeitszeitreduzierungen bedroht sind. Schon längst stimmt zwar das Bild nicht mehr, Ausländer seien vor allem als Industriearbeiter tätig – die Beschäftigungsverteilung nach Wirtschaftszweigen gleicht sich der der Deutschen immer weiter an und hat ihren klaren Schwerpunkt inzwischen ebenfalls im Dienstleistungssektor –, doch bei sich angleichender Beschäftigungsstruktur ist deren qualitatives Niveau weiterhin deutlich niedriger. Zugleich zeigt der weitaus geringere Ausländeranteil an der regulären sozialversicherungspflichtigen Beschäftigung in Deutschland (2008 lediglich gut 30 Prozent gegenüber mehr als 50 Prozent bei Deutschen), dass ausländische Erwerbstätige tendenziell häufiger in Sonderformen der Beschäftigung tätig sind, die von der Zeitarbeit über die geringfügige Beschäftigung bis hin zur Selbstständigkeit reichen. Insgesamt erzielen sie denn auch deutlich niedrigere durchschnittliche Erwerbseinkommen, was sich in einem tendenziell höheren Armutsrisiko über alle Altersgruppen hinweg (und insbesondere auch in der Lebensphase nach dem Übergang in den Ruhestand) ebenso ausdrückt wie in einer schlechteren Wohn- und Gesundheitssituation. Positiv zu bewerten ist die hohe Selbstständigenquote von Ausländern, die in den letzten Jahren mit rund zwölf Prozent diejenige von Deutschen übertroffen hat. Auch wenn viele ausländische Selbstständige nur Einpersonenunternehmen sind und insgesamt zwei Drittel der von ihnen gegründeten Betriebe weniger als vier Beschäftigte haben, geht von ihnen insgesamt ein sehr positiver

Beschäftigungseffekt in einer Größenordnung von schätzungsweise mehr als zwei Millionen Arbeitsplätzen (auch für Deutsche) aus, der ohne diese oft in Marktnischen und für besondere Zielgruppen tätigen Unternehmen kaum eingetreten wäre.[35]

Abb. 5: Arbeitslosenquoten von Deutschen und Ausländern 2000 bis 2009 (in Prozent)

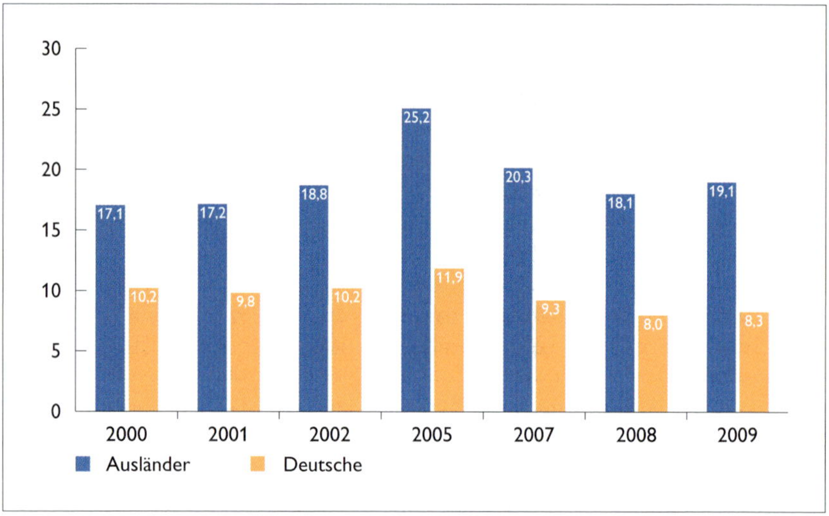

Anmerkungen: Per Definition erfasst die Arbeitslosenquote für Deutsche auch alle Eingebürgerten, sie erlaubt keine Differenzierung nach Migrationshintergrund. Die Grafik zeigt jeweils Jahresdurchschnitte. Als arbeitslos gilt dabei, wer aktiv nach Arbeit sucht und nicht mehr als 15 Wochenstunden arbeitet, bei den Behörden gemeldet ist und dem Arbeitsmarkt jederzeit uneingeschränkt zur Verfügung steht. Die insgesamt höheren Quoten für Ausländer dokumentieren ihr im Durchschnitt geringeres Qualifikationsniveau – bei gleicher Qualifikation nähern sich die Arbeitslosenquoten einander an.
Quelle: Beauftragte für Migration, Flüchtlinge und Integration, 8. Bericht der Beauftragten für Migration, Flüchtlinge und Integration über die Lage der Ausländerinnen und Ausländer in Deutschland, Berlin 2010, S. 113 (http://www.bundesregierung.de/Content/DE/Publikation/IB/Anlagen/2010-11-03-8-lagebericht,property=publicationFile.pdf)

Ohne diese erfolgreichen ausländischen Selbstständigenkarrieren würde die Arbeitslosigkeit unter Ausländern in Deutschland vermutlich noch höher ausfallen, als sie ohnehin schon ist (siehe *Abbildung 5*). Erneut und in aller Schwere wirkt sich hier ihre insgesamt schwächere Qualifikationsbasis aus: Über 75 Prozent der ausländischen Arbeitslosen haben entweder keine abgeschlossene Berufsausbildung oder aber ihre Qualifikation wurde bislang formal nicht anerkannt. Nur scheinbar zeichnet sich am Horizont Linderung in Form einer statistisch anhaltend recht niedrigen Jugendarbeitslosigkeit unter Ausländerinnen und Ausländern ab, denn auch mit deutscher Staatsangehörigkeit ausgestattete, aus der Statistik deshalb entfallene »Migranten« stehen vor ungleich schwierigeren Arbeitsmarktperspektiven als Deutsche ohne Zuwanderungshintergrund und sind einem höheren Arbeitslosigkeitsrisiko ausgesetzt. Im gleichen Maß, in dem der Arbeitsmarkt immer weiter steigende Anforderungen an das Qualifikationsniveau der Arbeitskräfte stellt, drohen sie bei mangelnder Qualifikation zu Dauerverlierern zu werden. Und erneut gilt dabei: Es sind nicht zuletzt die Irrtümer und Versäumnisse der bisherigen Integrationspolitik, die diesen inakzeptablen Zustand mit herbeigeführt haben.[36]

Eine vorausschauende Integrationspolitik unter ökonomischem Blickwinkel muss deshalb eine Vierfachstrategie verfolgen: Sie sollte erstens ihr Augenmerk noch stärker auf die frühkindliche Bildung und den spätestens zum Grundschuleintritt weitgehend abgeschlossenen Spracherwerb von Kindern mit Migrationshintergrund richten. Zweitens sollte sie – bei allerdings begrenzten Erfolgsaussichten – Initiativen zur gezielten Weiterbildung gerade junger Zuwanderer ohne ausreichende Berufsqualifikation unternehmen. Drittens muss sie ein unmittelbares Interesse daran haben, über die inzwischen vereinfachte Anerkennung ausländischer Bildungsabschlüsse hinaus qualifizierten Migranten den Weg in den Arbeitsmarkt so leicht wie möglich zu machen. Dazu sind Programme zur Steigerung der Erwerbsbeteiligung junger qualifizierter Frauen mit Zuwanderungshintergrund ebenso wichtig wie weitere Verbesserungen bei den Integrationsangeboten für hier aufgewachsene ausländische Studienabsolventen. Viertens schließlich sollte die künftige Integrationspolitik insgesamt dem Konzept eines »Integrationsvertrags« zwischen Gesellschaft und Zuwanderer folgen und somit verdeutlichen, dass Integration Geben und Nehmen, Rechte und Pflichten umfasst.

Fast noch bedeutsamer erscheint freilich eine Korrektur der deutschen Zuwanderungspolitik, die künftig bevorzugt gut qualifizierten Migranten die Niederlassung in Deutschland ermöglichen sollte.

3 Plädoyer für eine ökonomische Steuerung der Zuwanderung[37]

Die gegenwärtige Wirtschafts- und Verschuldungskrise in Europa hat dazu geführt, dass eine ganze Generation junger Menschen in einigen Staaten Südeuropas vor bis auf Weiteres ungewissen Zukunftschancen und sehr hohem Arbeitslosigkeitsrisiko steht, während zugleich vor allem in Deutschland Engpässe auf dem Arbeitsmarkt für Qualifizierte unübersehbar geworden sind. Dies unterstreicht die große Bedeutung von Arbeitsmobilität innerhalb der Europäischen Union. Eine bessere grenzüberschreitende Verteilung von Fachkräften kann einen maßgeblichen Beitrag zur Stabilisierung des Wirtschaftsstandorts EU leisten und diejenigen Staaten von Arbeitslosigkeit entlasten, die von der Schuldenkrise besonders betroffen sind. Insofern sind Initiativen zur Gewinnung von Fachkräften aus diesen Staaten sinnvoll – es geht nicht darum, Griechenland, Spanien oder Portugal dauerhaft seiner »besten Köpfe« zu berauben, sondern dafür zu werben, dass junge Menschen vorübergehend in Deutschland arbeiten, statt in der Heimat arbeitslos zu sein.

Das Instrument der EU-Arbeitnehmerfreizügigkeit allein reicht, wie die Erfahrungen aus der Vergangenheit zeigen, nicht aus, um Arbeitsmobilität in hinreichendem Umfang zu fördern. Traditionell ist die Bereitschaft zu grenzüberschreitender Mobilität unter Westeuropäern eher gering, und hinzu kommt im Fall Deutschlands die besondere Sprachbarriere.[38] Wenn durch gezielte Anwerbemaßnahmen die Arbeitsmobilität innerhalb der alten EU zunehmen würde, wären davon im Sinn einer besseren Ressourcenverteilung deutliche grenzüberschreitende Wohlfahrtsvorteile zu erwarten. Zugleich würde dem Risiko entgegengewirkt, dass sich junge Südeuropäer aufgrund schlechter Perspektiven für einen noch größeren Schritt entscheiden und Europa in Richtung der klassischen Einwanderungsländer verlassen. Für die künftige wirtschaftliche Entwicklung in der EU ist es von erheblicher Bedeutung, die Abwanderung der »eigenen« Fachkräfte zu vermeiden und sich gleichzeitig verstärkt als Zielregion für qualifizierte Zuwanderer aus Drittstaaten zu etablieren.

Zwar fehlt es nicht an Initiativen in diese Richtung etwa seitens der Europäischen Kommission, doch verhindern unterschiedliche einzelstaatliche Interessenlagen bislang substanzielle Fortschritte. So ist auch die 2011 in allen EU-Staaten eingeführte »Bluecard« kein Ersatz für eine aktiv gestaltende deutsche Zuwanderungspolitik. Sie bietet qualifizierten Zuwanderern unter bestimmten Voraussetzungen eine zwei- bis vierjährige, verlängerbare Aufenthalts- und Arbeitserlaubnis in einem EU-

Land an, die nach fünfjährigem Aufenthalt in einen Daueraufenthalt umgewandelt werden kann. Doch die Karte schafft keine europaweite Rechtsgleichheit, vielmehr muss sie bei Binnenwanderungen innerhalb der EU jeweils neu beantragt werden. Auch beinhaltet sie keine automatische Arbeitserlaubnis für mitreisende Ehepartner und büßt damit im internationalen Vergleich weiter an Attraktivität für potenzielle einreisewillige Migranten ein. Unter Anwendung des geltenden deutschen Zuwanderungsgesetzes würde sie letztlich fast wirkungslos bleiben.

Für Deutschlands Arbeitsmarkt wird ein moderater Zuzug aus EU-Staaten und eine unveränderte Fortführung der bisherigen Zuwanderungspolitik nicht ausreichen, um einen nachhaltigen Beitrag zur Linderung von Fachkräfteengpässen zu leisten. Die bis jetzt nur bruchstückhaften Politikmaßnahmen zur Gewinnung von gut qualifizierten Zuwanderern aus Nicht-EU-Staaten haben weder bereits eine »Willkommenskultur« begründet noch quantitativ auch nur entfernt Wirkung entfaltet. Die Akzeptanz der bisherigen Zuwanderungspolitik leidet überdies unter mangelhafter Berechenbarkeit – der Umfang der Zuwanderung wird eben nicht gesteuert, und damit fehlt eine verlässliche Einschätzung darüber, wie viele Zuwanderer innerhalb eines Zeitraums einreisen und welche am Arbeitsmarkt nachgefragten Qualifikationen sie eigentlich mitbringen.

Dies bedeutet mitnichten, dass die Zuwanderung in der bisherigen Struktur volkswirtschaftlich für Deutschland von Nachteil wäre – das Gegenteil ist richtig: Obwohl Deutschland die Chancen, die Zuwanderung mit sich bringt, nach wie vor bei Weitem nicht ausschöpft, sondern im Gegenteil noch zu oft leichtfertig ausschlägt, gelangen seriöse wissenschaftliche Untersuchungen zu dem Ergebnis, dass selbst unter diesen eher widrigen Voraussetzungen der Finanzierungsbeitrag der hier lebenden Zuwanderer zu den öffentlichen Haushalten insgesamt positiv ausfällt und auch in einer Generationenbilanz über den gesamten Lebensverlauf eines Zuwanderers im Durchschnitt deutlich positiv bleibt.[39] Künftig wird es darum gehen müssen, diesen »Nettogewinn« aus Zuwanderung weiter auszubauen, indem bevorzugt besser Qualifizierte ins Land geholt werden.[40] Wenn klare Anforderungen an eine zu erfüllende Mindestqualifikation gestellt werden und die Zahl der Einreisegenehmigungen gezielt dosiert wird, kann Zuwanderung einen besonders wirksamen Beitrag zur Linderung des beginnenden Fachkräftemangels leisten.

In demografischer Hinsicht ist es erforderlich, quantitative und qualitative Steuerungsmechanismen rasch einzuführen, die in Einwanderungsländern wie Kanada und Australien mit Erfolg praktiziert werden. Gerade diese beiden Staaten verfügen über einen großen Erfahrungsschatz bei der Strukturierung und kontinuierlichen bedarfsorientierten Anpassung von Auswahlsystemen für Zuwanderer. In ihrer derzeitigen Ausgestaltung werden die Systeme beider Länder nicht ausschließlich zur Steuerung langfristiger Zuwanderung eingesetzt, sondern beinhalten teilweise auch Elemente zur Deckung eines kurzfristigen Zuwanderungsbedarfs je nach berufsspezifischer Arbeitsmarktentwicklung. Zwar stehen auch Australien und Kanada in mancher Hinsicht vor Integrationsproblemen, sie sind dort jedoch weit weniger ausgeprägt als in Ländern mit ungesteuerter Zuwanderung.

Neben den klassischen Einwanderungsländern geht inzwischen auch eine wachsende Zahl von EU-Staaten dazu über, die eigenen volkswirtschaftlichen Interessen stärker in den Fokus ihrer Zuwanderungspolitik zu rücken und sich dabei auch die Vorteile von Auswahlsystemen für Zuwanderer zunutze zu machen. So verfügt etwa Großbritannien inzwischen über ein mehrgliedriges Punktesystem, das andere bis dahin geltenden Zuwanderungsmöglichkeiten abgelöst und einen noch stärkeren ökonomischen Akzent gesetzt hat (die Tatsache, dass aufgrund ungünstiger wirtschaftlicher Rahmenbedingungen Teile des Modells zwischenzeitlich erneut reformiert oder ausgesetzt worden sind, spricht dabei nicht gegen das Konzept an sich, sondern unterstreicht die Flexibilität solcher Systeme). Zuletzt ist im Jahr 2011 auch in Österreich ein Auswahlsystem für Zuwanderer in Kraft getreten, das deutliche Erleichterungen für den Zuzug von Einwanderern mit höherer und mittlerer Qualifikation vorsieht.[41]

Mehr ökonomische Vernunft und Fairness durch ein Auswahl- und Quotensystem

Auch vor dem Hintergrund der Aktivitäten in europäischen Nachbarstaaten wächst der Druck auf Deutschland, ebenfalls ein solches Auswahlsystem zu etablieren und zu erproben, um sich als ernsthafter Wettbewerber um qualifizierte Zuwanderer zu positionieren. Eine entsprechende Kurskorrektur bedeutete nicht etwa das Ende für andere Zuwanderungsformen wie Familiennachzug und Asylgewährung, wohl aber eine Chance, die komplexe Migrationsgesetzgebung zu entrümpeln, viele Ausnahmeregelungen, Einzelgesetze und Verordnungen aufzuheben und den bürokratischen Aufwand insgesamt deutlich zu verringern. Im gleichen Maß, wie der Blick dabei auf die Anwerbung qualifizierter Arbeitskräfte gerichtet wird, sollte dabei konsequenterweise der Zuzug geringer qualifizierter Arbeitskräfte aus Nicht-EU-Staaten vermieden werden.

Die praktische Anwendung eines Auswahlverfahrens ist recht einfach: Für bestimmte Kriterien wie Bildungsabschluss, Berufserfahrung, Sprachkenntnisse und Lebensalter werden jeweils Punkte vergeben. Nur wenn eine Mindestpunktzahl erreicht wird – sowohl insgesamt als auch innerhalb jeder Kategorie – ist eine Bewerbung im Rahmen des Verfahrens zulässig, doch sie schafft keinen Anspruch auf eine Einreiseerlaubnis. Zu einem Stichtag werden vielmehr die bis dahin besten Bewerbungen bis zu einer vorher festzulegenden Höchstzahl berücksichtigt. So wird Transparenz und Berechenbarkeit erreicht. Bis zur Einreisegenehmigung kann das gesamte Verfahren online abgewickelt werden. Mit der Zuwanderungsgenehmigung muss eine uneingeschränkte Arbeitserlaubnis ohne jede »Vorrangprüfung« verbunden sein – das Gesamtkonzept zielt ja ausschließlich auf solche Bewerber, die entweder schon ein Arbeitsplatzangebot vorweisen können oder aufgrund ihrer Qualifikation ohne Schwierigkeiten auf dem Arbeitsmarkt erfolgreich sein werden. Eine längere Rückkehr in das Herkunftsland darf den Aufenthaltsstatus nicht infrage stellen, »Bonuspunkte« können vergeben werden, wenn auch die Familienangehörigen gute Qualifikationen mitbringen.

Denkbar wäre ein Modell, das zwischen der dauerhaften Zuwanderung von Fachkräften mit hoher und mittlerer Qualifikation sowie der befristeten Arbeitsmigration von Ausländern mit aktuell gesuchten beruflichen Qualifikationen unterscheidet. Damit würde der Tatsache Rechnung getragen, dass einerseits langfristige demografische Trends und Fachkräfteschwund nach einem Mindestmaß an Gegensteuerung durch gezielte Zuwanderung verlangen, während andererseits auf kurzfristige Bedarfsschwankungen des Arbeitsmarkts durch temporäre Zuwanderungsangebote reagiert werden könnte. Das Institut zur Zukunft der Arbeit (IZA) hat ein detailliertes Konzept zur Umsetzung einer solchen Dreisäulenstrategie entwickelt, dessen erste beiden Säulen in demografischer Hinsicht von besonderem Wert sind (siehe *Abbildungen 6* und 7).[42] Die erste Säule des IZA-Modells zielt auf die Steuerung der Zuwanderung Hochqualifizierter ab, deren ökonomische und soziale Integration erfahrungsgemäß kaum Probleme bereitet. Die Punktevergabe im Rahmen dieser Säule gewichtet allgemeines Humankapital und eine akademische Ausbildung vergleichsweise hoch. Das Angebot richtet sich ebenso an ausländische Absolventen deutscher Hochschulen, an deren Verbleib im Land ein besonders großes Interesse bestehen sollte, wie auch an im Land lebende Flüchtlinge. Die zweite Säule ermöglicht und steuert die Zuwanderung qualifizierter Fachkräfte, die unterhalb der akademischen Qualifikation Ausbildungsabschlüsse und Fähigkeiten mitbringen, für die ein mittel-

Abb. 6: Übersicht zur Punktevergabe im Rahmen eines Auswahlsystems für dauerhafte Zuwanderer

Säule 1: Hochqualifizierte		
(1)	Qualifikation (Bildungs-/Berufsabschluss)	30 bis 50 Punkte *
	Abschluss eines Hochschul- oder Fachhochschulstudiums (B.A./B.Sc.)	30 Punkte
	Abschluss eines Hochschul- oder Fachhochschulstudiums (M.A./M.Sc.)	35 Punkte
	Promotion, Ph.D. (oder äquivalenter Abschluss)	40 Punkte
	Habilitation (oder äquivalenter Abschluss)	50 Punkte
(2)	Sprachkenntnisse	bis zu 10 Punkte **
	Gute bis sehr gute Deutschkenntnisse (mind. B1)	10 Punkte
	Grundkenntnisse der deutschen Sprache (mind. A2)	5 Punkte
	Gute bis sehr gute Englischkenntnisse (mind. B2)	5 Punkte
(3)	Berufserfahrung	bis zu 10 Punkte
	Mindestens 9-monatige Berufserfahrung in Deutschland	10 Punkte
	Berufserfahrung (pro Jahr)	2 Punkte
(4)	Lebensalter	bis zu 10 Punkte
	Altersgruppe 21-39 Jahre	10 Punkte
	Altersgruppe 40-49 Jahre	5 Punkte
(5)	Arbeitsplatzangebot	10 Punkte
	Nachweis eines Arbeitsplatzangebotes in Deutschland	10 Punkte
(6)	besondere Integrationsvorteile	bis zu 10 Punkte
	Abschluss eines Studiums in Deutschland	10 Punkte
	Lebenspartner: Einreise nach Deutschland	5 Punkte
	Qualifikation des Lebenspartners	bis 5 Punkte
	Frühere oder derzeitige Aufenthalte in Deutschland	bis 5 Punkte
	Verwandtschaft in Deutschland	bis 5 Punkte
	Erfolgreiche Teilnahme Integrationskurs	5 Punkte
	Maximal erreichbare Punktzahl	100 Punkte
	Schwellenwert 1 (Zulassung zum Verfahren)	60 Punkte
	Schwellenwert 2 (sofortiger Daueraufenthalt)	80 Punkte

* Im Bereich Qualifikation sind mindestens 30 Punkte zu erreichen, um in Säule 1 berücksichtigt zu werden. Die Bewertung äquivalenter ausländischer Abschlüsse wird sich in Zukunft – mit deren fortschreitender Implementierung – verstärkt an den Maßstäben des Europäischen Systems zur Übertragung und Akkumulierung von Studienleistungen (ECTS) und am Europäischen Qualifikationsrahmen (EQR) orientieren können. Derzeit erscheint die zuverlässige Anwendung der teils noch in der Umsetzung befindlichen Vergleichsmaßstäbe jedoch noch problematisch.

** Die Klassifizierung des Sprachniveaus orientiert sich am Gemeinsamen Europäischen Referenzrahmen für Sprachen (GER).

Säule 2: Qualifizierte Fachkräfte	
(1) Qualifikation (Berufsabschluss in Mangelberuf)	15 bis 35 Punkte */**
Abgeschlossene Berufsausbildung in Mangelberuf: Dringlichkeit AA	30 Punkte
Abgeschlossene Berufsausbildung in Mangelberuf: Dringlichkeit A	25 Punkte
Abgeschlossene Berufsausbildung in Mangelberuf: Dringlichkeit B	20 Punkte
Abgeschlossene Berufsausbildung in Mangelberuf: Dringlichkeit C	15 Punkte
(2) Sprachkenntnisse	bis zu 15 Punkte ***
Gute bis sehr gute Deutschkenntnisse (mind. B1)	15 Punkte
Grundkenntnisse der deutschen Sprache (mind. A2)	8 Punkte
Gute bis sehr gute Englischkenntnisse (mind. B1)	5 Punkte
(3) Berufserfahrung	bis zu 15 Punkte
Ausbildungsadäquate Berufserfahrung in Deutschland (pro Jahr)	5 Punkte
Ausbildungsadäquate Berufserfahrung (pro Jahr)	2 Punkte
(4) Lebensalter	bis zu 10 Punkte
Altersgruppe 21-39 Jahre	10 Punkte
Altersgruppe 40-49 Jahre	5 Punkte
(5) Arbeitsplatzangebot	15 Punkte
Nachweis eines Arbeitsplatzangebotes in Deutschland	15 Punkte
(6) besondere Integrationsvorteile	bis zu 10 Punkte
Lebenspartner: Einreise nach Deutschland	5 Punkte
Qualifikation des Lebenspartners	bis 5 Punkte
Frühere oder derzeitige Aufenthalte in Deutschland	bis 5 Punkte
Verwandtschaft in Deutschland	bis 5 Punkte
Erfolgreiche Teilnahme Integrationskurs	5 Punkte
Maximal erreichbare Punktzahl	100 Punkte
Schwellenwert 1 (Zulassung zum Verfahren)	60 Punkte
Schwellenwert 2 (sofortiger Daueraufenthalt)	80 Punkte

* Im Bereich Qualifikation sind mindestens 15 Punkte zu erreichen, um in Säule 2 berücksichtigt zu werden. Die Bewertung äquivalenter ausländischer Abschlüsse wird sich in Zukunft – mit deren fortschreitender Implementierung – verstärkt an den Maßstäben des Europäischen Qualifikationsrahmens (EQR) und des Europäischen Leistungspunktesystems für die Berufsbildung (ECVET) orientieren können. Derzeit erscheint die zuverlässige Anwendung der teils noch in der Umsetzung befindlichen Vergleichsmaßstäbe jedoch noch problematisch, zumal die adäquate Berücksichtigung der Besonderheiten des deutschen dualen Systems der Berufsausbildung noch Schwierigkeiten bereitet.

** Mangelberufe (mit mittel- bis langfristigen Engpässen) sind mit einem geeigneten Indikatorensystem zu definieren. Die Dringlichkeit (AA/A/B/C) bestimmt sich nach der Dimension des jeweiligen Engpasses.

*** Die Klassifizierung des Sprachniveaus orientiert sich am Gemeinsamen Europäischen Referenzrahmen für Sprachen (GER).

Quelle: Holger Hinte/Ulf Rinne/Klaus F. Zimmermann, Ein Punktesystem zur bedarfsorientierten Steuerung der Zuwanderung nach Deutschland (Gutachten im Auftrag des Sächsischen Staatsministeriums für Wirtschaft, Arbeit und Verkehr), IZA Research Report No. 35, 2011 (http://www.iza.org/en/webcontent/publications/reports/report_pdfs/iza_report_35.pdf)

Abb. 7: Modellhafte organisatorische Durchführung eines ökonomischen Zuwanderungsverfahrens

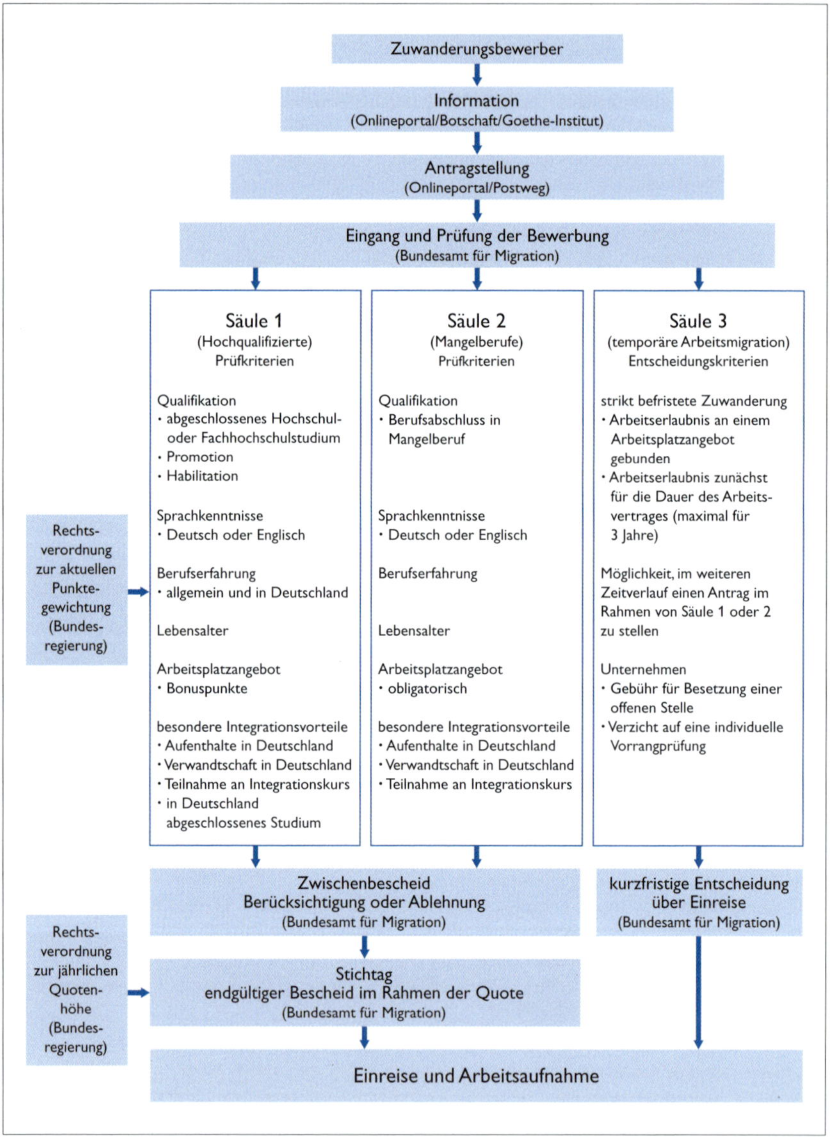

Quelle: siehe Abbildung 6

bis langfristiger Bedarf zu erwarten ist. Bei der Punktevergabe sollten hier berufsspezifische Qualifikationen in gefragten Berufsfeldern ein höheres Gewicht erhalten und zudem ein konkretes Arbeitsplatzangebot verlangt werden, um Fehlsteuerungen zu vermeiden.

In beiden Fällen honoriert das vom IZA vorgeschlagene Punktesystem den Nachweis deutscher Sprachkenntnisse und belohnt den Spracherwerb im Ausland mit einer Verbesserung der Zuwanderungschancen. Es schafft aber auch die Möglichkeit, mit guten Englischkenntnissen im Auswahlverfahren erfolgreich zu sein. Der Erwerb deutscher Sprachkenntnisse fin det in diesem Fall über die obligatorische Teilnahme an Integrationskursen statt, die gegenüber heute stärker auf die Belange des Arbeitsmarktes zugeschnitten werden sollten.

Das Konzept des IZA sieht ferner zwei Schwellenwerte vor und unterscheidet sich damit von international praktizierten Punktesystemen. Der niedrigere, im internationalen Vergleich aber doch eher hoch angesetzte Schwellenwert (60 Prozent der maximal möglichen Punkte) gibt eine Mindestpunktzahl vor, ab der überhaupt erst ein Zuwanderungsprüfverfahren infrage kommen kann. Übertreffen Bewerber den zweiten Schwellenwert (80 Prozent der Maximalpunktzahl), sollten sie ein sofortiges Daueraufenthaltsrecht erhalten, weil ihre Leistungs- und Integrationsfähigkeit besonders hoch zu bewerten ist.

Das Punktesystem ist in seiner Logik auf die dauerhafte Bindung ausgewählter Zuwanderer ausgerichtet. Seine Aufgabe kann nicht die Abdeckung von kurzfristig auftauchenden Bedarfsschwankungen auf dem Arbeitsmarkt sein, die insbesondere den Mittelstand häufig vor unlösbare Probleme stellen, selbst wenn sie statistisch nicht immer fassbar sind. Deshalb ist Deutschland gut beraten, künftig auch die befristete Einreise von Arbeitsmigranten neu zu organisieren. Die dritte Säule eines möglichen zuwanderungspolitischen Neuanfangs sollte deshalb die unbürokratische Reaktion auf einen voraussichtlich nur kurzfristigen und schwankenden Zuwanderungsbedarf erlauben. Einreise- und Arbeitserlaubnis müssen dabei an ein konkretes Arbeitsplatzangebot gebunden und zeitlich befristet sein. Im Verlauf des Aufenthalts sollte allerdings eine Bewerbung im Punkteverfahren ermöglicht werden. Das schafft besondere Integrationsanreize und potenzielle Punktevorteile für diesen Personenkreis und somit (hoffentlich) eine gewisse Nachfrage nach solchen Zuwanderungsoptionen. Um zu vermeiden, dass Unternehmen an dieser Stelle heimische Bewerber benachteiligen, sollte von ihnen eine hohe Gebühr erhoben werden, sodass marktgerechte Entscheidungen getroffen werden. Außerdem müssen dringend verbesserte Diagnoseverfahren entwickelt werden, die – treffender als bislang möglich – die Ermittlung des tatsächlichen kurzfristigen Zuwanderungsbedarfs gestatten.

Die detaillierte Ausgestaltung eines solchen ökonomischen Zuwanderungsmodells sollte von einem Expertengremium vorgenommen werden, in dem Repräsentanten von Politik, Wirtschaft, Gewerkschaften, Gesellschaft und Wissenschaft vertreten sind. Das Punktesystem muss einer regelmäßigen Überprüfung unterliegen, in deren Verlauf Anpassungen im Hinblick auf gesammelte Erfahrungen und veränderte Bedarfslagen auf dem Arbeitsmarkt vorgenommen werden können.

Es ist auch ein Gebot ökonomischer Fairness und mittelstandfreundlicher Wirtschaftspolitik, mit einem solchen Konzept die Zuwanderung nach Deutschland neu zu gestalten: Auf diese Weise kann erreicht werden, dass auch kleine und mittlere Unternehmen, die die eigentlichen deutschen Arbeitsmarktmotoren bilden, aber anders als global agierende Großunternehmen nicht über die Möglichkeit eines grenzüberschreitenden Personaleinsatzes verfügen, leichter ihren Fachkräftebedarf decken können.

Dennoch darf man sich keinen falschen Illusionen hingeben: Es wäre naiv zu erwarten, Deutschland könne unmittelbar nach Einführung eines Punktesystems zur Auswahl von Zuwanderern bereits mit einer starken Nachfrage von hoch qualifizierten Migranten rechnen. Vielmehr wird unser Land erst noch lernen müssen, wieder aktiv um gesuchte Fachkräfte im Ausland zu werben. Dessen ungeachtet benötigt ein Auswahlsystem in jedem Fall »Knappheit«, um erfolgreich sein zu können; es muss also mit einer zunächst sinnvollerweise eher niedrig angesetzten Höchstzahl möglicher Einreisegenehmigungen verknüpft werden. Eine solche Quotierung dient auch dazu, Anpassungsprobleme auf dem Arbeitsmarkt zu vermeiden, die Anreize zur betrieblichen Ausbildung im Inland nicht zu unterminieren und insgesamt mit einem für Deutschland völlig neuen Zuwanderungsverfahren in kontrollierten Größenordnungen Erfahrungen zu sammeln. Quotierungen sind dabei nicht als starre Größen zu verstehen, sondern können in regelmäßigen Abständen je nach Arbeitsmarktkonstellation nach unten oder oben korrigiert oder im Fall gravierender ökonomischer Probleme durchaus auch zwischenzeitlich auf »null« gesetzt werden. Genau in dieser flexiblen Form der quantitativen Steuerung liegt neben dem qualitativen Element der entscheidende Vorteil gegenüber der bisherigen zuwanderungspolitischen Praxis: Wenn klare Auswahlkriterien im Vorfeld gesellschaftlich diskutiert, im Anschluss politisch beschlossen und mit einer transparenten Quotenregelung versehen werden, so resultiert daraus ein hohes Maß an jener so wichtigen Berechenbarkeit der Zuzugszahlen, die erst die Grundlage für eine breite gesellschaftliche Akzeptanz von Zuwanderung und Zuwanderern bildet.

Werden Quoten nicht ausgeschöpft, sollte dies nicht etwa zu einer Aufweichung der Auswahlkriterien führen, sondern verstärkte Anstrengungen zur Verbesserung der Attraktivität des »Zuwanderungsstandortes« Deutschland zur Folge haben. Der Erfolg des Punktesystems hängt ohnehin maßgeblich von seiner politischen Kommunikation, dem Bekanntheitsgrad und der Attraktivität des Zuwanderungsangebots im Ausland ab. Ein Onlineportal für Wanderungswillige, über das viele Staaten längst verfügen, sollte deshalb alle relevanten Informationen über Zuwanderungsbedingungen, Beschäftigungsmöglichkeiten und Integrationsperspektiven zusammenstellen und dabei auch den Regionen Deutschlands Raum zur Selbstdarstellung geben (denn auch sie befinden sich nun einmal untereinander im Wettbewerb um Fachkräfte). Jeder Zuwanderungsinteressierte sollte sich auf diese Weise selbst ein Bild vom möglichen Zielland Deutschland, den geltenden »Spielregeln« für Zuwanderer und insbesondere den eigenen Chancen im Rahmen eines Auswahlsystems machen können. Der zu erwartende ökonomische Nutzen einer neuen Zuwanderungspolitik unter ökonomischem Vorzeichen wird in jedem Fall umso größer sein, je besser es gelingt, den Kurswechsel Deutschlands international – beispielsweise auch über die Goethe-Institute – an potenzielle Zuwanderer zu vermitteln.

4 Fazit: Migration und Integration als Antwort auf den demografischen Wandel

Der demografische Wandel zwingt Deutschland zu empfindlichen Korrekturen seiner Politik auf allen Ebenen. Sie müssen heute vorgenommen werden, damit sie morgen, wenn sich die demografischen Veränderungen besonders stark auf den Arbeitsmarkt auswirken werden, schon greifen können. Dies gilt auch für eine Reform der Zuwanderungspolitik mit dem Ziel, sie am tatsächlichen Bedarf auszurichten und selektiv zu gestalten. An einer gezielten Auswahl von Zuwanderern anhand plausibler Kriterien führt kein Weg mehr vorbei. Inwieweit eine solche Strategie letztlich erfolgreich sein wird und ob bzw. wie schnell es ihr gelingen kann, eine verstärkte Zuwanderung von Hochqualifizierten nach Deutschland auszulösen, ist dabei ungewiss. Ein »Zuviel« an qualifizierter Arbeitsmigration kann es für Deutschland freilich gar nicht geben – je mehr ausländische Fachkräfte einen Beitrag zur Stärkung der Wirtschaftskraft des Landes leisten wollen, und sei es auch nur in Form vorübergehender Arbeitsaufenthalte oder zirkulärer Migration, umso größer sind die volkswirtschaftlichen Vorteile.

Selektive Migration schafft mehr Wohlfahrt und sie schafft bessere Erfolgsperspektiven für schwächere Arbeitsmarktakteure, die im Umfeld einer verstärkten Ausländerbeschäftigung selbst auch mit besseren Job- und Einkommenschancen aufgrund steigender Arbeitsnachfrage der Unternehmen rechnen können. Insofern leistet eine gezielt ökonomisch gesteuerte Zuwanderung einen nicht zu unterschätzenden Beitrag zu mehr sozialer Gerechtigkeit. Bleiben die notwendigen strategischen Entscheidungen zu einer grundsätzlichen Neuorientierung der deutschen Zuwanderungspolitik hingegen aus, werden es Wirtschaft und Gesellschaft unmittelbar zu spüren bekommen: durch einen weiter verschärften Reformdruck auf die sozialen Sicherungssysteme, einen schleichenden Verlust von Arbeitsplätzen und wirtschaftlicher Dynamik aufgrund fehlender Fachkräfte und in Form anhaltender Wohlfahrtseinbußen zulasten ohnehin benachteiligter Bevölkerungsgruppen.

Auch regionalpolitisch ist eine neue Zuwanderungspolitik von einiger Bedeutung. Da der Rückgang des Erwerbspersonenpotenzials aufgrund der gleichzeitigen Binnenmigration innerhalb Deutschlands die Regionen unterschiedlich hart treffen wird, würde der Wettbewerb der Bundesländer um knappe Humankapitalressourcen ohne verstärkte Anstrengungen zur Gewinnung ausländischer Fachkräfte für manche Regionen schnell aussichtslos werden.

Eine selektive Zuwanderungspolitik schafft nicht zuletzt auch verbesserte Erfolgsaussichten für die gesellschaftliche Integration, die bei höher qualifizierten Zuwanderern durchweg sehr viel leichter gelingt. Das enthebt Politik, Wirtschaft und Gesellschaft nicht der Aufgabe, auch die Integration der schon in Deutschland lebenden Zuwanderer und Menschen mit Migrationshintergrund dort zu intensivieren, wo sie bislang auf Schwierigkeiten stößt. Die Versäumnisse in diesem Bereich sind, angefangen bei der frühkindlichen Bildung und dem oft defizitären Spracherwerb bis hin zu Diskriminierungen in Ausbildung und Beruf, so erheblich, dass auch viele schon in zweiter oder dritter Generation hier lebende, nur noch indirekt mit einem Migrationshintergrund berührte junge »Ausländer« in unserer Gesellschaft noch mit gravierenden Benachteiligungen zu kämpfen haben, die potenziell ihren gesamten Lebensweg begleiten. Eine Gesellschaft im Angesicht einschneidender demografischer Veränderungen darf sich einen solch fahrlässigen Umgang mit den Potenzialen ihrer zugewanderten oder schon hier geborenen Bürger mit Migrationshintergrund nicht länger leisten. Sie braucht beides: mehr qualifizierte Zuwanderung und mehr Integration.

Anmerkungen

1 Die im Jahr 2009 vorgelegten Bevölkerungsprognosen des Statistischen Bundesamtes ermitteln in einer eher konservativen Schätzung, ausgehend von der Bevölkerungszahl des Jahres 2008 (rund 82 Millionen), die oben genannten Veränderungen. Die dabei getroffenen Annahmen gehen von gegenüber heute unveränderten Geburtenraten, einem moderaten Anstieg der Lebenserwartung und einem Saldo aus Zu- und Fortzügen ausländischer Zuwanderer in einer Größenordnung von 100000 Personen aus. Anderen Berechnungsvarianten liegen veränderte Grundannahmen, vor allem zur Höhe des Wanderungssaldos, zugrunde. Je weiter diese Prognosen in die Zukunft reichen, umso unsicherer werden sie naturgemäß, da sie ungeachtet variierter Annahmen mögliche Verhaltensänderungen und die Auswirkungen politischer Korrekturen nicht antizipieren können. Umso klarer zeigen sie die möglichen Stellschrauben politischen Handelns auf. Vgl. zu den Prognosen und den zugrunde liegenden Annahmen Statistisches Bundesamt, Bevölkerung Deutschlands bis 2060. 12. koordinierte Bevölkerungsvorausberechnung, Wiesbaden 2009 (http://www.destatis.de/jetspeed/portal/cms/Sites/destatis/Internet/DE/Content/Publikationen/Fachveroeffentlichungen/Bevoelkerung/VorausberechnungBevoelkerung/BevoelkerungDeutschland2060Presse 5124204099004,property=file.pdf). Sehr informativ darüber hinaus Prognos AG, Arbeitslandschaft 2030 – Auswirkungen der Wirtschafts- und Finanzkrise. Studie im Auftrag der Vereinigung der Bayerischen Wirtschaft, Basel/München 2010 (http://www.prognos.com/fileadmin/pdf/publikationsdatenbank/100210_Arbeitslandschaft2030_Wirtschaftskrise_Langfassung_end.pdf) sowie Bundesministerium des Innern (Hrsg.), Demografiebericht. Bericht der Bundesregierung zur demografischen Lage und künftigen Entwicklung des Landes, Berlin 2011 (http://www.bmi.bund.de/SharedDocs/Downloads/DE/Broschueren/2011/demografiebericht.pdf).

2 Vgl. dazu Bundesagentur für Arbeit, Perspektive 2025: Fachkräfte für Deutschland, Nürnberg 2011 (http://www.arbeitsagentur.de/zentraler-Content/Veroeffentlichungen/Sonstiges/Perspektive-2025.pdf). Unter Bezugnahme auf entsprechende Analysen der Bundesagentur zu den grundsätzlich mobilisierbaren inländischen Arbeitskräftereserven unterstreicht auch der Ende 2011 vorgelegte Bericht einer von namhaften deutschen Stiftungen gemeinsam initiierten Expertengruppe die Unverzichtbarkeit gezielt gesteuerter Zuwanderung zur Bewältigung des demografischen Wandels; vgl. Hochrangige Konsensgruppe Fachkräftebedarf und Zuwanderung, Vom Anwerbestopp zur Gewinnung von Arbeitskräften. Bessere Bildungs- und Erwerbschancen schaffen – Zuwanderung gezielt steuern. Abschlussbericht, Berlin 2011 (http://www.konsensgruppe.de/wp-content/uploads/2011/11/Abschlussbericht-der-Konsensgruppe.pdf).

3 Siehe dazu den Beitrag von Steffen Kröhnert in diesem Band.
4 Vgl. zur Geschichte der Zuwanderung nach Deutschland u.a. Ulrich Herbert, Geschichte der Ausländerpolitik in Deutschland. Saisonarbeiter, Zwangsarbeiter, Gastarbeiter, Flüchtlinge, München 2001.
5 Die ergibt sich anhand von Auswertungen entsprechender Daten des Ausländerzentralregisters, die das Bundesamt für Migration und Flüchtlinge (BAMF) in seinem jährlichen Statusbericht vornimmt. Vgl. dazu zuletzt Bundesamt für Migration und Flüchtlinge, Migrationsbericht 2010, o.O., o.J. (Nürnberg/Berlin 2011), S.37 ff. (http://www.bamf.de/SharedDocs/Anlagen/DE/Publikationen/Migrationsberichte/migrationsbericht-2010.pdf?__blob=publicationFile).
6 Vgl. Jan Schneider/Bernd Parusel, Zirkuläre und temporäre Migration. Empirische Erkenntnisse, politische Praxis und zukünftige Optionen in Deutschland, BAMF Working Paper 35, 2011; Amelie F. Constant/Klaus F. Zimmermann, Circular and Repeat Migration: Counts of Exits and Years Away from the Host Country, in: Population Research and Policy Review, 30 (2011) 4, S.495–515 (auch online als IZA Discussion Paper No. 2999 verfügbar: http://ftp.iza.org/dp2999.pdf). In diesem Zusammenhang kann auch die Vorstellung, Migranten strebten vor allem eine »Einwanderung in die Sozialsysteme« an, als längst widerlegt gelten. Neuere Studien belegen, dass starke Wohlstandsgefälle, nicht aber das sozialstaatliche Leistungsniveau Auslöser von Migration sind; vgl. dazu zuletzt Corrado Giulietti u.a., Unemployment Benefits and Immigration: Evidence from the EU, IZA Discussion Paper No. 6075, 2011 (http://ftp.iza.org/dp6075.pdf).
7 Zur Braindrain-Problematik existiert eine vielfältige Literatur, die zu sehr differenzierten Einschätzungen gelangt. Vgl dazu den Überblick bei John Gibson/David McKenzie, Eight Questions about Brain Drain, in: Journal of Economic Perspectives, 25 (2011) 3, S.107–128 (auch online als IZA Discussion Paper No. 5730 verfügbar: http://ftp.iza.org/dp5730.pdf).
8 Nach wie vor ist über die genaue Zusammensetzung der Gruppe deutscher Auswanderer zu wenig bekannt, gerade auch über das Qualifikationsniveau, den Grund der Wanderung, die tatsächliche Dimension temporärer Ausreisen aus Deutschland (die oft ohne Abmeldung des deutschen Wohnsitzes erfolgen dürften) und den Anteil eingebürgerter Ausländer an dieser Gruppe. Das BAMF dokumentiert in seinen Berichten auch die Entwicklung der Auswanderung Deutscher und verweist zu Recht darauf, dass der weltweite Bedeutungszuwachs von temporären Wanderungen und die Intensivierung von Studienaufenthalten im Ausland keineswegs den Rückschluss eines generellen Aderlasses an Humankapital zulassen. Vgl. Bundesamt für Migration, Migrationsbericht 2010 (Anm.5), S.129–138; Andreas Ette/Lenore Sauer, Auswanderung aus Deutschland. Daten und Analysen zur internationalen Migration deutscher Staatsbürger, Wiesbaden 2010. Untersuchungen zufolge beträgt die durchschnittliche Aufenthaltszeit von ausgewanderten Fach- und Führungskräften allerdings beachtliche sechs Jahre, sodass doch von einem Verlust für den deutschen Arbeitsmarkt gerade in diesem Engpasssegment gesprochen werden kann; vgl. Prognos AG, Gründe für die Auswanderung von Fach- und Führungskräften aus Wirtschaft und Wissenschaft. Studie im Auftrag des Bundesministeriums für Wirtschaft

und Technologie, Berlin 2008 (http://www.prognos.com/fileadmin/pdf/publikationsdatenbank/Prognos_Studie_Fachkraeftemigration.pdf).

9 Das Statistische Bundesamt legt seit 2005 jährlich eine Auswertung des Mikrozensus zur Bevölkerung mit Migrationshintergrund vor, die für frühere Zeiten aufgrund fehlender Angaben im Mikrozensus nicht möglich war. Als Menschen mit Migrationshintergrund gelten dabei »alle nach 1949 auf das heutige Gebiet der Bundesrepublik Deutschland Zugewanderten sowie alle in Deutschland geborenen Ausländer und alle in Deutschland als Deutsche Geborenen mit mindestens einem zugewanderten oder als Ausländer in Deutschland geborenen Elternteil« (Statistisches Bundesamt, Bevölkerung mit Migrationshintergrund. Ergebnisse des Mikrozensus 2005, Fachserie 1 Reihe 2.2: Bevölkerung und Erwerbstätigkeit, Wiesbaden 2007/2009, S. 6.) Auch die sehr informativen Berichte der Beauftragten der Bundesregierung für Migration, Flüchtlinge und Integration »zur Lage der Ausländerinnern und Ausländer in Deutschland« basieren inzwischen grundlegend auf diesem aussagekräftigeren statistischen Konzept (http://www.bundesregierung.de/Webs/Breg/DE/Bundesregierung/BeauftragtefuerIntegration/beauftragte-fuer-integration.html).

10 Der wirkliche Stellenwert des Familiennachzugs ist laut Ausländerzentralregister etwas höher anzusetzen, da die Wanderungsstatistik lediglich die Visaerteilung zu diesem Zweck erfasst, aber nicht berücksichtigen kann, dass der Familiennachzug auch visumsfrei etwa als EU-Bürger erfolgen kann oder ein bereits bestehender Aufenthalt im weiteren Verlauf auf dieser Basis verlängert wird. Anders als früher ist heute der Nachweis einfacher Deutschkenntnisse Voraussetzung für die Genehmigung des Familiennachzugs.

11 Vgl. Bundesamt für Migration, Migrationsbericht 2010 (Anm. 5), S. 70f., 89 (für die Jahre 2006–2010, § 18/19); Bundesamt für Migration und Flüchtlinge, Migrationsbericht 2006 o. O., o. J. (Nürnberg/Berlin 2007), S. 70 (für das Jahr 2005, § 18).

12 Vgl. Beauftragte der Bundesregierung für Migration, Flüchtlinge und Integration, 8. Bericht der Beauftragten der Bundesregierung für Migration, Flüchtlinge und Integration zur Lage der Ausländerinnen und Ausländer in Deutschland, Berlin 2010, S. 314f. (http://www.bundesregierung.de/Content/DE/Publikation/IB/Anlagen/2010-11-03-8-lagebericht,property=publicationFile.pdf).

13 Vgl. Bundesamt für Migration, Migrationsbericht 2010 (Anm. 5), S. 80f.

14 Vgl. Beauftragte für Migration (Anm. 12), S. 316–318, mit einer Übersicht zu den Bestimmungen des Arbeitsmigrationssteuerungsgesetzes und entsprechender Verordnungen.

15 Vgl. zu den aktuellen Zahlen Bundesamt für Migration, Migrationsbericht 2010 (Anm. 5), S. 55–63.

16 Vgl. dazu die zahlreichen Länderstudien in Martin Kahanec/Klaus F. Zimmermann (Hrsg.), EU Labor Markets After Post-Enlargement Migration, Berlin 2010.

17 Vgl. zum Folgenden insbesondere Beauftragte für Migration (Anm. 12). Die hier nur sehr knapp referierten Informationen zum Status quo der Integration finden sich dort sehr ausführlich und kenntnisreich beschrieben.

18 Vgl. Bundesregierung, Der Nationale Integrationsplan. Neue Wege – neue Chancen, o. O., o. J. (Berlin 2007) (http://www.bundesregierung.de/Content/DE/Publikation/IB/Anlagen/nationaler-integrationsplan,property=publicationFile.pdf).

19 Vgl. Beauftragte für Migration (Anm. 12), S. 275. Von den zur Einbürgerung berechtigten Ausländerinnen und Ausländern lassen sich pro Jahr deutlich weniger als fünf Prozent tatsächlich einbürgern. Das Einbürgerungsinteresse darf nicht losgelöst von den sonstigen gesellschaftlichen Integrationsbedingungen betrachtet werden, sondern stellt eine unmittelbare Reaktion darauf dar. Weitere Erleichterungen der Einbürgerung werden deshalb nicht zwangsläufig zu einer fundamentalen Veränderung der Einbürgerungsquoten führen, sofern nicht generell eine doppelte Staatsangehörigkeit zugelassen wird.

20 Vgl. Beauftragte für Migration (Anm. 12), S. 150–158.

21 Vgl. Beauftragte für Migration (Anm. 12), S. 124 f.

22 Vgl. Beauftragte für Migration (Anm. 12), S. 48 ff. Im Auftrag der Ständigen Konferenz der Kultusminister der Bundesländer und des Bundesministeriums für Bildung und Forschung erstellt ein Expertenteam seit 2005 regelmäßig einen umfassenden »Bildungsbericht«. Der 2006 veröffentlichte erste Bericht beinhaltete einen eigenen, sehr informativen Schwerpunkt zu Bildung und Migration, der (ebenso wie die Folgeberichte der Jahre 2008 und 2010) auch für die nachfolgenden Überlegungen dieses Beitrags herangezogen wurde. Vgl. Konsortium Bildungsberichterstattung (Hrsg.), Bildung in Deutschland. Ein indikatorengestützter Bericht mit einer Analyse zu Bildung und Migration, Bielefeld 2006, S. 137–179 (http://www.bildungsbericht.de/daten/gesamtbericht.pdf).

23 Vgl. Beauftragte für Migration (Anm. 12), S. 53. Bezeichnend ist die dort zum Ausdruck kommende Kritik der Beauftragten der Bundesregierung am unzureichenden Informationsstand über den tatsächlichen Förderbedarf.

24 Vgl. Beauftragte für Migration (Anm. 12), S. 53.

25 Vgl. Beauftragte für Migration (Anm. 12), S. 58 f.

26 Vgl. Manuel Siegert, Schulische Bildung von Migranten in Deutschland, BAMF Working Paper 13, 2008.

27 Vgl. zu den Zahlen im Einzelnen Beauftragte für Migration (Anm. 12), S. 60–64. Eine Ursache für die hohe Abbrecherquote ist auch darin zu suchen, dass die Förderschulen, an denen ausländische Jugendliche überrepräsentiert sind, zumeist gar keinen Hauptschulabschluss ermöglichen; vgl. Autorengruppe Bildungsberichterstattung (Hrsg.), Bildung in Deutschland 2010. Ein indikatorengestützter Bericht mit einer Analyse zu Perspektiven des Bildungswesens im demografischen Wandel, Bielefeld 2010, S. 90–93 (http://www.bildungsbericht.de/daten2010/bb_2010.pdf). Zu berücksichtigen ist ferner, dass die Daten des Mikrozensus keinen Aufschluss darüber liefern, ob Bildungsabschlüsse oder Schulabbruch im In- oder Ausland erfolgt sind; vgl. M. Siegert (Anm. 26), S. 6.

28 Vgl. Beauftragte für Migration (Anm. 12), S. 66–70.

29 Vgl. Beauftragte für Migration (Anm. 12), S. 72 f., S. 80; Bundesinstitut für Berufsbildung (Hrsg.), Datenreport zum Berufsbildungsbericht 2009, Kapitel A5.8.1 (http://datenreport.bibb.de/html/165.htm).

30 Hierauf weisen Befragungen des Bundesinstituts für Berufsbildung hin, denen zufolge bei gleicher Qualifikation Jugendliche mit Migrationshintergrund nur mit einer um 20 Prozent niedrigeren Wahrscheinlichkeit den Zuschlag für eine Lehrstelle er-

halten; vgl. Verena Eberhard, Bewertung der Datenlage zur Ausbildungsbeteiligung von Jugendlichen mit Migrationshintergrund. Vortrag im Rahmen der Sitzung des Arbeitsausschusses des Nationalen Pakts für Ausbildung und Fachkräftenachwuchs, Berlin, 21. Juli 2010. Einer aktuellen Untersuchung zufolge sind sogar im Bereich höherer Qualifikation Vorbehalte von Personalabteilungen gegenüber Bewerbern mit ausländisch (türkisch) klingendem Namen stark verbreitet. Bei gleicher Qualifikation erhalten sie mit wesentlich geringerer Wahrscheinlichkeit eine Einladung zu einem Bewerbungsgespräch, selbst wenn es nur um die Besetzung eines Praktikumsplatzes für Studierende geht; vgl. Leo Kaas/Christian Manger, Ethnic Discrimination in Germany's Labour Market: A Field Experiment, IZA Discussion Paper No. 4741, 2010 (http://ftp.iza.org/dp4741.pdf). Die Möglichkeit einer bewussten oder unbewussten Diskriminierung dürfte im Bereich der Berufsbildung mindestens ebenso gegeben sein. Ein Modellprojekt der Antidiskriminierungsstelle des Bundes hat Verfahren zur Anonymisierung von Bewerbungsverfahren (ohne Bild und persönliche Angaben wie Name, Geschlecht, Alter, Herkunft usw.) erprobt; vgl. dazu Annabelle Krause u. a., Pilotprojekt »Anonymisierte Bewerbungsverfahren« – Abschlussbericht, IZA Research Report No. 44, 2012 (http://www.iza.org/en/webcontent/publications-/reports/report_pdfs/iza_report_44.pdf).

31 Vgl. Beauftragte für Migration (Anm. 12), S. 80.

32 Vgl. Beauftragte für Migration (Anm. 12), S. 78 f.

33 Vgl. Beauftragte für Migration (Anm. 12), S. 88–91.

34 Vgl. Beauftragte für Migration (Anm. 12), S. 98.

35 Vgl. zur Beschäftigungs- und Einkommenssituation von Migranten in Deutschland wiederum den informativen Lagebericht der Integrationsbeauftragten der Bundesregierung mit zahlreichen weiterführenden Hinweisen: Beauftragte für Migration (Anm. 12), S. 93–111, S. 139–143.

36 Vgl. Beauftragte für Migration (Anm. 12), S. 113–117.

37 Die nachfolgenden Überlegungen stützen sich überwiegend auf eine vom Autor mitverfasste Studie zu den Möglichkeiten einer Steuerung der Zuwanderung nach Deutschland mithilfe von Auswahl- und Quotensystemen; vgl. Holger Hinte/Ulf Rinne/Klaus F. Zimmermann, Ein Punktesystem zur bedarfsorientierten Steuerung der Zuwanderung nach Deutschland. Gutachten im Auftrag des Sächsischen Staatsministeriums für Wirtschaft, Arbeit und Verkehr, IZA Research Report No. 35, 2011 (http://www.iza.org/en/webcontent/publications/reports/report_pdfs/iza_report_35.pdf).

38 Die aktuell zu verzeichnende Zunahme der Zuwanderung aus Spanien und Griechenland steht dazu nicht im Widerspruch. Zwar sind die prozentualen Zuwachsraten mit 50 bis 80 Prozent auf den ersten Blick eindrucksvoll, jedoch verbergen sich dahinter bislang nur absolute Größenordnungen von wenigen tausend Personen. Vgl. http://www.destatis.de/jetspeed/portal/cms/Sites/destatis/Internet/DE/Presse/pm/2011/12/PD11__482__12711,templateId=renderPrint.psml.

39 Vgl. Holger Bonin, Der Finanzierungsbeitrag der Ausländer zu den deutschen Staatsfinanzen: Eine Bilanz für 2004, IZA Discussion Paper No. 2444, 2006 (http://ftp.iza.org/dp2444.pdf). Mit der Methodik der Generationenbilanzierung wird für je-

des Lebensalter der Saldo aus Beiträgen und in Anspruch genommenen Leistungen bzw. entstehenden Kosten für den Staat ermittelt. Zwar fällt dieser Saldo für deutsche Bürger ungleich positiver aus, aber auch Ausländer sind – ungeachtet des Fehlens eines Auswahlverfahrens zugunsten höher qualifizierter Migranten – »Nettozahler« in die staatlichen Haushalte.

40 Einfache Berechnungen zeigen, welche Potenziale Deutschland auf diesem Weg allein in fiskalischer Dimension für sich erschließen könnte: Jeder zusätzliche Alleinverdiener mit 40000 Euro Jahresgehalt leistet Nettobeiträge in einer Größenordnung von 14000 Euro, eine vierköpfige Familie mit einem Beschäftigten und einem Einkommen von 60000 Euro liegt bei fast 20000 Euro an Abgaben, eine Doppelverdienerfamilie mit 70000 Euro Gesamteinkommen erwirtschaftet in etwa den gleichen Beitrag. Rein rechnerisch erbringen schon 100000 zusätzliche Zuwanderer in Beschäftigung durch ihre Sozialabgaben und Steuern Finanzierungsbeiträge zu den öffentlichen Kassen in Höhe von einer bis vier Milliarden Euro jährlich, je nach Einkommensniveau und Familienkonstellation. Dabei sind die Effekte von Humankapitalgewinnen der Unternehmen und vermiedenen Fachkräfteengpässen gar nicht mitkalkuliert. Ebenso wenig gehen die positiven Begleitfolgen für die Beschäftigung auch geringer Qualifizierter im Gefolge des Einsatzes zusätzlicher Fachkräfte in die Berechnung ein. Die wirklichen fiskalischen Effekte und Auswirkungen auf das Bruttoinlandsprodukt sind also noch weit höher anzusetzen. Schon bei 100000 zusätzlichen Zuwanderern mit einem dem Bundesdurchschnitt entsprechenden Qualifikationsniveau könnte sich das Bruttoinlandsprodukt binnen eines Jahrzehnts Schätzungen zufolge um mehr als 30 Milliarden Euro erhöhen; vgl. dazu Christina Anger u.a., Integrationsrendite – Volkswirtschaftliche Effekte einer besseren Integration von Migranten. Studie im Auftrag des Bundesministeriums für Wirtschaft und Technologie (Abschlussbericht), Köln 2010 (http://www.iwkoeln.de/Portals/0/PDF/pressemappe/2010/pma_200510_integrationsrendite_studie.pdf).

41 Eine ausführliche Darstellung und Bewertung der ökonomischen Zuwanderungskonzepte in Australien, Kanada, Großbritannien, Österreich und Dänemark findet sich in H. Hinte u.a. (Anm. 37), S. 15–34.

42 Vgl. H. Hinte u.a. (Anm. 37) sowie ergänzend Hochrangige Konsensgruppe Fachkräftebedarf (Anm. 2), S. 77–79.

Christoph Müller und Bernd Raffelhüschen

Demografischer Wandel: Künftige Handlungsoptionen für die deutsche Rentenpolitik*

1 Einleitung

Spätestens seit Ende der 1980er Jahre sind die Auswirkungen des demografischen Wandels für die gesetzliche Rentenversicherung (GRV) hinreichend bekannt. So berechnete im Jahr 1987 das Prognos-Institut für die GRV eine Verdoppelung der Beitragssätze auf rund 40 Prozent bis zum Jahr 2030. Schon damals war klar, dass die anhaltend niedrigen Geburtenraten und die stetig steigende Lebenserwartung zu einem zunehmenden Missverhältnis von Einnahmen und Ausgaben in der GRV führen würden. Kamen im Jahr 1990 auf einen Rentner noch vier Beitragszahler, so wurde bereits damals bis zum Jahr 2030 eine Halbierung dieses Verhältnisses vorausgesagt. Die Risiken für den Generationenvertrag in der GRV waren damit schon vor mehr als zwanzig Jahren deutlich erkennbar: Eine immer weiter steigende Zahl von Alten würde von immer weniger Jungen finanziert werden müssen.

Der Gesetzgeber ist dieser Entwicklung geraume Zeit eher durch Untätigkeit begegnet, hat dann aber in kurzen Zeitabständen mit einem Bündel an einschneidenden Rentenreformen (Riester-Faktor, 2001; Nachhaltigkeitsfaktor, 2004; Rente mit 67, 2007) versucht, die demografischen Belastungen für die Erwerbsbevölkerung mittels Rentenkürzungen zu mindern und damit einem Bruch des Generationenvertrags zuvorzukommen. Doch reichen diese Reformmaßnahmen aus, um zukünftige Generationen zu entlasten und dem prognostizierten Anstieg der Beitragssätze in neue, schwindelerregende Höhen entgegenzuwirken? Zweifel sind erlaubt, zumal sich der Alterungstrend in den letzten Jahren rascher vollzogen hat als früher prognostiziert und auch die Annahmen zur Lebenserwartung für die kommenden Jahrzehnte bereits mehrfach nach oben korrigiert werden mussten.[1] Deshalb sollen nachfolgend die Wirkungen der jüngsten Rentenreformen untersucht und mögliche künftige Reformoptionen in der GRV unter Einbeziehung der jüngsten Bevölkerungsvorausschätzungen vorgestellt werden. Der Fokus ist dabei auf die langfristige Tragfähigkeit der Rentenpolitik sowie die Entwicklung künftiger Renteneinkommen gerichtet.

2 Doppelter Alterungsprozess – eine Herausforderung für die gesetzliche Rentenversicherung

Die Grundsteine für die heutige GRV wurden im Jahr 1889 mit Einführung der Invaliditäts- und Altersversicherung gelegt. Ziel dieser unter Bismarck implementierten dritten Säule der Sozialversicherung war es, das Risiko eines Einkommensverlustes im (hohen) Alter sowie bei Invalidität nicht mehr alleinig über den Verband der Familie bzw. der Gilden und Zünfte, sondern über eine allgemeine, für alle Arbeiter zugängliche Versicherung abzudecken. Mit einem Erstbezugsalter der Altersrente von 70 Jahren (heute 63/65 Jahre)[2] und einem Beitragssatz von 1,7 % (heute 19,9 %) des beitragspflichtigen Lohneinkommens war der damalige Umfang der GRV im Vergleich zur gegenwärtigen Ausgestaltung der Rentenversicherung noch relativ gering.

Abb. 1: Altersspezifische Beitrags- und Leistungszahlungen der GRV im Jahr 2008

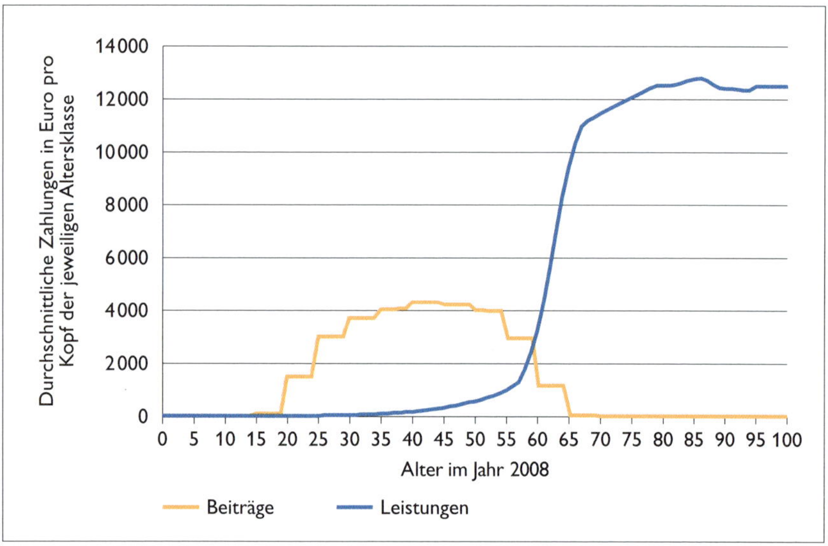

Quelle: Eigene Berechnungen, basierend auf Daten der Deutschen Rentenversicherung

Ein wesentlicher Baustein der GRV, die Umlagefinanzierung, wurde im Jahr 1957 eingeführt. Gemäß diesem Finanzierungsprinzip werden alle Rentenausgaben eines Jahres aus den Beitragseinnahmen desselben Zeitraums gedeckt. Zugleich wird auf die Bildung eines Kapitalstocks zur

Finanzierung der Rentenleistungen weitestgehend verzichtet.[3] Die GRV stellt damit ein Paradebeispiel für den klassischen Generationenvertrag dar. Die jungen Altersgruppen im erwerbsfähigen Alter finanzieren die Rentenleistungen der älteren Generationen. *Abbildung 1* veranschaulicht diese Umverteilung von Jung zu Alt. Abgesehen von Invaliditäts- und Frühverrentungsausgaben, fällt das Gros der Rentenzahlungen für die Generationen im Alter von 60 und mehr Jahren an, während die Beiträge eines Durchschnittsversicherten mit dem Eintritt ins Erwerbsleben im Alter von 20 Jahren ansteigen und kurz vor dem Ruhestand wieder fallen.

Demografieanfälligkeit der Umlagefinanzierung

Grundsätzlich mag eine Umlagefinanzierung und die damit einhergehende Umverteilung von Jung zu Alt durchaus wünschenswert sein. So erweist sich gerade in Zeiten von Turbulenzen an den Kapitalmärkten diese Finanzierungsform als weniger krisenanfällig als die Alternative einer kapitalgedeckten Altersvorsorge, die sich naturgemäß etwaigen Schocks auf den Finanzmärkten nicht entziehen kann.[4] Jedoch geht auch die Umlagefinanzierung der deutschen Sozialsysteme mit einem deutlichen Risiko einher: dem demografischen Risiko.

Die deutsche Bevölkerung altert und dieser Prozess wird sich gemäß den gängigen Prognosen auch in den kommenden Jahrzehnten fortsetzen.[5] So wird geschätzt, dass das Durchschnittsalter in Deutschland sich binnen der nächsten fünf Jahrzehnte von derzeit 42 auf 50 Jahre erhöhen wird. Der Grund dafür ist der seit geraumer Zeit zu beobachtende doppelte Alterungsprozess. Er wird zum einen durch die seit Mitte der 1970er Jahre geringe Geburtenziffer von 1,4 Geburten pro (gebärfähiger) Frau verursacht, zum anderen ist er durch die stetig steigende Lebenserwartung aufgrund des medizinisch-technischen Fortschritts und weiterer Faktoren bedingt. So stieg binnen kaum vier Jahrzehnten (1970–2008) die statistische Lebenserwartung bei Geburt von 67,4 Jahre (Männer) bzw. 73,8 Jahre (Frauen) auf 77,2 bzw. 82,4 Jahre. Die jüngsten Prognosen der 12. koordinierten Bevölkerungsvorausberechnung des Statistischen Bundesamtes gehen von einer weiteren Steigerung auf 85,0 bzw. 89,2 Jahre bis zum Jahr 2060 aus. Letzteres ist eine durchaus erfreuliche Entwicklung, welche aber massive Herausforderungen für die weitestgehend umlagefinanzierten Sicherungssysteme mit sich bringt: Je länger die Lebenserwartung nach Renteneintritt, umso größer die Finanzierungsverpflichtungen für eine noch dazu schrumpfende Zahl von Beitragszahlern.

Abb. 2: Altersaufbau der deutschen Bevölkerung im Zeitablauf

Quelle: Eigene Berechnungen aufgrund von Basisannahmen des Statistischen Bundesamtes

Der Altersaufbau der deutschen Bevölkerung (siehe *Abbildung 2*) ist für die nächsten Jahrzehnte faktisch absehbar, ganz gleich, welche – zwangsläufig nur zeitversetzt wirkenden – Politikmaßnahmen künftig zur Linderung der Demografiefolgen getroffen werden mögen. Noch liegt das Verhältnis von potenziellen Erwerbstätigen (Beitragszahlern) zu Rentnern (Leistungsempfängern) in der Gesetzlichen Rentenversicherung bei drei zu eins. Es ist leicht vorauszusehen, dass sich dieses Verhältnis bis zum Jahr 2050 – aus den oben genannten Gründen und den alternden geburtenstarken Jahrgängen, die heute 40 bis 55 Jahre alt sind – nahezu halbieren wird. Die Lasten, die heute ein Arbeitnehmer in Form von Sozialbeiträgen trägt, würden sich ohne Reformen deshalb nahezu verdoppeln. Daran würde sich auch so rasch nichts ändern, wenn familienpolitische Maßnahmen wie etwa das Elterngeld oder eine verbesserte Infrastruktur für die Kinderbetreuung zu einem signifikanten Anstieg der Geburtenrate führen sollten. Denn es müssten zunächst 20 bis 25 Jahre vergehen, bis ein neugeborenes Kind zum potenziellen Beitragszahler wird. Die soziale Sprengkraft dieser Entwicklung ist unmittelbar offenkundig.

3 Bewertung vergangener Rentenreformen

Mit der sich abzeichnenden demografischen Entwicklung und dem daraus resultierenden Missverhältnis aus sinkenden Einnahmen und steigenden Rentenausgaben stieg in den letzten Jahren der Druck auf die politischen Entscheidungsträger, Reformen für eine langfristig tragfähige Finanzierung der GRV auf den Weg zu bringen. Werden die bis heute eingeleiteten Korrekturen diesem Anspruch gerecht?

3.1 Riester-Reform (2001)

Einen Paradigmenwechsel in der deutschen Rentenpolitik stellt die Einführung der staatlichen Förderung der kapitalgedeckten Altersvorsorge im Jahr 2001 dar – die sogenannte Riester-Rente, die ihren Namen dem damaligen Bundesarbeitsminister Walter Riester verdankt. Mit dieser Reform wurde eine Abkehr von der alleinigen Lebensstandardsicherung über die GRV eingeleitet. Zukünftig soll das Alterseinkommen im Rahmen des Dreisäulensystems der Alterssicherung neben der GRV auch aus der betrieblichen und der privaten Altersvorsorge gespeist werden. Im Rahmen der Reform des Jahres 2001 wurde zudem der »Riester-Faktor« in die Rentenformel integriert. Dieser Faktor soll gewährleisten, dass die Rentner an den Kosten beteiligt werden, die den Erwerbstätigen sowohl durch die Aufwendungen für die geförderte private Altersvorsorge als auch durch Anhebungen des Beitragssatzes zur GRV entstehen.

3.2 Nachhaltigkeitsfaktor (2004)

Als weitere zentrale Komponente der gegenwärtigen Rentenanpassungsformel wurde im Jahr 2004 der Nachhaltigkeitsfaktor eingeführt. Dieser neue Baustein der Rentenformel berücksichtigt bei der jährlichen Rentenanpassung über den sogenannten Rentnerquotienten die demografische und wirtschaftliche Entwicklung. Der Rentnerquotient spiegelt das Verhältnis von Rentnern zu Beitragszahlern wider. Steigt dieser Quotient, erhöhen sich die Renten in einem geringeren Ausmaß als die Bruttolöhne und -gehälter. Im Umkehrschluss steigen die Rentenauszahlungen, wenn es weniger Rentner oder beispielsweise in Zeiten wirtschaftlichen Aufschwungs mehr Beitragszahler gibt. Wie im Folgenden gezeigt wird, ist der Nachhaltigkeitsfaktor hinsichtlich seiner Tragfähigkeitswirkung als der wichtigste Baustein der deutschen Rentenformel anzusehen.

3.3 Rente mit 67 (2007)

Im Zuge der dritten wesentlichen Rentenreform des letzten Jahrzehnts, dem RV-Altersgrenzenanpassungsgesetz, wurde im Jahr 2007 beschlossen, das gesetzliche Rentenalter schrittweise von 65 auf 67 Jahre im Zeitraum der Jahre 2012 bis 2029 anzuheben. Der Titel dieser Reform »Rente mit 67« mag zunächst irreführen, denn auch nach dieser Reform ist es möglich, vor dem gesetzlichen Renteneintrittsalter von 67 Jahren in Rente zu gehen. Jedoch ist ein solcher frühzeitiger Rentenzugang mit deutlichen Abschlägen bei der Rentenberechnung verbunden. Wer also künftig früher in Rente geht, muss dafür wesentlich niedrigere Altersbezüge in Kauf nehmen. Ziel dieser Erhöhung des gesetzlichen Rentenalters ist es, der steigenden Lebenserwartung und der damit verbundenen Verlängerung der Rentenbezugszeit Rechnung zu tragen.

Alle drei dieser vergangenen Rentenreformen sind mit zum Teil erheblichen Rentenkürzungen verbunden. Inwieweit diese Maßnahmen ausreichen werden, um die GRV auf ein langfristig tragfähiges Fundament zu stellen, soll im Folgenden evaluiert werden. Ähnlich dem Tragfähigkeitsbericht der Europäischen Kommission findet eine Projektion der langfristigen Finanzentwicklung der GRV Anwendung. Neben den bereits durchgeführten Rentenreformen berücksichtigt die angewandte Methode der Generationenbilanzierung die Auswirkungen des demografischen Wandels auf die langfristige Tragfähigkeit der GRV.[6] Die dabei getroffenen demografischen Annahmen zu Lebenserwartung, Migration und Fertilität (= Fruchtbarkeit) bauen auf den jüngsten Vorausschätzungen des Statistischen Bundesamtes auf.[7]

3.4 Nachhaltigkeitslücke – Maßstab für die langfristige Tragfähigkeit der Rentenpolitik

Als Indikator für die Nachhaltigkeit der Fiskalpolitik kann die sogenannte Nachhaltigkeitslücke herangezogen werden. Vereinfacht gesagt, bildet diese Größe die Summe aller zukünftigen Defizite bzw. Überschüsse – hier in der GRV – in Relation zum gesamten Bruttoinlandsprodukt ab.[8] Im Gegensatz zur üblicherweise ausgewiesenen Staatsverschuldung, welche das Ausmaß vergangener Haushaltsdefizite widerspiegelt, zeigt die Nachhaltigkeitslücke auf, in welchem Umfang die Staatsverschuldung zunehmen wird, wenn die heutige (Fiskal-)Politik auch in Zukunft fortgeführt werden würde.

3.5 Vergangene Reformen – auf dem Weg zu einer nachhaltigeren Rentenpolitik

In *Abbildung 3* werden die Rentenreformen des letzten Jahrzehnts sowie ihre Nachhaltigkeitswirkungen auf den Prüfstand gestellt. Der Überblick macht deutlich, dass mit dem Reformwillen des letzten Jahrzehnts sehr wohl ein bedeutender Beitrag für eine tragfähigere Finanzierung der GRV geleistet werden kann. Hält die Politik an den beschlossenen Reformmaßnahmen fest, kann die Nachhaltigkeitslücke schon allein durch die Rentenreformen der Jahre 2004 und 2007 mehr als halbiert und

Abb. 3: Reformen in der GRV und ihre Nachhaltigkeitswirkungen; Basisjahr 2008, Diskontrate = 3 %, Produktivitätswachstumsrate = 1,5 %

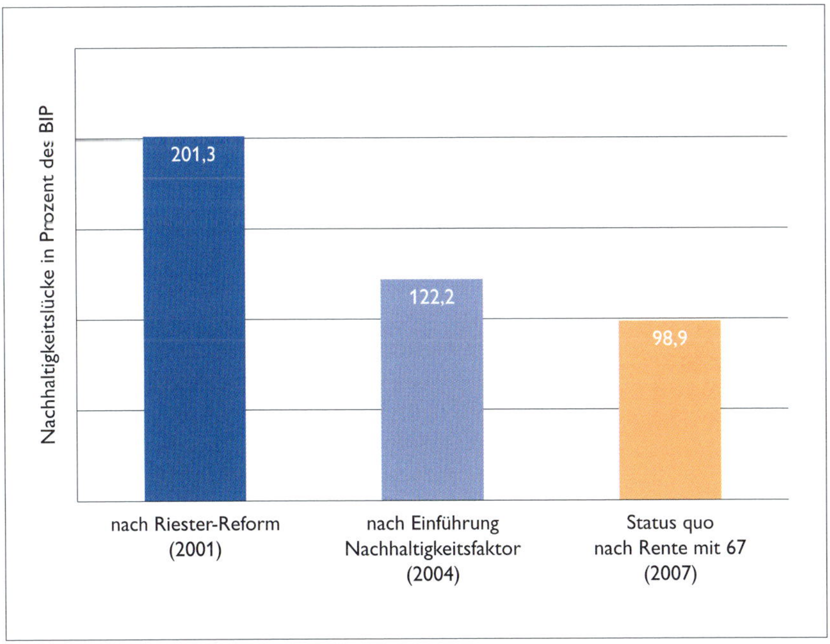

Quelle: Eigene Berechnungen

insgesamt um mehr als ein Bruttoinlandsprodukt reduziert werden. Der deutlichste Nachhaltigkeitsgewinn – gemessen an der Verringerung der Nachhaltigkeitslücke – wurde mit einem Umfang von rund 79 Prozent des BIP über den Nachhaltigkeitsfaktor erzielt, während die Entlastungswirkungen der Rente mit 67 (23 Prozent des BIP) vergleichsweise gering ausfallen. Zweifel bestehen jedoch, ob die Politik tatsächlich die auf dem Papier beschlossenen Reformen in die Tat umsetzt. Schließlich ruderte sie in den vergangenen Jahren immer wieder einmal von ihrem Reformkurs zurück – wie etwa mit der Aussetzung des Riester-Faktors im Jahr 2008 oder der Einführung der Rentengarantie im Jahr 2009.[9]

Zu erklären ist dieser Unterschied in den Nachhaltigkeitsgewinnen der einzelnen Reformschritte zum einen durch die zeitliche Begrenzung der Rente mit 67. Wie noch zu erläutern sein wird, berücksichtigt die Rente mit 67 lediglich die Veränderung der Lebenserwartung bis zum Jahr 2030. Der Nachhaltigkeitsfaktor hingegen führt auch über diesen Zeitraum hinaus zu einer kontinuierlichen Anpassung der Renten an die demografische Entwicklung. Entscheidend ist zum anderen, dass von der Rente mit 67 lediglich künftige Zugangsrentner ab dem Jahr 2012 betroffen sind, wohingegen sich der Nachhaltigkeitsfaktor gemäß der Rentenanpassungsformel auf alle, d.h. heutige wie auch alle zukünftigen Rentnergenerationen auswirkt.

3.6 Nichtsdestoweniger ist die GRV als langfristig nicht tragfähig anzusehen

Trotz aller Fortschritte der letzten Jahre muss festgehalten werden, dass die vergangenen Reformschritte noch nicht ausreichen, um die GRV langfristig auf ein tragfähiges Fundament zu stellen. Denn wenn man Nachhaltigkeit als eine Situation definiert, in der die heutige Fiskalpolitik unter Beibehaltung der gegenwärtigen Steuer- und Beitragssätze dauerhaft fortgeführt werden kann, so summiert sich die Nachhaltigkeitslücke der GRV weiterhin auf knapp ein Bruttoinlandsprodukt (98,9 %, siehe *Abbildung 3*).

Welche Konsequenzen haben die Nachhaltigkeitslücken aber nunmehr hinsichtlich der zukünftig zu erwartenden Beitragssätze? Die bis hierhin angestellten Berechnungen gingen implizit von der Annahme aus, dass sich die jährlichen Defizite der GRV zu einer Nachhaltigkeitslücke akkumulieren. Da die GRV jedoch gemäß der Umlagefinanzierung die jährlichen Ausgaben in gesamtem Umfang durch die Beitragseinnahmen zu decken hat, kann die Finanzierung etwaiger Defizite nicht in die Zukunft verschoben werden. Als zweiter Indikator für die langfristige Tragfähigkeit der GRV sollen daher die notwendigen Beitragssatzanhebungen zur Vermeidung künftiger Defizite dargestellt werden.

Abb. 4: Entwicklung des GRV-Beitragssatzes bei unterschiedlichen Reformszenarien

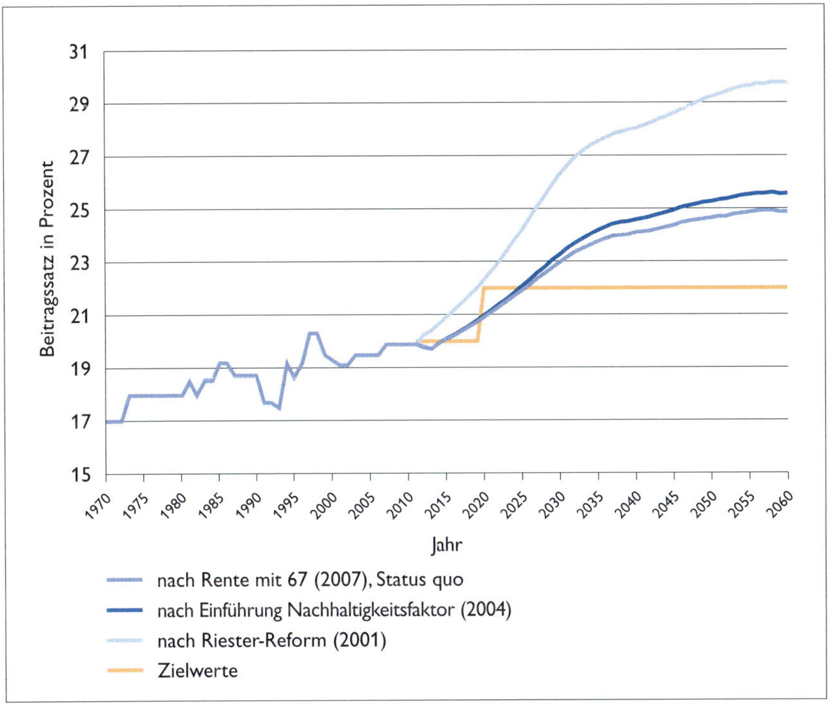

Quelle: Eigene Berechnungen auf Basis von Daten der Deutschen Rentenversicherung[10]

In *Abbildung 4* sind analog zu den oben skizzierten Nachhaltigkeitslücken Beitragssatzprojektionen illustriert. Auch hier wird zunächst deutlich, dass durch den Reformwillen der letzten Jahre ein massiver Anstieg der Beitragsätze verhindert werden konnte. Betrachtet man ein Szenario ohne Nachhaltigkeitsfaktor und Rente mit 67, ist zu erwarten, dass der Beitragssatz bis 2060 allein in dem Sozialversicherungszweig der GRV auf nahezu 30 Prozent des beitragspflichtigen Einkommens ansteigen würde. Inwieweit ein solcher Beitragssatzanstieg als generationengerecht – im Sinn einer Gleichbehandlung unterschiedlicher Geburtsjahrgänge – eingestuft werden kann, ist durchaus fragwürdig. Künftige Beitragszahler müssten im Vergleich zu älteren Generationen deutlich höhere Beitragszahlungen in Kauf nehmen, während das Rentenniveau (nahezu) unverändert bliebe (siehe *Abbildung 5*).[11] Die Beitragssatzprojektion macht jedoch auch deutlich, dass die Reformbemühungen den demografiebedingten Finanzierungsdruck lediglich abzufedern vermögen. Auch im gesetzlichen Status quo ist bis zum Jahr 2060 mit einem Beitragssatzanstieg auf rund 25 Prozent zu rechnen. Schon heute lässt sich zudem abschätzen, dass trotz der einschneidenden Rentenreformen der letzten Jahre die gesetzlich anvisierte Beitragsstabilisierung auf maximal 20 Prozent bis zum Jahr 2020 und 22 Prozent bis 2030 nicht erreicht werden kann. Die Bundesregierung wird daher in den kommenden Jahren laut Gesetz (§ 154 SGB VI) verpflichtet sein, »geeignete Maßnahmen vorzuschlagen«, um die Beitragsziele bis 2030 erfüllen zu können.

Abb. 5: Rentenniveaus bei unterschiedlichen Reformszenarien

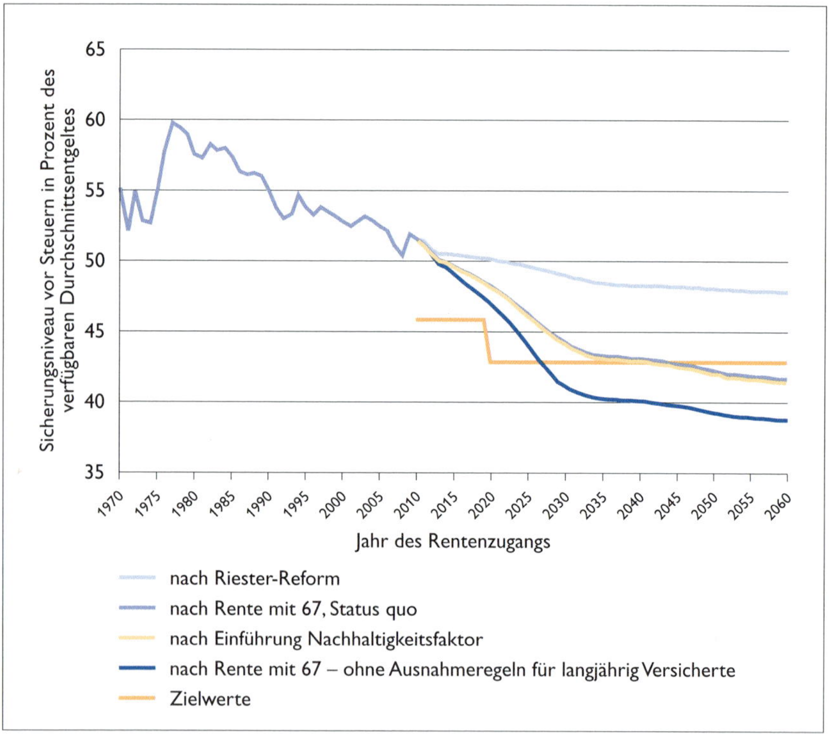

Quelle: Eigene Berechnungen auf Basis von Daten des Bundesministeriums für Arbeit und Soziales (BMAS)

Den Blick einzig auf die langfristige Tragfähigkeit der GRV zu richten, würde jedoch zu kurz greifen. Auch in den kommenden Jahrzehnten soll die umlagefinanzierte Rente – trotz der demografischen Herausforderung – eine Haupteinnahmequelle im Alter bilden. Der Gesetzgeber strebt ein Mindestsicherungsniveau von 46 Prozent bis zum Jahr 2020 und 43 Prozent bis 2030 (vor Steuern) an. Diese Zielgröße spiegelt das Verhältnis aus verfügbarem Rentenniveau eines Standardrentners und dem verfügbaren Durchschnittsentgelt (jeweils vor Steuerabzug) wider.[12]

3.7 Rentenkürzungen – Preis der langfristigen Stabilisierung in der GRV

Der Paradigmenwechsel weg von der Lebensstandardsicherung über die GRV hin zur Absicherung über die drei Säulen der Alterssicherung zeichnet sich in *Abbildung 5* ab. Betrug das Sicherungsniveau in der GRV vor Steuern im Jahr 1977 noch rund 60 Prozent des verfügbaren Durchschnittsentgeltes, ist im gesetzlichen Status quo mit einer Absenkung dieses Rentenniveaus auf 42 Prozent bis zum Jahr 2060 zu rechnen. Der Preis der langfristigen Stabilisierung des umlagefinanzierten Rentensystems ist folglich eine erhebliche Reduzierung der Rentenleistungen aus der GRV. Aus *Abbildung 5* wird deutlich, dass weniger die heutigen Zugangsrentner als vielmehr künftige Rentnergenerationen mit signifikanten Einschnitten bei ihren GRV-Alterseinkommen rechnen müssen.

3.8 Ausnahmeregeln für langjährig Versicherte = Ungleichbehandlung

Der geringe und sogar steigende Effekt der Rente mit 67 (in *Abbildung 5*) mag zunächst widersprüchlich erscheinen. Geht diese Reformmaßnahme doch für den durchschnittlichen Rentner mit einer deutlichen Reduzierung der Zugangsrenten einher. Der in *Abbildung 5* dargestellte Standardrentner kommt jedoch in den Genuss einer Ausnahmeregel. Mit einer Beitragshistorie von 45 Entgeltpunkten fällt er unter die Gruppe langjährig Versicherter und ist daher nicht von den Rentenkürzungen der Rente mit 67 betroffen. Eine Gleichbehandlung langjährig Versicherter und die Abschaffung dieser Sonderregel wären nur konsequent – durchbricht sie doch das Prinzip der Teilhabeäquivalenz in der GRV.[13] Die Gruppe langjährig Versicherter würde damit über eine Absenkung der Rentenniveaus (siehe *Abbildung 5*) in gleichem Maß wie die restlichen Versicherten an der Stabilisierung der Beitragssätze partizipieren.

Zusammenfassend kann konstatiert werden, dass die vergangenen Rentenreformen wichtige Weichen für eine nachhaltigere Rentenpolitik gestellt haben. Während das vom Gesetzgeber festgelegte Rentenniveauziel voraussichtlich bis zum Jahr 2030 erreicht werden kann, ist dies nicht der Fall für die Beitragssatzstabilisierung in der GRV. Handlungsbedarf besteht zudem über das Jahr 2030 hinaus, denn bis 2060 ist mit einem weiteren Beitragssatzanstieg auf rund 25 Prozent allein in der GRV zu rechnen. Vor diesem Hintergrund werden im kommenden Abschnitt zukünftige Reformoptionen für die GRV diskutiert.

4 Quo vadis? – Rentenpolitische Maßnahmen der Zukunft

Die letzten Jahrzehnte sind mit einem stetigen Anstieg der Lebenswartung einhergegangen. Während ein 65-jähriger Bundesbürger im Jahr 1960 durchschnittlich noch einer restlichen Lebenserwartung von 13,8 Jahren entgegensehen konnte, beträgt diese heute bereits 19,1 Jahre. Wie in *Abbildung 6* dargestellt, wird sich dieser Alterungstrend aller Vorrausicht

Abb. 6: Erhöhung der Lebenserwartung im Zeitablauf

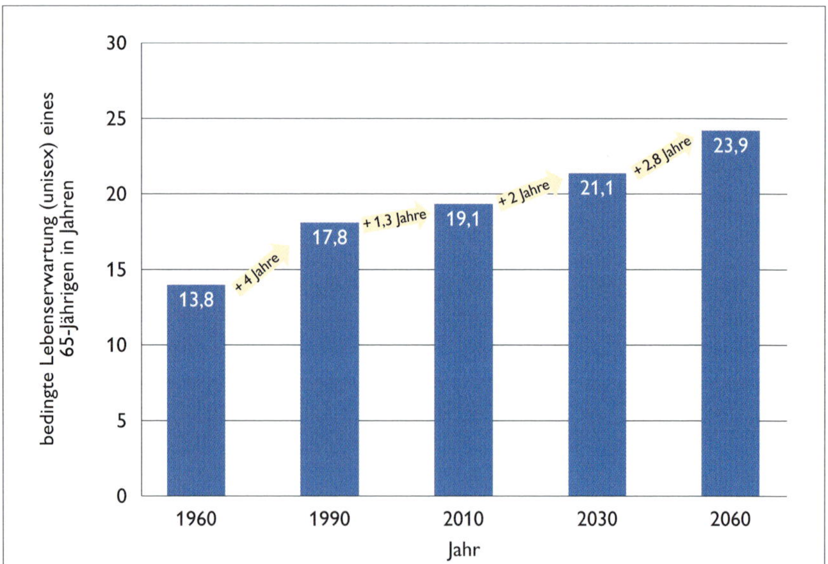

Quelle: Eigene Darstellung, basierend auf Daten des Statistischen Bundesamtes[14]

nach auch in den kommenden Jahrzehnten fortsetzen. So geht das Statistische Bundesamt von einem Anstieg der bedingten Lebenserwartung (nach Erreichen des 65. Lebensjahres) von nochmals knapp fünf Jahren bis zum Jahr 2060 aus.

4.1 Trotz steigender Lebenserwartung – Rentenalter seit 1916 nahezu konstant bei 65

Für die GRV liegen die Implikationen dieses demografischen Trends auf der Hand: Eine steigende Lebenserwartung mündet in eine Verlängerung der durchschnittlichen Rentenbezugszeit. Betrachtet man zunächst als Startpunkt das gesetzliche Renteneintrittsalter, welches den Bezug einer vollen, abschlagsfreien Rente gewährleistet, so zeigt der historische Rückblick, dass diese Bezugsgröße seit dem Jahr 1916 nahezu unverändert bei 65 Jahren liegt.[15] Der Endpunkt des durchschnittlichen Rentenbezugs infolge des Todes des Rentenempfängers hat sich in den letzten Jahrzehnten hingegen, analog zur Erhöhung der Lebenserwartung, stetig nach hinten in höhere Altersgruppen verschoben. Damit genießt ein heutiger 65-jähriger Standardrentner im Vergleich zu seinem Pendant des Jahres 1960 einen gut vier Jahre längeren Rentenbezug. Dies stellt, isoliert betrachtet, eine Leistungsausweitung in der GRV dar, die finanziert werden muss. Ohne eine Anpassung der Rentenleistungen nach unten wird die Erhöhung der Rentenbezugsdauer allein von den Beitragszahlern über höhere Beiträge zur GRV geschultert.

Im Jahr 2007 wurde mit dem Reformpaket der Rente mit 67 auf diesen demografischen Trend reagiert und ein gradueller Anstieg des gesetzlichen Rentenalters von 65 auf 67 Jahre im Zeitraum 2012 bis 2029 beschlossen. Mit diesem Reformschritt kann zumindest dem Anstieg der Lebenserwartung um zwei Jahre im Zeitraum von 2010 bis 2030 und der damit einhergehenden Verlängerung der Rentenbezugsdauer Rechnung getragen werden. Betrachtet man jedoch eine längere Periode der Jahre 1960 bis 2060, so steht in diesem Zeitraum einer Erhöhung der Lebenserwartung um zehn Jahre (siehe *Abbildung 6*) lediglich ein Anstieg des gesetzlichen Renteneintrittsalters um zwei Jahre gegenüber.

4.2 Rente mit 70 …?

Ist es langfristig das Ziel der Rentenpolitik, den Beitragssatz der GRV nahe einem – ohnehin bereits sehr hohen – Niveau von 22 Prozent zu halten und damit die jüngeren Generationen nicht zu stark zu belasten, sondern vielmehr auch die älteren Geburtsjahrgänge an der Finanzierung der längeren Lebenserwartung in einem adäquateren Ausmaß zu beteiligen, so sind weitere Reformschritte in der GRV unabdingbar. Geht man von der gegenwärtigen Rentensystematik aus, wäre vor diesem Hintergrund eine Erhöhung des gesetzlichen Rentenalters auf 70 Jahre bis zum Jahr 2060 nur konsequent. Damit würde dem Anstieg der Lebenserwartung bis 2060 von fünf Jahren Rechnung getragen werden. Bis zum Jahr 2060 könnten mit dieser Reformmaßnahme jedoch nur vergleichsweise geringe Beitragssatzdämpfungen realisiert werden (siehe *Abbildung 8*). Deutlichere Dämpfungswirkungen könnte die Rente mit 70 bis zum Jahr 2100 entfalten, wenn (nahezu) alle Bestandsrentner von der Regelaltersgrenze von 70 Jahren betroffen wären.[16] Dabei gilt es zu betonen, dass bei Einführung der Rente mit 70 künftige Rentner immer noch deutlich besser gestellt wären als ihre Pendants des Jahres 1960.[17] Denn der Anstieg der Lebenserwartung im Zeitraum der Jahre 1960 bis 2060 würde nur zur Hälfte (fünf von zehn Jahren) bei der Rentenberechnung berücksichtigt werden.

4.3 … oder doch Lebenserwartungsfaktor?

Der Blick über den nationalen Tellerrand zeigt jedoch, dass durchaus vielversprechende Alternativen zu einer solchen Erhöhung des gesetzlichen Rentenalters bestehen. Eine Möglichkeit stellt die direkte, regelgebundene Anpassung der (Zugangs-)Renten an die steigende Lebenserwartung dar – welche auch jüngst vonseiten der Europäischen Kommission als »vielversprechende politische Option für mehr Nachhaltigkeit« hervorgehoben wurde.[18] Im Vergleich zu einer eher willkürlichen Erhöhung des gesetzlichen Rentenalters bietet dieses Instrument eine transparentere Berücksichtigung der Lebenserwartung in der Rentenberechnung. So steht jeweils einer Erhöhung der ferneren Lebenserwartung eine direkte Reduzierung der Zugangsrenten gegenüber. Das individuelle Rentenvermögen bleibt damit in der Summe, d. h. betrachtet über die gesamte Rentenbezugsdauer, trotz einer längeren Lebenserwartung gleich. Diese direkte Anpassung ist intuitiv verständlicher und leichter zu vermitteln, zudem bietet die Einführung eines Lebenserwartungsfaktors eine automatische Stabilisationsfunktion. Kommt es – wie in den letzten Jahren immer wieder beobachtet – zu einer deutlichen Veränderung der Prognose hinsichtlich der Lebenserwartung, berücksichtigt dieser Faktor das automatisch bei der Rentenberechnung. Fortwährende Eingriffe der Politik könnten damit künftig vermieden werden.[19]

Abb. 7: Entwicklung eines Lebenserwartungsfaktors für die deutsche Rentenformel

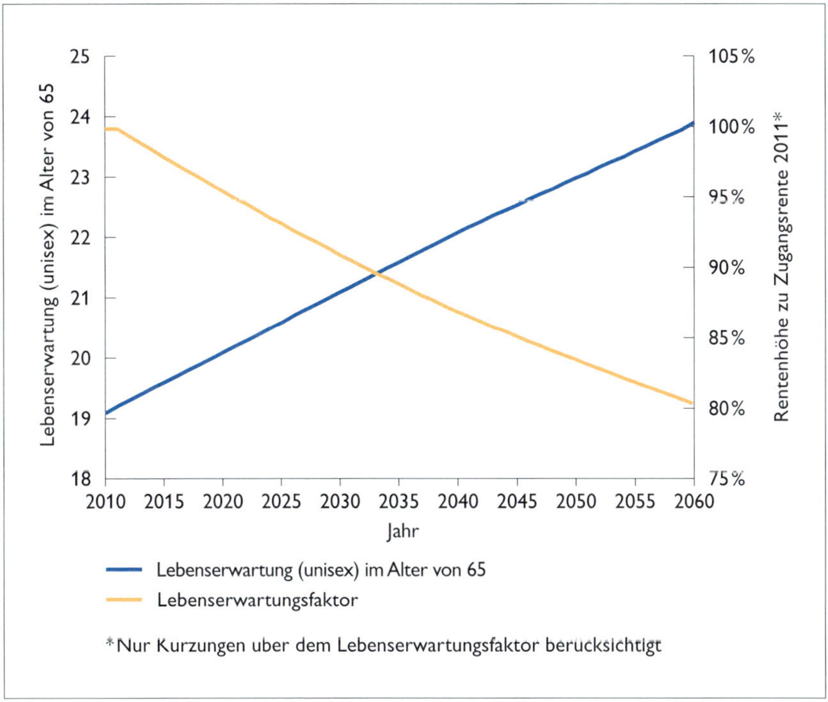

Quelle: Eigene Berechnungen, basierend auf Annahmen des Statistischen Bundesamtes

4.4 Lebenserwartungsfaktor führt zu deutlicher Stabilisierung der Beitragssatzentwicklung

Wie in *Abbildung* 7 beispielhaft für Deutschland gezeigt, wäre die Einführung eines solchen Lebenserwartungsfaktors mit einer Reduzierung der Zugangsrenten um rund 20 Prozent bis zum Jahr 2060 verbunden. Zugleich geht dieser Reformvorschlag im Vergleich zur Rente mit 67 mit einer deutlicheren Stabilisierung der GRV-Beitragssätze einher (siehe *Abbildung 8*). Eine Rolle spielt dabei, dass bei Einführung eines Lebenserwartungsfaktors auch über das Jahr 2029 hinaus der prognostizierte Anstieg der Lebenserwartung in eine Dämpfung der jährlichen Rentenleistungen mündet. Natürlich darf bei dieser Betrachtung nicht außer Acht gelassen werden, dass bei einer direkten Anpassung der Renten an die Lebenserwartung das Rentenniveau zwar konsequent, aber auch weit stärker reduziert wird als bei Umsetzung der Rente mit 67. Und selbst dann wird das Beitragsziel von 22 Prozent bis zum Jahr 2030 knapp verfehlt. Langfristig kann der Lebenserwartungsfaktor jedoch – wie in *Abbildung 8* dargestellt – zu einer deutlichen Dämpfung der Beitragssätze auf hohem Niveau beitragen, während ansonsten nur Beiträge bis zu Größenordnungen von über 25 Prozent als »Ausweg« bleiben.

Abb. 8: Beitragssatzentwicklung – Rente mit 67 versus Lebenserwartungsfaktor

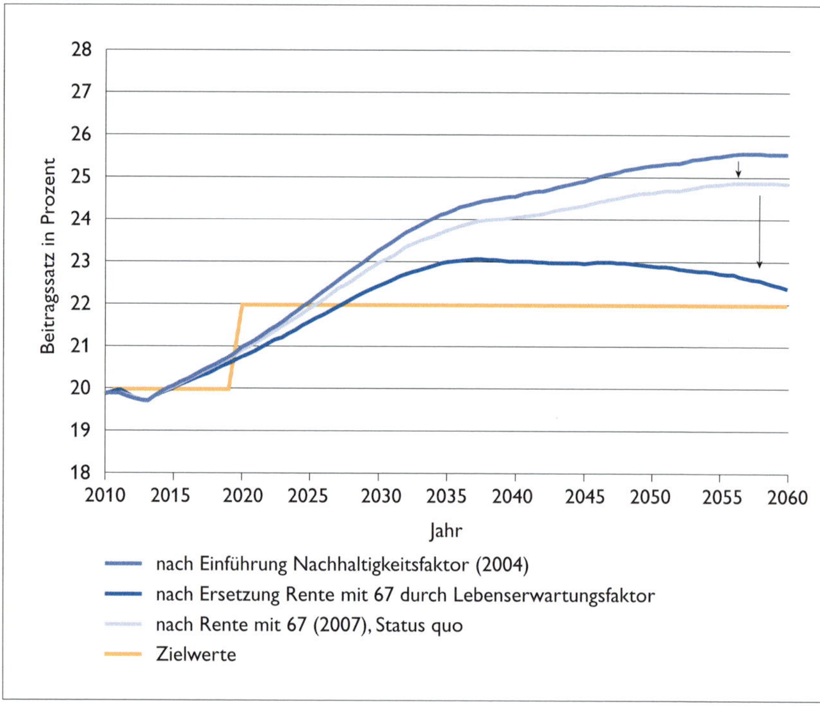

Quelle: Eigene Berechnungen

Die Herausforderung der künftigen Rentenpolitik besteht letztlich in dem Spagat zwischen einer Stabilisierung der Beitragssätze und der Gewährleistung eines ausreichenden Renteneinkommens. Dabei ist es ein politisches Werturteil, wie stark diese Ziele relativ gewichtet werden. Denn eines ist klar: Eine nachhaltigere Rentenfinanzierung lässt sich nur erreichen, wenn das Rentenniveau verringert wird, und vice versa. Wie in *Abbildung 9* dargestellt, würde das Sicherungsniveau selbst bei einer vollständigen Beitragsjahrbiografie von 45 Jahren aufgrund des Lebenserwartungsfaktors bis zum Jahr 2060 von heute 52 Prozent um ca. ein Drittel auf 34 Prozent absinken.

Abb. 9: Rentenniveaus – Rente mit 67 versus Lebenserwartungsfaktor (mit und ohne Erhöhung des tatsächlichen Rentenalters)

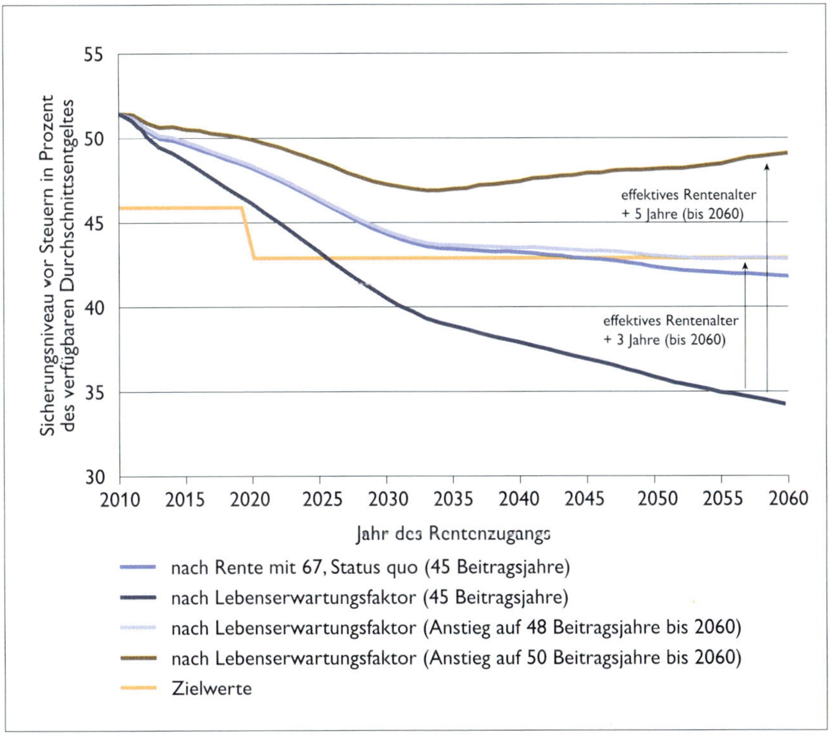

Quelle: Eigene Berechnungen

4.5 Potenziale einer Erhöhung des tatsächlichen Rentenalters

Eine vielversprechende Möglichkeit, diese rentenpolitische Quadratur des Kreises zu überwinden und beiden Zielen, der Beitragsstabilität und einem ausreichendem Sicherungsniveau, gerecht zu werden, besteht in der Erhöhung des tatsächlichen Rentenalters in Kombination mit dem Lebenserwartungsfaktor. Das gegenwärtige Sicherungsniveau könnte bei einem gleichmäßigen Anstieg des tatsächlichen Rentenalters von fünf Jahren bis zum Jahr 2060, d.h. im selben Ausmaß wie die Erhöhung der Lebenserwartung in diesem Zeitraum, auch langfristig relativ konstant gehalten werden (siehe *Abbildung 9*).[20] Bei einer Erhöhung des tatsächlichen Rentenalters um »lediglich« drei Jahre bis zum Jahr 2060 könnte zumindest das Ziel, ein Rentenniveau von 43 Prozent zu sichern, gewährleistet werden.[21] Die Beitragssätze würden bei einer Erhöhung des tatsächlichen Rentenalters in der langen Frist nur geringfügig von der in *Abbildung 8* dargestellten Entwicklung abweichen.[22]

4.6 Aber ist dieses Szenario auch realistisch?

Gegen diese Überlegungen mag eingewandt werden, dass auch die oben diskutierte Erhöhung des tatsächlichen Rentenalters um drei bzw. fünf Jahre für viele GRV-Versicherte ein schlicht unrealistisches Szenario darstellt. Gerade für Arbeitnehmer in körperlich anspruchsvollen Berufen ist es häufig nicht möglich, ihrer Profession bis ins hohe Alter nachzugehen. Für die langfristige Betrachtung ist es jedoch entscheidend, den Gesundheitszustand der Erwerbsbevölkerung nicht als statisch anzusehen, sondern vielmehr die Veränderung der Beschäftigungsfähigkeit in den kommenden Jahrzehnten zu berücksichtigen. Analog zum Anstieg der Lebenserwartung ist hier davon auszugehen, dass sich der durchschnittliche Gesundheitszustand älterer Arbeitnehmer – über alle Berufsgruppen – künftig deutlich verbessern wird, während zugleich der Anteil körperlich stark beanspruchender Tätigkeiten im gesamten Berufsspektrum in der Tendenz rückläufig sein dürfte. Im Durchschnitt ist damit die Grundlage für eine Erhöhung des tatsächlichen Rentenalters gegeben – was nicht ausschließt, dass auch in Zukunft eine Spreizung der tatsächlichen Rentenalter vorliegt. Im Gegenteil: Vieles spricht dafür, die Fixierung auf ein festes Renteneintrittsalter aufzugeben und (bei versicherungsmathematisch fairen Ab- und Zuschlägen) sowohl einen individuell früheren wie auch späteren, dann auch gleitend abgestuften Übergang in den Ruhestand zuzulassen. Neben der Beschäftigungsfähigkeit, die das Arbeitsangebot bestimmt, ist die Verlängerung des Erwerbslebens durch die Arbeitsnachfrage nach älteren Beschäftigten determiniert. Im Hinblick auf den sich abzeichnenden Fachkräftemangel sowie die mit der Streichung der Frühverrentungsprogramme gestiegenen Kosten einer vorzeitigen Entlassung ist auch hier damit zu rechnen, dass sich die Beschäftigungssituation älterer Arbeitnehmer in den kommenden Jahren verbessern wird.[23] Damit sind durchaus auch Szenarien verbreiteter freiwilliger Weiterbeschäftigung über das »offizielle« Rentenalter hinaus denkbar.

Viele Faktoren deuten folglich darauf hin, dass eine Erhöhung des tatsächlichen durchschnittlichen Rentenalters in den kommenden Jahrzehnten ein durchaus realistisches Szenario darstellt. Dabei ist auch in Zukunft davon auszugehen, dass sich das tatsächliche Rentenalter aufgrund unterschiedlicher Präferenzen und Gesundheitsumstände innerhalb des Versichertenkreises unterscheiden wird und ein tatsächliches Rentenalter von 70 Jahren nicht für jeden Versicherten eine passende Option sein kann. An der oben getroffenen Aussage ändert diese Feststellung jedoch nichts: Die Erhöhung des tatsächlichen Rentenalters stellt eine Chance dar, auch in Zeiten demografisch bedingter Rentenkürzungen ein ausreichendes Renteneinkommen aus der GRV zu gewährleisten und damit den langfristigen Zielen der GRV gerecht zu werden.

5 Fazit und Ausblick

Mit dem Einstieg in die staatlich geförderte private Altersvorsorge im Jahr 2001, der Einführung des Nachhaltigkeitsfaktors und der Rente mit 67 wurden in Deutschland in den letzten Jahren umfangreiche Rentenreformen verabschiedet. Zumindest auf dem Papier hat die Politik mit diesem Reformbündel wesentliche Weichen gestellt, um auch im Zuge des demografischen Wandels die Finanzierung der gesetzlichen Rentenversicherung zu stabilisieren. Doch die jüngsten Rentenreformen werden nicht ausreichen, um die GRV auf ein langfristig tragfähiges Fundament zu stellen. Setzt sich der Anstieg der Lebenserwartung auch in den kommenden Jahrzehnten fort, ist mit einem Anstieg der Beitragssätze von gegenwärtig rund 20 Prozent auf 25 Prozent oder gar mehr bis zum Jahr 2060 zu rechnen. Ist es das erklärte Ziel, diese Belastung künftiger Erwerbsgenerationen zu verhindern, wird die Politik über kurz oder lang nicht umhinkommen, zusätzliche Reformmaßnahmen zu verabschieden. Als Alternative zu einer weiteren Anhebung des gesetzlichen Rentenalters würde sich eine regelgebundene Anpassung der Zugangsrenten an die Entwicklung der Lebenserwartung anbieten – wie auch jüngst vonseiten der Europäischen Kommission und dem Sachverständigenrat zur Begutachtung der gesamtwirtschaftlichen Entwicklung angeregt.[25] Ein solcher neuer Baustein in der deutschen Rentenformel würde mit einer deutlichen langfristigen Stabilisierung der GRV-Finanzen, jedoch auch mit einem spürbar sinkenden Rentenniveau einhergehen. Eine Chance, diese Rentenkürzungen abzufedern und damit auch dem langfristigen Ziel der GRV, ein ausreichendes Renteneinkommen zu gewährleisten, gerecht zu werden, bietet die gleichzeitige Erhöhung des tatsächlichen Renteneintrittsalters. Politik und Wirtschaft sollten daher – insbesondere über Weiterbildungs- und Arbeitsschutzmaßnahmen – die Rahmenbedingungen schaffen, die es den Arbeitnehmern ermöglichen, auch im Alter erfolgreich am Arbeitsmarkt zu partizipieren.

Anmerkungen

* Wir danken Stefan Moog und Tobias Hackmann für wertvolle Unterstützung und Hinweise. Für verbleibende Fehler zeigen sich die Autoren verantwortlich.

1 Vgl. Oliver Ehrentraut/Matthias Heidler, Demografisches Risiko für die Staatsfinanzen? Koordinierte Bevölkerungsvorausberechnungen im Vergleich, in: Sozialer Fortschritt, 57 (2008) 9, S. 231–241, hier S. 233 f.

2 Arbeitnehmer mit mehr als 35 Beitragsjahren können ab dem Alter von 63 Jahren eine Altersrente beziehen. Bei geringeren Versicherungszeiten – und einer Erfüllung der Mindestbeitragszeit von fünf Jahren – ist ein Rentenbezug erst ab der Regelaltersgrenze von gegenwärtig 65 Jahren möglich.

3 Um kurzfristige Einnahme- und Ausgabenschwankungen auszugleichen, bildet die GRV eine geringe sogenannte Nachhaltigkeitsrücklage in Höhe von maximal 1,5 Monatsausgaben.

4 Zu den Turbulenzen an den Kapitalmärkten 2008/2009 und deren Auswirkungen auf die Altersvorsorge vgl. Johannes Vatter/Bernd Raffelhüschen, Altersvorsorge in Krisenzeiten – Was hat sich verändert? Studie im Auftrag der Union Asset Management Holding AG, Freiburg 2010.

5 Vgl. auch den Beitrag von Steffen Kröhnert in diesem Band.

6 Die Generationenbilanzierung wurde Anfang der 1990er Jahre von Auerbach u. a. zur langfristigen Analyse der Fiskal- und Sozialpolitik entwickelt (vgl. Alan J. Auerbach/Jagadeesh Gokhale/Laurence J. Kotlikoff, Generational Accounts: a meaningful alternative to deficit accounting, in: Tax Policy and the Economy 5/1991, S. 55–110. Eine detaillierte Beschreibung der Methode wie auch der Kritik an der Generationenbilanzierung findet sich in Bernd Raffelhüschen, Generational Accounting: Method, Data, and Limitations, in: European Economy. Reports and Studies 6/1999, S. 17–28, und Holger Bonin, Generational Accounting: Theory and Application, Berlin 2001.

7 Vgl. Statistisches Bundesamt, Bevölkerung Deutschlands bis 2060. 12. koordinierte Bevölkerungsvorausberechnung, Wiesbaden 2009. Hinsichtlich der Lebenserwartung wird die Basisvariante L1 gewählt. Im Hinblick auf die Geburtenhäufigkeit wird eine konstante Fertilitätsrate von 1,4 und für die Migration eine langfristig konstante Nettozuwanderung von 150 000 Personen pro Jahr unterstellt. Als Basis-

jahr wird 2008 herangezogen, die fiskalischen Rahmenbedingungen dieses Jahres gehen in die Berechnung ein.

8 Genauer spiegelt die Nachhaltigkeitslücke den Barwert aller zukünftigen Defizite bzw. Überschüsse wider. Damit zeigt diese Größe auf, welche Summe – bei Berücksichtigung eines Zinssatzes – heute zurückgelegt werden müsste, um bei Fortführung der gegenwärtigen Fiskalpolitik alle künftigen Defizite der GRV finanzieren zu können. Die Rücklagen der GRV in Höhe von 15,7 Milliarden Euro (Stand 2008) werden dabei gegengerechnet.

9 Vgl. auch Stefan Moog/Bernd Raffelhüschen, Herausforderungen der Legislaturperiode für die Tragfähigkeit der Renten und Pflegeversicherung, in: Vierteljahreshefte zur Wirtschaftsforschung, 79 (2010) 1, S. 27–43, hier S. 31 ff.

10 Für die Berechnung wird ein Lohnwachstum von 1,5% pro Jahr angenommen. Gemäß § 213 SGB VI wird berücksichtigt, dass künftige Beitragssatzsteigerungen durch Erhöhungen des Bundeszuschusses abgefedert werden.

11 Für eine genauere Analyse der (Un-)Gleichbehandlung unterschiedlicher Generationen durch die vergangenen Reformen ist eine Betrachtung der internen (GRV-) Renditen empfehlenswert, die auch die implizite Leistungsausweitung durch die Verlängerung der Lebenserwartung berücksichtigt. Auf dieser Basis kommt der Sachverständigenrat 2004 zu dem Schluss, dass die internen (GRV-)Renditen einzelner Geburtsjahrgänge durch die Einführung des Nachhaltigkeitsfaktors weniger ungleich ausfallen. Vgl. Sachverständigenrat zur Begutachtung der gesamtwirtschaftlichen Entwicklung, Erfolge im Ausland – Herausforderungen im Inland. Jahresgutachten 2004/05, Wiesbaden 2004, S. 302.

12 Gemäß § 154, SGB VI stellt die verfügbare Standardrente die Regelaltersrente aus der allgemeinen Rentenversicherung mit 45 Entgeltpunkten ohne Berücksichtigung der auf sie entfallenden Steuern, gemindert um den allgemeinen Beitragsanteil zur Krankenversicherung und den Beitrag zur Pflegeversicherung dar. Das verfügbare Durchschnittsentgelt bildet das Durchschnittsentgelt ab ohne Berücksichtigung der darauf entfallenden Steuern und gemindert um den durchschnittlich zu entrichtenden Arbeitnehmersozialbeitrag einschließlich des durchschnittlichen Aufwands zur zusätzlichen Altersvorsorge (vier Prozent des Bruttoeinkommens).

13 Gemäß dem Prinzip der Teilhabeäquivalenz sollte die Höhe der Beiträge die Höhe der Rentenleistung bestimmen, sodass die relative Einkommensposition, die während der Erwerbsphase erzielt wurde, auch im Hinblick auf die Renteneinkommen erreicht wird. Die oben besprochene Ausnahme für langjährig Versicherte kann jedoch dazu führen, dass Versicherte mit weniger als 45 Beitragsjahren trotz gleicher Beitragszahlungen geringere Rentenleistungen erhalten. Vgl. auch Sachverständigenrat zur Begutachtung der gesamtwirtschaftlichen Entwicklung, Widerstreitende Interessen – Ungenutzte Chancen. Jahresgutachten 2006/07, Wiesbaden 2006, S. 249.

14 Die Werte für das Jahr 1960 und 1990 basieren auf der Generationensterbetafel (Trend V1) des Statistischen Bundesamtes (vgl. Statistisches Bundesamt [Hrsg.], Generationensterbetafeln für Deutschland, Wiesbaden 2006). Die Daten für die Jahre 2010, 2030 und 2060 beruhen auf der vergleichsweise niedrigen Basisannahme L1

der 12. koordinierten Bevölkerungsvorausberechnung des Statistischen Bundesamtes (vgl. Statistisches Bundesamt [2009] [Anm. 7]).

15 Hier sei auf die im Jahr 1957 beschlossene Ausnahmeregel verwiesen, die Frauen einen vorzeitigen, abschlagsfreien Bezug der Altersrente ab einem Alter von 60 Jahren ermöglichte. Auch langjährig Versicherten (35 Beitragsjahre) wurde mit dem Gesetz des Jahres 1973 ein vorzeitiger Bezug einer vollen Rente ab 63 Jahren zugesprochen. Mit dem Rentengesetz des Jahres 1992 wurden diese Frühverrentungsmöglichkeiten jedoch wieder schrittweise aufgehoben.

16 Der Beitragssatz würde im Jahr 2100 mit rund 21 Prozent um ca. zwei Prozentpunkte niedriger liegen als im Status-quo-Szenario. Dabei wird ein gleichmäßiger Anstieg des gesetzlichen Rentenalters von 67 auf 70 Jahre in Zeitraum 2030 bis 2059 unterstellt.

17 Für diese Argumentation wird das Jahr 1960 als Bezugsgröße herangezogen. Diese Wahl beruht zum einen auf der Verfügbarkeit verlässlicher demografischer Daten und zum anderen auf der Begründung der Bundesregierung, mit der 2007 beschlossenen Rente mit 67 der steigenden Lebenserwartung nicht nur der kommenden Jahrzehnte, sondern auch der letzten Jahrzehnte (genauer der letzten 40 Jahre) Rechnung zu tragen. Vgl. Deutscher Bundestag, Entwurf eines Gesetzes zur Anpassung der Regelaltersgrenze an die demografische Entwicklung und zur Stärkung der Finanzierungsgrundlagen der gesetzlichen Rentenversicherung, Drucksache 16/4372, Berlin 2007, S. 1.

18 Vgl. Europäische Kommission, Angemessene, nachhaltige und sichere europäische Pensions- und Rentensysteme. Grünbuch, Brüssel 2010, S. 12. Auch der Sachverständigenrat regte die Koppelung der Renten an die Entwicklung der ferneren Lebensentwicklung an (vgl. Sachverständigenrat zur Begutachtung der gesamtwirtschaftlichen Entwicklung, Herausforderungen des demografischen Wandels. Expertise im Auftrag der Bundesregierung, Wiesbaden 2011). Neben den klassischen National-Defined-Contribution-Systemen Italien, Schweden, Polen und Lettland finden sich derlei Lebenserwartungsfaktoren bei der Rentenberechnung im portugiesischen wie auch im norwegischen und finnischen Rentensystem. Für eine Beschreibung der unterschiedlichen internationalen Rentensysteme vgl. Organisation for Economic Cooperation and Development (OECD), Pensions at a Glance - Retirement-Income Systems in OECD and G20 Countries, Paris 2011.

19 Vgl. auch O. Ehrentraut/M. Heidler (Anm. 1).

20 Dabei wird angenommen, dass der in *Abbildung 9* betrachtete Standardrentner nicht mehr mit 65 Jahren (45 Beitragsjahren), sondern ab 2011 sukzessive jedes Jahr 1,2 Monate später in Rente geht als die Ruhestandsgeneration des Vorjahres und damit im Jahr 2060 das Renteneintrittsalter von 70 (mit 50 Beitragsjahren) erreicht. Damit weichen wir von der bestehenden Definition des Sicherungsniveaus ab.

21 Hier sei darauf verwiesen, dass die dargestellten Effekte einer Erhöhung des tatsächlichen Rentenalters als konservative Szenarien einzuschätzen sind, da Rückkoppelungseffekte dieser Verhaltensänderungen auf die Beitragssatzentwicklung und den Nachhaltigkeitsfaktor nicht berücksichtigt werden.

22 In der mittleren Frist wäre bei einer Erhöhung des tatsächlichen Rentenalters mit einem Anstieg der Beitragseinnahmen und damit einer leichten Dämpfung der Bei-

tragssätze zu rechnen. Langfristig gesehen, münden die zusätzlichen Beitragseinnahmen jedoch in höheren Rentenanwartschaften und damit steigenden Rentenauszahlungen. Dieser Ausgabeneffekt wirkt einer langfristigen Beitragssatzdämpfung entgegen.

23 Vgl. Markus Promberger/Christina Wübbecke, Anhebung der Rentenaltersgrenze. Pro und Contra Rente mit 67, IAB-Kurzbericht Nr. 8, 2006, S. 4.

24 Vgl. Europäische Kommission und Sachverständigenrat zur Begutachtung der gesamtwirtschaftlichen Entwicklung 2011 (beide Anm. 18).

Jo Ritzen und Holger Hinte

Chancengleichheit und lebenslanges Lernen: Zur Zukunft der Bildung in Deutschland

1 Einleitung: Zu wenig soziale Gerechtigkeit im Bildungssektor

Die Diagnose ist eindeutig und keineswegs neu: Wie in anderen Ländern reagiert auch in Deutschland das Bildungssystem nur langsam auf die Dynamik der Arbeitsmarktentwicklungen sowie die Globalisierung und Technologisierung von Produktionsprozessen. Überall beginnt die Technologie, im Wettlauf mit der Bildung den Sieg davonzutragen: Obwohl heute weltweit mehr gut ausgebildete Arbeitskräfte zur Verfügung stehen als jemals zuvor in der Geschichte menschlicher Arbeit, kann die immer stärker ansteigende Nachfrage nach ihnen aus diesem Reservoir kaum gestillt werden.[1]

Unsere Gesellschaften nehmen in einem dermaßen hohen Tempo beständig komplexere Züge an, dass Anpassungsprozesse an die neuen Lebens- und Arbeitswirklichkeiten zusehends schwieriger werden. In vielen Ausbildungszweigen und in Teilen des akademischen Lehrbetriebs gelingt es heute kaum noch, mit den sich immer rascher ändernden Anforderungen der Arbeitsmärkte an adäquate Bildungsinhalte Schritt zu halten. In Zukunft dürfte sich dieses Problem sogar noch verschärfen, denn ein Ende des rasanten technologischen Fortschritts ist nicht absehbar, während gleichzeitig das Reservoir qualifizierter Fachkräfte demografisch bedingt rückläufig sein wird. Und es ist zugleich dieser Wandel, der die eben noch verlangten Qualifikationen morgen wieder »auffrisst«, durch neue Technologien veralten lässt, gar ganz überflüssig macht und stattdessen wieder neue Qualifikationsanforderungen stellt.

Für Menschen, die gar nicht oder nur gering qualifiziert sind, bleibt in der modernen Arbeitswelt immer weniger Platz. Sie sind nicht mehr oder nur noch zu Niedriglöhnen vermittelbar, während zugleich die Löhne der Hochqualifizierten – noch dazu auf knapper werdenden Märkten – eher steigen. Ein wesentliches Ergebnis dieser Veränderungsprozesse ist ein inzwischen wieder stärkeres Ungleichgewicht der Erwerbseinkommen, das in den meisten entwickelten Staaten zu beobachten ist und neue

Fragen künftiger sozialer Gerechtigkeit aufwirft, die auch an die Bildungssysteme zu stellen sind.[2]

Die aktuellen Probleme des deutschen Bildungs- und Ausbildungsbetriebs sind mit Händen zu greifen. Sie reichen – um es an chronologischen Bildungsabschnitten festzumachen – von der allzu langen Missachtung der Bedeutung frühkindlicher Bildung und Chancengleichheit über die hinreichend bekannten Schwächen des mehrgliedrigen Schulsystems und seiner dezentralen Organisation auf Ebene eines jeden Bundeslandes bis hin zur bislang nur bruchstückhaft gelungenen Reform des Hochschulsektors. Über all diesen Problemen hängt das Damoklesschwert einer notorischen Unterfinanzierung der Bildung in Deutschland. Es ist bezeichnend, dass auch die durchaus beachtlichen Ausgabensteigerungen der jüngeren Zeit Deutschland im Vergleich der OECD-Staaten keineswegs schon aus den hinteren Rängen heraus und weiter in Richtung Spitze gebracht haben; unverändert geben Staat, Wirtschaft und Privatpersonen in der Bundesrepublik weniger Geld für Bildung aus als der Durchschnitt aller OECD-Staaten.[3]

Gewiss: Ein erfolgreiches Bildungssystem ist nicht allein eine Frage des Geldes, sondern vor allem der Strukturen – doch auch hier steht Deutschland im Wettbewerb nur mäßig da. Spätestens seit den ab dem Jahr 2000 von der OECD im Ländervergleich durchgeführten PISA-Studien (die Abkürzung PISA steht für »Programme for International Student Assessment«) erfahren die in diesen regelmäßigen Erhebungen, ebenso aber auch in den jährlichen Bildungsberichten der OECD diagnostizierten Defizite medial verstärkte Aufmerksamkeit: Zwar haben die deutschen Schülerinnen und Schüler bei den jüngeren PISA-Tests erkennbar besser abgeschnitten als zuvor, allerdings erzielen sie nicht mehr als Durchschnittswerte in diesen Tests.

Wenn PISA auch »nur« die kognitiven Fähigkeiten, Erlerntes in neuen Situationen anzuwenden, misst und sowohl kommunikative als auch soziale Kompetenzen ausblendet, schmälert das den Wert der Ergebnisse in keiner Weise: Dem deutschen Bildungssystem gelingt es den OECD-Daten zufolge nach wie vor vergleichsweise schlecht, die soziale Mobilität zu fördern, also dafür zu sorgen, dass ungeachtet der gesellschaftlichen Herkunft und des Bildungshintergrunds der Familie für alle Kinder die gleichen Bildungschancen bestehen. Offenbar bestimmt die soziale Herkunft heute sogar wieder stärker den Bildungserfolg vorher, als dies noch vor zwanzig oder dreißig Jahren der Fall war.[4] Seine Funktion als Schwungrad des Bildungsaufstiegs von Generation zu Generation erfüllt der deutsche Bildungssektor anscheinend nicht – aktuell verfügt nur ein Fünftel

Abb. 1: Öffentliche und private Ausgaben für Bildungseinrichtungen aller Bildungsbereiche (in Prozent des BIP)

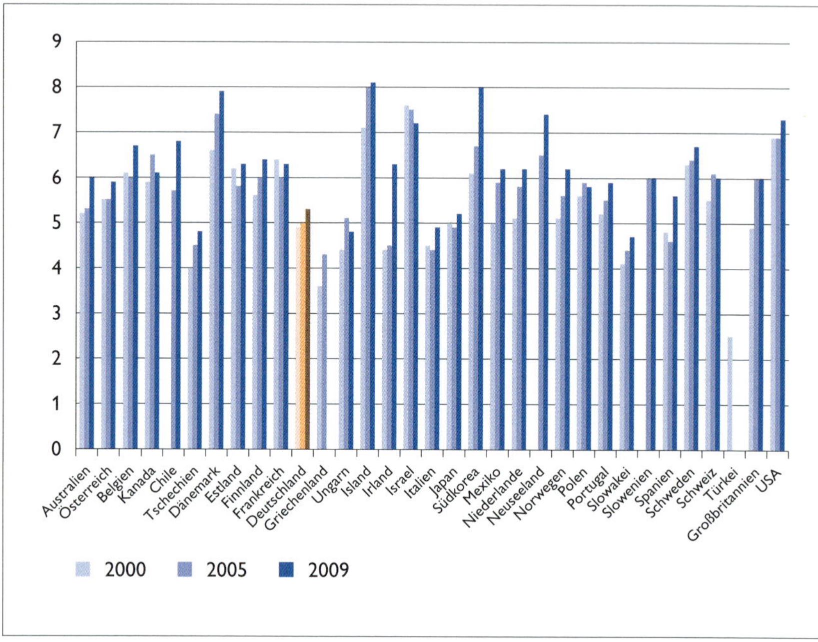

Quelle: OECD, Education at a Glance, Paris 2003–2012

der Bildungsabsolventen und -absolventinnen über eine bessere Bildung als die Eltern und eine etwa gleich große Gruppe weist schwächere Abschlüsse auf.[5]

Dabei unterschlägt die OECD die Stärken des deutschen Bildungssystems keineswegs und verweist auf die endlich erreichten Fortschritte etwa bei der frühkindlichen Betreuung, ein inzwischen besseres Abschneiden im PISA-Schülerwissensvergleich und auf die Tatsache, dass in Deutschland insgesamt weit weniger Menschen ganz aus dem Bildungs- und Ausbildungssystem herausfallen, als dies in anderen Ländern der Fall ist. Umso mehr sind die Hinweise der OECD auf seine mangelhafte soziale Durchlässigkeit ernst zu nehmen. Sie werden überdies durch eine aktuelle, von der Vodafone Stiftung herausgegebenen Untersuchung im Kern bestätigt. Demnach verfügen Kinder von Akademikern in Deutschland anders als Jugendliche aus eher »bildungsfernen« Haushalten heute über eine sechsfach so große Chance, ein Hochschulstudium zu beginnen.[6]

Abb. 2: Soziale Gerechtigkeit beim Bildungszugang: Deutschland im Hintertreffen (Skala von 1 (schlechtester Wert) bis 10 (Bestwert))

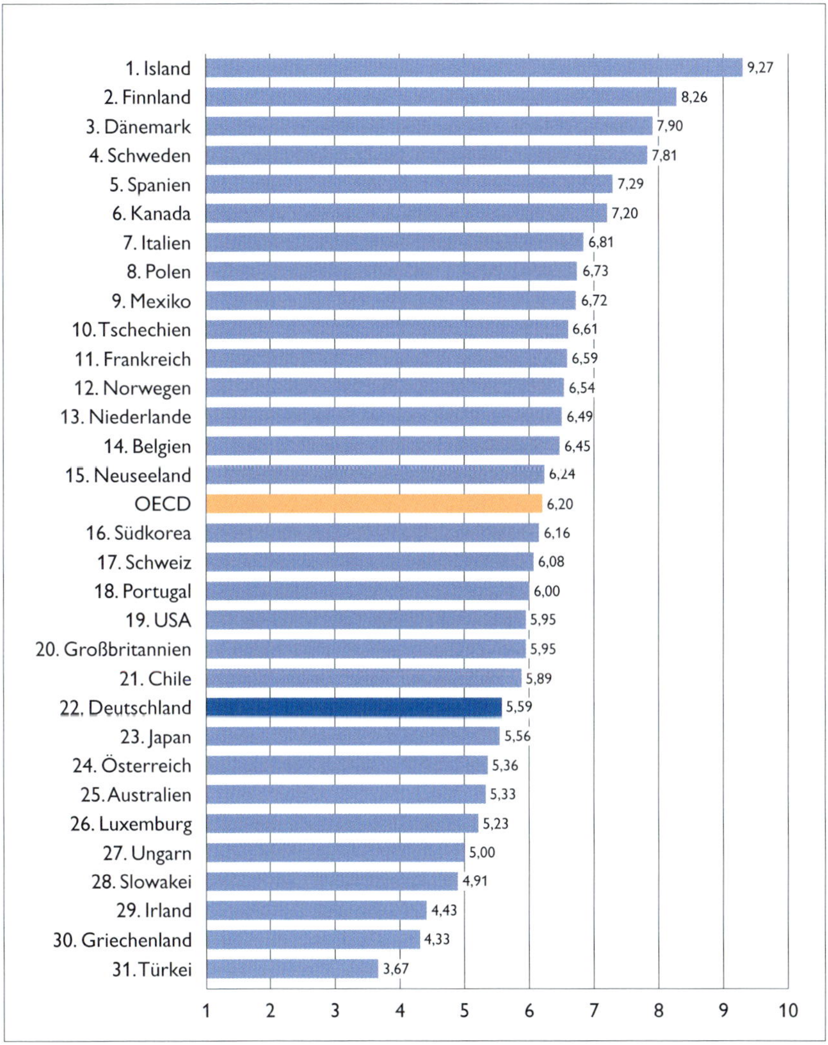

Quelle: Bertelsmann Stiftung (Hrsg.), Soziale Gerechtigkeit in der OECD – wo steht Deutschland? Sustainable Governance Indicators 2011, Gütersloh 2010, S. 19 (http://www.bertelsmann-stiftung.de/cps/rde/xbcr/SID-B9DABAB3-C92F24CD/bst/xcms_bst_dms_33125_33126_2.pdf)

Dass sich Letztere offensichtlich selbst dann mit steigender Tendenz gegen ein Studium und für eine Berufsausbildung entscheiden, wenn sie die Hochschulberechtigung zuvor erfolgreich erworben haben, mag man als indirekten Beleg für die Stärke und Attraktivität der dualen Ausbildungsgänge in Deutschland interpretieren (die inzwischen ihrerseits die Studienberechtigung oft zur Voraussetzung erheben). Zugleich drückt sich hierin aber auch der Einfluss des sozialen Umfelds aus, in dem ein Studium verbreitet für die riskantere Ausbildungsentscheidung erachtet und ein früherer Einstieg in das Erwerbsleben nach einer Berufsausbildung favorisiert wird. Dieser Trend führt freilich zu Einbußen bei den inländischen Humankapitalpotenzialen, die sich auf ein ohnehin von Fachkräftemangel bedrohtes Land umso folgenreicher auswirken werden.

Zu vergleichbaren Resultaten gelangt auch eine von der Bertelsmann Stiftung vorgelegte Studie zur sozialen Gerechtigkeit in den OECD-Staaten. Unter dem Aspekt des Bildungszugangs liegt Deutschland hier gegenüber den skandinavischen Staaten, aber auch den meisten kontinentaleuropäischen EU-Staaten weit zurück und rangiert unter 31 OECD-Ländern nur auf Platz 22. Mangelnde Chancengleichheit unterschiedlicher sozialer Gruppen im Bildungssystem führt zu diesem wenig erfreulichen Resultat.[7] Die Befunde korrespondieren mit den Ergebnissen einer weiteren aktuellen Studie der Bertelsmann Stiftung, die für viele deutsche Bundesländer ein Missverhältnis zwischen Schulaufsteigern (Wechsel in die nächsthöhere Schulform) und Schulabsteigern (Wechsel in die nächsttiefere Schulform) im Verlauf des 5.–10. Schuljahres und im Bundesdurchschnitt insgesamt mehr Durchlässigkeit des Schulsystems nach unten als nach oben dokumentiert.[8] Allerdings zeigt zugleich der nach der amtlichen Bildungsstatistik beachtlich hohe Anteil von Abiturientinnen und Abiturienten mit vorherigem Realschulabschluss oder auf »Umwegen« (vor allem Berufsschulen) letztlich doch noch erfolgreichen Schulabsolventen und -absolventinnen mit Fachhochschul- oder Hochschulzugangsberechtigung, dass Aufstiege sehr wohl möglich sind und selbst ein zwischenzeitlicher Abstieg in die nächsttiefere Schulform keine Sackgasse zu sein braucht, weil zweite Chancen durchaus bestehen.

Dennoch gilt es festzuhalten, dass Deutschland trotz einer zuletzt (auch im OECD-Vergleich) günstigeren Entwicklung immer noch einen zu hohen Anteil seiner Schülerinnen und Schüler ohne jeden Abschluss in einen Ausbildungs- und Arbeitsmarkt entlässt, auf dem diese Absolventen und Absolventinnen naturgemäß fast chancenlos sind – noch dazu dann, wenn sie, wie es leider der Fall ist, überdurchschnittlich oft zugleich einen Migrationshintergrund aufweisen. Gerade an dieser Stelle wirkt sich das Problem der fehlenden sozialen Mobilität besonders folgenreich aus. Bis vor Kurzem bildete obendrein das unzureichende Angebot an Ausbildungsplätzen einen weiteren massiven Hemmschuh für den Einstieg junger Menschen in das Erwerbsleben.

Dazu passt, dass auch der Bereich der Weiterbildung (und zwar für Junge und Alte!), der mit Blick auf den permanenten Wandel der Qualifikationsanforderungen von Wirtschaft und Arbeitsmarkt und die längeren Lebensarbeitszeiten stark an Bedeutung gewinnen sollte, in Deutschland bislang wenig vorzeigbar ist. Über Qualität und Nutzen der diversen Angebote herrscht allgemeine Unkenntnis, es mangelt an einer transparenten Organisation und Zertifizierung, sodass es wenig überrascht, wenn der Umfang der Weiterbildungsbeteiligung seit Jahren stagniert.[9]

Abb. 3: Schulabgänger ohne (Hauptschul-)Abschluss im Vergleich zu Schulabgängern insgesamt

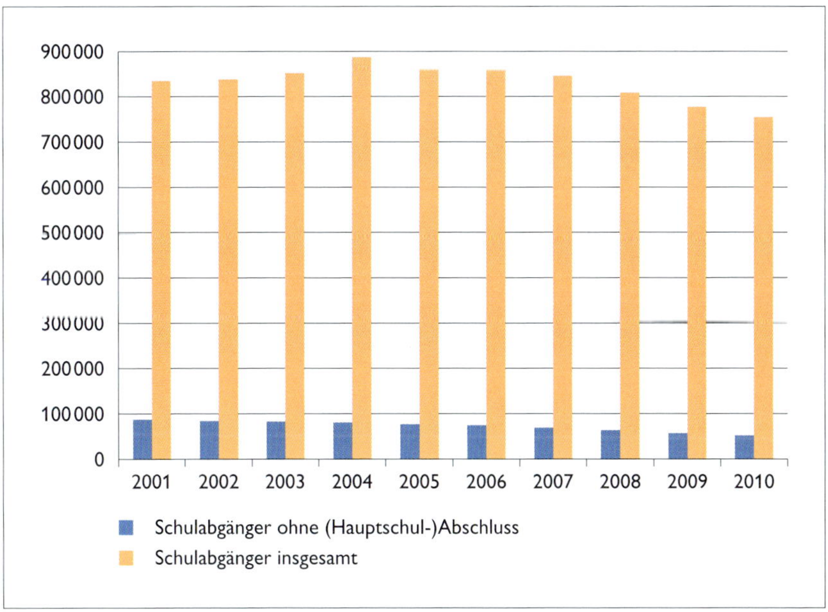

Quelle: Statistisches Bundesamt, eigene Darstellung

All das war und ist für ein Land mit dem Anspruch, Bildungsnation und Hochlohn-, folglich also auch Hochqualifikationsstandort sein zu wollen, ein Armutszeugnis. Eine Verfestigung sozialer Ungleichheit ist die

Folge und sie ist eben nicht allein eine Frage von prekären Beschäftigungsverhältnissen, fehlenden Mindestlöhnen oder Steuerungerechtigkeit, sondern sie fängt im Bildungssystem an. Genau dort kann ihr aber auch am wirksamsten entgegengewirkt werden.
Was ist zu tun? Über den weiterhin gegebenen erheblichen Reformbedarf im Bildungswesen herrscht allgemein große Einigkeit, über Zuständigkeit, konkrete Ausgestaltung und Finanzierung ebenso große allgemeine Uneinigkeit. Dieser Beitrag möchte erst gar nicht den Versuch unternehmen, die Vielzahl existierender Reformvorschläge oder inzwischen auf der Ebene der Bundesländer bereits umgesetzten Reformschritte auszubreiten und zu bewerten. Es soll hier vor allem darum gehen, anhand exemplarischer »Stellschrauben« zu verdeutlichen, dass

- auch und gerade in Zeiten knapper Kassen weitere Reformen durchgeführt werden müssen, weil sie die bestmögliche Investition in die Zukunft der Gesellschaft darstellen;
- es dabei auch darum gehen muss, etablierte Zuständigkeitsstrukturen zu hinterfragen und zu entflechten, denn der Bildungsföderalismus heutiger Prägung sorgt für zu wenig »gesunden Wettbewerb«, während er gleichzeitig zu oft in Kompetenzgerangel mündet, das den Blick für das Wesentliche verstellt;
- die Akteure im Bildungssektor ihre verbreitete Scheuklappenmentalität ablegen und mehr denn je wettbewerbsfördernde Strukturen, einen besseren Wissensabgleich und eine wissenschaftliche Begleitung ihrer Bildungskonzepte anstreben sollten;
- die Privatwirtschaft dabei als Akteur künftig eine wesentlich größere Rolle spielen und in die Ausweitung des dualen Prinzips auch auf den Hochschulsektor eingebunden werden muss – schließlich ist sie es, die nach besser ausgebildeten Nachwuchskräften ruft und von diesen in Form höherer Produktivität und gesteigerter Innovationsdynamik profitiert;
- es in Zukunft darauf ankommen wird, ein modulares Bildungsverständnis zu entwickeln, dass Quereinstiege erleichtert und zu besseren Voraussetzungen und Formaten für Weiterbildung und lebenslanges Lernen führt;
- die unabhängige Forschung einen wertvollen Beitrag zur Vergewisserung über die Plausibilität bisheriger und neu eingeschlagener Wege leisten kann, indem sie seriöse Kosten-Nutzen-Analysen erstellt und daraus Handlungsempfehlungen ableitet.

2 Frühkindliche Bildung: Hier fängt die Chancengleichheit an!

Bildung kann schon im frühkindlichen Stadium einsetzen: Dieser Aussage wird heute kaum mehr widersprochen.[10] Infolgedessen richten sich anders als früher, wo Kindergärten primär als Betreuungsorte und Spielstätten einschließlich eines klaren Rollenverständnisses der Betreuerinnen und Betreuer betrachtet wurden, inzwischen hohe Erwartungen im Sinn einer schulvorbereitenden, wenn auch spielerischen Lernarbeit an die frühpädagogischen Institutionen und ihr Personal.[11] Sie werden noch dadurch verstärkt, dass auch die Altersgruppen aufgrund flexibilisierter Altersgrenzen nicht mehr homogen sind und ethnische Diversität Hauptkennzeichen vieler Kindergärten geworden ist – Kinder mit Migrationshintergrund und möglicherweise nur eingeschränkten Deutschkenntnissen und anderem Bildungsverständnis im Elternhaus bilden in ihnen nicht selten die Mehrheit.

Jenseits der umstrittenen Frage, inwieweit es tatsächlich sinnvoll sein kann, konkrete »Lehrpläne« für Kindergärten aufzustellen, wäre schon viel gewonnen, wenn alle Kinder den Übergang in die Grundschule mit weitgehend gleichen Startvoraussetzungen unternehmen könnten. Dazu müssten Sprachdefizite behoben, Konzentrations- und »Lern«-Schwächen von Kindern frühzeitig von Fachkräften erkannt und ihnen ebenso qualifiziert entgegengewirkt werden. Voraussetzung dafür ist zunächst einmal eine ausreichende Zahl von Betreuungsplätzen – doch in der politisch beschlossenen Umsetzung eines Rechtsanspruchs auf einen Betreuungsplatz ab Mitte 2013 liegt auch eine Gefahr: Wenn allenfalls die Quantität, nicht aber die Qualität des Personals mit dem Aufbau von mehr Betreuungsplätzen Schritt hält und deshalb auch auf rasch und preiswert verfügbare Hilfskräfte zurückgegriffen wird, entsteht ein neues Problem. Durch Aus- und Weiterbildung besser auf seine anspruchsvollen Aufgaben vorbereitetes Personal ist unabdingbar, wenn die frühkindliche Bildung nicht Stückwerk bleiben soll.

Deutschland kann dabei davon profitieren, dass der Ausbildungsstand seiner Erzieherinnen und Erziehner im internationalen Vergleich bereits zurzeit überdurchschnittlich gut ist und knapp ein Drittel von ihnen über die formale Hochschulreife verfügt.[12] Dies sollte gute Voraussetzungen für die Erhöhung der Zahl akademisch ausgebildeter Frühpädagogen im Verlauf der nächsten Jahre und eine hochwertige Weiterbildung des bestehenden Personals bieten. Dabei wird man vernünftigerweise gerade auch auf die gezielte Förderung von Personal mit Migrationshintergrund besonderen Wert legen müssen.

Gelänge es – neben den bereits auf Ebene der Bundesländer entwickelten Bildungsplänen zur Frühpädagogik – in Form von mehr Studienplätzen und erweiterten, obligatorischen Weiterbildungsangeboten im Fachbereich, mit einer besseren Bezahlung des Personals in den Kindertagesstätten und größerer gesellschaftlicher Anerkennung für die verantwortungsvolle Arbeit in diesem Segment die frühkindliche Bildung voranzubringen, dann wäre ein wichtiger Schrit hin zu mehr Chancengleichheit und sozialer Gerechtigkeit in den Schulen getan. Untersuchungen zeigen, dass gerade Kinder aus benachteiligten Familien durchweg davon profitieren, eine qualitativ hochwertige Kindertagesstätte zu besuchen, und sich ihre Startnachteile gleich zu Beginn der Bildungslaufbahn auf diese Weise wenigstens teilweise kompensieren lassen.[13]

Alles spricht deshalb dafür, nicht durch politisch motivierte Programme des Gesetzgebers wie etwa ein Honorar in Form eines »Betreuungsgeldes« für Eltern, die ihre Kleinkinder nicht außerhäuslich betreuen lassen, die Bestrebungen zu konterkarieren, für mehr Chancengleichheit schon in der frühkindlichen Lebensphase ab dem zweiten Lebensjahr zu sorgen. Im Gegenteil sollten Eltern durch die Vergabe von (nach Haushaltseinkommen gestaffelten) Betreuungsgutscheinen in die Lage versetzt werden, aus den auf diese Weise in Wettbewerb zueinander tretenden Betreuungseinrichtungen die für ihre Kinder »richtigen« auszuwählen. So würde erreicht, dass die Nachfrage nach frühpädagogisch qualifizierten Formen der Tagesbetreuung steigt, auch Familien mit geringem Einkommen ihre Kinder verstärkt in die Tagesstätten bringen und die Träger der Einrichtungen die Angebote entsprechend konzipieren. Ganz nebenbei entstünde ein zusätzlicher Anreiz für mehr Frauenerwerbstätigkeit, von der der Arbeitsmarkt nur profitieren kann.[14]

Das alles wird man nicht sofort erreichen können und schon gar nicht werden sich die Erfolge solcher Maßnahmen sofort einstellen. Vielmehr muss gerade in diesem sehr sensiblen und alle weiteren Bildungsetappen prägenden Bereich weit mehr Forschung betrieben werden, als das gegenwärtig der Fall ist. Nur so können vielversprechende Wege der frühkindlichen Förderung identifiziert und Irrwege frühzeitig wieder verlassen werden. Der Mut zu Neuem ist wichtig, bedarf aber der kontinuierlichen wissenschaftlichen Begleitung.

3 Schulbildung: Modulares Denken und Wettbewerb der Strukturen

Das Klagen auf dem Feld der Schulbildung in Deutschland ist allgegenwärtig: Alle Schulen klagen über eine Überforderung durch immer heterogenere Klassenverbände, weiterführende Schulen kritisieren die mangelhafte und ungleiche Vorbereitung ihrer Schülerinnen und Schüler durch die Grundschulen, Hauptschulen beklagen ihr Image als Sammelbecken benachteiligter Schülergruppen, Realschulen kritisieren die mangelnde Würdigung ihres erfolgreichen Spagats zwischen der Lernarbeit mit aufgestiegenen Hauptschülern, »echten« Realschülern und potenziellen »Durchläufern« zu den Gymnasien. Letztere schließlich lamentieren insbesondere über die hohe Belastung durch die um ein Jahr verkürzte Schulzeit bis zum Abitur. Gesamtschulen monieren die verbreitet zu geringe Akzeptanz dieser integrierten Schulform.

Umgekehrt sind die Schulen auch beliebtes Ziel massiver Kritik: Immer wieder ist zu hören, viele Lehrkräfte seien teils überfordert, zu wenig motiviert und qualifiziert und im Durchschnitt zu alt, zu viele Bildungsaufgaben würden in die Familien rückdelegiert, reine Faktenpaukerei stehe anstelle der Vermittlung von sozialen Kompetenzen und Lernkompetenzen noch zu sehr im Vordergrund und weder sei soziale Chancengleichheit gegeben noch finde eine Förderung besonders begabter Schülerinnen und Schüler ernsthaft statt – um nur einige Kritikpunkte zu erwähnen.

Seit den PISA-Studien ist es Mode geworden, das deutsche Schulsystem als zu unbeweglich und rückständig darzustellen. Diese verbreitet negative Grundstimmung hat auch die Vielzahl von Reformen auf der Ebene der Bundesländer und die Verkürzung der gymnasialen Schulzeit von neun auf acht Jahre – obwohl eigentlich als Signal des Aufbruchs gedacht – nicht nennenswert verändern können. Dazu sind gerade die mit dieser Reform einhergehenden Schwierigkeiten zu deutlich in Erscheinung getreten. Die (durchaus plausible) Entrümpelung von Lehrplänen zugunsten kürzerer Schulzeit, früheren Studienbeginns und früheren Einstiegs in das Erwerbsleben hat den Leistungsdruck und die zeitliche Beanspruchung der Schülerinnen und Schüler, aber auch der Lehrkräfte deutlich erhöht. Dort, wo es noch an Ganztagsschulangeboten einschließlich qualifizierter Hausaufgabenbetreuung fehlt bzw. sie politisch nicht gewollt sind, werden zudem die Elternhäuser wieder stärker in die Pflicht genommen. Doch anstelle des »Lohns« für die geleisteten Anstrengungen droht neues Ungemach: Aufgrund der parallel ausgesetzten Wehrpflicht und der Abschaffung des Zivildienstes kommt es derzeit an den Hochschulen zu akuten Engpässen und zu vielerorts schlicht indiskutablen Lernbedingungen. Dies sind für die neuen Jahrgänge von Schulabsolventen alles andere als ermutigende Perspektiven.

Darüber hinaus ist die Schulstruktur in Deutschland heute intransparenter denn je und unterscheidet sich von Bundesland zu Bundesland erheblich. Was sehr wohl auch eine Stärke sein könnte – dann nämlich, wenn ein tatsächlicher Wettbewerb, systematischer Wissensaustausch und eine wissenschaftliche Erfolgsbewertung der konkurrierenden Wege stattfände –, endet faktisch immer noch darin, dass Schulabschlüsse des einen Bundeslandes bei Ausbildungsbetrieben oder Hochschulen aufgrund tradierter, aber nicht immer sachgerechter »Erfahrungswerte« besser angesehen sind als andere. Das kann kein sinnvoller Kurs in Richtung Zukunft sein, allein schon deshalb, weil auf diese Weise auch noch der Zufall der geografischen »Verortung« mitentscheidet über spätere Bildungskarrieren und Humankapitalressourcen.

Unbeweglichkeit ist dabei das Letzte, was den Schulsystemen der Bundesländer vorzuwerfen wäre. Das »klassische« dreigliedrige Schulsystem ist in den meisten alten Bundesländern inzwischen nicht mehr existent und wurde im Osten Deutschlands nach 1990 gar nicht erst eingeführt. Die Hauptschulen sterben langsam aus, gehen in reformierten Real-, Mittel- und Gesamtschulen auf oder werden in neue, stärker berufsorientierte Schulformen wie Werkrealschulen umgewandelt. Die Vielzahl an regional voneinander abweichenden Schulformen und Bildungswegen ist inzwischen auch für den Experten (geschweige denn Schüler und Schülerinnen sowie Eltern) kaum noch überschaubar. Der Hauptschulabschluss als Mindestvoraussetzung für den Beginn einer beruflichen Ausbildung wird zwar auch im umgebauten und integrierten System weiterhin zum Abschluss der neunten Klasse erworben, kann aber nicht mehr überall zum sofortigen Schulabgang genutzt werden. In vielen Fällen wurde mittlerweile ein verpflichtendes oder freiwilliges zehntes Schuljahr eingeführt, um den Schulabschluss aufzuwerten und zur Fortsetzung der Bildungslaufbahn zu ermuntern. Für die Bewertung dieser vielfältigen, mitunter hektischen Reformschritte ist es überwiegend noch zu früh, sie zeigen aber, dass Deutschland die Problematik unzureichender oder fehlender Schulabschlüsse inzwischen ernster nimmt und die Zahl der Schulabgänger ohne Abschluss inzwischen leicht rückläufig ist.[15] Unklar bleibt, ob die Vielzahl der guten Absichten mit dem bestehenden Personal und seiner (häufig veralteten) Qualifikation mit nachhaltigem Erfolg umgesetzt werden kann. Das wird wesentlich von der Bereitschaft zu erheblichen Weiterbildungsanstrengungen abhängen.

Internationale Vergleiche wie die erwähnten der OECD deuten darauf hin, dass höhere soziale Durchlässigkeit ohne Verlust, ja sogar mit einem Zugewinn an Leistungsfähigkeit offenbar insonderheit dann gegeben ist, wenn die Entscheidung für eine weiterführende Schulform in ein späteres Lebensalter der Kinder verschoben und bis dahin ein gemeinsamer Unterricht erteilt wird. Doch darf man daraus keineswegs übereilt den Schluss ziehen, bei ansonsten unveränderten Rahmenbedingungen müsse sich dieser Kurs auch in Deutschland zwangsläufig bewähren. Wohl bieten immer mehr Bundesländer inzwischen Gemeinschaftsschulen bis zum Abschluss der achten oder sogar zehnten Klasse an. Ohne einen entsprechenden Aufwand hinsichtlich individueller Förderung von schwächeren und stärkeren Schülern und Schülerinnen ist freilich nicht davon auszugehen, dass eine Gemeinschaftsschule »automatisch« Verbesserungen mit sich bringt. Dazu müssen die Lehrkräfte fachlich, organisatorisch, aber allein auch schon personell erst einmal in die Lage versetzt werden, damit in kleineren, aber eben besonders heterogenen Klassengruppen eine zielgenaue Förderung auch tatsächlich erfolgen kann.

Doch von spürbar kleineren Klassen (die auch die traditionellen Schulformen revitalisieren würden) scheint das Land weit entfernt. Zwar sind die Schülerzahlen schon seit dem historischen Höchststand von über zehn Millionen im Jahr 1997 kontinuierlich rückläufig, lagen 2010 bei etwa 8,8 Millionen und werden den Schätzungen der Kultusministerkonferenz der Bundesländer zufolge im Jahr 2025 gerade noch die Größenordnung von 7,5 Millionen erreichen.[16] Bis heute sind die Klassengrößen und Schüler-Lehrer-Relationen im Durchschnitt jedoch nur leicht gesunken, weil die Lehrerzahl im bundesweiten Mittel seit mehr als einem Jahrzehnt stagniert. In den nächsten zehn bis 15 Jahren wird etwa jede zweite Lehrkraft altersbedingt seine Schule verlassen; das Durchschnittsalter liegt aktuell bei fast 50 Jahren.[17]

Angesichts der Überalterung der deutschen Lehrerschaft sollte dringend etwas dafür getan werden, mehr Nachwuchskräfte für den Lehrberuf an den Schulen zu gewinnen. Das Problem dabei: Knappheiten entstehen in bestimmten Fachbereichen (Naturwissenschaften, Latein, Musik) und Regionen (Ostdeutschland), aber eben nicht durchgängig. Auch ist der Lehrerberuf schon lange nicht mehr so attraktiv, wie er es sein müsste, um gut qualifizierte Nachwuchskräfte (auch über einen Quereinstieg) anzuziehen. Ausbildungskapazitäten an vielen Hochschulen wurden in der Vergangenheit zurückgefahren und können nicht in kurzer Frist wieder erweitert werden. Im Übrigen fehlt es bislang an präzise differenzierenden Bedarfsprognosen für Lehrkräfte und an einer bundesweiten Stellenbörse, sodass potenzielle Studienanfänger für das Lehramt kaum verlässliche Orientierungspunkte vorfinden.

So droht ein (im Grundsatz sogar wünschenswerter) Länderwettbewerb um taugliches Lehrpersonal, der allerdings nur begrenzten Erfolg verspricht, denn schon traditionell zählen Lehrkräfte zu den besonders immobilen Beschäftigten in Deutschland. Nicht unwahrscheinlich ist es also, dass letztlich doch wieder der bequemere Ausweg eingeschlagen wird: Man findet sich auf politischer Ebene mit rückläufigen Lehrerzahlen ab, nimmt die so erzielbaren Einsparungen gern mit und die demzufolge trotz demografischer Veränderungen nur unwesentlich veränderten Klassenstärken bedauernd zur Kenntnis.

Dieser Beitrag plädiert deshalb dafür, den Bildungsföderalismus mit Blick auf die Schulen konsequent im Sinn eines Wettbewerbsföderalismus zu organisieren und nicht etwa zugunsten eines wenig kreativen Zentralismus aufzugeben (was politisch auch kaum durchsetzbar sein dürfte). Das heißt, die praktizierten Schulformen sollten sich länderübergreifend der Evaluation durch die unabhängige Wissenschaft stellen. So können verlässliche Erkenntnisse gewonnen werden, unter welchen Voraussetzungen welche Schulform und welcher gewählte pädagogische Förderansatz am erfolgversprechendsten ist. Dessen ungeachtet kann ein bundesweit vereinheitlichtes Abitur dafür sorgen, dass es kein Imagegefälle je nach Bundesland an dieser Stelle mehr gibt. Ein zentrales Abitur steht keineswegs im Widerspruch zum Wettbewerbsföderalismus in Sachen Schulbildung.

Manches spricht in der Tat dafür, dass eine drei- bis vierjährige Gemeinschaftsschule als durchgängige Ganztagsschule der Klassen 5–8/9 größere Chancengleichheit für alle Schülerinnen und Schüler herstellen kann, ohne dass die stärkeren Schülerinnen und Schüler im Sinn eines leistungseinebnenden Effekts darunter leiden müssen. Das setzt allerdings entsprechende pädagogische Fähigkeiten und Weiterbildungsbereitschaft unter den Lehrern und Lehrerinnen voraus. So, wie es künftig in allen Bundesländern klare Regelungen zur regelmäßigen Überprüfung möglicher Schulaufstiege geben muss (bislang – Stand 2012 – hat überhaupt erst Nordrhein-Westfalen in seinem Schulgesetz Regelungen zum Schulaufstieg getroffen), darf der Begriff der Begabtenförderung in keiner Schulform ein Tabu sein und müsste also auch in Gemeinschafts- und Gesamtschulen eine systematische »Talentsuche« stattfinden. Vor allem aber erscheinen Gemeinschaftsschulen in besonderer Weise geeignet, die Integration von Schülerinnen und Schülern mit Migrationshintergrund voranzutreiben und sie nicht vor allem an den Hauptschulen stattfinden zu lassen, wo sich auf diese Weise Benachteiligungskarrieren potenziell fortsetzen.

Nach einer per Gemeinschaftsschule gemeinsam erreichten »Grundausbildung« kann dann über eine Zwischenprüfung des fachlichen und sozialen Wissens beispielsweise am Ende der neunten Klasse der Weg in eine gezielt auf eine akademische Bildung zielende Schulform (Gymnasium) oder eine stark praxisbezogene Schulform (Realschule) eingeschlagen werden. Dabei sollte die Realschule sowohl duale Module in Kooperation mit der Privatwirtschaft als auch ergänzende Module vorsehen, die parallel oder nachbelegt werden können, um den Aufstieg ins Gymnasium jederzeit zu ermöglichen. Umgekehrt könnte auch das Gymnasium ein um einige Inhalte gekürztes vorzeitiges »Praxisabitur« anbieten, um auf spezifische Berufsausbildungen vorzubereiten, die das Abitur zur Voraussetzung erheben, aber faktisch nicht die Fächerdichte des vollwertigen Abiturs erfordern.

Schulen müssen in Zukunft ohnedies stärker modular organisiert und »gedacht« werden. Es muss nicht nur für Quereinsteiger leichter und planbarer werden, die Schulform zu wechseln. Es muss beispielsweise ebenso erleichtert werden, nach Unterbrechungen (Auslandsaufenthalt) an eine Schule zurückzukehren oder sie zu wechseln und im Zuge dessen nicht gleich ganze Schuljahre, sondern nur vorher verbindlich festgelegte Einzelmodule nachholen zu müssen. Hierfür lassen sich nach dem Vorbild der Fernuniversitäten auch Voraussetzungen schaffen, etwa vom Ausland aus per »Fernschule« oder im Verlauf der Ferien Bausteine der Curricula nachprüfbar selbst zu erarbeiten.

Aufenthalte im Ausland (nicht nur im Verlauf des Gymnasiums) sollten noch stärker gefördert und verlangt werden; obligatorische Programme mit internationalen Partnerschulen sollten zum erkennbaren Markenzeichen von Schulen werden. Der Erwerb von sozialen, kulturellen und fremdsprachlichen Kompetenzen im Ausland wird in immer mehr Berufsfeldern und weltweit agierenden Firmen bald Einstiegsvoraussetzung sein, ist aber auch für eine akademische Bildungslaufbahn heute so wichtig wie nie. Es wird unweigerlich ins Hintertreffen geraten, wer nicht schon in der Schule von den Möglichkeiten des weltweiten Schüleraustauschs Gebrauch gemacht hat. Für die Stifungen wie auch die Privatwirtschaft tut sich hier ein weites Feld auf – sie können einen elementaren Beitrag dazu leisten, auch bei Auslandsaufenthalten Chancengleichheit zu gewährleisten, und deren Finanzierung übernehmen.

Zum modularen Denken gehört im Übrigen auch, den im Sport längst selbstverständlichen Gedanken der Spitzenförderung weiterzuentwickeln. Ist neben dem Sportinternat nicht auch das Physik- oder Philosophieinternat denkbar, in dem man die gesamte Schulzeit verbringen oder auch nur Bildungsmodule belegen kann? Mit Stipendien kann auch sozial benachteiligten Schülerinnen und Schülern der Besuch ermöglicht werden. Und warum sollte es nicht leichter als bislang möglich sein, entsprechende Kurse für Schüler und Schülerinnen auch an den (Fern-)Hochschulen anzubieten?

Richtig, in Zeiten knapper Kassen ist all dies leichter gesagt als getan. Aber Bildung ist nun einmal die einzige Ressource, mit der Deutschland im Standortwettbewerb wuchern kann. Deshalb sind größere, mutigere Investitionen an dieser Stelle zwingend nötig und dürfen nicht im Kompetenzenstreit zwischen Bund und Ländern wieder und wieder verschoben bzw. verringert werden. Es ist nicht befriedigend, wenn die selbst ernannte Bildungsnation Deutschland es für vermeldenswert erachtet, wenn im schulischen Primarbereich die Ausgaben pro Schülerin und Schüler inzwischen nicht mehr ganz so deutlich unter dem OECD-Durchschnitt liegen und er im Sekundarbereich fast schon erreicht wurde.[18] Es gibt für Deutschland gar keine andere Alternative, als umfassend in die Schulbildung zu investieren. Eine Steigerung des durchschnittlichen Bildungsniveaus und eine Verringerung von sozialer Immobilität sorgt für sehr hohe Erträge, indem der »Talentpool« eines Landes deutlich erweitert wird.

Schulpolitik und Schulträger müssen aber auch die Scheu vor intensiven Kontakten zur Privatwirtschaft abbauen. Betriebe können die Schulen nicht nur noch umfangreicher dabei unterstützen, ihre technische Ausstattung zu verbessern, sondern könnten auf breiter Front langfristige Patenschaften für »ihre« Schule übernehmen, einschließlich Stipendienprogrammen und organisierten Betriebspraktika. Auch die seitens der Wirtschaft besonders gefragten Schulfächer in den Naturwissenschaften können auf diese Weise gestärkt werden.

Vor diesem hier nur skizzierten Hintergrund wird niemand abstreiten können, dass die Anforderungen an Schüler und Schülerinnen wie Lehrkräfte in Zukunft weiter steigen werden. Während Schüler und Schülerinnen sich immer stärker selbst organisieren und im Betrieb von Ganztagsschulen und Zusatzmodulen ein hohes Maß an Disziplin und Ausdauer mitbringen müssen, stehen die Lehrkräfte vor der Aufgabe, neben ihrer fachlichen Kompetenz mehr denn je ihre pädagogischen Talente zu zeigen und offen zu sein für regelmäßige Weiterbildung in den Schulferien und neue Lehrformate. Niemand kann ernsthaft in Abrede stellen, dass hoch qualifizierten und motivierten Lehrkräften – noch dazu im Konzept der verbindlichen Ganztagsschulen – eine Schlüsselstellung bei der Steigerung schülerischer Leistungen und sozialer Mobilität zukommt.

Dazu müssen die pädagogischen Studiengänge von ihrem Mauerblümchendasein an vielen Hochschulen befreit und ihre Lehrpläne den neuen Anforderungen angepasst werden. In einer längst vergangenen Zeit, die hier keineswegs nostalgisch verklärt werden soll, war der Lehrerberuf gesellschaftlich auch schon einmal angesehener als heute. In der heutigen – zu geringen – Entlohnung von Lehrkräften drückt sich ihr – zu geringer – gesellschaftlicher Stellenwert aus. Wenn einerseits das Anforderungsprofil kontinuierlich erweitert wird und gleichzeitig »die Besten« für die Ausbildung der nachfolgenden Generationen gewonnen werden sollen, führt an einer nennenswerten Anhebung der Lehrergehälter kein Weg vorbei.

In Zukunft werden entsprechend gebildete, motivierte und (hoffentlich besser und nach Leistung) bezahlte Lehrkräfte mit vielschichtiger konzipierten Lehrplänen in den Unterricht gehen. Sie werden zweifelsohne in Zukunft weit stärker als bislang Wert auf die Vermittlung von sozialen Kompetenzen wie Kommunikationsfähigkeit, Problemlösungskompetenz, Verantwortungsbereitschaft, vernetztes Denken und Teamfähigkeit legen müssen. Über die rein fachlichen Qualifikationen hinaus sind es gerade diese Kompetenzen, die auf dem Arbeitsmarkt immer wichtiger werden.[19] Entsprechende Lehrinhalte müssen gleichberechtigt neben die Vermittlung von Faktenwissen treten und stellen beträchtliche Anforderungen an die Lehrerschaft. Aber die Schule kann naturgemäß nur einen Teil derjenigen sozialen Kompetenzen vermitteln, die für den späteren beruflichen Erfolg von Bedeutung sind.

Auch die Zeitfenster für ehrenamtliches Engagement, Vereinstätigkeit, musische Bildung und zur eigenen Selbstfindung werden zusehends kleiner. Wehr und Zivildienst als Pflichtdienste an der Gesellschaft sind entfallen. Neue soziale Dienste sollten ausschließlich freiwillig organisiert bleiben. Deshalb ist es auch aus ökonomischer Sicht nicht zwingend, unmittelbar nach Schulabschluss den sofortigen Übergang in Ausbildung oder Studium anzustreben. Zwar profitiert der Arbeitsmarkt von frühzeitig verfügbarem, »frischem« Humankapital, er profitiert aber ebenso von einer Abrundung der Schulbildung etwa in Form eines freiwilligen sozialen (Halb-)Jahres, mit dem in der Regel zugleich Auslandserfahrungen verknüpft sind und das ebenso der Vergewisserung über die eigenen Lebens- und Berufsziele dienen kann.

4 Duale Ausbildung: Kein Auslauf-, sondern Zukunftsmodell

Wer die aktuellen europäischen Arbeitsmarktstatistiken studiert, dem fällt insbesondere eines auf: In Deutschland bewegt sich die Jugendarbeitslosigkeit auf vergleichsweise sehr niedrigem Niveau. Zwar ist es nur schwer erträglich, wenn immerhin doch rund zehn Prozent der Altersgruppe arbeitslos sind, doch die aktuell bis zu viermal höheren Werte insbesondere in den südeuropäischen Staaten zeigen, dass Deutschland beim Übergang der Jugendlichen in den Arbeitsmarkt offenbar einiges richtig macht.[20] Das ist auf den ersten Blick umso erstaunlicher, als der deutsche Arbeitsmarkt gemeinhin als besonders stark reguliert gilt und eine hohe Regulierungsdichte etwa beim Kündigungsschutz andernorts durchweg eine Hauptursache für den erschwerten Einstieg junger Menschen in das Erwerbsleben darstellt.

In Deutschland sorgt jedoch unbestreitbar die duale Ausbildung dafür, dass es Jugendliche leichter haben, nach dem Berufsabschluss rasch in den Arbeitsmarkt integriert zu werden. Durch die Kombination von Praxis und Theorie, die vergleichsweise hohe Lerneffizienz und die unmittelbare Nähe zum Betrieb werden noch am ehesten dem Bedarf entsprechende Qualifikationen vermittelt, soweit sich das angesichts der permanenten, technologisch getriebenen Veränderung der Anforderungen überhaupt noch leisten lässt. Vor allem aber erhalten die im System aktiven Unternehmen einen unmittelbaren Einblick in die Fähigkeiten der Auszubildenden und können auf dieser Grundlage Entscheidungen über die Übernahme von fertigen Auszubildenden in die Belegschaft oder ihre Vermittlung in Tochter- und Partnerunternehmen treffen sowie ferner bei erkannten Fehlentwicklungen (schulischen Defiziten) die entsprechenden Signale senden.

Das duale System beschleunigt den Übergang von der Ausbildung in den Beruf und verkürzt für viele junge Leute am Beginn ihres Erwerbslebens die Suchzeiten. Umgekehrt sparen die Unternehmen Suchkosten für neue Arbeitskräfte ein, betrachten die dualen Auszubildenden gern als Beschäftigte auf Probe und kommen im rationalen betriebswirtschaftlichen Kalkül zu der Feststellung, dass sich ihr Beitrag zur Finanzierung des dualen Ausbildungssystems insgesamt durchaus »rechnet«. Es gibt deshalb keine Anzeichen dafür, dass die duale Ausbildung ein Auslaufmodell wäre.

Nichtsdestoweniger ist diese Form der Berufsausbildung offenbar noch nicht attraktiv genug, um noch mehr Betriebe zur Teilnahme zu motivieren. Sie vertrauen darauf, dem Ausbildungsmarkt auch künftig ohne eigene Beteiligung geeignete Bewerber und Bewerberinnen entnehmen oder den Ausbildungsbetrieben abwerben zu können.[21] Die strategische Vorbereitung der Unternehmen auf die bevorstehenden demografischen Veränderungen macht eine erhöhte personalplanerische Aufmerksamkeit für den Ausbildungsmarkt schon heute erforderlich, steckt aber vielfach noch in den Anfängen. Dies mag sich im weiteren Verlauf des demografischen

Wandels ändern, wenn es nicht nur in einzelnen Ausbildungsberufen, sondern auf breiter Front zu Engpässen bei Auszubildenden kommen und sich insofern die Situation fehlender Lehrstellen in ihr Gegenteil verkehren wird. Spätestens dann werden viele Unternehmen erst recht Wert darauf legen, ein Maximum an »passgenauer« Ausbildung zu gewährleisten, und sich (wieder) stärker für die duale Ausbildung engagieren müssen.

Auf dem Weg dorthin kann beispielsweise durch den Zusammenschluss von Unternehmen zu Ausbildungsverbünden dafür gesorgt werden, dass auch kleinere Betriebe stärker am dualen System teilnehmen. Zentrale regionale Anlaufstellen für Lehrstellenbewerber könnten in Kooperation von Berufsschulen, Unternehmen und den Arbeitsagenturen dazu beitragen, dass Ausbildungsbetrieb und Lehrstellenbewerber leichter und treffsicherer zusammenfinden. Auf diesem Weg können auch bislang erfolglose Bewerber und Bewerberinnen besser vermittelt werden und die fraglos zu hohen Abbrecher- und Auflösungsquoten verringert werden. Solange kein Ausbildungsplatz gefunden ist, muss die Lehre an der Berufsschule fortgesetzt und gegebenenfalls auch zertifiziert abgeschlossen werden können.

Vor dem Hintergrund der auch künftig weiter wachsenden Anteile von jungen Menschen mit Migrationshintergrund im dualen System kommt diesem eine beachtliche Integrationsrolle innerhalb der Gesellschaft zu. Ihr gerecht zu werden, setzt voraus, dass mehr Lehrkräfte mit eigenem Migrationshintergrund rekrutiert und generell auch an dieser Stelle die pädagogischen Fähigkeiten durch regelmäßige Weiterbildung ausgebaut werden. Berufsschullehrer und -lehrerinnen sind ganz sicher keine Lehrkräfte zweiter oder dritter Klasse.

Die Zukunft des dualen Systems liegt aber vor allem in seiner Erweiterung auch in den Hochschulsektor hinein. Das System könnte eine massive Aufwertung erfahren, wenn insonderheit die Fachhochschulen Kurse und Studiengänge für besonders qualifzierte Auszubildende anbieten. Letztere hätten somit nicht erst nach dem Berufsabschluss die Möglichkeit, ein Studium anzuschließen, sondern könnten bereits im Verlauf der Ausbildung zusätzlich oder auch alternativ zur Berufsschule vom Know-how der Hochschulen profitieren. Gerade angesichts der Bachelorstudiengänge erscheint diese Form der Durchlässigkeit äußerst sinnvoll. [22]

Auch in der Weiterbildung kann das duale System von Nutzen sein. Der Markt für Weiterbildung wird in Zukunft vor dem Hintergrund lebenslanger Lernnotwendigkeiten an Bedeutung stark zunehmen. Eine stärkere Zusammenarbeit von Unternehmen, Berufsschulen und Fachhochschulen auf diesem Gebiet drängt sich geradezu auf, schafft aber auch neue Herausforderungen für das vorhandene Lehrpersonal.

Was heißt das für die Ausbildungsentscheidung junger Menschen, die in den kommenden Jahren ihre Schulzeit beenden? Sie sollten darauf vertrauen, dass die Qualität der dualen Ausbildung künftig eher verbessert werden wird und sie zusehends weniger Schwierigkeiten haben werden, eine attraktive Lehrstelle zu finden. Gerade in den technischen und naturwissenschaftlichen Ausbildungsberufen, aber auch im breiten Bereich sozialer Dienstleistungen und Betreuungsdienstleistungen sollten die Berufsperspektiven besonders günstig sein. Das duale System wird auch weiterhin eine interessante Alternative zur akademischen Bildungslaufbahn darstellen, umso mehr dann, wenn es universitäre Elemente optional einbringt und so an Reputation noch gewinnt. Gerade in den technischen und naturwissenschaftlichen Ausbildungsberufen drängen sich diese Wege auf. Allerdings werden im gleichen Maß auch die Voraussetzungen hinsichtlich der schulischen Bildung immer weiter nach oben geschraubt. Klar sein muss, dass ein schwacher oder gar fehlender Schulabschluss künftig noch unausweichlicher als heute das »Aus« bedeuten kann.[23]

5 Hochschulbildung: International, interdisziplinär, dual und autonom

Veranstaltungen für Erstsemester in Fußballstadien, Lehrbetrieb in Zelten, Kampf um Sitz- und Lernarbeitsplätze in Hörsälen und Bibliotheken, lange Wartezeiten bis zum (zu kurzen) Gespräch mit dem Hochschullehrer oder der Hochschullehrerin – heutige Studierende können ein Lied davon singen, was es heißt, im 21. Jahrhundert an einer deutschen Hochschule zu studieren. Und das Lied der Lehrkräfte klingt durchaus ähnlich: oftmals absurd große Seminargruppen, kaum Zeit für individuelle Förderung und eigene Forschung, stattdessen starke Involvierung in allgemeine Verwaltungsaufgaben. Sollte es Zweifel daran gegeben haben, ob die Modernisierung der Hochschulen mit der Reform der Professorenlaufbahnen, der Schaffung von Bachelor- und Masterstudiengängen nach internationalem Vorbild, der (zeitlich befristeten) Exzellenzinitiative zur finanziellen Förderung von Spitzenforschung an ausgewählten Hochschulen sowie der Einführung und alsbaldigen Wiederabschaffung von Studiengebühren in allen Bundesländern (für das Erststudium, andere Regelungen für Zweitstudium und Langzeitstudierende) bereits als gelungen betrachten werden kann, so sind sie mit dem jüngsten, massiven Anwachsen der Studienanfängerzahlen gründlich beseitigt worden. Durch den

Wegfall von Wehr- und Zivildienst drängen viele Studienwillige vorzeitig an die Hochschulen und der anstehende Abiturdoppeljahrgang 2013 wird diese Probleme an den Hochschulen nochmals verschärfen. Sie sind naturgemäß auch nicht ein Semester später wieder verschwunden, sondern werden diese Studierenden über den gesamten Verlauf ihres Studiums begleiten. Zwar ist es vernünftig, auch darauf hinzuwirken, dass mehr als nur bislang kaum fünf Prozent westdeutscher Studienanfänger ihr Studium in Ostdeutschland aufnehmen.[24] Aber auch die dortigen demografisch bedingt frei gewordenen Kapazitäten sind begrenzt.

Es liegt auf der Hand, dass auf diese Weise neue soziale Immobilität hervorgerufen werden kann: Hier die besser gestellten Studierenden, die in einer Ausweichreaktion unmittelbar oder im weiteren Verlauf ein Studium im

Abb. 4: Zahl der Studienanfänger 1993 bis 2025 (2012 bis 2025 nach Vorausberechnungsvarianten)

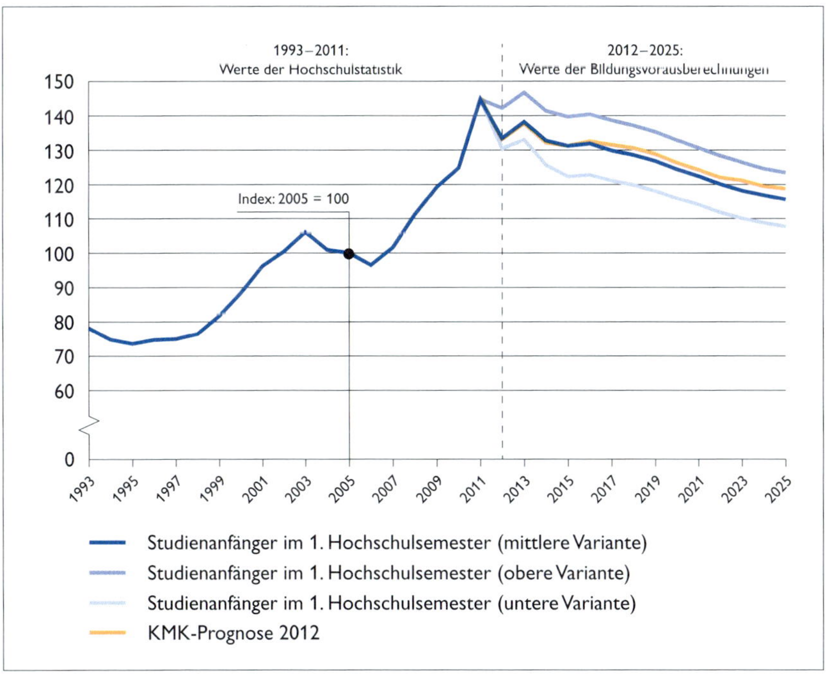

Quelle: Statistische Ämter des Bundes und der Länder, Bildungsvorausberechnung 2012; KMK-Vorausberechnung der Studienanfängerzahlen 2012–2025 (vgl. http://www.bildungsbericht.de/daten2012/bb_2012.pdf, S. 126)

Ausland oder an einer teuren privaten Hochschule finanzieren können, dort diejenigen, für die diese Option ausscheidet und die insofern einmal mehr zu Leidtragenden in einem Bildungssystem werden könnten, in dem sie möglicherweise schon von Beginn an aufgrund ihrer sozioökonomischen Herkunft benachteiligt worden sind.

Zusätzlich kompliziert wird die aktuelle Konstellation durch den Umstand, dass langfristig die Studierendenzahlen ungeachtet aktueller Höchststände gerade in den sogenannten MINT-Fächern (Mathematik, Informatik, Naturwissenschaften, Technik) nicht mehr genügen werden, um den Bedarf des Arbeitsmarktes zu decken. Bildungspolitik und Hochschulen dürfen sich also nicht etwa darauf verlassen, dass alsbald der demografische Wandel zu einer quantitativen Entlastung führen wird. In Wirklichkeit kommt es sogar darauf an, schon jetzt die Weichen dafür zu stellen, dass künftig – fächerabhängig – sowohl mehr Studierende auch über »Umwege« als Quereinsteiger wie zugleich auch mehr Studienwillige aus dem Ausland gewonnen werden können.

Zu warnen ist in diesem Zusammenhang aber auch vor einem verbreiteten Irrglauben: Es ist mitnichten so, dass nur die MINT-Fächer in der Lage wären, Antriebsmotor der Wirtschaft zu sein und Innovationen hervorzubringen. Vielmehr kommt es auf die richtige Mischung von Natur-, Kultur- und Sozialwissenschaften an, um gesellschaftliche wie technologische Innovationen zu stimulieren.[25] Das macht die Planung von Hochschulreformen noch schwieriger: Es wäre fatal, Fachbereiche gegeneinander auszuspielen und etwa geisteswissenschaftliche Disziplinen sukzessive auszutrocknen, um die so eingesparten Mittel anderweitig konzentrieren zu können. Zugleich liegt eine potenzielle Stärke aber eben auch in der Fokussierung und Spezialisierung.

In Zukunft braucht es keineswegs mehr zwangsläufig so zu sein, dass die meisten Hochschulen einen vergleichbar breiten Kanon an Fächern in einer Art »akademischer Grundversorgung« vorhalten. Manches spricht dafür, den Hochschulen diejenige Autonomie zu gewähren, die sie benötigen, um sich ein eigenständiges Profil zu geben und sich als Marke im Wettbewerb der (internationalen) Hochschulen erfolgreich zu etablieren. Das kann in der Tat bedeuten, im einen Fall die Naturwissenschaften oder Medizinstudiengänge substanziell auszubauen, im anderen die Informatik oder Wirtschaftswissenschaften, in einem weiteren schließlich die Kultur- und Sprachwissenschaften. Andere Fachbereiche dürfen dabei nicht etwa leichtfertig geschwächt oder gar ganz geschlossen, aber sie könnten hochschulvernetzend zusammengelegt werden, was Synergien schaffen und verkrustete Strukturen aufbrechen kann.

Richtig organisiert, würden Fachbereiche so nicht geschwächt, sondern gestärkt und gingen eher der Gefahr aus dem Weg, dass exponierte Lehrkräfte der Verlockung erliegen, an internationale Hochschulen abzuwandern. Allerdings ist die Befürchtung dennoch nicht unbegründet, dass derartige Entscheidungen letztlich doch primär unter dem Diktat von Einsparzwängen getroffen werden würden oder aber nur solche Fachbereiche attraktiv ausgebaut würden, an denen zugleich auch ein potentes Kofinanzierungsinteresse von privaten Geldgebern besteht. Um Fehlentwicklungen zu verhindern, müssten solche Prozesse von unabhängigen Expertengremien begleitet werden. Auch deshalb wird man hier wohl schnell an die Belastbarkeitsgrenzen des Bildungsföderalismus stoßen. Und doch wäre eine »Clusterbildung« nichts Unanständiges, vor dem man zurückschrecken müsste, solange gewährleistet bleibt, dass kein Fächersterben eintritt und für alle Fachbereiche Studienplätze in ausreichender Zahl zur Verfügung stehen. Für die Studierenden würden sich neue Mobilitätszwänge ergeben, verbunden aber mit der Perspektive, am gewählten Ort einen überdurchschnittlich stark ausgebauten und international agierenden Fachbereich mit insgesamt günstigeren Studienbedingungen vorzufinden.

In Zukunft werden wir aber auch mehr interdisziplinäre Studiengänge benötigen, die vernetztes Denken und Lernen jenseits der Elfenbeintürme von Einzeldisziplinen vermitteln. Genau diese Qualifikationen sind es, die künftig mehr denn je von Hochschulabsolventen und -absolventinnen verlangt werden müssen: Wichtig ist die Fähigkeit, komplexe Zusammenhänge auf einem soliden Fundament fachübergreifenden Wissens zu entschlüsseln und zu steuern. Dabei kommt es weniger auf erlerntes, morgen aber vielleicht schon überholtes Spezialwissen an, das auch punktuell nachgelernt werden kann.[26] Gut konzipierte interdisziplinäre Studiengänge scheinen auch am ehesten dazu in der Lage, dem beinahe schon in Vergessenheit geratenen Ideal einer Hochschulbildung mit dem Ziel, zu gesellschaftlichen Führungsrollen zu befähigen, wieder näherzukommen. Gerade die Universitäten, deren originäre Aufgabe genau dies sein sollte, haben in der Vergangenheit zu wenig getan, um sie auch in Zeiten technologischer Dynamik und unaufhaltsamer Globalisierung angemessen zu erfüllen.[27]

Ohne eine fundamentale Veränderung der Finanzierungsbasis der Hochschulen sollte man sich allerdings hüten, auch nur bescheidene Erwartungen in Richtung einer markanten Verbesserung der Situation der Lehre (und Forschung) an den Hochschulen zu hegen. Die Innovationskraft eines Landes hängt eng mit der Qualität seiner Hochschulen zusammen – und umgekehrt: In der Regel verfügen die innovationsstärksten Länder auch über die international führenden Hochschulen. Das ist beileibe nicht nur, aber eben auch eine Frage des Geldes.[28] Heute ist es im Rahmen des deutschen Bildungsföderalismus letztlich vor allem die Finanzkraft des einzelnen Bundeslandes, die über die Finanzausstattung der Hochschulen entscheidet. Dabei ist Bildung gar keine »Länderangelegenheit«, sondern eine höchst vordringliche nationale Aufgabe. Es steht nicht im Widerspruch zum Gedanken des Wettbewerbsföderalismus im Bildungssektor, wenn die Aufgabenteilung zwischen Bund und Ländern mit dem Ziel reformiert wird, absurde »Kooperationsverbote« aufzugeben und dem Bund mehr dauerhafte (Finanzierungs-)Kompetenzen über befristete »Exzellenzinitiativen« hinaus einzuräumen. Bislang verbietet das Grundgesetz eine dauerhafte Förderung der Bildung durch den Bund und schützt die Hoheit der Länder auf diesem Feld. Das muss sich dringend ändern.

Es steht auch nicht im Widerspruch zur Unabhängigkeit von Wissenschaft und Forschung, wenn die Wirtschaft an dieser Stelle systematisch in die Pflicht genommen wird, damit verstärkt Fördermittel nicht nur für einzelne Forschungsvorhaben oder Lehrstühle, sondern ganze Hochschulen fließen können. Der Beitrag insbesondere der deutschen Großunternehmen zur Förderung der Wissenschaft, von der sie die Ausbildung ihres Führungspersonals erwarten, ist insgesamt bislang unbefriedigend gering. Die Finanzierung des Hochschulsektors ist primär Sache der öffentlichen Haushalte – mit dem Ergebnis, dass die höheren Bildungserträge von Akademikern und Akademikerinnen über Steuergelder auch von denen mitfinanziert werden, die selbst gar keine Hochschulbildung in Anspruch genommen haben. Das widerspricht den Prinzipien sozialer Gerechtigkeit. Eine gesellschaftlich faire Finanzierung der Hochschulen sieht anders aus, sie setzt neben der öffentlichen Grundfinanzierung auch bei denen an, die von ihr am meisten profitieren.

Im Einzelfall engagiert sich die Wirtschaft zwar bereits in bemerkenswerter Weise, aber die große Mehrheit der Unternehmen zeigt bislang kaum Interesse, sich finanziell zu engagieren, obwohl dies dem Image (und Wettbewerbsvorteil bei der Stellenbesetzung) eines sozial verantwortlich handelnden Arbeitgebers nur zuträglich wäre. Dies wird seinen Grund nicht zuletzt auch darin haben, dass die Hochschulen mangels hinreichender Autonomie nicht uneingeschränkt freie Hand bei der Kofinanzierung durch private Mittel haben. Zwar sind sogenannte Drittmittel inzwischen in größerem Umfang Bestandteil der Hochschulfinanzierung, doch sind sie überwiegend für die Forschung und noch eher selten für die Lehre gedacht. Es erscheint dringend an der Zeit, mehr Spielräume für private Hochschulfinanzierungen zu schaffen, die auch steuerlich attraktiv sein müssen. Je unrealistischer es ist, dass die öffentliche Hand in kurzer Zeit die Entschlossenheit zu einer nachhaltigen Finanzierungsoffensive aufbringt, umso wichtiger wäre es, den Hochschulen Partnerschaften mit privaten Geldgebern leicht zu machen.

Ferner lässt sich auch das Kapital der zahlreichen deutschen Stiftungen und Mäzene noch besser für die Hochschulbildung mobilisieren. Wenn mit Korrekturen im Stiftungsrecht, aber gerade auch im Erbschaftssteuerrecht dafür gesorgt würde, dass weitere Stiftungen ins Leben gerufen werden und der Einsatz privater Mittel steuerlich »interessant« wird, könnte dies den Hochschulen zusätzliche Gestaltungsspielräume bieten.

Dass die Erststudiengebühren inzwischen bundesweit wieder abgeschafft worden sind, unterstreicht, wie schwer man sich in Deutschland mit diesem Thema tut. Dabei ist überhaupt nicht einzusehen, warum nicht die Studierenden zumindest einen Teil ihres per erfolgreichem Studium zu erzielenden Einkommensbonus an die Gesellschaft zurückgeben sollten, die diesen Erfolg schließlich zuvor finanziell ermöglicht hat. Zu fragen ist allerdings mit Fug und Recht, ob diese Kostenbeteiligung anstelle der bislang praktizierten, sofort fälligen Semestereinheitsgebühren nicht besser in Form von nachgelagerten, also erst aus dem späteren Erwerbseinkommen und in Form von verdienstabhängig gestaffelten Beträgen erfolgen sollte.[29] Auf diese Weise kann der Kritik, Studiengebühren führten zu Chancenungleichheit, wirksam begegnet werden: Wer mehr verdient, zahlt mehr zurück, wer rascher und erfolgreicher studiert, zahlt weniger. Ebenso kann mit erweiterten Stipendienprogrammen (Stiftungen!) sozialer Ungerechtigkeit vorgebeugt werden. Die Hochschulen sollten jedenfalls nicht auf die Mittel aus Studiengebühren verzichten müssen.

Der über viele Jahre aufgestaute Finanzierungsrückstand der deutschen Hochschulen ist ein Grund dafür, dass sie in den Rankings der weltweiten Spitzenuniversitäten schon lange nicht mehr auftauchen. Deutschland ist in dieser Hinsicht, gemessen an seiner Bevölkerungsgröße, eindeutig unterrepräsentiert.[30] Die pro Studierenden getätigten Ausgaben rangieren zwar mittlerweile über dem OECD-Durchschnitt und holen gegenüber der europäischen Spitzengruppe (Schweiz, Schweden, Norwegen, Niederlande) auf, aber die Versäumnisse der Vergangenheit wiegen zu schwer, als dass sie in kurzer Zeit wieder ausgeglichen werden könnten. Noch deutlicher wird die Unterfinanzierung, bezieht man die USA, arabische Ölstaaten oder das aufstrebende Ostasien in die Betrachtung ein.[31]

Dabei waren – wer erinnert sich heute noch daran – deutsche und europäische Universitäten noch vor wenigen Jahrzehnten international führend. Erst nach dem Zweiten Weltkrieg, während Europa seine Kräfte auf den wirtschaftlichen Wiederaufbau konzentrierte, haben die USA mit der Anwerbung europäischer Wissenschaftler und der Investition massiver öffentlicher und privater Mittel die Grundlagen zu einem Vorsprung im Hochschulwesen gelegt, der sich inzwischen schon traditionell in der regelmäßigen Verleihung von Nobelpreisen an US-Wissenschaftler dokumentiert: Stammten zwischen 1901 und 1950 noch fast drei Viertel aller Nobelpreisträger aus Staaten der heutigen Europäischen Union, waren es 1951 bis 2000 nur noch ein Drittel und 2001 bis 2004 weniger als ein Fünftel, Tendenz weiter fallend.[32]

Heute sind freilich nicht mehr nur die USA der Maßstab. Ostasien ist auf dem Vormarsch: Inzwischen hat sich neben Japan mit China eine neue Weltmacht nicht nur in der Ökonomie, sondern auch in der Wissenschaft etabliert. China entsendet heute nicht mehr nur seine Studierenden ins Ausland, sondern bildet sie unter Einsatz erheblicher finanzieller Mittel zunehmend im eigenen Land erstklassig aus und zieht in wachsendem Umfang internationale Gastwissenschaftler an. Es ist nur noch eine Frage der Zeit, wann Nobelpreise regelmäßig auch nach China gehen werden. Und wenn Studieninteressierte aus Drittstaaten außerhalb der EU morgen eine Entscheidung für einen Studienort treffen, ist Europa möglicherweise bald nur noch die dritte oder vierte Wahl.

Die europäischen Hochschulen sind gut beraten, wenn sie diese neue, aber nicht überraschende Wettbewerbskonstellation ernst nehmen und ihrerseits wieder mehr dafür tun, ausländische Studierende im wahren Sinn des Wortes »anzuwerben«. Deutschland hat hier international ohnehin eine führende Position inne und beste Voraussetzungen, sie mit dem gut aufgestellten Deutschen Akademischen Austauschdienst (DAAD) und der zuletzt erfolgten großzügigeren Aufenthaltsgestaltung für ausländische Studienabsolventen und -absolventinnen (sie müssen nicht mehr sofort nach Studienende das Land verlassen, sondern haben ein Jahr Zeit, eine der erworbenen Qualifikation entsprechende Arbeitsstelle in Deutschland zu finden) weiter auszubauen. Aktuell nimmt die Zahl der ausländischen Studienanfänger in Deutschland tatsächlich wieder zu.[33]

Dies kann freilich nur ein Schritt auf dem Weg zur stärkeren Internationalisierung der Hochschulen sein. Es ist auffällig, wie wenig es die europäischen Hochschulen bislang verstanden haben, eine echte europäische Identität zu entwickeln, sich miteinander besser zu vernetzen, ihre Studiengänge über den jeweiligen nationalen Tellerrand hinaus aufeinander abzustimmen und länderübergreifend zu kooperieren. Der sogenannte Bolognaprozess, mit dem immerhin 29 europäische Länder seit 1999 schrittweise ihre Hochschulstrukturen harmonisieren, hat sich bislang im

Wesentlichen auf die Vergleichbarkeit von Studienabschlüssen (im Rahmen des European Qualifications Framework – EQF) und die Einführung eines Leistungspunktesystems (European Credit Transfer System – ECTS) fokussiert. So wird zwar der grenzüberschreitende Studienortwechsel und die Anerkennung von Studienleistungen erleichtert, doch zur Entwicklung einer europäischen Identität der Hochschulen haben diese Maßnahmen noch nicht geführt. Auch die räumliche Mobilität der europäischen Studienabsolventen und -absolventinnen ist im Vergleich zu den USA eher niedrig – das gilt auch innerhalb der Europäischen Union, wo sie nur sehr langsam zunimmt. Diese Sachlage steht in einem eigentümlichen Gegensatz zur raschen Globalisierung der Arbeitsmärkte, die eine größere Mobilität gerade der Hochschulabsolventen und -absolventinnen und gesuchten Fachkräfte erfordert. Für die europäischen Wirtschaftsstandorte ist es von nicht zu unterschätzender Bedeutung, die Binnenmobilität der »eigenen« Absolventen und Absolventinnen frühzeitig noch stärker zu stimulieren.[34]

Für die Zukunft zeichnet sich ab, dass Auslandssemester durchgängig von der Kür zum Pflichtprogramm eines jeden Studenten und einer jeden Studentin gehören dürften; an manchen Universitäten ist dieser Prozess bereits eingeleitet worden. Auch hier tut sich ein weites Feld für den Wettbewerb zwischen den Hochschulen auf. Partnerschaften zu renommierten internationalen Forschungseinrichtungen sollten verstärkt angestrebt und zur Schärfung des eigenen Profils genutzt werden. Durchweg in englischer Sprache angebotene Studiengänge sind insbesondere im Bereich der Natur- und Wirtschaftswissenschaften eine fast zwingende Antwort auf die Anforderungen in Wissenschaftspositionen und leitenden Funktionen in der weltweit vernetzt agierenden Wirtschaft. Immer weniger Berufsfelder mit akademischen Ansprüchen bieten heute noch Refugien für Sprach- und Kulturunkundige. Längst stellt auch der öffentliche Dienst in dieser Hinsicht ganz andere Anforderungen, weil selbst dieser zunehmend auf internationaler Ebene tätig ist.

Sollen die Hochschulen sich dem nationalen wie internationalen Wettbewerb engagiert stellen können, verlangt dies ein erhebliches Maß an autonomen Entscheidungskompetenzen – von der inzwischen für die Mehrzahl der Studienfächer dezentralisierten Studienplatzvergabe über die Lehrstuhlbesetzung bis hin zur weitestgehenden Hoheit über die öffentlichen und selbst angeworbenen Finanzmittel. Allerdings zeigt sich gegenwärtig gerade an der insgesamt wenig koordinierten und professionellen Studienplatzvergabe durch die Hochschulen, dass erweiterte Autonomie auch gelernt sein will.

Autonomie professionell zu handhaben, setzt professionelles Management der Hochschulen voraus, zumal es gilt, neue Chancen zu ergreifen und neue Märkte zu erschließen: Die Hochschulen müssen sich mit Blick auf die zunehmende Modularität der individuellen Bildungslaufbahnen dringend gezielt für Absolventen und Absolventinnen der beruflichen Bildung, für berufsbegleitende und duale Studiengänge öffnen. Wenn der Arbeitsmarkt in näher rückender Zeit mehr Akademiker und Akademikerinnen benötigt, als sie das Bildungssystem bisheriger Struktur anbieten kann, liegt neben der Anwerbung von Hochqualifizierten aus dem Ausland und der besseren Talentsichtung und -förderung an den Schulen eine wichtige Stellschraube darin, Quereinsteigern den Weg an die Hochschulen zu ebnen.

Mit verstärkt statt nur vereinzelt angebotenen dualen Studiengängen vor allem an den Fachhochschulen würde nicht nur das Format des ohnehin eher praxisorientierten Bachelorstudiums sinnvoll ergänzt, sondern auch das duale Ausbildungssystem aufgewertet. Befürchtungen hinsichtlich einer Rivalität zwischen dualer Berufsausbildung und dualem Studium erscheinen wenig begründet – alle Akteure werden sich ohnehin bewegen und aufeinander zugehen müssen.[35] Konkret hieße das, betriebsnahe akademische Bildung mit dem Lernen im Unternehmen zu verknüpfen. Für solche Studiengänge passt allerdings nicht notwendigerweise das bisherige Auswahlverfahren für promoviertes und habilitiertes Lehrpersonal; insoweit muss auch hier ein Quereinstieg gerade aus dem unternehmerischen Umfeld ermöglicht werden.

Gleichzeitig muss es künftig wesentlich leichter werden, im Anschluss an eine abgeschlossene duale Berufsausbildung einen Aufbaustudiengang zu besuchen. Die Hochschulen sollten dazu in enge Koordination mit den Berufsschulen und Ausbildungsbetrieben treten, um frühzeitig Bedarfsprognosen erstellen und Studienplätze vorhalten zu können. Auch aus diesem Engagement kann sich eine »markenstärkende« Strategie und ein eigenständiges Profil der jeweiligen Hochschule entwickeln.

Die stärkere Individualisierung und Modularisierung der Bildungslaufbahnen verlangt zudem nach einer systematischen Erweiterung von – gebührenpflichtigen – Angeboten für ein berufsbegleitendes Studium in Teilzeit oder Abendkursen. Die heute gegebenen technischen Möglichkeiten rufen auch förmlich nach einem massiven Ausbau von Fernstudiengängen auf allen Ebenen. Was spricht dagegen, Studierenden in Zukunft die Wahl zu lassen, ob sie die klassische Ausbildung im regulären Hochschulbetrieb mit all ihren Vor- und Nachteilen bevorzugen oder aber ein Fernstudium aufnehmen bzw. es mit einem konventionellen Studiengang kombinieren wollen?

Nicht zuletzt sollten die Hochschulen zudem auch das breite, bislang wenig transparent entwickelte Gebiet der Weiterbildung stärker für sich entdecken. Sie sollten in die Lage versetzt werden, mit zertifizierten Angeboten einen Beitrag zur qualitativen Aufwertung und damit zur Steigerung der Attraktivität von Weiterbildung für Beschäftigte wie Unternehmen zu leisten. Dort, wo sie künftig ohnehin verstärkt duale Studiengänge und -module anbieten und insoweit den Kontakt zu den Unternehmen halten, sollte die Konzeption solcher Weiterbildungsangebote leichtfallen. Da zu vermuten ist, dass die Zurückhaltung vieler Betriebe in Sachen einer regelmäßigen Weiterbildung ihrer Mitarbeiterinnen und Mitarbeiter nicht zuletzt auch durch die mangelnde Transparenz des Weiterbildungssektors hervorgerufen wird, wäre ein umfassendes Engagement der Hochschulen umso wichtiger.

Auch diese Aufgaben setzen mehr Autonomie voraus – auch die Autonomie übrigens, Preise für angebotene Dienstleistungen mit den Kunden auszuhandeln. Denn die Öffnung der Hochschulen für berufsbegleitende Studien und lebenslanges Lernen bedeutet eben nicht, dass die Finanzierung all dessen aus offentlichen Mitteln zu erfolgen hätte. So werden sich für die Hochschulen hoffentlich künftig erweiterte Finanzierungsoptionen ergeben, die freilich der Gesellschaft kein Alibi liefern, die öffentliche Hochschulfinanzierung – aus Bundesmitteln – nicht weiter deutlich aufzustocken.

Für die Jahrgänge von Studienanfängern und -anfängerinnen bzw. Studienberechtigten, die jetzt ihr Studium begonnen haben bzw. in den kommenden Jahren beginnen werden, wird sich in den »Massenfächern« ungeachtet der hier vorgetragenen Überlegungen kaum etwas an der Konstellation dauerhaft überfüllter Hörsäle und insgesamt eher ungünstiger Studienbedingungen inmitten eines organisatorischen Reformprozesses der Hochschulen ändern. Für sie kämen die skizzierten Reformen definitiv zu spät. Zum Studium (und dessen Fortsetzung auch im Ausland) sei ihnen dennoch nachdrücklich geraten. Denn die Arbeitsmarktintegration von Akademikern und Akademikerinnen wird auch künftig überdurchschnittlich gut und rasch gelingen, sie haben die weitaus besten Einkommensaussichten – und die besten Voraussetzungen für das lebenslange Weiterlernen, das auch für sie in Zukunft zur Routine werden muss.

6 Schlussfolgerungen: Ein Leben lang (gern) lernen

Eine der wesentlichen Lehren aus den Wirtschafts- und Arbeitsmarktentwicklungen der jüngeren Zeit dürfte sein, dass Humankapital (gemeint sind keineswegs nur Akademiker und Akademikerinnen, sondern ebenso qualifizierte Facharbeitskräfte) immer gefragter und zugleich, primär demografisch bedingt, immer knapper werden wird, während zugleich die Perspektiven für Schlechtqualifizierte beschleunigt schwinden. Die vorhandenen »Reserven« und »Talentpools« müssen deshalb systematischer ausgeschöpft werden, sofern unsere alternden Gesellschaften nicht an Innovationskraft und an Dynamik einbüßen sollen. Reserven lassen sich durch verlängerte Lebensarbeitszeiten (und auch durch längere Wochenarbeitszeiten) ebenso aktivieren wie durch eine verstärkte Frauenerwerbstätigkeit auf der Grundlage flexiblerer Arbeitszeiten und besserer Kinderbetreuung. Weitere Reserven lassen sich durch eine gesteuerte Zuwanderung mobilisieren.[36]

Das vorhandene Arsenal potenzieller Talente konsequent zu erschließen, gelingt hingegen nur, wenn schon zu Beginn der Bildungskarrieren Chancengleichheit hergestellt wird und nicht einzelne Gruppen durch Missachtung ihres Förderbedarfs entscheidend benachteiligt werden. Keine Gesellschaft wird es sich ohne nachhaltige Folgen für ihre Wettbewerbsposition künftig noch länger leisten können, kontraproduktive Fehlentwicklungen wie eine unzureichende und in den letzten Jahren sogar rückläufige soziale Mobilität im Bildungswesen und eine strukturelle Benachteiligung zugewanderter ethnischer Minderheiten andauern zu lassen. Im globalen Wettbewerb befinden sich nicht nur die Wirtschafts-, sondern auch die Bildungssysteme.

Soziale Mobilität, also Bildungsaufstiege unabhängig von der Bildungssituation in der Familie, zu gewährleisten, hat aus diesem Grund nicht nur eine gesellschaftliche, sondern auch eine handfeste ökonomische Dimension. Mehr Chancengleichheit zahlt sich in insgesamt höheren Bildungs- und Ausbildungsabschlüssen aus, von denen Wirtschaft, Arbeitsmarkt und die sozialen Sicherungssysteme unmittelbar profitieren. Mehr und bessere Beschäftigung ist die Folge. Eine bessere Organisation von Bildung und Ausbildung führt zu mehr gesellschaftlicher Wohlfahrt und größerer sozialer Gerechtigkeit.[37]

Der Befund für Deutschland fällt zurzeit ungünstig aus: Der sozialen Mobilität werden durch Mängel in der frühkindlichen Bildung und in der Schulbildung Grenzen gesetzt, indem potenziell begabte Kinder aufgrund der Bildungsferne ihrer Eltern und mangelnder Förderkompetenzen und -kapazitäten schon früh den Anschluss verlieren. Diese Benachteiligung wirkt sich unweigerlich auf die Ausbildung und den Arbeitsmarkt aus und bedarf deshalb einer nochmals gesteigerten Aufmerksamkeit. Ohne entsprechende Aus- und Weiterbildung des frühpädagogischen Personals wie auch der Lehrkräfte an Grundschulen und weiterführenden Schulen wäre es naiv, anzunehmen, hier nachhaltige Fortschritte erzielen zu können. Flächendeckend ausreichende, qualitativ hochwertige Kindertagesstättenplätze ab dem zweiten Lebensjahr aufzubauen und Ganztagesstrukturen mit fachlicher Hausaufgabenbetreuung bereits für alle Grundschulen umzusetzen, ist unabdingbare Voraussetzung für mehr Chancengleichheit und eine deutliche Verringerung der noch zu hohen Zahl von Schulabbrechern und Absolventen ohne Abschluss.

Soziale Mobilität kann darüber hinaus durch das Prinzip der Gemeinschaftsschule gestärkt werden, sofern auch hier schwache und starke Schülerinnen und Schüler konseqent unterstützt werden und keine Nivellierungseffekte eintreten. Je erfolgreicher Frühpädagogik und Schulbildung auf mehr Chancengerechtigkeit hinwirken, umso eher wird auch der Zugang heute noch benachteiligter Gruppen zum Hochschulstudium auf breiterer Ebene gelingen.

Hierzu können auch konzertierte Anstrengungen von Unternehmen, Berufsschulen und Hochschulen zur Stärkung der dualen betrieblich-schulischen Bildung beitragen. Das duale Prinzip kann aufgrund seiner Betriebsnähe potenziell rascher Signale veränderter Anforderungen aus der Arbeitswelt aufnehmen und »am Puls der Zeit« bleiben. Duale Elemente sollten auch in die Hochschulbildung integriert werden: Der Hochschulzugang für Absolventen und Absolventinnen dualer Ausbildungen muss erleichtert werden; duale Studiengänge können das bisherige Portfolio von akademischen Bildungswegen sinnvoll ergänzen und auch Quereinsteigern und Quereinsteigerinnen den Schritt zur (modularen) Hochschulbildung gestatten. Vorstellbar ist auch, mit verkürzten dualen Ausbildungsgängen unter Straffung der theoretischen Lehrinhalte den Ausbildungserfolg geringer qualifizierter Auszubildender zu erleichtern und ihre Stigmatisierung als »Ungelernte« zu vermeiden.

Das Bildungssystem muss akzeptieren und aktiv fördern, dass es neben geradlinigen Bildungslaufbahnen alter Prägung mehr und mehr individuelle, zeitweilig unterbrochene und wieder aufgenommene Bildungskarrieren gibt. Allein die wachsende hohe Zahl der auf »zweiten Bildungswegen« letztlich erfolgreichen Abiturientinnen und Abiturienten zeigt, wie wichtig es ist, diesem »Talentpool« noch mehr Aufmerksamkeit zuzuwenden und Aufstiege von allen Ebenen des Bildungssystems aus zu unterstützen.

Vor diesem Hintergrund bedarf auch die Lehrerausbildung einer kritischen Überprüfung. Wenn Lehrkräfte vestärkt die Aufgabe übernehmen sollen, in heterogenen ganztägigen Lerngruppen Leistungspotenziale von Schülern und Schülerinnen zu stimulieren, Lernschwache zu fördern und Lernstarke zu fordern, dann gehört dazu die entsprechende Aus- und Weiterbildung. Sollen überdies überdurchschnittliche Absolventen und Absolventinnen der Hochschulen für den Lehrerberuf an den Schulen gewonnen werden, führt auch kein Weg an einer Reform der Entlohnung vorbei.

Dies führt zur zweiten wesentlichen Lehre aus dem Wandel der Arbeitswelten: Der Stellenwert des »lebenslangen Lernens« und kontinuierlicher betrieblicher und individueller Weiterbildung wird in den Erwerbsgesellschaften immer höher werden. Es gestaltet sich zunehmend aussichtslos, den sprunghaften technischen Fortschritt und galoppierende Innovationen in den Produktionsabläufen während der Ausbildung umfassend abzudecken. Umso mehr wird es darauf ankommen, im Verlauf von Bildung und Ausbildung allgemein einsetzbare Qualifikationen anstelle von schnell veraltendem Spezialwissen sowie vor allem die Kompetenz und Motivation zu vermitteln, das Lernen auch nach einem formalen Abschluss auf individueller und betrieblicher Ebene systematisch fortzusetzen.

Heutzutage findet noch viel zu wenig Weiterbildung statt; verbreitete Arbeitnehmerlethargie und Arbeitgeberdesinteresse gehen dabei wohl auch auf die erhebliche Unsicherheit über die Qualität der bestehenden Weiterbildungsinstitutionen und ihrer Angebote zurück. Der Weiterbildung gehört die Zukunft, aber sie braucht mehr Transparenz und eine verlässliche Qualitätskontrolle und entsprechende Zertifizierung.[38] Mit betrieblicherseits – auf freiwilliger oder tarifvertraglicher Basis – ausgegebenen Bildungsgutscheinen anstelle von Gehaltsprämien kann das Weiterbildungsinteresse von Mitarbeitern und Mitarbeiterinnen stimuliert und dafür gesorgt werden, dass sich das Interesse nicht allein auf einzelne Gruppen beschränkt. Bei verlängerter Lebensarbeitszeit ist die Weiterbildung älterer Beschäftigter ebenso wichtig wie die kontinuierliche Schulung jüngerer Mitarbeiter und Mitarbeiterinnen, das lebenslange Lernen Hochqualifizierter ebenso bedeutsam wie die Nachschulung geringer qualifizierter Teile der Belegschaft.

Des Weiteren verlangt lebenslanges Lernen nach den entsprechenden »Zeitfenstern«. Nicht immer wird berufsbegleitendes Lernen in Abendkursen und an Wochenenden der richtige Weg sein, ganz gleich, ob dazu private Institutionen, Berufskollegs und Universitätshörsäle aufgesucht werden oder aber ein modulares Fernstudium von zu Hause aus durchgeführt wird. Auch die immer noch defizitäre ganztägige Kinderbetreuung ist in

Deutschland eine Barriere für regelmäßige Weiterbildungsaktivitäten. In Form innovativer Zeitansparkonten können Spielräume für längere »Auszeiten« zum Zweck der Bildung geschaffen werden, die dann auch den Besuch von umfangreicheren Kursen oder Kurz- und Aufbaustudiengängen gestatten. Bei den Beschäftigten von morgen werden sich Berufs-, Bildungs- und Familienzeiten abwechseln – nicht nur die Bildung, auch das Erwerbsleben selbst wird insoweit modulare Konturen gewinnen.

Künftige, gut qualifizierte Arbeitnehmerkohorten werden in Anbetracht der demografischen Veränderungen, die in bestimmten Regionen und Branchen sukzessive zu merklichem Fachkräftemagel führen werden, verstärkt zu Unternehmern in eigener Sache werden (müssen). Das wird sie in die Lage versetzen, nicht nur zwischen mehreren Arbeitsplatzangeboten auszuwählen, sondern auch eigene Forderungen hinsichtlich Arbeitszeiten, Arbeitsplatzausstattung, Kinderbetreuung, Einkommen und Weiterbildung leichter durchsetzen zu können. Voraussetzung dafür ist ein nachvollziehbar hoher »Marktwert«, der sich neben allgemeinen Qualifikationsmerkmalen künftig eben auch an der plausiblen eigenen Weiterbildungsbiografie bemessen lassen wird.

Für die Hochschulen gehen die Veränderungsprozesse in der Arbeitswelt mit neuerlichem erheblichem Reformbedarf einher, der eine Überprüfung etablierter Denkmuster erfordert. Sie müssen den Spagat bewerkstelligen zwischen der Verschulung der Lehre im Rahmen des Übergangs zu Bachelor- und Masterstudiengängen und der Anforderung, mit neuen Strukturen und neuen Lehrinhalten ihre Studierenden zur Übernahme von verantwortungsvollen Führungsaufgaben innerhalb der Gesellschaft zu befähigen. Gerade das akademische Spezialwissen veraltet schnell und bedarf ständiger Aktualisierung. Die Hochschulen müssen künftig wieder mehr Wert auf die Vermittlung von interdisziplinärem Denken legen, müssen sich umfassend für Quereinsteiger und Quereinsteigerinnen öffnen und sich ihrerseits aktiv in die Professionalisierung des lebenslangen Lernens einschalten. Internationalisierung, verstärkter Wettbewerb und mehr Autonomie können umso leichter erreicht werden, je weniger der deutsche Bildungsföderalismus als Bremsklotz wirkt. Bei den anstehenden Reformen ist dringend auch eine bessere Finanzausstattung zu schaffen, die neben einem erhöhten Einsatz von öffentlichen Mitteln auch mehr privates Kapital von Unternehmen und Stiftungen umfassen sollte.

Fest steht: Wenn der Perspektive fehlender Humankapitalressourcen infolge gesellschaftlicher Alterungsprozesse und Bevölkerungsrückgangs nicht rasch und entschlossen auf dem Gebiet der Bildung entgegengewirkt wird, wäre dies fatal. Neue soziale Ungleichheit wäre die Folge, denn fehlende Fachkräfte führen neben ausbleibender wirtschaftlicher Dynamik und potenziellen Standortwechseln wissensintensiver Unternehmen auch zu Arbeitsplatz- und Einkommensverlusten von geringer qualifizierten Arbeitnehmern und Arbeitnehmerinnen, deren Dienstleistungen und Produkte dann ebenfalls nicht benötigt werden.

Ausschließlich mit den Mitteln einer intelligent um die »besten Köpfe« aus dem Ausland werbenden Zuwanderungspolitik lässt sich dem Trend nicht begegnen, zumal auch andere Staaten diese Fachkräfte für sich gewinnen wollen. Nur auf die demografischen Schrumpfungsprozesse zu warten und darauf zu setzen, dass sich dann die zu großen Klassenstärken und Studierendenjahrgänge von selbst verringern, sodass die vorhandenen personellen und finanziellen Ressourcen allemal ausreichen, wäre eine ignorante Versündigung an den Bildungschancen und Zukunftspotenzialen einer ganzen Bildungsgeneration. Und die soziale Schieflage im Bildungssektor ist ohnehin kein demografisches, sondern ein strukturelles Problem. Strategien des Zögerns würden auch den Umstand verkennen, dass eine alternde Gesellschaft, in der die Alten folglich immer größere gesellschaftliche Macht besitzen, unter potenziell immer weiter schwindender Bereitschaft leiden könnte, Kraft und Geld in den Bildungssektor zu investieren.

Das benötigte Geld fehlt nur scheinbar, denn die Kosten unterlassener Bildungsanstrengungen sind weit höher. Keine Investition wird sich für Deutschland mehr und nachhaltiger rentieren und ist in Form von späterem Wirtschaftswachstum so hoch verzinst wie weitere Bildungsinvestitionen.[39] Deshalb sollte selbst eine gesonderte Bildungsabgabe (etwa anstelle des Solidaritätszuschlags zugunsten der ostdeutschen Bundesländer) nicht mit einem Denktabu belegt werden. Sofern dabei gewährleistet werden kann, dass die so erzielten Einnahmen auch tatsächlich zweckgebunden dem Bildungssektor zufließen und zugleich dafür Sorge getragen wird, künftige Bildungsreformen systematisch von der Wissenschaft evaluieren zu lassen, sind solche Bildungsbeiträge der Steuerpflichtigen nicht abwegig.

Reformen im Bildungsbereich benötigen Zeit, viel Zeit sogar, um Wirkung zu zeigen. Diese Zeit werden wir bald nicht mehr haben, also müssen wir sie uns jetzt endlich nehmen.

Anmerkungen

1 Schon in den 1950er und 1960er Jahren beobachtete der spätere Wirtschaftsnobelpreisträger Jan Tinbergen den »Wettlauf zwischen der Bildung und der Technologie«;

vgl. Jan Tinbergen, Income Distribution: Analysis and Policies, Amsterdam 1975. Der US-Ökonom Daron Acemoglu diagnostizierte, daran anknüpfend, eine kontinuierliche Beschleunigung dieses Wettlaufs in den letzten Jahrzehnten. Die Folge davon sei, dass nicht nur höher qualifizierte Arbeitnehmer in einer technisierten Welt bevorzugt seien, sondern diesem Prozess auch die Tendenz innewohne, deren Humankapital wiederum unter ihrer eigenen Beteiligung durch neuen technischen Fortschritt zu entwerten. Vgl. Daron Acemoglu, Technical Change, Inequality and the Labor Market, in: Journal of Economic Literature, 40 (2002) 1, S. 7–72.

2 Die Unterschiede in der Einkommensverteilung haben sich in Deutschland zwischen 1987 und 2007 wieder vergrößert; vgl. OECD, Growing Unequal? Income Distribution and Poverty in OECD Countries, Paris 2008.

3 Vgl. dazu zuletzt OECD, Education at a Glance 2012 – OECD Indicators, Paris 2012 (http://www.oecd.org/edu/EAG%202012_e-book_EN_200912.pdf). Die Bundesregierung verweist zu Recht darauf, dass die OECD-Daten nur Ausgaben für Bildungseinrichtungen erfassen und insofern etwa die Ausgaben im Rahmen der dualen Ausbildung auf Betriebsebene nicht berücksichtigen. Dennoch bestätigt die Bundesregierung im Grundsatz den OECD-Befund eines international unterdurchschnittlichen Anteils der öffentlichen Bildungsaufwendungen am deutschen Bruttoinlandsprodukt. Vgl. Bundesministerium für Bildung und Forschung (BMBF), Anhang zur Pressemitteilung OECD-Studie »Bildung auf einen Blick« (11. September 2012), Berlin 2012 (http://www.bmbf.de:8001/pubRD/Pm_Bildung_auf_einen_blick_Anhang.pdf).

4 Dies lässt sich keineswegs nur allein in Deutschland oder Europa feststellen. Studien für die USA zeigen – etwas vereinfacht zusammengefasst – einen geringeren Einfluss des Elternhauses auf den Bildungs- und Berufserfolg von vor ca. 1980 geborenen Kindern, während er in den Generationen danach wieder angestiegen ist. Vgl. u.a. Suh-Ruu Ou/Arthur J. Reynolds, Preschool Education and School Completion, in: Encyclopedia on Early Childhood Development, Montreal 2004 (http://www.enfant-encyclopedie.com/Pages/PDF/Ou-ReynoldsANGxp.pdf).

5 Vgl. OECD, Bildung auf einen Blick 2012: OECD-Indikatoren 2012 – Länderüberblick Deutschland, Paris 2012, S. 1 (http://www.oecd.org/edu/country%20note%20Germany%20%28DE%29.pdf).
Zahlreiche internationale Studien bestätigen und ergänzen das von der OECD gezeichnete Bild, in dem Deutschland mit seinen Problemen hinsichtlich der schon in frühen Bildungsjahren defizitären sozialen Chancengleichheit nicht allein steht; vgl. u.a. Untersuchungsergebnisse für Großbritannien in Alissa Goodman/Paul Gregg, Poorer children's educational attainment: how important are attitudes and behaviour?, Joseph Rowntree Foundation, Water End 2010 (http://www.jrf.org.uk/sites/files/jrf/poorer-children-education-full.pdf).

6 Vgl. Steffen Schindler, Aufstiegsangst? Eine Studie zur sozialen Ungleichheit beim Hochschulzugang im historischen Zeitverlauf. Mit einem Kommentar von Walter Müller, hrsg. von der Vodafone Stiftung Deutschland, Düsseldorf 2012. Internationale Studien, die den weiteren Werdegang von PISA-Testteilnehmern verfolgt haben, gelangen unisono zu dem Schluss, dass schwächere Schüler aus bildungsferneren Fami-

lien mit höherer Wahrscheinlichkeit zumindest am Beginn ihrer Erwerbstätigkeit einer unterdurchschnittlichen Beschäftigung nachgehen; vgl. u.a. Katrin Bertschy/Alejandro Cattaneo/Stefan C. Wolter, PISA and the Transition into the Labour Market, in: Labour, 23 (2009) Special Issue, S. 111–137 (http://onlinelibrary.wiley.com/doi/10.1111/j.1467-9914.2008.00432.x/pdf); Dines Andersen, Four Years after Basic Compulsory Education: 19-year-olds on Post Compulsory Education Choices and Paths, Copenhagen 2005 (http://www.akf.dk/udgivelser_en/2005/4aarefter_grundskolen/).

7 Vgl. Bertelsmann Stiftung (Hrsg.), Soziale Gerechtigkeit in der OECD – wo steht Deutschland? Sustainable Governance Indicators 2011, Gütersloh 2010 (http://www.bertelsmann-stiftung.de/cps/rde/xbcr/SID-B9DABAB3-C92F24CD/bst/xcms_bst_dms_33125_33126_2.pdf).

8 Vgl. Gabriele Bellenberg, Schulformwechsel in Deutschland. Durchlässigkeit und Selektion in den 16 Schulsystemen der Bundesländer innerhalb der Sekundarstufe I. Studie im Auftrag der Bertelsmann Stiftung, Gütersloh 2012 (http://www.bertelsmann-stiftung.de/cps/rde/xbcr/SID-A408F1FB-A7CBEF15/bst/xcms_bst_dms_36755_36756_2.pdf).

9 Vgl. Autorengruppe Bildungsberichterstattung, Bildung in Deutschland 2012. Ein indikatorengestützter Bericht mit einer Analyse zur kulturellen Bildung im Lebenslauf, Bielefeld 2012, S. 8, 10 (http://www.bildungsbericht.de/daten2012/bb_2012.pdf).

10 Die Diskussion um den Einfluss frühkindlicher Bildung auf das kognitive Leistungsvermögen und die persönliche Entwicklung ist nicht etwa neu. Bereits im frühen 19. Jahrhundert wurden erste Untersuchungen hierzu vorgelegt; vgl. u.a. Charles Dupin, Forces productives et commerciales de la France, Brüssel 1828.

11 Vgl. hierzu insbesondere vbw – Vereinigung der Bayerischen Wirtschaft e. V. (Hrsg), Professionalisierung in der Frühpädagogik. Qualifikationsniveau und -bedingungen des Personals in Kindertagesstätten. Gutachten des Aktionsrats Bildung, Münster 2012 (http://www.aktionsrat-bildung.de/fileadmin/Dokumente/Gutachten_Professionalisierung_in_der_Fruehpaedagogik.pdf).

12 Vgl. vbw (Anm. 11), S. 34 ff., und Werner Thole, Die pädagogischen MitarbeiterInnen in Kindertageseinrichtungen. Professionalität und Professionalisierung eines pädagogischen Arbeitsfeldes, in: Zeitschrift für Pädagogik, 56 (2010) 2, S. 206–222. Der Beitrag verdeutlicht auch, dass die Forschung zu den Erfolgsbedingungen von Reformen auf dem Gebiet der Frühpädagogik noch am Anfang steht. Eine seriöse wissenschaftliche Begleitung und Erfolgsbewertung der anstehenden Reformprozesse ist unverzichtbar.

13 Vgl. vbw (Anm. 11), S. 24 ff.

14 Vgl. dazu auch Hilmar Schneider/Klaus F. Zimmermann, Agenda 2020: Strategien für eine Politik der Vollbeschäftigung, IZA Standpunkte Nr. 24, 2010, S. 11 (http://ftp.iza.org/sp24.pdf).

15 Vgl. Autorengruppe Bildungsberichterstattung (Anm. 9), S. 95.

16 Vgl. Sekretariat der Ständigen Konferenz der Kultusminister der Länder in der Bundesrepublik Deutschland (Hrsg.), Vorausberechnung der Schüler- und Absolventenzahlen 2010–2025, Statistische Veröffentlichungen der Kultusministerkonferenz Nr. 192,

Berlin 2011, S. 35 (http://www.kmk.org/fileadmin/pdf/Statistik/Dokumentation_Nr._192.pdf).

17 Vgl. Statistisches Bundesamt (Hrsg.), Schulen auf einen Blick, Wiesbaden 2012, S. 44 f. (https://www.destatis.de/DE/Publikationen/Thematisch/BildungForschungKultur/Schulen/BroschuereSchulenBlick0110018129004.pdf?__blob=publicationFile).

18 Vgl. BMBF (Anm. 3), S. 15.

19 Vgl. dazu auch Hilmar Schneider, »Fach«-Kräfte für die Arbeit der Zukunft. IZA Standpunkte Nr. 41, 2011, S. 5 (http://ftp.iza.org/sp41.pdf).

20 Dies gilt es bei der Bewertung der OECD-Vergleichsdaten zu berücksichtigen. »Dank« ihrer dualen Systeme, die die OECD-Daten ausblenden, fallen Staaten wie Deutschland oder Norwegen in die Gruppe derjenigen Länder, die ein relativ niedriges Bildungsniveau, gemessen am Anteil der Bevölkerung mit Abitur oder gleichwertigem Abschluss, vorweisen.

21 Ein in den Grundzügen vergleichbares System der dualen Berufsausbildung wird in den Niederlanden und Norwegen praktiziert. Dort allerdings hat man aus dem unbestreitbaren Fehlanreiz, die Ausbildung des Personals von anderen Unternehmen durchführen zu lassen, um sich dann aus dem Reservoir zu bedienen, die Konsequenz gezogen, die betriebliche Ausbildung im gleichen Umfang staatlich zu finanzieren wie die schulische Ausbildung.

22 Vgl. Klaus F. Zimmermann u. a., NRW 2025: Vom Hort der alten Industrien zum Magnet der Moderne?, IZA Standpunkte Nr. 10, 2009, S. 30 (http://ftp.iza.org/sp10.pdf).

23 Vgl. dazu auch Autorengruppe Bildungsberichterstattung (Anm. 9), S. 122.

24 Vgl. Autorengruppe Bildungsberichterstattung (Anm. 9), S. 127.

25 Vgl. Jo Ritzen, Eine Chance für europäische Universitäten, Würzburg 2011, S. 85.

26 Eine bemerkenswert scharfsichtige Analyse zur Frage der Interdisziplinarität und Reform von Hochschulcurricula stammt von Yehuda Elkana, Freedom and Interdisciplinarity: The Future of the University Curriculum, in: Social Research, 70 (2009) 3, S. 933–942 (http://cyber.law.harvard.edu/communia2010/sites/communia2010/images/Elkana_2009_Freedom_and_Interdisciplinarity_The_Future_of_the_University_Curriculum.pdf). Vgl. dazu auch sehr ausführlich Yehuda Elkana/Hannes Klöpper, Die Universität im 21. Jahrhundert: Für eine neue Einheit von Forschung, Lehre und Gesellschaft, Hamburg 2012.

27 Vgl. J. Ritzen (Anm. 25), S. 61.

28 Vgl. J. Ritzen (Anm. 25), S. 40–49.

29 Vgl. H. Schneider/K. F. Zimmermann (Anm. 14), S. 13, und Zukunftskommission beim Ministerpräsidenten des Landes Nordrhein-Westfalen (Hrsg), Innovation und Solidarität. Bericht des Vorsitzenden der Zukunftskommission, Düsseldorf 2009, S. 13 (http://files1.derwesten.de/flashmm/PDF/zukunftskommission/Abschlussbericht.pdf).

30 Vgl. J. Ritzen (Anm. 25), S. 17–32.

31 Vgl. J. Ritzen (Anm. 25), S. 32–36.

32 Vgl. J. Ritzen (Anm. 25), S. 38.

33 Vgl. Sekretariat der Ständigen Konferenz der Kultusminister der Länder in der Bundesrepublik Deutschland (Hrsg.), Vorausberechnung der Studienanfängerzahlen

2012–2025. Statistische Veröffentlichungen der Kultusministerkonferenz Nr. 197, Berlin 2012, S. 34f. (http://www.kmk.org/fileadmin/pdf/Statistik/KomStat/Dok_197_Vorausberechnung.pdf). Zu diesem Thema auch informativ: Matthias M. Mayer u.a., Zuwanderung von internationalen Studierenden aus Drittstaaten. BAMF Working Paper 47, 2012 (http://www.bamf.de/SharedDocs/Anlagen/DE/Publikationen/EMN/Nationale-Studien-WorkingPaper/emn-wp47-studierende-drittstaaten-de.pdf?__blob=publicationFile). Auch in Deutschland aufgewachsene »Bildungsinländer« mit Migrationshintergrund holen in der Hochschulbildung auf, wenn auch auf immer noch niedrigem quantitativen Niveau; vgl. Beauftragte der Bundesregierung für Migration, Flüchtlinge und Integration, 8. Bericht der Beauftragten der Bundesregierung für Migration, Flüchtlinge und Integration über die Lage der Ausländerinnen und Ausländer in Deutschland, Berlin 2010, S. 88f. (http://www.bundesregierung.de/Content/DE/Publikation/IB/2010-11-03-8-Lagebericht.pdf?__blob=publicationFile&v=7).

34 Vgl. J. Ritzen (Anm. 25), S. 98–104.

35 Vgl. Autorengruppe Bildungsberichterstattung (Anm. 9), S. 121f.

36 Siehe dazu auch den Beitrag von Holger Hinte in diesem Band.

37 Vgl. Jo Ritzen, A Renaissance for Social Mobility and its Significance for the Bridge towards Postsecondary Education, United Nations University Working Paper 2011–057, 2011 (http://www.merit.unu.edu/publications/wppdf/2011/wp2011-057.pdf); Lant Pritchett, Where Has All the Education Gone, in: The World Bank Economic Review, 15 (2001) 3, S. 367–391 (http://wber.oxfordjournals.org/content/15/3/367.full.pdf+html).

38 Vgl. Autorengruppe Bildungsberichterstattung (Anm. 9), S. 155f.; Zimmermann u.a. (Anm. 22), S. 32f.

39 Zur Ermittlung des möglichen ökonomischen Gewinns verbesserter Schulbildung in den OECD-Staaten vgl. Eric A. Hanushek/Ludger Woessmann, How Much Do Educational Outcomes Matter in OECD Countries?, NBER Working Paper No. 16515, 2010 (http://www.nber.org/papers/w16515.pdf).

Toni Pierenkemper

Quo vadis Normalarbeitsverhältnis? Bestandsaufnahme und Zukunftsüberlegungen aus wirtschaftshistorischer Perspektive

»Die Phase des Immer-Mehr, des Immer-Besser und des Immer-Größer« sei zu Ende, verkündete der damalige Bundesfinanzminister Hans Apel im September 1974 im Deutschen Bundestag.[1] Wie zutreffend diese Behauptung war, lässt sich erst aus der Rückschau beurteilen. In der Tat bildet die Mitte der 1970er Jahre eine Zäsur in der wirtschaftlichen und sozialen Entwicklung der Bundesrepublik Deutschland.[2] Der »kurze Traum immerwährender Prosperität«[3] fand zu dieser Zeit sein abruptes Ende.

Das galt im besonderen Maß auch für den Arbeitsmarkt und die Arbeitsmarktpolitik Deutschlands. Hatte man sich noch wenige Jahre zuvor der Illusion hingegeben, mit dem vermeintlichen »Ende der Konjunkturen«[4] ebenfalls das Problem der Arbeitslosigkeit überwunden zu haben und eine anhaltende Vollbeschäftigung gewährleisten zu können,[5] so musste diese Sichtweise nur allzu rasch korrigiert werden. Bis dahin waren gleichwohl Strukturen auf dem Arbeitsmarkt geschaffen worden, wie sie nur durch den Umstand ausgeprägter wirtschaftlicher Prosperität zu erklären sind: In solchen Phasen wächst beinahe zwangsläufig die Versuchung der Politik, mit immer neuen, wohlmeinenden Regulierungen in die Marktverhältnisse einzugreifen. Folgerichtig zeichnete sich der westdeutsche Arbeitsmarkt zu diesem Zeitpunkt durch eine außerordentliche Regulierungsdichte aus, die sich in den vorausgegangenen Boomjahren hatte herausbilden können und die von den Beschäftigten und ihren Interessenvertretern mittlerweile als wohlerworbene Rechte und gesicherte Errungenschaften angesehen wurden.[6] Verdichtet hatten sich diese vielfältigen tarifvertraglichen und gesetzlichen Regulierungen bis dahin im sogenannten Normalarbeitsverhältnis, nämlich in der Vorstellung, dass eine über das gesamte Erwerbsleben ungefährdete Vollerwerbstätigkeit im Schutz sämtlicher sozialen Sicherungsvorkehrungen für die fortgeschrittenen Industriegesellschaften als gänzlich »normal« anzusehen sei.

Dadurch geriet völlig aus dem Blick, dass eine derart glückliche Konstellation mit einer Vollauslastung des Arbeitspotenzials und überaus stabilen Beschäftigungsformen lediglich eine Momentaufnahme in einer kurzfristigen historischen Epoche war, für die es praktisch keine historischen

Vorbilder gab, aus denen man die Sicherheit hätte ableiten können, dieser Zustand könne nachhaltig konserviert werden. Historisch betrachtet, zeichnen sich kapitalistische Arbeitsmärkte im Gegenteil weit eher durch eine Unterauslastung des Erwerbspotenzials, durch Instabilität der Beschäftigung und durch latente Gefährdungen der Lebenshaltung der Erwerbstätigen aus.[7] Heute wissen wir, dass diese Elemente des Arbeitsmarkts eben noch längst nicht ad acta gelegt sind, sondern jetzt und auch in Zukunft für neue Herausforderungen an Gesellschaft und Politik sorgen werden.

Die am Ende der 1970er Jahre noch überrascht konstatierte »Rückkehr der Arbeitslosigkeit«[8] prägt seitdem die Gestaltung der Arbeitsmarkt- und Sozialpolitik. Im Zuge der internationalen Verflechtung der Wirtschafts- und Arbeitsbeziehungen müssen zudem völlig neue Aufgaben bewältigt und überdies die Geschwindigkeit des Handelns der rasanten Dynamik auf den Märkten so gut wie möglich angepasst werden. Für das in Wirtschaftswunderzeiten fest etablierte Normalarbeitsverhältnis sind damit schwere Zeiten angebrochen. Flexible neue Arbeitsverhältnisse, Zeitarbeit und andere sogenannte atypische Beschäftigungsformen drängen in den Vordergrund und scheinen seine Vormachtstellung Schritt für Schritt zu unterminieren. Droht gar ein Ende des Normalarbeitsverhältnisses in Deutschland oder kann es in modifizierter Form auch künftig weiter eine tragende Rolle auf dem deutschen Arbeitsmarkt spielen? Welche Auswirkungen hat die Schwächung der »normalen« Arbeit zugunsten neuer Arbeitsformen auf die Arbeitnehmer und ihre soziale Sicherung? Werden sie künftig zu Unternehmern in eigener Sache (werden müssen) und dabei auch ihre Mitbestimmung eher über moderne Formen der Mitarbeiterkapitalbeteiligung organisieren denn über gewerkschaftlichen Einfluss?

Eine zuverlässige Einordnung aktueller Arbeitsmarkttrends kommt ohne eine wirtschaftshistorische Perspektive schwerlich aus. Sie verdeutlicht das Auf und Ab der Entwicklung der modernen Lohnarbeit und sensibilisiert für den »Normalzustand« permanenter Anfechtungen und Anpassungen der Erwerbsformen an die gleichfalls stetem Wandel unterworfenen wirtschaftlichen und gesellschaftlichen Konstellationen.

1 Beschäftigungsformen und Arbeitsverhältnisse im 19. Jahrhundert

Zwar hat es in den vorausgegangenen Jahrhunderten immer auch Formen von Lohnarbeit gegeben, doch noch zu Beginn des 19. Jahrhunderts stellte diese Form der Arbeit eine große Ausnahme dar. Unter Lohnarbeit ist zu verstehen, dass ungebundene Arbeitskräfte ihre Arbeitskraft gegen Entgelt auf Märkten anbieten und dass Nachfrager dieses Angebot entsprechend wahrnehmen. Lohnarbeit ist also nichts anderes als marktvermittelte Erwerbstätigkeit. In Deutschland waren um 1800 geschätzt lediglich 70 000 bis 100 000 Personen in derartiger »freier« Lohnarbeit tätig.[9] Diese Zahl entsprach bei einer Gesamtzahl von ca. 12–13 Millionen Beschäftigten in etwa einem Anteil von 0,5 bis ein Prozent. Die überwiegende Anzahl der Menschen, insgesamt etwa 72 Prozent der Beschäftigten, war noch in traditionellen Formen in der Landwirtschaft tätig, sei es als grundherrlich gebundene Hintersassen, als gutsherrliches Gesinde oder – eher seltener – selbstständig als Vollbauern. Im Gewerbe fanden um 1800 lediglich etwa 14 Prozent der Menschen Beschäftigung, zumeist in traditionellen Handwerksberufen, als selbstständig arbeitende Meister oder als zünftige Gesellen, daneben auch im Verlagswesen als Heimgewerbetreibende, jedoch kaum in Bergwerken, Manufakturen und Fabriken, in denen am ehesten Lohnarbeitsverhältnisse anzutreffen waren.

Diese traditionellen Formen der Beschäftigung hatten auch zur Mitte des 19. Jahrhunderts noch wenig an Bedeutung verloren. Selbst im fortschrittlichen Preußen betrug der Anteil der landwirtschaftlichen Beschäftigten um 1850 noch immer ca. 50 Prozent und Vollbauern blieben mit fünf Prozent auch dort noch eine Minderheit.[10] Der Anteil der Beschäftigten im Gewerbe war hier mittlerweile jedoch auf etwa ein Drittel (32,6 %) angewachsen und dort finden sich in der Mehrzahl nunmehr auch Lohnarbeiter – insgesamt etwa 22 Prozent aller preußischen Beschäftigten waren somit im weiteren Sinn als moderne »Arbeiter« zu klassifizieren. Hinzu kamen noch in geringem Umfang Lohnarbeiter des Dienstleistungssektors, vor allem als Hilfskräfte im Handel und im Transportwesen, sodass die »Arbeiterklasse« in Deutschland zur Mitte des 19. Jahrhunderts maximal 1,5 Millionen Personen umfasste – gemessen an der Zahl aller Beschäftigten in Preußen um 1848 von etwa 6,8 Millionen ein noch sehr überschaubarer Anteil.[11] Freie Lohnarbeit war zur Mitte des 19. Jahrhunderts in Deutschland noch nicht zum prägenden Element des Beschäftigungssystems geworden, stattdessen dominierten institutionell gebundene Arbeit sowie Formen teils kaum existenzsichernder Selbstständigkeit in Handwerk und Landwirtschaft.

Erst gegen Ende des 19. Jahrhunderts bildete sich in Deutschland eine Beschäftigungsstruktur heraus, die der aufkommenden Industriegesellschaft adäquat schien. Nunmehr war der überwiegende Teil der Bevölkerung in Formen einer über den Arbeitsmarkt vermittelten Lohnarbeit tätig. Auf der Grundlage der Berufs- und Gewerbezählungen des Deutschen Reiches lassen sich einige allgemeine Trends im Beschäftigungssystem der deutschen Volkswirtschaft nachzeichnen.[12] Allein zwischen 1882 und 1907 verdoppelte sich die Zahl der Beschäftigten insgesamt. Der Anteil der landwirtschaftlichen Beschäftigten sank dabei deutlich, obwohl deren absolute Zahl erst 1907 ihren Höhepunkt erreichte. Demgegenüber nahm die gewerbliche Beschäftigung und auch diejenige im Dienstleistungssektor deutlich zu. Zu Beginn des 20. Jahrhunderts waren etwa 40 Prozent aller Beschäftigten im produzierenden Gewerbe tätig und mehr als 25 Prozent im Dienstleistungsbereich. Außerhalb der Landwirtschaft dominierten bereits eindeutig die Lohnarbeitsverhältnisse: Im Jahr 1907 waren ca. 50 Prozent aller Erwerbspersonen als Arbeiter tätig, 7,5% als Angestellte und Beamte sowie 5,7% als Dienstboten in privaten Haushalten. Der Rest von 37,6% arbeitete in der Landwirtschaft, zu einem beachtlichen Teil (15,6%) als mithelfende Familienangehörige. Alles in allem lässt sich festhalten, dass sich in Deutschland zu dieser Zeit eine Beschäftigungsstruktur etabliert hatte, wie sie für moderne Industriegesellschaften typisch erscheint. Die Mehrzahl der Beschäftigten war in Formen freier Lohnarbeit tätig. Dies steht in einem bemerkenswerten Kontrast zu den Verhältnissen »nur« 100 Jahre zuvor. Ermöglicht wurde diese Entwicklung erst dadurch, dass zu Beginn des 19. Jahrhunderts zahlreiche deutsche Staaten ein umfassendes Programm zur Liberalisierung der Wirtschaft auf den Weg gebracht hatten, mit dem u.a. auch die überkommenen Bindungen der Arbeitskräfte im Rahmen feudaler Herrschaftsstrukturen außer Kraft gesetzt worden waren.[13]

Der Strukturwandel im deutschen Beschäftigungssystem während des 19. Jahrhunderts war mit tief greifenden Veränderungen der Arbeitsformen der Beschäftigten verbunden. Ihre sowieso schon äußerst geringen Einkommen zu Beginn des Jahrhunderts gerieten durch steigende Nahrungsmittelpreise ab den 1820er Jahren weiter unter Druck, sodass sich die Lebensverhältnisse bis zur Mitte des Jahrhunderts erheblich verschlechterten.[14] Hinzu trat bei den gewerblich Beschäftigten eine Verlängerung der Arbeitszeiten von zehn bis zwölf Stunden täglich um 1800 auf bis zu 14 bis 16 Stunden täglich zwischen 1830 und 1860 an sechs Wochentagen,[15] zunehmend unstetige Beschäftigung und eine gegenüber den Fabrikherren außerordentlich schwache Position auf dem Arbeitsmarkt, die zu zahlreichen ausbeuterischen Praktiken (Trucksystem, Kinderarbeit u. Ä.) Gelegenheit bot. Die Formen der überkommenen Armenpflege waren den Anforderungen der auf diese Weise neu entstandenen »sozialen Frage« nicht mehr gewachsen.

Deshalb versuchte die Obrigkeit durch gesetzgeberische Maßnahmen zugunsten der Arbeiter einzugreifen und deren Los zu mildern. Den Anfang machte dabei in Preußen ein Regulativ zur Begrenzung der Arbeitszeiten von Frauen und Kindern.[16] Damit hatte sich der Staat neben den Arbeitern und den Unternehmern als eine dritte Partei auf dem Arbeitsmarkt erstmals gezeigt. In der Folge unternahm er weitere Versuche zur Einflussnahme auf die Austauschbedingungen auf dem Arbeitsmarkt. Eine staatliche Arbeitsmarktpolitik war begründet. Der Erlass einer Gewerbeordnung für den preußischen Staat 1845 und deren Novellierung 1849 waren dann nur konsequent folgende Schritte, ebenso die Errichtung einer Fabrikeninspektion zur Kontrolle der gesetzlichen Vorgaben. Hinsichtlich direkter Regulierungen, die Arbeitsverhältnisse betreffend, z. B. über Lohnhöhe oder Arbeitsbedingungen, hielt sich der Staat noch deutlich zurück: Es galt weiter das Prinzip der »freien Übereinkunft«.[17]

Nach der Reichsgründung 1871 wurde die Gewerbeordnung des Norddeutschen Bundes von 1869 für das gesamte Deutsche Reich übernommen. Auf diese Weise blieben die staatlichen Regelungen auf dem Arbeitsmarkt seit der preußischen Zeit nahezu unverändert erhalten, wenngleich sich im Zuge der Industrialisierung in Deutschland die Beschäftigungsverhältnisse und Arbeitsformen der Bevölkerung deutlich veränderten. Steigende Löhne, sinkende Arbeitszeiten und stabilere Beschäftigung für die wachsende Zahl der Lohnarbeiter waren nicht allein Ausdruck einer verbesserten Arbeitsmarktsituation; auch die Begründung kollektiver Interessenvertretungen (trotz eines Koalitionsverbots zwischen 1845 und 1869 und der Behinderungen durch das Reichsvereinsgesetz bis 1908) trug zu diesem bemerkenswerten Ergebnis bei.[18] Gleichwohl blieben die allgemeinen Lebensverhältnisse der Arbeiterschaft weiterhin problematisch – ihre insgesamt elende Lage stellte eine permanente Herausforderung für die überkommene bürgerliche Gesellschaftsordnung dar.

Nicht zuletzt auch deshalb unternahm der deutsche Staat am Ende des 19. Jahrhunderts den Versuch, die wachsende Arbeiterschaft durch ein umfassendes sozialpolitisches Programm zu pazifizieren. In den 1880er Jahren wurde ein in der damaligen Welt einzigartiges Sozialversicherungssystem geschaffen, das die Arbeiter mit dem Staat versöhnen und in das Gemeinwesen integrieren sollte. Der Schutz vor den Risiken des Berufslebens durch Unfall, Krankheit, Alter und Invalidität wurde nunmehr als eine staatliche Aufgabe verstanden und ein entsprechendes Versicherungssystem etabliert. Wenn auch zunächst nur eine Minderheit der Erwerbstätigen von diesem Schutzschirm erfasst wurde und die Versicherungsleistungen noch sehr bescheiden blieben, wirkte das Modell dennoch »stilbildend« und wurde im Lauf der folgenden Jahrzehnte stetig weiter ausgebaut.[19]

Im Ergebnis hatten sich am Ende des 19. Jahrhunderts somit in Deutschland erste Formen einer Regulierung und »Normalisierung« der Lohnarbeit herausgebildet. Nicht mehr der Wille der Fabrikherren als »Herr im Haus« allein bestimmte über den Lohn und über die Leistungsanforderungen der Arbeiter, sondern solidarische Selbsthilfe wie auch staatliche Interventionen hatten dieser Willkür Grenzen gesetzt. Ein kollektives Arbeitsrecht, das die erzielten Vereinbarungen zwischen den Unternehmern und den Gewerkschaften auch unter den Schutz des Staates stellte, gab es zur Jahrhundertwende allerdings noch nicht, sondern wurde erst zu Beginn des 20. Jahrhunderts allmählich entwickelt.[20] Der Staat hielt sich mit direkten Eingriffen in die Arbeitverhältnisse in den Unternehmen noch zurück. Zwar zeichneten sich erste Umrisse eines Normalarbeitsverhältnisses für einen beachtlichen Teil der gewerblichen Beschäftigten bereits vor dem Ersten Weltkrieg ab, für den Dienstleistungsbereich galt das allerdings nur sehr eingeschränkt und für die landwirtschaftlich Beschäftigten faktisch gar nicht. Dies sollte sich erst im Verlauf des 20. Jahrhunderts ändern.

2 Fortschritte und Rückschritte im frühen 20. Jahrhundert

Die Niederlage Deutschlands im Ersten Weltkrieg und die Abdankung des Kaisers sowie die völlig unübersichtlichen revolutionären Verhältnisse nach der Revolution im November 1918 zeigten auch auf dem Arbeitsmarkt und im Beschäftigungssystem des Landes gravierende Folgen. Schon während des vorausgegangenen Kriegs war der »freie« Arbeitsmarkt durch umfangreiche Maßnahmen der Militärbehörden weitgehend außer Kraft gesetzt worden. Dem wachsenden Arbeitkräftemangel im Krieg hatte man zunächst durch den verstärkten Einsatz von Frauen und Kriegsgefangenen zu begegnen gesucht, dann aber nach weiteren Einberufungen 1916 mit dem »Gesetz über den vaterländischen Hilfsdienst« eine Arbeitspflicht für alle männlichen Erwerbspersonen eingeführt.[21] Die Freizügigkeit auf dem Arbeitsmarkt wurde durch die Einführung sogenannter Abkehrscheine, welche den Wechsel des Arbeitplatzes reglementierten, aufgehoben. Als »Gegenleistung« wurde den Arbeitnehmerorganisationen die Einrichtung von Arbeiter- und Angestelltenausschüssen in den Betrieben zugesagt.[22] Im Ergebnis bestimmten überlange Arbeitszeiten, sinkende Realeinkommen und verschlechterte Arbeitbedingungen die Lebensverhältnisse der Beschäftigten während des Ersten Weltkriegs.[23]

Es wundert angesichts dessen nicht, dass sich am Ende des Kriegs der Unmut der Arbeiterschaft in einer Revolution niederschlug und die Rückkehr zu den liberalen Wirtschaftsverhältnissen der Vorkriegszeit gänzlich ausgeschlossen schien. In dieser revolutionären Situation nahmen mangels staatlicher Autoritäten dann die Arbeitsmarktparteien unter maßgeblichem Einfluss des Industriellen Hugo Stinnes und des Gewerkschaftsführers Carl Legien das Heft des Handelns in die Hand und beschlossen zur Besänftigung der Situation ein Programm, das u. a. ein unbeschränktes Koalitions- und Arbeitskampfrecht, die Einführung des Achtstundentages und massive Lohnerhöhungen vorsah.[24] Das daraus folgende Abkommen über die Errichtung einer Zentralarbeitsgemeinschaft der Unternehmer und Gewerkschaftsvertreter ist als »Stinnes-Legien-Abkommen« in die Geschichte eingegangen. Es war insofern ein bemerkenswerter Fortschritt, als damit die Gewerkschaften von den Unternehmern als gleichberechtigte Tarifpartner anerkannt wurden.[25]

Damit war zwar zunächst eine Stabilisierung der Verhältnisse erreicht, die grundlegenden Konflikte der Arbeitsmarktparteien aber waren noch nicht überwunden. Ganz im Gegenteil: Die Arbeitsmarktprobleme verschärften sich im kommenden Jahrzehnt weiter, weil die deutsche Wirtschaft durch die große Inflation, eine Rationalisierungskrise, die Desintegration der Weltwirtschaft und die große Weltwirtschaftskrise schweren Belastungen unterworfen wurde. Zunächst bildete der »Kampf um den Achtstundentag« einen Hauptkonfliktbereich der Arbeitsmarktpolitik.[26] Unter den veränderten politischen Bedingungen der Weimarer Republik versuchten die Unternehmer zahlreiche Zugeständnisse an die Arbeiterschaft, die diese in der revolutionären Situation 1918/19 erkämpfen konnten, wieder rückgängig zu machen. Die Sonderregelung eines vorläufigen Achtstundentages auf der Basis der Demobilmachungsverordnung konnte nach deren Auslaufen nicht in Gesetzesform gegossen werden und die durch Tarifvertrag geschaffenen Ausnahmen von dieser Regelung wurden immer zahlreicher, sodass diese sozialpolitische Errungenschaft völlig ausgehöhlt wurde.

Ähnlich verhielt es sich mit dem Schlichtungswesen, das im Rahmen des Stinnes-Legien-Abkommens vereinbart worden war. Dieses geriet in den außerordentlich heftigen Tarifauseinandersetzungen während der großen Inflation unter starken Druck, weil sich die Tarifparteien nur selten einigen konnten. Daher sah sich die Reichsregierung im Oktober 1923 gezwungen, eine Zwangsschlichtung zu verordnen.[27] Damit waren staatlich berufene Personen mit außerordentlich großem Einfluss auf die Tarifgestaltung ausgestattet und der Druck auf eine einvernehmliche Regelung der Tariffragen war von den Arbeitsmarktparteien genommen. Zwar lässt sich die Wirkung dieses Arrangements auf die Entwicklung der Löhne nicht genau bestimmen, doch mehrten sich im Lauf der Zeit die Klagen über die »zu hohen« Löhne in der Weimarer Republik.[28] Unter den veränderten Bedingungen in der beginnenden Weltwirtschaftkrise am Ende der 1920er Jahre gelang es den Unternehmern der Eisenindustrie auch, das System der Zwangsschlichtung wieder auszuhebeln.[29]

Es gehört zu den Kennzeichen dieser für die Entwicklung des Normalarbeitsverhältnisses so entscheidenden Epoche, dass es im Ringen um Besitzstände neben empfindlichen Rückschlägen aus Arbeitnehmersicht stets auch elementare Fortschritte gab. Neben den erwähnten Regulierungen ist hier vor allem der weitere Ausbau des Sozialversicherungssystems zu nennen. Frühere Überlegungen zur Einführung einer Arbeitslosenversicherung, die bereits während des Kaiserreichs angestellt worden waren, konnten nun endlich realisiert werden.[30] Im Jahr 1927 wurde als vierte Säule der Sozialversicherung eine Arbeitslosenversicherung eingeführt.[31] Die strukturelle Unterlegenheit der Anbieter von Arbeitskraft wurde so – jedenfalls im Grundsatz – erstmals durch ein Versicherungselement verringert, dass den Druck auf Arbeitnehmer linderte, im Fall von Arbeitslosigkeit praktisch jeden Arbeitsplatz annehmen zu müssen. Freilich erwies sich der Zeitpunkt, zu dem die Arbeitslosenversicherung eingeführt wurde – kurz vor dem Ausbruch einer bis dahin unbekannten Massenarbeitslosigkeit –, als außerordentlich ungünstig. Ihre finanzielle Ausstattung war völlig unzureichend, um in der großen Krise der 1930er Jahre als stabilisierendes Element zu wirken.

Insgesamt muss also festgehalten werden, dass trotz aller Bemühungen während der Weimarer Republik die sozialen Fortschritte in den Bereichen des Arbeitsrechts und der Regulierung der Beschäftigungsverhältnisse eher bescheiden blieben (während auf anderen Feldern der Sozialpolitik etwas größere Fortschritte erreicht werden konnten[32]). Die rechtliche Fixierung eines Normalarbeitsverhältnisses im Sinn einer lebenslangen, sozialversicherungsrechtlich privilegierten Vollerwerbstätigkeit konnte zwar gegenüber der Situation im Kaiserreich ein gutes Stück vorangetrieben werden, doch die gegenläufigen Bemühungen der Arbeitgeber zur Wiederherstellung eines »freien«, unregulierten Arbeitsmarktes waren –

begünstigt durch die Massenarbeitslosigkeit in der Weltwirtschaftskrise – zum Teil recht erfolgreich.

Die Machtübertragung an die Nationalsozialisten im Jahr 1933 hatte auch für die staatliche Arbeitsmarktpolitik einschneidende Konsequenzen. Im Zuge ihrer ideologisch motivierten Neuorientierung blieb von den sozialen Errungenschaften der Arbeitnehmer, welche diese im Rahmen eines liberalen Arbeitmarktes durchgesetzt hatten, nicht mehr viel übrig. Schon im »Gesetz über die Ordnung der nationalen Arbeit« vom 20. Januar 1934 wurde das deutsche Beschäftigungssystem grundlegend umgestaltet und ein freier Arbeitsmarkt weitgehend außer Kraft gesetzt.[33] Eine wichtige Rolle spielte dabei die Deutsche Arbeitsfront (DAF), die nach der Zerschlagung der Gewerkschaften als Organisation aller Werktätigen an deren Stelle treten sollte.[34] Die Betriebsgemeinschaft vor Ort mit dem Unternehmer als »Führer« und den Beschäftigten als »Gefolgschaft«, die dem Führer Treue und Gehorsam schuldete, bildete den Kern der neuen Ordnung. Die NS-Betriebsorganisationen (NSBO) sollten als Vertretung der Beschäftigten die Zusammenarbeit fördern, verloren aber im Lauf der Entwicklung an Bedeutung, weil sie teils Eigeninteressen verfolgten und weniger das »Volksganze« im Sinn der totalitären Staatsführung im Auge hatten. Ergänzt wurde diese Gestaltung durch einen staatlich bestellten »Treuhänder der Arbeit«, der über Lohnentwicklung und Arbeitsfrieden wachte, sowie eine »soziale Ehrengerichtsbarkeit«, die bei Arbeitskonflikten tätig werden sollte.

Die gleichzeitig eingeleiteten umfangreichen Maßnahmen einer nationalsozialistischen Arbeitsbeschaffungspolitik erwiesen sich im Sinn des neuen Regimes in zweifacher Weise als erfolgreich. Es gelang einerseits, die drückende Massenarbeitslosigkeit relativ schnell zu beseitigen und zugleich auch die geplante Aufrüstung in Angriff zu nehmen.[35] Wenn auch die Arbeitsmarktstatistik nach 1933 ein geschöntes Bild zeigt, weil unregelmäßig Beschäftigte (Landhilfen, Arbeitsdienst) und Notstandsarbeiter nicht mehr als arbeitslos galten, so gelang es doch bereits 1934, etwa 2,5 Millionen zusätzliche Dauerarbeitsplätze zu schaffen. Im Jahr 1936 wurde gar »Vollbeschäftigung« erreicht – freilich zu ganz anderen, totalitären Bedingungen, die jeder freien Marktentfaltung und fairem Interessenausgleich Hohn sprachen.[36] Der sich danach vor dem Hintergrund der Kriegsvorbereitungen abzeichnende Mangel an Arbeitskräften verschärfte sich naturgemäß ab Kriegsbeginn infolge des kontinuierlich steigenden Ersatzbedarfs der Wehrmacht. Dem versuchte das Regime durch immer rücksichtslosere Eingriffe in den Arbeitsmarkt Rechnung zu tragen. Ein »freier« Arbeitsmarkt existierte nicht mehr und immer neue staatliche Regulierungen griffen auch in die Ausbildung von Lehrlingen, die Einstellung von Facharbeitern, die Auflösung von Arbeitsverträgen und andere Belange des Arbeitsmarkts ein.[37]

Im Zwiespalt zwischen dem Bedarf der Wirtschaft und der Wehrmacht erfolgte eine weitgehende Militarisierung des Arbeitsmarktes in Deutschland. Der Wehrpflicht stand eine umfassende Arbeitspflicht aller Deutschen gegenüber. Dem Arbeitskräftemangel sollte durch eine Dienstpflicht für Frauen, den Arbeitseinsatz von Strafgefangenen sowie durch immer menschenverachtendere Formen von Zwangsarbeit von inhaftierten Ausländern und Kriegsgefangenen begegnet werden.[38] Neben den unerträglichen Überlebens- und Arbeitsbedingungen ausländischer Zwangsarbeiter in Deutschland war überdies auch das Leiden der Bevölkerung in den besetzten Ländern immens. Die vor Ort vorhandenen Ressourcen wurden rigoros zur Kriegsführung der Wehrmacht und zur Versorgung der Reichsbevölkerung ausgebeutet, mit schweren Folgen auch für die Arbeitsmarktbedingungen in diesen Staaten.

Unter diesen totalitären Bedingungen waren von vornherein auch für die deutschen »Volksgenossen« keine Fortschritte im Hinblick auf Beschäftigungssystem und soziale Sicherung zu erwarten. Die Reallohnentwicklung konnte bis Kriegsbeginn allenfalls auf dem Niveau von 1929 gehalten werden und sorgte danach bei einem staatlich verordneten Lohnstopp und einer Ausdehnung der Arbeitszeit bis hin zu sechzig Wochenstunden[39] für ein deutliches Absinken des Lebensstandards.[40] Entgegen allen Versprechungen der Machthaber erwies sich somit auch für die deutschen Arbeitskräfte die NS-Zeit als ein Desaster. Das nationalsozialistische Arbeitsmarktwunder stellt bei näherer Betrachtung nichts anderes dar als eine gigantische Zwangsbewirtschaftung des Arbeitsmarkts unter Ausschaltung oder Missachtung zuvor errungener Elemente »normaler« Arbeit zugunsten eines immer nachdrücklicheren Primats des Militärischen.[41] Bei Kriegsende 1945 lagen auch die Errungenschaften von nahezu einem Jahrhundert Wirtschaftswachstum, verbunden mit einer grundlegenden Verbesserung der Lebens- und Beschäftigungsverhältnisse der Menschen, in Trümmern und die deutsche Bevölkerung war auf einen Zustand zurückgeworfen, in dem es um das bloße Überleben ging. Ein »Normalarbeitsverhältnis« erschien zu dieser Zeit weiter entfernt denn je – und doch sollte es in ungeahnt kurzer Zeit alsbald seine Vollendung finden.

3 Regulierungen und »Normalarbeitsverhältnis« im Zeichen des Wirtschaftswunders

Not und Hunger prägten die unmittelbar dem Kriegsende folgenden Jahre und erst die Wirtschafts- und Währungsreform von 1948 schuf die Voraussetzungen für einen zunächst noch mühsamen Wiederaufschwung der Wirtschaft in Westdeutschland[42] – Ostdeutschland folgte dann einem ganz anderen Weg.[43] Absoluten Vorrang hatte zunächst die Überwindung der drückenden Massenarbeitslosigkeit sowie die Eingliederung von Millionen Vertriebener und Flüchtlinge in das Beschäftigungssystem.[44] Dies gelang in erstaunlich kurzer Zeit und schon die Zeitgenossen haben diese Entwicklung als außerordentlich empfunden, als einen »Erdrutsch«, der im Zeitalter kapitalistischer Entwicklung einmalig war.[45] Schon bald wurde in Westdeutschland Vollbeschäftigung, ja »Überbeschäftigung« erreicht. Die wachsende Nachfrage nach Arbeitskräften konnte nur durch Zuwanderung aus der DDR und – als diese nach dem Mauerbau 1961 versiegte – durch Anwerbung ausländischer »Gastarbeiter« befriedigt werden. Welche Dynamik die Zuwanderung stark nachgefragter einfach qualifizierter Arbeitskräfte innerhalb kurzer Frist erreichte, wird daran deutlich, dass schon 1964 die Schwelle von einer Million »Gastarbeitern« überschritten wurde.

Die so günstige ökonomische Konstellation wirkte sich natürlich auf die Lage der Beschäftigten auf dem Arbeitmarkt aus. Es gelang den Gewerkschaften, deutliche Einkommenssteigerungen und Arbeitszeitreduzierungen sowie soziale Verbesserungen zu erringen. Die Politik leistete dazu wohlwollende Hilfestellung und es bildete sich so schrittweise ein kooperatives System aus Staat, Gewerkschaften und Arbeitgeberverbänden heraus, das zunächst eher reaktiv Schwachstellen des Arbeitsmarkts zu überwinden suchte, später dann aber auch aktiv in das Arbeitsmarktgeschehen eingriff.[46] Die sozialen Errungenschaften dieser Zeit wurden in Gesetzen und Tarifverträgen festgeschrieben und betrafen u. a. die Beschäftigungssicherung durch einen starken Kündigungsschutz, verringerte Regelarbeitszeiten, erweiterte Urlaubsansprüche, Lohnfortzahlung im Krankheitsfall, Rationalisierungsschutzabkommen, Verkürzung der Lebensarbeitszeit und nicht zuletzt auch dynamisch steigende Altersbezüge. Es sind diese vor allem in der wirtschaftlichen Blütezeit der 1960er Jahre geformten Merkmale, die bis heute das Verständnis vom »Normalarbeitsverhältnis« prägen.[47]

Als dann ab Mitte der 1970er Jahre die Arbeitslosigkeit »überraschend« zurückkehrte, erwies sich ebendieses dichte Netz von Regulierungen am Arbeitsmarkt und die mit ihm zuvor einhergegangene Denkweise in den

Dimensionen der Besitzstandsmehrung als ein Hemmschuh für eine rasche Reaktion auf die fundamentale Veränderung der wirtschaftlichen Rahmenbedingungen.[48] Die ambitionierten Ziele des Arbeitsförderungsgesetzes wurden jedenfalls deutlich verfehlt, das kooperative System stieß an Grenzen und alle Bemühungen zur Bewältigung der Massenarbeitslosigkeit blieben weitgehend wirkungslos. Insbesondere die Versuche zur Umverteilung der Arbeit ohne Lohnzugeständnisse, etwa durch Frühverrentung, Reduzierung der Wochenarbeitszeit oder Verlängerung des Urlaubsanspruchs, lösten das Problem nicht, sondern trugen eher zu seiner Verschärfung bei, weil die Wirkung dieser Maßnahmen auf die Lohnkosten unterschätzt wurde. Familie, Bildungssystem und Ruhestand dienten als Zwischen- und Endlager der Arbeitslosigkeit – eine aus heutiger, rückschauender Perspektive fatale Fehlsteuerung, die dennoch aus ihrer Zeit heraus ohne ernsthafte Alternative schien (und auch in anderen Staaten auf vergleichbare Weise erfolgte). Bis in die 1980er Jahre hatte sich der deutsche Sozialstaat so zum mächtigen »Konkurrenten« der Wirtschaft aufgeschwungen.[49]

Nach dem Beitritt der DDR zur Bundesrepublik 1990 verschärften sich die Probleme auf dem deutschen Arbeitsmarkt entgegen offizieller politischer Verlautbarungen erheblich. Die sozialistische Produktion brach angesichts der neuen Konkurrenz nach 1990 rasch und nahezu ganz zusammen und die Beschäftigungsmöglichkeiten reduzierten sich entsprechend.[50] Neben der Finanzierung der Arbeitslosigkeit und den nicht durch Beitragszahlungen gedeckten Ansprüchen auf Sozialtransfers in den neuen Bundesländern (die zu einer merklichen Verteuerung des Faktors Arbeit führten) stellte der Druck auf den westdeutschen Arbeitsmarkt durch Pendler und Übersiedler aus Ostdeutschland ein zusätzliches Problem dar. Die gesamtdeutsche Arbeitslosenquote stieg bis zum Jahr 2005 auf einen historischen Höchststand von 13 Prozent an.

4 Zukunft der Arbeit und Ende des »Normalarbeitsverhältnisses«?

Nicht nur die Rückkehr der Arbeitslosigkeit, sondern ebenso schnell um sich greifende neue Formen der Erwerbstätigkeit haben seit Mitte der 1970er Jahren die Öffentlichkeit aufgescheucht. Als Erstes stellte sich sehr bald die Frage, ob in Zukunft die durch eine immer stärker rationalisierte Wirtschaft – von »Globalisierung« war damals noch gar nicht die Rede – gebotenen Beschäftigungsmöglichkeiten ausreichen würden, allen

Arbeitssuchenden auch einen entsprechenden Arbeitsplatz zu bieten. Das Schlagwort von der »Krise der Arbeitsgesellschaft«,[51] der die Arbeit ausgehe und die aus diesem Grund neue Formen der Sinnstiftung finden müsse, fand in Wissenschaft und Publizistik weite Verbreitung.[52] Zu offensichtlich schien der empirische Befund des schubweisen Aufbaus einer wachsenden Sockelarbeitslosigkeit und das hartnäckige Fortbestehen von Massenarbeitslosigkeit auch in konjunkturellen Aufschwungphasen.[53] Zu dieser Entwicklung trugen auch die demografischen Entwicklungen bei, die in der deutschen Nachkriegsgesellschaft zu bemerkenswerten Ungleichgewichten in der Bevölkerungsstruktur geführt haben. Bereits Anfang der 1980er Jahre hatte das Institut für Arbeitsmarkt- und Berufsforschung der Bundesanstalt für Arbeit darauf hingewiesen, dass angesichts einer deutlich wachsenden Erwerbsbevölkerung, unabwendbarer Zuwanderung und bescheidenem Wirtschaftswachstum in näherer Zukunft eine Zahl von ca. drei Millionen Arbeitslosen in der Bundesrepublik zu erwarten sei.[54] Diese Prognose wurde schon bald durch die Realität bestätigt und übertroffen. Bedingt durch die Beschäftigungsprobleme im Zusammenhang mit der Wiedergewinnung der deutschen Einheit im Jahr 1990, stieg die Zahl der Arbeitslosen im Frühjahr 1995 sogar auf über fünf Millionen an. Diese Zahl müsste sogar noch deutlich höher angesetzt werden, wenn man die sogenannte stille Reserve des Arbeitsmarktes mit in die Betrachtung einbeziehen würde.[55]

Unter diesen Umständen drohte das »Normalarbeitsverhältnis« für immer mehr Arbeitnehmer außer Reichweite zu geraten. Zugleich scheute die Politik den Widerstand der Arbeitsmarkt-»Insider« gegen einen Abbau von Privilegien des Normalarbeitsverhältnisses zugunsten verbesserter Marktzutrittschancen von Arbeit suchenden »Outsidern«, als es um die Entscheidung darüber ging, wer die unabweisbaren Kosten einer notwendigen Flexibilisierung des Arbeitsmarktes zu tragen habe. Wegen der Marktmacht der Stammbelegschaften und ihrer Gewerkschaften fiel die Entscheidung zugunsten der privilegierten Arbeitsplatzbesitzer und zuungunsten der Arbeitslosen und der unstetig oder nur teilweise Beschäftigten.

Damit verfestigte sich in Deutschland eine Dualisierung des Beschäftigungssystems, in dem nur für einen Teil der Arbeitnehmer Jobs in einem besonders gut ausgebauten Segment zur Verfügung stehen, während der andere Teil sich mit weit weniger gut ausgestatteten Arbeitsplätzen zufriedengeben muss.[56]

Ebendiese Dualisierung und die Flexibilisierung des Arbeitsmarktes durch den Ausbau außerhalb des »Normalarbeitsverhältnisses« stehender »atypischer« Beschäftigungsformen waren es allerdings auch, die maßgeblich dazu beitrugen, die hohe Arbeitslosigkeit innerhalb nur weniger Jahre wieder deutlich zu reduzieren. Die Beschäftigungsquote in Deutschland erreichte im Jahr 2009 mit 71 Prozent einen Höchststand. Von der Zunahme und Flexibilisierung der Arbeitsplätze profitierten auch Frauen und ältere Arbeitnehmer, weniger die Geringqualifizierten. Der deutsche Arbeitsmarkt wurde reaktionsschneller, das Beschäftigungssystem aufnahmefähiger und die Heterogenität der Beschäftigungsformen nahm zu. Insbesondere atypische Beschäftigungsformen fanden zunehmend Verbreitung, während der Kern des Beschäftigungssystems schrumpfte.[57] Der Primat unselbstständiger Vollerwerbstätigkeit schien gebrochen:[58] Der Anteil der unbefristet in Vollzeit Erwerbstätigen sank in Deutschland zwischen 1992 und 2007 von 45 Prozent auf 38 Prozent der Bevölkerung im erwerbsfähigen Alter (Erwerbsbevölkerung), der Rest war inaktiv (1992: 25 Prozent, 2007: 21 Prozent), arbeitslos (1992: 6 Prozent, 2007: 7 Prozent), in einem atypischen Beschäftigungsverhältnis tätig oder befand sich in Ausbildung (1992: 24 Prozent, 2007: 34 Prozent).[59] Der Anteil der Erwerbsbevölkerung in atypischer Beschäftigung stieg in diesem Zeitraum um ein knappes Drittel deutlich an. Dabei handelte es sich um vielfältige Arbeitsformen auf unterschiedlicher Rechtsgrundlage. Im Jahr 2007 bildete die Teilzeittätigkeit mit elf Prozent die größte Untergruppe bei den atypisch Beschäftigten, gefolgt von den Selbstständigen und den Arbeitslosen mit einem »geringfügigen« Job mit jeweils sieben Prozent. Der Rest verteilte sich auf befristet oder geringfügig Beschäftigte sowie auf Leiharbeit. Die wachsende Beschäftigung in Deutschland seit den 1990er Jahren hat daher vor allem eine zunehmende Uneinheitlichkeit der Beschäftigungsverhältnisse zur Folge.

Mit dieser Entwicklung war zugleich eine deutliche Lohnspreizung verbunden. Mit der Verbreitung der atypischen Beschäftigungsformen hat auch der Anteil der Niedriglohnempfänger deutlich zugenommen. Minijobs und Zeitarbeit, teils auch befristete Beschäftigung, sind mit deutlichen Lohnabschlägen verknüpft, sodass sich diese Jobs für zahlreiche Arbeitnehmer als kaum existenzsichernd erweisen. Diese Entwicklung bildet die Kehrseite der Privilegierung der Stammbelegschaften im »Normalarbeitsverhältnis« und der raschen Rückführung der Arbeitslosigkeit. Aber auch die Stammbelegschaften bleiben von den Anforderungen der Flexibilisierung nicht verschont. Die überproportionale Ausweitung unbezahlter Überstunden bzw. ihre Aufrechnung gegen Freizeit weisen in diese Richtung: 1985 wurden noch 49 Prozent der Überstunden der männlichen Beschäftigten unmittelbar entgolten und nur für 13 Prozent ein Zeitausgleich gewährt, 2007 hingegen wurden lediglich noch elf Prozent direkt entlohnt, aber 34 Prozent in Freizeit ausgeglichen.

Mit dieser Entwicklung waren einerseits gewiss die Zwänge der Lohnarbeit reduziert und neue Chancen selbstbestimmter Tätigkeit und besserer Vereinbarung privater, familiärer und beruflicher Belange eröffnet, andererseits wurden damit auch »neue« Lebensrisiken begründet. Noch vor Kurzem – vor der bemerkenswerten Zeitenwende auf dem Arbeitsmarkt und einem massiven Abbau der Arbeitslosigkeit – sahen viele kritische Beobachter das bundesdeutsche Beschäftigungssystem auf dem Weg von einem »System standardisierter Vollbeschäftigung« zu einem solchen »flexibel-pluraler Unterbeschäftigung«[60], in dem einerseits die Grenzen zwischen Arbeit und Nichtarbeit fließend werden und sich andererseits die vertrauten Formen der Erwerbsarbeit zugunsten immer stärker diversifizierter Arbeitsformen zurückziehen.

Unbeschadet der Feststellung, dass aus heutiger Sicht von der Gefahr einer »Unterbeschäftigung« jedenfalls nicht mehr in größerem Maßstab, sondern weit eher schon jetzt von einem »Unterangebot« an Arbeitskräften gesprochen werden kann,[61] zeigt sich hier dennoch auch auf dem Arbeitsmarkt eine Tendenz, die in einer unmittelbaren ursächlichen Wechselwirkung zu der deutlich wahrnehmbaren Flexibilisierung aller Lebensbereiche steht. Eine immer unstetere Arbeitswelt, die sich unter dem Diktat allen voran der Globalisierung in immer kürzeren Zeitabständen an veränderte Rahmenbedingungen und »Spielregeln« anpassen muss, verlangt zwingend nach entsprechender Flexibilität auch der Gesellschaft insgesamt. Das fängt bei erweiterten Öffnungszeiten von Behörden, Kinderbetreuungseinrichtungen und Einzelhandel an und hört bei größerer räumlicher Mobilität bzw. der Verflechtung von Privat- und Berufssphäre längst noch nicht auf. Umgekehrt muss der Arbeitsmarkt aber – noch dazu unter dem Eindruck der demografischen Schrumpfungsprozesse – in nie gekanntem Umfang Rücksicht auf die Belange von Mitarbeitern nehmen, die ihrerseits beginnen, hohe Ansprüche an eine möglichst weitgehende Individualisierung von Arbeitsformen und -zeiten zu stellen und dies künftig angesichts wachsender Anbietermacht noch verstärkt tun werden.

In der modernen Gesellschaft scheint die strikte Trennung zwischen der Sphäre des Konsums und der Produktion, wie sie in den Modellen der klassischen Ökonomik einst postuliert wurde, inzwischen überwunden.[62] Für den Konsumenten lassen sich in dieser veränderten Situation durchaus positive Wirkungen beobachten, denn er gewinnt als »aktiver Konsument« Einfluss auf die Produktion und vermag sich von bestimmten Zwängen der Erwerbsarbeit zu emanzipieren.[63] Allerdings zeigen sich für ihn auch negative Begleiterscheinungen in dieser Entwicklung. »Konsumarbeit« eröffnet dem Produzenten auch die Möglichkeit zu Ausbeutung der Arbeitskraft ihrer Kunden.[64] Die Mitarbeit von Kunden beim Konsum von Gütern und Dienstleistungen wird zunehmend selbstverständlich, sei es beim Homebanking, beim Fahrkartenkauf am Bahnhof, beim Zusammenbau von Möbeln oder der Reisebuchung über das Internet. Immer nachdrücklicher werden auch unentgeltliche Leistungen der Kunden für das Unternehmen eingefordert, wenn beispielsweise Kundenbewertungen als Instrument der Qualitätskontrolle eingesetzt werden.

Die Flexibilisierung aller Lebensbereiche korrespondiert mit der zunehmenden Verbreitung atypischer Beschäftigungsformen in Deutschland, die zwar in ihrer überwältigenden Mehrheit bislang auf Betreiben des Arbeitgebers zustande kommen, aber inzwischen durchaus auch von Arbeitnehmern selbst angestrebt und in ihren Bedingungen mitgestaltet werden. In letzterem Fall darf atypische Beschäftigung dann freilich keineswegs mit »prekärer« Arbeit gleichgesetzt werden – sie gehorcht lediglich eben schlicht und einfach nicht mehr den tradierten Regeln des Arbeitsmarkts, zeichnet sich aber womöglich gerade deshalb, weil sie als Verhandlungsergebnis von Unternehmen und aktivem Mitarbeiter potenziell eine optimale Passgenauigkeit verspricht, durch eine besonders gute Bezahlung und Arbeitsplatzausstattung aus.

In diesem Sinn kann hier durchaus vom »Arbeitskraftunternehmer«[65] in eigener Sache gesprochen werden: Er überwindet die »ewige« Frontenstellung von Arbeitgeber und Arbeitnehmer, indem er – jenseits gewerkschaftlicher Einflüsse – seine künftig am Markt womöglich knapper und gefragter werdenden Qualifikationen zu von ihm mitdiktierten Bedingungen anbietet. Die Autonomie und Selbststeuerung der Arbeitsverrichtungen durch die Beschäftigten wird dabei immer wichtiger. Ein neuer Arbeitskrafttypus entsteht, der sich zunehmend der Logik des Markttausches in einem bloßen Arbeitnehmerverhältnis entzieht und eben »frei«, »typisch«, »unternehmerisch« – oder auch »prekär« – tätig wird. Denn auch wenn sich gerade aufgrund der demografischen Veränderungen durchaus vielversprechende Perspektiven für den überwiegenden, gut qualifizierten Teil der Erwerbspersonen abzeichnen, so muss dennoch darauf hingewiesen werden, dass für die auch künftig wohl weiterhin zu große Gruppe von schlechter qualifizierten Erwerbspersonen unter diesen Bedingungen nur der Einsatz ihrer Arbeitskraft zu äußerst problematischen Bedingungen infrage kommen wird.

Keine Frage: Die Gesellschaft wird sich darauf einzustellen haben, dass neben dem »Normalarbeitsverhältnis«, das auch weiterhin verbreitet existieren wird, neue »Normalitäten« um sich greifen werden, nämlich eine wachsende Wohlfahrtskluft zwischen den Qualifizierten mit hervorragenden Arbeitsmarktperspektiven und einer dennoch nicht zu vernachlässigenden, durch die Demografie eben keineswegs »von selbst« verschwindenden Gruppe unzureichend auf die Anforderungen der modernen Arbeitswelt vorbereiteter Bürger.

Kann »Bürgerarbeit« in einem eigenständigen Arbeitsmarktsektor einen Ausweg aus diesem Dilemma bieten? Lange Zeit wurde darüber spekuliert, dass Rationalisierung und technischer Fortschritt in der modernen Gesellschaft zwangsläufig zu einem Mangel an Arbeitsmöglichkeiten führen und immer mehr Menschen unverschuldet aus dem Erwerbsprozess ausschließen würden. Die traditionelle Vorstellung einer durch den sektoralen Strukturwandel begründeten »Dienstleistungsgesellschaft« erschien den Prognostikern einer permanenten Massenarbeitslosigkeit nicht als Ausweg, weil schließlich auch bei den Dienstleistungen Rationalisierungseffekte wirksam werden und daher mögliche zusätzliche Beschäftigungsmöglichkeiten nur durch Lohnzugeständnisse der Beschäftigten realisiert werden könnten. Die »Lösung« wurde vielfach in einem neuen Gesellschaftsvertrag gesehen, durch den neben Markt und Staat ein »dritter« gemeinwirtschaftlicher Sektor begründet werden solle, in dem nützliche Arbeit ohne direkten Bezug zu Erwerbseinkommen verrichtet wird.[66] Nach Überzeugung der Befürworter eines solchen Systems war gegenüber der nicht unter verträglichen Bedingungen für jemals wieder erreichbar erachteten Vollbeschäftigung die Einführung von angemessen honorierter »Bürgerarbeit« neben der Erwerbsarbeit in jedem Fall eine zukunftsträchtigere Lösung.[67] Während Vollbeschäftigung nur um den Preis einer flexibel-prekären Arbeitswelt mit latenter Unterbeschäftigung und Billigjobs in einer »neofeudalen Dienstbotengesellschaft« zu erreichen sei, könne ein neuer Gesellschaftsvertrag unter dem Leitbild der Bürgerarbeit eine Reihe von Vorzügen für sich reklamieren: Sie folge zum einen den Präferenzen der Menschen und komme durch vermehrte Teilzeitbeschäftigung deren Bedürfnis nach einer weiteren Verkürzung der Arbeitszeit nach. Zum anderen beziehe sie die bislang unterbewertete Hausarbeit und das Ehrenamt als wertvolle gesellschaftliche Ressource und »Bürgerarbeit« mit in die Betrachtung und Bewertung ein. Ferner böten die Loslösung der Grundeinkommen von der Erwerbsarbeit und die neuen Formen einer flexibleren Arbeitsgestaltung die Chance zu einer größeren Autonomie der Bürger. Gerade den letztgenannten Aspekt der postulierten neuen Gesellschaftsordnung, wachsende individuelle Flexibilität und Autonomie, erachten die Protagonisten dieses Gesellschaftsentwurfs als einen besonders bedeutenden Gewinn.[68]

Es erscheint aus heutiger Sicht realistisch, alsbald rückblickend die Feststellung treffen zu können, dass sich dieser Gewinn an Autonomie, an

Freiheit in der Lebensgestaltung, damit aber auch an Eigenverantwortung bis hinein in den Erhalt der Wettbewerbsfähigkeit und »Vermarktung« der eigenen Arbeitskraft auch ohne das gewagte, weil weder in der Finanzierung noch den Arbeitsanreizwirkungen kalkulierbare Experiment der »Bürgerarbeit« eingestellt hat. Eine verstärkte Selbstregulierung von Gesellschaft und Arbeitsmarkt »von unten«, wie sie seit Langem eingefordert wird,[69] scheint sich nunmehr durch Entwicklungen im Beschäftigungssystem nahezu zwangsläufig zu verwirklichen.

Ein ebenso zwangsläufiges Ende des Normalarbeitsverhältnisses ist dabei nicht in Sicht. So wenig wie ein »Ende der Arbeit« droht, ist das Schicksal des Normalarbeitsverhältnisses als eines Dinosauriers in der modernen Arbeitswelt besiegelt. Im Gegenteil: Nichts spricht dagegen, dass »normale« Arbeit im Sinn transparent und fair geregelter Arbeitsbeziehungen zwischen Arbeitgeber und Arbeitnehmer bei gleichzeitig gut ausgebauter sozialer Sicherung auch in Zukunft überlebensfähig ist. Wohl setzt dies auch weiterhin Geschmeidigkeit aufseiten der Arbeitgeberverbände und Gewerkschaften voraus und gewiss dürfte sein, dass diese Form der Arbeit künftig an prozentualem Gewicht innerhalb des Kanons der Möglichkeiten verlieren wird. Doch allein der Umstand, dass die in wirtschaftshistorischer Perspektive bemerkenswerte ökonomische Prosperität Deutschlands in den letzten Jahrzehnten wesentlich nicht zuletzt dem Normalarbeitsverhältnis und der mit ihm einhergehenden Berechenbarkeit in den Arbeitsbeziehungen zu verdanken ist, sollte Warnung genug sein, diese Errungenschaften leichtfertig auszuhöhlen. Auch das Normalarbeitsverhältnis wird unweigerlich mit der Zeit gehen und Anpassungen erfahren müssen – morgen werden andere, flexiblere Bestandteile »normal« sein, als sie es heute sind. Sein letztes Stündlein hat gleichwohl noch lange nicht geschlagen.

Anmerkungen

1 Stenographische Berichte des Deutschen Bundestages, 7. Wahlperiode, vom 18. September 1974, S. 7696. Zit. nach: Hans Günter Hockerts, Im Zenit der staatlichen Wohlfahrtsproduktion: Die Reformära 1966–1974, in: ders., Der deutsche Sozialstaat. Entfaltung und Gefährdung seit 1945, Göttingen 2011, S. 181–201, hier S. 194.

2 Vgl. Konrad A. Jarausch (Hrsg.), Das Ende der Zuversicht? Die siebziger Jahre in der Geschichte, Göttingen 2008; Anselm Doering-Manteuffel/Lutz Raphael, Nach dem Boom. Perspektiven auf die Zeitgeschichte seit 1970, Göttingen 2008; Hartmut Kaelble, The 1970s in Europe: A Period of Disillusionment or Promise?, London 2010.

3 Burkart Lutz, Der kurze Traum immerwährender Prosperität. Eine Neuinterpretation der industriell-kapitalistischen Entwicklung im Europa des 20. Jahrhunderts, Frankfurt/Main 1984.

4 Vgl. Tim Schanetzky, Von Keynes zu Friedman? Handlungsoptionen der bundesdeutschen Wirtschaftspolitik in den siebziger Jahren, in: Morten Reitmayer/Ruth Rosenberger (Hrsg.), Unternehmen am Ende des »goldenen Zeitalters«. Die 1970er Jahre in unternehmens- und wirtschaftshistorischer Perspektive, Bochum 2008, S. 149–168.

5 Das Arbeitsförderungsgesetz von 1969 war der beredte Ausdruck dieser optimistischen Sichtweise. Vgl. Hans-Walter Schmuhl, Arbeitsmarktpolitik und Arbeitsverwaltung in Deutschland 1871–2002. Zwischen Fürsorge, Hoheit und Markt, Nürnberg 2003, insbesondere S. 450–465.

6 Vgl. Hartmut Kaelble, Sozialgeschichte Europas. 1945 bis zur Gegenwart, München 2007, S. 469.

7 Vgl. Toni Pierenkemper, Der Auf- und Ausbau eines »Normalarbeitsverhältnisses« in Deutschland im 19. und 20. Jahrhundert, in: Rolf Walter (Hrsg.), Geschichte der Arbeitsmärkte, Stuttgart 2009, S. 77–112.

8 Thomas Raithel/Thomas Schlemmer, Die Rückkehr der Arbeitslosigkeit. Die Bundesrepublik Deutschland im europäischen Kontext 1973 bis 1989, Göttingen 2009.

9 Vgl. Christof Dipper, Deutsche Geschichte 1648–1789, Frankfurt/Main 1991, S. 98; Jürgen Kuczynski, Geschichte der Arbeiter unter dem Kapitalismus, Bd. 1: Darstellung der Lage der Arbeiter in Deutschland 1789 bis 1849, Berlin 1961, S. 222.

10 Vgl. Jürgen Kocka, Zur Schichtung der preußischen Bevölkerung während der industriellen Revolution, in: Wilhelm Treue (Hrsg.), Geschichte als Aufgabe. Festschrift für Otto Büsch zu seinem 60. Geburtstag, Berlin 1988, S. 357–390, hier S. 368 f.

11 J. Kuczynski (Anm. 9), S. 222, schätzt die Anzahl des Kerns der Arbeiterklasse in Deutschland für das Jahr 1800 auf 85 000, für 1816 auf 250 000, für 1832 auf 450 000 und für 1848 auf 1 000 000 Personen.

12 Vgl. Dietmar Petzina, Materialien zum sozialen und wirtschaftlichen Wandel in Deutschland seit dem Ende des 19. Jahrhunderts, in: Harald Winkel (Hrsg.), Wirtschaftliche Entwicklung und sozialer Wandel, Darmstadt 1981, S. 297–342.

13 Vgl. Richard H. Tilly, »Perestroika à la Prusse«: Preußens liberale Reformen zu Anfang des 19. Jahrhunderts im Lichte des Transformationsparadigmas, in: Jahrbuch für Wirtschaftsgeschichte 1996/2, S. 147–160.

14 Vgl. Rainer Gömmel, Realeinkommen in Deutschland. Ein internationaler Vergleich (1810–1914), Nürnberg 1979.

15 Vgl. Ruth Meinert, Die Entwicklung der Arbeitszeit in der deutschen Industrie, 1820–1926, Diss. Münster 1958.

16 Vgl. Günther K. Anton, Geschichte der deutschen Fabrikengesetzgebung bis zur ihrer Aufnahme in die Reichsgewerbeordnung (1891), Berlin (Ost) 1953; Wolfgang Köllmann, Die Anfänge der staatlichen Sozialpolitik in Preußen bis 1869, in: Vierteljahrschrift für Sozial- und Wirtschaftsgeschichte 53/1966, S. 28–52.

17 Johannes Frerich und Martin Frey, Handbuch der Geschichte der Sozialpolitik in Deutschland, Bd. 1: Von der vorindustriellen Zeit bis zum Ende des Dritten Reiches, München 1993, S. 47.

18 Vgl. Gerhard A. Ritter (gemeinsam mit Klaus Tenfelde), Der Durchbruch der Freien Gewerkschaften Deutschlands zur Massenbewegung im letzten Viertel des 19. Jahrhunderts, in: ders., Arbeiter, Arbeiterbewegung und soziale Ideen in Deutschland, München 1996, S. 131–182.

19 Vgl. Florian Tennstedt, Sozialgeschichte der Sozialpolitik in Deutschland. Vom 18. Jahrhundert bis zum Ersten Weltkrieg, Göttingen 1981.

20 Vgl. Josef Engelberger, Tarifautonomie im Deutschen Reich. Entwicklung des Tarifvertragswesens in Deutschland von 1870/71 bis 1945, Berlin 1995, S. 25f.

21 Erste Notverordnungen vom August 1914 hatten bereits alle bestehenden Schutzgesetze hinsichtlich der Begrenzung von Frauen- und Jugendlichenarbeit sowie des Maximalarbeitstages außer Kraft gesetzt.

22 Vgl. Gerald D. Feldman, Industrie und Arbeiterschaft in Deutschland 1914–1918, Berlin 1985.

23 Vgl. Jürgen Kocka, Klassengesellschaft im Krieg. Deutsche Sozialgeschichte 1914–1918, Göttingen 1973.

24 Vgl. Ludwig Preller, Sozialpolitik in der Weimarer Republik, Kronberg/Ts. 1978.

25 Vgl. Michael Schneider, Zwischen Machtanspruch und Integrationsbereitschaft, Gewerkschaften und Politik 1918–1933, in: Karl Dietrich Bracher u. a. (Hrsg.), Die Weimarer Republik 1918–1933. Politik, Wirtschaft, Gesellschaft, Düsseldorf 1987, S. 179–196.

26 Vgl. Michael Schneider, Streit um Arbeitszeit. Geschichte des Kampfes um Arbeitszeitverkürzung in Deutschland, Köln 1984, S. 98–133.

27 Vgl. Ursula Hüllbusch, Koalitionsfreiheit und Zwangstarif, in: Ulrich Engelhardt u. a. (Hrsg.), Soziale Bewegung und politische Verfassung, Stuttgart 1976, S. 599–652.

28 Vgl. Carl-Ludwig Holtfrerich, Zu hohe Löhne in der Weimarer Republik?, in: Geschichte und Gesellschaft, 10 (1984) 1, S. 122–141.

29 Vgl. Ernst Fraenkel, Der Ruhreisenstreit 1928–1929 in historischer Sicht, in: Ferdinand A. Hermes/Theodor Schieder (Hrsg.), Staat, Wirtschaft und Politik. Festschrift für Heinrich Brüning, Berlin 1976, S. 97–117.

30 Vgl. Bénédicte Zimmermann, Arbeitslosigkeit in Deutschland. Zur Entstehung einer sozialen Kategorie, Frankfurt/Main 2006.

31 Vgl. Peter Lewek, Arbeitslosigkeit und Arbeitslosenversicherung in der Weimarer Republik 1918–1927, Stuttgart 1992.

32 Vgl. Werner Abelshauser (Hrsg.), Die Weimarer Republik als Wohlfahrtsstaat. Zum Verhältnis von Wirtschafts- und Sozialpolitik in der Industriegesellschaft, Stuttgart 1987.

33 Vgl. Timothy W. Mason, Sozialpolitik im Dritten Reich. Arbeiterklasse und Volksgemeinschaft, 1977; neuerdings ausführlich Michael Schneider, Unterm Hakenkreuz. Arbeiter und Arbeiterbewegung 1933 bis 1939, Bonn 1999, insbesondere S. 293–300.

34 Vgl. Ronald Smelser, Robert Ley. Hitlers Mann an der »Arbeitsfront« Eine Biographie, Paderborn 1989.

35 Vgl. Jürgen Stelzner, Arbeitsbeschaffung und Wiederaufrüstung 1933–1936, Neumünster 1976.

36 Vgl. Karl Hardach, Wirtschaftsgeschichte Deutschlands im 20. Jahrhundert, Göttingen 1976, S. 68–78.

37 Vgl. M. Schneider (Anm. 33), S. 315–322.

38 Vgl. Ulrich Herbert, Geschichte der Ausländerbeschäftigung in Deutschland 1880–1990. Saisonarbeiter, Zwangsarbeiter, Gastarbeiter, Berlin 1986, S. 120–178; ders., Fremdarbeiter. Politik und Praxis des »Ausländer-Einsatzes« in der Kriegswirtschaft des Dritten Reiches, Bonn 1999; Mark Spoerer, Zwangsarbeit unter dem Hakenkreuz. Ausländische Zivilarbeiter, Kriegsgefangene und Häftlinge im Deutschen Reich und im besetzten Europa 1939–1945, Stuttgart 2001.

39 Die durchschnittliche Wochenarbeitszeit betrug in der verarbeitenden Industrie im März 1942 ca. 50 Stunden, im August 1944 wurde für männliche Beschäftigte die 60-Stunden-Woche eingeführt und in einzelnen Bereichen stieg die Wochenarbeitszeit sogar bis auf 72 Stunden (Luftrüstung). Vgl. Walter Naaser, Die neuen Machtzentren in der deutschen Kriegswirtschaft 1942–1945, Boppard am Rhein 1994, S. 79 f.

40 Vgl. Rüdiger Hachtmann, Lebenshaltungskosten und Reallöhne während des Dritten Reiches, in: Vierteljahrschrift für Sozial- und Wirtschaftsgeschichte 75/1981, S. 32–73.

41 Vgl. allgemein Götz Aly, Hitlers Volksstaat. Raub, Rassenkrieg und nationaler Sozialismus, Frankfurt/Main 2005, und spezifischer Ralf Banken, Edelmetallmangel und Großraubwirtschaft. Die Entwicklung des Edelmetallsektors im »Dritten Reich« 1933–1945, Berlin 2009.

42 Vgl. Werner Abelshauser, Wirtschaft in Westdeutschland. Rekonstruktion und Wachstumsbedingungen in der amerikanischen und britischen Zone, Stuttgart 1975.

43 Vgl. André Steiner, Von Plan zu Plan. Eine Wirtschaftsgeschichte der DDR, München 2004.

44 Vgl. Valentin Siebrecht, Arbeitsmarkt und Arbeitsmarktpolitik in der Nachkriegszeit, Stuttgart 1956.

45 Vgl. Otto Uhlig, Arbeit amtlich angeboten. Der Mensch auf seinem Markt, Stuttgart 1970.

46 Diese Vorstellung einer perfekten Steuerung des Wirtschaftsgeschehens fand seinen Ausdruck insbesondere im Stabilitätsgesetz von 1967 und im Arbeitsförderungsgesetz von 1969. Vgl. Alexander Nützenadel, Stunde der Ökonomen. Wissenschaft, Politik und Expertenkultur in der Bundesrepublik 1949–1974, Göttingen 2005.

47 Vgl. Rüdiger Altmann, Aktive Arbeitsmarktpolitik. Entstehung und Wirkung eines Reformkonzeptes in der Bundesrepublik Deutschland, Stuttgart 2004.

48 Die Kritik ist im Kapitel »Arbeitsmarkt im Würgegriff der Gewerkschaften« pointiert zusammengefasst bei Hans-Werner Sinn, Ist Deutschland noch zu retten? Berlin 2004, S. 141–183.

49 H.-W. Sinn (Anm. 48), S. 151 f.

50 Vgl. Gerlinde und Hans-Werner Sinn, Kaltstart. Volkswirtschaftliche Aspekte der deutschen Vereinigung, Tübingen 1991, S. 36 f.

51 Ralf Dahrendorf brachte diesen Terminus in die Diskussion ein (vgl. Ralf Dahrendorf, Im Entschwinden der Arbeitsgesellschaft. Wandlungen in der sozialen Konstruktion des menschlichen Lebens, in: Merkur. Deutsche Zeitschrift für euro-

päisches Denken, 34 [1980] 8, S. 749–760) und machte ihn u. a. 1982 zum Thema des Frankfurter Soziologentages, vgl. Joachim Mathes (Hrsg.), Krise der Arbeitsgesellschaft?, Frankfurt/Main 1983.

52 Jeremy Rifkin, Das Ende der Arbeit und ihre Zukunft, Frankfurt/Main 1995.

53 Vgl. Horst Siebert, Jenseits des sozialen Marktes. Eine notwendige Neuorientierung der deutschen Politik, München 2005, S. 104–107.

54 Vgl. Institut für Arbeitsmarkt- und Berufsforschung der Bundesanstalt für Arbeit, IAB-Kurzbericht (intern) vom 17. Dezember 1981.

55 Entsprechende Schätzungen belaufen sich auf 7,2 Millionen bis zu 10 Millionen potenziell Arbeitsuchende zu jenem Zeitpunkt. Vgl. Toni Pierenkemper, Arbeit und Alter in der Geschichte, Wiesbaden 2006, S. 74–79.

56 Vgl. Werner Sengenberger, Arbeitsmarktstruktur. Ansätze zu einem Modell des segmentierten Arbeitmarktes, München 1975.

57 Vgl. Werner Eichhorst/Paul Marx/Eric Thode, Atypische Beschäftigung und Niedriglohnarbeit. Benchmarking Deutschland: Befristete und geringfügige Tätigkeiten, Zeitarbeit und Niedriglohnbeschäftigung, IZA Research Report No. 25, 2010; dies., Arbeitsmarkt und Beschäftigung in Deutschland 2000–2009. Beschäftigungserfolge bei steigender Differenzierung, IZA Research Report No. 22, 2009.

58 Vgl. Gert Mutz, Der souveräne Arbeitsgestalter in der zivilen Arbeitgesellschaft, in: Peter A. Berger/Dirk Konietzka (Hrsg.), Die Erwerbsgesellschaft. Neue Ungleichheiten und Unsicherheiten, Opladen 2001, S. 331–356.

59 Zu den Zahlen vgl. W. Eichhorst u. a. (Anm. 57).

60 So Ulrich Beck, Risikogesellschaft. Auf dem Weg in eine andere Moderne, Frankfurt/Main 1986, S. 222–236.

61 Vgl. neben verschiedenen Beiträgen in diesem Band auch Bernd Hof, Szenarien der Entwicklung des Arbeitkräftepotenzials in Deutschland, in: Aus Politik und Zeitgeschichte 8/2001, S. 20–30; ausführlich ders., Europa im Zeichen der Migration. Szenarien zur Bevölkerungs- und Arbeitsmarktentwicklung in der Europäischen Gemeinschaft bis 2020, Köln 1993, und Aktualisierung Köln 2000. Vgl. auch Eckart Bomsdorf, Arbeitkräftepotential und demografischer Wandel. Modellrechnungen für die Bundesrepublik Deutschland, in: Jahrbuch für Wirtschaftsgeschichte 2008/1, S. 123–157.

62 Vgl. Gary S. Becker, Zur neuen Theorie des Konsumentenverhaltens, Tübingen 1982, S. 145–166; Henri Lepage, Der Kapitalismus von morgen, Frankfurt/Main 1979, insbesondere Kap. 8: Die revolutionären Ideen von Gary Becker – Die Rolle der modernen Konsumtheorie, S. 183–207.

63 Vgl. ausführlich Alan Garter/Frank Riessman, Der aktive Konsument in der Dienstleistungsgesellschaft. Zur politischen Ökonomie des tertiären Sektors, Frankfurt/Main 1978.

64 Vgl. insbesondere G. Günter Voß/Kerstin Rieder, Der arbeitende Kunde. Wenn Konsumenten zu unbezahlten Mitarbeitern werden, Frankfurt/Main 2006.

65 Vgl. G. Günter Voß/Hans J. Pongratz, Der Arbeitskraftunternehmer. Eine neue Grundform der »Ware Arbeitskraft«?, in: Kölner Zeitschrift für Soziologie und Sozialpsychologie, 50 (1998) 1, S. 131–158.

66 Vgl. vor allem J. Rifkin (Anm. 52), S. 165–219.

67 Vgl. Ulrich Beck, Wohin führt der Weg, der mit dem Ende der Vollbeschäftigung beginnt?, in: ders. (Hrsg.), Die Zukunft von Arbeit und Demokratie, Frankfurt/Main 2000, S. 7–66.

68 Richard Sennet, Der flexible Mensch. Die Kultur des neuen Kapitalismus, Berlin 1998, weist auf Probleme dieser Entwicklung hin.

69 Vgl. Amitai Etzioni, Die aktive Gesellschaft. Eine Theorie gesellschaftlicher und politischer Prozesse, Opladen 1975 (engl. 1968).

Harald Künemund

Ehrenamt und soziale Netze: Auslaufmodell oder tragende Säule der Gesellschaft?

1 Einleitung

Ehrenamtliche Tätigkeiten sind seit vielen Jahren Gegenstand kontroverser Debatten. Sie geraten offenbar gern dann in den Blick, wenn Finanzierungsspielräume der öffentlichen Haushalte enger werden und Sparpotenziale im Bereich sozialer Dienstleistungen ausgemacht werden oder wenn steigende Arbeitslosigkeit den Ruf nach Umwandlung ehrenamtlicher Aktivitäten in reguläre Erwerbsarbeit lauter werden lässt. Insbesondere nach dem Wegfall der allgemeinen Wehrpflicht und des damit verbundenen Zivildienstes gerät auch der »Markt« für ehrenamtliche Tätigkeiten wieder in Bewegung. Gleichzeitig sorgt die demografische Entwicklung dafür, dass Angebot und Nachfrage im Bereich des Ehrenamtes Akzentverschiebungen erfahren: Immer mehr ältere Menschen fragen Möglichkeiten ehrenamtlichen Engagements nach und zugleich wächst die Zahl derer, die auch ehrenamtlicher, privater Betreuung und Pflege bedürfen.

Ehrenamtliche Tätigkeiten sind generell auf individueller, aber auch auf organisationeller und gesamtgesellschaftlicher Ebene von herausragender Bedeutung. Auf der individuellen Ebene bedeutet ein Ehrenamt für viele Menschen eine besonders sinnvoll gefüllte Zeit, die mit hoher Motivation einhergeht, Selbsterfüllung vermittelt, die Einbindung in soziale Interaktionen ermöglicht oder auch die Mitwirkung an gesellschaftlicher Veränderung erlaubt. Solche positiven individuellen Wirkungen haben in der Summe auch einen beträchtlichen gesellschaftlichen Wert, der sich kaum bemessen lässt. Darüber hinaus hat das Ehrenamt aber auch einen zumindest in Teilen quantifizierbaren gesellschaftlichen Wert.[1] Dies wird besonders dort deutlich, wo für diese Tätigkeiten – würden sie nicht weitgehend unentgeltlich erbracht – staatliche oder private Mittel aufgewendet und entsprechende Leistungen am Markt nachgefragt werden müssten. Wo diese Mittel fehlen, stünden die entsprechenden Leistungen ohne das ehrenamtliche Engagement oft infrage. Beispielsweise hängt die Funktionsfähigkeit vieler intermediärer Organisationen – z. B. der Wohlfahrtsverbände, aber auch der Vereine in Sport und Kultur – zu einem großen Teil von der Bereitschaft zu ehrenamtlichem Engagement ab. Der gesellschaftliche Wert geht aber weit über diesen ökonomisch berechenbaren Wert hinaus: Es geht hier letztlich um den Zusammenhalt der Gesellschaft insgesamt, um den »sozialen Kitt«, der auch in den Diskussionen um die »Bürger-« oder »Zivilgesellschaft« gern eingefordert wird.

In Anbetracht des demografischen Wandels gilt das Interesse inzwischen zunehmend dem ehrenamtlichen Engagement von Älteren und der ehrenamtlichen Versorgung hilfebedürftiger alter Menschen. Auch die Diskussionen um die Finanzierbarkeit der Alterssicherung und der gesundheitlichen und pflegerischen Versorgung – und hier insbesondere jene zur Generationengerechtigkeit – haben diesen Aufmerksamkeitszuwachs befördert. In diesem Beitrag sollen die verschiedenen Aspekte aus soziologischer Perspektive etwas genauer beleuchtet und einige empirische Befunde zusammengetragen werden, um die Relevanz ehrenamtlichen Engagements abgewogen beurteilen zu können: Handelt es sich um ein unmodern gewordenes »Auslaufmodell«, das durch Marktlösungen ersetzt werden sollte, oder sind ehrenamtlich Aktive auch künftig eine wichtige tragende Säule einer stabilen Gesellschaftsordnung?

2 Begriffliche Klärungen: Was ist ein Ehrenamt?

Die Frage nach der Überlebtheit des Ehrenamtes ist keineswegs neu: Schon in den 1970er Jahren, der Blütezeit der Alternativ- und Selbsthilfebewegung, galt das Ehrenamt vielen als ein veraltetes Konzept. In jüngster Zeit ist jedoch eine beachtliche Aufwertung des Begriffs in der Öffentlichkeit festzustellen. Die Bedeutungen, aber auch die mit ihm assoziierten Tätigkeiten haben sich dabei stark verändert. Mit Selbstverständlichkeit wird heute zum Beispiel der Bereich der Selbsthilfe dem Ehrenamt zugerechnet,[2] obgleich sich dieser Bereich in den 1970er Jahren gerade vom traditionellen Ehrenamt in Vereinen und Verbänden abgegrenzt hatte. Auch neue Konzepte wie »freiwillige soziale Tätigkeit« oder »bürgerschaftliches Engagement« kamen hinzu, der Diskurs über das ehrenamtliche Engagement wird daher zunehmend unübersichtlich. Während gelegentlich gemutmaßt wird, das Ehrenamt leide unter rückläufigem Interesse, wird ebenso oft angenommen, die Engagementquoten im Bereich ehrenamtlicher Tätigkeiten hätten in jüngster Zeit zugenommen. Allerdings lässt sich weder das eine noch das andere mit den gegenwärtig verfügbaren Daten verlässlich belegen, was seine Ursache nicht allein in der Datenlage als solcher, sondern bereits in der uneinheitlichen Definition von Ehrenamt hat. Um diese Problematik zu verdeutlichen, werden im Folgenden einige Definitionen und deren Umsetzung in Messinstrumente für die empirische Sozialforschung beleuchtet.[3]

Unter ehrenamtlicher Tätigkeit wird gewöhnlich freiwillige, nicht auf Entgelt ausgerichtete Tätigkeit im Rahmen von Institutionen und Vereinigungen verstanden. Der bereits mehrfach diagnostizierte Strukturwandel des Ehrenamts[4] kann dabei auf vier verschiedenen Ebenen betrachtet werden: 1. auf der Mikroebene der Ehrenamtlichen selbst, 2. auf einer mittleren Ebene sich ändernder Rahmenbedingungen für solche Tätigkeiten in den Bereichen der intermediären Organisationen, Vereine und Verbände, 3. auf einer Makroebene gesellschaftlicher Veränderungen der Rahmenbedingungen für ein Engagement und 4. schließlich auf der Ebene öffentlicher, politischer und wissenschaftlicher Diskurse, die sowohl die bereits erkennbaren Veränderungen als auch mögliche und wünschbare zukünftige Entwicklungen in diesem Bereich thematisieren. Diese vier Ebenen stehen in einem wechselseitigen Zusammenhang, sollen im Folgenden aber kurz analytisch getrennt betrachtet werden, um Interaktionsbezüge sichtbar machen zu können.

Auf der Mikroebene wurde der Strukturwandel des Ehrenamts vor allem als Motivwandel vor dem Hintergrund der Individualisierungs- und Wertewandeldiskussionen thematisiert. Mit der allmählichen Auflösung traditioneller sozial-moralischer Milieus und einer in der Folge abnehmenden Bindungskraft traditioneller Organisationen im Modernisierungsprozess gehe ein Wandel der individuellen Zielsetzungen einher: Während das »traditionelle« Ehrenamt primär »Tätigkeit für andere« gewesen sei, sei das »neue« Ehrenamt eher »Tätigkeit für sich und für andere«.[5] Statt altruistischer Hilfe werden Partizipation und Teilhabe als Handlungsmotive herausgestellt wie auch entsprechende Nutzenvorteile in Form von *process benefits* für die Beteiligten und generell ein Wandel von Pflicht- und Akzeptanz- zu Selbstentfaltungswerten identifiziert. Gestützt werden diese Diagnosen einerseits durch Studien zu Werteorientierungen und andererseits durch Fallstudien, in denen neben einer breiten Palette von Motiven und Zielsetzungen auch ein Biografiebezug entdeckt wurde[6] – ehrenamtliches Engagement werde zunehmend als Resultat einer Suche nach neuen Sinngehalten im Fall biografischer Brüche und Wendepunkte gewählt und sei daher nicht mehr primär auf die Bearbeitung sozialer Problemlagen gerichtet, sondern erhalte einen neuartigen Aspekt der biografischen »Selbst-Hilfe«[7].

So plausibel und überzeugend solche Argumente in einer langfristigen Perspektive gesellschaftlicher Modernisierungsprozesse auch zu sein scheinen, ein verlässlicher empirischer Beleg für einen solchen Motivwandel in der Bundesrepublik steht bislang aus. Eine Mischung von altruistischen bzw. Verpflichtungsmotiven und Selbstentfaltungsmotiven dürfte schon länger existiert haben; beispielsweise wird das Erlangen der »Ehre«, die mit dem traditionellen Ehrenamt einhergeht, auch zu früheren Zeitpunkten ein wesentliches Motiv zur Ausübung dieser Tätigkeiten dargestellt haben und ebenso spielen individuelle Interessen und Präferenzen – etwa eine sinnvolle oder einfach nur neue Aufgabe zu haben, Kontakte zu anderen zu erhalten usw. – sicher schon länger eine Rolle. Ein Beleg für einen Wandel im Mischungsverhältnis dieser Motive ist aber durch das Fehlen von Vergleichsdaten früherer Zeitpunkte schwer möglich, sodass die Thesen eines solchen Strukturwandels als Konsequenz eines Motivwandels für diesen Zeitraum faktisch kaum empirisch geprüft werden können.

Gegenthesen sehen den Strukturwandel in erster Linie auf der Mesoebene von Gruppen, Institutionen und Organisationen begründet. Die Entstehung der »neuen Ehrenamtlichkeit« außerhalb oder am Rand der traditionellen Institutionen (also insbesondere der Kirchen und der großen Wohlfahrtsverbände) in selbst organisierten Gruppen, Initiativen und Projekten im Kontext der verschiedenen sozialen Bewegungen der 1970er und 1980er Jahre – man denke z. B. an Alternativ-, Selbsthilfe-, Frauen- und Ökologiebewegung – wurde mit einer zunehmenden Diskrepanz zwischen den formal organisierten und bürokratisch verfestigten Strukturen in den traditionellen Wohlfahrtsorganisationen und dem Entstehen neuer Interessenlagen und Bedürfnisse erklärt, die sich trotz – oder gerade wegen – des massiven und erfolgreichen Ausbaus wohlfahrtsstaatlicher Institutionen in der Nachkriegszeit ausbildeten. Bereits Mitte der 1950er Jahre war vermutet worden, dass eine in der Funktionslogik der Wohlfahrtsverbände begründete Tendenz zur bürokratischen Verwaltung und funktionellen Arbeitsteilung zu einer »Abstumpfung aller anderen Arten von Initiative, Phantasie und Neuerungsbereitschaft« führen könnte und »ihr festgelegtes Funktionssystem sich als nicht anpassungsfähig oder handlungsfähig genug«[8] erweisen würde.

Neue Problemlagen etwa im Zusammenhang mit chronischen Krankheiten, Behinderungen, Langzeitarbeitslosigkeit oder auch neuartigen Krankheitsbildern wie AIDS wurden offenbar von den traditionellen Wohlfahrtsinstitutionen nicht schnell genug aufgegriffen, für viele Fragen – etwa im Umweltbereich – waren sie auch nicht die richtigen Ansprechpartner. Der Strukturwandel führt in dieser Perspektive also zunächst fort von den traditionellen intermediären Institutionen, bei denen zugleich eine zunehmende »Professionalisierung« des Ehrenamts beklagt wurde,[9] was im Licht des eben erwähnten Wandels zu mehr Selbstverwirklichungsinteressen und biografischer »Passung« als ein weiteres Hemmnis für ein dauerhaftes Engagement gesehen wird, das »von vorgegebenen verbandlichen Interessen diktiert«[10] wird. Insofern wäre – hinsichtlich der »traditionellen« Definition des Ehrenamts – mit einem Rückgang der Beteiligungsquoten zu rechnen, der von den Kirchen und Wohlfahrtsverbänden auch beklagt wird. Dem stünde jedoch ein deutlicher Zuwachs der Beteiligung vor allem im Bereich der Selbsthilfe gegenüber. Für den empirischen Nachweis eines solchen Wandels wären also Daten nötig, die zwischen Ehrenamt und Selbsthilfe, zwischen »altem« und »neuem« Ehrenamt eine Differenzierung ermöglichen.

Auf der Makroebene wird insbesondere der Sozialstaat als Ursache für den Bedeutungsverlust der traditionellen, aber auch für den Bedeutungszuwachs der »neuen« Ehrenamtlichkeit gesehen. Beispielsweise wird eine »immanente Funktionslogik« des »paternalistischen Sozialstaats« für die Bürokratisierung und Professionalisierung auf der Ebene der Wohlfahrtsorganisationen verantwortlich gemacht: Das Interesse an einer »gleichmäßigen und flächendeckenden Versorgung« führe quasi zwangsläufig zu »selektiver Tatsachenfeststellung und bürokratisch-professionellen Erledigungsstrukturen« und bringe damit eben jene Unzufriedenheit hervor, die den »zivilgesellschaftlichen Aufbruch« der 1970er Jahre maßgeblich befördert habe.[11] Oft wird auch eine generelle Verdrängung traditioneller Hilfenetze, milieugestützter Selbstorganisation wie auch der gesellschaftlichen Solidarität insgesamt dem deutschen Sozialstaat sowie dessen Ausbau angelastet und als eine direkte Folge einer Substitution dieser Hilfestrukturen durch sozialstaatliche Institutionen interpretiert.[12]

Auf der Ebene der öffentlichen, politischen und wissenschaftlichen Auseinandersetzung über das Ehrenamt, das bürgerschaftliche Engagement und deren Rolle im gegenwärtigen Umbau des Sozialstaats werden die hier nur kurz zusammengefassten Argumente immer wieder neu miteinander verflochten. Zu nennen sind an dieser Stelle etwa die von verschiedener Seite gerade in jüngerer Zeit ausgerufenen »Jahre des Ehrenamts« oder der Freiwilligen (zuletzt u.a. 1996, 2001, 2011 und 2012), die Einsetzung der Enquete-Kommission »Bürgerschaftliches Engagement« des Deutschen Bundestags oder auch die Krisen- und Umbaudiskussionen zum Sozialstaat, in denen nicht selten auf die Notwendigkeit von Ehrenamt und bürgerschaftlichem Engagement für die Bewältigung der anstehenden Problemlagen hingewiesen wird. Wiederum andere Definitionen ergeben sich im Umfeld der vielfältigen Debatten um die Bürgerarbeit bzw. Bürgergesellschaft, um das Sozialkapital als sozialem »Kitt« der Gesellschaft oder – in den letzten Jahren – um den »aktivierenden« Wohlfahrtsstaat, den »dritten Sektor«, um Kommunitarismus und *corporate citizenship*, um neue Freiwilligendienste wie soziales und ökologisches Jahr als *civic education* und dergleichen mehr.

All diese Diskurse und Argumentationsstränge nationaler und internationaler Herkunft zu Gegenwartsdiagnosen und Entwicklungsperspektiven der Gesellschaft bringen das Thema Ehrenamt immer stärker in die öffentliche Diskussion und verleihen ihm dabei ganz überwiegend den Charakter eines sozial hochgradig erwünschten Handelns. Sie beförderten den Aufbau unterstützender Rahmenbedingungen und aktivierender Infrastrukturen z. B. in Form von Selbsthilfekontaktstellen, Freiwilligenagenturen und -börsen, Seniorenbüros, Bildungsofferten für Ehrenamtliche als »Fachkräfte für Bürgerengagement sowie die Anregung von Selbsthilfe«[13] und führen somit möglicherweise letztlich auch dazu, dass sich die Quote der ehrenamtlich Engagierten erhöht.

Neben dem daraus resultierenden Bedeutungszuwachs ist aber auch ein Bedeutungswandel erkennbar, der im Diskurs zum bürgerschaftlichen Engagement besonders deutlich wird. Das bürgerschaftliche Engagement umfasst in der Definition der Enquete-Kommission des Bundestages zusätzlich zur Selbsthilfe die Mitarbeit in Tauschringen, Nachbarschaftsinitiativen und bei Volksbegehren sowie gemeinwohlorientierte Aktivitäten von Unternehmen und Stiftungen. Manche Definitionen schließen auch das Leisten einer Unterschrift für eine Bürgerinitiative, das Spenden von Geld oder die Mitwirkung bei einem Straßenfest ein,[14] solange dies gemeinwohlorientiert ist, was dann wiederum Definitionsprobleme aufwirft. Das Konzept des bürgerschaftlichen Engagements schließt oft die aktive Beteiligung zum Beispiel in der Kirchengemeinde ein, auch wenn damit kein »Amt« oder eine spezifische »Funktion« verbunden ist.[15] Es stehen also weniger Funktionen oder Ämter als vielmehr das Engagement selbst im Vordergrund. Die so ermittelten Beteiligungsquoten liegen daher zwangsläufig höher als bei früheren Studien, die sich vornehmlich auf Funktionen und Ämter bezogen. Noch höhere Quoten lassen sich z. B. mit dem Konzept der »produktiven« Tätigkeiten erzielen, das vor allem im Kontext nachberuflicher Tätigkeiten verwendet wird,[16] jenem der »informellen Arbeit«[17] oder jenem des »sozialen Engagements«[18].

Ungeachtet konzeptioneller Differenzen werden vor allem die Begriffe Ehrenamt und bürgerschaftliches Engagement gern synonym verwendet. Das führt unweigerlich zu einem Anstieg der Beteiligungsquoten in den Statistiken und einem vermeintlichen Bedeutungszuwachs. Wenn »jeder, der sich schon einmal jenseits von Familie und Lohnarbeit engagiert hat, […] in immer breiter gefassten begrifflichen Operationalisierungen im Rahmen von Forschungsprojekten als ›Ehrenamtlicher‹ oder ›bürgerschaftlich Engagierter‹ ›entdeckt‹ und mitgezählt«[19] wird und sogar die Vermutung laut wird, viele Bürger wüssten gar nicht, dass auch sie ein Ehrenamt ausüben,[20] dann zeigt dies nur, wie rasch das Bemühen um eine plausible Definition ehrenamtlicher Tätigkeiten in einer Sackgasse enden kann. Solche konzeptionellen Erweiterungen könnten aber mittelfristig Rückwirkungen auf die Selbstdefinition der Beteiligten haben, insbesondere dann, wenn dies in der politischen Diskussion oder der Praxis beispielsweise der sozialen Arbeit auch forciert und mit einer besonderen Wertschätzung versehen wird. Der tendenziell inflationäre Gebrauch des Begriffs »Ehrenamt«, der gern auch dort verwendet wird, wo der Wunsch nach einer stärkeren Beteiligung besteht, führt dazu, dass ein immer größerer Personenkreis einbezogen wird, ohne dass davon zwingend auf eine Veränderung in der faktischen Partizipation oder der Art des tatsächlichen gesellschaftlichen Zusammenlebens geschlossen werden könnte.[21]

In der Konsequenz wird der Querschnittsvergleich zur Abschätzung gesellschaftlicher Veränderungen in diesem Bereich ganz erheblich erschwert. Das Ausmaß solcher Veränderungsprozesse wie auch ihr Zusammenhang mit anderen gesellschaftlichen Wandlungsprozessen scheint auf der Verhaltensebene durch Befragungen kaum noch empirisch nachweisbar. Der Freiwilligen-Survey – vom auftraggebenden Ministerium zunächst als »Erhebung zum Ehrenamt« initiiert – sollte zwar diese bislang fehlende empirische Grundlage liefern. Hier wurde allerdings nicht das traditionelle Ehrenamt, auch nicht jenes der bürgerschaftlichen Engagements im weitesten Sinn, sondern ein Konzept des freiwilligen Engagements, d. h. des Übernehmens von Aufgaben oder Arbeiten jenseits von Beruf und Familie, umgesetzt. Dabei wurden in der Frageformulierung Vereine, Initiativen, Projekte und Selbsthilfegruppen gleichzeitig angesprochen und auch die angeführten Beispiele verklammern diese Bereiche (also z. B. »Sportverein« und »Bewegungsgruppe«) – es geht nunmehr um »freiwillige und ehrenamtliche Aufgaben«.[22] Somit sind die Quoten wiederum kaum mit früheren Studien vergleichbar und fallen zwangsläufig höher aus.

3 Empirische Befunde: Ehrenamt, Pflege, Kinderbetreuung

Vor diesem Hintergrund wird verständlich, dass belastbare Aussagen zur Verbreitung ehrenamtlichen Engagements, der Veränderungen in diesem Bereich wie auch darauf gestützte Prognosen derzeit kaum möglich sind. Als Quelle eignen sich letztlich nur Studien, deren Erhebungsinstrumente die genannten Konzepte über die Zeit konstant umsetzen. Exemplarisch seien hier Analysen mit dem Sozio-oekonomischen Panel (SOEP)[23] sowie vertiefende Analysen nach Alter mit den Daten der Welle 3 des Alters-Survey aus dem Jahr 2008 angeführt[24], zum Vergleich werden noch Daten der ersten Welle aus dem Jahr 1996 herangezogen. Im SOEP handelt es sich um eine sehr einfache Frage (»Welche der folgenden Tätigkeiten üben Sie in Ihrer freien Zeit aus? Geben Sie bitte zu jeder Tätigkeit an, wie oft Sie das machen: jede Woche, jeden Monat, seltener oder nie?«), die wahrscheinlich eine Untererfassung begünstigt – die Anteile fallen sehr gering aus. Der Vorteil dieser Studie ist aber, dass hier seit 1985 fast jährlich vergleichbare Informationen vorliegen, also die Veränderungen im Zeitablauf abschätzbar werden.

Abb. 1: Ehrenamtliche Tätigkeiten 1985 bis 2009 in Westdeutschland (in Prozent)

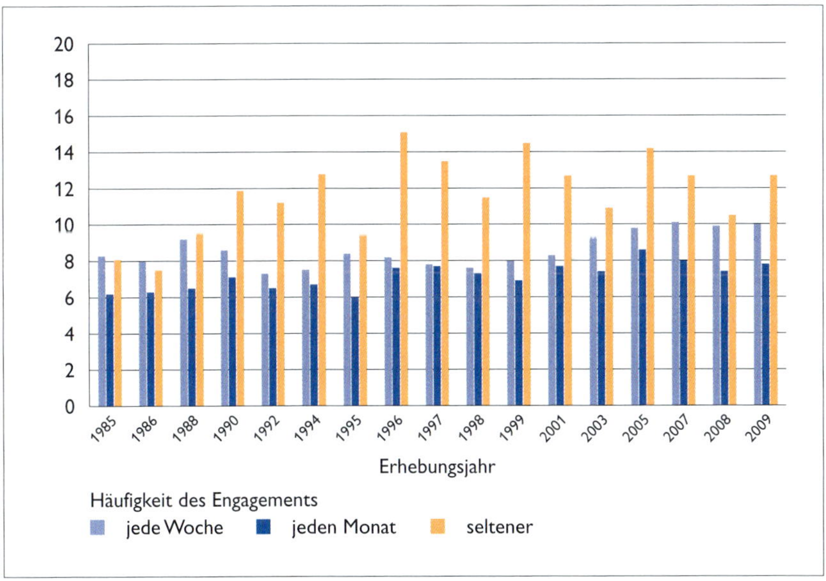

Quelle: SOEP 1985–2009, gewichtet

Abbildung 1 zeigt die Engagementquoten in den alten Bundesländern über einen Zeitraum von 25 Jahren. Es wird deutlich, dass vor allem im Bereich der »seltenen« Engagements Schwankungen bestehen – diese scheinen bis etwa 1996 zugenommen zu haben und die Häufigkeiten schwanken zwischen acht und 15 Prozent. Ansonsten überwiegt eher Stabilität im Aggregat: So sind je zwischen sieben und zehn Prozent der Bevölkerung wöchentlich, weitere sechs bis neun Prozent monatlich engagiert. Zusammengenommen waren damit pro Jahr zwischen 22 und 33 Prozent ehrenamtlich engagiert. In den letzten etwa zehn Jahren lässt sich zunächst eine gewisse Intensivierung des ehrenamtlichen Engagements – eine leichte Verschiebung der Beteiligung hin zu wöchentlichem Engagement – und anschließend eine Stabilisierung bei etwa zehn Prozent der erwachsenen Bevölkerung diagnostizieren.

Abb. 2: Ehrenamtliche Tätigkeiten 1990 bis 2009 in Ostdeutschland (in Prozent)

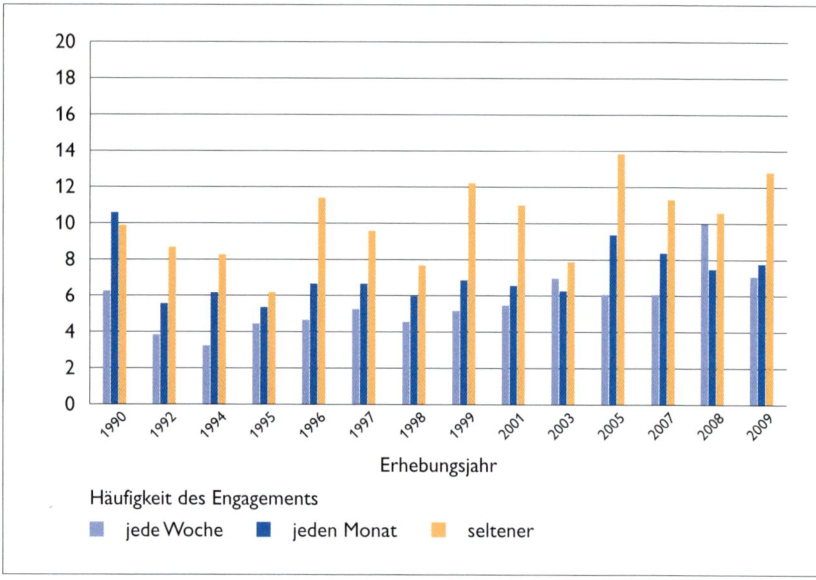

Quelle: SOEP 1990–2009, gewichtet

Sowohl gemessen an den Klagen über die rückläufige Mitgliedschaft und Engagementbereitschaft vonseiten der Wohlfahrtsverbände, Kirchen und Gewerkschaften als auch angesichts der oft vermuteten Zunahme ehrenamtlichen Engagements ist diese Konstanz im Zeitvergleich überraschend. Hinter ihr kann sich natürlich eine gewisse Verschiebung, z. B. von den Wohlfahrtsverbänden hin zu Selbsthilfegruppen oder eine zwischen verschiedenen Altersgruppen, verbergen und manche Schwankung –

etwa der Höchststand im Jahr 1996, dem Jahr des Ehrenamts – kann vielleicht auch mit dem geschilderten Bedeutungswandel des Begriffs und der gestiegenen Aufmerksamkeit für solche Tätigkeiten erklärt werden.

In den neuen Bundesländern lässt sich hingegen ein Zuwachs insbesondere auch des wöchentlichen und des monatlichen Engagements erkennen, sofern die Erhebung im Jahr 1990 – noch mit maßgeblichem Bezug auf die DDR – außen vor bleibt (siehe *Abbildung 2*). Das wöchentliche Engagement schwankt hier zwischen drei und zehn Prozent, das monatliche zwischen fünf und elf Prozent (Letzteres 1990). Auch hier fallen die Schwankungen im sporadischen Engagement am höchsten aus – die Anteile liegen zwischen acht und 14 Prozent. Zusammengenommen waren damit jährlich zwischen 16 Prozent und 29 Prozent ehrenamtlich engagiert, also etwas weniger als in den alten Bundesländern.

Detailliertere Analysen insbesondere für die zweite Lebenshälfte ermöglicht der Alters-Survey. In dieser Studie wurde Anfang der 1990er Jahre ein breites Spektrum an ehrenamtlichen und »produktiven« Tätigkeiten in der zweiten Lebenshälfte erfasst. Diese wurden im Prinzip auf vier Ebenen verortet:

1. Partizipation und traditionelles Ehrenamt in Vereinen, Verbänden und Parteien;
2. Partizipation und »neues« Ehrenamt in selbst organisierten oder fremdorganisierten Gruppen;
3. andere Funktionen und Engagements ohne Anbindung an konkrete Vereine, Gruppen oder Initiativen, z. B. als Elternvertreter oder Schöffe;
4. informelle freiwillige Tätigkeiten und Hilfen jenseits jeglicher organisatorischen Verankerung.

Aufgrund dieser Vorgehensweise lassen sich mit dem Alters-Survey im Prinzip relativ leicht verschiedene Konzepte umsetzen und analysieren: beispielsweise das eher »traditionelle« Ehrenamt in Vereinen oder Verbänden ebenso wie eine gewissermaßen »weichere« Definition »neuer« Ehrenamtlichkeit – etwa unter Hinzurechnung bereits der Mitgliedschaft in Initiativen oder Selbsthilfegruppen – oder eine Variante des sozialen Engagements, die zusätzlich informelle Unterstützungsleistungen oder Pflegetätigkeiten jenseits der Familienbande einschließt, oder auch ein Konzept von »Produktivität«, das ebenso die Hilfen und Unterstützungsleistungen innerhalb der Familie berücksichtigt. An dieser Stelle sollen nur knapp einige der zentralen Befunde skizziert werden.[25] Die Konzentration auf die zweite Lebenshälfte erfolgt hier vor dem Hintergrund des demografischen Wandels und dem besonderen Interesse am Engagement von älteren und für ältere Menschen.[26]

Zunächst ist im Vergleich der Altersgruppen ein deutlicher Rückgang dieses Engagements in den höheren Altersgruppen zu konstatieren, und zwar bei Männern und Frauen in Ost- und Westdeutschland (siehe *Abbildung 3*). Dieser Rückgang kann durch eine Reihe von Faktoren erklärt werden – Kohortenunterschiede (etwa hinsichtlich der Bildung) oder individuelle Faktoren wie z. B. die Gesundheitssituation, aber auch Altersgrenzen spielen höchstwahrscheinlich eine Rolle. Im Zeitvergleich ist aber die Engagementquote zwischen 1996 und 2008 insbesondere in den Altersgruppen zwischen 50 und 70 Jahren angestiegen. Dieser Anstieg lässt sich auch in den Daten des SOEP zeigen[27] – die Altersunterschiede verringern sich also im Zeitverlauf geringfügig, möglicherweise verschiebt sich also der Rückgang des ehrenamtlichen Engagements in ein höheres Alter.

Abb. 3: Ehrenamtliche Tätigkeiten 1996 und 2008 (in Prozent)

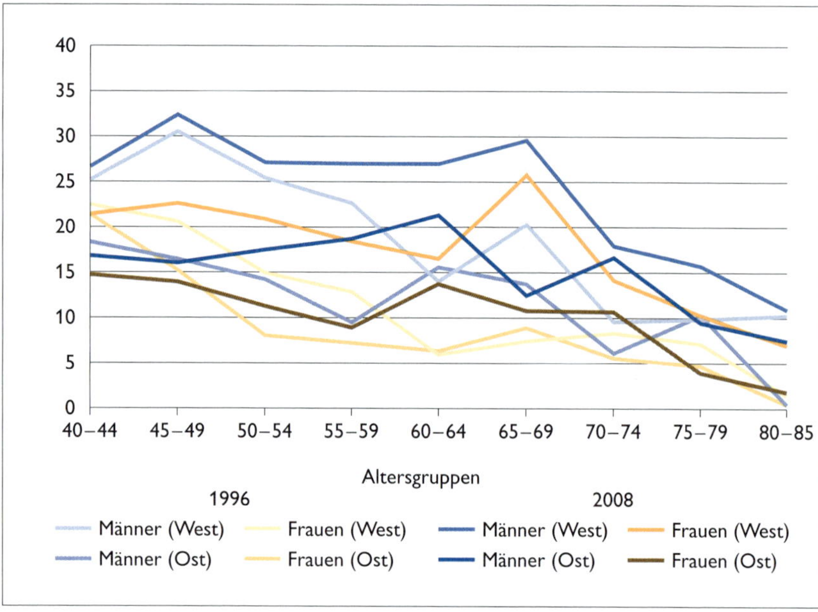

Quelle: Alters-Surveys 1996 und 2002, eigene Berechnungen, gewichtet

Ehrenamtliche Tätigkeiten werden von Männern prozentual häufiger genannt (in absoluten Zahlen kann dies im Einzelfall anders aussehen, da unter den Ältesten die Frauen in der Mehrheit sind), im Osten sind sie seltener als im Westen. Frauen engagieren sich geringfügig häufiger im sozialen Bereich (sieben gegenüber sechs Prozent), dieser Unterschied zeigt sich aber nur bei den Jüngeren – bei den 70- bis 85-Jährigen engagieren sich fast gleich viele Männer und Frauen in diesem Feld. Im Bereich Geselliges und Sport sind es aber eher die Männer, die sich engagieren (zehn gegenüber vier Prozent), ebenso im politischen Bereich (fünf gegenüber zwei Prozent).

Die ehrenamtlichen Tätigkeiten sind bei den 40- bis 85-Jährigen am häufigsten an Sportvereine und gesellige Vereinigungen (zusammen knapp fünf Prozent) oder kirchliche bzw. religiöse Gruppen (knapp vier Prozent) angebunden. Wohltätige Organisationen folgen schon mit einem gewissen Abstand (1,4%). Grundsätzlich sind Frauen häufiger im altersspezifischen Bereich engagiert (19 gegenüber elf Prozent bei den Männern; bei den 70- bis 85-Jährigen liegt die Prozentsatzdifferenz bei 15 Prozent). Männer konzentrieren sich dagegen eher auf den altersunspezifischen Bereich. Der durchschnittliche Zeitaufwand ist hoch und er hat insbesondere bei den Älteren im Zeitvergleich noch deutlich zugenommen: 70- bis 85-jährige Frauen wenden im Schnitt 27 Stunden pro Monat auf, Männer 22 Stunden. Bei den 40- bis 54-jährigen Frauen sind es 15 Stunden, bei den Männern dieser Altersgruppe 20 Stunden.

»Neue« Engagementbereiche haben aber diesen Daten zufolge kaum nennenswerten Zulauf. Im altersspezifischen Segment der Vorruhestandsgruppen, Seniorengenossenschaften, Seniorenselbsthilfegruppen, Seniorenakademien sowie der Seniorenarbeit der Parteien und Gewerkschaften hat sich an den ohnehin sehr geringen Quoten nur wenig verändert. Eine minimale Zunahme zeigt sich allenfalls noch im »traditionellen« Bereich altersspezifischen Engagements – den Seniorenfreizeitstätten, -treffpunkten sowie Sport- und Tanzgruppen, aber auch diese Differenzen sind letztlich kaum erwähnenswert. Bei den altersunspezifischen Engagements überwiegt ebenfalls die Konstanz: Die Zunahme kommt eigentlich nur bei den Sportvereinen (und hier insbesondere in der mittleren der hier betrachteten Altersgruppen) sowie den kirchlichen oder religiösen Gruppen zum Tragen. Im Kontrast zu der wissenschaftlichen und sozialpolitischen Aufmerksamkeit, die den Seniorengenossenschaften, Vorruhestands- und Seniorenselbsthilfegruppen, politischen Interessenvertretungen Älterer oder dem Bereich der Bildung im Alter zuteilwird, ist die faktische Teilnahme in diesen Bereichen eher selten. Unter den altersspezifischen Gruppen und Vereinen ist die Beteiligung im »traditionellen« Bereich am stärksten, also in den Seniorenfreizeitstätten oder z. B. in Seniorentanzgruppen. Die »neuen« Formen altersspezifischer Partizipation stoßen auf wesentlich geringeren Zuspruch. Selbst wenn diesen Gruppen eine gewisse Symbolfunktion oder ein Modellcharakter zugesprochen werden kann, so handelt es sich dennoch empirisch weiterhin um ausgesprochene Randphänomene.

Das Engagement beschränkt sich aber nicht nur auf diesen Bereich ehrenamtlicher Tätigkeiten. Ein weiteres gesellschaftlich bedeutendes Feld sind die Pflegetätigkeiten. Den jüngsten Daten der Pflegestatistik zufolge waren Ende 2009 2,34 Millionen Menschen in Deutschland pflegebedürftig im Sinn des Pflegeversicherungsgesetzes; davon wurden 1,62 Millionen zu Hause versorgt, 1,07 Millionen allein durch Angehörige. Nach den Daten der Alters-Surveys betreuen oder pflegen 15 Prozent der 40- bis 85-jährigen Frauen und zehn Prozent der Männer in dieser Altersgruppe eine hilfe- oder pflegebedürftige Person. Die betreuten Personen sind ganz überwiegend die (Schwieger-)Eltern: 53 Prozent der Pflegenden dieser Altersgruppe betreuen einen Angehörigen der Elterngeneration. 17 Prozent betreuen einen (Ehe-)Partner, 14 Prozent einen anderen Verwandten und 17 Prozent eine nicht verwandte Person. Der Anteil derjenigen Pflegenden, die einen Angehörigen der Elterngeneration betreuen, ist bei den 40- bis 54-Jährigen am höchsten (70 Prozent), in den höheren Altersgruppen ist es zunehmend unwahrscheinlicher, dass ein Angehöriger der Elterngeneration noch lebt, sodass bei den 70- bis 85-Jährigen überwiegend die (Ehe-)Partner gepflegt werden (47 Prozent). Aber auch der Prozentsatz derjenigen, die eine nicht verwandte Person betreuen, nimmt über die Altersgruppen hinweg betrachtet zu: Von den Pflegenden betreuen zwölf Prozent der 40- bis 54-Jährigen, 21 Prozent der 55- bis 69-Jährigen und 27 Prozent der 70- bis 85-Jährigen eine Person, mit der sie nicht verwandt sind. Speziell in diesem Punkt sind die Unterschiede zwischen Männern und Frauen markant: Frauen pflegen deutlich häufiger auch Freunde, Bekannte und Nachbarn. Gleichzeitig geht die Quote der Pflegenden im Altersgruppenvergleich – verglichen etwa mit den ehrenamtlichen Tätigkeiten – nur leicht zurück (siehe *Abbildung 4*).

Deutlich erkennbar ist in jedem Fall eine höhere Quote der pflegenden Frauen. Dieser Unterschied zwischen Frauen und Männern ist besonders deutlich in der Gruppe der 40- bis 54-Jährigen, in der es hauptsächlich um die Pflege der (Schwieger-)Eltern geht (elf und 16 Prozent), und geringer in der Altersgruppe der 70- bis 85-Jährigen (neun und elf Prozent), in der die Pflege der (Ehe-)Partner in den Vordergrund tritt. Der Anteil der pflegenden Männer ist in der ältesten und jüngsten Gruppe im Zeitvergleich gestiegen – bei den 40- bis 54-Jährigen aber nur im Westen. Insgesamt wird deutlich, dass die Geschlechterdifferenzen, über die Altersgruppen hinweg betrachtet, leicht abnehmen.[28]

Abb. 4: Pflegetätigkeiten 1996 und 2008 (in Prozent)

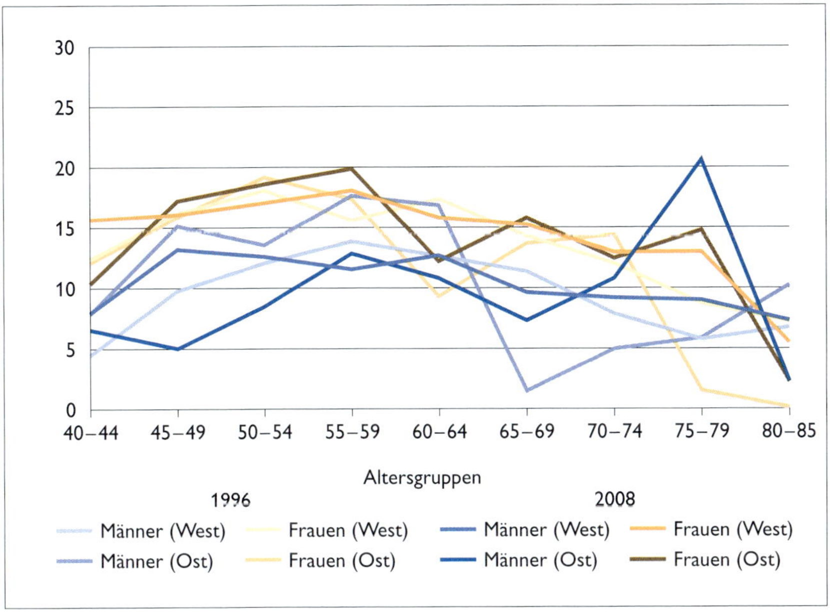

Quelle: Alters-Surveys 1996 und 2002, eigene Berechnungen, gewichtet

Vor allem in den Fällen, in denen (Ehe-)Partner gepflegt werden, handelt es sich oftmals um eine Betreuung »rund um die Uhr«, weshalb der durchschnittliche Zeitaufwand bei den 70- bis 85 Jährigen auch beinahe doppelt so hoch ausfällt wie bei den 40- bis 54-Jährigen (im Durchschnitt 68 Stunden gegenüber 36 Stunden monatlich). Dem leichten Rückgang des Anteils der Pflegenden in den höheren Altersgruppen steht also eine erhebliche zeitliche Intensivierung gegenüber. In allen Altersgruppen aber hat sich der durchschnittliche Zeitaufwand offenbar deutlich verringert (von 81 Stunden 1996 auf 46 Stunden 2008). Dies könnte auf eine bessere Unterstützung z. B. durch Pflegedienste verweisen.

Ein weiterer im Kontext der zweiten Lebenshälfte relevanter Bereich ist die Betreuung von (Enkel-)Kindern: Sie ist sowohl für die Vergesellschaftung und familiale Integration der Älteren als auch für die mittlere Generation (z. B. hinsichtlich der Entlastung erwerbstätiger Personen) und die Sozialisation der Enkelkinder von Bedeutung. Die strukturellen Möglichkeiten für solche Tätigkeiten haben, historisch betrachtet, deutlich zugenommen – die gestiegene Lebenserwartung hat die gemeinsame Lebenszeit unterschiedlicher Generationen innerhalb der Familie stark erhöht. Eine Kinderbetreuung ist bei den 55- bis 69-Jährigen am häufigsten (siehe *Abbildung 5*) – der geringere Anteil bei den Ältesten hängt sicher damit zusammen, dass die Enkelkinder hier oftmals ein Alter erreicht haben, in dem die Betreuung zunehmend überflüssig wird. Wie bei den Pflegetätigkeiten sind es eher die Frauen, die in diesem Bereich tätig sind (17 gegenüber zwölf Prozent der Männer). Am durchschnittlich jüngeren Alter der Betreuenden im Osten Deutschlands zeigen sich die biografisch früheren Geburten in der ehemaligen DDR. Aber während 1996 von beiden Geschlechtern und in allen Altersgruppen diese Tätigkeit in den neuen Bundesländern häufiger ausgeübt worden war, wurde sie 2008 im Westen häufiger genannt. Hier zeigt sich der drastische Geburtenrückgang nach der Wende – die Gelegenheitsstrukturen für solche Tätigkeiten haben sich in den neuen Bundesländern gegenüber 1996 deutlich verschlechtert.

Der Zeitaufwand für diese Tätigkeit liegt im Durchschnitt bei circa 40 Stunden pro Monat, das entspricht in etwa dem Niveau von 1996. In dieser Hinsicht bestehen auch kaum Unterschiede zwischen den Altersgruppen,

Abb. 5: (Enkel-)Kinderbetreuung 1996 und 2008 (in Prozent)

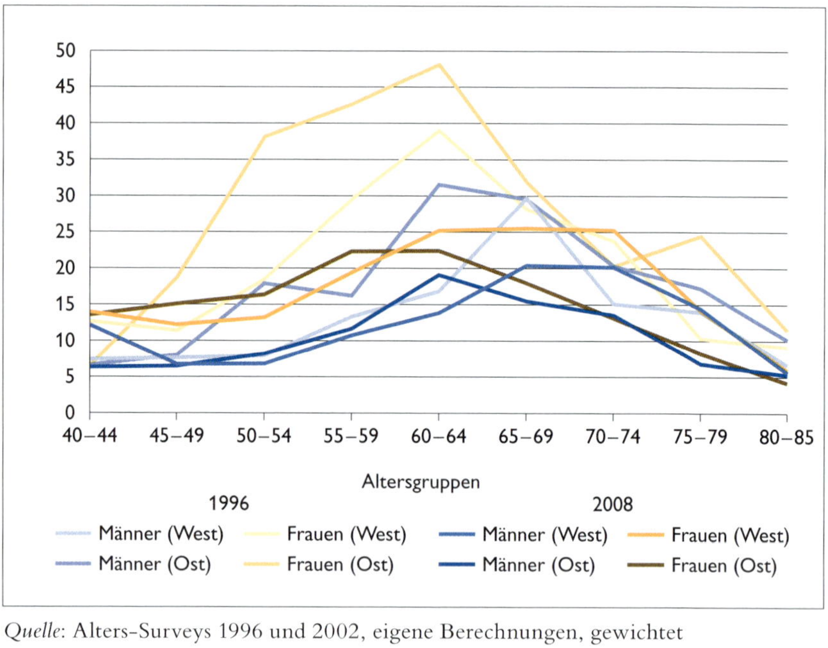

Quelle: Alters-Surveys 1996 und 2002, eigene Berechnungen, gewichtet

Frauen investieren hier aber generell mehr Zeit. Die betreuten Personen sind überwiegend die Enkelkinder (70 Prozent), allerdings gibt es erhebliche Unterschiede zwischen den Altersgruppen: Bei den Jüngeren sind es überwiegend Kinder von Freunden oder Bekannten (36 Prozent); Enkelkinder werden hier vergleichsweise selten genannt. Bei den 70- bis 85-Jährigen sind es dann zu 90 Prozent Enkelkinder. Das Engagement der Älteren in diesem Bereich kommt also fast ausschließlich der Familie zugute.

Abb. 6: Ehrenamt, Pflegetätigkeiten oder (Enkel-)Kinderbetreuung 1996 und 2008 (in Prozent)

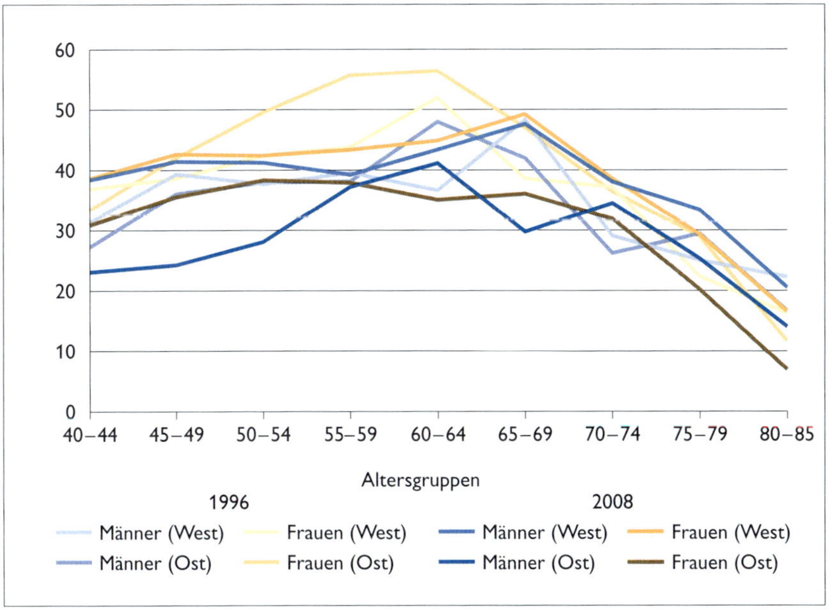

Quelle: Alters-Surveys 1996 und 2002, eigene Berechnungen, gewichtet

Rechnet man ehrenamtliches Engagement, Pflegetätigkeiten und (Enkel-) Kinderbetreuung zusammen, sind jeweils 38 Prozent der 40- bis 85-jährigen Männer und Frauen aktiv (siehe *Abbildung 6*): Unterschiede zwischen Männern und Frauen bestehen dann kaum. Über die Altersgruppen hinweg betrachtet, nimmt das Engagement etwa ab dem 70. Lebensjahr ab, und zwar bei Frauen und Männern.

Gegenüber 1996 hat sich auch in dieser Perspektive nur wenig verändert, den gestiegenen Anteilen beim ehrenamtlichen Engagement stehen –

insbesondere im Osten Deutschlands – gesunkene Quoten bei der (Enkel-)Kinderbetreuung gegenüber. Abgesehen von Verschiebungen in den Tätigkeitsfeldern sind weiterhin knapp 40 Prozent der 40- bis 85-Jährigen in mindestens einem dieser Felder engagiert – im Westen mehr als im Osten (dies war 1996 aufgrund der höheren Quoten bei der (Enkel-)Kinderbetreuung noch anders), aber über alle hier betrachteten Altersgruppen hinweg Männer und Frauen in ungefähr gleichen Größenordnungen. In absoluten Zahlen überwiegen im hohen Alter die Frauen, doch relativ betrachtet sind Männer und Frauen – bei den genannten Unterschieden in den Engagementfeldern – ungefähr gleich häufig aktiv. Bemerkenswert ist das rückläufige Engagement der 40- bis 54-Jährigen Männer im Osten. Am häufigsten ist ein solches Engagement offenbar in der mittleren der hier betrachteten Altersgruppen, also bei den »jungen Alten«. Eine Kumulation von zwei dieser Tätigkeiten (Mehrfachaktivitäten in einem Bereich nicht mitgezählt) ist bei rund einem Fünftel der Engagierten festzustellen: Sieben Prozent der 40- bis 85-jährigen Frauen und Männer sind in zwei Feldern engagiert, knapp ein weiteres Prozent in allen drei Bereichen.

4 Ausblick

Auch wenn empirische Analysen je nach Definition des Ehrenamtes zu sehr unterschiedlichen Aussagen über die Intensität dieser Aktivitäten gelangen und sich die Rahmenbedingungen für freiwilliges Engagement gegenüber früheren Zeiten deutlich verändert haben, besteht kein Grund, für die Zukunft des Ehrenamtes schwarzzusehen. So haben in jüngerer Zeit etwa die ehrenamtlichen Tätigkeiten im mittleren Lebensalter sogar zugenommen. Chancen und Risiken der künftigen Entwicklung des Ehrenamts müssen aber gleichermaßen in den Blick genommen werden, um diesen sozial bedeutsamen Bereich in einer alternden Gesellschaft weiter zu stärken.

Ehrenamtliche Tätigkeiten und soziales Engagement wie auch informelle Unterstützungsleistungen im familialen Kontext sind in den höheren Altersgruppen durchgängig seltener anzutreffen. Die Zusammenhänge mit Gesundheit und Bildung – beide sind positiv mit dem Engagement korreliert, und beide sind bislang bei jeder neuen Ruhestandsgeneration besser als zuvor – wie vielleicht auch der höhere Beteiligungsgrad der Jüngeren könnten als Hinweis darauf interpretiert werden, dass die zukünftigen Älteren sich in all diesen Tätigkeitsfeldern stärker engagieren werden. Die

Opportunitätsstrukturen für eine (Enkel-)Kinderbetreuung werden zwar nicht besser – und zwar nicht nur aufgrund der geringeren Geburtenzahlen, sondern auch aufgrund der häufigeren Scheidungen und Wiederverheiratungen, in deren Folge sich mehrere Großeltern wenige Enkelkinder »teilen« müssen –, jedoch ist möglicherweise genau der Fortfall dieser Möglichkeit auch ein Anlass, andere Tätigkeiten im Ehrenamt aufzunehmen. In jedem Fall sprechen diese Befunde zunächst einmal klar gegen die Annahme, es könne sich beim Ehrenamt um ein »Auslaufmodell« handeln.

Allerdings könnte zugleich auch der Anteil jener Älteren steigen, die eine solche Produktivität nicht erbringen können, sei es aufgrund fehlender Zeit (sollte der Anhebung der Rentenzugangsalter eine längere Erwerbstätigkeit folgen) oder fehlender materieller Ressourcen: Gesellschaftlich sinnvolle und »produktive« Tätigkeiten wie auch familiale Unterstützungsleistungen setzen entsprechende Ressourcen voraus, diese wiederum einen gut ausgebauten und verlässlichen Sozialstaat. Dieser bot den Älteren bislang eine zuverlässige und z. B. von Börsenkursen unabhängige materielle Sicherung. Rentenkürzungen wie auch geringere Rentenanwartschaften könnten zukünftig eine geringere Engagementbereitschaft nach sich ziehen, ebenso könnte sich eine steigende Unsicherheit der Alterseinkommen auswirken. Auch die Erhöhung des Renteneintrittsalters könnte sich als problematisch erweisen, wenn es zu einer Schlechterstellung der jungen Alten zwischen Erwerbsaustritt und Ruhestandsbeginn (mit dann noch zusätzlich reduzierten Renten) kommen würde. Die Voraussetzungen für ein produktives Engagement im Alter sollten daher bei den häufigen Forderungen nach Leistungskürzungen nicht übersehen werden.

Hinsichtlich der besonders aktiven Gruppe der »jungen Alten« könnten sich aufgrund der zunehmenden Flexibilisierung der Erwerbsverläufe und der damit einhergehenden regionalen Mobilität oder auch zunehmender Belastungen im Bereich familialer Verpflichtungen weitere Hindernisse ergeben; bislang aber zeichnen sich hier noch keine erkennbaren Trends ab. Motivationsfördernd könnten darüber hinaus insbesondere die Gewährung eines Versicherungsschutzes, Aufwandsentschädigungen, Zugang zu Bildungsangeboten, öffentliche Anerkennungen sowie faktische Mitwirkungs- und Gestaltungsmöglichkeiten wirken. Auch wären verstärkte Bemühungen hinsichtlich der Altersbildung angezeigt, insbesondere im Bereich der neuen Technologien. Diese müssten zudem so gesteuert werden, dass bildungsungewohnte Schichten einbezogen werden können, sollen nicht bestehende Bildungsungleichheiten verstärkt werden. Darüber hinaus müssen die Voraussetzungen für ein aktives Engagement und gesellschaftliche Partizipation Älterer – z. B. rechtliche Rahmenbedingungen, Infrastruktur, Altersbilder, aber auch, wie bereits erwähnt, schlicht Sicherheit und Verlässlichkeit der Einkommen – weiter im Blick behalten und verbessert werden, um ein erfolgreiches Altern sowohl auf der individuellen als auch auf der gesellschaftlichen Ebene zu ermöglichen. Dann stellt das Ehrenamt sicher kein Auslaufmodell, sondern auch zukünftig eine tragende Säule der Gesellschaft dar.

Für die Gruppe der Jugendlichen und jüngeren Erwachsenen sind die Entwicklungstendenzen weniger positiv, wenn auch noch nicht ernstlich besorgniserregend. Der Freiwilligen-Survey zeigt einen Rückgang des Engagements der 14- bis 24-Jährigen zwischen 1999 und 2009 um zwei Prozentpunkte.[29] Erklärt wird dies durch einen höheren Zeitdruck, der weniger Raum für freiwilliges Engagement lasse. Die Engagementbereitschaft aber sei weiterhin hoch. Die weitere Entwicklung wird hier sicher auch von der Arbeitsmarktsituation (Berufseinstieg, Mobilität, Flexibilität usw.), den familialen Bedingungen und der individuellen Bewältigung der gegebenen Lebenslagen abhängen. Der Fortfall der Pflichtdienste (Wehr- und Zivildienst) mag Freiräume für selbst gewählte Engagementformen schaffen, aber wie das (auch bei gleicher Bildung) deutlich geringere Engagement arbeitsloser Personen zeigt, sind es nicht zuletzt auch die faktische Inklusion in gesellschaftliche Zusammenhänge und die gesicherte Lebenslage, die ein ehrenamtliches Engagement fördern und so wiederum zum gesellschaftlichen Zusammenhalt und zur Inklusion beitragen. Insofern sind auch bei den Jüngeren die bereits für die Älteren genannten engagementförderlichen Rahmenbedingungen zur Sicherstellung der Nachhaltigkeit dieser tragenden Säule der Gesellschaft zu gewährleisten.

Anmerkungen

1 Vgl. beispielhaft Harald Künemund, Entpflichtung und Produktivität des Alters, in: WSI-Mitteilungen, 52 (1999) 1, S. 26–31.

2 Vgl. z. B. Helmut Breitkopf/Jürgen Matzat, Bürgerengagement und Selbsthilfegruppen-Unterstützung. Ein kritischer Zwischenruf, in: Rolf G. Heinze/Thomas Olk (Hrsg.), Bürgerengagement in Deutschland. Bestandsaufnahme und Perspektiven, Opladen 2001, S. 509–518.

3 Vgl. zum Folgenden insbesondere Martin Kohli/Harald Künemund, Nachberufliche Tätigkeitsfelder. Konzepte – Forschungslage – Empirie, Stuttgart 1996; H. Künemund 1999 (Anm. 1); Harald Künemund, »Produktive« Tätigkeiten, in: Martin Kohli/Harald Künemund (Hrsg.): Die zweite Lebenshälfte – Gesellschaftliche Lage und Partizipation im Spiegel des Alters-Survey, Opladen 2000, S. 277–317; Harald Kü-

nemund, Methodenkritische Anmerkungen zur Empirie ehrenamtlichen Engagements, in: Klaus R. Schroeter/Peter Zängl (Hrsg.), Altern und bürgerschaftliches Engagement: Aspekte der Vergemeinschaftung und Vergesellschaftung in der Lebensphase Alter. Wiesbaden 2006, S. 111–134; Harald Künemund, Erwerbsarbeit, Familie und Engagement in Deutschland, in: Jürgen Kocka/Martin Kohli/Wolfgang Streeck (Hrsg.), Altern: Familie, Zivilgesellschaft, Politik, Halle 2009, S. 19–39; Harald Künemund/Jürgen Schupp, Konjunkturen des Ehrenamts – Diskurse und Empirie, in: Marcel Erlinghagen/Karsten Hank (Hrsg.), Produktives Altern und informelle Arbeit in modernen Gesellschaften. Theoretische Perspektiven und empirische Befunde. Wiesbaden 2008, S. 145–163.

4 Vgl. z.B. Thomas Olk, Zwischen Hausarbeit und Beruf. Ehrenamtliches Engagement in der aktuellen sozialpolitischen Diskussion, in: Siegfried Müller/Thomas Rauschenbach (Hrsg.), Das soziale Ehrenamt. Nützliche Arbeit zum Nulltarif, Weinheim 1988, S. 19–36; Karin Beher/Reinhard Liebig/Thomas Rauschenbach, Strukturwandel des Ehrenamts. Gemeinwohlorientierung im Modernisierungsprozeß. Weinheim 2000.

5 Joachim Braun/Frauke Claussen, Freiwilliges Engagement im Alter. Nutzer und Leistungen von Seniorenbüros, Stuttgart u.a. 1997, S. 98f.

6 Vgl. z.B. Gisela Jakob, Zwischen Dienst und Selbstbezug. Eine biographieanalytische Untersuchung ehrenamtlichen Engagements, Opladen 1993.

7 Vgl. G. Jakob (Anm. 6), S. 283.

8 Hemlut Schelsky, Freiwillige Hilfe in der bürokratischen Gesellschaft, in: ders.: Auf der Suche nach Wirklichkeit. Gesammelte Aufsätze, Düsseldorf 1965, S. 294–304, hier S. 299f.

9 Vgl. Thomas Rauschenbach, Gibt es ein »neues Ehrenamt«? Zum Stellenwert des Ehrenamtes in einem modernen System sozialer Dienste, in: Sozialpädagogik, 33 (1991) 1, S. 2–10.

10 Christoph Sachße, Traditionslinien bürgerschaftlichen Engagements in Deutschland, in: Aus Politik und Zeitgeschichte B9/2002, S. 3–5, hier S. 5.

11 Adalbert Evers/Thomas Olk, Bürgerengagement im Sozialstaat – Randphänomen oder Kernproblem?, in: Aus Politik und Zeitgeschichte B9/2002, S. 6–14, hier S. 7.

12 Kritisch hierzu z.B. Harald Künemund/Martin Rein, There is more to receiving than needing: Theoretical arguments and empirical explorations of crowding in and crowding out, in: Ageing & Society, 19 (1999) 1, S. 93–121; Wim van Oorschot/Wil Arts, The social capital of European welfare states: The crowding out hypothesis revisited, in: Journal of European Social Policy, 15 (2005) 1, S. 5–26. Auch solche Zusammenhänge sind empirisch nur schwer zu belegen. Typischerweise aber wird bei den meisten Studien, die ein solches »crowding out« bestätigen, nicht auf die Alternativen geachtet (z.B. Isabelle Stadelmann-Steffen, Social volunteering in welfare states: Where crowding out should occur, in: Political Studies, 59 (2011) 1, S. 135–155 – diese bleiben z.B. als »externe Effekte« außen vor. Dass sich hinzukommende staatliche Hilfen und bereits existierende private Unterstützungsleistungen nicht einfach addieren, ist unmittelbar einleuchtend (sonst wären sie ja wirkungslos), aber das Engagement wendet sich möglicherweise anderen Personen oder

Unterstützungsformen zu (vgl. ausführlicher hierzu Harald Künemund, Intergenerational relations within the family and the state, in: Chiara Saraceno (Hrsg.), Families, ageing and social policy – Intergenerational solidarity in European welfare states, Cheltenham 2008, S. 105–122).

13 Wolfgang Hinte, Wer braucht eigentlich die Bürgergesellschaft? Und wen braucht sie?, in: Arbeitskreis Bürgergesellschaft und Aktivierender Staat (Hrsg.), betrifft Bürgergesellschaft 13, 2004, S. 1–6, hier S. 6.

14 Vgl. z. B. Thomas Olk, Bürgerschaftliches Engagement ermutigen und fördern – Eckpunkte einer Politik der Unterstützung freiwilliger und gemeinwohlorientierter Aktivitäten in Staat und Gesellschaft, in: Psychosozial 88/2002, S. 69–84.

15 Vgl. Helmut Klages, Engagement und Engagementpotential in Deutschland. Ergebnisse der empirischen Forschung, in: Aus Politik und Zeitgeschichte B38/1998, S. 29–38.

16 Vgl. M. Kohli/H. Künemund 1996 (Anm. 3); H. Künemund 2000 (Anm. 3).

17 Vgl. Marcel Erlinghagen, Informelle Arbeit. Ein Überblick über einen schillernden Begriff in: Schmollers Jahrbuch 2/2000, S. 239–274.

18 Vgl. Heiner Meulemann/Tilo Beckers, Das sichtbare und das verborgene soziale Engagement. Häufigkeiten und Hintergründe von Ehrenamt und privater Hilfe in Deutschland im Jahre 2002, in: Soziale Welt, 55 (2004) 1, S. 51–74.

19 Thomas Rauschenbach, »Ehrenamt« – eine Bekannte mit (zu) vielen Unbekannten. Randnotizen zu den Defiziten der Ehrenamtsforschung, in: Ernst Kistler/Heinz-Herbert Noll/Eckhard Priller (Hrsg.), Perspektiven gesellschaftlichen Zusammenhalts. Empirische Befunde, Praxiserfahrungen, Meßkonzepte, Berlin 1999, S. 67–76, hier S. 69.

20 H. Klages 1998 (Anm. 15), S. 30 f.

21 Damit wird auch deutlich, dass ein simpler internationaler Vergleich wenig sinnvoll ist. Der Verweis auf Skandinavien (z. B. Marcel Erlinghagen/Karsten Hank, Ehrenamtliches Engagement und produktives Altern, in: Axel Börsch-Supan u. a. (Hrsg.), Produktivität in alternden Gesellschaften, Halle 2009, S. 143–157, hier S. 155) oder die USA (z. B. H. Klages 1998 [Anm. 15], S. 30) würde nur dann überzeugen können, wenn neben identischen Frage- und Antwortformulierungen auch identische Bedeutungen der Konzepte und Begriffe sowie der institutionellen Gegebenheiten unterstellt werden könnten (z. B. Existenz und Ausmaß öffentlicher Hilfen, Tradition z. B. eines Vereinswesens oder einzelner Engagementformen). Eine schlichte Übersetzung der Frageformulierungen führt aber nur zu vermeintlich direkt vergleichbaren Daten (vgl. exemplarisch z. B. Katharine Gaskin u. a., Ein neues bürgerschaftliches Europa. Eine Untersuchung zur Verbreitung und Rolle von Volunteering in zehn Ländern, Freiburg 1996), nötig wäre hingegen eine spezifische Operationalisierung der zugrunde liegenden Konzepte.

22 Vgl. Bernhard von Rosenbladt, Der Freiwilligensurvey 1999: Konzeption und Ergebnisse der Untersuchung, in: ders. (Hrsg.), Freiwilliges Engagement in Deutschland. Ergebnisse der Repräsentativerhebung zu Ehrenamt, Freiwilligenarbeit und bürgerschaftlichem Engagement, Bd 1: Gesamtbericht, Stuttgart u. a., S. 31–134, hier S. 39 ff.

23 Vgl. Jürgen Schupp/Gert G. Wagner, Maintenance of and innovation in long-term panel studies: The case of the German Socio-Economic Panel (GSOEP), in: Allgemeines Statistisches Archiv, 86 (2002) 2, S. 163–175. Einbezogen wurden hier die Stichproben A, B, E, F, G und H.

24 Vgl. Andreas Motel-Klingebiel/Susanne Wurm/Clemens Tesch-Römer, Altern im Wandel. Befunde des Deutschen Alterssurvey (DEAS), Stuttgart 2010; Clemens Tesch-Römer/Heribert Engstler/Susanne Wurm (Hrsg.), Altwerden in Deutschland. Sozialer Wandel und individuelle Entwicklung in der zweiten Lebenshälfte. Wiesbaden 2006; Martin Kohli/Harald Künemund (Hrsg.), Die zweite Lebenshälfte – Gesellschaftliche Lage und Partizipation im Spiegel des Alters Survey, Opladen 2000. Grundsätzlich handelt es sich um eine repräsentative Stichprobe der 40- bis 85-jährigen Bevölkerung auf Basis einer Melderegisterstichprobe, die nach neuen und alten Bundesländern, Geschlecht und Alter geschichtet gezogen wird. Um die Vergleichbarkeit mit den älteren Wellen zu gewährleisten, wurden von den 6205 mündlichen Interviews der dritten Welle nur jene 6025 Personen berücksichtigt, die in den Melderegistern als »Deutsche« klassifiziert sind (dieses Kriterium galt 1996 und 2002 bei der Stichprobenziehung). Bei den Auswertungen wurde der disproportionalen Stichprobenziehung durch eine Designgewichtung Rechnung getragen.

25 Die Vergleichbarkeit der Daten über die drei Befragungszeitpunkte hinweg ist leider durch unnötige Änderungen am Frageprogramm eingeschränkt worden. Insbesondere wurde die Frage nach den weiteren ehrenamtlichen Tätigkeiten ohne Anbindung an Vereine oder Verbände nur noch dort gestellt, wo keine Mitgliedschaft in einem Verein oder Verband angegeben wurde. Daher werden die ehrenamtlichen Tätigkeiten im Jahr 2008 insgesamt leicht unterschätzt, denn natürlich können auch Personen, die in einem Verein oder Verband Mitglied sind, zugleich z. B. als Schöffen tätig sein.

26 Zu entsprechenden empirischen Befunden auch jüngerer Personen auf der Basis des Sozio-oekonomischen Panel vgl. z. B. M. Erlinghagen/K. Hank 2009 (Anm. 21); Jens Erhardt, Ehrenamt: Formen, Dauer und kulturelle Grundlagen des Engagements, Frankfurt 2011.

27 Vgl. H. Künemund/J. Schupp 2008 (Anm. 3).

28 Bei den 80- bis 85-Jährigen ist der Anteil der Pflegenden unter den Männern sogar etwas höher als bei den Frauen. In absoluten Zahlen würden die wenigen pflegenden 80- bis 85-jährigen Männer freilich kaum ins Gewicht fallen. Der Anteilswert bei den 75- bis 79-Jährigen Männern im Osten Deutschlands ist möglicherweise durch die geringe Fallzahl bedingt, er könnte aber auch auf eine problematische Versorgungslage in dieser Population hinweisen.

29 Vgl. Bundesministerium für Familie, Senioren, Frauen und Jugend (BMFSFJ), Monitor Engagement – Freiwilliges Engagement in Deutschland 1999–2004–2009. Ergebnisse der repräsentativen Trenderhebung zu Ehrenamt, Freiwilligenarbeit und bürgerschaftlichem Engagement, Berlin 2010.

Clemens Hetschko und Andreas Knabe

Macht Arbeit glücklich?

Die wissenschaftliche Auseinandersetzung mit dem Glück beziehungsweise dem subjektiven Wohlbefinden hat sich in den letzten Jahren von einer akademischen Randdisziplin zu einem wohletablierten interdisziplinären Forschungsprogramm entwickelt. Nicht zuletzt diese Fortschritte haben dazu geführt, dass es in jüngster Zeit verstärkt zu ernsthaften Bestrebungen gekommen ist, das Bruttoinlandsprodukt (BIP) als zentrales Maß für die Bewertung des Wohlstands und des Fortschritts der Nationen durch komplementäre Maße, die stärker das tatsächliche Wohlbefinden der Menschen widerspiegeln, zu ergänzen oder auf lange Sicht sogar zu ersetzen.

Insbesondere angesichts fundamentaler demografischer und ökologischer Veränderungsprozesse erscheint eine Fokussierung auf das BIP als Indikator sozialen Fortschritts zunehmend ungeeignet. Besondere Aufmerksamkeit haben in diesem Zusammenhang Erkenntnisse aus der ökonomischen Glücksforschung erhalten, die schon früh darauf hingewiesen haben, dass jenseits eines Mindestmaßes an Wohlstand und sozialer Sicherung kaum noch eine weitere Steigerung des individuellen Wohlbefindens möglich ist. Es ist zwar so, dass Bürger mit höherem Einkommen innerhalb einer Gesellschaft zufriedener sind als weniger wohlhabende Bevölkerungsgruppen. Ein allgemeines Wachsen der Wirtschaftsleistung hingegen, dass die Einkommen aller Menschen gleichmäßig anhebt, ändert kaum etwas an der Lebenszufriedenheit jedes Einzelnen.[1]

Auf Betreiben des damaligen französischen Staatspräsidenten Nicholas Sarkozy wurde 2008 in Frankreich eine mit mehreren Nobelpreisträgern und international führenden Ökonomen besetzte Kommission etabliert, die Empfehlungen für die Verbesserung der Datenlage zur Beurteilung des sozialen Fortschritts einer Nation entwickeln sollte.[2] Im Ergebnis machte die Kommission drei Vorschläge: Erstens soll das Bruttoinlandsprodukt weiterhin als Maß des materiellen Wohlstands verwendet werden. Die Messung des BIP müsse aber verbessert werden, um neben dem quantitativen auch das qualitative Wachstum besser zu erfassen. Zweitens soll die Nachhaltigkeit des Wirtschaftens, insbesondere mit Bezug auf seine ökologischen Wirkungen, stärkere Berücksichtigung finden. Und drittens sollen sich Definitionen von Wohlstand und Fortschritt, statt allein auf die materielle Produktion von Gütern und Dienstleistungen abzustellen, direkt auf das Wohlbefinden der Menschen beziehen. Die Kommission schlug hier explizit vor, neben objektiv messbaren Kriterien wie z. B. Gesundheit, Bildung und politische Freiheit auch subjektive Maße des Wohlbefindens zu verwenden.

Neben der »Sarkozy-Kommission« gibt es zahlreiche weitere nationale und übernationale Bestrebungen, den Wohlstands- und Fortschrittsbegriff stärker am menschlichen Wohlbefinden zu orientieren. Auch der Deutsche Bundestag hat 2010 mit der Enquetekommission »Wachstum, Wohlstand, Lebensqualität – Wege zu nachhaltigem Wirtschaften und gesellschaftlichem Fortschritt in der Sozialen Marktwirtschaft«[3] eine Expertengruppe eingesetzt, um einen ganzheitlichen Wohlstands- und Fortschrittsindikator zu entwickeln.[4] Diese verschiedenen neuen Initiativen werfen eine alte Frage auf, der sich schon die frühesten Ökonomen gewidmet haben: Gibt es ein gesamtgesellschaftliches Glück, an dem sich staatliches Handeln orientieren sollte? Und wenn ja: Wie berechnet man es? Welche Rolle subjektive Maße des Wohlbefindens dabei spielen können, müssen die genannten Initiativen noch zeigen. Gleichwohl können diese Instrumente bereits heute genutzt werden, um Faktoren zu identifizieren, die das individuelle Glück beeinflussen. Es liegt nahe, dass zu ihnen auch und vor allem der Arbeitsmarkt zählt, denn die Arbeit spielt in den Biografien und im alltäglichen Leben vieler Menschen eine prägende Rolle.

Die (neo)klassische ökonomische Theorie betrachtet die Arbeit in der Regel als ein notwendiges Übel. Arbeit an sich ist in dieser Perspektive für die Menschen nichts Wünschenswertes. Im Gegenteil: Zu arbeiten bedeutet, auf die Annehmlichkeiten der Freizeit verzichten zu müssen. Der einzige Grund, weswegen Menschen dazu bereit sind, einen Teil ihrer kostbaren Freizeit aufzugeben und diesen stattdessen mit Arbeit zu verbringen, liegt in ihrem Streben nach materiellem Konsum.

Im Gegensatz dazu können der Arbeit aus Sicht der Sozialpsychologie auch nicht monetäre, d. h. vom Einkommenszweck unabhängige Vorteile zukommen. Die Teilnahme am Erwerbsleben hilft den Menschen, ihre Identität und ihren sozialen Status zu bestimmen, sie erfüllt ihr Leben mit einem gesellschaftlichen, das eigene Wesen übersteigenden Sinn, sie sorgt für einen strukturierten Tagesablauf, sie schafft Möglichkeiten, soziale Kontakte außerhalb der eigenen Familie zu pflegen, und sie verpflichtet zu regelmäßiger Aktivität.[5] Obwohl sich die meisten Menschen diese Eigenschaften der Arbeit nur selten bewusst machen, erklären sie doch die individuelle Arbeitsmotivation jenseits der Notwendigkeit, Geld zu verdienen. Sie helfen zu verstehen, warum die Arbeit selbst unter ungünstigen wirtschaftlichen Bedingungen eine wichtige psychologische Bedeutung haben kann.

Die immateriellen Funktionen der Arbeit müssen jedoch nicht zwangsläufig positiver Natur sein. Die gesellschaftliche Bedeutung der konkreten Tätigkeit mag unklar oder ethisch inakzeptabel sein. Die Zeitstruktur kann zahlreiche Konflikte, z. B. mit familiären Verpflichtungen, verursachen. Soziale Kontakte während der Arbeit schließen mitunter unangenehme Begegnungen mit Vorgesetzten und unzufriedenen Kunden ein. Auch ausgesprochen negative Phänomene wie Mobbing und Burn-out stehen in direkter Beziehung zur Arbeit. Eine generelle Antwort auf die Frage, ob die konkreten Tätigkeiten, denen die Menschen in ihrer Arbeitszeit tagtäglich nachkommen, glücklich machen, kann somit nicht gegeben werden. Im Rahmen dieses Beitrags soll es deshalb nicht nur darum gehen, zu hinterfragen, was es für unterschiedliche Ausprägungen des Glücksempfindens bedeutet, Arbeit zu haben. Um die Bedeutung der Arbeit für das Glück noch genauer darzustellen, muss auch die Zufriedenheit mit der Arbeit selbst betrachtet werden. Welche Umstände im Arbeitsleben sind förderlich für das subjektive Wohlbefinden und welche nicht?

Im Zuge des demografischen Wandels gewinnt überdies die Analyse des Wohlbefindens im Alter und die Frage, welche Rolle die (Erwerbs-) Arbeit im Alter spielt, zunehmend an individueller, gesellschaftlicher und politischer Bedeutung. In diesem Beitrag werden deshalb auch die Konsequenzen des Austritts aus dem Erwerbsleben und die Rahmenbedingungen eines glücklichen Ruhestandes erörtert. Hierbei zeigt sich, dass aktiv wahrgenommene Tätigkeiten, wie z. B. die Arbeit, auch in diesem Lebensabschnitt bedeutsam für das subjektive Wohlbefinden bleiben.

1 Arbeit, Arbeitslosigkeit und Lebenszufriedenheit

1.1 Der Wert der Arbeit

Die meisten Studien der ökonomischen Glücksforschung beruhen auf umfangreichen Befragungsdaten. Die im Rahmen persönlicher Interviews am häufigsten verwendeten Fragen beziehen sich dabei auf die allgemeine Lebenszufriedenheit oder das allgemeine Glück. Das deutsche Sozio-oekonomische Panel (SOEP) verwendet beispielsweise folgende Frage für die Ermittlung der Lebenszufriedenheit: »Wie zufrieden sind Sie gegenwärtig, alles in allem, mit Ihrem Leben?« Die Befragten antworten darauf durch die Nennung einer Zahl auf einer Skala von 0 (ganz und gar unzufrieden) bis 10 (ganz und gar zufrieden). Der Einsatz empirischer Schätzverfahren erlaubt es, den Einfluss von Veränderungen der äußeren Lebensumstände (z. B. Einkommen, Familienstand oder Arbeitslosigkeit) auf die so zum Ausdruck gebrachte Lebenszufriedenheit zu bestimmen.

Es gibt kaum ein Ereignis, das sich so stark negativ auf die Lebenszufriedenheit auswirkt wie die Arbeitslosigkeit.[6] *Abbildung 1* zeigt die durchschnittliche Lebenszufriedenheit von Erwerbstätigen und Arbeitslosen. Die Werte für erwerbstätige Männer und erwerbstätige Frauen unterscheiden sich kaum und entsprechen mit einem Wert von 7 auf der Skala von 0 bis 10 etwa der durchschnittlichen Lebenszufriedenheit aller befragten Personen in Deutschland. Arbeitslose weisen hingegen deutlich niedrigere Werte auf. Bei Männern liegt der Durchschnitt bei 5,15 und damit fast zwei Punkte niedriger als bei den Erwerbstätigen. Arbeitslose Männer gehören damit im Durchschnitt zur Gruppe des unglücklichsten Fünftels der Bevölkerung. Bei arbeitslosen Frauen liegt die Zufriedenheit bei 5,65 und damit etwas höher als bei den Männern, aber deutlich niedriger als bei erwerbstätigen Frauen.

Abb. 1: Lebenszufriedenheit und Erwerbsstatus in Deutschland (2008)

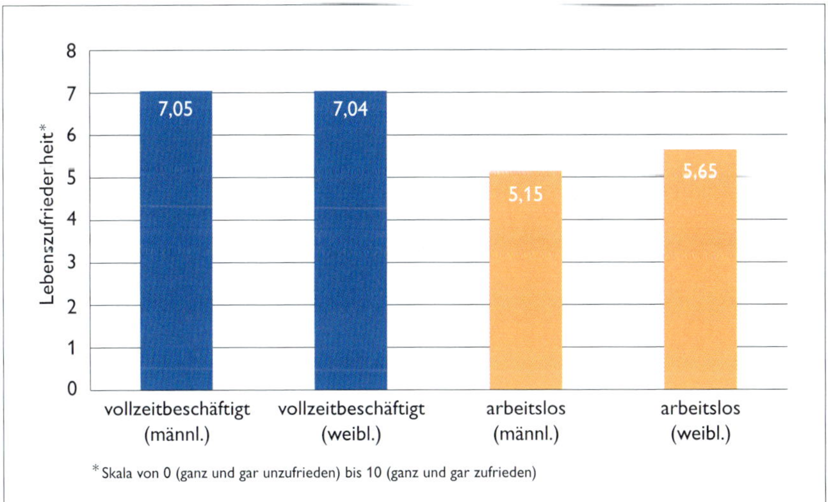

Anmerkung: Die Werte beziehen sich auf die Altersgruppe der 25- bis 55-Jährigen.
Quelle: SOEP, eigene Berechnungen

Auch in allen anderen Ländern, in denen entsprechende Daten erhoben werden, findet die Glücksforschung einen deutlichen Unterschied der Lebenszufriedenheit zwischen Arbeitslosen und Erwerbstätigen. Man könnte einwenden, dass Menschen, die aufgrund bestimmter Persönlichkeitseigenschaften grundsätzlich unglücklicher sind als andere, häufiger arbeitslos werden. Sorgfältige empirische Untersuchungen, die die gleichen Personen über längere Zeiträume beobachten, zeigen aber, dass unabhängig von der allgemeinen Zufriedenheit dieser Personen die Arbeitslosigkeit zu einem Verlust an individueller Lebenszufriedenheit führt. Der Rückgang – und das ist hier das Entscheidende – ist dabei deutlich stärker, als es der Einkommensverlust allein erklären kann. Mit anderen Worten: Würde man ihren Einkommensverlust vollständig ausgleichen (z. B. über entsprechende Zahlungen der Arbeitslosenversicherung), wären die Arbeitslosen immer noch deutlich unzufriedener mit ihrem Leben als einkommensgleiche Erwerbstätige.[7] Aus der traditionellen Sicht der Ökonomie ist dieses Ergebnis überraschend, da die Arbeitslosen in diesem Fall über deutlich mehr Freizeit bei gleichen Konsummöglichkeiten verfügten. Dass die Lebenszufriedenheit trotzdem sinkt, verdeutlicht die Bedeutung der nicht monetären Effekte der Arbeit.

Die Glücksforschung erlaubt nicht nur, die Existenz dieser nicht monetären Vorteile der Arbeit aufzuzeigen, sie kann auch dazu beitragen, ihre relative Stärke zu bestimmen. Dazu verwendet man die Methode der »kompensierenden Variation«: Man berechnet fiktiv den Einkommensbetrag, den eine arbeitslose Person erhalten müsste, damit sie wieder auf ihr ursprüngliches Zufriedenheitsniveau gelangt. Mithilfe dieser Methode lässt sich der monetäre Gegenwert der nicht monetären Vorteile der Arbeit bestimmen. Berechnungen für Deutschland aus dem Jahr 1995 zufolge müsste eine solche Kompensation zusätzlich zum Ausgleich des Einkommensverlustes 277 Prozent des vorherigen Nettoeinkommens bei Männern und 80 Prozent bei Frauen betragen.[8] Auch in den USA und in Großbritannien ist Arbeitslosigkeit offenbar mit ähnlich hohen psychischen Kosten verbunden.[9]

1.2 Kann man sich an Arbeitslosigkeit gewöhnen?

Ein bedeutendes Ergebnis der Glücksforschung ist, dass Menschen in der Lage sind, sich nahezu vollständig an Änderungen ihrer Lebensumstände anzupassen. Das gilt für positive Ereignisse wie eine Gehaltserhöhung, aber auch für negative Erfahrungen wie die Trennung vom Partner. Die Lebenszufriedenheit ändert sich bei Eintritt dieser Ereignisse deutlich, kehrt aber schon kurz danach wieder zu ihrem Ausgangsniveau zurück.[10]

Dementsprechend überraschend ist die Erkenntnis, dass eine solche Gewöhnung bei Arbeitslosigkeit ausbleibt: Die Lebenszufriedenheit sinkt durch den Verlust des Arbeitsplatzes stark ab, verharrt dann aber auf einem niedrigen Niveau und erhöht sich auch bei länger andauernder

Arbeitslosigkeit im Durchschnitt kaum.[11] Selbst an den Tod des Ehegatten gewöhnen sich die Menschen im Durchschnitt besser als an Arbeitslosigkeit.[12] Auch dieses Ergebnis gilt stärker für Männer als für Frauen. Kurz: Arbeitslosigkeit ist schlecht für das Wohlbefinden – und bleibt es auch.

1.3 Hinterlässt Arbeitslosigkeit »Narben«?

Die Lebenszufriedenheit von ehemaligen Arbeitslosen ist im Durchschnitt geringer als die der durchgängig Beschäftigten, wie Studien zeigen.[13] Selbst nachdem Arbeitslose wieder einen Job gefunden haben, hinterlässt die vergangene Arbeitslosigkeitserfahrung noch Spuren. Dieser Umstand ist treffend als »Vernarbungseffekt« der Arbeitslosigkeit bezeichnet worden.[14] Eine solche Narbe kann vorrangig dadurch erklärt werden, dass Menschen, die in der Vergangenheit häufiger oder länger arbeitslos waren, eher damit rechnen, auch in der Zukunft verstärkt arbeitslos zu sein.[15] Diese Befürchtung ist durchaus nachvollziehbar: In der Zeit der Arbeitslosigkeit bilden sich Fähigkeiten zurück, Weiterbildung bleibt aus und die Berufserfahrung wird nicht erweitert, sondern im Gegenteil im Zeitverlauf der Arbeitslosigkeit tendenziell entwertet. Außerdem unterliegt man beim Wiedereinstieg womöglich durch gesetzliche Vorschriften oder auch aufgrund von Regelungen in Arbeits- und Tarifverträgen einem weniger starken Kündigungsschutz. Dementsprechend ist die Wahrscheinlichkeit, nach einer überwundenen Arbeitslosigkeitserfahrung wieder arbeitslos zu werden, in der Tat höher als davor – für die Reaktion der Lebenszufriedenheit hierauf gibt es folglich gute Gründe.

1.4 Externe Effekte der Arbeitslosigkeit

Arbeitslosigkeit hat nicht nur Auswirkungen auf die psychische Verfassung der direkt Betroffenen. Zahlreiche sozialpsychologische Studien haben gezeigt, dass auch Menschen in der direkten Umgebung eines Arbeitslosen, wie z. B. Partner und andere Familienangehörige, unter der Arbeitslosigkeit leiden.[16] Sogar auf das subjektive Wohlbefinden der Bewohner einer ganzen Region kann sich das verstärkte Auftreten von Arbeitslosigkeit negativ auswirken. Dies gilt insbesondere für Erwerbstätige, denn das verstärkte Auftreten von Arbeitslosigkeit in der Region steigert auch das eigene Gefühl der Arbeitsplatzunsicherheit.[17] Ferner haben diejenigen, die nach umfangreichen Entlassungen weiterhin beschäftigt sind, oftmals Schuldgefühle gegenüber den Kollegen, die ihren Job verloren haben.[18] Zudem fällt es in Zeiten höherer Arbeitslosigkeit Menschen schwer, ihren

Job zu wechseln, sodass mehr Menschen in Jobs verweilen, die sie aus verschiedenen Gründen psychisch belasten und die sie unter besseren Arbeitsmarktbedingungen verlassen hätten.[19]

1.5 Die soziale Norm der Arbeit

Neuere ökonomische Ansätze erklären die Motivation menschlichen Verhaltens unter anderem aus dem Wunsch, Erwartungen zu erfüllen, die man selbst und andere Menschen an das eigene Handeln stellen. Etwas abstrakter formuliert, bedeutet dies, dass Menschen danach streben, sozialen Normen zu entsprechen. Zu arbeiten gehört zu den zentralen sozialen Normen von Menschen im erwerbsfähigen Alter. Arbeitslos zu sein, bedeutet, diese Norm nicht zu erfüllen, sodass das Wohlbefinden leidet. Ist die soziale Norm der Arbeit – beispielsweise in einer Region mit hoher Arbeitslosigkeit – schwächer ausgeprägt, sollte sich dies dementsprechend positiv auf das Zufriedenheitsempfinden von Arbeitslosen auswirken.

Diese Vermutung konnte in einer der ersten Studien zur sozialen Norm der Arbeit am Beispiel Großbritanniens tatsächlich bestätigt werden:[20] Arbeitslose in Regionen mit hoher Arbeitslosigkeit äußern sich zufriedener als in Regionen mit geringer Arbeitslosigkeit. Offenbar nimmt die Bedeutung – mithin die Bindekraft – der sozialen Norm der Arbeit ab, wenn immer mehr Menschen nicht in der Lage sind, sie einzuhalten. Ähnliche Effekte konnten auch in anderen Ländern festgestellt werden.[21] Dabei nehmen auch die eigenen Arbeitsmarktchancen einen starken Einfluss darauf, wie die regionale Arbeitslosigkeit die Lebenszufriedenheit beeinflusst.[22] Schätzen Menschen ihren Arbeitsplatz ohnehin schon als unsicher ein, nimmt ihre Lebenszufriedenheit im Vergleich nicht so stark ab, wenn die regionale Arbeitslosigkeit ansteigt. Denn dann weichen sie selbst weniger von der sozialen Norm eines stetigen Arbeitsverhältnisses ab. Eine ähnliche Reaktion zeigen Arbeitslose, die sich selbst ohnehin nur geringe Rückkehrchancen in den Arbeitsmarkt versprechen. Auch für sie wird ihre persönliche Arbeitslosigkeit bei steigenden Arbeitslosenquoten »normaler«.

2 Arbeit und emotionales Wohlbefinden

Beinahe alle Studien, die sich mit dem Zusammenhang von Arbeit und Glück befassen, messen das persönliche Glück mithilfe der Frage nach der Lebenszufriedenheit. Gleichwohl manifestiert sich Glück nicht nur im Hinblick auf eine allgemeine Bewertung des eigenen Lebens, sondern auch in konkret erlebten Gefühlen. Ein alternatives Maß des subjektiven Wohlbefindens misst daher anstelle der allgemeinen Lebenszufriedenheit die Stärke verschiedener in bestimmten Situationen empfundener Emotionen. Dazu werden positive und negative Gefühle anhand von erlebten Ereignissen ermittelt und zu einem Index des Wohlbefindens zusammengefasst. Eine geeignete Methode hierfür ist die »Day Reconstruction Method«.[23] Sie ist eine Kombination aus Zeitverwendungsstudie und Messung von Emotionen. Die befragten Personen müssen ein Tagebuch sämtlicher Aktivitäten erstellen, mit denen sie sich während des Vortages vom Aufwachen bis zum Schlafengehen beschäftigt haben. Dazu beantworten die Befragungspersonen detaillierte Fragen zu jeder angegebenen Aktivität. Insbesondere müssen sie anhand einer Liste mit positiven und negativen Gefühlen zu jeder Tätigkeit angeben, wie stark sie welche Emotionen dabei empfunden haben.

Tab. 1: Emotionales Wohlbefinden während einzelner Aktivitäten

Aktivität	**Zufriedenheit (Skala 0–10)**		**statistische Signifikanz der Differenz**
	Beschäftigte	**Arbeitslose**	**p-Wert**
Hobby/Sport	8,93	8,50	0,12
mit Freunden treffen	8,58	8,34	0,15
lesen/Musik hören	8,50	7,60	0,00
essen	8,22	7,19	0,00
spazieren gehen	8,21	7,99	0,49
Arbeitspause	7,85		
Kinderbetreuung	7,47	5,53	0,00
fernsehen	7,33	7,43	0,50
einkaufen	6,81	5,93	0,01
pendeln	6,77		
arbeiten	6,72		
durchschn. Zufriedenheit (zeitgewichtet)	**7,28**	**7,18**	**0,33**

Anmerkung: Der p-Wert (letzte Spalte) gibt die Wahrscheinlichkeit an, den in der verwendeten Stichprobe ermittelten Zufriedenheitsunterschied zu beobachten, obwohl die (unbeobachtete) Zufriedenheitsdifferenz in der gesamten Bevölkerung null ist. Wenn der p-Wert kleiner als 0,1 ist, wird dies in der Regel als statistischer Nachweis interpretiert, dass mit großer Wahrscheinlichkeit ein Zufriedenheitsunterschied in der Gesamtbevölkerung vorliegt (statistische Signifikanz).

Quelle: Andreas Knabe u.a., Dissatisfied with Life but Having a Good Day: Time-use and Well-being of the Unemployed, in: Economic Journal, 120 (2010) 547, S. 867–889

Auf diese Weise lassen sich zwei Effekte deutlich identifizieren (siehe *Tabelle 1*): Zum einen tritt ein Traurigkeitseffekt auf: Wenn man die gleiche Aktivität (essen, lesen, Sport usw.) betrachtet, dann sind Arbeitslose in der Regel unglücklicher als Beschäftigte. Zum anderen kann man aber auch einen gegenläufig wirkenden Zeiteinteilungseffekt feststellen, weil sich die Zeit, die Arbeitslose und Beschäftigte mit den verschiedenen Aktivitäten verbringen, unterscheidet.

Positive Gefühle treten am stärksten bei Freizeitaktivitäten und sozialen Kontakten mit Freunden und Familie auf. Die stärksten negativen Gefühle entstehen hingegen meistens während der Arbeit und den damit verbundenen Tätigkeiten. Da Arbeitslose über wesentlich mehr Freizeit verfügen, schließt der Zeiteinteilungseffekt die Lücke in der emotionalen Bilanz beider Gruppen fast vollständig. Obwohl sie grundsätzlich mit ihrem Leben unzufriedener als Erwerbstätige sind, sind die Arbeitslosen durchaus in der Lage, einen glücklichen Tag zu verleben und im Durchschnitt ebenso starke positive und negative Emotionen zu erfahren wie die Beschäftigten. Die Hypothese, dass beide Gruppen das gleiche durchschnittliche emotionale Wohlbefinden aufweisen, kann auf Grundlage solcher Untersuchungen jedenfalls nicht verworfen werden, auch wenn sich für die allgemeine Lebenszufriedenheit deutliche Unterschiede zwischen Erwerbstätigen und Arbeitslosen nachweisen lassen.

3 Zufriedenheit mit der Arbeit

Menschen sind nicht nur im Allgemeinen glücklicher, wenn sie Arbeit haben, anstatt arbeitslos zu sein. Auch die konkreten Arbeitsbedingungen spielen für die Zufriedenheit natürlich eine Rolle. Um Unterschiede in dieser Hinsicht zu erforschen, untersuchen Psychologen und Ökonomen, welche Faktoren die Zufriedenheit mit der Arbeit und das emotionale Wohlbefinden während der Arbeitszeit beeinflussen. Außer der Zufriedenheit mit der eigenen Gesundheit ist keine andere Zufriedenheit mit einem bestimmten Lebensbereich derartig stark mit der allgemeinen Lebenszufriedenheit verknüpft wie die Arbeitszufriedenheit.[24] Einige Arbeitsbedingungen sind dabei nicht eindeutig als wünschenswert oder nicht wünschenswert identifizierbar. Deswegen betont die psychologische Forschung, dass die Arbeitssituation auch im Zusammenhang mit Personen- und Persönlichkeitsmerkmalen auf die Arbeitszufriedenheit wirkt.[25]

3.1 Arbeit und Glück: Worauf es ankommt

Lohn

Ein besonders häufig diskutiertes Resultat in der Glücksforschung ist die geringe Wirkung der absoluten Einkommenshöhe auf das Glück.[26] Hinsichtlich der Arbeitszufriedenheit lässt sich dabei ein differenziertes Bild zeichnen: Ein hohes Lohnniveau steigert das Wohlbefinden kaum. Lohnerhöhungen hingegen wirken positiv – selbst dann, wenn sie nicht mit Beförderungen einhergehen. Außerdem zeigt sich, dass die Wirkung des Einkommens auf das Glück mit der Einkommenshöhe abnimmt. Dementsprechend zeigen Lohnerhöhungen für Geringverdiener stärkere Wirkungen auf die Arbeitszufriedenheit als Lohnerhöhungen für Vielverdiener.[27]

In seiner theoretischen Wirkung zunächst unklar ist der Einfluss von Lohnerhöhungen für Kollegen. Lösen sie vorwiegend Neid aus, führen sie zu einem geringeren Wohlbefinden. Werden sie hingegen als ein Signal für eine bevorstehende eigene Lohnsteigerung wahrgenommen, steigern sie die Arbeitszufriedenheit.[28] Firmen müssen sich außerdem fragen, welche Lohnunterschiede innerhalb einer Firma optimal für die Motivation der Mitarbeiter sind. Eine zu große Ungleichheit führt eventuell dazu, dass diejenigen Kollegen, die vergleichsweise wenig verdienen, unzufrieden sind und demotiviert werden. Aber auch gleich verteilte Löhne können Zufriedenheit und Motivation beeinträchtigen, weil Mitarbeiter sich fragen, warum sie sich für das Klettern auf der Karriereleiter anstrengen sollen, wenn sie am Ende kaum mehr verdienen als Kollegen auf unteren Hierarchieebenen.[29]

Arbeitsumfeld

Neben dem Lohn sind weitere Rahmenbedingungen der Arbeit von substanzieller Bedeutung für das Wohlbefinden. Arbeitsplatzsicherheit, soziale Kontakte durch die Arbeit sowie ein hoher sozialer Status des ausgeübten Berufes oder Arbeitgebers erweisen sich im Hinblick auf die Arbeitszufriedenheit als durchaus förderlich. Auch das Verhalten der Vorgesetzten trägt maßgeblich zur Arbeitszufriedenheit bei. Positiv wirkt hier, wenn Entscheidungen auch in den Händen der Mitarbeiter liegen und Vorgesetzte vorwiegend unterstützend eingreifen und auf die Bedürfnisse der Mitarbeiter Rücksicht nehmen. Konflikte aufgrund von unklaren oder widersprüchlichen Erwartungen hingegen, Schwierigkeiten bei der Vereinbarkeit von Familie und Beruf, Überforderung sowie physische

Gefahren, die von der Tätigkeit ausgehen, mindern das Wohlbefinden der Mitarbeiter.[30]

Wie bestimmte Arbeitsbedingungen auf verschiedene Aspekte der Zufriedenheit wirken, ist aber noch nicht abschließend erforscht. Ein interessantes Beispiel für eine ambivalent wirkende Arbeitsbedingung ist die Teilzeitarbeit. Sie führt einerseits zum Verlust von Karrierechancen und Zugehörigkeitsempfinden, was sich negativ auf die Arbeitszufriedenheit auswirken sollte. Andererseits vereinfacht sie aber die Vereinbarkeit beruflicher und privater Aktivitäten und belässt dafür mehr Freizeit, was einen positiven Einfluss auf die Lebenszufriedenheit nehmen könnte. In entsprechenden Untersuchungen konnte allerdings festgestellt werden, dass beispielsweise in Großbritannien teilzeitbeschäftigte Frauen genau die entgegengesetzte Reaktion zeigen.[31] Bei Teilzeitarbeit weisen sie zwar eine höhere Arbeitszufriedenheit, dafür aber eine geringere Lebenszufriedenheit auf, als wenn sie Vollzeit arbeiten. Bei Männern konnten in derselben Studie dagegen keine Unterschiede zwischen Teilzeit- und Vollzeitbeschäftigung bezüglich ihrer Arbeits- und Lebenszufriedenheit ermittelt werden.

Arbeitsinhalt

Für die Zufriedenheit mit der Arbeit ist nicht zuletzt der Inhalt der Tätigkeit, die man ausübt, entscheidend. Im Allgemeinen macht eine Aufgabe besonders zufrieden und motiviert, wenn sie vielfältig ist, unterschiedliche Kompetenzen und Talente erfordert, umfassend vom selben Mitarbeiter gelöst wird, ihr eine hohe Bedeutung beizumessen ist, bei der Aufgabenerfüllung selbstständig vorgegangen werden kann und dabei die Qualität des Ergebnisses deutlich wird.[32] Zahlreiche empirische Studien bestätigen diese Sichtweise in Bezug auf die allgemeine Arbeitszufriedenheit[33] und auch in Bezug auf das emotionale Wohlbefinden während der Arbeitszeit[34].

3.2 Die ökonomische Relevanz der Arbeitszufriedenheit

Aus unternehmerischer Sicht ist es natürlich spannend, zu wissen, ob es eine positive Wirkung einer hohen Arbeitszufriedenheit auf die Arbeitsleistung gibt. Tatsächlich lässt sich ein solcher signifikant positiver Zusammenhang zwischen Leistung und Zufriedenheit feststellen.[35] Allerdings ergibt sich an dieser Stelle die Frage nach Ursache und Wirkung. Schließlich könnte die Beobachtung eines positiven Zusammenhangs zwischen

Zufriedenheit und Leistung auch dadurch erklärt werden, dass ein Mitarbeiter zufriedener wird, wenn er besonders gute Leistungen gezeigt hat. Genauso gut ist es möglich, dass bestimmte Arbeitsbedingungen – z. B. neue Maschinen – die Produktivität der Arbeitnehmer und damit zugleich auch die Zufriedenheit erhöhen.

Neuere Untersuchungen haben sich mit Methoden der experimentellen Verhaltensökonomie dieses Kausalitätsproblems beschäftigt und betrachten Leistungsänderungen, die zeitlich auf eine Änderung des Wohlbefindens (»Schocks«) gefolgt sind. Auf diese Weise kann ausgeschlossen werden, dass eine gute Leistung die Zufriedenheit beeinflusst hat oder aber eine dritte Variable beides beeinflusst. Im Ergebnis zeigt sich, dass glücklichere Personen tatsächlich signifikant produktiver sind.[36]

Unternehmen sind aber nicht nur an produktiven Mitarbeitern interessiert, sondern möchten auch, dass ihre Mitarbeiter möglichst zuverlässig zur Arbeit erscheinen und erfahrene Mitarbeiter dem Betrieb die Treue halten. Denn ein Personalwechsel verursacht Kosten für Personalmarketing, Personalsuche und -auswahl und geht mit einem Verlust an betriebsspezifischem Humankapital einher. Das Fernbleiben vom Arbeitsplatz kann zu Produktionsausfällen führen. Empirische Studien zeigen, dass eine geringe Arbeitszufriedenheit ein besonders guter Indikator für einen bevorstehenden Firmenwechsel eines Mitarbeiters und für Fehlzeiten ist.[37] Wenngleich nicht im selben Maß wie die allgemeine Arbeitszufriedenheit, ist auch ein geringes emotionales Wohlbefinden während der Arbeitszeit Vorbote eines Arbeitsplatzwechsels.[38]

4 Arbeit und das Glück im Alter

Im Zuge des demografischen Wandels gewinnt auch die Frage nach dem Glück im Alter an Bedeutung. Dabei zeigt sich, dass die Arbeit ihre Bedeutung für das Glück keinesfalls einbüßt.

4.1 Alter und Glück

Abbildung 2 zeigt die Entwicklung der Lebenszufriedenheit in Deutschland in Abhängigkeit vom Alter der Befragten.

Die Lebenszufriedenheit scheint unabhängig vom Geschlecht bis zu einem Alter von 55 Jahren abzunehmen.[39] Danach kommt es aber wieder zu einer Aufwärtsbewegung, sodass Männer und mit leichten Abstrichen auch Frauen im Alter von 67 wieder in etwa so glücklich sind wie mit 25 Jahren. Ein möglicher Erklärungsansatz für den Anstieg der Lebenszufriedenheit ab Mitte 50 liegt in der Anpassung der Ansprüche. Der allmählich herannahende Ruhestand verdeutlicht, dass größere Karriere- und Einkommensziele wohl nicht mehr realistisch sind. Wer sich damit abfindet und seine Ansprüche anpasst, leidet nicht mehr unter der Dissonanz zwischen Anspruch und Wirklichkeit.[40]

Abb. 2: Alter und Lebenszufriedenheit

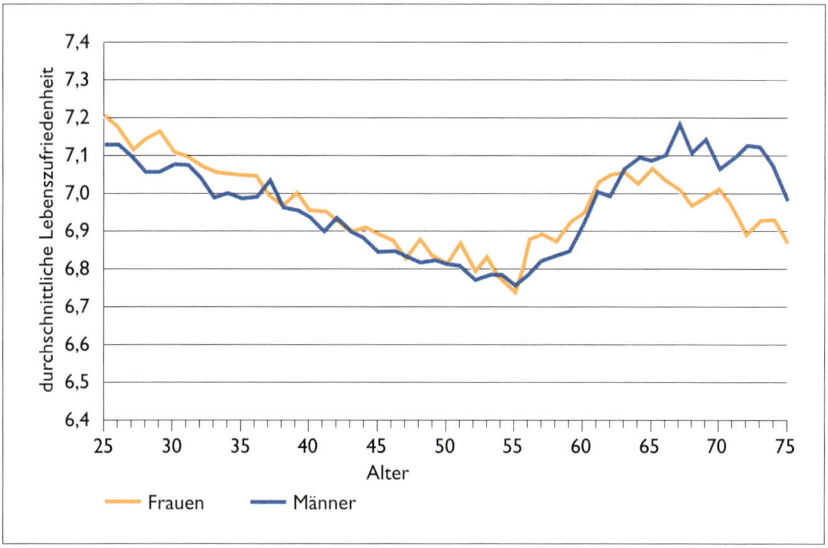

Quelle: Eigene Berechnungen auf Grundlage des SOEP 1984–2009

Für das Ausmaß der Lebenszufriedenheit im Alter ist die Phase des Übergangs vom Erwerbsleben in den Ruhestand naturgemäß besonders prägend. Das Verlassen der Erwerbstätigkeit wirkt dabei nicht generell positiv auf die Zufriedenheit. Vielmehr kommt es auf die Umstände an, unter denen man die Beschäftigung verlässt. Der »lange Arm der Arbeit«[41] reicht noch weit in das Leben nach der Arbeit hinein. Für einen glücklichen Lebensabend erweist es sich außerdem als entscheidend, auch im Ruhestand aktiv zu bleiben. Zum Ende des Lebens kommt es erneut zu einer Verschlechterung der Zufriedenheit, wobei Frauen dann anscheinend deutlich unglücklicher sind als Männer (siehe *Abbildung 2*).

4.2 Renteneintritt und Glück – der lange Arm der Arbeit

Ein selbstbestimmter Zeitpunkt

Wie sich der Renteneintritt auf die Zufriedenheit von vormals Erwerbstätigen auswirkt, hängt maßgeblich von seinen Umständen ab. Während im Durchschnitt kaum Änderungen der Lebenszufriedenheit beim Renteneintritt zu beobachten sind,[42] kann es auf individueller Ebene sowohl zu stark positiven als auch zu substanziell negativen Reaktionen kommen. Ursächlich für diese Heterogenität der Zufriedenheitsveränderung ist das Zusammenspiel von »Push-und-Pull«-Faktoren. Unter Push-Faktoren versteht man negativ empfundene Ursachen wie einen schlechten Gesundheitszustand, der die Verrichtung der Arbeit unmöglich macht und damit den Arbeitnehmer in den Ruhestand zwingt. Pull-Faktoren hingegen sind positive Anreize, die ein freiwilliges Verlassen der Beschäftigung zugunsten des Ruhestands begründen.[43] Untersuchungen bestätigen, dass ein freiwilliger, durch Pull-Faktoren beförderter Renteneintritt eher mit einer positiven Veränderung der Lebenszufriedenheit verbunden ist als ein Wechsel in die Rente, zu dem es unfreiwillig aufgrund der Wirkung von Push-Faktoren gekommen ist. Dieses Ergebnis gilt unabhängig von den sonstigen Umständen des Renteneintritts, wie z. B. der damit verbundenen Einkommensänderung.[44]

Wer rastet, der rostet

Wie zahlreiche empirische Studien belegen, können Menschen im Ruhestand dem Gefühl der Nutzlosigkeit und anderen negativen Wirkungen des Beschäftigungsverlustes entgegenwirken, wenn ihre Gesundheit die Wahrnehmung vielfältiger Aktivitäten ermöglicht. Dies kann dadurch geschehen, dass nach dem Renteneintritt weitergearbeitet wird – z. B. in Teilzeit oder ehrenamtlich. Auch können die Betreuung von Enkeln oder die Versorgung von pflegebedürftigen Angehörigen solche Möglichkeiten eröffnen.

Am Beispiel der USA konnte gezeigt werden, dass der vor allem dort häufige Fall der Erwerbstätigkeit noch nach Renteneintritt die allgemeine Lebenszufriedenheit und auch die Zufriedenheit mit dem Ruhestand günstig beeinflusst, indem die Erwerbstätigkeit während der Rente neben finanziellen Funktionen den Erhalt von Alltagsstrukturen, täglichen Routinen, sozialen Kontakten sowie beruflicher Identifikation fördert. Ergebnisse entsprechender Studien legen nahe, dass Erwerbstätigkeit nach Renteneintritt tatsächlich positive Auswirkungen auf die allgemeine

Lebenszufriedenheit und auch die Zufriedenheit mit dem Renteneintritt hat.[45] Allerdings muss Aktivität im Alter nicht zwingend bedeuten, weiterhin einer Erwerbstätigkeit nachzugehen. Eine aktivere Freizeitgestaltung als noch vor dem Ruhestand oder ein ehrenamtliches Engagement können ebenso zu einem glücklichen Ruhestand beitragen.[46]

Die Beobachtung, dass die Vermischung von Erwerbstätigkeit und Ruhestand förderlich für das subjektive Wohlbefinden sein kann, legt den Schluss nahe, dass ein schrittweiser Übergang von Vollzeit über Teilzeit in den Ruhestand glücklicher machen könnte als ein abruptes Ende der Erwerbstätigkeit. Gerade in Ländern, in denen Altersteilzeitregelungen intensiv genutzt und gefördert werden, scheint dieser Fall besonders relevant. Die Vorteile eines etappenweise erfolgenden Übergangs in den Ruhestand über den Weg von Teilzeitarbeit liegen auf der Hand: Die alten sozialen Kontakte, ein Teil der Alltagsstrukturen sowie Status und Identität bleiben zunächst weitgehend erhalten, während zugleich Zeit für den Aufbau neuer Aktivitäten entsteht, die diese Funktionen im Ruhestand übernehmen können. Allerdings wird auch die Zufriedenheitswirkung eines schrittweisen Rückzugs aus dem Erwerbsleben vollkommen davon dominiert, ob dieser Übergang freiwillig oder unfreiwillig erfolgt.[47]

Renteneintritt und soziale Norm der Arbeit

Es mag verwundern, dass der Renteneintritt im Durchschnitt nicht mit einem Absinken des Wohlbefindens einhergeht, obwohl er mit der Aufgabe des Arbeitsplatzes und der nicht monetären Vorteile der Arbeit verbunden ist. Im Fall der Arbeitslosigkeit wirken sich diese Verluste stark negativ auf die Zufriedenheit mit dem eigenen Leben aus. Anders beim Übergang in den Ruhestand: Mit ihm geht zugleich ein Identitätswechsel einher, der bei Arbeitslosen eben nicht eintritt. Dieser Wechsel von Identität und Selbstverständnis kann für die unterschiedlichen Wirkungen auf das Wohlbefinden verantwortlich gemacht werden.[48] Während Arbeitslose von der sozialen Norm der Erwerbstätigkeit abweichen, nehmen Ruheständler eine andere Identität an, deren Normen nicht mehr verlangen, erwerbstätig zu sein. Da sich die vormals Erwerbstätigen sowohl vor als auch nach dem Renteneintritt somit normkonform verhalten, ändert sich ihre Lebenszufriedenheit nicht.[49] Eine direkte Implikation dieser Überlegung ist, dass Langzeitarbeitslose besonders vom Renteneintritt profitieren. Obwohl sich ihre materiellen Konsummöglichkeiten nur wenig verändern und ihr Leben ansonsten unverändert bleibt, vollziehen auch sie diesen Identitätswechsel. In diesem Fall wechseln sie aber von der Normabweichung (Arbeitslosigkeit) zur Normkonformität (Rente). In den deutschen Zufriedenheitsdaten zeigt sich, dass sich dadurch die Lebenszufriedenheit der vorher lange Arbeitslosen vollständig erholt.

4.3 Das Glück im Alter – welche Faktoren sind noch bedeutsam?

Es ist längst nicht nur die (Weiter-)Beschäftigung in Form von Erwerbstätigkeit, Freizeitaktivität oder Ehrenamt, die sich als förderlich für die Zufriedenheit im Alter erweisen kann. Für die Anpassung an das Leben im Ruhestand und damit das Wohlbefinden in diesem Lebensabschnitt sind andere Faktoren mindestens ebenso entscheidend.

Gesundheit

Nach einer Zunahme der Lebenszufriedenheit in der Lebensmitte kommt es im hohen Alter wieder zu einer sinkenden Lebenszufriedenheit (siehe *Abbildung 2*). Eine naheliegende Erklärung ist die schlechter werdende Gesundheit. Ab einem durchschnittlichen Alter von 65 Jahren nimmt das Wohlbefinden aufgrund von gesundheitlichen Schwierigkeiten wieder ab. Dabei lassen sich für über 75-Jährige starke, signifikant positive Beziehungen zwischen der allgemeinen Lebenszufriedenheit einerseits und der Zufriedenheit mit der Gesundheit und dem selbst eingeschätzten Gesundheitszustand andererseits ermitteln.[50] Ähnliche Ergebnisse zeigen sich auch für Indikatoren des emotionalen Wohlbefindens.[51]

Reduziert man die Analyse auf rein objektive Gesundheitsmaße (zum Beispiel Leistungstests, objektiv erfasste Erkrankungen), ergibt sich, dass Menschen sich an viele gesundheitliche Probleme erstaunlich gut anzupassen scheinen. Besonders gut gewöhnen sie sich an chronische Erkrankungen und sie lernen, mit ihrem Schicksal zurechtzukommen.[52] Hierbei kann das Alter eine positive Rolle spielen: Weil es ganz »normal« ist, im Alter krank zu sein, fällt es leichter, damit umzugehen. Außerdem vergleichen sich manche entsprechend beeinträchtigte Personen beim Beantworten von Fragen zum Wohlbefinden nur noch mit »Leidensgenossen«, sodass die Krankheit nicht in ihre Einschätzung der Zufriedenheit einfließt.[53]

Partnerschaft

Frauen scheinen im höheren Alter generell deutlich unzufriedener zu sein als Männer (siehe *Abbildung 2*). Eine zunächst naheliegende Erklärung für diesen Befund könnte der Tod des Partners und die damit verbundene

Einsamkeit sein. Schließlich leben Frauen aufgrund ihrer höheren statistischen Lebenserwartung im Alter häufiger allein als Männer. Voraussetzung für die Gültigkeit dieser Erklärung ist allerdings, dass das Leben mit einem Partner im Alter tatsächlich glücklicher macht als das Leben allein. Dazu muss die Partnerschaft bestimmte Rahmenbedingungen erfüllen, wobei unter anderem der Erwerbsstatus des Partners von Bedeutung ist. Die Lebenszufriedenheit und die Zufriedenheit mit dem Ruhestand können erheblich leiden, sofern der Partner bei Renteneintritt selbst noch arbeitet.[54] Allerdings weisen Studien zugleich für beide Geschlechter auf insgesamt positive Effekte einer Partnerschaft für das Wohlbefinden nach Renteneintritt hin.[55] Das gilt offenbar für Männer unabhängig davon, ob die Partnerin oder der Partner selbst noch arbeitet. Für Frauen ist dieser positive Zusammenhang hingegen statistisch nur dann signifikant, wenn die Partnerin oder der Partner selbst nicht arbeitet.

Einkommen und Vermögen

Einkommen und Vermögen können das Wohlbefinden im Alter ebenfalls befördern. Für Rentner wirkt sich hier vor allem positiv aus, dass sie vor dem Hintergrund besserer finanzieller Möglichkeiten auch die Quantität und die Qualität ihrer durch den Renteneintritt gewonnenen Freizeitaktivitäten steigern können. Die Lebenszufriedenheit von Ruheständlern korrespondiert mit dem Gefühl, finanziell abgesichert zu sein,[56] wenngleich Einkommen aus eigener Erwerbstätigkeit bedeutsamer für die Lebenszufriedenheit im Alter zu sein scheint als Pensionszahlungen.[57]

5 Fazit: Macht Arbeit glücklich?

Ungeachtet mancher Einschränkungen, lautet die Antwort: »Ja, Arbeit macht glücklich!« Ein breites Spektrum wissenschaftlicher Studien belegt, dass Arbeit eine besonders wichtige Rolle für das individuelle Wohlbefinden spielt. Am deutlichsten zeigt sich die positive Bedeutung der Arbeit am Leid, dass Menschen durch Arbeitslosigkeit erfahren. Der Rückgang der Lebenszufriedenheit beim Verlust der Arbeit übersteigt bei Weitem die Wirkung des Verlustes an Einkommen, der mit dem Jobverlust einhergeht. Die Arbeit erfüllt neben der Sicherung der materiellen Lebensbedingungen weitere elementare Funktionen, indem sie den Alltag strukturiert, Körper und Geist aktiviert, Kontakte mit anderen sowie die Mitwirkung am Erreichen gemeinsamer Ziele ermöglicht. Außerdem erzeugt sie das Gefühl, geachtet zu sein, weil man die soziale Norm erfüllt, einen Beitrag für die eigene, familiäre oder auch gesellschaftliche Wohlfahrt zu leisten.

Es ist die Summe dieser verschiedenen Funktionen, die denjenigen, der arbeitet, deutlich glücklicher macht, als denjenigen, der arbeitslos ist. Arbeitslosigkeit macht nicht nur vorübergehend unglücklich, sondern die Menschen gewöhnen sich auch nicht daran. Arbeitslosigkeit mindert die eigenen Beschäftigungsperspektiven in der Zukunft und erzeugt Angst vor erneuter Arbeitslosigkeit, sodass auch erfolgreich überwundene Arbeitslosigkeitserfahrungen das individuelle Wohlbefinden dauerhaft verringern.

Und doch muss dieses klare »Arbeit macht glücklich!« durch ein kleines »aber« ergänzt werden. Denn Glück spiegelt sich nicht nur in der allgemeinen Lebenszufriedenheit wider, sondern manifestiert sich auch in konkret erlebten (Glücks-)Gefühlen. Betrachtet man diesen Aspekt des Wohlbefindens genauer, ergibt sich ein differenzierter Blick auf die Arbeit. Denn kaum eine Tätigkeit geht mit weniger positiven Gefühlen einher als die (Erwerbs-)Arbeit. Arbeitslose hingegen schaffen es, ihren Tag mit vergleichsweise angenehmen Tätigkeiten auszufüllen. Trotz der grundsätzlichen Unzufriedenheit mit ihrem Leben weisen sie infolge der Anpassung ihrer Zeitverwendung im Tagesdurchschnitt ein ähnliches emotionales Wohlbefinden auf wie die Beschäftigten. Das differenzierte Bild von der Arbeit wird konkreter, wenn man untersucht, welche Faktoren Unterschiede im Wohlbefinden der Erwerbstätigen erzeugen. Wenig überraschend, spielt der Lohn eine wichtige Rolle, aber auch das Verhältnis zu Vorgesetzten und der Arbeitsinhalt beeinflussen die Arbeitszufriedenheit.

Die enorme Bedeutung der Arbeit ist nicht auf das Berufsleben beschränkt. Noch lange nach dem Renteneintritt leidet, wer unfreiwillig aus dem Arbeitsleben ausgeschieden ist, weil seine Dienste nicht mehr gefragt waren oder er aus gesundheitlichen Gründen nicht mehr dieselbe Tätigkeit ausführen konnte. Neben einer guten Gesundheit, materieller Absicherung und einer glücklichen Partnerschaft sind es dann vielfältige Tätigkeiten, wie z.B. ein Ehrenamt, die zu einem glücklichen (Un-)Ruhestand beitragen. Auch nach dem Berufsleben gilt demzufolge: Arbeit macht glücklich.

Diese eindeutigen Befunde bedeuten nicht notwendigerweise, dass alternative Wohlstandsindikatoren, die an den verschiedenen Dimensionen des subjektiven Wohlbefindens anknüpfen, von vornherein »besser« sind als die klassischen Instrumente der Wohlstandsmessung in Form der volkswirtschaftlichen Wertschöpfung. Möglicherweise ergibt sich erst aus einer Gesamtschau verschiedener objektiver und subjektiver Indikatoren ein zuverlässiges Bild sowohl der Leistungsfähigkeit einer Gesellschaft als auch der subjektiv empfundenen Lebensqualität ihrer Mitglieder.

Für die künftige Ausgestaltung politischer Aufgaben im Zeichen des demografischem Wandels bietet die Messung von Glück und Lebenszufriedenheit wichtige Anknüpfungspunkte etwa im Hinblick auf einen gleitenden Übergang in den Ruhestand zu einem selbst gewählten Zeitpunkt und die Erleichterung der Vereinbarkeit von Beruf und Privatleben. Die Zufriedenheitsforschung liefert Hinweise darauf, dass strukturelle Verbesserungen in dieser Hinsicht zu mehr Lebensqualität führen würden als finanzielle Verbesserungen.

Anmerkungen

1 Dieser empirisch inzwischen gut abgesicherte Befund wurde bereits früh von einem der Pioniere der ökonomischen Glücksforschung, Richard Easterlin, analysiert und ist seitdem als »Easterlin-Paradox« bekannt. Vgl. u. a. Richard A. Easterlin, Happiness, Growth, and the Life Cycle, hrsg. von Holger Hinte und Klaus F. Zimmermann, Oxford 2010.

2 Vgl. Joseph Stiglitz/Amartya Sen/Jean-Paul Fitoussi, Report of the commission on the measurement of economic performance and social progress, www.stiglitz-sen-fitoussi.fr.

3 Vgl. Deutscher Bundestag, Einsetzung einer Enquete-Kommission »Wachstum, Wohlstand, Lebensqualität – Wege zu nachhaltigem Wirtschaften und gesellschaftlichem Fortschritt in der Sozialen Marktwirtschaft«, Drucksache 17/3853, Berlin 2010.

4 Der britische Premierminister David Cameron kündigte an, das Wohlbefinden der Bevölkerung umfassend messen zu lassen und die Ergebnisse zur politischen Entscheidungsfindung heranzuziehen (vgl. David Cameron, PM speech on wellbeing [given on November 25, 2010], http://www.number10.gov.uk/news/pm-speech-on-well-being/). Die Europäische Kommission favorisiert eine stärkere Beachtung des subjektiven Wohlbefindens (vgl. Europäische Kommission, Das BIP und mehr. Die Messung des Fortschritts in einer Welt im Wandel, in: Mitteilung der Kommission an den Rat und das Europäische Parlament, 20. August 2009, Brüssel 2009). Skeptisch in Bezug auf subjektive Glücksmaße zeigt sich hingegen eine Expertise, die der deutsche Sachverständigenrat zur Begutachtung der gesamtwirtschaftlichen Lage gemeinsam mit dem französischen Conseil d'Analyse Économique vorgelegt hat (vgl. Conseil d'Analyse Économique/Sachverständigenrat zur Begutachtung der gesamtwirtschaftlichen Entwicklung, Wirtschaftsleistung, Lebensqualität und Nachhaltigkeit: Ein umfassendes Indikatorensystem, Paris/Wiesbaden 2010).

5 Vgl. Marie Jahoda, Work, Employment, and Unemployment. Values, Theories, and Approaches in Social Research, in: American Psychologist 36 (1981) 2, S. 184–191.

6 Der »Glücksaltas«, der 2011 für Deutschland erschienen ist, ermittelt Arbeitslosigkeit immerhin als drittgrößtes Glückshemmnis unter den untersuchten Faktoren – gleich

nach einer schlechten Gesundheit und dem Tod des Partners. Vgl. Deutsche Post (Hrsg.), Glücksatlas Deutschland 2011, Bonn/München 2011.

7 Vgl. Andrew E. Clark/Andrew J. Oswald, Unhappiness and Unemployment, in: Economic Journal, 104 (1994) 424, S. 648–659; Knut Gerlach/Gesine Stephan, A paper on unhappiness and unemployment in Germany, in: Economics Letters, 52 (1996) 3, S. 325–330.

8 Vgl. Liliana Winkelmann/Rainer Winkelmann, Happiness and Unemployment: A Panel Data Analysis for Germany, in: Konjunkturpolitik, 41 (1995) 4, S. 293–307.

9 Vgl. David G. Blanchflower/Andreas J. Oswald, Well-being over time in Britain and the USA, in: Journal of Public Economics, 88 (2004) 7/8, S. 1359–1386.

10 Vgl. Shane Frederick/George Loewenstein, Hedonic adaptation, in: Daniel Kahneman/Ed Diener/Norbert Schwarz (Hrsg.), Well-being: The foundations of hedonic psychology, New York 1999.

11 Vgl. Andrew E. Clark, A Note on Unhappiness and Unemployment Duration, in: Applied Economics Quarterly, 52 (2006) 4, S. 291–308; Richard E. Lucas u. a., Unemployment alters the set point for life satisfaction, in: Psychological Science, 15 (2004) 1, S. 8–13.

12 Vgl. Ed Diener/Richard E. Lucas/Christie K. N. Scollon, Beyond the Hedonic Treadmill: Revisions to the Adaptation Theory of Well-being, in: American Psychologist, 61 (2006) 6, S. 305–314.

13 Vgl. Liliana Winkelmann/Rainer Winkelmann, Why are the unemployed so unhappy? Evidence from panel data, in: Economica, 65 (1998) 257, S. 1–15.

14 Vgl. Andrew E. Clark/Yannis Georgellis/Peter Sanfey, Scarring: The psychological impact of past unemployment, in: Economica, 68 (2001) 270, S. 221–241, hier S. 221.

15 Vgl. Andreas Knabe/Steffen Rätzel, Scarring or Scaring? The Psychological Impact of Past Unemployment and Future Unemployment Risk, in: Economica, 78 (2011) 310, S. 283–293.

16 Vgl. Linda McKee/Colin Bell, His unemployment, her problem: the domestic and marital consequences of male unemployment, in: Sheila Allen u. a. (Hrsg.), The experience of unemployment, Basingstoke 1986; Fiona Jones/Ben Fletcher, An empirical study of occupational stress transmission in working couples, in: Human Relations, 46 (1993) 7, S. 881–903.

17 Vgl. Hans de Witte, Job Insecurity and Psychological Well-being: Review of the Literature and Exploration of Some Unresolved Issues, in: European Journal of Work and Organizational Psychology, 8 (1999) 2, S. 155–177.

18 Vgl. David M. Noer, Healing the Wounds: Overcoming the Trauma of Layoffs and Revitalizing Downsized Organizations, San Francisco 1993.

19 Vgl. Cary L. Cooper, Job distress: Recent research and the emerging role of the clinical occupation psychologist, in: Bulletin of the British Psychological Society, 39/1986, S. 325–331.

20 Vgl. Andrew E. Clark, Unemployment as a Social Norm: Psychological Evidence from Panel Data, in: Journal of Labor Economics, 21 (2003) 2, S. 323–351.

21 Für Südafrika vgl. Nattavudh Powdthavee, Are there Geographical Variations in the Psychological Cost of Unemployment in South Africa?, in: Social Indicators Research,

80 (2007) 3, S. 629–652. Für Australien vgl. Michael Shields/Stephen Wheatley Price/Mark Wooden, Life satisfaction and the economic and social characteristics of neighbourhoods, in: Journal of Population Economics, 22 (2009) 2, S. 421–443.

22 Vgl. Andrew E. Clark/Andreas Knabe/Steffen Rätzel, Boon or bane? Others' unemployment, well-being and job insecurity, in: Labour Economics, 17 (2010) 1, S. 52–61.

23 Vgl. Daniel Kahneman u. a., A Survey Method for Characterizing Daily Life Experience: The Day Reconstruction Method, in: Science, 306/5702, 2004, S. 1776–1780.

24 Vgl. Bernard M. S. van Praag/Paul Fritjers/Ada Ferrer-i-Carbonell, The Anatomy of Subjective Well-being, Journal of Economic Behavior and Organization, 51 (2003) 1, S. 29–49.

25 Vgl. u. a. Rainer Wieland/Jarek Krajewski/Maria Memmou, Arbeitsgestaltung, Persönlichkeit und Arbeitszufriedenheit, in: Lorenz Fischer (Hrsg.), Arbeitszufriedenheit. Konzepte und empirische Befunde, Göttingen 2006. Das durchaus spannende Forschungsfeld von Arbeitszufriedenheit und individuellen Eigenschaften wird hier nicht näher betrachtet, da hinsichtlich dieses Beitrags nicht entscheidend ist, wer mit der Arbeit glücklicher ist, sondern wodurch die Arbeit glücklich bzw. unglücklich macht.

26 Vgl. Bruno S. Frey/Alois Stutzer, Happiness and economics, Princeton 2002.

27 Vgl. Andrew E. Clark, Are Wages Habit-Forming? Evidence from Micro Data, in: Journal of Economic Behavior and Organization, 39 (1999) 2, S. 179–200.

28 Vgl. Andrew E. Clark/Nicolai Kristensen/Niels Westergard-Nielsen, Job Satisfaction and Co-worker Wages: Status or Signal?, in: Economic Journal, 119 (2009) 536, S. 430–447.

29 Vgl. Rudolf Winter-Ebmer/Josef Zweimüller, Intra-firm Wage Dispersion and Firm Performance, in: Kyklos, 52 (1999) 4, S. 555–572.

30 Vgl. zusammenfassend Peter Warr, Well-Being and the Workplace, in: Daniel Kahneman/Ed Diener/Norbert Schwarz (Hrsg.), Well-being: The foundations of hedonic psychology, New York 1999.

31 Vgl. Allison L. Booth/Jan C. van Ours, Job Satisfaction and Family Happiness: The Part-time Work Puzzle, in: Economic Journal, 118 (2008) 526, S. F77–F99.

32 Diese Anforderungen an eine glücklich machende (Erwerbs-)Tätigkeit wurden bereits sehr früh von Hackman und Oldham formuliert (vgl. J. Richard Hackman/Greg R. Oldham, Motivation through the Design of Work. Test of a Theory, in: Organizational Behavior and Human Performance, 16 (1976) 2, S. 250–279).

33 Vgl. zusammenfassend Bryan T. Loher u. a., A Meta-Analysis of the Relation of Job Characteristics of Job Satisfaction, in: Journal of Applied Psychology, 70 (1985) 2, S. 280–289.

34 Vgl. Cynthia D. Fisher, Antecendents and Consequences of Real-Time Affective Reactions at Work, in: Motivation and Emotion, 26 (2002) 1, S. 3–30.

35 Zu diesem Ergebnis gelangt eine umfassende Metastudie, die mehr als 350 Forschungsarbeiten zu dieser Fragestellung ausgewertet hat; vgl. Timothy A. Judge u. a., The Job Satisfaction-Job Performance Relationship: A Qualitative and Quantitative Review, in: Psychological Bulletin, 127/3, 2001, S. 376–407.

36 Vgl. Andrew J. Oswald/Eugenio Proto/Daniel Sgroi, Happiness and Productivity, IZA Discussion Paper No. 4645, 2009.

37 Vgl. u.a. Jörg Felfe/Bernd Six, Die Relation von Arbeitszufriedenheit und Commitment, in: Lorenz Fischer (Hrsg.), Arbeitszufriedenheit. Konzepte und empirische Befunde, Göttingen 2006, S. 37–60; Andrew E. Clark, What Really Matters in a Job? Hedonic Measurement Using Quit Data, in: Labour Economics, 8 (2001) 2, S. 223–242; Melanie K. Jones u.a., Training, Job Satisfaction, and Workplace Performance in Britain: Evidence from WERS 2004, in: Labour, 23 (2009) 1, S. 139–175; Jürgen Wegge u.a., Taking a sickie': Job satisfaction and Job Involvement as Interactive Predictors of Absenteeism in a Public Organization, in: Journal of Occupational and Organizational Psychology, 80 (2007) 1, S. 77–89.

38 Vgl. C. D. Fisher (Anm. 34); Anna Grubc u.a., The event reconstruction method: An efficient measure of experienced-based job-satisfaction, in: Journal of Occupational and Organizational Psychology, 80 (2007) 4, S. 669–689.

39 Eine Studie von Blanchflower und Oswald analysiert den Zusammenhang zwischen Alter und Glück für eine Vielzahl von Ländern. Sie kommt zu dem Ergebnis, dass unabhängig von anderen Erklärungen wie Geburtskohorte, Einkommen und Bildung, ein u-förmiger Zusammenhang zwischen Alter und Glück besteht, sodass Menschen in jungen Jahren und im höheren Alter glücklicher sind als in der Mitte des Lebens (vgl. David G. Blanchflower/Andrew J. Oswald, Is Well-Being U-Shaped over the Life Cyle?, in: Social Science and Medicine, 66 (2008) 8, S. 1733–1749.

40 Für eine weiter gehende Diskussion vgl. B. S. Frey/A. Stutzer (Anm. 26), S. 53f.

41 Martin Meissner, The Long Arm of the Job: A Study of Work and Leisure, in: Work and Leisure, 10 (1971) 3, S. 239–260, S. 239.

42 Vgl. u.a. Peter Warr u.a., Older people's well-being as a function of employment, retirement, environmental characteristics and role preference, in: British Journal of Psychology, 95 (2004) 3, S. 297–324; Andrew E. Clark/Yarine Fawaz, Valuing Jobs via Retirement: European Evidence, in: National Institute Economic Review 209/2009, S. 88–103; Eric Bonsang/Tobias J. Klein, Retirement and Subjective Well-being, Netspar Discussion Paper 04/2010–012.

43 Vgl. u.a. Mikael Nordenmark/Mikael Stattin, Psychosocial wellbeing and reasons for retirement in Sweden, in: Ageing & Society, 29 (2009) 3, S. 413–430.

44 Vgl. u.a. David de Vaus u.a., Does gradual retirement have better outcomes than abrupt retirement? Results from an Australian panel study, in: Ageing & Society, 27 (2007) 5, S. 667–682; M. Nordenmark/M. Stattin (Anm. 43).

45 Vgl. Seongsu Kim/Daniel C. Feldman, The Antecedents of Bridge Employment and Its Consequences for Quality of Life in Retirement, in: The Academy of Management Journal, 43 (2000) 6, S. 1195–1210.

46 Vgl. S. Kim/D. Feldman (Anm. 45); Anise M.S. Wu/Catherine S. K. Tang/Elsie C.W. Yan, Post-retirement voluntary work and psychological functioning among older Chinese in Hong Kong, in: Journal of Cross-Cultural Gerontology, 20 (2005) 1, S. 27–45; Galit Nimrod, Expanding, reducing, concentrating and diffusing: Post retirement leisure behavior and life satisfaction, in: Leisure Sciences, 29 (2007) 1, S. 91–111.

47 Vgl. D. de Vaus u.a. (Anm. 44); Esteban Calvo/Kelly Haverstick/Steven A. Sass, Gradual Retirement, Sense of Control, and Retirees' Happiness, in: Research on Aging, 31 (2009) 1, S. 112–135.

48 Vgl. Clemens Hetschko/Andreas Knabe/Ronnie Schöb, Changing Identity: Retiring from Unemployment, CESifo Working Paper No. 3540, München 2011.

49 Eine Darstellung der ökonomischen Identitätstheorie findet sich bei George A. Akerlof/Rachel E. Kranton, Economics and Identity, in: Quarterly Journal of Economics, 115 (2000) 3, S. 715–753.

50 Vgl. Wencke Gwozdz/Alfonso Sousa-Poza, Ageing, Health and Life Satisfaction of the Oldest Old: An Analysis for Germany, in: Social Indicators Research 97/3, 2009, S. 397–417.

51 Vgl. u. a. Andrew Burr/Jonathan B. Santo/Dolores Pushkar, Affective Well-Being in Retirement: The Influence of Values, Money, and Health Across Three Years, in: Journal of Happiness Studies, 12 (2011) 1, S. 17–40; E. Calvo u. a. (Anm. 47).

52 Vgl. S. Frederick/G. Loewenstein (Anm. 10).

53 Vgl. B. S. Frey/A. Stutzer (Anm. 26).

54 Vgl. S. Kim/D. Feldman (Anm. 45).

55 Vgl. M. Nordenmark/M. Stattin (Anm. 43).

56 Vgl. Mary Guerriero Austrom u. a., Predictors of life satisfaction in retired physicians and spouses, in: Social Psychiatry and Psychiatric Epidemiology, 38 (2003) 1, S. 34–41.

57 Vgl. S. Kim/D. Feldman (Anm. 45).

Werner Eichhorst

Vom kranken Mann zum Vorbild Europas: Kann Deutschlands Arbeitsmarkt noch vom Ausland lernen?

1 Einleitung

In den letzten zwanzig Jahren hat die Bedeutung internationaler Vergleiche für die Bewertung der Arbeitsmarkt- und Sozialpolitik in Europa deutlich zugenommen. Weniger eindeutig ist jedoch die Frage zu beantworten, ob und unter welchen Bedingungen von ausländischen Erfahrungen für die Gestaltung von Arbeitsmarkt- und Sozialstaatsreformen gelernt werden kann. Das inzwischen oft und gern von Wissenschaft und Politik diskutierte »Benchmarking«[1] kann zwar auf Schwächen und Stärken nationaler Wettbewerbspositionen hinweisen und die Diagnose möglicher Fehlentwicklungen erleichtern. Ebenso ist es als Quelle der Inspiration für eine reformwillige Politik von nicht zu unterschätzendem Wert. Skepsis ist freilich angebracht, was die unmittelbare Übertragbarkeit einzelner Politikinstrumente oder gar von tradierten Grundprinzipien anderer Staaten anbetrifft. Im Übrigen mahnt hier auch der Blick auf jüngste internationale Arbeitsmarktentwicklungen zu einer gewissen Zurückhaltung: Galt Deutschland noch vor 15 und auch noch vor zehn Jahren vielen als größter arbeitsmarktpolitischer Dauerpatient, ist das Land aktuell förmlich in eine Vorbildrolle gerückt, so erfolgreich hat die Bundesrepublik die letzte weltweite Finanz- und Wirtschaftskrise bis heute gemeistert. Ein Zwischenfazit zur deutschen Reformpolitik aus der Perspektive der international vergleichenden Arbeitsmarktforschung zeigt, dass vor allem auf den Handlungsfeldern von Erwerbsbeteiligung und Bildungspolitik dennoch ein erkennbarer deutscher Nachholbedarf fortbesteht.

2 Ein Blick zurück

Mitte und Ende der 1990er Jahre war die öffentliche Diskussion um den Arbeitsmarkt in Deutschland davon geprägt, dass eine dauerhaft hohe Arbeitslosigkeit und ein im internationalen Vergleich bescheidenes Niveau der Erwerbstätigkeit zunehmend als zentrale Schwachpunkte thematisiert wurden. Institutionelle Verkrustungen am Arbeitsmarkt und zu teure soziale Sicherungssysteme galten als Bedrohungen für die Wettbewerbsfähigkeit des Standortes Deutschland und wurden mit einem politischen »Reformstau« in Verbindung gebracht.[2] Sowohl von innen als auch von außen wurde Deutschland nach der Wiedervereinigung als »sick man of the Euro« gesehen.[3]

Zur Überwindung einer langwierigen Beschäftigungskrise mit hoher Arbeitslosigkeit, einem großen Anteil an Langzeitarbeitslosen und einem insgesamt zu niedrigen Beschäftigungsniveau wandte sich der Blick verstärkt auf ausländische Erfahrungen. Eine wichtige Rolle spielte dabei die Beschäftigungsstrategie der OECD,[4] die auf der Grundlage umfassender empirischer Analysen eine weitreichende Deregulierung der Arbeitsmärkte als Lösung für mehr Beschäftigung favorisierte. Implizit wurden damit die angelsächsischen Vorbilder USA und Großbritannien als nachahmenswert empfohlen, wo insgesamt wesentlich weniger großzügige Sozialleistungssysteme und ein gering ausgeprägter Kündigungsschutz mit einer zu dieser Zeit sehr hohen Arbeitsmarktdynamik einhergingen. Höhere Arbeitsmarktflexibilität – so der Rat der OECD – könne auch andernorts zu mehr Arbeitsplätzen und weniger Arbeitslosigkeit führen.

Dessen ungeachtet, wurde weder in Deutschland noch in den meisten anderen kontinentaleuropäischen Ländern in den folgenden Jahren eine angelsächsisch inspirierte Deregulierungspolitik verfolgt. Ein Hauptgrund dafür war, dass diese Reformstrategien als politisch nicht durchsetzbar galten und in der Öffentlichkeit überwiegend als Modelle mit ausgeprägter sozialer Ungleichheit wahrgenommen wurden. Ein zweiter Grund bestand darin, dass zum Ende der 1990er Jahre auch die »Beschäftigungswunder« in den Niederlanden, Dänemark oder Österreich stärkere Beachtung fanden, die eben gerade nicht auf einer massiven Deregulierung basierten. Sie wurden nun als Beleg dafür herangezogen, dass ein hoher Beschäftigungsstand auch mit einem ausgebauten Sozialstaat und höherem Regulierungsniveau erreich- und vereinbar sein konnte.[5] Großzügigere Transfersysteme waren offenbar dann mit einem hohen Beschäftigungsniveau kompatibel, wenn geeignete Schritte zur »Aktivierung« von Stellensuchenden seitens der Arbeitsmarktpolitik unternommen wurden. Auch galt eine ausgebaute, aber auf Aktivierung angelegte soziale Absicherung als eine gesellschaftlich akzeptable Form der Arbeitsmarktflexibilität, die bei Bedarf durchaus auch mit einem weniger strikten Kündigungsschutz nach angelsächsischem Vorbild verknüpft werden könnte. Unter dem Begriff der »Flexicurity« fanden diese Überlegungen starken Widerhall.[6]

Abb. 1: Arbeitslosenquoten 1995 bis 2002

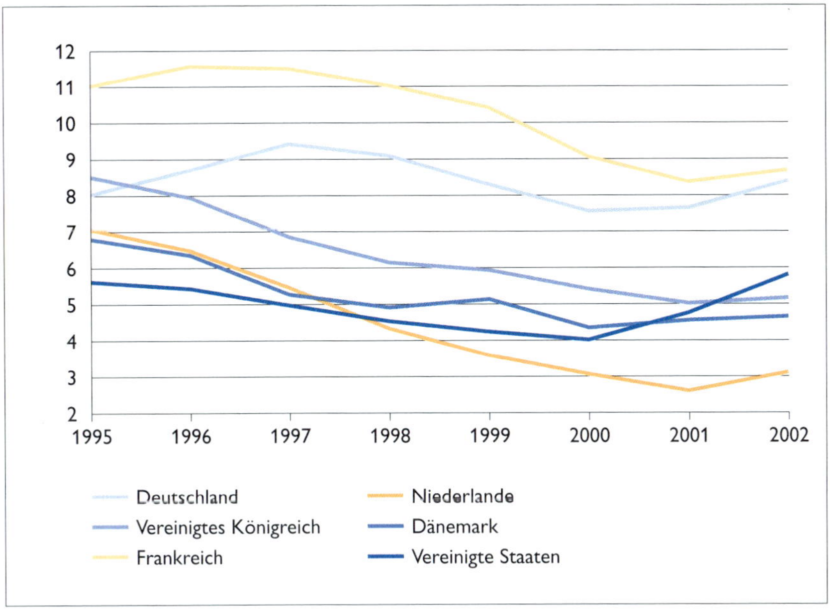

Quelle: OECD

Darüber hinaus wurde als Stärke dieser Modelle in der deutschen Debatte die aktive und erfolgreiche Einbindung der Sozialpartner in die Gestaltung der Arbeitsmarkt- und Sozialpolitik wahrgenommen. Gerade sie hatte es – vor allem in den Niederlanden – ermöglicht, viele Reformen im gesellschaftlichen Konsens umzusetzen. Hieran orientierten sich gegen Ende der 1990er Jahre die Versuche, in Deutschland in einem »Bündnis für Arbeit« von Regierung, Gewerkschaften und Arbeitgeberverbänden auf der Basis einer gemeinsamen und konsensbasierten Analyse der Stärken und Schwächen Deutschlands vom Ausland zu lernen und angemessene Reformen für den Arbeitsmarkt und den Sozialstaat zu vereinbaren.[7] Diese Phase einer verstärkten Bedeutung internationaler Vergleiche fiel zeitlich zusammen mit dem Beginn der Europäischen Beschäftigungsstrategie ab 1997 und der noch breiter formulierten Lissabon-Strategie der EU, die im Jahr 2000 angestoßen wurde und das ehrgeizige, aus heutiger Sicht noch nicht erreichte Ziel verfolgen sollte, Europa bis 2010 zur »wettbewerbsfähigsten wissensbasierten Ökonomie der Welt« zu machen. Sowohl die »Europäische Beschäftigungsstrategie« als auch die »Lissabon-Strategie« sahen einen Vergleich der EU-Staaten auf Basis einer Reihe von Kennzahlen und eine regelmäßige Bewertung der Fortschritte bei den Reformen vor, waren jedoch weniger auf Deregulierung ausgerichtet als das Konzept der OECD, die jedoch ihrerseits unterdessen auch die Möglichkeit verschiedener beschäftigungspolitischer Wege und Erfolgsmodelle anerkannt hatte.[8]

Abb. 2: Beschäftigungsquoten 1995 bis 2002

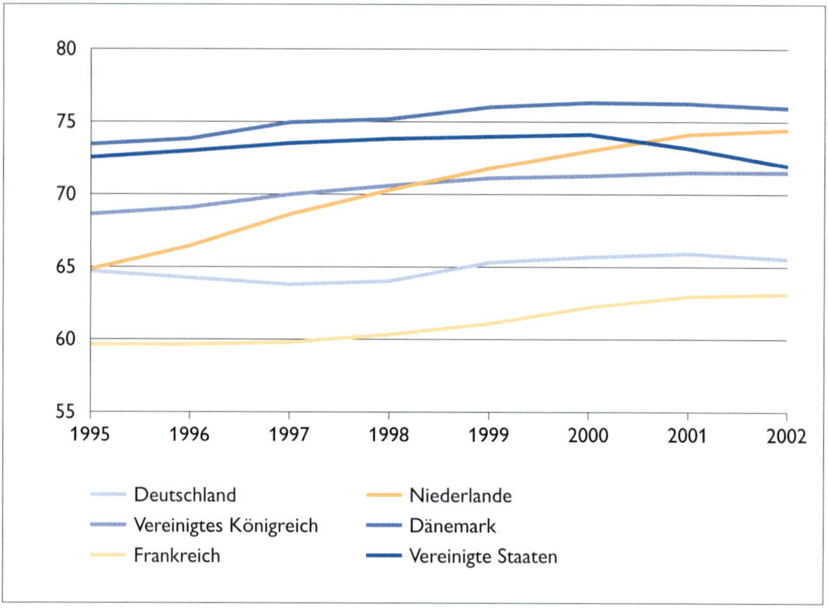

Quelle: OECD

3 Eine Phase intensiver Reformen – lernen von anderen?

In der Folgezeit trat Deutschland in eine Phase intensiver Reformen von Arbeitsmarkt und Sozialstaat ein, jedoch kann dies im Rückblick nicht als einfache Übernahme ausländischer Modelle verstanden werden, da die institutionellen Ausgangsbedingungen und die politischen Konstellationen sich von Land zu Land teils fundamental unterschieden. Auch gelang es in Deutschland letztlich nicht, in konsensualer Vereinbarung mit den Sozialpartnern, sondern nur im Zuge einer klaren Initiative der Bundesregierung wesentliche Veränderungen voranzutreiben, die zwischen 2002 und 2005 in den »Hartz-Reformen« und der »Agenda 2010« ihren Niederschlag gefunden haben.

Gleichwohl gibt es einige Beispiele für den Vorbildcharakter ausländischer Politikmodelle im Rahmen der deutschen »Reformbewegung«. So lassen sich die Grundprinzipien einer »aktivierenden« Arbeitsmarkt- und Sozialpolitik über strikteres »Monitoring« bei der Stellensuche und verschärfte Sanktionen, die Schaffung einer gemeinsamen Anlaufstelle für alle (Langzeit-)Arbeitslosen, die stärkere Mobilisierung von Maßnahmenträgern der Arbeitsmarktpolitik über Zielvereinbarungen und finanzielle Anreize sowie die Modernisierung der Bundesagentur für Arbeit auf die gesammelten positiven Erfahrungen in Großbritannien, Dänemark, der Schweiz und den Niederlanden zurückführen. Diese Länder wurden Anfang der 2000er Jahre als Vorreiter einer wirksameren Arbeitsmarktpolitik mit neuen Steuerungsformen wahrgenommen.[9]

Über diese Leitsätze und Grundorientierungen hinaus können einzelne arbeitsmarktpolitische Instrumente und Reformen auch auf die »Inspiration« durch Erfahrungen anderer Staaten zurückgeführt werden. Ein Beispiel ist das Instrument der »Jobrotation«, also die Verbindung einer befristeten Erwerbstätigkeit von Arbeitsuchenden mit ihrer Freistellung zwecks Weiterbildung, das auf ein dänisches Modell zurückging. Die Erfahrungen in Deutschland zeigen aber, dass die Umsetzung in Anlehnung an ein ausländisches Vorbild nicht gelingt, wenn die weiteren Rahmenbedingungen nicht beachtet werden, etwa die dominante Stellung des öffentlichen Dienstes als Arbeitgeber und die breit angelegte öffentliche Infrastruktur für Weiterbildung in Dänemark, wo diese Art von Beurlaubung deshalb leichter gelingen konnte.[10]

Auch lässt sich ein Funktionswandel der Zeitarbeit gegenüber dem mit den Hartz-Reformen ursprünglich angestrebten Ziel einer verbesserten Integration von Arbeitslosen erkennen. Die Förderung der Zeitarbeit wurde mit Verweis auf das Beispiel der Niederlande damit begründet, dass die Überlassung von Arbeitskräften dabei helfen könne, Arbeitsuchende, die sonst nur schlechte Chancen auf dem Arbeitsmarkt haben, in reguläre Arbeitsverhältnisse zu vermitteln. Das hierfür entwickelte Modell der Personal-Service-Agenturen zur Vermittlung von Arbeitslosen war jedoch von Anfang an umstritten und kam in Deutschland nicht über bescheidene Anfänge hinaus.

Die im Zuge der Hartz-Reformen deutlich liberalisierte Zeitarbeit hingegen erlebte ein massives Beschäftigungswachstum, bietet aber bislang nur relativ geringe Chancen auf einen Wechsel in ein direktes Anstellungsverhältnis außerhalb der Arbeitnehmerüberlassung. Dies hat damit zu tun, dass es im Gegensatz zu den Niederlanden in Deutschland kein effektives Gleichbehandlungsprinzip in der Zeitarbeit gibt, sondern mithilfe von neu geschaffenen Tarifverträgen Entlohnungsstrukturen unterhalb der Tariflohngruppen in den wichtigsten Nutzenbranchen z. B. Metall- und Elektroindustrie etabliert wurden. In Kombination mit der Möglichkeit, Arbeitnehmer ohne Befristung in Entleihbetriebe zu entsenden, führte dies zu einem auf Dauer angelegten Einsatz von Zeitarbeitern zum Zweck der Kostensenkung im verarbeitenden Gewerbe – mit geringen Chancen auf Übernahme in eine Direktanstellung.

An diesem Beispiel wird deutlich, dass ausländische Politikkonzepte sehr wohl als Anregung für die Reformdiskussion hierzulande genutzt wurden, es dann jedoch im konkreten Entscheidungs- und Umsetzungsprozess notwendigerweise zu einer eigenständigen Interpretation kam, die mitunter jedoch die beabsichtigten Wirkungen von vornherein unwahrscheinlich werden ließ. Zunehmend wurde klar, dass die Übertragbarkeit und Nützlichkeit ausländischer Modelle für die Gestaltung von Reformen in Deutschland begrenzt ist und letztlich entscheidend von den übrigen Kontextbedingungen abhängt.

4 Mehr Beschäftigung, aber auch mehr Unterschiede

Nach einer Phase sehr intensiver Arbeitsmarktreformen in den Jahren von 2002 bis 2005 hat sich die Dynamik auf dem deutschen Arbeitsmarkt deutlich verstärkt. Zum einen sind parallel mit der wirtschaftlichen Belebung nach 2005 wesentlich mehr neue Arbeitsplätze entstanden als in den Jahren zuvor. Damit ging auch ein Abbau der Arbeitslosigkeit einher. Dies sind durchaus bemerkenswerte strukturelle Verbesserungen. Zum anderen hat aber auch die Vielfalt der Arbeitsverhältnisse merklich zugenommen. Während bis Ende der 1990er Jahre eine hohe Arbeitslosigkeit und eine zu niedrige Erwerbstätigkeit – also die Spaltung zwischen Erwerbstätigen und Nichterwerbstätigen – problematisiert wurden, fanden nun die Unterschiede innerhalb des Arbeitsmarktes vermehrt Beachtung, wie etwa das Wachstum der Niedriglohnbeschäftigung oder die verstärkte Nutzung der Zeitarbeit. Im Zuge des Beschäftigungswachstums im Dienstleistungsbereich hat Deutschland auch beim Anteil von Arbeitsverhältnissen mit niedriger Entlohnung oder im Vergleich zum unbefristeten »Normal-

Abb. 3: Erwerbsfähige Bevölkerung in Deutschland nach Arbeitsmarktstatus 1995 bis 2009 (in Prozent)

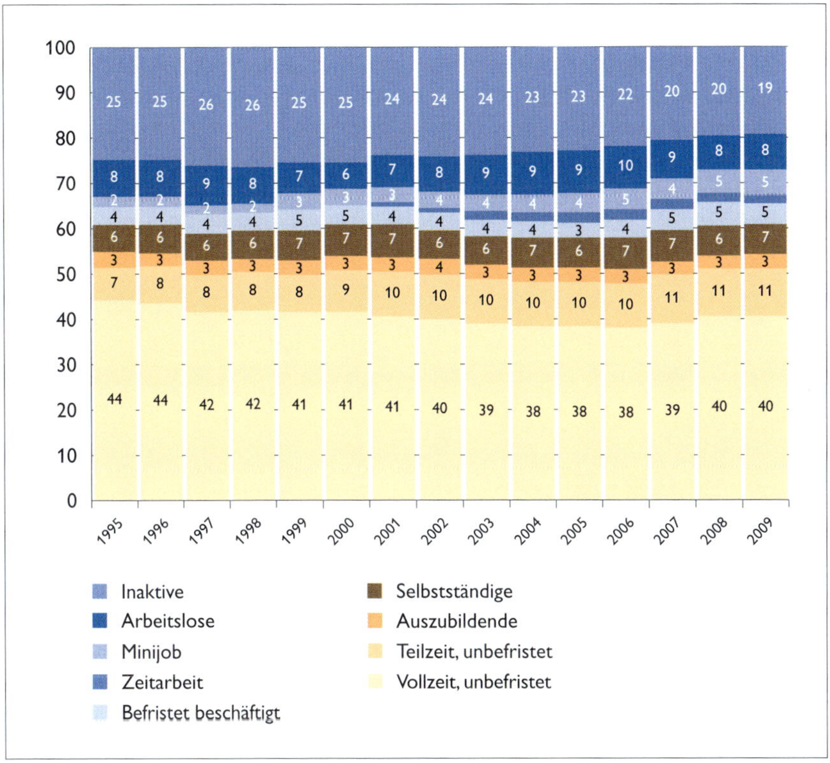

Quelle: SOEP

arbeitsverhältnis« geringerer Bestandsstabilität gegenüber anderen Ländern aufgeholt.[11]

Das Wachstum in den sogenannten atypischen Beschäftigungsformen hat dazu beigetragen, dass mehr Personen als in der Vergangenheit am deutschen Arbeitsmarkt Fuß fassen konnten. Hierbei handelt es sich um Entwicklungen, die in Deutschland im Vergleich zu anderen Staaten lange Zeit nur verlangsamt abliefen, aber im letzten Jahrzehnt an Geschwindigkeit gewonnen haben. *Abbildung 3* zeigt die Ausdehnung dieser Erwerbsformen als Anteil an der erwerbsfähigen Bevölkerung im Alter von 15 bis 64 Jahren. Dabei fällt auch auf, dass die unbefristeten Vollzeitarbeitsverhältnisse nach wie vor die größte und seit dem Jahr 2000 auch weitgehend die stabilste Gruppe darstellen. Außerdem sind nicht alle atypischen Jobs als »prekär« zu bezeichnen, da beispielsweise Teilzeitjobs oft auf Dauer angelegt und vollständig in Tarifverträge und soziale Absicherung einbezogen sind und befristete Arbeitsverträge mit einer recht hohen Wahrscheinlichkeit später entfristet werden. Größere Risiken niedriger Entlohnung und geringer Bestandsstabilität weisen allerdings Minijobs, Selbstständigkeit und Zeitarbeit auf. Aber auch innerhalb der Vollzeittätigkeiten haben die Unterschiede bei der Entlohnung über die Zeit zugenommen, was eng mit dem Rückgang der tarifvertraglichen Abdeckung und dem Wandel hin zu privaten Dienstleistungen zusammenhängt (siehe *Abbildung 4*).

Abb. 4: Anteil der Vollzeitbeschäftigten mit weniger als zwei Drittel des Medianlohnes[12]

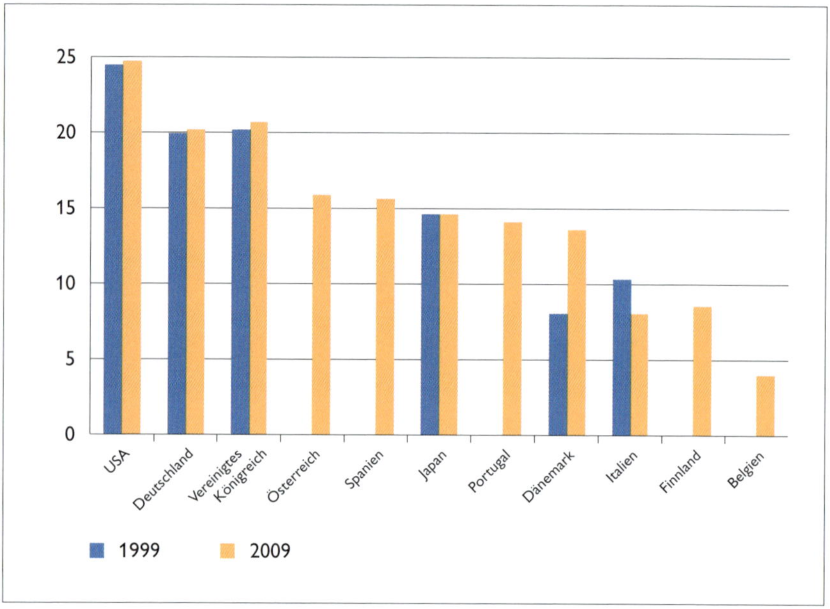

Quelle: OECD

Neben der Lohnspreizung ist in den letzten Jahren überdies die Wettbewerbsfähigkeit der deutschen Wirtschaft stark gewachsen. Dies hat mit einer über mehrere Jahre andauernden Lohnzurückhaltung bei entsprechenden Produktivitätsgewinnen zu tun. Neben moderaten Lohnsteigerungen spielt auch die weiter gewachsene Flexibilität der Arbeitszeiten in den Unternehmen eine zentrale Rolle. Gerade die Wiedergewinnung von Wettbewerbsfähigkeit über Lohnmäßigung und die Ausweitung der Arbeitszeitflexibilität geht über das Maß, was in anderen Ländern in den letzten Jahren zu beobachten war, weit hinaus und stellt eine spezifisch deutsche Anpassungsstrategie dar.

5 Deutschland als Vorbild der Krisenbewältigung?

In der globalen Wirtschaftskrise nach 2008 hat sich Deutschland erstaunlich gut geschlagen. Es ist nahezu das einzige Land, in dem kein massiver Anstieg der Arbeitslosigkeit verzeichnet werden musste. Die erfolgreiche Bewältigung der Wirtschaftskrise mit nur geringen negativen Wirkungen auf den Arbeitsmarkt kann vor allem auf die mittlerweile ausgebaute Flexibilität bei den Arbeitszeiten und Löhnen in den Betrieben sowie das lange etablierte Instrument der Kurzarbeit zurückgeführt werden. Sowohl in

Abb. 5: Arbeitslosenquoten 2003 bis 2011

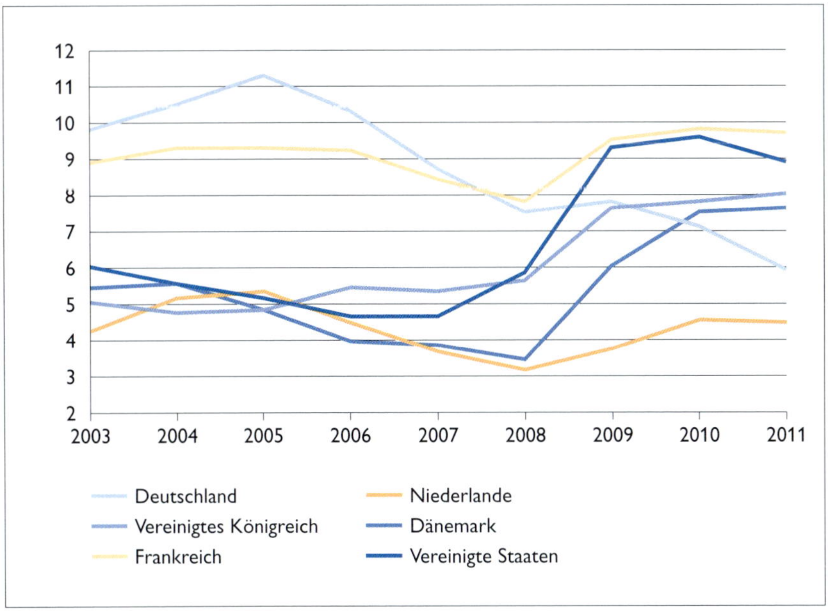

Quelle: Eurostat

der Arbeitszeitpolitik als auch bei der Kurzarbeit kann Deutschland als ein Vorreiterland gelten, das diese Instrumente früher entwickelt und stärker als andere ausgebaut hat und dann in der akuten Krisensituation mit einigen wenigen Anpassungen bei der Förderung der Kurzarbeit die qualifizierten Stammbelegschaften in der Industrie über die Krise retten konnte.[13]

Dank einer in der Krise konstant niedrigen und gegenwärtig stark fallenden Arbeitslosigkeit und einem sogar über die Krise hinweg weitgehend stabilen Wachstum der Beschäftigung wird Deutschland mittlerweile von ausländischen Beobachtern als ein Modell wahrgenommen: Deutschland verkörpert aufgrund seiner jüngsten ökonomischen Bilanz eine erfolgreiche Strategie zur Reform des Arbeitsmarktes, zur Wiedergewinnung der Wettbewerbsfähigkeit in den Unternehmen und zur Bewältigung der Wirtschaftkrise ohne massiven Anstieg der Arbeitslosigkeit.[14]

Klar ist, dass die tatsächlich umgesetzten Veränderungen nicht 1:1 dem entsprechen, was man sich von den seinerzeit jeweils diskutierten ausländischen Modellen versprach. Sie verkörpern das, was die Politik in Deutschland in den jeweiligen Konstellationen meinte erreichen und

Abb. 6: Beschäftigungsquoten 2003 bis 2010

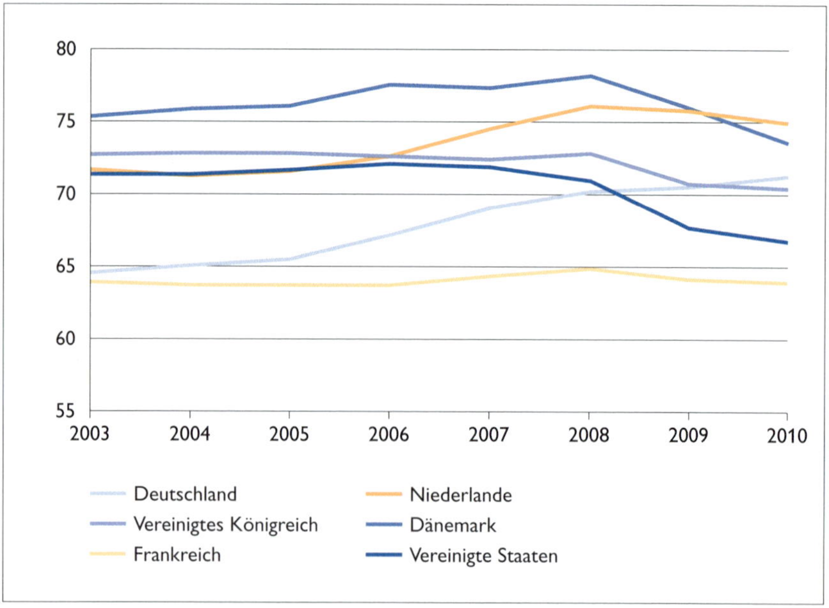

Quelle: OECD

durchsetzen zu können. Auch hat sich der Arbeitsmarkt innerhalb der politischen Rahmensetzungen durch das Handeln der Sozialpartner sowie von Unternehmen, Arbeitnehmern und Betriebsräten wesentlich stärker verändert, als dies bei einer Konzentration allein auf die staatliche Ebene erfolgt wäre. Zwar haben die weitreichenden Reformen der Arbeitsmarktpolitik (insbesondere das Hartz-Paket) die Beschäftigungsdynamik in Deutschland deutlich erhöht, allerdings hat erst das beachtliche Augenmaß im Verhalten der Tarifpartner auf der betrieblichen Ebene die konkrete und sehr positive Entwicklung ermöglicht. Hierbei sollte man die eigenständige Kreativität im Bereich der Arbeitszeitflexibilität nicht unterschätzen, für die es keine internationalen Vorbilder gab.

6 Handlungsbedarf

Nachdem das lange Zeit sehr hohe Niveau der Arbeitslosigkeit beträchtlich gesenkt und die Beschäftigungsquote signifikant erhöht werden konnte, hat sich der politische Handlungsbedarf in Deutschland etwas verschoben. Die Arbeitsmarkt- und Sozialpolitik steht zwar immer noch vor gewissen Herausforderungen, die Bildungspolitik hat jedoch gegenüber der Belebung des Arbeitsmarktes mithilfe von Arbeitsmarktreformen an Bedeutung gewonnen.

Was den Arbeitsmarkt betrifft, so steht angesichts des demografischen Wandels und des bereits heute in Teilen erkennbaren Fachkräftemangels die Entwicklung und Mobilisierung aller verfügbaren Fachkräftepotenziale auf der Tagesordnung. Dies betrifft vor allem die Ausbildung der jüngeren Altersgruppen sowie die Erwerbsbeteiligung von Frauen und älteren Arbeitskräften.

Bei der erfolgreichen Eingliederung junger Menschen in den Arbeitsmarkt ist es von allergrößter Bedeutung, jedem eine allgemeine schulische und berufliche Qualifikation zu verschaffen, die unentbehrlich ist, um am Arbeitsmarkt dauerhaft Fuß zu fassen. Man kann diese Mindestanforderung als eine Art »Bildungsexistenzminimum« bezeichnen, aber die Bildungspolitik ist darüber hinaus gefordert, alle qualifikatorischen Potenziale zu entwickeln und möglichst gut qualifizierte Berufseinsteiger hervorzubringen. Diese »investive« Ausrichtung der Politik kann später Problemlagen bei der Teilhabe am Erwerbsleben und der gesellschaftlichen Integration vermeiden. Die wachsende Bedeutung des Bildungsthemas ist – vor dem Hintergrund des regelmäßig eher schlechten oder durchschnittlichen

Abschneidens Deutschlands in den OECD-Bildungsvergleichen – sehr stark von skandinavischen Vorbildern inspiriert. Das gilt für eine intensivere frühkindliche Bildung, aber auch für eine verstärkte Förderung im Bereich der schulischen Ausbildung, wie sie spätestens seit dem »PISA-Schock« 2001 auch in Deutschland in Anlehnung an das Beispiel Finnlands und anderer Länder diskutiert wird.[15]

Im deutschen Kontext wurden eine vorschulische Förderung bei familiären Problemlagen, insbesondere bei Kindern mit Migrationshintergrund, ein Ausbau von Ganztagsschulen, größere Autonomie, eine systematischere Etablierung von Zielgrößen und Bildungsstandards sowie eine längere Phase des gemeinschaftlichen Unterrichts als notwendige Schritte zu einer Verbesserung des Kompetenzniveaus von Schülern aus den Vergleichsstudien abgeleitet – ein Stück weit auch in selbstständiger Interpretation der vorliegenden Daten.[16] Im Bereich der frühkindlichen und schulischen Bildung sind jedoch in Deutschland strukturelle Veränderungen prinzipiell schwieriger umzusetzen, da föderale Zuständigkeiten und Finanzierungsströme koordinierte Reformen erschweren. Bei der frühkindlichen Bildung wird dies letztlich nur durch eine stärkere Einbindung der zentralstaatlichen Ebene gelingen.

Ein erhebliches Potenzial besteht trotz inzwischen erreichter Fortschritte weiterhin in Bezug auf die Steigerung der Erwerbsbeteiligung von Frauen und Müttern.[17] Hier liegen große Chancen in der Verkürzung von Erwerbsunterbrechungen nach der Familiengründung und in der Erweiterung der Arbeitszeiten über Minijobs und Teilzeittätigkeiten hinaus. Die nach schwedischem und dänischem Vorbild gestaltete Elterngeldregelung hat bereits Anreize gesetzt, Erwerbsunterbrechungen auf rund ein Jahr zu verkürzen und auch Väter für einen Teil der Elternzeit gewinnen zu können. Gleichzeitig steigt damit der Bedarf nach verlässlicher, erschwinglicher und hochwertiger Kinderbetreuung – mit Elementen der frühkindlichen Bildung – ab dem ersten Geburtstag. Bei den Kindern im Kindergartenalter liegt das Hauptaugenmerk auf einer flexiblen Erweiterung der Öffnungszeiten, um die Erwerbstätigkeit der Eltern zu erleichtern, aber auch in der bildungspolitischen Aufwertung. Ganztagsschulen schließlich, wie sie bereits in zahlreichen europäischen Ländern an der Tagesordnung sind und in Deutschland derzeit aufgebaut werden, können Betreuungsengpässe aus Sicht der Eltern lindern und gleichzeitig eine intensivere Unterstützung der Schulkinder gewährleisten. Bildungspolitik und Kinderbetreuung sind hier also sich gegenseitig ergänzende Handlungsfelder. Beispiele hierfür lassen sich vor allem im skandinavischen Raum oder Frankreich finden.

Nachholbedarf besteht auch bei der Flexibilisierung von Arbeitszeiten, die nicht allein oder primär betriebliche Erfordernisse, sondern, mehr als in Deutschland bislang üblich, auch die Bedürfnisse von Familien berücksichtigen. Für eine bessere Integration von Frauen und Müttern in Beschäftigung ist aber nach den Erkenntnissen der international vergleichenden Arbeitsmarktforschung nicht nur eine ausreichende Infrastruktur bei der Kinderbetreuung und eine familienfreundliche Arbeitswelt notwendig, sondern ebenso der Abbau von Anreizen zur Nichterwerbstätigkeit oder Teilzeitarbeit. Das deutsche Modell der gemeinsamen Veranlagung zur Einkommensteuer mit einer Wahl der Steuerklassen und der Möglichkeit, einen steuer- und abgabenfreien Minijob auszuüben, ist im internationalen Vergleich eine Besonderheit, die besonders anreizfeindlich wirkt. In den meisten anderen europäischen Staaten werden Ehegatten individuell zur Einkommensteuer herangezogen, auch gibt es dort keine Sonderbehandlung von geringfügigen Beschäftigungsverhältnissen.[18] Der Abbau von Teilzeitanreizen, vor allem bei den Minijobs, würde auch viele Jobs mit sehr niedriger Entlohnung unattraktiv machen.

Abb. 7: Rückstand der Frauen gegenüber den Männern in der Beschäftigung nach Vollzeitäquivalenten

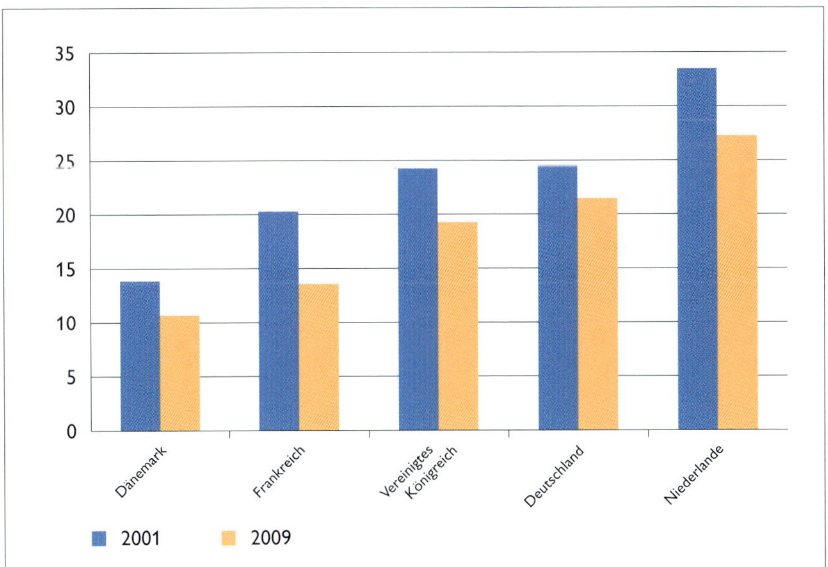

Quelle: Eurostat

In Bezug auf die Beschäftigung von älteren Arbeitskräften hat Deutschland in den letzten Jahren bereits deutlich zugelegt, wie *Abbildung 8* zeigt. Dies kann vor allem auf den Abbau von Frühverrentungsmöglichkeiten im Bereich der Arbeitslosenversicherung und des Rentensystems zurückgeführt werden – hier hat Deutschland teils früher und konsequenter reagiert als viele andere Staaten. In Deutschland spielt auch im Gegensatz zu anderen Ländern die Erwerbsunfähigkeit oder der langfristige Krankenstand keine Rolle beim vorzeitigen Ausscheiden aus dem Arbeitsmarkt. Auch hat Deutschland als eines der ersten EU-Mitgliedsländer das gesetzliche Rentenalter von 65 auf 67 Jahre angehoben. Dies könnte durch den Übergang zu einem generell flexiblen Renteneintrittsalter, etwa nach dem Beispiel Finnlands, unterstützt werden. Ein längeres Erwerbsleben setzt darüber hinaus auch eine alternsgerechte Ausgestaltung der Arbeitsplätze und eine systematischere Weiterbildung der Arbeitskräfte voraus. Beispiele hierfür lassen sich zwar auch in manchen Unternehmen in Deutschland finden, jedoch in stärkerer Verbreitung vor allem in Skandinavien und Österreich.

Abb. 8: Beschäftigungsquote älterer Arbeitskräfte (55 bis 64) 2000 bis 2011

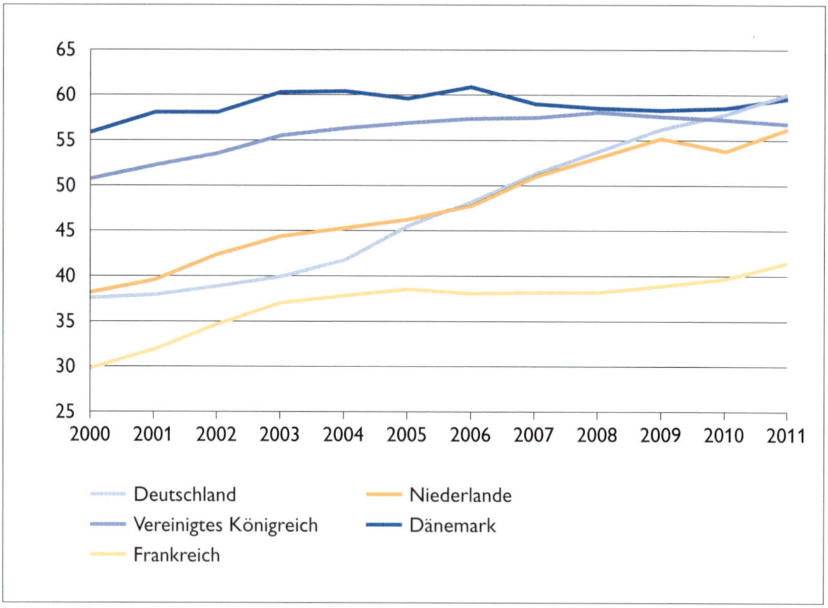

Quelle: Eurostat

Gerade die Weiterbildung Älterer führt in Deutschland ein gewisses Schattendasein. Arbeitgeber konzentrieren ihre Weiterbildungsbemühungen auf jüngere und hoch qualifizierte Arbeitskräfte. Im weiteren Lebensverlauf und bei weniger hoch qualifizierten Arbeitnehmern treten daher oft Defizite auf, die mittelfristig die Teilhabe am Erwerbsleben beeinträchtigen können. Zwar ist mit dem demografischen Wandel ein stärkeres Engagement der Arbeitgeber für diese Gruppen zu erwarten, doch könnte auch eine sinnvolle öffentliche Unterstützung bei der Weiterbildung von Arbeitnehmern, die nicht von arbeitgeberseitigen Anstrengungen profitieren, helfen.

Abb. 9: Teilnahme an Weiterbildung nach Lebensalter (2009)

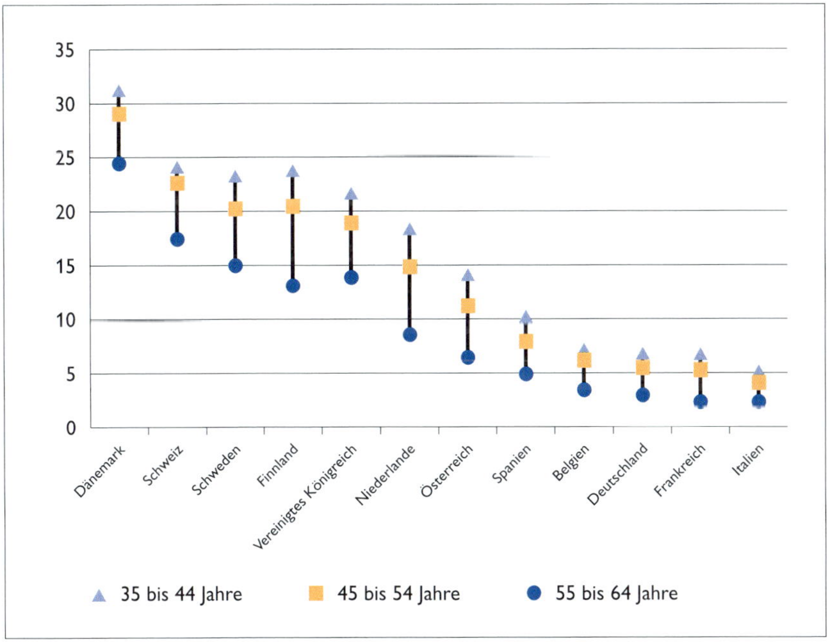

Quelle: Eurostat

Gleichzeitig besteht noch immer ein erhebliches Problem in Bezug auf Langzeitarbeitslosigkeit und die Arbeitsmarktintegration von geringer qualifizierten Erwerbspersonen. Am unteren Rand des Arbeitsmarktes geht es dabei weniger um Steigerung der Beschäftigung als solche, sondern um die Verbesserung der Beschäftigungsstabilität und Aufwärtsmobilität. Der internationale Vergleich liefert an dieser Stelle jedoch keine klaren Vorbilder für Maßnahmen, die für jede Gruppe einen sicheren Aufstieg gewährleisten würden. An die jeweiligen individuellen Voraussetzungen angepasste Programme zur Aktivierung und Qualifizierung im Bereich der Arbeitsmarktpolitik sind weiterhin gefordert; auch gilt generell, dass Vollzeittätigkeiten stets mit einem geringeren Armutsrisiko und besseren Aufstiegschancen verbunden sind als Teilzeittätigkeiten, welche mit einem »aufstockenden« Transferbezug verbunden werden. Eine vorsichtige Regulierung an den Rändern des Arbeitsmarktes kann helfen, die Situation der Beschäftigten zu verbessern, ohne die Dynamik in diesen Bereichen und Einstiegsmöglichkeiten in das Arbeitsleben über Gebühr zu behindern. Zwar ist ein Mindestlohn kein Patentrezept gegen Niedriglohnbeschäftigung, doch kann er als Untergrenze der Entlohnung durchaus effektiv sein, ohne den Arbeitsmarkt zu sehr zu belasten. Dabei wären moderate allgemeine Mindestlöhne gegenüber allgemein verbindlichen tariflichen Untergrenzen prinzipiell zu bevorzugen, etwa ähnlich dem Modell in Großbritannien, wo Mindestlöhne auf einem gemäßigten Niveau eingeführt wurden und einer regelmäßigen und unabhängigen Überprüfung unterzogen werden. Eine weitere Herausforderung bieten unterschiedliche Entlohnungsstandards bei Zeitarbeit und direkter Anstellung. Hier kann eine schrittweise erfolgende Annäherung der Entlohnung beider Gruppen mit der Dauer der Beschäftigung sinnvoll sein, wie dies bereits in zahlreichen EU-Staaten praktiziert wird.

7 Fazit

Internationale Vergleiche können helfen, Stärken und Schwächen des eigenen Modells zu erkennen. Die letzten beiden Jahrzehnte, die von einem sehr intensiven gegenseitigen Beobachten geprägt waren – auch systematisch gefördert von der Europäischen Union und der OECD –, haben so das Wissen über ausländischen Erfahrungen vermehrt. Die vergleichende Perspektive kann Gestaltungsmöglichkeiten und deren Wirkungen veranschaulichen und so Anregungen für die Reformdiskussion hierzulande vermitteln. Betrachtet man aber die tatsächlichen Reformprozesse, so wird schnell klar, dass jedes Land politisch wie institutionell seinen eigenen Weg gehen muss und zu jeweils anderen Lösungen gelangt. Auch gibt es weder im Bildungs- noch im Arbeitsmarktbereich ein eindeutig überlegenes nationales Modell, das man einfach transplantieren könnte oder müsste.

Insgesamt hat Deutschland in den letzten Jahren einen eigenständigen, zwar nicht perfekten, aber doch bemerkenswert pragmatischen und tragfähigen Weg gefunden, um mit den Anforderungen des technologischen und strukturellen Wandels in einer globalisierten Ökonomie zurechtzukommen. Dieses Modell ist zumindest in Deutschland offenbar recht tragfähig und erfolgreich, aber seinerseits nicht ohne Weiteres auf andere Länder zu übertragen, da es auf einer spezifischen Kombination von Arbeitsmarkt- und Sozialpolitik auf der einen Seite und von Lohn- und Arbeitszeitflexibilität auf der anderen Seite basiert sowie den Akteuren in den einzelnen Branchen und Betrieben eine zentrale Rolle zuspricht. Treibende Kräfte waren in den jeweiligen Reformphasen aufseiten der staatlichen Politik vor allem die Finanzierungsprobleme des Sozialstaates und die Erwartung einer erfolgreichen Bewältigung der Arbeitslosigkeit, aufseiten der betrieblichen Akteure vor allem das Ziel einer verbesserten Wettbewerbsfähigkeit im Tausch von nachhaltiger Beschäftigungsstabilität gegen flexiblere Löhne und Arbeitszeiten. Vor allem im Feld der Arbeitsmarktpolitik wurden die Reformen zum Teil durch internationale Beispiele angeregt, jedoch in der konkreten Ausgestaltung kreativ abgewandelt. Gleiches gilt auch für das Feld der Bildungspolitik, die mittlerweile als zentrale Reformbaustelle erkannt ist und eine umfassende Umgestaltung erst noch vor sich hat.

Anmerkungen

1 Unter Benchmarking versteht man den kontinuierlichen Vergleich von Produkten, Dienstleistungen, Abläufen und Methoden auf betrieblicher, institutioneller oder staatlicher Ebene. Dabei wird ein Bezugswert (Benchmark) zugrunde gelegt, unter- oder oberhalb dessen die Einordnung im jeweiligen Benchmarking erfolgt. Durch diese Form der vergleichenden Wettbewerbsanalyse können Leistungsmängel systematisch identifiziert werden.

2 Vgl. Philip Manow/Eric Seils, Adjusting Badly: The German Welfare State, Structural Change and the Open Economy, in: Fritz W. Scharpf/Vivien A. Schmidt (Hrsg.), Welfare and Work in the Open Economy, Bd. 2, Oxford 2000, S. 264–307.

3 The sick man of the euro, in: The Economist vom 3. Juni 1999.

4 Vgl. Organisation for Economic Co-operation and Development (OECD), The OECD Jobs Study: facts, analysis, strategies, Paris 1994.

5 Vgl. u. a. Günther Schmid, Beschäftigungswunder Niederlande? Ein Vergleich der Beschäftigungssysteme in den Niederlanden und in Deutschland, in: Leviathan, 25 (1997) 3, S. 302–337; Peter Auer, Employment revival in Europe: Labour market

success in Austria, Denmark, Ireland and the Netherlands, Genf 2000; Jelle Visser/ Anton Hemerijck, Ein holländisches Wunder? Reform des Sozialstaates und Wirtschaftswachstum in den Niederlanden, Frankfurt 1998.

6 Vgl. u.a. Berndt Keller/Hartmut Seifert, Flexicurity: Ein europäisches Konzept und seine nationale Umsetzung, WISO direkt, April 2008; Ton Wilthagen/Frank Tros/ Harm van Lieshout, Towards ›flexicurity?‹ Balancing flexibility and security in EU member states, in: European Journal of Social Security, 6 (2004) 2, S. 113–136.

7 Vgl. Werner Eichhorst/Stefan Profit/Eric Thode: Benchmarking Deutschland: Arbeitsmarkt und Beschäftigung, Berlin 2001.

8 Vgl. OECD, OECD Employment Outlook 2006, Paris 2006.

9 Vgl. Regina Konle-Seidl, Hilfereformen und Aktivierungsstrategien im internationalen Vergleich, IAB-Forschungsbericht Nr. 7, 2008.

10 Vgl. Josef Schmid, Wirtschafts- und Sozialpolitik: Lernen und Nicht-Lernen von den Nachbarn, in: Aus Politik und Zeitgeschichte B 18–19/2003, S. 32–38.

11 Vgl. Werner Eichhorst/Paul Marx/Eric Thode, Arbeitsmarkt und Beschäftigung in Deutschland 2000–2009: Beschäftigungserfolge bei steigender Differenzierung. Bericht auf Basis eines Projekts im Auftrag der Bertelsmann Stiftung, IZA Research Report No. 22, 2009; Werner Eichhorst/Paul Marx, Reforming German Labor Market Institutions: A Dual Path to Flexibility, Journal of European Social Policy, 21 (2011) 1, S. 73–87.

12 Ordnet man sämtliche Arbeitnehmer nach der Höhe ihres Bruttolohnes, dann bezeichnet der Medianlohn den Lohn des mittleren Lohnbeziehers. 50 Prozent der Arbeitnehmer verdienen somit weniger und die anderen 50 Prozent mehr als der Bezieher des Medianlohnes. Der Vorteil dieses Maßes gegenüber dem arithmetischen Mittel des Durchschnitts besteht darin, dass es nicht von »Ausreißern« etwa in Form einzelner, extrem hoher Löhne beeinflusst wird.

13 Vgl. OECD, OECD Employment Outlook 2010, Paris 2010.

14 Vgl. etwa die Berichterstattung des britischen Economist: Inside the miracle: How Germany weathered the recession, in: The Economist vom 11. März 2010; Angela im Wunderland: What Germany's got right and what it hasn't, in: The Economist vom 3. Februar 2011.

15 Vgl. zum Benchmarking: OECD, Lernen für das Leben. Erste Ergebnisse der internationalen Schulleistungsstudie PISA 2000, Paris 2001.

16 Vgl. Ludger Wössmann, Bildungspolitische Lehren aus den internationalen Schülertests: Wettbewerb, Autonomie und externe Leistungsüberprüfung, in: Perspektiven der Wirtschaftspolitik, 7 (2006) 3, S. 417–444.

17 Siehe auch den Beitrag von C. Katharina Spieß in diesem Band.

18 Vgl. Werner Eichhorst/Eric Thode, Vereinbarkeit von Familie und Beruf 2010, IZA Research Report No. 30, 2010; OECD, Doing Better for Families, Paris 2011.

Index

Autorinnen und Autoren

Hinte, Holger, M.A. – Wissenschaftlicher Mitarbeiter und Leiter Publikationen des Instituts zur Zukunft der Arbeit (IZA) in Bonn

Zimmermann, Klaus F., Prof. Dr. – Direktor des Instituts zur Zukunft der Arbeit (IZA) in Bonn, Professor für Wirtschaftliche Staatswissenschaften an der Universität Bonn sowie Honorarprofessor an der Freien Universität Berlin und der Renmin University of China

Eichhorst, Werner, Dr. – Stellvertretender Direktor Arbeitsmarktpolitik des Instituts zur Zukunft der Arbeit (IZA) in Bonn

Habisch, André, Prof. Dr. – Professor für Christliche Sozialethik und Gesellschaftspolitik an der Katholischen Universität Eichstätt-Ingolstadt und Associate Research Director der European Academy of Business in Society (EABIS) in Brüssel, Belgien

Hassel, Anke, Prof. Dr. – Professorin für Public Policy an der Hertie School of Governance in Berlin

Hetschko, Clemens, Dipl.-Vw. – Wissenschaftlicher Mitarbeiter am Fachbereich Wirtschaftswissenschaft der Freien Universität Berlin

Hirschel, Dierk, Dr. – Bereichsleiter Wirtschaftspolitik, Europa, Internationales der Gewerkschaft ver.di in Berlin

Knabe, Andreas, Prof. Dr. – Professor für Finanzwissenschaft an der Universität Magdeburg

Kröhnert, Steffen, Dr. – Leitender Wissenschaftler am Berlin-Institut für Bevölkerung und Entwicklung

Krohn, Philipp, Dipl.-Vw., M.A. – Redakteur und Blattmacher in der Wirtschaftsredaktion der Frankfurter Allgemeinen Zeitung

Künemund, Harald, Prof. Dr. – Professor für Empirische Altersforschung und Forschungsmethoden am Institut für Gerontologie der Universität Vechta

Möller, Joachim, Prof. Dr. – Direktor des Instiuts für Arbeitsmarkt- und Berufsforschung (IAB) in Nürnberg und Professor für Volkswirtschaftslehre an der Universität Regensburg

Müller, Christoph, Dipl.-Vw. – Wissenschaftlicher Mitarbeiter am Forschungszentrum Generationenverträge der Universität Freiburg

Pierenkemper, Toni, Prof. Dr. – Emeritierter Professor für Wirtschafts- und Sozialgeschichte der Universität Köln

Raffelhüschen, Bernd, Prof. Dr. – Professor für Volkswirtschaftslehre, insbesondere Finanzwissenschaft und Direktor des Forschungszentrums Generationenverträge an der Universität Freiburg

Ritzen, Jo, Prof. Dr. – Professor of International Economics of Science, Technology and Higher Education an der United Nations University (UNU-MERIT) und der Universität Maastricht, Niederlande

Schneider, Hilmar, Priv.-Doz. Dr. – Generaldirektor des Centre d'Etudes de Populations, de Pauvreté et Politiques Sociales (CEPS/INSTEAD) in Esch-sur-Alzette, Luxemburg

Spieß, C. Katharina, Prof. Dr. – Professorin für Familien- und Bildungsökonomie an der Freien Universität Berlin und Leiterin der Abteilung Bildungspolitik am Deutschen Institut für Wirtschaftsforschung (DIW Berlin)

Stahl, Michael, Dr. – Geschäftsführer Bildung und Volkswirtschaft des Arbeitgeberverbandes Gesamtmetall in Berlin

Straubhaar, Thomas, Prof. Dr. – Direktor des Hamburgischen WeltWirtschaftsInstituts (HWWI) und Professor für Volkswirtschaftslehre an der Universität Hamburg

Walwei, Ulrich, Dr. – Vizedirektor des Instituts für Arbeitsmarkt- und Berufsforschung (IAB) in Nürnberg